韦力·传统文化遗迹寻踪系列之五

觅文记

〔上〕

韦力 著

上海文艺出版社

【目次】

- 001　序　言

- 015　孙　子：知彼知己者，百战不殆
- 033　列　子：子子孙孙无穷匮也，而山不加增，
　　　　　　　何苦而不平？
- 052　鬼谷子：审定有无与其实虚，
　　　　　　　随其嗜欲以见其志意
- 070　庄　子：至人无己，神人无功，圣人无名
- 090　荀　子：人之性恶，其善者伪也
- 107　吕不韦：天下者，非一人之天下也，
　　　　　　　天下之天下也
- 124　韩非子：故明主之国，无书简之文，以法为教
- 140　陆　贾：居马上得之，宁可以马上治之乎？
- 155　贾　谊：仁义不施，攻守之势异也
- 173　桓　谭：夫通览者，世间比有；
　　　　　　　著文者，历世稀然
- 186　王　充：繁文之人，人之杰也
- 200　刘　勰：穷则独善以垂文，达则奉时以骋绩
- 222　郦道元：悬泉瀑布，飞漱其间，
　　　　　　　清荣峻茂，良多趣味
- 241　萧　统：典而不野，文质彬彬
- 263　皎　然：文章观其本性

279	韩　愈：	道之所存，师之所存也
305	柳宗元：	圣人之言，期以明道
326	司空图：	乘之愈往，识之愈真
		如将不尽，与古为新
352	范仲淹：	文弊则救之以质，质弊则救之以文
374	欧阳修：	君子之所学也，言以载事，
		而文以饰言
398	苏洵、苏轼、苏辙：	飘飘乎如遗世独立羽化而登仙
434	曾　巩：	知信乎古，知志乎道
458	王安石：	天有过乎？有之；地有过乎？有之
484	严　羽：	大抵禅道唯在妙悟，诗道亦在妙悟
499	宋　濂：	道明而后气充，气充而后文雄
514	刘　基：	夫恶忧患，而乐无害，凡物之同情也
537	方孝孺：	以此殉君兮抑又何求？
553	归有光：	偃仰啸歌，冥然兀坐
575	唐顺之：	本色卑，文不能工也
594	李　贽：	天生龙湖，以待卓吾
615	袁宗道、袁宏道、袁中道：	古文贵达，学达即所谓学古也
641	钟惺、谭元春：	诗，活物也；诗，清物也
660	徐霞客：	诸峰朵朵，仅露一顶，
		日光映之，如冰壶瑶界

681	金圣叹：	无意得之，不亦异乎？
701	侯方域：	行文之旨，全在裁制，
		无论细大，皆可驱遣
717	戴名世：	君子之文，淡焉泊焉
742	方　苞：	躔分两度，天各一方
		会稀别远，意满情长
766	刘大櫆：	行文之道，神为主，气辅之
784	姚　鼐：	文章之原，本乎天地
803	姚　莹：	文章本心生，希世绝近习
823	姚永概：	望溪主义法，其失或隘；
		海峰主文藻，其失或宽；
		惜抱持乎中矣

【序言】

《觅文记》乃是我寻觅古代的文章大家之遗迹的小文。何为文章大家？要想确定该书的收录范围，则首先要搞清什么叫"文"？什么叫"文章"？什么叫"文学"？这个看似简单的问题，其实深究起来颇为复杂。

前人对"文"的概念也多有探讨，比如阮元在《书〈文选序〉后》说："昭明所选，名之曰文。盖必文而后选也，非文则不选。经也，子也，史也，皆不可专名之为文也。故昭明《文选序》后三段特明其不选之故。必沉思翰藻，始名之为文，始以入选也。"

阮元的论述是从《文选》一书的名称下手，他认为昭明太子既然把该书称之为"文选"，那肯定先要确定何为文，而后才会有"文"之"选"。换句话说，《文选》一书所涵盖的内容主要是文。以此推论开来，经部、子部和史部的书不能称之为文。对此，昭明太子在《文选序》的后面也谈到了哪些古代的文章不能入选。

既然如此，那什么叫"文章"呢？北齐颜之推在《颜氏家训·文章篇》中说："夫文章者，原出五经：诏、命、策、檄，生于《书》者也；序、述、论、议，生于《易》者也；歌、咏、赋、颂，生于《诗》者也；祭、祀、哀、诔，生于《礼》者也；书、奏、箴、铭，生于《春秋》者也。"显然，颜之推的观念中，几乎所有的文字都可以称之为"文章"。

但"文章"一词来源于何时呢？周振甫在《中国文章学史》前言中说："'文章'这个词，在春秋时代就有了，但它的意义跟现在不同。《论语·泰伯》：'巍巍乎其有成功也，焕乎其有文章。'这个'文章'，指唐尧时代的文物制度。又《公冶长》：'夫子之文章可得而闻也。'这个'文章'指孔子的言论仪表。到了汉朝，'文章'又有新的解释。《史记·儒林列传》载博士等议：'臣谨案诏书律令下者，明天人分际，通古今之义，文章尔雅，训辞深厚。'这个'文章'，指诏书律令的文辞，跟我们现在讲的文章，已经一致了，但后来又有变化。"

看来，"文章"是个范围的概念，并且每个时代都有着不同的内涵与外延。为此，周振甫举出了大量的例子，以此来说明历代"文章"一词所包含的不同意义，我摘录他在前言中所举出的一小段例证："《汉书·公孙弘卜式儿（倪）宽传赞》：'文章则司马迁、（司马）相如。'这个'文章'指史文和辞赋。我们也称辞赋为文章。但上一个文章指诏书律令，是散文；这一个文章，包括辞赋，是韵文，所以稍有不同。到三国魏曹丕《典论·论文》：'盖文章经国之大业，不朽之盛事。'他讲的文章，分为四科：'盖奏议宜雅，书论宜理，铭诔尚实，诗赋欲丽。'他把诗也称为文章，这和我们的看法不同了。我们把诗和文分为两体，文不包括诗，他把文章包括诗。刘勰《文心雕龙·风骨》：'固文章之鸣凤也。'这个文章也包括诗。"

周振甫说，现当代学者把诗和文分别认定为两种文体，因为文中不能包括诗。但古人却没有这样严格的区分，比如韩愈在《调张籍》中的诗句："李杜文章在，光芒万丈长。"既然说的是李白和杜甫，而这两位是顶尖的大诗人，显然这里的"文章"二字指的是诗而非文。

如此说来，"文章"二字在韩愈那里指的是诗作。但看韩愈的其他文章，似乎这种判断也不尽然，周振甫又在前言中说到："韩愈《题欧阳生哀辞后》：'愈之为古文，岂独取其句读不类于今者邪？思古人而不得见，学古道则欲兼通其辞。'这里提出古文，指散文，是要学古道而写的散文，这个古文指散文，不再兼指诗了。"

那到了什么时候文才开始特指文章而不包括诗文呢？给出这样

的结论确实不容易,但也可以举出一些相关的实例,周振甫在该前言中说到:"到了宋代,刘开写《应责》:'子处今之世,好古文与古人之道,其不思乎?'这个'古文',同于韩愈讲的'古文',指古代散文,不包括诗了。欧阳修《论尹师鲁墓志》:'述其文,则曰"简而有法"。此一句,在儒家六经中,惟《春秋》可当之。'这个文,也指散文。又说:'偶俪之文,苟合于理,未必为非,故不是此而非彼也。'这是说古文是文,骈文和四六文也是文,不以为非。这就跟今天说的文相同了。"

既然有了这样的界定,接下来则要说"文章"兴起于何时,褚斌杰在其编著的《中国文学史纲要——先秦、秦汉文学》中说:"殷墟的甲骨卜辞,商代和周初的铜器铭文,《周易》中的卦、爻辞,《尚书》中的殷、周文告等,可以说是我国散文的萌芽。"他认为,殷墟所出土的甲骨卜辞以及商代的青铜器铭文等等,都属于散文的萌芽。

为什么这样说呢?褚斌杰又在该书的《概说》中称:"甲骨文虽然多数比较简短,但某些记人、记事的片断,已能做到比较准确、清楚,是我国最早记事文的萌芽和原始形态。商朝的文告个别保存在《尚书》之中,如《盘庚》,记述商王盘庚率民迁殷时的几次讲话。《盘庚》的语言虽然显得古奥,但是文中表露了讲话者的感情,使用了一些生动的比喻,具有一定的文学性。《易经》是一部巫书,在功能及性质上与卜辞大略相同。其中的卜筮用的卦辞、爻辞,在神秘的外衣下,包含着某些社会经验的记载和某些哲学思想的萌芽,特别是其中还保存了一些古代歌谣,或用韵语写的近似歌谣的作品,在文学史上有相当价值。"看来,他把古人的记事文字统统归入了"文章"的范畴。

褚斌杰的这个说法跟章太炎的观念有些类似,太炎先生在《国故论衡·文学总略》中说:"凡云文者,包络一切著于竹帛者而为言。故有成句读文,有不成句读文,兼此二事,通谓之文。局就有句读者,谓之文辞;诸不成句读者,表谱之体,旁行邪上,条件相分,会计则有簿录，算术则有演草，地图则有名字，不足以启人思，亦又无以增感，此不得言文辞，非不得言文也。诸成句读者，有韵无韵分焉。"

章太炎认为，凡是写下来的书面文字都可以称之为"文"，但有的"文"具备文采，而有一些只是记录，比如会计的账本、数学的演算公式、地图上所标注的名称等等，这类的记录只能称之为"文"，但不能称之为"文辞"，因此他以"有韵"和"无韵"把古代的文辞作了两分法。而对于章太炎的这段论述，游国恩则认为："此广义指文学论也。"（《先秦文学》）

游国恩也认为有必要对"文学"一词作出严格的界定，但他同时认为要做这件事情并不容易，他在《先秦文学》一书起首即称："文学之界说，昔人言之详矣。自魏晋六朝以迄今兹，众说纷呶，莫衷一是。治文学史者既苦于界说之不立，往往徬徨歧路，盲目操觚，泄沓支离，不可究诘。益以年世悠邈，作者实繁，派别枝分，千头万绪。其间源流变迁，盛衰倚伏之故，多无有系统之说明。此所以治丝而棼，说愈歧而愈远也。"

接下来，游国恩先生对相应的历史说法作了一番梳理，而后他作出了这样的结论："然则文学之范围宜如何？曰：学术之不能不分而为辞章者，势也；辞章之不能与经传子史完全绝缘者，亦理也。知后世经义之文之出于经学，则不能排'六艺'；知传记之出于史学，则不能排《左》《国》；知论辩之出诸子，则不能排《庄》《列》。先秦之文学，即在专门著述之中，固未可以决然舍去也。"看来，他也认为文章不能跟经、史、子三部相混淆。

可游先生同时又说，想将文学与其他的文体截然分开，这没有可能，比如古代的传记就是出于史学，那么作为史学名著——《左传》和《国语》就不能排除在文学之外，而同样，先秦诸子中的庄子和列子所作之书，虽然属于子部，但也不能完全排除在文学之外，因为《庄子》《列子》等书特别具有文学色彩。

如此说来，经、史、子中都具有一些文学的元素。那怎么办呢？

游先生就对这类的名著一一作了点评,而后他得出了这样的结论:"先秦之文,类属专门之书,兼采则势所不能,悉蠲又于理有碍。大抵择其情思富有,词旨抑扬,乃与后世之文有密切关系者述之,则斤斤微尚之所存也。"

游国恩认为,先秦的各类文章,无论是经、史、子哪一部者,都不应当完全收入文学范畴,同样,也不能完全排斥在文学范畴之外,凡是这类文章中富有情思并且有文学色彩者,都可以划入文学的范畴。为什么要这样呢?他又在《中国文学史讲义》中对"文学"二字作出了这样的界定:"文学之意义不外两端:一曰声,二曰色。色者翰藻,声者宫商。作者连属字句、组织篇章,和其声、设其色,以倾泻其思想情感于寸楮尺素间,而文学之能事毕矣。"

由以上可知,游国恩认为,不要从古代的文体中来界定哪些属于文学范畴,只要有文采的文章,全部都可以归在文学范畴之内,所以他把先秦诸子的一些著作也列入了文学范畴。

而褚斌杰也认为诸子百家的作品属于散文的范畴:"战国百家争鸣局面的形成和发展,同时也带来文学上散文的勃兴和繁荣。一些著名的思想家、政治家、历史学家的言论,讲学的记录和论著,同时也就是重要的散文作品。"为什么给出这样的判断呢?褚斌杰举出了这样的实例:"如《孟子》散文,连譬善辩,气势磅礴;《庄子》散文,汪洋浩荡,想象丰富,极富浪漫色彩。其他《荀子》《韩非子》在文章结构和说理方面,也各具特色。"

既然这样,"文章"或"文学"的概念依然难以搞清楚,因为这需要对古代的各类文字进行一一地评判,以此来决定这类的文章和文字是否具有文学性。但因为每个人所秉持的观念不同,这使得何为"文学"依然有着不确定性,比如罗根泽在《中国文学批评史》一书的《绪言》中做了三分法:

(一)广义的文学——包括一切的文学。

（二）狭义的文学——包括诗、小说、戏剧及美文。

（三）折中义的文学——包括诗、小说、戏剧及传记、书札、游记、史论等散文。

那罗根泽倾向这三者中的哪一类呢？他在《绪言》中明确地说自己的立场是"折中义"："不把凡著于竹帛的文字都请入文坛，也不把骈散文推出文坛。不过西洋文学的折中义，只包括诗、小说、戏剧和散文；中国则诗以外的韵语文学，还有乐府、词和辞赋，散文以外的非韵语文学还有骈文（也有人把骈文归入韵文，理由是骈文有韵律），也当然不能摒弃。"

以上的界定，乃是想明确何为"文学"。那么，文学之外的文字算不算"文章"呢？如果算的话，那怎样来称呼这一类的文章呢？贺汪泽在《先秦文章史稿》一书中有个专节的名称，就是"有文学史，还应该有文章史"，在他看来"文章"和"文学"不能混为一谈。

既然如此，文学之外的文章应当叫什么呢？贺汪泽在其专著中说到："我国自古以来，杂文学甚为发达，文学史反映历史实际，杂文学史占有相当大的篇幅。先秦时期除《诗经》《楚辞》、神话、寓言少数一点纯文学作品外，几乎全以杂文学充当。两汉之赋除抒情小赋文学意味较浓外，大赋刻板，夸说宫室、狗马、山川、物产，'润色鸿业'，文学价值实在微乎其微；政论只能算语言艺术层面上的文学；史传其初衷在再现历史真实风貌，也谈不上自觉的文学意识。魏晋六朝开始有了文学的自觉，主要体现在诗歌表现艺术的探索上，将《世说新语》《搜神记》之类的杂记视为小说的源头未尝不可，要说它本身就是小说，恐怕是很难自圆其说的。"

贺先生给出了一个答案，他觉得文学之外的文章可以称之为"杂文"。接下来贺先生又说："唐宋诗词繁盛，小说崭露头角，文学史家还是没有忘记古文运动的实绩。作为对骈文的反叛，将文章从僵死的骈对、用典等形式主义的框框中解放出来，韩、柳、欧、苏以清新流畅、活泼含情的文笔叙写人情物态，重视其美文价值是不错的。但这只是为'载道'、'明道'而完成'继绝统'使命的文章革新运动，而且大量地以文章为文学的写作实践加剧了杂文学倾向，阻遏了纯文学发展的势头。"

按照这种说法，唐宋八大家中的韩、柳、欧、苏等人所写的文章，也有一些属于杂文。如此说来，一些名家的作品大多可归为杂文的范畴。那么，具体到文章如何界定呢？贺汪泽又说："文学史以诗、词、曲、赋、小说、戏剧为主要研究对象，兼顾散文的若干品式；文章史以应用文体为主要研究对象，其中属于普通文章的记叙文、议论文、说明文与散文概念有部分重叠。"

看来，文章的不同概念虽然有着各式各样的名词，但这些名词之间都有重叠。比如，贺先生认为周易的卦辞等先秦文字都属于说明文："这是文章写作的一个基础部门。追其源头，可溯至甲骨卜辞贞的内容的表达；《周易》的卦辞、爻辞；《尚书》的《禹贡》《洪范》；《周礼》《仪礼》《礼记》之类的文字；正史中的表、志、书；古本书籍的注释文字；《说文》《尔雅》的释字释义文字；法律文书中的条、令、格、式；医、农、兵等学科的著述。如此等等，哪一种不是用说明文写作的？"

由以上的这些说法可知，无论"文章"的概念还是"文学"的概念，虽然有各式各样的界定，就广义而言，古人的非韵文作品都可以归入"文章"的范畴；就狭义的概念而言，则是有文采的文章都属文学作品。

其实无论是归为"文章"还是归为"文学"，以我的看法，都可以归为"文"的范畴，然而"文"中的五经，当然放在经部最为合适；而正史和杂史则放在史部更为妥当；子部的文章在分类上较为复杂，对于这个门类可以按照游国恩先生的观念，将其中有文采的文学挑选出来，归入"文学"范畴，比如先秦诸子的作品，则可将其放在"文学"的范畴之内，例如本属"子部·兵家类"的《孙子兵法》，虽然这不是一部文学作品，然而其叙述的语言却颇具文采，这当然也应当纳入"文学"的范畴之内。

按照四部分类法，除了经、史、子之外，还有集部。集部中包括了楚辞类、别集类、总集类、词类、戏曲类、小说类和评论类。再接着作进一步的划分，即使是别集类，还可以分出诗集和文集。根据"有韵""无韵"的原则，则可把诗、文作出两分法。而集部中的评论类，则是指对于文章的评论，古人将此并称为"诗文评类"。由此可知，对于文章的评论之文，也属集部的范畴。

那么，诗文评类包括哪类的著作呢？《四库全书总目提要》中说："文章莫盛于两汉，浑浑灏灏，文成法立，无格律之可拘。建安、黄初，体裁渐备，故论文之说出焉，《典论》其首也。其勒为一书传于今者，则断自刘勰、钟嵘。勰究文体之源流而评其工拙，嵘第作者之甲乙而溯厥师承，为例各殊。至皎然《诗式》，备陈法律；孟棨《本事诗》，旁采故实；刘攽《中山诗话》，欧阳修《六一诗话》，又体兼说部。后所论著，不出此五例中矣。"

以上所言乃是将诗文评作了五分法，对于这样的分法，朱东润认为较窄："举此五端以当文学批评，范围较狭，而诗话词话杂陈琐事者，尤非文学批评之正轨。然前代文人评论之作，每每散见，爬罗剔抉，始得其论点所在，正不可以诗文评之类尽之也。"（《中国文学批评史大纲》）

既然如此，朱东润先生认为古人哪类著作可以归为文学批评的范畴呢？他在专著中又接着说到："今欲观古人文学批评之所成就，要而论之，盖有六端。自成一书，条理毕具，如刘勰、钟嵘之书，一也。发为篇章，散见本集，如韩愈论文论诗诸篇，二也。甄采诸家，定为选本，后人从此去取，窥其意旨，如殷璠之《河岳英灵集》，高仲武之《中兴间气集》，三也。亦有选家，同附评注，虽繁简异趣，语或不一，而望表知里，情态毕具，如方回之《瀛奎律髓》，张惠言之《词选》，四也。他若宗旨有在，而语不尽传，照乘之光，自他有耀；其见于他人专书，如山谷之说，备见诗眼者为五；见于他人诗文，如四灵之论，见于《水心集》者，六也。"因此，对于文学评论类的作家也就成为本书的收录范围之一。

历史上有名的文学团体，似乎以唐宋八大家最具名气，虽然这种并称只是到了明末才由茅坤确定下来，然在此之前的明初，朱右已经有了《八先生文集》这样的提法。为何要将此八位古代文章家并称呢？当然，每个人有每个人的说法，比如吴小林在其专著《唐宋八大家》一书中说："唐宋八家有着大体一致的理论主张和创作倾向，又有着不同的风格特色。他们都是唐宋古文运动的领导者和中心人物，共同反对骈体文，不满绮丽浮华的形式主义文风，提倡恢复和发展秦汉散体文的优良传统，不同程度地坚持了文道合一的方向（在'文'和'道'的侧重上各人有所不同），为把散文从骈俪的束缚中解放出来，确立散句单行，自由书写，接近口语的新型散文——'古文'作出了贡献。"

如此说来，这八大家并称跟他们的理论主张和创作倾向的大体一致性有着重要关系。既然如此，这八大家是否也各具特色呢？从历史的评论看，当然是这样，比如宋李涂在《文章精义》卷十七中说："韩如海，柳如泉，欧如澜，苏如潮。"而清吴振乾则在《唐宋八大家类选序》中也称："奥若韩，峭若柳，宕逸若欧阳，醇厚若曾，峻洁若王，既已分流而别派矣。即如眉山苏氏父子兄弟师友，而明允之豪横，子瞻之畅达，子由之纡折，亦有人树一帜，各不相袭者。"

对于这些说法，吴小林在其专著中总结到："他们也同中有异：在理论主张上'八家'有区别，甚至有交锋；在创作上，'八家'风格多样，异彩纷呈。首先唐代两家和宋代六家就具有不同的特色，大体说来，唐代两家之文雄健奔放、奇崛简峭，宋代六家之文平易通顺、委曲婉转。其次，同属唐代的韩、柳，同属宋代的欧、曾、王，甚至文风比较接近的苏氏父子，也各有特点。"

其实将这八位放在一起并称，也有人不以为然，比如袁枚就说过这样的话:"夫文莫盛于唐,仅占其二;文亦莫盛于宋,苏占其三。鹿门当日其果取两朝文而博观之乎?抑亦就所见所知者而撮合之乎?且所谓一家者,谓其蹊径之各异也。三苏之文如出一手,固不得判而为三;曾文平纯,如大轩骈骨,连缀不得断,实开南宋理学一门,又安得与半山、六一较伯仲也?"(《书茅氏八家文选》)

袁枚认为,唐代的古文运动十分浩大,然而这八大家中仅有两人是唐人,但即使到了宋代,文章之学也同样兴盛,可在整个的两宋中,仅选了六位,而苏洵一家子就占了三位,这让袁枚怀疑茅坤是否视野太窄了,他只是就自己所见而选出了这八大家。从文风而言,袁枚也觉得茅坤的所选有着以偏概全的问题,比如三苏的文风基本类似,所以选其中的一位就可以了,用不着占三个位子。而对于曾巩的文章,袁枚则认为他不应当跟王安石、欧阳修等大家之文并列。

且不管袁枚的这个说法是否合理,但"唐宋八大家"之名可谓深入人心,且在后世基本被视为最著名的文章团体,而我的文章寻踪之旅却能将这八大家的遗迹一一找到,对我而言,是十分开心的一件事。

进入明代,就文章方面而言,以唐宋派和公安派较具影响力。而唐宋派中,我则找到了唐顺之和归有光,公安派中的三袁也找到了两位。对于这两派之间的关系,吴调公在《论公安派三袁文艺思想之异同》一文中说到:"首先揭起反模古旗帜的是公安派。竟陵派尽管也有它自己的主张,但究其思想根基而言,主要还是以补救公安派的偏差和流弊作为出发点。因此,继徐、汤、李之后,蔚为披荆斩棘的开路先锋,公安派确是扫除模古派云雾的功臣,'疏瀹心灵,搜剔慧性'的巨匠。"

即此可知,公安派的主要功劳,是纠正了前后七子运动给文坛带来的刻意模古风气。而公安派强调的就是性灵,虽然说三袁并称,但他们之间也有着一定的区别,吴调公在该文中说到:"'性灵'说在三袁思想中的倾向各有不同:宗道的'诚',是《中庸》的变体;

宏道的'趣'，是汤显祖'意趣'的回声；中道的'情''法'交融，是'律禅'之风在晚明文艺思想上的曲折反映。"

到了清代，最著名的文章派别就是桐城派。对于桐城派的观念，郭绍虞在《中国文学批评史》中说："桐城文论之所自出，固然是明代为唐宋古文者归震川诸人的关系，实在也受明代为秦汉古文者前后七子的影响。"

由此可知，桐城派的观念也是兼收并蓄了前代的思想，而后综合出了本派的理论。那么，该派的理论是什么呢？万奇在《桐城派与中国文章理论》一书中说："桐城派既以唐宋为宗，又以秦汉为师，兼容并蓄，确乎是中国古代文章发展之必然。"如此说来，桐城派乃是中国文章史到了清代的集大成者。

既然如此，该派有着怎样的继承呢？万奇在其专著中有着如下的表述："以秦汉为宗，始于唐代古文运动，尔后'一分为二'：一派是明代前后七子，继续效法秦汉；一派是'唐宋派'，反对师法秦汉，以唐宋为宗。其实，两派没有根本的不同，他们都是承唐宋而来，以古为宗；如果说两派有区别的话，'秦汉派'师法的是唐宋古文家的理论主张，'唐宋派'效法的是唐宋古文家的文章写作实践。这样看来，两派主张在桐城派古文运动中'合流'是'水到渠成'的。"

关于桐城派的师承关系，王先谦在《续古文辞类纂序》中说："自桐城方望溪氏以古文专家之学，主张后进，海峰承之，遗风遂衍。姚惜抱禀其师传，覃心冥追，益以所自得，推究阃奥，开设户牖，天下翕然号为正宗。承学之士如蓬从风，如川赴壑，寻声企景，项领相望……呜呼！何其盛也！"这里讲到了桐城三祖——方苞、刘大櫆和姚鼐，其实按照另外的说法，则有"桐城四祖"这样的称呼，除了以上三位之外，还应当在此之前加上戴名世。而桐城派的这四位祖师，我一一寻到了他们的遗迹，这也同样堪称文章寻访的小圆满。

桐城派对后世的影响一直延续到了晚清民国，此后较有名气的桐城派人物如姚莹、姚永概，我也同样找到了他们的遗迹。虽然说桐城派还有不少名人在，而这些名人有些我已归入了其他文集中，还有一些未曾寻得，那只能期待着今后的再发现吧。

韦力序于芷兰斋

2017 年 1 月 7 日

覓文記　【上】

孙子：知彼知己者，百战不殆

中国古代的兵书，以《孙子兵法》最有名气，该书的作者孙武在司马迁所撰的《史记》中有其本传。司马迁给孙武写的这篇传记，特别像一篇传奇的小故事，该传记起头即称：

> 孙子武者，齐人也。以《兵法》见于吴王阖闾。阖闾问："子之十三篇，吾尽观之矣，可以小试勒兵乎？"对曰："可。"阖闾曰："可试以妇人乎？"曰："可。"于是许之，出宫中

◇ 孙武墓，整洁而无古意

美人，得百八十人。

吴王阖闾听说孙子是兵法专家，于是他跟孙子说，自己已经读过了孙子所写的十三篇兵法，可不可以把那个兵法用于实践，并展示给自己看？孙子说，当然可以。而吴王可能是想故意增加难度，他跟孙子说，可不可以把女人操练成武士？孙子照样答应。于是，吴王从后宫招出一百八十名美女：

> 孙子分为二队，以王之宠姬二人各为队长，皆令持戟。令之曰："汝知而心与左右手背乎？"妇人曰："知之。"孙子曰："前，则视心；左，视左手；右，视右手；后，即视背。"妇人曰："诺。"约束既布，乃设鈇钺，即三令五申之。于是鼓之右，妇人大笑。孙子曰："约束不明，申令不熟，将之罪也。"复三令五申而鼓之左，妇人复大笑。孙子曰："约束不明，申令不熟，将之罪也。既已明，而不如法者，吏士之罪也。"乃欲斩左右队长。

孙子将这些美女分为两队，他可能是为了给吴王面子，于是选出吴王最宠爱的两名妃子分别做队长。这些美女们从来没受过军训，于是孙子从最基础的教起，问她们知道什么是中间，什么是左右，什么是前后。接下来，他就让这些美女列队，通过击鼓的方式，教给这些美女们左转和右转。

这些女人们从来没有玩过如此有意思的游戏，这让她们很兴奋，她们每听到指挥的鼓声都会哈哈大笑，尤其那两位宠妃，更是恃宠而骄地不听这一套。混乱局面令孙子既难堪又生气，他三令五申地纠正这些女人的不严肃。可能是由于吴王在此，这些女人们根本不怕孙子的威严，孙子忍无可忍，于是决定杀鸡给猴看，他要将这两位队长斩首：

> 吴王从台上观，见且斩爱姬，大骇，趣使使下令曰："寡人已知将军能用兵矣。寡人非此二姬，食不甘味，愿勿斩也。"孙子曰："臣既已受命为将，将在军，君命有所不受。"遂斩队长二人以徇，用其次为队长。于是复鼓之，妇人左右、前后、跪起，皆中规矩绳墨，无敢出声。

事情发展到这一步，吴王也慌张起来，可能他本来只是想看孙子的笑话，没想到孙子认真了起来，准备斩他的两位爱妃。吴王马上制止，他跟孙子说：不必这样，我现在已经了解到了你确实会用兵，不止是纸上谈兵，而这两位宠妃对我很重要，如果你斩了她们，我连吃饭都没味道了。

孙子不听吴王的制止，他说：您已经授命我为大将，按照兵法，大将指挥作战之时，君王的一些命令也可以不执行。于是他坚决地将这两名队长杀掉了，而后命令另两名宠妃接任队长之职。孙子的这个做法令所有人都没想到，他将吴王最宠爱的两位妃子斩首，这把其他美女全都吓坏了。当孙子重新列队击鼓指挥时，这些美女无论前后左右，做得都十分的规矩：

> 于是孙子使使报王曰："兵既整齐，王可试下观之，唯王所欲用之，虽赴水火犹可也。"吴王曰："将军罢休就舍，寡人不愿下观。"孙子曰："王徒好其言，不能用其实。"于是阖闾知孙子能用兵，卒以为将。西破强楚，入郢，北威齐、晋，显名诸侯，孙子与有力焉。

◇ 《孙子》，民国元年湖北官书处刻本，书牌

列队表演完毕后，孙子走上前向吴王汇报，他说：练兵已经完成，您可前来试验，无论您怎样指挥，这支部队都能赴汤蹈火。但刚才孙子将吴王的两位宠妃斩首，这让吴王大感不快，可是他又没话可说，于是只好跟孙子说：你回去休息吧，我不愿再下去检阅部队了。

虽然这件事令吴王很不快，但他同时也相信，孙子的确是位既能谋划又能练兵的军事家，最终他还是任命孙子为大将。而这位孙子也果真极有才干，他打败了楚国，同时威胁到了齐国和晋国，经过他的一番努力，吴国在各个诸侯国之间声名大震。

以上就是司马迁给孙武所写的传记，他用一个小故事来说明这位孙武对兵法绝对有一套，其不但能写书，还能实际作战，是一位能文能武的英雄。但是，吴王阖闾怎么找到孙武这位奇才的呢？司马迁没有说，而《吴越春秋》中却有这样一段记载："吴王登台，向南风而啸，有顷而叹，群臣莫有晓王意者。子胥知王之不定，乃荐孙子于王。孙子者，吴人也，善为兵法，辟隐幽居，世人莫知其能。"

某天，吴王登上了高台，他长啸又长叹，众位大臣不知道吴王是怎样的心态，但大家又不敢问，而伍子胥却猜到了吴王的心思，于是就把孙武推荐给了吴王。但伍子胥是怎么得知孙武其人者？我却没有查到相关的说法。《吴越春秋》中称孙武隐居在不为人知之处研究兵法，那伍子胥是怎么得到这个消息的呢？

这段话中还有一个问题，那就是孙武的籍贯。此处称孙武是吴国人，而司马迁在《史记》里则说孙武是齐国人，究竟哪个正确呢？清毕以珣在《孙子叙录》中写了这样一段按语：

> 孙子本齐人，后奔吴，故《吴越春秋》谓之吴人也。邓名世《姓氏辨证书》曰："齐敬仲五世孙书，为齐大夫，伐莒有功，景公赐姓孙氏，食采于乐安。生冯，为齐卿。冯生武，字长卿。以田、鲍四族谋作乱，奔吴，为将军。"

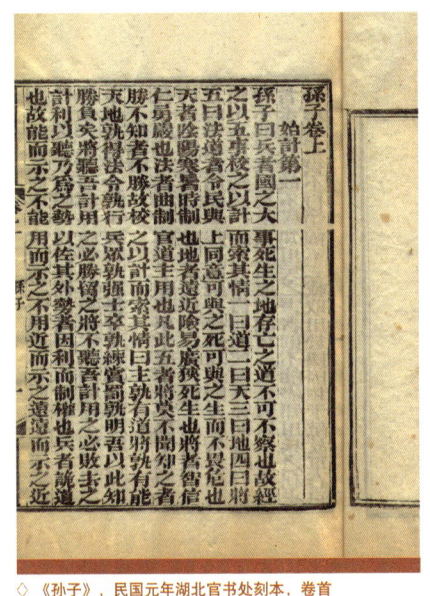

◇《孙子》，民国元年湖北官书处刻本，卷首

毕以珣说，孙子原本是齐人，只是后来投奔了吴国，所以《吴越春秋》上才把他说成吴人。而后他引用了一些资料来佐证自己的这个结论。

关于《孙子兵法》，流传后世者乃是十三篇，但历史上却有一个传说：《孙子兵法》其实远不止这十三篇，原本有八十二篇之多。既然如此，那为什么只剩下十三篇了呢？

有一种说法，那就是曹操把这八十二篇删减成了十三篇，唐杜牧在《注孙子序》中说："武所著书，凡数十万言。曹魏武帝削其繁剩，笔其精切，凡十三篇，成为一编。"杜牧称，孙武所著的兵书原有几十万字之多，经过曹操一番删减，才变成了后世所见到的这十三篇。

曹操为什么要这么做呢？杜牧在该序中又说："予寻《魏志》，见曹自作兵书十余万言。诸将征伐，皆以新书从事。从令者克捷，违教者负败。意曹自于新书中驰骤其说，自成一家事业，不欲随孙武后尽解其书，不然者，曹岂不能耶？今新书已亡，不可复知。予因取孙武书备其注。曹之所注，亦尽存之，分为上、中、下三卷。"

杜牧在《魏志》一书中看到曹操曾写过十几万字的兵书，曹操当年带兵打仗之时，令手下来学习他的这部新书，凡是尊崇新书兵法者，基本都能打胜仗，而不遵从者，则会吃败仗。因此，杜牧觉得曹操就是为了展现自己的兵法思想，不想跟在孙武后面亦步亦趋。

可惜的是，曹操所著的新书到杜牧的时代，已经失传了，杜无法比较新书中所谈的兵法跟《孙子兵法》有着怎样的异同，然而曹操在写新书之时，确实仔细研究过《孙子兵法》，并且还为该书作了许多注释，于是杜牧就把曹操的注释抄录了下来。但曹注的水平究竟如何呢？至少杜牧不以为然："曹自为序，因注解之，曰：'吾读兵书战策多矣，孙武深矣。'然其所为注解，十不释一。此者，盖非曹不能尽注解也。"

关于曹操是否真的把八十二篇的《孙子兵法》删成了十三篇，清代的孙星衍认为这种说法不正确，他在《孙子兵法序》中说了这么一大段：

其著兵书八十二篇、图九卷，见《艺文志》。其图"八阵"，有"苹车"之阵，见《周官》郑注。有《算经》，今存；有《杂占》《六甲兵法》，见《隋志》。其与吴王问答，见于《吴越春秋》诸书者甚多，或即八十二篇之文。今惟传此十三篇者，《史记》称阖闾有"十三篇，吾尽观之"之语。《七录》《孙子兵法》三卷，《史记正义》云"十三篇为上卷，又有中下二卷"，则上卷是孙子手定,见于吴王,故历代传之勿失也。秦汉已来,用兵皆用其法,而或秘其书,不肯注以传世。魏武始为之注,云"撰为《略解》",谦言解其粗略。《汉官解诂》称"魏氏琐连孙武之法,则谓其捷要",杜牧疑为魏武删削者,谬也。

孙星衍也称,《汉书·艺文志》上确实是说孙武写了八十二篇兵书,另外还有九卷的图。而后他又引用了其他著名目录书上的著录,查看《汉书·艺文志》,上面确实写着:"《吴孙子兵法》八十二篇。"

如此说来,孙武确实写过这么多的著作,但这些著作分别有着其他的名称,而不是后世所称的《孙子兵法》,更何况,《孙子兵法》十三篇早在汉初的司马迁就是这么记录着。比如前面谈到的《孙武本传》中,记载有吴王阖闾跟孙武所说的第一句话:"子之十三篇,吾尽观之矣。"即此可知,按照司马迁的记载,《孙子兵法》也就是十三篇,而不是后世所说的八十二篇。

那为什么有了这样一个传说呢?孙星衍认为,从秦汉以来,《孙子兵法》就成为了带兵打仗的秘笈,而得到这部书的人都不希望别人也能看到,这也就是该书流传不广的原因。因为流传不广,所以产生了一些谣传,而曹操为了撰写兵书,就对《孙子兵法》作了一些研究性的注释,因此杜牧就误以为曹操将八十二篇的《孙子兵法》删为了十三篇。孙星衍明确地说,杜牧的这个猜测是错误的。

对于《孙子兵法》一书,孙星衍极其夸赞,他在《孙子兵法序》中称:"黄帝《李法》、周公《司马法》已佚,太公《六韬》原本今不传,兵家言惟《孙子》十三篇最古。古人学有所受,孙子之学或即出于黄帝,故其书通三才、五行,本之仁义,佐以权谋。其说甚正。古之名将,用之则胜,违之则败,称为'兵经',比于六艺,良不愧也。"

孙星衍称,在《孙子兵法》之前,虽然也有一些兵书,可是那些书都失传了，流传到后世者，最古老的相关著作就是《孙子兵法》了。但孙武所撰的《兵法》一书是如何诞生的呢？看来孙星衍也相信，人的智慧不是从天上掉下来的，所以，他猜测孙武有可能读到了黄帝所撰的《李法》这部古老的兵书，而后加上他的智慧，才写出了《孙子兵法》一书。

孙星衍认为，这部书写得太好了，谁按照该书的所说进行作战，就能够取胜，否则就会被打败，正因如此之灵验，所以有人把《孙子兵法》称之为"兵经"。在古代，能称之为"经"的书，只有儒家的六经，而《孙子兵法》也能称"经"，足见其在兵法之上有着何等神圣的地位。

既然如此，为什么孙武的名声没有其他经学大家那么响亮呢？孙星衍认为："孙子为吴将兵，以三万破楚二十万，入郢、威齐晋之功归之子胥，故《春秋传》不载其名，盖功成不受官。《越绝书》称'巫门外大冢，吴王客孙武冢'，是其证也。"

◇ 《十一家注孙子》三卷，一九七八年上海古籍出版社影印本，书牌

当年，孙武为吴王带兵打仗，以三万的兵力就战败了楚国的二十万军，但是这位孙武却能"功成而弗居"，他把这种伟大的胜利归功于推荐他的伍子胥，也正因如此，所以《春秋》三传中就没有记载下孙武所创造的丰功伟绩。而孙星衍又引用《越绝书》上的说法，称孙武去世后就葬在了吴国的境内。

曹操的确是注释过《孙子

兵法》，他在《注孙子序》中说过这样的话："圣人之用兵，戢而时动，不得已而用之。吾观兵书战策多矣，孙武所著深矣，审计重举，明画深图，不可相诬。而但世人未之深亮训说，况文烦富，行于世者失其旨要，故撰为《略解》焉。"

曹操首先称，真正懂得用兵的圣人不会轻易地发动战争，因为打仗是不得已的事情。曹操说他看了很多的兵书，还是觉得《孙子兵法》写得最好。但曹同时又觉得后人少有能读懂《孙子兵法》者，更何况该书篇幅较长，所以他就以此作出了《略解》一书。而曹操的这番表述也正是杜牧认定是他把八十二篇的《孙子兵法》删为十三篇的原因。

且不管曹操是否真的大幅度删减了《孙子兵法》一书，但他给该书作注却是确有其事，因为他的注释流传到了今日。对于这件事，宋欧阳修在《书孙子后》中作了这样有趣的解读："牧谓曹公于注《孙子》尤略，盖惜其所得，自为一书，是曹公悉得武之术也。然武尝以其书干吴王阖闾，阖闾用之，西破楚，北服齐、晋，而霸诸侯。夫使武自用其书，止于强伯；及曹公用之，然亦终不能灭吴、蜀，岂武之术尽于此乎？抑用之不极其能也？后之学者，徒见其书，又各牵于己见，是以注者虽多，而少当也。"

◇ 《十一家注孙子》三卷，一九七八年上海古籍出版社影印本，卷首

欧阳修在这里复述了杜牧的观点，同时他也说曹操完全得到了孙武兵法的精髓。当年孙武就是用这个兵法来辅佐吴王阖闾，

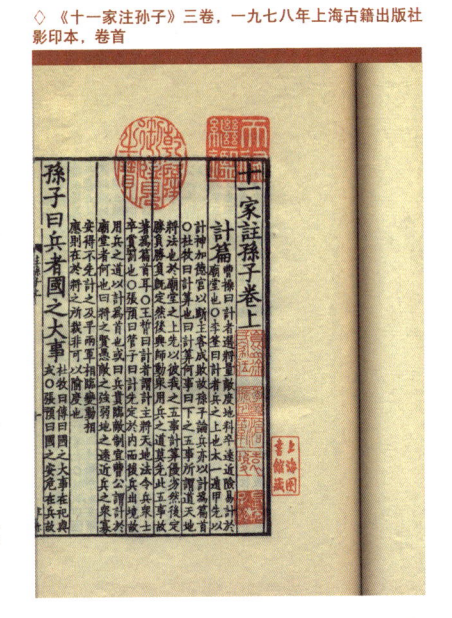

而吴王就是按照孙子兵法的策略,成为了当时诸侯国中的霸王。也就是说,如果按照《孙子兵法》进行作战,即使孙武亲自指挥,其最好的结果也就是能够成为诸侯中的霸王。欧阳修这句话的潜台词则是说,《孙子兵法》虽然写得好,但也有其局限,因为使用此法只能成为诸侯,而不能一统天下。

欧阳修又接着说,曹操对《孙子兵法》极其熟悉,可还是发生了赤壁之败,未能灭掉吴国和蜀国。看来,即使熟读《孙子兵法》也并不能百战百胜。也有一种可能,那就是曹操并没有深刻地理解《孙子兵法》的精髓所在,所以才打了这个大败仗。

他接下来又称,后来的人读到《孙子兵法》时,都是用各自的观点来解读兵书,所以对该书作注释的人虽然不少,但能真正理解该书精髓者却很少,而他的朋友梅尧臣也注释了《孙子兵法》,请到他写篇序,于是欧阳修就在该序的后面夸赞了梅所注之精。

◇《孙子十家注》十三卷,清光绪十年皖城杨霖萱刻本,书牌

其实梅尧臣是位文人,怎么可能将一部兵法注释得如此完美,但欧阳修受朋友之托,不能不夸赞几句,估计这种夸赞与事实相去甚远,比如朱熹就对欧阳修的这几句夸赞不以为然:"欧公大段推许梅圣俞所注《孙子》,看得来,如何得似杜牧注的好。"(《朱子语类》)

朱熹看了梅尧臣的注释后,觉得梅注不如杜牧的注释更佳。其实细想想,杜牧也同样是位

文人，他的所注怎么可能超过整天带兵打仗的曹操呢？

其实在历史上给《孙子兵法》作注之人还有多位，后世把这些人的注释汇集为一部书，称之为《十一家注孙子》，这十一位注释者分别是曹操、孟氏、李筌、贾林、杜佑、杜牧、陈皞、王皙、梅尧臣、何延锡和张预。

也正因如此，"十一家注孙子"成为了一个固定名词。但《宋史·艺文志》中则著录有吉天保所辑的《十家孙子会注》。由于吉天宝没有说明"十家"分别是哪十位，关于其所少一家，不同的人有着不同的猜测，比如孙星衍、毕以珣和余嘉锡都认为，这两者之差应当是去掉了杜佑，理由是杜佑没有直接注释《孙子兵法》一书，他只是在《通典》中引用了一些注释之文。

但也有人不承认这种说法，更何况日本昌平坂学问所藏有一部《十家注孙子》，而这里所说的十位，则跟后世所称的"十一家"差异较大，其分别为曹操、王凌、张子尚、贾诩、李筌、杜牧、陈皞、孙镐、梅尧臣和王皙。

此所所藏的《十家注孙子》跟《十一家注孙子》有着怎样的关系呢？杨丙安在整理《十一家注孙子》的序言中则称："由于这十家与宋本所著'十家'出入很大，故可肯定二者不是一书。但它是否就是吉辑呢？这就不好说了，因为在历史上，佚之于此而得之于彼者的事例是不少的。我们只能根据某些迹象作如下推

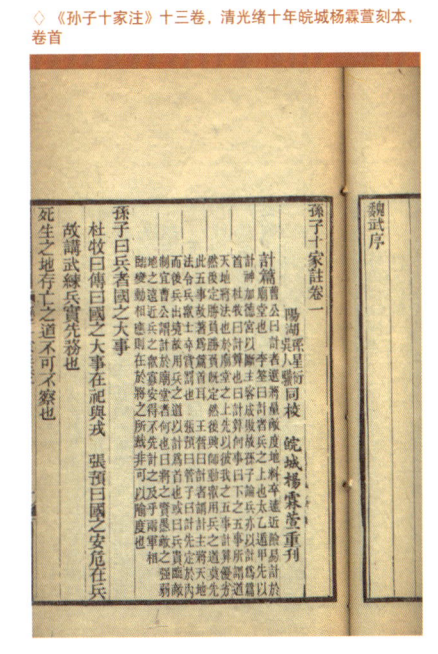

◇《孙子十家注》十三卷，清光绪十年皖城杨霖萱刻本，卷首

测：昌平坂本《十家注》中的王凌、张子尚、贾诩与孙镐四家，唯贾本见于《日本国现存书目》，其他三家在日本则未见有著录，故可推断该本非日人所辑。而在中国，除吉辑与现存《十一家注》外，也不见有另一《十家注》被著录。故谓该本即流传日本的吉辑，亦并非无稽之谈。"

且不管这些说法哪家更有道理，但无论怎样都不会影响《孙子兵法》一书在后世的巨大影响。但也有人认为，这部书并非是孙武所撰，比如叶适在《习学记言》卷四十六中说："春秋末战国初山林处士所为，其言得用于吴者，其徒夸大之说也。"而现代学者钱穆也曾说："《孙子》十三篇，洵非春秋时书。其人则自齐之孙膑而误。"（《先秦诸子系年·孙武辨》）

可是到了1972年，银雀山汉墓出土了一大批竹简，其中就有《孙子兵法》和《孙膑兵法》，由此可知，这两部兵法之书并不能混为一谈，以此证明钱穆的判断是不正确的。

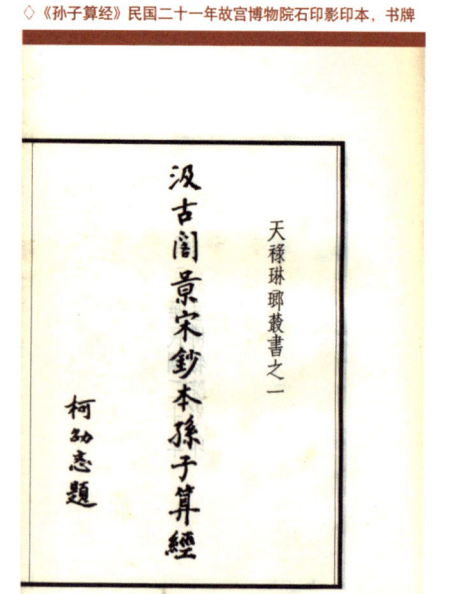

◇《孙子算经》民国二十一年故宫博物院石印影印本，书牌

《孙子兵法》虽然是一部教人如何带兵打仗的兵书，可是从该书的态度上看，孙子并不主张随意开战，比如其中的《谋攻篇》，原本就是细说如何作战者，但孙子却在该篇中称：

> 孙子曰：凡用兵之法：全国为上，破国次之；全军为上，破军次之；全旅

为上，破旅次之；全卒为上，破卒次之；全伍为上，破伍次之。是故百战百胜，非善之善者也；不战而屈人之兵，善之善者也。

孙子认为，作战的最好结果就是让敌人的城池完整地向我方投降，不战而胜方为上策，而以强攻来破城，以此取得胜利则为下策。让敌人整军的部队向我方投降是上策，消灭一个军则是下策，而后以此类推，哪怕只有一个班的部队向我方投降也同样是上策，所以说，百战百胜不算是最高明的战术，不经过交战而让敌人屈服，这才是最高明者。

故上兵伐谋，其次伐交，其次伐兵；其下攻城。攻城之法，为不得已。修橹轒辒，具器械，三月而后成；距闉，又三月而后已。将不胜其忿而蚁附之，杀士三分之一而城不拔者，此攻之灾也。

挫败敌人的谋略才是最高的军事手段，其次则是挫败敌人的外交，再次则是挫败敌人的军队，而最差者才是攻破敌人的城池，所以采取攻城的办法是一种不得已的战术，因为制造各种攻城设备费时费力，而长时间地攻不下来又会让将领情绪失控，不顾一切地让士兵像蚂蚁一样攀爬城墙，这样的结果会造成很重的伤亡。

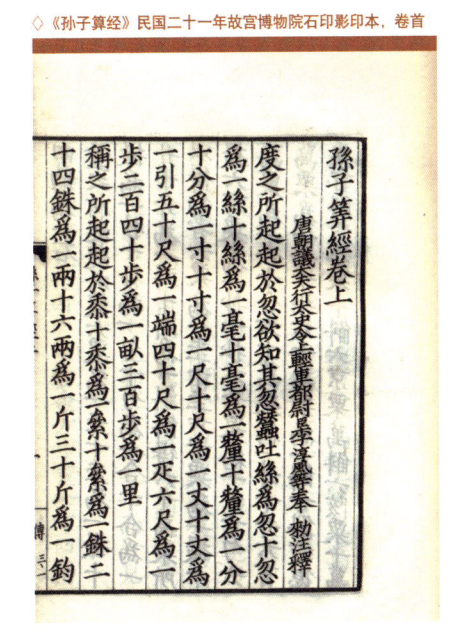

◇《孙子算经》民国二十一年故宫博物院石印影印本，卷首

故善用兵者，屈人之兵而非战也，拔人之城而非攻也，毁人之国而非久也，必以全争于天下，故兵不顿而利可全，此谋攻之法也。

真正善于用兵的人，是不战而让敌人屈服，能够攻战敌人的城池而不是靠硬攻，毁灭敌人的国家而不靠长期的作战，所以不伤害自己的军队而能战胜其他诸侯，这才是最佳之法。

关于如何用兵？《孙子兵法》一书当然会提到，比如：

故用兵之法，十则围之，五则攻之，倍则分之，敌则能战之，少则能逃之，不若则能避之。故小敌之坚，大敌之擒也。

孙子认为，如果己方的兵力超过敌方十倍，那就可以将他包围；如果只是五倍于敌，那就要去进攻他；而己方的部队若仅比对方多两倍，那就需要分散敌人的兵力；如果敌我双方军队力量相仿佛，那就要靠出奇制胜；如果兵力少于敌方，那就要尽量地避其锋芒；如果我弱敌强，那就应当逃避。

◇《孙子遗说》清光绪十年皖城杨霖萱刻本卷首

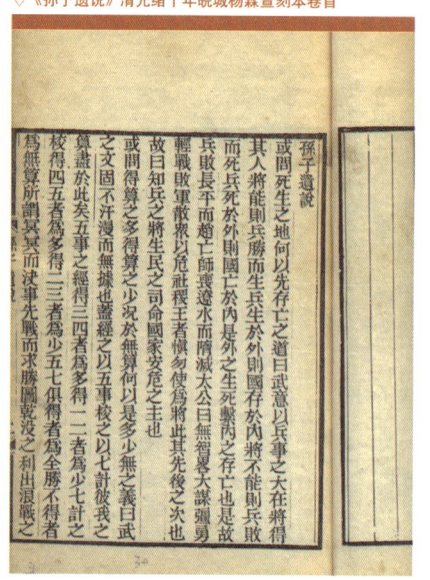

但要做到这一切，必须有个前提，这个前提就是《孙子兵法》中所说的最重要的一段话：

故曰：知彼知己者，百战

不殆；不知彼而知己，一胜一负；不知彼不知己，每战必殆。

对于这段话，毛泽东大为赞赏，他在《中国革命战争的战略问题》一文中说到："中国古代大军事家孙武子书上'知彼知己，百战不殆'这句话，是包括学习和使用两个阶段而说的，包括从认识客观实际中的发展规律，并按照这些规律去决定自己行动克服当前敌人而说的；我们不要看轻这句话。"

虽然《孙子兵法》是一部著名的兵书，但它在文学史上也同样有着重要的价值，刘勰在《文心雕龙》中说："孙武兵经，辞如珠玉，岂以习武而不晓文邪？"而宋郑厚在《艺圃折衷》中认为："孙子十三篇，不惟武人之根本，文士亦当尽心焉。其词约而缛，易而深，畅而可用。《论语》《易》《大传》之流，孟、荀、扬著书皆不及也。以正合，以奇胜，非善也；正变为奇，奇变为正，非善之善也；即奇为正，即正为奇，善之善也。"

郑厚认为，《孙子兵法》一书的文辞写得很优美，就这方面而言，他认为超过了《论语》《孟子》《荀子》《扬子》等书，这样的说法显然有些夸张。然而《孙子兵法》一书的文风也确实对后世有着重要的影响，比如宋严羽在《沧浪诗话》中说："少陵诗法如孙武，大白诗法如李广。"

清林琴南在《春觉斋论文·也字用法》中，从修辞角度讲述了《孙子兵法》对后世的影响："《始古录》谓欧阳修《醉翁亭记》用'也'字，东坡《酒经》用'也'字，王荆公《度支郎中萧公墓铭》皆用'也'字，不知谁相师法，然皆出《孙武子》十三篇中。"

相比较而言，就孙武在文学方面的贡献，以日本学者北村佳逸在其所著《孙子解说·自序》中的夸赞最为高大："彼是兵法家，哲学者，更是东方第一流大文豪。"

对于《孙子兵法》一书中所用到的修辞,《孙子兵法年鉴》（2010/2011）中收有霍福江、杨德平所撰《〈孙子兵法〉的语言运用艺术浅析》,该文总结出了《孙子兵法》中的修辞方式,其中第二条为"长短相间",该篇中称:"今以十字以内为短句,十字以上者为长句,十三篇共有长短句三百多句,短句约占18%,长句约占82%。这个数字表明说理文使用文句的规则,因为长句便于周密、详尽地论理,有助于庄重、透彻地发表主张。但为了总结前文、统领下文或判断形势也不失时机地使用短句。"

马来西亚吕罗拔在《孙子的文学成就》一文中说:"《孙子兵法》是作者用五十年的时间写成的,言简意赅,字字珠玑。朗之诵之,感受绝妙,咀之嚼之,油然心会。以此为文之盛,造句之妙,真个'舍我其谁',王霸之风。其文字琢磨的功夫,用他的话来说,更是'砺于廊庙之上'。"而后该文中举出了《孙子兵法》第一章《始计篇》中的一段话:

> 主孰有道？将孰有能？天地孰得？法令孰行？兵众孰强？士卒孰练？赏罚孰明？吾以此知胜负矣。

对于这段话,吕罗拔做出了如下的分析:"这二十八字真言'孰'了七次,孰出道、能、得、行、强、练、明这治军的七项大事要素与其关键性。写得再也不能更明确,又精简得那么恰到好处。这种平行排列,每四字一个问号,问得朗朗上口,语意鲜明又节奏贯通,容易明白且深留印象,并说得淋漓尽致。此一驾驭语言的艺术,历来似乎难逢第二人。这七句话的文章做法,便是修辞学上的'排比'。"

对于《孙子兵法》一书的整体结构,成印强在《〈孙子兵法〉的文学艺术浅析》一文中说:"相对独立的十三篇又分别为道、天、地、将、法'五事'所统摄，使全书形成一纲举而万目张的总体构思。在整个春秋时期诸子散文尚处于结构不够完整的情况下，孙武不仅完善了说理散文的结构（有标题的篇章体，有别于语录体、对话体或无标题的篇章体），而且使其达到了一个新高度，为后世师法。"

而对于该书的结构形式，该文又做了如下的解析："同时，每篇的结构都按太极生两仪的思想分为前后两大部分。先讲原则，后讲方法；先讲正则，后讲奇变；先讲一般情况的处理，后讲特殊情况下的注意事项。在前后两大部分之间往往有一个过渡性句段，承上启下，概括全篇的中心。在具体的行文中，往往采取板块式的配置，给出成熟的作战模型，使问题集中，层次清晰。"

孙武墓位于江苏省苏州市相城区元和镇文陵孙家门林。这次的苏州之行正赶上马骥张罗公务，于是他就派自己的表弟周先生陪我寻访。

今天一早，周先生来到酒店门口，他跟我说，昨夜他已帮我查过，

◇ 楼宇间的绿地

孙武墓已经没有了痕迹。但我还是不死心，希望到原址去探看，于是开车出城，先奔这个去处。来到此处时，周先生称他所在的出租车公司就在此处不远，他说回公司向老司机们打问。

来到这一带时，眼前所见，此地全变成了大片的高层楼宇，远远望去，在一片水泥森林中还嵌着一块绿地，我觉得唯一的希望就在这绿地之中。果真，不一会儿周师傅从公司走了出来，他兴奋地跟我说："孙武墓还在，就在那一片绿地里。"

闻之大喜，而后把车停在路边，我们一同走进一片香樟树林，里面有间阶的石板，踏着一块块石板前行百十余米即是孙武墓所在。整个墓上全部用石条覆盖，为圆形平顶，四周有石栏。从石色看均为新建，墓碑很高大，近2.5米高，上书"孙武之墓"，墓碑的石色与其他不同，略显陈旧但也并非故物，四周均找不到文物保护牌。

按照《越绝书》上的记载："吴县巫门外大冢，孙武冢也，去县十里。"如此说来，在一千多年前，孙武的墓就已经十分庞大，所以才能被称之为"大冢"，然我眼前所见，恐怕跟这个"大"字实在联系不起来，在这里既看不到历代的碑刻，也没有相应的石牌坊、石像生、望柱等等，这一切都跟孙武在历史上的名声不相符。

如此的景况，跟我的想象差异甚大，这多少让我有些失落，然转念思之，当地有关部门在这寸土寸金的商品房区域内，能将孙武的墓重新修建起来，仅凭这一点，已然很难得，我也就别那样站着说话不腰疼了。

列子：子子孙孙无穷匮也，而山不加增，何苦而不平？

列子名列御寇，乃是先秦诸子之一。唐天宝元年，玄宗皇帝下令，在朝中设玄学博士，同时规定考取该博士者，需要研读四部道家著作，分别为：《庄子》《文子》《列子》与《庚桑子》，同时封庄子为南华真人、文子为通玄真人、列子为冲虚真人、庚桑子为洞虚真人，而与四位真人有关的四部著作则相应称之为《南华真经》《通玄真经》《冲虚真经》及《洞虚真经》。到了北宋景德四年，宋真宗又加封列子"至德"二字，于是《冲虚真经》又被称为《冲虚至德真经》，列子其人则进一步被道教所神化，至宋徽宗宣和元年，又演变成为至虚观妙真君，正式成为道家神仙。

然而有意思的是，在唐玄宗下旨置玄学博士后不久，就有人怀疑《列子》这部书的真伪。最初提出这种怀疑者，乃是柳宗元，他在《辨列子》一文中称："刘向古称博及群书，然其录列子，独曰郑缪公时人。缪公在孔子前几百岁，《列子》书言郑国皆云子产邓析，不知向何以言之如此？《史记》郑缪公二十四年，楚悼王四年，围郑，郑杀其相驷子阳，子阳正与列子同时，是岁周安王三年，秦惠王、韩烈侯、赵武侯二年，魏文侯二十七年，燕釐公五年，齐康公七年，宋悼公六年，鲁缪公十年，不知向言鲁缪公时遂误为郑耶？不然，何乖错至如是？"

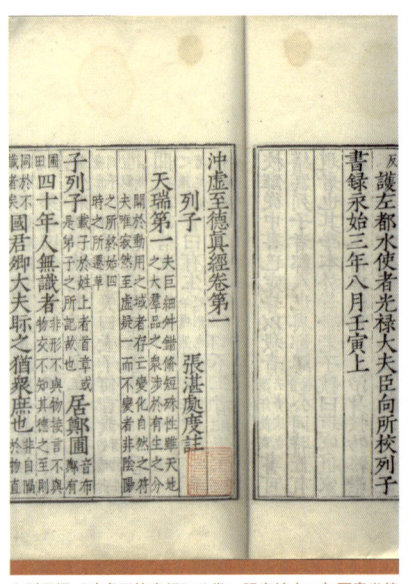

◇列子撰《冲虚至德真经》八卷，明嘉靖十二年顾春世德堂刻六子全书本卷首

柳宗元的怀疑是基于汉刘向、刘歆父子对《列子》一书的整理。刘向整理《列子》之后，写了篇《列子序录》，但这个序录中提到列子是郑缪公时的人，而此人的年代显然与文中所提到的人物相去甚远，所以柳宗元怀疑《列子》一书中有了后人的篡改和补充。

到了清代的姚际恒，他在《古今伪书考》中重述了柳宗元的观点，指出了郑缪公的问题，然马达在《刘向〈列子叙录〉非伪作》一文中，对这种观点予以了辨析："刘向《列子叙录》的原文本是'列子者，郑人也，与郑缥公同时'。在传写中，因字形相似'缥'字误为'缪'字。唐初成玄英《庄子疏》在《逍遥游》'列子御风而行'后的疏文中说：'姓列，名御寇，郑人也，与郑缥公同时。'成玄英这一疏文的根据，只能是刘向的《列子叙录》，足见成玄英所见之刘向《列子叙录》作'郑缥公'，还没有传写致误。姚际恒竟因一字之误，而疑《序》之全体，颇不合理。"

马达先生认为将"缥"误为"缪"只是个传抄的错误，唐初成玄英在《庄子疏》中的疏文内，却没有这种错误，由此说明，后世看到刘向《叙录》中提到的"郑缪公"不过就是传抄的过程中错了一个字，而姚际恒等人以此来彻底怀疑刘向《叙录》为伪作，马达认为，以一字之讹而怀疑该序的全体，这种态度"颇不合理"。

以上的怀疑乃是针对刘向给《列子》一书所写的叙录，而对于内容的怀疑，最早则是宋代的高似孙，他在《子略》中说："然观太史公史殊不传列子，如庄周所载许由、务光之事。汉去古未远也，许由、务光往往可稽，迁独疑之；所谓御寇之说，独见于寓言耳，迁于此讵得不致疑耶？"高似孙的怀疑是从历史记录下手，他说司马迁没有在《史记》中给列子立传，而姚际恒也在《古今伪书考》中引用了高似孙的这段话，以此来表明他也对此深表怀疑。

◇列子撰《列子》，清嘉庆陈氏刻本卷首

同时，高似孙在《子略》中又称："周之末篇叙墨翟、禽滑釐、慎到、田骈、并尹之徒以及于周，而御寇独不在其列。岂御寇者，其亦所谓鸿蒙、列缺者欤？"高在此提到了墨子等名人，他说庄周提到了那么多的历史人物，为什么单单没有提到列子，于是他怀疑这位列子不过是传说中的人物。

由此人们从怀疑《列子》一书，而转为怀疑历史上有没有列御寇其人，高似孙的怀疑起因就是司马迁和庄周未曾提到过列御寇。其实，不知道高似孙是有意回避还是什么原因，因为庄周曾两次提到过列子，比如《庄子·逍遥游》中有句著名的话："列子御风而行，泠然善也，旬有五日而后反。"这段话把列子形容成了一位驾风而行的神仙。而同样是庄子，他又在《让王篇》中说道："子列子穷，容貌有饥色。"这段话又把列子形容成为了一位日子过得颇为困窘的凡人，说他饿得脸都变成了绿色。且不管庄子口中的列子究竟是神仙还是俗人，但有一点却十分的明确，庄子确确实实谈到过列子，而高似孙并不能因为其中的一篇文章没有提到，就可以怀疑庄子之前没有列子其人。

对《列子》一书还有一种怀疑角度，那就是从内容下手。最早从内容方面提出疑问者，仍然是高似孙，他在《子略》中说："至于'西方之人有圣者焉，不言而自信，不化而自行'，此故有及于佛，而世犹疑之。'天毒之国纪于《山海》，竺乾之师闻于柱史'，此杨文公之文也。佛之为教已见于是，何待于此者乎！"

◇列子撰《列子》八卷《考证》一卷，清嘉庆八年刻本，书牌

《列子》一书中提到了西方圣人。一般而言，西方圣人指的是佛教创始人释迦牟尼，而佛教传入中国的时间则大多认定为汉明帝永平七年，虽然也有的人认为佛教传入中国的时间比此要早，会提早到秦始皇时期。

但即便如此，这也够不上列子所处的战国时期，于是除了高似孙之外，还有很多人以此来怀疑《列子》为伪书，比如宋黄震在《黄氏日钞》中说："今考辞旨所及，疑于佛氏者凡二章。其一谓周穆王时西域有化人来，殆于指佛。……其一谓商太宰问圣人于孔子，孔子历举三皇五帝非圣，而以圣者归之西方之人，殆于指佛。……使此言不出于列子，则晋人好佛，因《列子》多诞，始寄影其间，冀为佛氏张本尔。"

黄震认为，《列子》一书中有两处所指应该是佛，一是"周穆王时西域有化人来"，他认为这个"化人"指的是佛；其二则是提到了"以圣者归之西方之人"，指的也是佛。黄震由此推论起来，列子时代佛教没有传入中国，所以他不可能有这样的叙述，接下来黄震进一步地做出推论，他认为晋朝的人好佛，所以他们把一些观念掺杂进《列子》一书中，以此为晋人的好佛找历史依据。黄震倒并没有怀疑《列子》全书为伪，看来他认为只是晋朝人有意地掺杂进一些对自己有利的观念而已。

而后到了清代，姚际恒也赞同这种观点："佛氏无论战国未有，即刘向时又宁有耶？则向之序亦安知不为其人所托而传乎？"姚际恒认为，既然战国时代佛教没有传入，而刘向的《叙录》中却提到了这件事，于是他就进一步怀疑刘向的《叙录》也是后人伪造。对于这种说法，马达完全不赞同，他在《刘向〈列子叙录〉非伪作》中称："'西方'是周代习惯用语，周兴自西方，所以东方诸国称周为'西方'。《列子·仲尼》'不治而不乱'等语也与主张'寂灭'的佛说没有共同之处。曾任周守藏室之史的老子的政治主张，与'不治而不乱'等语是一致的。《列子》所言'西方圣人'，非老子莫属。姚际恒却由此推论刘向《列子叙录》是伪造《列子》者所依托，纯系臆测。"

既然认定《列子》为伪书，那么该书产生于何时呢？钱大昕在《十驾斋养新录》卷八中说："《列子》晋时始行，恐即晋人依托。"他的这个怀疑应当是本自黄震，其实这种怀疑的起因，乃是《列子》一书的整理者为晋人张湛，张湛在《列子注》序言中称："湛闻之

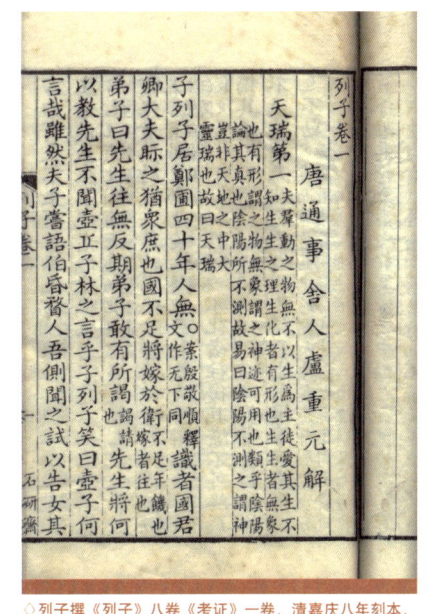

◇列子撰《列子》八卷《考证》一卷，清嘉庆八年刻本，卷首

先父曰：吾先君与刘正舆、傅颖根皆王氏之甥也，并少游外家。舅始周，始周从兄正宗、辅嗣皆好集文籍。先并得仲宣家书，几将万卷，傅氏亦世为学门，三君总角，竞录奇书。及长，遭永嘉之乱，与颖根同避难南行，车重各称力，并有所载，而寇虏弥盛，前途尚远。张谓傅曰：今将不能尽全所载，且共料简世所希有者，各各保录，令无遗弃。颖根于是唯赍其祖玄、父咸子集。先君所录书中有《列子》八篇，及至江南仅有存者，《列子》唯余《杨朱》《说符》《目录》三卷。比乱，正舆为扬州刺史，先来过江，复在其家得四卷，寻从辅嗣女婿赵季子家得六卷，参校有无，始得全备。"

张湛称，他从王宏、王弼家得到了《列子》仅余的三篇，而后又从刘正舆和王弼女婿赵季子家得到了《列子》的一些残篇，之后一番梳理，成为了后世我们看到的《列子》八篇。而正是因为张湛参与了整理过程，于是后世开始怀疑张湛就是已经失传的《列子》一书的伪造者。

比如，清姚鼐在《跋列子》一文中说："《列子》出于张湛，安知非湛有矫入者乎？"姚鼐只是怀疑《列子》一书中掺杂进了一些张湛个人的观点，而梁启超则认为该书全伪，他在《古书真伪及其年代》一书中说："譬如《列子》乃东晋时张湛——即《列子注》的作者——采集道家之言凑合而成，真《列子》有八篇，《汉书·艺文志》尚存其目，后佚。张湛

◇ 列子撰《冲虚至德真经》八卷，清嘉庆九年姑苏聚文堂刻本，书牌

依八篇之目假造成书，并载刘向一序。"

梁启超明确地认为《汉书·艺文志》著录有《列子》八篇，只是后来失传了，于是张湛就根据八篇之目，伪造了该书。而吕思勉也有着同样类似的认定："此书前列张湛序，述得书源流，殊不可信。而云'所明往往与佛经相参，大同归于老、庄'，'属辞引类，特与《庄子》相似。《庄子》《慎到》《韩非》《尸子》《淮南子》《玄示》《指归》，多称其言'，则不啻自写供招。湛盖亦以佛与老庄之道为可通，乃伪造此书，以通两者之邮也。篇首刘向语，更不可信。"（《列子解题》）

然而，严北溟、严捷在《列子译注》的前言中不同意这种认定："我们不能同意张湛作伪说，尽管《列子》有今日之貌，全赖他的保存整理，但这与伪造毕竟是两码事。另有近人马叙伦以张湛之祖得书于王氏，怀疑是王弼之徒所伪造，也只能算是臆测。"那么两位严先生怎么看待这个问题呢？他们在前言中接着说道："我们倒倾向于他在《列子伪书考》中说的：'盖《列子》书出晚而亡早，故不甚称于作者。魏晋以来，好事之徒，聚敛《管子》《晏子》《论语》《山海经》《墨子》《庄子》《尸佼》《韩非》《吕氏春秋》《韩诗外传》《淮南》《说苑》《新离》《新语》之言，附益晚说，成此八篇，假为向《序》以见重。'但此说尚须纠正的是，从《列子》文气简劲宏妙，内容首尾呼应自

◇ 列子撰《冲虚至德真经》八卷，清嘉庆九年姑苏聚文堂刻本，卷首

成一体的特点看,似乎不可能在这样一个长时期内经过多人多次的增纂而成,而只能出于一家之手笔。"

那么,应当怎样客观地看待以上的这些不同观念呢?叶蓓卿在其译注的《列子》一书前言中说:"今本《列子》保存了包括古本《列子》佚文在内的若干先秦文献资料,此外也有一部分内容为后世所附益而成,应当是由魏晋人在《列子》佚文的基础上多方杂取编订成书。观今本《列子》,其文法宏妙、首尾呼应又自成一体,篇章之间逻辑线索排布较为清晰,基本应成于一人之手,但亦有少部分属于后人补撰。"

我觉得这是一种较为客观的态度,虽然说《列子》一书已经掺杂进了一些魏晋人的观点,但并不能将该书彻底抛弃,因为该书中毕竟还有一些战国时代列御寇的观念,即便不承认这一点,那么《列子》一书也至少是魏晋人的一部重要著作,所以彻底将其抛入历史的垃圾堆,显然是一种极端的态度,更何况该书中记录了很多他书所没有的寓言,故而从文学性上来说,这也是一部难得的作品。

关于《列子》的文学价值,早在南北朝时代的刘勰就已经关注到了这一点,他在《文心雕龙·诸子》中称:"列御寇之书,气伟而采奇。"显然这句评语是从文采角度来夸赞《列子》。到了唐代,虽然柳宗元对《列子》有所疑,但他依然认为:"其文辞类庄子,而尤质厚,少伪作,好文者可废耶?"柳认为哪怕《列子》有部分的伪作,但其文采之美,不亚于《庄子》,仅站在这个角度来说,也不可以彻底扬弃。

相比较而言,宋洪迈把《列子》的文采看得更高,他在《容斋续笔》中说:"《列子》书事简劲宏妙,多出《庄子》之右。"至少洪迈认为,就文采而言,《列子》不仅跟《庄子》同伟,而是远在《庄子》之上。到了清末,陈三立的观点跟洪迈相仿佛,他在《读列子》一文中说:

"吾读列子,恣睢诞肆过庄周;然其词隽,其于义也狭,非庄子伦比。"

对《列子》的文采进行整体评价者,当以钱锺书所言最为翔实:"列之文词逊庄之奇肆飘忽,名理逊庄之精微深密,而寓言之工于叙事,娓娓井井,有伦有序,自具一日之长。即或意出抒撯,每复语工熔铸。……能赝作《列子》者,其手笔驾曹、徐而超嵇、陆,论文于建安、义熙之间,得不以斯人为巨擘哉?"(《管锥篇》第二册)而叶蓓卿在其《列子》评注的前言中说:"《列子》寓言不但继承了先秦寓言善于说理的长处,在叙事上更胜一筹,诸多篇目有小说化的倾向,置之魏晋志人志怪小说中亦是淄渑难辨。"

就名气而论,《列子》一书中的寓言故事以《愚公移山》最具名气。这篇文章因为特殊的原因,多年来被选入了中小学课本,且该文一直处于要求学生背诵之列,故使此故事可谓深入人心。愚公带着家人挖山不止,以至河曲智叟嘲笑不止:

> 河曲智叟笑而止之,曰:"甚矣,汝之不惠!以残年余力,曾不能毁山之一毛,其如土石何?"北山愚公长息曰:"汝心之固,固不可彻,曾不若孀妻弱子。虽我之死,有子存焉;子又生孙,孙又生子;子又有子,子又有孙;子子孙孙无穷匮也,而山不加增,何苦而不平?"河曲智叟亡以应。

愚公的这种坚韧不拔的精神竟然让神仙也感到害怕,于是将此事报告给了上帝:

> 操蛇之神闻之,惧其不已也,告之于帝。帝感其诚,命夸娥氏二子负二山,一厝朔东,一厝雍南。自此,冀之南,汉之阴,无陇断焉。

在"文革"后期，兴起了"批林批孔"运动，在"批孔"时常引用《列子》中《小儿辩日》这则故事：

> 孔子东游，见两小儿辩斗，问其故。一儿曰："我以日始出时去人近，而日中时远也。"一儿以日初出远，而日中时近也。一儿曰："日初出大如车盖，及日中则如盘盂，此不为远者小而近者大乎？"一儿曰："日初出沧沧凉凉，及其日中如探汤，此不为近者热而远者凉乎？"孔子不能决也。两小儿笑曰："孰为汝多知乎？"

孔子东游之时，在途中遇到了两个小孩在那里争辩，孔子问他们争辩的是什么问题，其中一个小孩说，我认为太阳刚出来的时候距离人最近，到了中午就远了，而另一个小孩认为正相反。前一个小孩称因为太阳刚升起的时候，看上去像车盖那么大，到了中午却只有盘子那么大了，近大远小，不就是这个道理吗？另一个小孩则称，太阳刚出来的时候人们感觉不到热度，到了中午太阳晒得人像在热汤里一样，而近热远凉，不就是这个道理吗？

孔子听闻后，觉得两小孩说的都有些道理，他无法给出评判，于是两个小孩嘲笑他说，谁说你是个知识丰富的人呢？而在"文革"中，正是从这一点来批判孔子："既然是圣人，应当无所不知，怎么连这么简单的常识都不知道？"其实这一点可以反过来讲，孔子不是曾经说过："知之为知之，不知为不知，是知也。"这不正说明了孔子不欺幼童，两千五百年前就要求孔子懂得今天的天文知识，是不是太苛责古人了。如果放在今日，大人对小孩的提问不知道时，大多是随口一糊弄，而孔子却老老实实地说自己不知道，这样的诚实，不正是后世的表率吗？

孔子有他的诚实，这也可以被视作他为人的坦诚，那么这种坦诚中仍然饱含着他的自信，比如《列子·仲尼篇》中有这样一段话：

> 子夏问孔子曰："颜回之为人奚若？"子曰："回之仁贤于丘也。"曰："子贡之为人奚若？"子曰："赐之辩贤于丘也。"曰："子路之为人奚若？"子曰："由之勇贤于丘也。"曰："子张之为人奚若？"子曰："师之庄贤于丘也。"子夏避席而问曰："然则四子者何为事夫子？"曰："居！吾语汝。夫回能仁而不能反，赐能辩而不能讷，由能勇而不能怯，师能庄而不能同。兼四子之有以易吾，吾弗许也。此其所以事吾而不贰也。"

这段话也极有名气，子夏问老师，颜回的为人怎么样，孔子说，他的仁爱胜过了我；子夏又问子贡如何，孔子说，子贡的口才胜过了我；子夏又问子路，孔子说，子路的勇敢胜过了我；然而子夏又问子张，老师说，子张的端庄谨严胜过了我。

显然，孔子的回答让子夏有些失望，他站起来跟老师说，既然他们四个都比你强，那他们为什么还要拜你为师呢？孔子闻听后立即严肃地让子夏坐下，然后告诉子夏，上面提到的四位弟子分别有优点，但也分别有缺点，即便如此，把这四个人的优点加在一起，交换孔子的长处，那孔子也不会答应。为什么呢？因为孔子说，我具备他们四个人都不具备的特长，也正因为这一点，他们才来拜我为师。

除此之外，《列子》中还有着不少著名的寓言故事，比如《夸父逐日》，比如《杞人忧天》等等，这些也同样脍炙人口，仅凭这些，难道还认为《列子》应该彻底被摒弃吗？

列子墓位于河南省郑州市管城回族区白沙镇大孙庄村北的圃田

村。昨晚乘高铁从华山到达郑州，跟司机王师傅定好明后两天包车，他带我跑计划中的十几个点，入夜就听到了大风声，今早起来果真刮黄了天，风速丝毫未减，气温下降了不少。王师傅在昨天下车前记下了我要寻找的地点，今早，我刚一上车，就看见他手里拿着一张八开大的全市图，他边看边跟我说，昨晚根据这张图，他规划了今日的行进路线，而后又拿出一个导航仪，让我试着输入地址。试了几次都不得要领，于是我掏出自己的导航仪，插在车上试用，还是自己的东西用得轻车熟路，马上就找到了要去的第一个地点——列子祠。然导航仪内规划出来的路径王师傅很不认可，他说上面指出的都是老路，现在有新的高速，环城行驶全免费，比走老路好得多，他说到"免费"两个字时，很明显语气中加了力度，边说边顺手就把我的导航仪拔了下来。

为了出行方便，我所选的酒店处在郑州市的东郊，今早打点出门看着向市内行驶的道路上车流堵成了一团，而我们向城外行驶却是如此的畅通，我由衷赞叹自己在选择酒店时的高明，然从高速口下道时，仍然堵着很长的车流，王师傅说此种情形原因有三：一是大车要称重，因为大货车按重量计费；二是外地车收费而本地车免费，但外地车和本地车掺杂在一起；三是市内堵得太厉害，因为本市车不收费，所以很多本地的车也挤在了这条路上。

圃田村的建设很是混乱，几条街区同时在盖房，沙石和吊车全部占满了马路中央，将前行的路彻底堵死，王师傅凭着道路熟，在窄窄的小街区中绕来绕去，但即便如此，这些小街小巷之内，也同样拥堵，行走了一段之后，我终于耐不住性子，下车徒步去寻找，下车之处就看到路牌名曰"列子大道"，但这条大道实际上是一条不宽的小街。

沿此街向南行，刚走出去二十米，就看到一个占地约五六亩的广场，广场的入口处用铁栏杆围成了门圈形，上面用金属字写着"列子广场"，这四个字的中间还加了一个阴阳鱼的太极图，广场的正中空空荡荡，在其前方靠后位置，一个碑座上立着雕像，雕像下面的碑座贴着蓝色和红色的瓷砖，正中的位置刻着"子列子"三个字，在雕像的后方是一溜排开的卖菜车，这里已变成了菜市场。我向一位菜贩询问列子祠如何走，几个人都说没有听说过。

说话间我无意回望，在旁边的不足二十米处，看到了列子祠的黑色标牌，立刻跑到门口，旁边的收费处关着门，径直走进院门，里面站着一位农民工形象的人员让我买票，他说票价十元，我掏出二十元，他说找不开，我说等我出来后你再找给我即可，他同意了我的建议没有说话，从自己兜里掏出一沓简易的门票，先用圆珠笔在其中一张票上填上日期，撕下之后递给我，没有接我的钱，让我把这二十元钱投入旁边的功德箱，这种收门票的方式我倒是从未遇见过，犹豫了一下还是按他的要求做了。

◇ 找到了列子祠

◇ 纪念碑

　　列子祠的侧墙上嵌着郑州市文保单位的铭牌，而入口处的牌匾却写着"列子故里"四个字，门楣上还拉着横幅，上面写着："列子故里游一游，笑口常开不发愁"。穿过山门进院即看到了站在台上的列子雕像，这个两层石台及列子像均为新制作者，在侧墙上看到了介绍石牌，称此坛名称为"八卦御风台"，是列子生前讲经论道、御风的地方，然而登坛的石阶上却写着禁止照相，整个院内仅我一位游客，也未看到工作人员，于是我举起相机继续拍照。

◇ 后院是祠堂

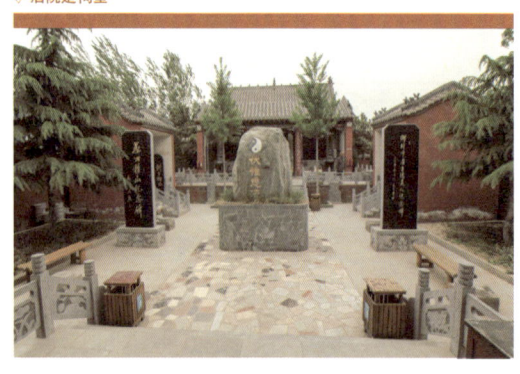

　　拍照完毕后沿路前行，刚走出十余米，即看到了祠堂。祠堂的入口处摆列着许多新刻的石碑，碑铭有"冲

虚真人纪念碑""冲虚至德真人纪念碑""愚公移山纪念碑"等。进入院内，祠堂的门口有四五个人正在用大麻袋装香灰，他们边干活边商量着这香灰能不能倒掉，因为是给圣贤上供用的。我向其中一位请教这个祠堂是不是个人建造的，其中一位老者含糊其词地说，祠堂是村里自己办的。

祠堂很小，里面的面积不超十平方米，门口同样贴着禁止拍照的标识，里面供奉的道士像也是新制作的，塑像的左右两端还摆着一些庆贺用的花篮。

整个列子祠占地面积很小，感觉总面积超不过一亩，用不了几分钟就能转一圈，拍照完毕后，回到门口向那位看门者询问列子墓所在，他说墓不在此处，而是在另一个村，但同时又告诉我本村还有个碑林，里面有列子的衣冠冢，真的列子墓平常锁着门，每月只有初一和十五开门，不如就去拍他们村的衣冠冢，并且说如果衣冠冢锁着门可以返回来找他，他去找人帮我开门。我谢过他的好意，决定前往一看。

按其所指，沿着列子大街继续前行，前行不到三十米，在路边的右侧看到了"列子碑林"的铭牌，门口一位大娘正在扫垃圾，见我走过来她主动打招呼，说今天的灰太大了。我觉得她说的灰应该是指今天刮风的情形，于是随口跟她做着应答，而后问她：哪里能找到开碑廊院门的人，她反问我谁让我来到了这里，我说是祠堂的人介绍我来的，边说我边从兜里掏出那张简易的门票出示给她看，

◇ 列子在这里御风而行

◇ 整齐划一的列子碑林

她没再言语转身掏出钥匙给我开了门。

碑廊呈窄窄的长条形,宽度不足十米,而长度则在一百多米,左侧的墙上画着许多列子的故事,而右侧则全是整齐排列的石碑,碑的大小形制完全相同,密密地排在一起,旁边的介绍铭牌上写着:"碑林建于二〇一〇年九月,共刻制石碑一百二十四通。其中纪念碑八通,领导题词十通,著名专家题词六十三通,古人颂列祠碑文十六通,公德捐资碑二十七通。"分类明确数量清晰,这种标示方法倒颇为少见。

◇ 列子碑林入口

沿着碑侧的甬道一直向内走,看到所谓的书法碑,上面刻的都是列子的文句,有些碑上面的字体,则是纯粹的仿宋印刷体,碑的背面大多刻着书写者的生平介绍,感觉这个碑廊就像一个当代书法展。碑廊的尽头即是列子衣冠冢所在,用圆月门单独将此区隔开,门楣上写着"列子陵园"四字,旁边有个介绍牌,上面刻着:

> 列子陵园建于二○一○年十月,内建有一座列子衣冠陵墓,周长17米,高2.6米,上栽酸枣树19棵,墓顶上栽有当地生长的毛叶草,周围栽有四季常青树11棵。墓前立一通先人列御寇、列夫人衣冠墓地石碑,四周用青石雕刻列子一生为民办好事的传说故事十六篇,供世人及后代人参观纪念。
>
> 二○一○年十二月

我不明白这个牌子上,为什么要将各种树名和具体的数量详细列出,没能联想出这跟列子的生平挂钩的地方,牌子上也没有说明这个衣冠冢内埋着哪些跟列子有关的物品。小院的面积约二十平方米大小,正中的位置垒成了一个大坟丘,三面的墙上还用连环画的形式彩绘着列子的故事。

拍照完毕后,我原路返回,等我从碑廊出来,那位老太太还在继续着自己清扫灰尘的工作,她看到我走出来,还是那句话,"今天的灰很大",我随声应和着,不知道这是不是她的口头禅。

回到车上,王师傅说他已经问过朋友,列

◇ 列子衣冠冢

◇ 列子墓大门上着锁

子墓今天不开门，因为今天不是初一也不是十五，只有到这两天才会有人来祭拜，我不死心，还是让他驱车前往此村。从列子祠开到大孙庄村，其实很近，路程超不过一公里，然而道路却极为难行，费时半小时，终于找到了列子墓所在的院落，果真上着锁。

我从旁边爬上围墙向内张望，然进门处一块新刻的大石碑像影壁墙一样遮住了后面的墓园，完全无法拍照。从墙上下来，围着入口处仔细寻找突破口，无意间看到大铁门上写着："有事请打电话"，下面写着两个手机号，我试着拨打其中一个号，听到一位男士的声音，我刻意向他讲明了来意，

◇ 列子墓前的碑券

◇ 列子墓丘

他说自己马上到，让我稍等。不到十分钟，一位老汉骑着电三轮来到了门口，他不说话，掏出钥匙打开了院门，我马上向他道谢，老汉痛快地说："没事，这是应该的。"他看上去约七十多岁年纪，脸上的白胡碴，修剪成一寸多长的造型，一眼望去有些跟海明威相像，我问他是不是负责看列子墓的，老汉回答说是自己的老伴负责。

　　列子墓园同样也是窄窄的一个竖条，两侧种着不大的柏树，中间是一条二十多米长的甬道，甬道的尽头即是列子墓所在，墓的前方用三角铁做骨架，上面覆盖着石棉瓦，做成了简易棚的形制，左右两侧各立着一块三米多高的石碑，上面分别用篆书和隶书刻着"功德无量"四个字。穿过石碑继续前行，就是列子的墓丘，有青砖围着墓裙，高约一米，墓的直径约三米多，上面露顶，长满了杂草，看上去破烂而简陋，整个墓园我感觉都是新近重建者，细看一圈找不到任何古代的痕迹。

鬼谷子：审定有无与其实虚，随其嗜欲以见其志意

鬼谷子是战国时代纵横家的开创者。先秦诸子有"九流十家"之说，其原始出处应当是《汉书·艺文志》："诸子十家，其可观者九家而已……若能修六艺之术，而观此九家之言，舍短取长，则可以通万方之略矣。"这段话的前面分别列出儒家、道家、阴阳家、法家、名家、墨家、纵横家、杂家、农家及小说家，此即为"十家"，而所谓"九流"，则是去掉了小说家。《南史·袁粲传》中称："九流百氏之言，雕龙谈天之义。"

以上所引《汉书·艺文志》中的那段话，其实前面还有一句"凡诸子百八十九家"，看来在汉代，能够统计出诸子百家有一百八十九家之多，然而其中最著名者，仅有十家，而纵横家却为其中之一家，由此足见鬼谷子所创造的纵横家派在当年也是很有影响力的一个派别。

虽然如此，关于鬼谷子其人，却大多语焉不详，不但他的名字有着各种各样的说法，甚至有人怀疑是否历史上实有其人，但他的事迹仍然在各种历史记录中有着星星点点的蛛丝马迹。司马迁在《史记》中虽然没有给鬼谷子立传，但该部正史却记录了鬼谷子两位极具名气的弟子。《史记·苏秦列传》中说："苏秦者，东周洛阳人也。东事师于齐，而习之于鬼谷先生。"当年苏秦挂六国相印，可谓千

古一人，而他的老师竟然就是鬼谷子。更为奇特者，与苏秦展开生死搏斗的人物张仪竟然也是鬼谷子的弟子，《史记·张仪列传》中称："张仪者，魏人也。始尝与苏秦俱事鬼谷先生，学术。苏秦自以不及张仪。"这两位大弟子几乎掌控了战国时期的整个政局，他们一个讲连横，一个讲合纵，而将他们二人的观念联合起来，不正是鬼谷子所强调的"纵横"吗？

关于苏秦和张仪跟随鬼谷子学习的事，《扬子法言》中的《渊骞》篇有这样一段记录："或问：'仪、秦学乎鬼谷术，而习乎纵横言，安中国者各十余年。是夫？'曰：'诈人也，圣人恶诸。'曰：'孔子读而仪、秦行，何如也？'曰：'甚矣，凤鸣而鸷翰也。'曰：'然则，子贡不为欤？'曰：'乱而不解，子贡耻诸；说而不富贵，仪、秦耻诸。'或曰：'仪、秦其才乎？迹不蹈已。'曰：'昔在任人，帝曰难之，亦才矣。才乎才，非吾徒之才也。'"

按照扬雄的这段记载，同样认定张仪和苏秦乃是鬼谷子的弟子，而他们所学，就是纵横家言，虽然在扬雄的记录中，他很不喜欢纵横家派，认为他们讲究的是阴谋诈术，但有一点倒可以说明，在那个时代认定张仪、苏秦所本持的纵横家言，就是得自鬼谷子。

对于张仪和苏秦跟鬼谷子学习之事，以王充在《论衡·答佞》中所记的一段话最为形象："术则纵横，师则鬼谷也。传曰：苏秦、张仪纵横，习之鬼谷先生。掘地为坑，曰：'下，说令我泣出，则耐分人君之地。'苏秦下，说鬼谷先生泣下沾襟。张仪不若。"

王充说，当时苏秦、张仪同拜鬼谷子为师，学习纵横术，而这位鬼谷子的考试方式很是奇特。可能是这两位弟子学成之后要出山了，鬼谷子想考察一下他们所学究竟到了什么程度，于是命人在地上挖了个坑，然后让两位弟子到坑里去，同时跟弟子说，谁能把我说哭了，谁就能出师了。于是苏秦先下到了坑里，一番讲说果真让老师泪流满面，可是张仪却没有达到这样的效果。但是后来，张仪的那套本事，最终还是战胜了苏秦。若鬼谷子能够知道这个结果的话，不知道会作何想。

关于张仪和苏秦拜鬼谷子为师，十六国时的王嘉在《拾遗记》中"秦始皇"一条下说："秦始皇时，张仪、苏秦二人，同志好学。迭剪发而鬻之，以相养，或佣力写书，非圣人之言不读。遇见坟典，行途无所题记，以墨书掌及股里，夜还而写之，析竹为简。二人每假食于路，剥树皮编以为书帙，以盛天下良书。尝息大树之下，假息而寐。有一先生问曰：'二子何勤苦若是？'而仪、秦共与言论曰：'子何国人？'答曰：'吾始生于山谷，世论谓余归谷子也。'秦、仪后游学，复逢归谷子。乃请其学术，则教以干世俗之辩。乃探胸中韦秩三卷书，言辅时之事。故仪、秦学之以终身也。古史考云：仪、秦受术鬼谷先生。'归'之声与'鬼'相乱故也。"

看来张仪、苏秦后来有那么大的成就，跟他们年轻时的刻苦用功有很大关联。两人在一起刻苦读书，遇到没有的书就努力抄写，他们将所抄之书用树皮来做书囊，某天可能是干得太累了，两人就在大树下休息一会，这时过来了一位先生，问他们何以如此的刻苦，一番问答，他们知道这个人就是鬼谷子，再后来，两人周游列国之后，又碰到了鬼谷子，可能他们终于相信这位先生确实有学问，于是就拜其为师。而鬼谷子也尽心教授，终于使得两位弟子名扬天下。

然而梁元帝萧绎在《金楼子·志怪》中的一段记录却把日本的开国人物——徐福跟鬼谷子联系在了一起："神洲之上有不死草，似菰苗。人已死，此草覆之，即活。秦始皇时，大苑中多枉死者。有鸟如乌状，衔此草坠地，以之覆死人，即起坐。始皇遣问北郭鬼谷先生，云：'东海瀛洲上不死之草，生琼田中。'秦始皇闻鬼谷先生言，因遣徐福入海求金菜玉蔬，并一寸葚。"

萧绎称,秦始皇听到神洲有一种不死草,把这种草盖在死人身上,死人就能复活,于是派人问鬼谷子,哪里能找到这种草。鬼谷子说在东海之上,于是秦始皇就派徐福入海寻求。按照其他的说法,秦始皇派徐福带五百童男童女去东海寻找的是长生不死药,他一去不复返,于是开创了日本国,而按照萧绎的记载,徐福去寻找的,乃是一种起死回生的仙草,这么说来,也跟长生不老药差不多。而人们在津津乐道徐福出海寻药之事时,却少有人提起这是鬼谷子出的主意。

如此说来,鬼谷子在历史上实有其人,但显然"鬼谷子"不是他的名字,那他叫什么呢?对于这一点,历史同样有着不同的说法。比如宋马端临在《文献通考·经籍考》中引用唐陆龟蒙的说法:"鬼谷先生,名训。"不知陆龟蒙何以知道鬼谷子名叫"训",但姓什么,他没有说。而宋李昉在《太平广记》卷四引《仙传拾遗》中的说法:"鬼谷先生,晋平公时人,隐居鬼谷,因为其号。先生姓王名栩,亦居青溪山中。"按照这样的说法,鬼谷乃是他的号,他的真实姓名叫王栩。在这里虽然有着"训"与"栩"的区别,但这两个字的读音似乎也差不多。

关于鬼谷子的名还有一个说法,明人李杰在《道藏目录详注》中说:"鬼谷先生,晋平公时人,姓王名诩,不知何许人,受道于老君。"李杰说,鬼谷子的名字叫王诩,这个字倒是跟"栩"的字形相像,但这位王诩是哪里人,李杰说不清楚。可是他又有了一个奇特的说法,那就是鬼谷子的老师乃是老子。何以有此之说,李杰没有解释。

而关于鬼谷子的籍贯,嘉庆年间所修的《大清一统志》中则称:"鬼谷子姓王名诩,楚人。尝入云梦山采药得道。"此处点明鬼谷子为楚国人,但除此之外,各种历史记载中对鬼谷子的籍贯也有着不同的说法，比如南朝宋裴骃在《史记集解》中引用晋徐广的说法："颍川阳城有鬼谷，盖是其人所居，因为号。"而唐司马贞在《史记索隐》中也称："鬼谷，地名也。扶风池阳、颍川阳城，并有鬼谷墟，盖是其人所居，因为号。"

除此之外，宋乐史在《太平寰宇记》中又说："清水谷，又名鬼谷，苏、张师事鬼谷先生学即此谷也。"而该地乃是当今陕西三原县的西北。余外还有其他的几种说法，相比较而言，以明嘉靖二十四年所修《淇县志》所载最为详细。该志中说当地云梦山水帘洞"世传鬼谷子隐居处"。

关于鬼谷子的学问，究竟属于哪一家，除了上面所提到的纵横家外，还有不少的人认为《鬼谷子》一书乃是兵书，所以鬼谷子应当属于兵家。对于这种说法，许富宏在其译注的《鬼谷子》一书前言中称："从学术的角度看，对先秦诸子进行学派划分只是为了研究的方便，也只是一个相对的划分。实际上，先秦诸子各家之间在思想观点上也都是相互兼容吸收，并不是截然分开的，《鬼谷子》也是一样。说《鬼谷子》是纵横家，或者兵家，都是有道理的。"从各种文献记载来看，早期书目大多将《鬼谷子》列入纵横家，比如《隋书·经籍志》《旧唐书·经籍志》《新唐书·艺文志》《中兴书目》《宋史·艺文志》、晁公武《郡斋读书志》、郑樵《通志·艺文略》、马端临《文献通考·经籍考》、陈振孙《直斋书录解题》等等。然而在相应的目录版本著述中，纵横家类仅有《鬼谷子》一书，可见他的这门学问是何等的独特。如前所言，有人认为鬼谷子是老子的弟子，这种说法显系附会，然而也并非完全没有道理，因为《鬼谷子》中的一些观念就是本自老子。许富宏在前言中又称："《鬼谷子》的'阴'谋思想是受《老子》影响。《老子》虽然崇阴尚柔，但没有将其用来进行计谋，是《鬼谷子》将这种思想用来思考谋略的理论问题，并提出'阴道阳取'的谋略本质,这是对谋略学的巨大贡献。"

虽然说,纵横家乃是后世给鬼谷子一派的命名,其实在《鬼谷子》中已经有两处提到了"纵横"这个概念,比如第二处乃是该书中的《忤合》篇:

> 古之善背向者,乃协四海,包诸侯,忤合之地而化转之,然后求合。故伊尹五就汤,五就桀,而不能有所明,然后合于汤;吕尚三就文王,三入殷,而不能有所明,然后合于文王。此知天命之箝,故归之不疑也。……故忤合之道,己必自度材能知睿,量长短远近孰不如。乃可以进,乃可以退,乃可以纵,乃可以横。

此段话称,作为游士,应该要善于选择主人,而这种策略就称之为"忤合"。但是根据以上所言,鬼谷子的择主观念最为强调者,是按照自己的意愿而行,所以他并不讲求儒家所强调的忠君与正义,这一派的关注点就是看辅佐之人是否能够对自己最有价值,而完全不管所事之人是正义还是非正义。也正因为这一点,《鬼谷子》被后世所排斥。

比如《鬼谷子》的第一篇为《捭阖》,对这两个字的意思,陶弘景解释道:"捭,拨动也;阖,闭藏也。"这么解还是不能知道该词的含义,于是陶弘景接着说:"凡与人言之道,或拨动之令有言,示其同也;或闭藏之令自言,示其异也。"此话的意思是称,纵横家在游说过程中,向对方表明自己的真实意图,并用言辞打动对方,使对方能够接受自己的观念和计谋;而在有的时候,又要隐藏自己的真实意图,采用巧妙的办法,让对方先说出他的真实想法,然后暗中再思索这种说法是否与自己的意图相符,而后再决定下一步如何行动。鬼谷子在《捭阖》篇的第一段写道:

> 粤若稽古，圣人之在天地间也，为众生之先。观阴阳之开阖以名命物，知存亡之门户，筹策万类之终始，达人心之理，见变化之朕焉，而守司其门户。故圣人之在天下也，自古及今，其道一也。

这段话可谓是作为游说之士的总纲。他首先称圣人是天地间的主宰，而作为圣人要能观察天下的万物变化，同时还要掌握人心的波动，掌握生死的规律。为什么要掌握这些呢？该书又说道：

> 夫贤不肖、智愚、勇怯有差，乃可捭，乃可阖；乃可进，乃可退；乃可贱，乃可贵，无以为牧之。审定有无与其实虚，随其嗜欲以见其志意。微排其所言而捭反之，以求其实，贵得其指；阖而捭之，以求其利。

因为人天生就有差异，有的人是贤才，有的人是庸才，同样有智慧者，就有愚蠢者，有勇敢者就有懦弱者，所以要观察每一个人的秉性，而后根据不同情况来决定进还是退，以便顺应每个人的特点来驾驭他；同时顺着他的爱好和欲望来推测出对方的真实意图，通过品味对方的言辞来了解实情，最终再决定是阖还是捭。

了解到这一点之后，接下来应当怎么做呢？文中写道：

> 或开而示之，或阖而闭之。开而示之者，同其情也；阖而闭之者，异其诚也。可与不可，审明其计谋，以原其同异。离合有守，先从其志。即欲捭之贵周，即欲阖之贵密。周密之贵微，而与道相追。

根据所掌握的情况来决定是把自己的真实想法告诉对方，还是将事情掩藏起来。当对方的情况或目的跟自己完全相同的时候，就可以显示出自己的真实给对方看，当自己的情况与对方不同时，就不能公开。使用上述方法的条件，是首先要搞清楚对方的意图，而后来判断与己是否相同。而是合还是离，这就需要等待时机，一旦有想法时，首先要满足对方的意愿，但无论是合还是离，一定要做得严密周到。

《鬼谷子》的第五篇名为《飞箝》，关于这两个字，陶弘景的注释为："飞，谓作声誉以飞扬之；箝，谓牵持缄束令不得脱也。言取人之道，先作声誉以飞扬之，彼必露情竭志而无隐，然后因其所好，牵持缄束，令不得转移也。"这里的"飞"字就是夸赞对方，"箝"字就是钳制，此两字合在一起，就可以解释为，先故意地夸赞对方，等到对方消除了戒备之心，暴露出实情，然后再控制对方。所以该书中的《飞箝》一篇，被后世目之为"制人术专论"。

对于该篇的内容，许富宏在译注中称："本篇在《鬼谷子》中占有重要地位，其所言制人之术与法家所言制人之术不同。法家所言制人之术旨在言君主如何控制臣属，纵横家所言制人之术则是作为臣属的策士如何控制国君。同样为制人之术，纵横家给出了别样的智慧。"

然而《飞箝》篇所讲求的技巧乃是利用对方的心理弱点，来控制对方的行为，正是这一篇，被儒家视之为不讲道德的典范，受到了广泛的批判。此篇的首段为：

> 凡度权量能，所以征远来近。立势而制事，必先察同异，别是非之语，见内外之辞，知有无之数，决安危之计，定亲疏之事。

然后乃权量之，其有隐括，乃可征，乃可求，乃可用。

这段话可谓是该篇的纲领，其称作为纵横家，首先要广泛地从各个方面来搜集信息，通过对信息的分析来了解清楚对方跟自己的意图，有哪些异同，更重要者，要分辨出对方言辞背后的含意，以此来确定跟此人的亲疏关系，同时在具体的事件中，要检测自己的判断，而后修订策略，最终确定下一步的行动。

引钩钳之辞，飞而钳之。钩钳之语，其说辞也，乍同乍异。其不可善者，或先征之而后重累，或先重以累而后毁之。或以重累为毁，或以毁为重累。其用，或称财货、琦玮、珠玉、璧帛、采色以事之，或量能立势以钩之，或伺候见涧而钳之，其事用抵巇。

首先要对这些人多说恭维话，故意赞美对方，为对方制造声誉，以便让对方高兴时泄露实情，然后来控制他。而这种赞美也要根据情况有所变化，有时赞美，有时也要说一些与对方不同的话，如果遇到不喜欢虚名的人，就先不要奉承，而是想办法抬高他的名誉和地位，使得他名不副实，而后为捣毁他做准备。如果这种计策一次不成，就要反复地使用，直到毁掉对方。在迎合对方的具体办法上，要想办法贡献出对方所喜欢的金钱、美誉、珍宝、美女等，直到找到对方的弱点，以此来钳制住他。

对于飞箝之术的应用，该篇中也作了如下的说明：

用之于人，则量智能、权材力、料气势，为之枢机。以迎之随之，以钳和之，以意宜之，此飞钳之缀也。用之于人，则空往而实来，缀而不失，以究其辞。可钳而纵，可钳而横；可引而东，可引而西；可引而南，可引而北；可引而反，可引而覆。虽覆能复，不失其度。

看来飞箝的使用也需要条件，那就是要先考量对方的气量、才干和气势，只有搞清楚这些细节，才能进一步用飞箝之术来控制他，以此让对方跟自己的目的达成一致。等到钳制住对方之后，再决定跟对方是由横向还是纵向来发展下去，最终将对方彻底掌握住。对于人的控制，《鬼谷子》的《谋篇》中还有这样一段话：

故去之者纵之，纵之者乘之。貌者，不美又不恶，故至情托焉。可知者，可用也；不可知者，谋者所不用也。故曰："事贵制人，而不贵见制于人。"制人者，握权也；见制于人者，制命也。故圣人之道阴，愚人之道阳；智者事易，而不智者事难。以此观之，亡不可以为存，而危不可以为安，然而无为而贵智矣。

如果要除掉对方，就必须先放纵他，待他放纵到一定程度后，再顺理成章地干掉他。要重视喜怒不形于色的人，在用人方面，只能用彻底了解的人，如果对某人还没有足够的了解，在计谋上就不能使用他。做任何事情，贵在制约他人，而不被他人所制，因为控制住了别人，自己就有了主动权；若被别人控制，命运就掌握在了别人手里。所以，圣人做事，讲究的是阴，而愚人做事，才讲究的是阳。

总之，《鬼谷子》一书基本所讲都是揣摩人的心理，然后掌握住对方，最终达到自己的目的。该书不讲究道德，不管正义与否，一切以目的为先，这也是该书未曾受到好评的原因。但就人性而言，鬼谷子可谓分析得十分透彻，所以说该书完全不是一部兵书，其实就是治人术。

既然是这样一部名书，那它在修辞方面一定有着独特之术。如果是一部别人难以读懂的书，那它就没可能有着如此深的影响力。而高胜林、常晓玲在其所著的《中国古代三大修辞著作〈鬼谷子〉〈文心雕龙〉〈文则〉之比较》一文，从题目即可看出《鬼谷子》在修辞学上的地位。该文认为"《鬼谷子》蕴含着丰富的广义修辞学内容"，文中称："《捭阖第一》是总论，提到一条贯穿全书的修辞原则：要关注修辞对象的差异性，'捭阖之道，以阴阳试之，故与阳言者依崇高，与阴者言依卑小。'可见了解修辞接受者的心理特质（阳言者、阴言者）是发出有效的修辞信息（依崇高、依卑小）的重要前提。"

此文作了一番分析之后，做出了下列结论："总之，《鬼谷子》从客观事物的关联性、人的心理等深层面去发掘修辞的运行机制，它既强调修辞主体的表达和素养练就，关注修辞接受者能量的激发，又重视修辞实践，因此说《鬼谷子》是一部蕴含着丰富的广义修辞学内容的著作。"

对于《鬼谷子》在文学史上的成就，许富宏在《〈鬼谷子〉研究》一书中说："按照业师赵逵夫先生关于文体分级划分的思路，《鬼谷子》除去已佚的《转丸》《胠乱》两篇外，现在二十一篇的文体均属于散文一大类。虽然，《鬼谷子》各组成部分均有不同程度的押韵，有韵文的倾向。"这段话中所指，乃是说赵逵夫先生在《先秦文体分类与古代文章分类学》中的观念，赵先生把《鬼谷子》视之为有着韵文倾向的散文。

但许富宏认为，《鬼谷子》一书也并非完全如此："从总体上看，各篇均以韵散结合方式出现，归为韵文明显不合适。细一点划分还可分为两小类：一类是《符言》，属于格言体；其他作品皆归为另一类，包括：《捭阖》《反应》《内揵》《抵巇》《飞箝》《忤合》《揣》《摩》《权》《谋》《决》《本经阴符七术》《持枢》与《中经》。这些作品都有鲜明的标题以概括中心思想，全篇皆围绕一个中心，从多个方面来论证观点，可以归纳为论说体。"

既然做出了这样的分类，那《鬼谷子》在具体的修辞手法上，有着怎样的表现呢？许富宏的文中指出："《鬼谷子》的第一部分《捭阖》等六篇，其论证方式皆为：为什么→是什么→怎么样，这一思路是《捭阖》等六篇的共同点。'为什么'，就是指出某论题（也就是某术）到底是如何来的；'是什么'，就是说明这个论题的具体内涵（或某术的内涵）；'怎么样'，就是指出这个论题（某术）的运用原则或方法。"

许富宏在文章中又对《鬼谷子》的第二部分做出了如下的分析："《鬼谷子》第二部分，《揣》等五篇与《鬼谷子》第一部分《捭阖》等六篇在具体论证方法上表现不同。这五篇的论证大致遵循'是什么→为什么→怎么样'的论证思路，是很好的短论。'是什么'，就是给论题下定义；'为什么'，就是解释这个论题的来源；'怎么样'，就是如何运用论题所说的某种'术'。"在对其他部分又作出分析之后，许富宏得出了如下结论："从对以上三个部分的二十一篇作品分析来看，《鬼谷子》'论说体'是相当成熟的作品。所论思路清楚而严密，取得了相当的成就。"

且不论《鬼谷子》一书在修辞上的成就，单就其智谋而言，此书中所表现出的观点可谓一代之雄，南宋高似孙在《子略》中对《鬼谷子》一书做出了这样的总结："《鬼谷子》书，其智谋，其术数，其变诮，其辞谈，盖出于战国诸人之表。夫一辟一阖，《易》之神也；一翕一张，老氏之几也。鬼谷之术，往往有得于阖辟翕张之外，神而明之，益至于自放溃裂而不可御。予尝观诸《阴符》矣，穷天之用，贼人之私，而阴谋诡秘，有金匮韬略所不可该者。而鬼谷尽用而泄之，其亦一代之雄乎！"

鬼谷子隐居处位于河南省鹤壁市淇县西南云梦山东段半山崖上。从浚县拜访过子贡墓后，准备前往鹤壁市的淇滨区去寻找罗贯中的隐居洞。司机在路上给自己的朋友去电话，帮我了解情况，他说有个开出租的朋友就在我要去的那个村，他的朋友说罗贯中的隐居窟洞早就坍塌了，现在什么痕迹都没有了。老人看我失望的样子，建议我到云梦山去玩一玩，他说那里风光很好，我跟他讲自己是来寻找先贤遗迹，不是来游玩的，他说云梦山有个鬼谷洞，我马上拿出自己的行程单，果真上面列明其中一个寻访点就是鬼谷洞，于是请老人驱车前往。一路上老人不断地给自己的熟人去电话，他解释说从山底到鬼谷洞很远，车不让上山，必须找熟人。

从鹤壁市开到淇县的云梦山约三四十公里，在山下果真有查车的栏杆。司机下车走进旁边的办公房内，他说去找熟人，让我在车内等候。司机刚走，路边有位时髦的年轻女子拉开车门就坐在了后座上，她关上后门我闻到了一股很浓的酒味，我以为此人认为我要下车，她接着乘此辆出租，我向她解释说自己是包车，司机进里头找熟人去了，此女子跟我说，你们找的人就是我。说话间，司机回到车上，看到了此女，跟她说，里面的人员不给开进山证，此女二话不说下车进入屋内，不到一分钟就拿出一张收据来，于是，我请她坐在了前面，给司机指路。

驱车向山内开去，每过几公里就有一道岗，女子只要摇下车窗向对方一招手就能通行。前行十几公里，开到了山顶，在山顶上又遇到了查岗者，这道岗比较严，说必须要让领导同意才能开进去，女子拨通电话把手机递给其中一个门卫，才说了两句，电动门就打

◇ 此处竟然写着"中华古军校"

开了，此女子小小年纪如此神通广大，真让我佩服。山路很窄，开到山顶后急转直下，在颠簸的窄路上，左折右转，一直向一个深谷开下，终于下到山底，停在了一个巨大的山涧之中，在如此偏远的大深山之中，竟然看到了成片的古建筑，真不知道古人运进这么多建筑材料要费多大的艰辛。

一路上女子与司机说说笑笑，用当地话聊着家常，两人的年纪至少相差四十多岁，互相不时地拍着肩膀，我猜不出两人的关系。那女子的本领是一路上领教到了，在这景区她带着我到处拍照，司机说自己实在爬不动了，在半途的台阶上坐着等候我们回来。此女带着我继续爬山，途中不断有工作人员跟她打招呼，她跟别人说自己是带着"我哥"来看看，我不知道"哥"在当地是不是泛称，但我觉得她要说"我叔"好像更恰当。

云梦山景区的入口处，写着"中华古军校"，这种称呼太过现代，

◇ 鬼谷子研究会

◇ 张仪洞

进门即看到了军人乘马车作战的石雕塑，旁边的几间房子门口的匾额写着"河南省鬼谷子学术研究会和中国先秦史学会鬼谷子研究分会"，旁边的石壁上有"云梦鬼谷，中华瑰宝"等多处摩崖刻石，悬崖的下边还立着几块广告牌，上面介绍的是十六集电视剧《鬼谷子》。顺阶而上，首先看到的是鬼谷井，介绍牌称这口井是鬼谷子怀念其母而造建，并说只要围着此井左转三圈右转三圈可以带来好运，我来不及转圈，继续跟着女子上行。

在半山的一块平地上，新加造了一排石券门的窑洞，每个洞内供奉着一尊汉白玉的雕像，有尉缭、徐福、苏代等三人。按照传说，这几位也同样是鬼谷子的弟子。在这些洞的上面还有一间房子，有着半摩崖的一个小洞，门口的告示牌写着"苏秦洞"，说是苏秦随鬼谷子学习纵横术时所居之山洞，进入洞内看到的是一尊两米多高的青铜塑像，旁边写着"鬼谷子演讲"，里面还有几座不同的青铜雕像，展现着一些历史故事的场景片段。在苏秦洞的旁边是张仪洞，也是张仪所居之处，里头也同样摆着坐姿的张仪铜像。

继续向上行，看到了鬼谷祠的石牌坊，沿山的一面建造一个仿

鬼谷子：审定有无与其实虚，随其嗜欲以见其志意

◇ 摩崖刻字

◇ 鬼谷祠牌坊

◇ 崖壁上的刻石用玻璃保护了起来

古亭，里面有鬼谷子站立的石雕像，旁边有个窄而深的洞穴，名水帘洞，岩洞的墙壁上刻满了摩崖石刻，一律都用玻璃护栏保护了起来。我走进洞内，此洞长约二十余米，里面人为地打着不同色泽的彩色灯光，这些光污染杂糅在一起，光怪陆离，给拍照带来了很大困扰。洞的中间部位用栏杆围起，地面的石条有很重的磨损痕迹，说明牌写着这是古车辙遗迹，原长五十米，是战国时期鬼谷子隐居洞内时乘牛出入所留下的遗迹。洞内静悄悄的，仅我一位游客，我小心地走到了尽头，尽头是一个向下的很窄的洞口，我不知里面的情形，探了探身看不到尽头，只好退了出来。

　　拍照完毕后，跟那女子向下走，在半途叫上司机，走到山底时看到了整个景区的介绍牌，在相反的方向标明此处有孙膑墓，这是我所不知道的信息。我向女子询问，她说自己也不了解，问过两个工作人员也都说不知情，这时天色已晚，再爬上另一侧的山我也没了气力，于是只好沿途下山。这应当是本趟寻访之旅中最让我遗憾的一件事。

在下山的路上，不断有大车向山上运送黄土，女子说在山的另一面有一个很大的山顶草原，台湾人在那里要建周易大学。司机将女子送到其家门口，我问司机应当给多少钱酬谢此女，司机说给一百元就行，我觉得这个价钱太拿不出手，因为三人的门票其实两百元都不止，于是递上两百元给此女，此女坚决不接，无奈我只好把钱扔在地上，让司机开车离去，司机说我这个人很仁义。在路上聊天时此女子问我为何来此拍照，我告诉她自己是写书，她问我写书能挣多少钱，我说写一本大约几万块，此女笑笑说这太不容易了，一年写一本书才能挣几万块。

上山前跟司机谈妥，我看完鬼谷洞后，他把我放在山下的路边，我去拦途中的大巴再返回新乡，停到大路边后，我问司机要车资多少，他说一百元。怎么可能这么少？因为已经跑了大半天，司机说你太仁义，刚才给我妹两百元，太多了，我把这个钱给你减了下来，你办文化事太辛苦了，中午饭你就啃了个烧饼，我觉得你太不容易了。他的这个说法让我很是感动，我掏出三百元来给他放在车上，正欲下车离去，他一把拉住我说这绝对不行，你要这样的话，那我把你送到新乡。此时天色已全黑了下来，站在无人的大马路边拦车，我自己觉得没有太大把握，于是听从了他的建议，坐在车上南行五十余公里，进入了新乡市区。我在路边下车，他抓住我坚决塞回了一百元，说不是给你一百元，是你不认路，可以拿这个钱打车回市里，遇到如此的好心人，让我一天的疲累瞬间消散。

庄子：至人无己，神人无功，圣人无名

关于庄子的生平，以《史记》记载最为翔实，但即便如此，与之相关的文字也不过二百多字：

> 庄子者，蒙人也，名周。周尝为蒙漆园吏，与梁惠王、齐宣王同时。其学无所不窥，然其要本归于老子之言。故其著书十余万言，大抵率寓言也。作《渔父》《盗跖》《胠箧》，以诋訾孔子之徒，以明老子之术。《畏累虚》《亢桑子》之属，皆空语无事实。然善属书离辞，指事类情，用剽剥儒、墨，虽当世宿学不能自解免也。其言洸洋自恣以适己，故自王公大人不能器之。楚威王闻庄周贤，使使厚币迎之，许以为相。庄周笑谓楚使者曰："千金，重利；卿相，尊位也。子独不见郊祭之牺牛乎？养食之数岁，衣以文绣，以入大庙。当是之时，虽欲为孤豚，岂可得乎？子亟

◇ 庄子撰《庄子南华真经》，明闵氏刻朱墨套印本

去,无污我。我宁游戏污渎之中自快,无为有国者所羁,终身不仕,以快吾志焉。"

这段话谈到了庄子的籍贯以及名称,和曾经担任过的职务,然而却没有提到他的家庭出身。有些资料上称庄子是没落的贵族,但却没能举出相应的证据来。《史记》的列传中还提到了庄子所作几篇著作的名称,同时称他的思想主张乃是老子观念,并说他诋毁儒家,由此可以看出,司马迁并不赞赏庄子的思想。但司马迁又说,庄子文章所展现出来的文采特别漂亮,楚威王听到庄子的名声之后,花重金聘请他来做宰相,却遭到了庄周的拒绝,他更愿意自由自在地生活在这个世界上。

《庄子·列御寇》中有一段话记述了庄子在临死之前跟弟子的对话:

◇ 庄子撰《南华真经》十卷,明嘉靖间翻刻嘉靖十二年顾春世德堂刻六子全书本

庄子将死,弟子欲厚葬之。庄子曰:"吾以天地为棺椁,以日月为连璧,星辰为珠玑,万物为赍送。吾葬具岂不备邪?何以加此!"

弟子曰:"吾恐乌鸢之食夫子也。"

庄子曰:"在上为乌鸢食,在下为蝼蚁食,夺彼与此,何其偏也。"

以不平平,其平也不平;以不征征,其征也不征。明

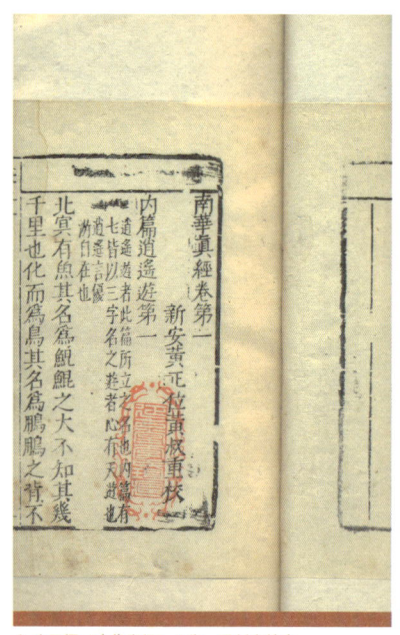

◇ 庄子撰《南华真经》八卷，明刻巾箱本

者唯为之使，神者征之。夫明之不胜神也久矣，而愚者恃其所见入于人，其功外也，不亦悲乎！

这段对话表达出了庄子的人生观，他反对厚葬，觉得死后可以将身体与天地融为一体。弟子们担忧薄葬会让鸟吃了他的身体，而庄子却说，被天上的鸟吃，还是被地下的蝼蚁吃，其实没什么区别，为什么要厚此薄彼地做出选择呢？即此可知，他的人生观是何等豁达。

关于《庄子》的思想性，相关的研究可谓汗牛充栋，在此不作评述，而本文所谈，只是该书的文学性。如前所说，早在司马迁的时代，《庄子》的文学性即受到了关注。到了魏晋时期，玄学大盛，使得庄子的思想受到了空前的关注，《宋书·谢灵运传》中说："有晋中兴，玄风独振。为学穷于柱下，博物止乎七篇，驰骋文辞，义殚乎此。自建武暨乎义熙，历载将百，虽缀响联辞，波属云委，莫不寄言上德，托意玄珠，道丽之辞，无闻焉尔。"这段话中所说的"七篇"应该指的就是《庄子》中的内七篇，可见无论庄周的思想，还是他行文的风格，在魏晋时代都大为流行。到了唐代，陆德明在《经典释文·庄子序录》中也称："然庄生宏才命世，辞趣华深，正言若反，故莫能畅其弘致。后人增足，渐失其真。"

其实，唐代文章大家韩愈和柳宗元的文风也都受过《庄子》的影响，虽然一个人的文风乃是多方面综合而成者，但至少说明庄子的观念构成了他们文风的一个组成部分。比如秦观在《韩愈论》中说："夫所谓文者，有论理之文，有论事之文，有叙事之文，有托词之文，有成体之文……勾《列》《庄》之微，挟苏、张之辩，擩班、马之实，猎屈、宋之英，本之以《诗》《书》，折之以孔氏，此成体之文，韩愈之所作是也……杜氏、韩氏亦集诗文之大成者欤？"

◇ 庄子撰《南华真经注疏》十卷，清光绪黎庶昌刻《古逸丛书》本

秦观在这里列出了构成韩愈文风的不同侧面，而这其中就包括了《庄子》。柳宗元的情况也同样如此，柳在《答韦中立论师道书》中说："本之《书》以求其质，本之《诗》以求其恒，本之《礼》以求其宜，本之《春秋》以求其断，本之《易》以求其动——此吾所以取道之原也。参之穀梁氏以厉其气，参之《孟》《荀》以畅其支，参之《庄》《老》以肆其端，参之《国语》以博其趣，参之《离骚》以致其幽，参之太史公以著其洁——此吾所以旁推交通而以为之文也。"柳宗元认为，文章的基础还是由五经构成，这种构成方式可谓是文章的骨架，但文章同样需要肌肉，所以要参考《孟子》《荀子》《庄子》《老子》等书，从这个角度来看，柳宗元认为《庄子》给他的借鉴，乃是那汪洋恣意的文风。

唐代大诗人李白也同样受《庄子》影响十分深刻，比如刘熙载在《艺概·诗概》中说："太白诗以《庄》《骚》为大源。"从李白的作品来看，他在很多方面确实受到了《庄子》的影响，比如他在

《上李邕》中称:"大鹏一日同风起,抟摇直上九万里。假令风歇时下来,犹能簸却沧溟水。时人见我恒殊调,闻余大言皆冷笑。宣父犹能畏后生,丈夫未可轻年少。"显然他的这几句诗完全是出自《庄子·内篇·逍遥游》。该文太过有名,我先引用其首段如下:

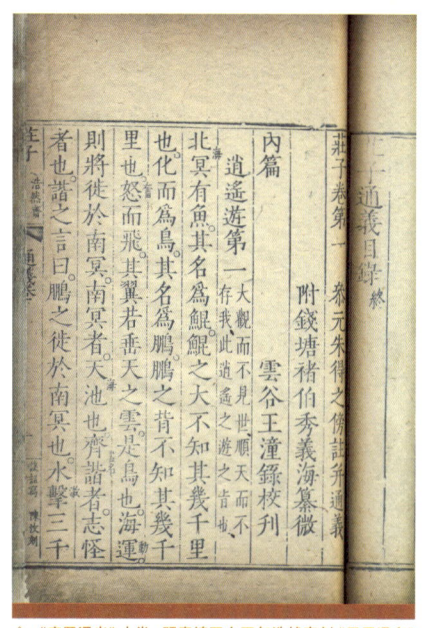

◇《庄子通义》十卷,明嘉靖四十四年浩然斋刻《三子通义》本

北冥有鱼,其名曰鲲。鲲之大,不知其几千里也;化为鸟,其名为鹏。鹏之背,不知其几千里也。怒而飞,其翼若垂天之云。是鸟也,海运则将徙于南冥。南冥者,天池也。《齐谐》者,志怪者也。《谐》之言曰:"鹏之徙于南冥也,水击三千里,抟扶摇而上者九万里,去以六月息者也。"野马也,尘埃也,生物之以息相吹也。天之苍苍,其正色邪?其远而无所至极邪?其视下也,亦若是则已矣。且夫水之积也不厚,则其负大舟也无力。覆杯水于坳堂之上,则芥为之舟。置杯焉则胶,水浅而舟大也。风之积也不厚,则其负大翼也无力。故九万里则风斯在下矣,而后乃今培风;背负青天而莫之夭阏者,而后乃今将图南。

读罢可知,李白的这几句诗,基本本自《逍遥游》中的这一段话。李白还写过一首《大鹏赋》,该赋中有这样的句子:"南华老仙,发天机于漆园。吐峥嵘之高论,开浩荡之奇言。征至怪于齐谐,谈北溟之有鱼，吾不知其几千里，其名曰鲲。化成大鹏，质凝胚浑……簸鸿蒙，扇雷霆，斗转而天动，山摇而海倾。怒无所搏，雄无所争，固可想象其势，仿佛其形。"而这几句也同样化用了《逍遥游》中的字句。即此可见，《庄子》一书对这位大诗人有着何等深刻的影响。

关于《庄子》在文学性上对后世的影响，蔡宗阳在其所著《庄子之文学》中说："庄子文学不论内容、形式，对后世文学皆有直接或间接之影响。"关于《庄子》一书究竟影响到了哪些著名的文人，蔡宗阳在其专著中首先说到："先就文学作品而言，陶渊明、李太白受庄子之影响，可谓至深极远矣。如陶渊明之'悠然见南山'，李太白之'敬亭山独坐'，皆具有朝彻境界。而'朝彻'一语，见于《庄子·大宗师》篇，其言曰：'已外生矣，而后能朝彻；朝彻，而后能见独；见独，而后能无古今；无古今，而后能入于不死不生。'"

除了陶渊明、李白，还有哪些文人受到《庄子》文风的影响呢，蔡宗阳又在文中点出了一些名人名篇的间接来由："又韩退之、柳宗元、苏东坡之文，其得于庄子，亦不浅。如韩退之《答李翊书》，乃从《庄子·养生主篇》化出；《送高闲上人序》，乃得自《庄子·胠箧篇》；《原道》，亦多自《胠箧篇》脱化而来。又如柳宗元《永某氏之鼠》《蝜蝂传》两篇，盖取意于《庄子·骈拇篇》；《郭橐驼传》，盖由《庄子·养生主篇》脱化而出。又如苏东坡《喜雨亭记》，盖取意于《庄子·大宗师篇》。庄文尚虚，而苏东坡文亦善写虚，如《凌虚台记》《清风阁记》《超然亭记》前后《赤壁赋》等篇是也。"

为什么《庄子》对后世会有这么大的影响呢？为此刘熙载在《艺概·文概》中有着多处的论述，比如他认为："庄子寓真于诞，寓实于玄，于此见寓言之妙。"看来，《庄子》中的寓言最受后世所喜，而前面所引的《逍遥游》正是一篇著名的寓言故事。然而刘熙载又从写作手法上对《逍遥游》一文作出了分析："庄子文法断续之妙，如《逍遥游》忽说鹏,忽说蜩与学鸠、斥鹦,是为断;下乃接之曰'此小大之辨也',则上文之断处皆续矣,而下文宋荣子、许由、接舆、惠子诸断处,亦无不续矣。"

刘熙载的这句话恰好说明了庄周的写作技巧:看似一文中不相关的段落,其实里面有着内在的联系。同时,刘熙载也认为,该文除了结构上的巧妙,在用字上也十分精准:"文之神妙,莫过于能飞。《庄子》之言鹏曰'怒而飞',今观其文,无端而来,无端而去,殆得'飞'之机者。乌知非鹏之学为周耶?"刘熙载最赞赏文中的"怒而飞"三字,其实《逍遥游》中的"飞"不止此一处,该文的第二个段落讲述的也是大鹏的飞:

> 汤之问棘也是已:穷发之北,有冥海者,天池也。有鱼焉,其广数千里,未有知其修者,其名为鲲。有鸟焉,其名为鹏,背若泰山,翼若垂天之云,抟扶摇羊角而上者九万里,绝云气,负青天,然后图南,且适南冥也。斥鹦笑之曰:"彼且奚适也?我腾跃而上,不过数仞而下,翱翔蓬蒿之间,此亦飞之至也,而彼且奚适也?"此小大之辩也。

由此可知,庄周完全是通过一个神奇的故事来表达自己的思想。而他的这种行文方式,被鲁迅在《汉文学史纲要》中评价为:"(庄子)著书十余万言,大抵寓言,人物土地,皆空言无事实,而其文则汪洋辟阖,仪态万方,晚周诸子之作,莫能先也。"

对于庄周这种神奇的想象力,王国维概括为:"这是南方人的伟大。"他在《屈子文学之精神》一文中称:"然南方文学中,又非无诗歌的原质也。南人想象力之伟大丰富,胜于北人远甚。彼等巧于比类,而善于滑稽;故言大则有若北溟之鱼,语小则有若蜗角之国；语久则大椿冥灵，语短则蟪蛄朝菌；至于襄城之野，七圣皆迷，汾水之阳，四子独往，此种想象，决不能于北方文学中发见之。故庄、列书中之部分，即谓之散文诗，无不可也。"

不知道这算不算是观堂先生的偏见，他认定南人比北人的想象力要丰富得多。而后他举出了庄子的这篇《逍遥游》。他说《逍遥游》内所讲到的故事有着超级的想象力，而这种想象力是北方文学中难以看到，所以他直接称，《庄子》和《列子》中的部分篇章可以直接视为散文诗。而王国维这段论述中所举出的例子，也是《逍遥游》中的一个段落：

> 蜩与学鸠笑之曰："我决起而飞，抢榆枋，时则不至，而控于地而已矣，奚以之九万里而南为？"适莽苍者，三飡而反，腹犹果然；适百里者，宿舂粮；适千里者，三月聚粮。之二虫又何知！小知不及大知，小年不及大年。奚以知其然也？朝菌不知晦朔，蟪蛄不知春秋，此小年也。楚之南有冥灵者，以五百岁为春，五百岁为秋；上古有大椿者，以八千岁为春，八千岁为秋。而彭祖乃今以久特闻，众人匹之，不亦悲乎！

在民国时代，对《庄子》的文学性给予最高夸赞者乃是闻一多。1929 年，二卷九期的《新月》上发表了闻一多的《庄子》一文，到了 1943 年，他又在重庆《学术期刊》第三期上发表了《庄子内篇校释》，而后他还写过《庄子外篇校释——骈拇》，即此可知，闻一多对庄子做过深入而系统的研究，也正因为如此，闻一多对庄子的才华表现出了特别的崇拜，他在自己写的《庄子》一文中说："南华的文辞是千真万确的文学，人人都承认。可是《庄子》的文学价值还不只在文辞上。实在连他的哲学都不像寻常那一种矜严的、峻刻的、料峭的一味皱眉头、绞脑子的东西；他的思想的本身便是一首绝妙的诗。"闻一多的这段话是从哲学角度来看待《庄子》，但他又说，庄周的思想像一首绝妙的诗。

那么哲学和文学究竟有没有界限呢？闻一多接着说："文学是要和哲学不分彼此，才庄严，才伟大。哲学的起点便是文学的核心。只有浅薄的、庸琐的、渺小的文学，才专门注意花叶的美茂，而忘掉了那最原始、最宝贵的类似哲学的仁子。无论《庄子》的花叶已经够美茂的了；即令他没有发展到花叶，只他那简单的几颗仁子，给投在文学的园地上，便是莫大的贡献，无量的功德。"

除了闻一多之外，郭沫若也对《庄子》的文学性给予了极高的夸赞，他在《庄子与鲁迅》一文中说："庄子在中国文化史上的确是一个特异的存在，他不仅是一位出类的思想家，而且是一位拔萃的文学家……秦汉以来的一部中国文学史差不多大半是在他的影响之下发展……《庄子》这部书差不多是一部优美的寓言和故事集。他的寓言多是由他那葱茏的想象力所构造出来的。立意每异想天开，行文多铿锵有韵，汉代的辞赋分明导源于这儿，一般的散记文学也应该推他为鼻祖。"

在这里，郭沫若直称庄周不仅仅是伟大的思想家，也是一位伟大的文学家，并且他认为，《庄子》中的一些篇章可以目之为散文的鼻祖。而熊铁基在其主编的《中国庄学史》中也称："《庄子》之文属于先秦诸子散文之一，由于它脱离了像《论语》那种语录体的形式，而被誉为代表先秦散文的最高成就。"

以上均是后世相关的文人和学者对《庄子》的评价，当然我的引用主要是从文学性角度而言，那么庄周本人是否有过文论类的直接表达呢？张采民在其所著《〈庄子〉研究》一书中说："这段文字可以说是庄子文学思想的基本纲领。"张先生的这句话乃是指《庄子·天下》中的一个段落：

> 寂漠无形，变化无常，死与？生与？天地并与？神明往与？芒乎何之？忽乎何适？万物毕罗，莫足以归。古之道术有在于是者，庄周闻其风而悦之。以谬悠之说，荒唐之言，无端崖之辞，时恣纵而不傥，不奇见之也。以天下为沈浊，不可与庄语。以卮言为曼衍，以重言为真，以寓言为广。独与天地精神往来，而不敖倪于万物。不谴是非，以与世俗处。其书虽瑰玮而连犿无伤也，其辞虽参差而諔诡可观。彼其充实，不可以已。上与造物者游，而下与外死生、无终始者为友。其于本也，弘大而辟，深闳而肆；其于宗也，可谓稠适而上遂矣。虽然，其应于化而解于物也，其理不竭，其来不蜕，芒乎昧乎，未之尽者。

然而细读这段话，其实其中只有两句跟文学思想有着一定的关联，"其书虽瑰玮而连犿无伤也。其辞虽参差而諔诡可观。"可是对于以上的这段引文，张耿光在其译注的《庄子全译》一书中说："本篇十分精妙，历来评价很高，但不应视为庄子之作，而是庄派后学比较先秦诸家后概括而成，并且起到了全书后序的作用。"《庄子》分为内篇、外篇和杂篇三部分，按照惯常的认定，只有内篇是庄周本人所作，而以上的引文，则是出自《杂篇·天下》，故张耿光有此一说。虽然如此，但其仍然承认："本篇文笔洗炼，结构严谨，对各家概括十分精当，加之所集录、介绍的先秦学派，其著作多已亡佚，因此在中国古代学术史上具有极重要的地位。"

关于庄周的文学性，朱光宝主编的《中国文学史教程》将其概括为两个字："前人评价庄子的文章奇诡怪谲，汪洋恣肆，实际可以浓缩为'奇'和'变'两个字。所谓'奇书''奇文'，《庄子》

◇ 《庄子郭注》十卷，明万历三十三年邹之峄刻本

在先秦的确是首屈一指。如果再稍微细论一下，'奇'涉及了选材奇、构思奇、描写奇、结构奇等特点。像骷髅、屎尿一类东西，一般的作家是避之惟恐不及的，因为它们令人恐惧，令人作呕，但庄子却选它们来论'大道'，这是人所不及的超奇。"而对于这样的总结，明罗勉道在《南华真经循本·释题》中也有过类似的表达："《庄子》为书，虽恢诡憰怪，佚宕于'六经'外，譬犹天地日月，固有常经常道，而风云开阖，神鬼变幻，要自不可阙。古今文士，每每奇之。"为此张采民在《〈庄子〉研究》中说出了这样的总结："《庄子》是一部先秦时期的哲学著作，但却与一般的哲理散文不同，不是用论述性的语言、严密的逻辑推理去阐述哲理，去说服人；而主要是通过生动的形象和强烈的感情去感染人、打动人，让读者自己去'意会'其中的哲理。这种独特的表达方式使作品产生了'言有尽而意无穷'的艺术效果。"

如前所言，庄周喜欢用寓言来讲述他的哲学观，最为后世所熟悉者，当为《养生主》中的一篇《庖丁解牛》：

> 庖丁为文惠君解牛，手之所触，肩之所倚，足之所履，膝之所踦，砉然响然，奏刀騞然，莫不中音，合于《桑林》之舞，乃中《经首》之会。

文惠君曰："嘻，善哉！技盖至此乎？"庖丁释刀对曰："臣之所好者，道也，进乎技矣。始臣之解牛之时，所见无非牛者；三年之后，未尝见全牛也；方今之时，臣以神遇而不以目视，官知止而神欲行。依乎天理，批大郤，导大窾，因其固然。技经肯綮之未尝，而况大軱乎！良庖岁更刀，割也；族庖月更刀，折也；今臣之刀十九年矣，所解数千牛矣，而刀刃若新发于硎。彼节者有间而刀刃者无厚，以无厚入有间，恢恢乎其于游刃必有余地矣，是以十九年而刀刃若新发于硎。虽然，每至于族，吾见其难为，怵然为戒，视为止，行为迟，动刀甚微，謋然已解，如土委地。提刀而立，为之四顾，为之踌躇满志，善刀而藏之。"

◇ 王先谦撰《庄子集解》八卷，清宣统元年思贤书局刻本

文惠君曰："善哉！吾闻庖丁之言，得养生焉。"

这段话很早就被选入了中学课本，于此用不着再做细解，而"盗亦有道"这个成语也是出于《庄子·胠箧》：

何以知其然邪？昔者龙逢斩，比干剖，苌弘胣，子胥靡。故四子之贤而身不免乎戮。故跖之徒问于跖曰："盗亦有道乎？"

跖曰:"何适而无有道邪?夫妄意室中之藏,圣也;入先,勇也;出后,义也;知可否,知也;分均,仁也。五者不备而能成大盗者,天下未之有也。"由是观之,善人不得圣人之道不立,跖不得圣人之道不行。天下之善人少,而不善人多,则圣人之利天下也少,而害天下也多。故曰:唇竭则齿寒,鲁酒薄而邯郸围,圣人生而大盗起。掊击圣人,纵舍盗贼,而天下始治矣。

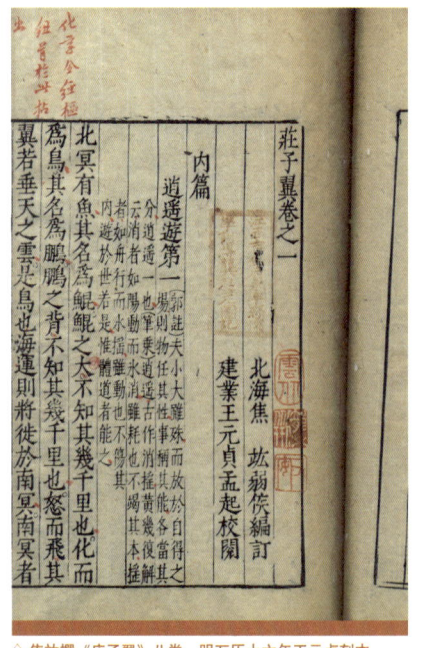

◇ 焦竑撰《庄子翼》八卷,明万历十六年王元贞刻本

其实该篇的起头一段为:

> 将为胠箧、探囊、发匮之盗而为守备,则必摄缄縢,固扃鐍,此世俗之所谓知也。然而巨盗至,则负匮、揭箧、担囊而趋,唯恐缄縢、扃鐍之不固也。然则乡之所谓知者,不乃为大盗积者也?故尝试论之:世俗之所谓知者,有不为大盗积者乎?所谓圣者,有不为大盗守者乎?

这段话说,人们为了防备小偷来作案,所以就会把自己的财物放进箱子内,而后将箱子锁上,还是觉得不保险,于是又用绳子紧紧地捆起来,这么做看似很保险,可是强盗来的时候,扛起箱子就走了,而且强盗惟恐绳子不结实,如此说来,藏宝人的做法就等于是给强盗储存好了财富。而庄周认为，这样的圣人其实就是在替强盗积累财富。

为了说明这个观点，庄周在下面举出了两段例子，而其第二段就是上面的引文。他首先说了四位忠臣被杀的故事，接着又写盗跖的手下问盗跖说，做强盗是否也要讲规矩，盗跖说那当然，比如进屋偷盗时能够很快推测出财物藏在哪里，这就叫做圣明；而第一个冲进屋里的人，这就叫做勇敢；拿到财物后，最后一个退出屋的

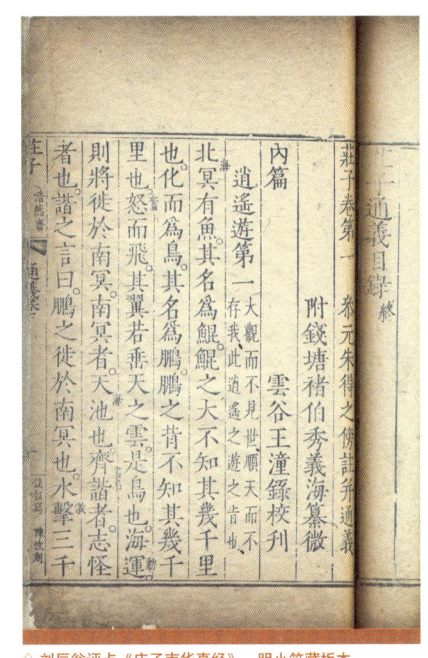

◇ 刘辰翁评点《庄子南华真经》，明小筑藏板本

人，这就叫做义气；而决定这个财物该抢还是不该抢，这就叫做智慧；夺得财物之后，能够平均分配，这就叫仁爱。盗跖说，只有具备这五点的人，才能做到大强盗。

庄周引用完盗跖的话后，接着做出了如下的结论，他说善人如果不懂得圣人之道，就不能立业，而盗跖不懂得圣人之道，就不能行窃。然而天下却是善人少，不善的人多，如此推论起来，圣人给天下带来的好处少，坏处多。接着他又说出了另一个成语，那就是"唇亡齿寒"。

关于庄周的人生观，虽然专家都认为他的思想颇为复杂，但总体而言，他所作的《逍遥游》却能基本表达出他的整体观念，而该书的如下一个段落则最能集中表达出他的个人追求：

> 故夫知效一官，行比一乡，德合一君，而征一国者，其自视也，亦若此矣。而宋荣子犹然笑之。且举世而誉之而不加劝，举世而非之而不加沮，定乎内外之分，辩乎荣辱之境，斯已矣。彼其于世，未数数然也。虽然，犹有未树也。夫列子御风而行，泠然善也，旬有五日而后反。彼于致福者，未数数然也。此虽免乎行，犹有所待者也。若夫乘天地之正，而御六气之辩，以游无穷者，彼且恶乎待哉！故曰：至人无己，神人无功，圣人无名。

《庄子》一书所表达出的独特思想甚至影响到了域外。十九世纪末，英国驻华外交官翟理斯就首次翻译了《庄子》一书，然而他对该书的兴趣却并非思想性的，因为他认定庄子没能实现自己的哲学目标，但是："（庄子却）留给后代一部杰出的文学瑰宝。"为什么给出这样的结论呢？翟理斯认为《庄子》一书："语言的漂亮活泼，则有口皆碑。"到了上世纪四十年代，林语堂也将《庄子》翻译成英文，他在该书的序言中说了这样一段话："庄子绝对是周朝最伟大的散文家，就像屈原是最伟大的诗人一样。他的这一地位，是由他奇丽的风格与深刻的思想所奠定的。也正是因为这样，他虽然是最肆无忌惮批评孔、墨之人，也是儒家学说最有力的反对者，儒家学者却个个或公开或私下表示对他的仰慕。在公开场合不赞同庄子思想的，都将庄子的书当文学作品来读。这部书在丰富中国诗歌与文学想象方面所起的作用无法估量。"

对于《庄子》的各个篇章，林语堂在序言中分别作了如下的总结："最富辩才的是《胠箧》；最具道家特点的是《在宥》；最神秘、宗教意识最浓的是《大宗师》；写得最漂亮的是《秋水》；最古怪的是《德充符》（典型'浪漫主义'的主题）；最明快的也许要数《马蹄》；而最奇幻的则是第一篇《逍遥游》。"

庄子故里位于河南省商丘市民权县庄子镇青莲寺村。来到商丘前，我通过网络预订了当地所谓最好宾馆，而实际酒店远比想象要差很多，其四星去掉一半恐都难合格，早餐简单且有异味，反而让我怀念起昨晚在酒店附近啃的牛骨头。北京到冬天喜欢吃羊蝎子，外地人听这个名字觉得怪吓人的，其实就是羊的脊椎骨，而昨晚吃的是牛的脊椎骨，只是不知有否牛蝎子这种说法。十元钱一斤，其实一斤也就一节而已，味道鲜美，我竟吃了两斤，其实也没啃下多少肉来，倒不是因为上面肉少，而是自己的啃工太差，于是请服务员拿回厨房让其劈成几块，再端出来时，果真容易啃了许多，这种牛蝎子味道之鲜美，更加令我感觉到今天的早餐难以下咽。

出门见一出租与之商议包车事，其既不按公里说价，也说不清一天要付多少钱，看来他还没做过这样的生意，竟打电话约来了三辆车的同伴，拿着我的地图算计着我标出的地方。我的路线是先去商丘郊县找仓颉墓，之后向西北到民权县去找庄周故里，之后再一路向北到睢县去拜访汤斌祠，之后向西到通许县去看曹植墓，接着到尉氏县去看阮籍墓，最后把我送到开封即结束。几个人经过一番算计，告诉我一口价一千元，这么远的路途，这么多的地点，竟然报这么低的价格，于是我脱口而出就答应下来。我的痛快显然让司机没有料到，四个人对视了一眼，感觉到报低了，而我一瞬间有了一种恶作剧的快感。

沿105国道北行五公里，穿越双八镇，路边看到毛主席纪念馆，很奇怪当地竟有此馆。司机说当年打仗时毛主席在这住过一晚上，又告诉我此地为草莓基地，果然田地中是一眼望不到边的草莓大棚。105国道商丘段的路面很有意思，材质是水泥路，然却都是六菱形的块状，我觉得既然毛主席在这里住过，应该是八菱形才对，可以以此来附会红军的八角帽。看来司机未能听懂我的调侃,他认真地说,路面六菱形和毛主席没关系,是因为路面破损太快,做成块状,损坏一块就可单独换一块,而不用专门刨掉一截路面。我注意到他说"块"不带儿化音,看来虽同为河南,但方言与郑州有差异。从地图上看商丘距山东和江苏都很近。

一路上的聊天倒也是打破沿途岑寂的好方式,但这种方式也容易误事,果真在聊天期间,司机突然一个急刹车,告诉我说可能走过了。一打听果真如此,停到路边向两位锄草的老人问路,他们详细地告知路线,退回双八镇,转而东行三公里,再行打问告知又走过了,说退回一公里看到一水塘再左转,而后终于到了仓颉墓。

拍照完仓颉墓后,接着奔庄周故里,按资料记载庄子故里在民权县顺和集东北三里的青莲寺村,现存古井和墓。然民权县与仓颉

◇ 村口的标牌

墓在商丘的两端，故开车重新驶回商丘出城向北走211国道，正赶上此路在扩建，车速如牛，司机马上去电同伴，详问绕路捷径。包车的好处在此凸显出来：不用再仔细地盯着地图和路

◇ 庄子井

径，提防着司机绕路。因为在途中我一直在详细地记录下每段的路径和里程，以往每次问司机时总是忐忑于司机的心理，担心他以为我记录里程是跟他到最后按里付酬的依据，故跟每位司机都要解释一番：自己记里程是为了写书，跟计价无关云云，虽然司机都作理解状，但总觉得还是有心理上的微妙悸动。今天则不同了，任你走吧，只要能找到就行，且可以毫无顾忌地粗声大气地问每一段的里程，还可悠闲地欣赏着外面的景致。

沿路的广告牌见到最多的是史丹利复合肥的介绍，能记住这个广告是因为我跑过的几个省都能看到，在北京史丹利这个牌子主要是做衣橱，到这里变成了化肥，不知是江南桔变成江北枳，还只是名称上的撞衫。驶上黄河故道，然故道截流改为了水库，水库名吴屯，水面极其开阔，称得上浩渺，水清见底，让我心情为之一爽。穿过老颜集镇向西一公里，再转向北，询问一番又转向西，行八公里到林七乡，再向北十三公里穿褚庙乡到达顺和乡，在路边看到田野中的一些坟丘，是用砖头砌成一头大、一头小、一头高、一头矮的棺材形状，且外不培土，此种入葬方式在别地从未见过。

驶入镇中，在新华路的十字路口上耸立着有七八米高的庄子塑像，塑像底座上说明此地为庄子故里，在此路口右转三百米远即是

◇ 庄子故居遗址

青莲寺村，在村边的一条极窄的小路上，立着庄子故里的小石牌，沿此坑洼不平的小窄路北行五十米即到村中，西侧有一个近年所盖的小亭子，亭的正中间有一口井，然而井面却用一块水泥板彻底封盖着。亭子上标明此即所谓的庄周井，然从亭子到水井以及四围看上去，完全像某个公园内供游人休闲的小凉亭，无一丝的古意。围着亭子拍照，一老者走过，向其确认此即是当年庄周用过之井，他说上几辈的老人都是这么说的。再问他庄周故居所在，其向前指一指说在村北。

谢过老人驱车前往，不足百米即已出村，然村北是一片旷野，看不到任何遗迹，正四处张望间，老人竟跟了过来，向其询问旧居所在，其又往田地里指了指，这才看清在村边的空地里立着三块新刻的碑，说明这是庄周旧居遗址，但如何确定出来的却未见任何说明。再向老人请教庄子墓所在，其竟告诉我并不在此村，而是离此村十八里地远的郑庄。

　　谢过老人前往郑庄，于十字路口处打听郑庄方向，不料路人均告此地有两个郑庄，且方向相反，想再回头请教老人，已杳不知其所终。无奈只好再打听庄子墓所在，有一人告诉我庄子墓在顺和乡与褚庙乡之间，按其所说前往寻之，果然发现几个碑亭，兴奋地跑上前去细看，却大为失望，原来是治理黄河碑和建村碑，看来庄周果真是鲲鹏展翅者，杳不知其所之也。

　　回来后查资料，原来庄子墓位于老颜集乡唐庄村，这个地方我却未曾到达，看来有一天要重新前往该地，再一次去朝拜这位奇异人物。

◇ 这里谈到庄子曾长期隐居于此

荀子：人之性恶，其善者伪也

关于荀况的生平介绍，最为翔实者当是《史记·孟子荀卿列传》："荀卿，赵人，年五十始来游学于齐。驺衍之术迂大而闳辩，奭也文具难施，淳于髡久与处，时有得善言，故齐人颂曰：谈天衍，雕龙奭，炙毂过髡。田骈之属皆以死。齐襄王时而荀卿最为老师。齐尚修列大夫之缺，而荀卿三为祭酒焉。齐人或谗荀卿，荀卿乃适楚，而春申君以为兰陵令，春申君死而荀卿废。因家兰陵。李斯尝为弟子，已而相秦。荀卿嫉浊世之政，亡国乱君相属，不遂大道而营于巫祝，信祀祥；鄙儒小拘，如庄周等又滑稽乱俗，于是推儒墨道德之行事，兴坏，序列著数万言而卒，因葬兰陵。"

对于荀子的学术传承，梁启超在《清代学术概论》中说："启超谓孔门之学，后衍为孟子、荀卿两派，荀传小康，孟传大同。汉代经师，不问为今文家古文

◇ 荀况撰《荀子》二十卷，清乾隆五十一年谢墉刻本，书牌

家，皆出荀卿（汪中说）。二千年间，宗派屡变，壹皆盘旋荀学肘下。"由此可知，荀子和孟子同为孔门后学，而汉代的经学家，无论是今文学派还是古文学派，从师承上论，都本自荀况。即此可见，荀子在中国儒学史上有着何等重要的地位。

从整体观念来说，后世把孟子的学说称之为"性善论"，而与之相对，则是荀子的"性恶论"。荀子的这个观念，在他所作的《性恶篇》中有着明确的记载：

> 人之性恶，其善者伪也。今人之性，生而有好利焉，顺是，故争夺生而辞让亡焉；生而有疾恶焉，顺是，故残贼生而忠信亡焉；生而有耳目之欲，有好声色焉，顺是，故淫乱生而礼义文理亡焉。然则从人之性，顺人之情，必出于争夺，合于犯分乱理而归于暴。故必将有师法之化，礼义之道，然后出于辞让，合于文理，而归于治。用此观之，然则人之性恶明矣，其善者伪也。

◇ 荀况撰《荀子》二十卷，清乾隆五十一年谢墉刻本，卷首

荀子认为人性偏恶，而善的一面则近伪，而后他说，人性生来就喜欢对自己有利的事情，如果任由这种性格发展下去，那么蛮横的人就会通行于天下，而谦逊的人则无法生存于这个世界；人天生就有嫉妒

心，如果不加以限制，那么诚信之人就会消失，而恶人到处都是；人一生下来有眼有耳，喜欢看美色与听美音，如果不加以限制，就会产生淫乱，从而使得礼仪消亡。因此如果任由人性自由发展，就必然产生争夺，所以必须把人的欲望进行限制，才能让天下得以太平。由此推论起来，荀子的结果就是人性之恶，而人们所表现出来的善，则是一种控制自己心性的表现。

既然认定人性如此，那怎样才能改变这种局面呢？荀子在《性恶篇》中接着说：

> 故枸木必将待檃栝、烝、矫然后直，钝金必将待砻、厉然后利。今人之性恶，必将待师法然后正，得礼义然后治。今人无师法，则偏险而不正；无礼义，则悖乱而不治。古者圣王以人之性恶，以为偏险而不正，悖乱而不治，是以为之起礼义，制法度，以矫饰人之情性而正之，以扰化人之情性而导之也。始皆出于治、合于道者也。今之人，化师法，积文学，道礼义者为君子；纵性情，安恣睢，而违礼义者为小人。用此观之，人之性恶明矣，其善者，伪也。

◇ 荀况撰《荀子》二十卷，清嘉庆九年姑苏聚文堂刻《十子全书》本，书牌

在这里荀子首先用了两个比喻，他说枸木必须进行加工，才能由曲变直，而不锋利的金属器具必须经过磨砺才能变得

锋快，所以说针对人性之恶，必须用礼法来进行矫正。古代的圣人制定礼仪，其目的就是要矫正人性之恶。荀子如此地强调性恶观，那么，他对于孟子的性善论又是怎么看的呢？他在《性恶篇》中这样写道：

> 孟子曰："人之学者，其性善。"曰：是不然。是不及知人之性，而不察乎人之性、伪之分者也。凡性者，天之就也，不可学，不可事；礼义者，圣人之所生也，人之所学而能，所事而成者也。不可学、不可事而在人者谓之性，可学而能、可事而成之在人者谓之伪，是性、伪之分也。今人之性，目可以见，耳可以听。夫可以见之明不离目，可以听之聪不离耳，目明而耳聪，不可学明矣。孟子曰："今人之性善，将皆失丧其性故也。"曰：若是，则过矣。今人之性，生而离其朴，离其资，必失而丧之。用此观之，然则人之性恶明矣。

◇ 荀况撰《荀子》二十卷，清嘉庆九年姑苏聚文堂刻《十子全书》本，卷首

荀子先引用了孟子的结论，而后针对这种结论进行反驳。孟子说人们爱好学习是出于本性中的善，荀子认为孟子的这句断语不对，这是因为孟子不了解人的本性，而人的本性是天生所具有者，不是靠后天演习而得来者，只有那种不通过学习、也不通过努力就具备的

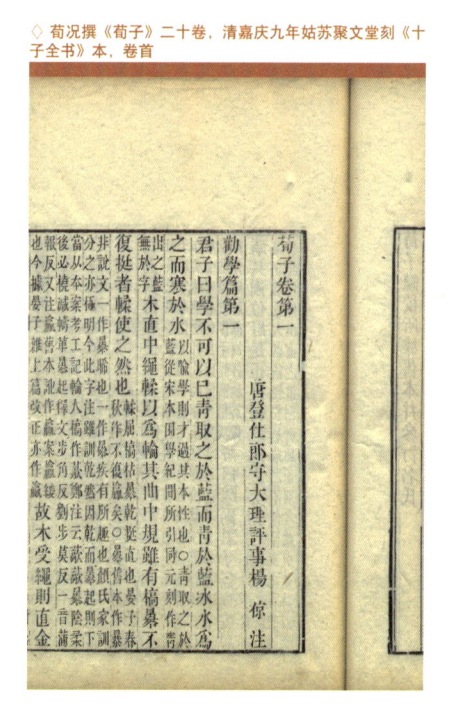

东西才能称之为本性。

由以上的这些说法可知，荀子其实强调的是社会修正功能，他认为放任本性，社会就会变得不可收拾，所以要通过礼仪来规范人的行为，对此，他专门写了一篇《礼论》。他在该文中首先探讨了礼的起源：

> 礼起于何也？曰：人生而有欲，欲而不得，则不能无求；求而无度量分界，则不能不争；争则乱，乱则穷。先王恶其乱也，故制礼义以分之，以养人之欲，给人之求，使欲必不穷乎物，物必不屈于欲，两者相持而长，是礼之所起也。

荀子在这里仍然强调人天生就有欲望，如果任由欲望无限增大，就会引起争夺，因争夺而产生社会动乱，为了防止这种局面的发生，于是早期的帝王就制定出了礼仪和规章制度，来限制这些过分的欲望，满足合理欲望。因此说，制定出规章制度，这就是礼的起源。

制定出来礼制后，如何实施呢？荀子在《君道篇》中称：

> 请问为人君？曰：以礼分施，均遍而不偏。请问为人臣？曰：以礼侍君，忠顺而不懈。请问为人父？曰：宽惠而有礼。请问为人子？曰：敬爱而致文。请问为人兄？曰：慈爱而见友。请问为人弟？曰：敬诎而不苟。请问为人夫？曰：致功而不流，致临而有辨。请问为人妻？曰：夫有礼，则柔从听侍；夫无礼，则恐惧而自竦也。此道也，偏立而乱，俱立而治，其足以稽矣。

荀子说，作为国君，就要以礼同等地对待每一个人；而作为人臣，也要始终忠顺于君上；作为人父，就要宽厚而有礼；作为人子，就要敬爱长辈和恭敬父母；作为人兄，则对弟妹们有慈爱之情；作为人弟，就要懂得敬重兄长；同样，作为人夫，要努力上进并且不放荡淫乱，尽量和妻子亲近而又保持适当的距离；作为人妻，如果丈夫守礼，那自己就要对其恭顺，如果丈夫不守礼，那么自己就应当感到恐惧并且警惕。

荀子的这段话，就是规范了人跟人之间的关系，这犹如后世《三字经》所言："父子恩，夫妇从，兄则友，弟则恭；长幼序，友与朋，君则敬，臣则忠。"

关于君与民的关系，荀子也作出了规范，他在《王制篇》中说：

> 马骇舆，则君子不安舆；庶人骇政，则君子不安位。马骇舆，则莫若静之；庶人骇政，则莫若惠之。选贤良，举笃敬，兴孝弟，收孤寡，补贫穷，如是，则庶人安政矣。庶人安政，然后君子安位。《传》曰："君者，舟也；庶人者，水也。水则载舟，水则覆舟。"此之谓也。

马因为自己拉的车受到了惊吓，那么坐在车中的人就有危险；如果百姓害怕政策，那么君王的位子就会不稳定。所以说当马受了惊吓，不如让它安静下来，如果百姓害怕政策，那就应当改变政策，让他们得到实惠。而给予实惠的办法，就包括斟选贤良之士等一系列措施，通过这些措施，使百姓得以安居，心态平和，也就会使得君权得以稳定。而后荀子引用了一句古语，那就是"水则载舟，水则覆舟"。

荀子还有一个理性的见解，那就是《富国篇》中所说的不能与民争利：

  足国之道，节用裕民，而善臧其余。节用以礼，裕民以政。彼裕民，故多余。裕民则民富，民富则田肥以易，田肥以易则出实百倍。上以法取焉，而以礼节用之，余若丘山，不时焚烧，无所臧之。夫君子奚患乎无余？故知节用裕民，则必有仁义圣良之名，而且有富厚丘山之积矣。此无它故焉，生于节用裕民也。

  荀子认为，国家要想富强，一是节约费用，二是让人民富裕起来，同时要善于积累财富。使人民富裕的办法，就必须要制定相应的法规，而这种法规就是为了保证人们更加努力生产出更多的食品，但是，也应当按照税法的规定，来从民间取利，同时按照法度来使用税款。如果能够坚持按照这种方式来施政，就会使得天下的财富堆积如山，即使遇到意外灾害，也不能将其穷尽，如果能达到这样的效果，那么作为君王，哪里还用得着担心财富的匮乏，所以说，作为君王，如果能真正做到节约富民，那肯定会使国家富强起来。

  荀子同时还告诫，作为君王者也要明白，他不可能天生无所作为就能当好君王，《天论篇》中说：

  天行有常，不为尧存，不为桀亡。应之以治则吉，应之以乱则凶。强本而节用，则天不能贫；养备而动时，则天不能病；修道而不贰，则天不能祸。故水旱不能使之饥，寒暑不能使之疾，祆怪不能使之凶。本荒而用侈，则天不能使之富；养略而动罕，则天不能使之全；倍道而妄行，则天不能使之吉。故水旱未至而饥，寒暑未薄而疾，祆怪未至而凶。受时与治世同，而殃祸与治世异，不可以怨天，其道然也。故明于天人之分，则可谓至人矣。

这一篇的前三句广泛被后世引用。荀子的这段话等于否定了君权天授的固有概念，历史上有尧、舜这样的明君，同样也有着桀、纣这样的暴君，他们都曾经统治天下。上天的公平之处，完全显现在人的努力，如果按规律办事，天下将大吉，反之则会出现乱象，国家如果能够做到增强实力，则上天也不会使这样的国家变得贫穷。如果有了强大的储备，即使在灾荒之年，也不会让天下大饥。所以，社会上有了问题，不要把责任推给上天，因为这些都是人为产生的结果。

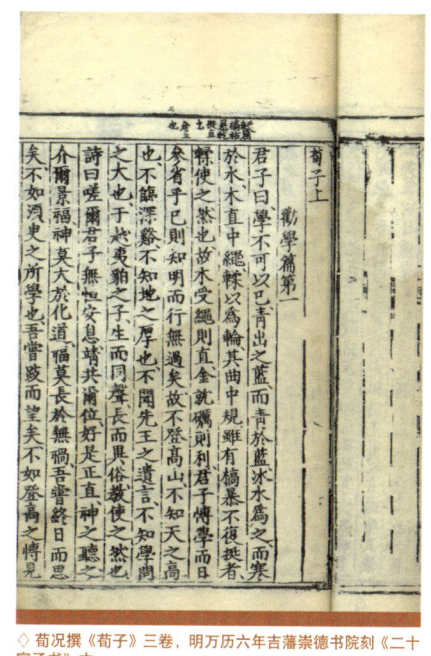

◇ 荀况撰《荀子》三卷，明万历六年吉藩崇德书院刻《二十家子书》本

从上面的这些叙述可知，荀子虽然是儒家，但他掺杂进了一些法家的思想，这也是他受到后世诟病的地方，但相比较而言，他思想的主要成分依然是儒家，所以韩愈在《读荀》中说："及得荀氏书，于是又知有荀氏者也，考其辞，时若不粹，要其归，与孔子异者鲜矣，抑犹在轲、雄之间乎？孔子删《诗》《书》，笔削《春秋》，合于道者著之，离于道者黜去之，故《诗》《书》《春秋》无疵，余欲削荀氏之不合者，附于圣人之籍，亦孔之志欤！孟氏醇乎醇者也，荀与扬大醇而小疵。"

在这段话中，韩愈也认为荀子的思想不纯粹，但总体上说，还是一本孔子的观念，于是他给荀子下了句"大醇而小疵"的断语。但是宋代的理学大家程颐却认为韩愈说得不对："韩退之言：'孟子醇乎醇',此言论极好,非见得孟子意,亦道不到。其言'荀、扬大醇小疵',则非也。荀子极偏驳,只一句'性恶',大本已失。扬子虽少过,然已自不识性,理甚道!"(《伊川先生语五》)

程颐觉得仅凭一句"性恶",荀子就失去了孔子观念的主体。程颐的这段话受到了苏东坡的肯定,其在《荀卿论》中说:"昔者常怪李斯事荀卿,既而焚灭其书,大变古先圣王之法,于其师之道,不啻若寇仇。及今观荀卿之书,然后知李斯之所以事秦者,皆出于荀卿而不足怪也。荀卿者,善为异说而不让,敢为高论而不顾者也,其言愚人之所惊,小人之所喜也。"

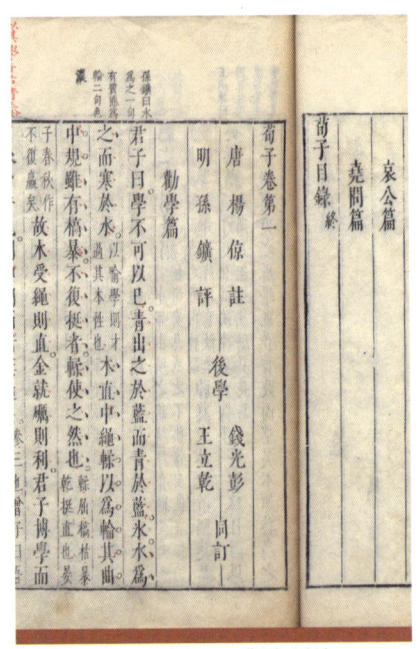

◇ 荀况撰《荀子》二十卷,明天启六年序刻本

在这里,东坡提到了荀子的弟子李斯,李斯正是焚书坑儒的主持人。东坡说现在细看荀子的著作,就不用奇怪李斯为什么会到秦国去任职,因为他执行的正是荀子的观念。因为这一点,东坡对荀子颇为贬斥,而对于荀子的性恶论,东坡更为不满:"子思、孟轲,世之所谓贤人君子也。荀卿独曰:乱天下者,子思、孟轲也。天下之人,如此甚众也,仁人义士,如此其多也。荀卿独曰:人性恶,桀纣性也,尧舜伪也。由是观之,意其为人,必也刚愎不逊而自许太过。彼李斯者,又特甚者耳。"子思和孟子历代被奉为贤者,但荀子却说,使得天下大乱者,正是子思和孟子的观念,所以东坡认为,荀子是

位刚愎自用的人,李斯则更为变本加厉。

朱熹是理学大家,说话较为公允,他认为不应当把李斯的所为都追根溯源到荀子的头上:"如世人说坑焚之祸起于荀卿。荀卿著书立言,何尝教人焚书坑儒?只是观它无所顾忌,敢为异论,则其末流便有坑焚之理。"(《朱子语类》)朱子的这几句话说得倒有道理,他说荀子写了那么多的著作,他从来也没让人们去焚书坑儒。

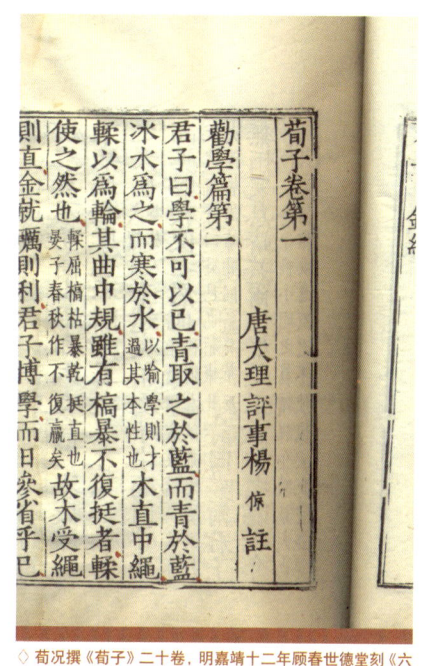

荀子的思想在后世引起了广泛的争论,这些争论正说明了他的思想价值所在。然而从文章角度,他的作品也有其独特的价值在。例如郭沫若在《十批判书·荀子的批判》中所言:"荀子是先秦诸子中最后一位大师,他不仅集了儒家之大成,而且可以说是集了百家的大成者。"

◇ 荀况撰《荀子》二十卷,明嘉靖十二年顾春世德堂刻《六子全书》本

对于荀子文章的气势,张庆利主编的《先秦文学》一书中说:"荀子散文雄浑博大的气势,还源于他强烈的自信。除了孔子和子张外,荀子几乎批评遍了当时的所有学派,认为他们都有所蔽(片面性),而他则要弃其所短,取其所长,以便兼而有之。他自称大儒,盛谈大儒的超群绝伦,而对其他儒家各派斥之为'贱儒'、'俗儒',尤其对于子思、孟子学派,更毫不留情地骂为'呼先王以欺愚者'的'腐儒'。"

张庆利在《先秦文学》一书中,关于荀子与孟子的并提还有这

样一段："其实若就环顾周围的世界,敢于自称'舍我其谁'的锋芒毕露的气概而言,荀子和孟子又是非常近似的。人们常以孟、荀并称,恐怕不仅由于孟子的性善说与荀子的性恶说针锋相对、并世而立,也由于这种天降大任于我的自命不凡。在士当以道自任这一点上,荀子守住了儒家的传统。"

就文章的气势而言,荀子所作《劝学篇》最受后世所重,比如该篇起首的一段:

> 君子曰:学不可以已。青,取之于蓝而青于蓝;冰,水为之而寒于水。木直中绳,輮以为轮,其曲中规,虽有槁暴,不复挺者,輮使之然也。故木受绳则直,金就砺则利,君子博学而日参省乎己,则知明而行无过矣。故不登高山,不知天之高也;不临深溪,不知地之厚也;不闻先王之遗言,不知学问之大也。干、越、夷、貉之子,生而同声,长而异俗,教使之然也。《诗》曰:"嗟尔君子,无恒安息。靖共尔位,好是正直。神之听之,介尔景福。"神莫大于化道,福莫长于无祸。

对于这段话,周振甫在《中国文章学史》中评价说:"《劝学》篇是劝人学习的,是属于论说文,但这篇的写法,有它的特点。一是多用博喻,即不是抽象说理,是引用好多个形象的比喻来说明一个道理。"这段评价是从修辞特色来做出的说明,而在修辞手法上,周振甫又称:"在《劝学》篇这一段里,荀子讲的意思,一是'学不可以已',讲了这句话,接下来就引了五个比喻。二是讲了'君子博学而日三省乎己,则知明而行无过矣',又引了三个排比格,一个引用格,四个对偶格。用比喻是加强形象;用排比,是加强气势;用引用,加强说服力;用对偶,使文辞整齐而有力。这样用多种修辞格来加强形象性和说服力，就成为《劝学》篇的写作法了。"

为什么到了荀子时代，他的语言变得如此有气势，游国恩在《中国文学史》中说："（先秦散文）可分为三个阶段：第一阶段是《论语》和《墨子》，前者为纯语录体散文，后者则为语录体中杂有质朴的议论文。第二阶段是《孟子》和《庄子》，前者基本上还是语录体，但已有显著发展，形成了对话式的论辩文；后者已由对话体向论点集中的专题论文过渡。除少数几篇外，几乎完全突破了语录的形式而发展为专题论文。第三个阶段是《荀子》和《韩非子》，在先秦散文中都已经发展到议论文的最高阶段。它们的篇幅由短而长，风格由简朴而开拓、纵恣，代表着春秋战国时代各个阶段的理论文。"

游国恩在这里对先秦散文作了整体分析，他将先秦分为三个时段，而后称只有《荀子》和《韩非子》的出现，才是先秦散文的最高阶段。对于荀子的作品，陈骙在《文则》中说："自有《乐论》《礼论》之类，文遂有论。"这段话正表明了荀子在文体上做出的贡献。而王文清则在《先秦文学研究》一书中予以了如下的总结："从先秦议论说理散文的形成过程来看，只有到了《荀子》，通篇议论，有论点，有论据，结构完整，标题为本篇内容的概括，显示出作者自觉的写作目的，标志着论说散文的形成，正式以'论'为题，从而成为后世'论'这种文体的鼻祖。"

为什么给荀子的文章做出如此高的评价呢？王文清在其专著中总结出了三点，第一点为："长于论辩，其文大都是论题鲜明，长篇大论，必畅所欲言、发挥尽致而后已，说理透彻，结构严谨，逻辑周密。《荀子》的每一篇议论说理散文，都有明确的论旨，突出的中心，而且用概括性、鲜明性的标题点明主题。"而王文清所言的第二点，也是强调荀子的文章"比喻繁复"，比如《劝学篇》中就连续使用了四十多个比喻，王文清认为："用一连串的比喻，不惮其烦地反复阐明某一道理,正是荀子习用的说理方法。这样做的好处是:变抽象为具体;变艰深为浅近;并且通过多次类比反复,加强了说服力。"

而荀子散文的第三个特点则是词汇丰富,比如《劝学篇》中的如下段落:

积土成山,风雨兴焉;积水成渊,蛟龙生焉;积善成德,而神明自得,圣心备焉。故不积跬步,无以至千里;不积小流,无以成江海。骐骥一跃,不能十步;驽马十驾,功在不舍。锲而舍之,朽木不折;锲而不舍,金石可镂。蚓无爪牙之利,筋骨之强,上食埃土,下饮黄泉,用心一也。蟹六跪而二螯,非蛇蟮之穴无可寄托者,用心躁也。是故无冥冥之志者无昭昭之明;无惛惛之事者无赫赫之功。行衢道者不至,事两君者不容。目不能两视而明,耳不能两听而聪。螣蛇无足而飞,鼫鼠五技而穷。

王文清评价这个段落说:"一个个生动的类比、排比、对偶句式,长短相同,错落有致,灵活自然,读来朗朗上口,极为感人。"

同样,詹安泰也注意到了荀子文章中说理的特色,詹在其主编的《中国文学史·先秦两汉部分》中评价说:"荀子是长于说理的,每篇就题发挥,作长篇的议论,和《论语》《孟子》等书不同。他的学问很广博,各家著述,都曾过目,且又游学稷

◇ 已经完工的荀子墓享殿

◇ 正在建造中的碑廊

下，对于稷下大师们的学说，想也浸淫研究过，撮取各家精华，独成一家。所以他对于诸子都表示不满，作《非十二子篇》，一一詈评，谓诸子'饰邪说，文奸言，以枭乱天下'，便是说明他自己的绝不是邪说、奸言和枭乱天下的东西了。他是如此自负的，因此，他的议论比较着实，而以说理严密取胜，每有所论，必'持之有故，言之成理'，有时愤疾过甚，不觉言出偏激，然而，以诸子来论，他还是比较着实的。"

◇ 文保牌

对于荀子散文的特色，张庆利在其主编的《先秦文学》一书中予以了这样的评价："雄辩的气势，既体现出荀子当仁不让、据理力争的个人禀性，也表现为荀子善用类比、反复申述说明的写作方法。这开创了后世（特别是汉代）政论散文淋漓酣畅风格的先河。"

荀子墓位于山东省临沂市兰陵县兰陵镇东南1.5公里处的南王庄村。这趟的山东之行还算顺利，但因为规划的单程路线太过漫长，使得一路上有很多时间都是忙于赶路。而事情往往是越着急越容易出乱，在行走的途中，汽车突然熄了火，在这前不着村后不着店的地方，令我很是心焦，我当然知道这样的结果也并非司机所愿，于是任由他在那里打开机盖子来回鼓捣着。

司机一通折腾总算上道，向东行驶十余公里到达贾汪镇，在镇中左转上310国道，虽名为国道，实际路面并不宽，上、下各一条车道，好在路面还算平坦，但车流量很大。可能是因为我担心天黑，略显焦急的神态让司机受了感染，他把车开得很快，一路上几乎见车就超，我也担心出事儿，于是尽量显出悠闲神态欣赏着车窗外的景致。路边的麦田已是一片焦黄，想起自己初次跑山东时麦苗还没有返绿，时间过得如此之快，而自己的寻访之旅计划越搞越大，开始担心自己会虎头蛇尾。

◇ 周馥为荀卿所立的墓碑

司机的急刹车打断了我的思绪，因为马路中间摊满了麦秸，麦秸的主人旁若无车地站在路中央，用木杈翻倒着自己的胜利果实，直到车驶到近前，才让到马路边上，惬意地欣赏着过往汽车替自己压麦秸。我不清楚这

◇ 荀卿墓

样压出的粮食是否会饱含尾气，但而今的国货食品少有不让人担忧着，看来沾上些尾气和泥土也算不了什么。显然，麦秸的主人完全不在意这些担忧，他时不时地用木杈翻动一下被车碾平的麦秸，其动作从容不迫，脸上显现着怡然自得的表情，看上去是如此和谐。

车行五十多公里左转过台儿庄大桥，桥头的大牌子上写着"天下第一庄"，落款是乾隆御笔，可惜字体是篆书，并非寻常所见的行楷面条字，我不确定乾隆还写过这样的字体。跨过此桥即进入了台儿庄市，看着沿途的街景，未能见到张自忠将军的雕像，应该是一个小缺憾。

上234省道行驶七公里到达兰陵镇，出镇不足两公里，在南王庄村东找到了荀子墓，之前查各种资料记载都是说荀子墓在兰陵镇，未见任何记载在此村东。

荀子墓正在进行扩建，山门前立着巨大的荀子墓简介及鸟瞰图，按照鸟瞰图的标识，工程还有许多待建之处，两侧的碑廊虽已建好，但里面仅是用红砖砌起了一堵墙。墓丘在区内的最后端，有山东省文物保护铭牌，立于1977年，落款还是"山东省革命委员会"。保护牌的左侧是龟形的荀子墓碑，上书"楚兰陵令荀卿之墓"，落款是光绪三十年，山东巡抚周馥重建。没想到周叔弢先生的祖父还做了这样一件有价值的事，然而这块并不古老的碑却封在了玻璃箱内，应该是保护之意吧。此碑的旁边还有另一块碑带有石质的碑券，然而碑文却模糊不清，同样也罩着玻璃罩，这三块立石的后面就是荀子墓，墓丘很大，整墓有石质墙围，墓的规模至少要比孔子墓大十倍。

　　看罢荀子墓原道回驶，路上司机关闭了导航仪，原因是快到荀子墓时，导航仪把我们带到了一片未收割的麦田里，然后温柔地提示我们到达了目的地，后来几经打问才找到荀子墓所在。来的路上司机一直在夸导航仪如何管用，发生了这件事后，他也开始对导航仪产生了信任危机，但没了这个宝贝，我们在回来的路上却走错了四次，直到晚上九点，才回到徐州宾馆。

吕不韦：天下者，非一人之天下也，
　　　　　天下之天下也

　　吕不韦是《吕氏春秋》的主编，有人对此表示怀疑，认为这本书实际是吕不韦的门客所编，最终署他的名字而已。产生这个疑问的原因，始自司马迁在《史记·吕不韦列传》中的一段话："当是时，魏有信陵君，楚有春申君，赵有平原君，齐有孟尝君，皆下士喜宾客以相倾。吕不韦以秦之强，羞不如，亦招致士，厚遇之，至食客三千人。是时诸侯多辩士，如荀卿之徒，著书布天下。吕不韦乃使其客人人著所闻，集论以为《八览》《六论》《十二纪》，二十余万言。以为备天地万物古今之事，号曰《吕氏春秋》。"

　　司马迁说，魏、楚、赵、齐四国分别有四公子之一，这四位公子名声传遍天下，那个时候秦国已颇为强盛，然而四公子中没有一位在秦国，这让身为秦国宰相的吕不韦颇感羞愧，于是他利

◇ 吕不韦编《吕氏春秋》二十六卷，元至正六年嘉兴路儒学刻明自儆庵补刻本

◇ 吕不韦编《吕氏春秋》二十六卷，明末快阁藏板本，书牌

用手中权力加上雄厚的财力，召来了三千门客，而后让这些门客每人写出自己的见解，再把这些见解分门别类地编成一部书，这就是《吕氏春秋》的由来。

由这段话可知，吕不韦跟《吕氏春秋》没什么直接的关系。然而，司马迁在《史记》中的《十二诸侯年表序》一文中称："吕不韦者……为《吕氏春秋》。"这似乎又点明了吕不韦是《吕氏春秋》的作者。而司马迁在其著名的《报任安书》中又说："文王拘而演周易，仲尼厄而作春秋。屈原放逐，乃赋离骚。左丘失明，厥有国语。孙子膑脚，兵法修列。不韦迁蜀，世传吕览。韩非囚秦，说难孤愤。诗三百篇，大抵贤圣发愤之所作也。"

在这里，司马迁把吕不韦的《吕氏春秋》跟周文王作的《周易》、孔子作的《春秋》，以及屈原的《离骚》和左丘明的《国语》等并提，按照这样的排比句来理解，似乎司马迁又承认吕不韦是《吕氏春秋》的作者。为什么会产生这样的矛盾呢？洪家义先生在《吕不韦评传》一书中，通过司马迁的家世以及社会的偏见予以了解读。

洪家义说，司马迁十分重视家世和身份："他在《自序》中一开头就历述他的家世身份。自颛顼时代的重、黎，一直讲到他的父亲司马谈，历代祖先或为史官，或为相，或为将，或为王。无非是说明他的家世显赫，身份高贵。这种潜在的意识不能不影响他对历史人物的评价。"

而吕不韦的出身却与那四公子完全不同，四公子均为贵族，而吕不韦不过是位商人。从汉初以来，皇权对商人一直进行打压，比如那时规定，不准商人穿用丝织的衣服，不允许坐车，也不允许做官，这样的社会风气当然会影响到当时的司马迁，所以站在司马迁的立场，他就不会高看有着商人身份的吕不韦，也正因为如此，他在《吕不韦列传》中就说出了那样一段话。

◇ 吕不韦编《吕氏春秋》二十六卷，明末快阁藏板本，卷首

他的这段话当然对后人评价吕不韦有着重要影响，比如宋代黄震就在《黄氏日钞》中说："今其书不得与诸子争衡者，徒以不韦病也。然不知不韦固无与焉者也。"黄震认为，《吕氏春秋》一书的影响比不过《孟子》《韩非子》及《荀子》等诸子著作，原因并非是书写得不好，内在的原因是后人讨厌该书的主编吕不韦，恨屋及乌的原因，为此而连累了《吕氏春秋》的价值。说到这里，黄震又话锋一转，说后人因为吕不韦而讨厌《吕氏春秋》，这是个误解，因为吕其实跟那部书没啥关系。黄震的观点被清代著名校刊家卢文弨所认同，他在《吕氏春秋》一书的跋语中说："世儒以不韦故，几欲弃绝此书，然书于不韦固无与也。"卢抱经的这个说法，几乎与黄震如出一辙。

人们为什么如此讨厌吕不韦呢？从吕的生平来看，这跟他的一些所为不受后世所喜有着很大关系。

关于吕不韦生平的记载，相应的历史资料很少，尤其是他前半生的资料，今日几乎一无所知，关于他后半生的记载，则主要出自《史记》和《战国策》。但是这两部重要的史书却对吕不韦的一些主要问题，有着不同的说法。比如吕不韦究竟是哪里人，《史记》中称："吕不韦者，阳翟大贾人也。往来贩贱卖贵，家累千金。"此处所说的"阳翟"是今日的河南省禹县。而《战国策》上则说："吕不韦者，濮阳人。贾于邯郸，见秦质子异人，归而谓父曰……"此处称吕不韦是河南濮阳人。他的家乡究竟在哪里，后世没有定论。洪家义则认为，吕不韦是个商人，所以他经常迁居，因此洪家义猜测说："《史记》所说的可能是原籍，《战国策》所说的可能是新居。"究竟是不是这么回事，也只能做出这样的猜测了。

但这两部史书对吕不韦的早期职业记载，却都很清楚，那就是吕是一位商人，通过搞商业流通发家致富。然而吕不满足于只是赚一些小钱，《战国策·秦策》中称："濮阳人吕不韦贾于邯郸，见秦质子异人，归而谓父曰：'耕田之利几倍？'曰：'十倍。''珠玉之赢几倍？'曰：'百倍。''立国家之主赢几倍？'曰：'无数。'曰：'今力田疾作，不得暖衣余食；今建国立君，泽可以遗世。愿往事之。'"

某年，吕不韦到赵国的邯郸去做生意，无意间遇到了在赵国做人质的秦国公子异人，聪明的吕不韦嗅到了千载难逢的商机，返回家乡和父亲商议，进行了一番应答。不韦问父亲，通过搞农业开发能赚多大的利润，父亲告诉他十倍；不韦又问，做珠宝生意又有多大利润，父亲说可达百倍；不韦又问，如果能够主宰国家，这会有多大的赢利？以国家的整体来作为生意的范畴，显然吕父没有过这样大的野心，他算不出掌控国家后能有多少倍的赢利，只好告诉儿子说，无数倍。父亲的这个回答让不韦明白：只靠刻苦耐劳永远只能做个穷人，如果能掌控国家，就可使吕家累世受到恩泽。于是，他决定要在这方面下大功夫，而后做出一番惊天事业来。

吕不韦在邯郸见到的异人，乃是秦昭王之孙。吕不韦经过一番深思熟虑，觉得异人能够成为自己实现远大抱负的筹码。那时的异人在秦国的各个公子之中不受待见，所以才被作为人质送到了赵国的邯郸。因为赵国受到过秦国的攻击，这种结果当然令身在赵国的异人处境十分艰难。

而吕不韦选中异人的另一个原因，则是异人的父亲安国君已经被立为太子，按照正常的顺序，如果安国君成为了秦国的国君，那么异人也有可能成为太子，这里所说的"可能"，是因为安国君的"正夫人"——华阳夫人未曾生育。而这个"可能"也正是吕不韦认为有机会的重要原因。

于是吕不韦就主动跟异人接触，用巧舌打动异人。他给异人分析了秦国的形势，而后说会尽自己能力让异人最终成为太子，接下来，再帮助异人成为国君。那个时候的异人，身为人质，过得十分落魄，而今有人想把他扶为国君，当然是何乐而不为，于是他跟吕不韦说："必如君策，请得分秦国与君共之。"（《史记·吕不韦列传》）

异人的这句话让吕不韦大受鼓舞，因为异人说，如果他真能成为秦国的国君，愿意跟吕不韦共享天下。于是吕不韦就拿出了五百金给异人，让他拿这笔钱在邯郸买通各方面的关系，之后又花了五百金买古董珍玩，带着这些东西前往秦国，而后见到了华阳夫人的姐姐，通过其姐，把这些古董献给了华阳夫人。

他的这些手段果真有用，很快他就见到了华阳夫人，司马迁在《史记》中记载了吕不韦跟华阳夫人之间的对话：

> 吕不韦……复以五百金买奇物玩好，自奉而西游秦，求见

华阳夫人姊，而皆以其物献华阳夫人。因言："子楚（即异人）贤智，结诸侯宾客遍天下，常曰'楚也以夫人为天'，日夜泣思太子及夫人。"夫人大喜。不韦因使其姊说夫人曰："吾闻之以色事人者，色衰而爱弛。今夫人事太子，甚爱而无子，不以此时蚤自结于诸子中贤孝者，举立以为適而子之，夫在则重尊，夫百岁之后，所子者为王，终不失势，此所谓一言而万世之利也。不以繁华时树本，即色衰爱弛后，虽欲开一语，尚可得乎？今子楚贤，而自知中男也，次不得为適，其母又不得幸，自附夫人，夫人诚以此时拔以为適，夫人则竟世有宠于秦矣。"华阳夫人以为然，承太子间，从容言子楚质于赵者绝贤，来往者皆称誉之。乃因涕泣曰："妾幸得充后宫，不幸无子，愿得子楚立以为適嗣，以托妾身。"安国君许之，乃与夫人刻玉符，约以为適嗣。

吕不韦首先夸赞异人，说他既聪明又贤惠，在赵国结交了很多重要人物，并且异人还经常念叨，他心中最崇敬的人物就是华阳夫人。吕不韦的这番说辞让华阳夫人大感高兴，而后吕不韦又通过华阳夫人的姐姐来游说亲妹，因为华阳夫人长得漂亮，所以才在太子那里受宠，但这种宠爱不可能长久，更何况华阳夫人没有子嗣，要想长期受宠，不如收异人为子，因为异人有可能成为国君，那么华阳夫人也就母凭子贵。华阳夫人认为这种说法有道理，于是就给安国君吹枕边风，她说自己没能生下儿子，所以希望异人成为自己的嫡子，以此来让自己老了有所依靠，安国君答应了这个要求。

其实吕不韦在秦国运作之时，还在异人身边作了另外的安排，《史记·吕不韦列传》中说：

吕不韦取邯郸诸姬绝好善舞者与居，知有身。子楚从不韦饮，见而说之，因起为寿，请之。吕不韦怒。念业已破家为子楚，欲以钓奇，乃遂献其姬。姬自匿其身。至大期时，生子政。子楚遂立姬为夫人。

原来吕不韦把自己身边已经怀孕的一个女人献给了异人。后来异人在秦赵两国的一次战争中逃回了秦国，再后来秦昭王去世后，安国君继承了王位，他就是孝文王，而华阳夫人也成为了王后，异人自然就成了太子。此后不久，孝文王去世了，异人继位，他就是庄襄王。庄襄王一登基，立即任命吕不韦为丞相，同时封为文信侯。三年之后，庄襄王去世，他的儿子嬴政继位，当时嬴政十三岁，故秦国的朝政均由吕不韦来主持，同时尊吕不韦为相国，号称"仲父"。而这位嬴政其实就是吕不韦的儿子，而他就是后来天下一帝的秦始皇。

到此时，吕不韦终于实现了自己的理想，看来这不仅仅是窃钩者诛，窃国者侯了，把生意做到这样的分上，古今少有。但是，在取得了这样的成就之后，吕不韦发觉有些问题并非如他想象的那样美好，比如嬴政从小就显现出做人狠毒的一面。吕不韦当年献给异人的那个女人后来成了王后，异人去世后，她成了太后，虽然有了如此尊贵的地位，但仍然跟吕不韦接着私通。此女旺盛的精力让吕不韦都觉得受不了，更何况他觉得此事长久下去毕竟不是办法，于是吕不韦另献一人去满足太后，没想到的是，这位名叫嫪毐的男人因为器大活好，深得太后所喜，被封为了长信侯，以至于后来左右朝政。

这个结果吕不韦未曾料到，自己种下的苦果只好自己来尝，而后就有了铲除嫪毐事件。这件事搞得沸沸扬扬，当然不可能瞒过嬴政，再后来嬴政免除了吕不韦的相国之职，又给吕写了封信，此信对吕不韦的一切功劳均予以否定,这让吕看不到希望,于是自杀了。对于他的死,按照思想层面来解释,则是君权与臣权之间的冲突,因为吕的地位及影响已经远在君权之上,有着远大理想的嬴政当然不能容忍。《秦始皇·本纪》中说:"始皇为人,天性刚戾自用,起诸侯,并天下,意得欲从,以为自古莫及己。专任狱吏,狱吏得亲幸。博士七十人,特备员弗用。丞相诸大臣皆受成事,倚办于上……天下之事无大小皆决于上,上至以衡石量书,日夜有呈。不中呈,不得休息。"看来秦始皇除了性格上的刚愎自用,同时也是个工作狂,事必躬亲,当然容不得吕不韦来把持朝政,所以吕不韦的这个结果也是一种必然。只是不清楚嬴政是否知道,这个他看不惯的吕不韦却是自己的生身之父。

因为吕不韦的这些作为,使得他在后世名声极坏,由此而连累了《吕氏春秋》,也因此而使得该书的价值在后世未被充分肯定。也有人说吕不韦是一位商人,怎么可能有那样广博的学识来编这样一部书?其实按照司马迁的说法,吕不韦不仅是一位商人,同时也是位读书人,《史记·十二诸侯年表序》称:"上观尚古,删拾《春秋》,集六国时事。"由此可知,吕不韦也读了很多的书。因此说,质疑吕不韦不读书,从而质疑《吕氏春秋》非其所编,这样的说法显然不成立。针对这种

◇ 吕不韦编《吕氏春秋》二十六卷,明泰昌元年凌毓枬刻朱墨套印本

说法，洪家义在《吕不韦评传》中得出了这样的结论："《吕氏春秋》是吕不韦动议和组织编写的，在编写之前他向参加者阐明了指导思想。最后又经他集中、拣选、修订、编次成书。仅凭这些，主编之名，他就当之无愧了。"而袁行霈主编的《中国文学史》也是这样认定的："《吕氏春秋》是秦相吕不韦召集门客辑合百家九流之说编写而成的，成书年代在公元前239年左右。"

既然肯定了吕不韦是《吕氏春秋》的主编，那么他编的这部书就文学史而言，有着怎样的价值呢？不久前出版的钱穆讲述、叶龙记录的《中国文学史》中第七篇为《中国古代散文》，钱穆在这里讲到了《论语》《孟子》《庄子》《荀子》等，他将这个时期的散文分为三个阶段：第一阶段讲述的是《论语》，其认为："像《论语》这部书，可说是散的，是零星的，即是由许多章凑合在一起而编成一篇，但并无连贯的意义。"第二个阶段则讲到了《庄子》，因为《庄子》每一篇已经开始分章，所以该书从形式上讲，比《论语》有了进步。而第三个阶段则讲到了《荀子》《老子》等书，他认为这些书已经将一些零碎的观念拼合成了有机的整体，钱穆说："《论语》是将各条凑合成为一篇，互不相干，而《老子》却是凝练的、有次序的，故可断定《老子》出书后于《论语》。"

接下来钱穆又讲到了吕不

◇ 吕不韦编《吕氏春秋》二十六卷，明宋邦乂等刻本韦的《吕氏春秋》，他在文中排列出了《吕氏春秋》一书的章节及分类方式："以上春、夏、秋、冬共十二纪，每一纪各有五组文章，所讲述的次序均不得先后调换。又如'八览'的每一览，各有八组；'六论'的每论各有六组：都是各类叙述安排有序而不能调乱的。"由此看来，《吕氏春秋》一书有着完整的编辑体例，从这个角度而言，可以看出《吕氏春秋》是经过了一系列的完整策划，而形成的一部独立著作。而该书的编辑水准，钱穆在他口述的《中国文学史》中给出了这样的结论："所以说，以上诸子各家的古代散文，自孔子一直到吕不韦，时间已前后经历了两百多年，每一本子书的文件，都随着时代而有所演进。其中《庄子》和《吕氏春秋》在文体上是较为精进的，但这并不是说《论语》这部书的思想不及其他诸子，这点是各位务必明白的。"

◇ 吕不韦编《吕氏春秋》二十六卷，民国莲池书社排印吴先生群书点勘子部本，书牌

当年吕不韦编辑此书，总计用了两年的时间，该书成为定本之后，"布咸阳市门，悬千金其上，延诸侯游士宾客，有能增损一字者予千金。"（《史记·吕不韦列传》）看来，吕不韦对自己所编的书极有信心。他把此书在咸阳公布出来，并且摆上大量的赏金，请天下各色人物前来观看，同时声称，如果谁能将《吕氏春秋》增加或减少一个字而使该书更完美，便以千金赏给此人，这就是"一字千金"的出处吧。

《吕氏春秋》在内容上包含着不同的思想，故被后世视为杂家，很难从一个方面来概括该书。但后世夸赞该书的人还是不少，比如汉高诱在《吕氏春秋序》中说："此书所尚，以道德为标的，以无为为纲纪，以忠义为品式，以公方为检格，与孟轲、孙卿、淮南、扬雄相表里，是以著在《录》《略》。诱正《孟子》章句，作《淮南》《孝经》解，毕讫，家有此书，寻绎案省，大出诸子之右。"

至少高诱认为该书讲述的是最高的道德标准、社会的法制以及纲常，认为《吕氏春秋》不输于《孟子》《荀子》和《淮南子》等书。到了宋代，陈澔在《礼记集说》中又认为："吕不韦相秦十余年，此时已有必得天下之势，故大集群儒，损益先王之礼而作此书，名曰《春秋》，将欲为一代兴王之典礼也，故其间亦多有未见与礼经合者……然其书也，亦当时儒生学士有志者所为，犹能仿佛古制，故记礼者有取焉。"陈澔认为，《吕氏春秋》一书是汇集了那个时代的各种规章制度，所以这本书有着特殊的价值。

清乾隆年间朝廷开始编写《四库全书》，当时的《四库全书总目提要》中把《吕氏春秋》列入子部杂家类，对于该书的性质，《提要》称："不韦固小人，而是书较诸子之言独为醇正，大抵以儒为主，而参以道家、墨家，故多引六籍之文与孔子、曾子之言。"

四库馆臣也认为，吕不韦

◇ 吕不韦编《吕氏春秋》二十六卷，民国莲池书社排印吴先生群书点勘子部本，卷首

为人固然是个小人，但他的道德不良并不影响《吕氏春秋》的醇正，因为该书的主体思想仍然是以儒学为主体，虽然也掺杂进一些道家和墨家的观念，但对于一些纵横家和法家的观念，该书中却未曾收录，故而《提要》中夸赞该书说："其持论颇为不苟。论者鄙其为人，因不甚重其书，非公论也。"

既然四库馆臣认为该书有着如此独特的价值，那为什么还要把它列入杂家呢？对此张岱年先生在《中国哲学史史料学》中予以了这样的解释："自汉代以来，《吕氏春秋》一直被称为'杂家'。我们以为，所谓'杂家'并不是混杂不分，毫无原则。《吕氏春秋》有自己的特点。它的特点是：博采各家学说，但不取迷信、鬼神的思想，而是吸取各家的比较进步的思想。……虽采取各家学说，但所采取的观点之间，并无矛盾。因此，我们可以说《吕氏春秋》是'杂而不杂'，是一个综合学派。它的缺点是没有提出一个独创的中心观点。"

翻看《吕氏春秋》，其中的很多观念对中国后世颇有深远的影响，比如它认定天下必须要有君王：

> 少者使长，长者畏壮，有力者贤，暴傲者尊。日夜相残，无时休息，以尽其类。圣人深见此患也，故为天下长虑，莫如置天子也；为一国长者，莫如置君也。

该书认为如果没有一个国君来制定社会的规则，那么天下就会变得没有规矩，强欺弱，恶压贤，它同时强调国家的重要性：

> 天下大乱，无有安国；一国尽乱，无有安家；一家皆乱，无有安身。……故小之定也必恃大，大之安也必恃小。大小贵贱，交相为恃，然后皆得其乐。

这句话可以解读为，没有国就没有家，没有家就没有安身立命之处。既然国家这么重要，君王也这么重要，那么君王应当怎样来统治国家呢？《吕氏春秋》中又用到了老子的无为观念：

> 因者，君术也；为者，臣道也。为则扰矣，因则静矣。因冬为寒，因夏为暑，君奚事哉？故曰：君道无知无为，而贤者有知有为，则得之矣。

既然强调无为，那人人都无为，天下将何以有作为？于是《吕氏春秋》把可以无为的人限定为君王，因为君王的无为，才能让臣民们放开手脚去做事，所以说，君王需要无为，而臣民则需要有为。这也算是一种辩证法吧。既然如此，那天下跟臣民有什么关系呢？于是《吕氏春秋》就提出了天下为公的概念：

> 天下者，非一人之天下也，天下之天下也。阴阳之和，不长一类，甘露时雨，不私一物，万民之主，不私一人。……天地大矣，生而弗子，成而弗有，万物皆被其泽、得其利，而莫知其所由始，此三皇五帝之德也。

这种概念是何等的先进。两千多年前就已经有了如此先进的概念，这也是后世强调德政的重要依据。

除了思想内容上的价值，《吕氏春秋》在文学史上也同样有着重要的地位，袁行霈主编的《中国文学史》称："《吕氏春秋》在文学上的另一个突出成就是创作了丰富多彩的寓言。据初步统计，全书中的寓言故事共有二百多则。这些寓言大都是化用中国古代的神话、传说、故事而来,还有些是作者自己的创造,在中国寓言史上具有相当重要的地位。"

由此可见,《吕氏春秋》中运用了很多的寓言故事来讲述思想观念,而这些寓言在后世成为了中国古代故事的经典,比如《吕氏春秋·任教》讲述了这样一个故事:"孔子穷乎陈、蔡之间,藜羹不斟,七日不尝粒,昼寝。颜回索米,得而爨之。几熟,孔子望见颜回攫其甑中而食之。选间,食熟,谒孔子而进食。孔子佯为不见之。孔子起曰:'今者梦见先君,食洁而后馈。'颜回对曰:'不可!向者煤炱入甑中,弃食不祥,回攫而饭之。'孔子叹曰:'所信者目也,而目犹不可信;所恃者心也,而心犹不足恃。弟子记之,知人固不易也!'"

这个故事也被后世广泛讲述,称当年孔子周游列国时,被困在了陈国和蔡国之间,当时他们断食七日,在这种困苦的情况下,颜回讨要到了一些米,而后去做饭,当饭快熟的时候,孔子看见颜回

◇ 看上去有点儿像纪念碑,上面刻着"吕不韦陵墓"

从锅内偷偷地取出一些食物来吃。饭熟之后，颜回让老师先吃，孔子假装没有看到之前那幕，故意跟颜回说："我今天梦到了自己去世的父亲，要用干净的食物去祭奠

◇ 墓碑在封土的侧面

他。"颜回听到这句话，马上阻止老师用此饭来祭奠，而后说，刚才灶下的煤灰飘进了锅中，弄脏了食物，他觉得不应当浪费食物，就把弄脏的那一团饭抓起来吃了。听到颜回的这番解释，孔子感叹说：人们都相信自己的眼睛，但在某些情况下，眼见为实也有不对的时候，而人们又大多通过自己的心来决定一切，如此推论起来，心在某种程度上也不值得依靠。此时孔子又想起来了自己是老师的身份，于是就拿这个例子来教育弟子说：真实地认识一个人，是何等之难呀！

《吕氏春秋》中讲述这样一个故事，是想以此来说明人的感觉和知觉有时会被假相所迷惑。而用这样一个形象的故事来说明深刻的道理，也正是该书的特色所在。

吕不韦墓位于河南省偃师市首阳山镇南蔡庄大冢头村东，这是我从资料上查到的说法，也正因为如此，我在寻访他的墓时费了很多的周折。打车来到偃师市，而后打听蔡庄在哪里，结果这个地名却少有人知道，既然找不到蔡庄，那就接着打听大冢头村，可是这个地名依然没有人知道。于是就再次变换方式，直接打听吕不韦墓所在，但即便如此，也是问了多人之后才得到了确切信息：吕不韦墓实际处在偃师市第一高级中学校内，看来我所得到的资讯已经过时了太久。

进校园内寻访,这是我经历的寻访难点之一,但是这次进入偃师中学却比我想象的容易很多,至少我在门口没有遇到盘查和阻拦。这个学校的面积很大,站在校园的操场上,完全看不到有古墓的样子,于是就沿着校园的一条路一直向内行走,在路边看到了金属路牌,上面写明该路名为春秋路,学校内的道路还有专门的路名,并且还叫得如此大气,这在他处不多见。名称虽然很大,其实这春秋路却很短,我估计也就是三十多米的样子。

沿着春秋路走到了顶头的位置,在第二宿舍楼的旁边看到了一个体量颇大的封土,不用说,这肯定就是吕不韦墓。而在这封土之前,有一座纪念碑状的建筑物,从上面的装饰手法看,这种建造方式应该是近二十年所为,因为所用的材料乃是二十年前风行一时的水刷石。因背光,我看不清碑上的字迹,于是走到近前细看,上面刻着"秦相国吕不韦墓碑记",而转到这个纪念碑的另一侧,上面刻着"吕不韦陵墓",由此可知,碑记的一面应当是纪念碑的背面。

◇ 封土被铲去的痕迹

我围着这个巨大的封土转了一圈，在其中的一个侧面，用水泥和砖块垒起了一条长长的矮墙，看样子是作为封土的护坡，而这面墙上也嵌着几块刻石，走近细看，上面写着"功德碑记"，看来后面的名单记的是维护吕不韦墓有功之人的姓名。护坡的后面则是吕不韦墓残存的封土，从外观看，这个封土已经变成了不规则的形状，应该不是当年原样，而封土之上长满了杂树以及杂草。

　　想一想，两千多年的古人墓还能保留到今天，这也算是一个奇迹。而我在拍吕不韦墓的过程中，旁边有一位中年男人一直看着我的举措。从眼神看，我觉得此人没有恶意，于是便走过去主动向他请教吕不韦墓原有的情形。他说自己从小就生活在附近，吕不韦墓以前至少比现在大三倍，"文革"中不断有人来取土，使得墓丘越变越小，墓园的门原在南蔡庄东，后来解放军在此驻军，将墓园改了门，再后来又圈在了学校院内。几十年间，就有这么大的变化，真希望时间就此凝固，不再出现这样那样的变化。

韩非子：故明主之国，无书简之文，以法为教

关于韩非子的生平，司马迁在《史记·老庄申韩列传》中有如下记载："韩非者，韩之诸公子也。喜刑名法术之学，而其归本于黄老。非为人口吃，不能道说，而善著书。与李斯俱事荀卿，斯自以为不如非。"

司马迁在这里直接点题，说韩非喜欢刑名法术之学，这也是韩非子被视之为法家重要人物的理论依据之一。一般而言，战国时代的诸子百家个个能言善道，口若悬河，然而韩非子却很特别，因为他有口吃的毛病，于是他就把自己的思想写成文章，而他的文章又是那样的有气势，不知道这算不算是"敏于事而讷于言"。韩非子的老师是著名的荀子，韩非跟着荀子学习的时候，他的同学中还有一位名人，那就是李斯，但李斯自我感觉才能比不上韩非。

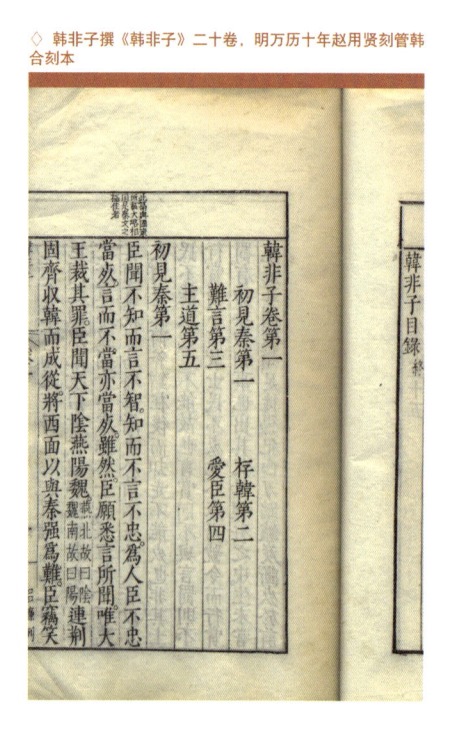

在战国时代，韩国屡次被

◇ 韩非子撰《韩非子》二十卷，明万历十年赵用贤刻管韩合刻本

秦国打败，面对国家的危机，韩非多次上书给韩王，希望韩王能够接受自己的法家观念，以此让国家强盛起来，但韩王却完全听不进韩非的建议。这个阶段，韩非所做的一些文章却传到了秦国：

> 人或传其书至秦。秦王见《孤愤》《五蠹》之书，曰：'嗟乎，寡人得见此人与之游，死不恨矣！'李斯曰：'此韩非之所著书也。'秦因急攻韩。韩王始不用非，及急，乃遣非使秦。秦王悦之，未信用。李斯、姚贾害之，毁之曰：'韩非，韩之诸公子也。今王欲并诸侯，非终为韩不为秦，此人之情也。今王不用，久留而归之，此自遗患也，不如以过法诛之。'秦王以为然，下吏治非。李斯使人遗非药，使自杀。韩非欲自陈，不得见。秦王后悔之，使人赦之，非已死矣。

◇ 韩非子撰《韩非子》二十卷，清嘉庆九年姑苏聚文堂刻《十字全书》本

秦王读到了韩非所作的《孤愤》和《五蠹》，大为惊叹，称若能有这样的人来辅佐自己，将死无遗憾，而此时李斯已经在秦国任职，于是他告诉秦王说，这些著作乃是他的同学韩非所写，秦王听到后，立即派兵攻打韩国，要把韩非子从韩国手中夺过来。韩王原本就看不上韩非，面对此况，立即派韩非任使者，前往秦国。秦王得到了韩非，大感高兴，但不知什么原因，并没有立即重用韩非。虽然如此，

韩非的到来还是让李斯感到了威胁，于是他就跟姚贾一起在秦王那里说韩非的坏话。他们说，韩非乃是韩国的公子之一，而今秦王要吞并各个诸侯，韩非肯定会阻止吞并韩国，如果不重用韩非的话，不如将他杀掉。

秦王竟然认为李斯说得对，于是命令有关部门把韩非关进了监狱，而后李斯派人把毒药送给韩非，让他自杀。此时的韩非特别想见到秦王，来一洗自己的冤情，可他却无法得见，只好一死了之。此事过了不久，秦王就后悔了，于是马上赦免韩非的死刑，然而此时韩非已经离开了人世。

关于韩非的生平，后世大约都是引用《史记》上的这段说法，而他的生卒年，后人只能通过推论来作出大约的判断。比如钱穆认为韩非和李斯是同学，于是他就假定韩非和李斯的年龄相当，而后以此来推论韩非生于公元前281年，死的时候大约在四十八岁。

对于韩非的学术思想，高华平、王齐洲、张三夕所译注的《韩非子》中称："韩非为先秦法家思想的集大成者。"在韩非看来，只有法律能够至高无上。统治国家之术，除了法律，用不着其他的东西，而国家的富强，也是因为有了健全的法令才能够实现。韩非在《五蠹》中说：

> 故明主之国，无书简之文，以法为教；无先王之语，以吏为师；无私剑之悍，以斩者为勇。是境内之民，其言谈者必轨于法，动作者归之于功，为勇者尽之于军。是故无事则国富，有事则兵强，此之谓王资。既蓄王资而承敌国之衅，超五帝侔三王者，必此法也。

这段话可谓是韩非法家思想的集中论述。对于他这种思想的来由，高华平等译注的《韩非子》中说："韩非的法治思想继承并发展了战国以来早期法家特别是商鞅、慎到、申不害三人的法治思想，形成了一个法、术、势相结合的思想体系。"

一般而言，先秦诸子都是由姓氏加一个尊称的"子"字，比如孔丘被称为"孔子"，孟轲被称为"孟子"，而列御寇被称为"列子"，依据这种习惯，韩非也被称为"韩子"，故而他的著作在历史上也称为《韩子》。然而到了宋代却发生了转变，因为宋代尊唐代的韩愈为"韩子"，这使得两个名称产生了混淆，于是宋代人就把韩非所作的《韩子》一书改称为《韩非子》，这个习惯一直延续到了今日。

《韩非子》一书按照《汉书·艺文志》的著录："《韩子》五十五篇"，而流传至今的《韩非子》一书也恰好是五十五篇，表面上看，他的著作没有遗失，可是后人经过考证，认定书中已经掺杂了他人的思想以及作品，比如梁启超在《韩子浅解·前言》中说："现在的《韩子》和《汉志》所著录的《韩子》篇数完全相同。可是，如果从书的内容上看，今本五十五篇的内容是不是就是《汉志》所著录那五十五篇的内容，这已经成为一个大问题了。再深一层追问：《汉志》所著录的五十五篇《韩子》，是不是完全成于韩非本人之手，那问题就更多了。据我很粗浅的认识：在今本《韩子》中，大概大部分篇章是成于韩非本

◇ 韩非子撰《韩非子》二十卷，清嘉庆二十三年金椒吴氏四室学士祠堂刻本，书牌

人之手的。"梁启超在这里提出，今天所看到的五十五篇内容是否就是当年《汉书·艺文志》所载，是有疑问的，但其中大部分还是韩非本人的著作。

那究竟哪些著作已经被后人改头换面了呢？梁启超在该文中接着说："也有不是韩非的作品而混入《韩子》书的篇，如《初见秦》篇。也有前半篇是韩非的作品，后半篇是别人的作品的篇，如《存韩》篇。也有后人纂集《韩子》书各篇现成的语句，略加增减或修改，

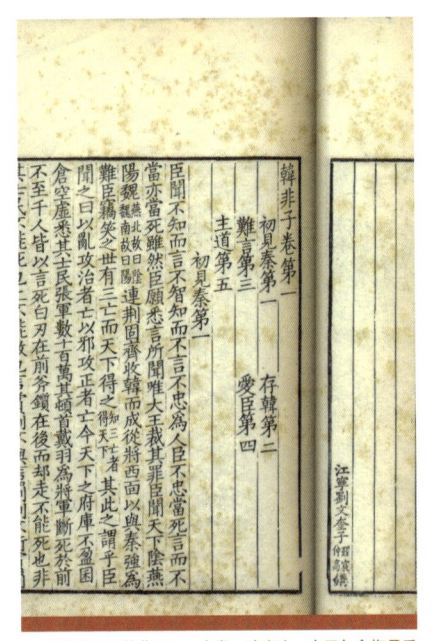

◇ 韩非子撰《韩非子》二十卷，清嘉庆二十三年金椒吴氏四室学士祠堂刻本，卷首

凑合成篇的篇，如《人主》篇和《二柄》篇。也有像是战国末或秦汉间法术家的文章，一边混入《韩子》书《有度》篇，一边又混入《管子·明法》篇。也有本来是公孙鞅的作品，见于《商君书·靳令》篇，被抄入《韩子》书《饬令》篇。这一切，虽然不是'赝品'或'假东西'，却是《韩子》书中的'大问题'。"

关于流传至今的《韩非子》一书中，究竟哪些是韩非本人所作，相关专家有着不同的意见，于此不再展开细聊，但毕竟早在司马迁时代他已经记录下来韩非一书中的几个篇名，而这几篇文章当是韩非所作无疑。

虽然《韩非子》主要表达的是他的政见，然而该书所具有的文学性也受到了后世的广泛关注。早在唐代，李翱在《答朱载言书》中就夸赞《韩子》称："足以自成一家之文，学者之所师归也。"

显然这句话是从《韩子》的文学色彩角度而言。而《韩非子》一书到了明代，更加受到当时散文家的关注，凌瀛初在《〈韩非子〉凡例》中的按语中说："今铅椠之士，艳其文词，珍为帐中物也，靡不家习而户尊之。"看来，那个时代就有不少人学习韩非的文风。

尽管，《韩非子》更多的是表现他的政治思想，可是到了后世，却有不少的文人从艺术角度来学习《韩非子》，故明门无子在《刻〈韩子迂评〉序》中说："今世之学者，皆知嗜韩子之文，而不得其用。"

◇ 王先慎撰《韩非子集解》二十卷首一卷，清光绪二十二年刻本

关于韩非子的语言特色，郭沫若曾经对先秦的四大散文家进行了简要的点评："孟文的犀利，庄文的恣肆，荀文的浑厚，韩文的峻峭，单拿文章来讲，实在是各有千秋。"（《十批判书·荀子的批判》）正是郭沫若的总结，使得不少人将孟子、庄子、荀子和韩子并称为先秦散文的"四大台柱"。而在这里，郭沫若把韩非子的文风用一个词予以概括——峻峭。其实，早在清乾隆年间，校刊大家卢文弨就有过类似的评价："非之辞辩锋锐，澜翻不穷，人以其故尤爱之。"（《书〈韩非子〉后》）卢文弨在这里用了"锋锐"二字，想来这两个字跟"峻峭"应属同义。而有类似评价者，还有明末的王世贞："非子之所为言，虽凿凿，衡名实，推见至隐……其于文也，峭而深，奇而破的，能以战国终者也。"（《合刻〈管子〉〈韩非子〉序》）

王世贞在这里用"峭而深"来形容韩非子的文风。

以上所评均是从《韩非子》一书的整体风格而言，其实该书中的每一个篇章间也有着细微的差别，对这些细微差别的辨析，以黄舜所撰《韩非论》最为全面："韩非的文章，以驳论的造诣为高，而以《难势》为最；立论气势磅礴时或杂，而以《奸劫弑臣》为优；驳而立者旗帜鲜明时或放，而以《显学》为棒；立论兼抒怀激动人心时或紊，而以《孤愤》为淳，总结事备意赅时或粗，而以《八经》为富；随笔短小精悍时或单，而以《大体》为美；故事妙趣横生时或猜，而以《说林》为趣；诠释迭相发明时或省，而以《解老》独占鳌头。"

黄舜给《韩非子》书中的每个篇章予以了不同的评价，而每句评语仅用一个字，这倒确实是简洁明了。而有意思的是，黄舜在《韩非论》的第十二章"《韩非子》的文学价值"中认定，书中的一些散文其实是有诗的味道，比如他将《解老》一篇作了如下格式上的排列：

  天得之以高，
  地得之以藏，
  维斗得之以成其威，
  日月得之以恒其光，
  五常得之以常其位，
  列星得之以端其行，
  四时得之以御其变气，
  轩辕得之以擅四方，
  赤松得之与天地统，
  圣人得之以成文章。
  道，与尧、舜俱智。

与接舆俱狂，

　　与桀、纣俱灭，

　　与汤、武俱昌。

而后黄舜对此作出了如下断语："这是掩藏在散文中的中国第一首长篇哲理诗，它对'道'的歌颂，句数之多，且隔行押韵。"除此之外，黄舜还在该章中总结出《韩非子》中的一些修辞手法，比如同样是《解老》中的一段，黄舜认为韩非用了联珠的修辞手法：

　　欲利甚于忧；忧则疾生；疾生而智慧衰；智慧衰而失度量；失度量则妄举动；妄举动则祸害至；祸害至疾婴内；疾婴内则痛祸薄外；痛祸薄外则苦痛杂于肠胃之间；苦痛杂于肠胃之间则伤人也惨；惨则退而自咎；退而自咎也生于欲利。

这段话中，每前一个短句的句末与下一个短句的句首都相同。余外《韩非子》中还有太多的排比句，而黄舜在文中将《八经》中的一段作了单句排列：

　　参言以知其诚，

　　易视以改其泽，

　　执见以得非常。

　　一用以务近习，

　　重言以惧远使。

　　举往以悉其前，

　　即迩以知其内，

　　疏置以知其外。

握明以问所暗，
诡使以绝黙泄。
倒言以尝所疑，
论反以得阴奸。
设谏以纲独为，
举错以观奸动。
明说以诱避过，
卑适以观直谄。
宣闻以通未见，
作斗以散朋党。
深一以警众心，
泄异以易其虑。

在这里，韩非用了二十个排比句。正因为《韩非子》中运用了这么多的修辞手法，故该书被后世从文学性上予以解读，也就不足为怪了。比如张觉在《韩非子考论》中，将该书的文学价值总结为五个方面，其中第二方面为："势如破竹的说服力——咄咄逼人的气势，令人折服的论据。"而其第五方面则为："动人心扉的感染力——悲愤激越的感情，挥洒自如的修辞。"对于这一点，张觉引用了明茅坤在《〈韩子迂评〉后语》中的评价："一开帙，而爽然、耆然、赫然、渤然，英精晃荡，声中黄宫，耳有闻，目有见。"由此可见，《韩非子》一书有着何等的艺术感染力。

相比较而言，后世对《韩非子》一书的熟悉，更多者是该书中记载的寓言故事，比如著名的和氏璧的故事就是出自该书：

楚人和氏得玉璞楚山中，奉而献之厉王。厉王使玉人相之，玉人曰："石也。"王以和为诳，而刖其左足。及厉王薨，武王即位，和又奉其璞而献之武王。武王使玉人相之，又曰："石也。"王又以和为诳，而刖其右足。武王薨，文王即位，和乃抱其璞而哭于楚山之下，三日三夜，泣尽而继之以血。王闻之，使人问其故。曰："天下之刖者多矣，子奚哭之悲也？"和曰："吾非悲刖也，悲夫宝玉而题之以石，贞士而名之以诳，此吾所以悲也。"王乃使玉人理其璞而得宝焉，遂命曰"和氏之璧。"

看来献宝也要冒着很大的风险，但最终还是应了西方的那句谚语：是金子总是要发亮的。而成语"滥竽充数"也是出自该书：

齐宣王使人吹竽，必三百人。南郭处士请为王吹竽，宣王说之，廪食以数百人。宣王死，湣王立，好一一听之，处士逃。

看来混在人群中不显山不露水是最好的生存手段，可惜如果遇到一位认真的君王，就难以混得下去了。而当今之人经常使用的一个词语"矛盾"以及"以彼之矛，攻彼之盾"，最早的出处也是《韩非子》：

楚人有鬻盾与矛者，誉之曰："吾盾之坚，物莫能陷也。"又誉其矛曰："吾矛之利，于物无不陷也。"或曰："以子之矛攻子之盾，何如？"其人弗能应也。

这就是"矛盾"一词的原始出处，而其实在这个段落的前面和后面，还有着相应的文字，比如该段之前有这样两段话：

历山之农者侵畔,舜往耕焉,期年,甽亩正。河滨之渔者争坻,舜往渔焉,期年而让长。东夷之陶者器苦窳,舜往陶焉,期年而器牢。仲尼叹曰:"耕、渔与陶,非舜官也,而舜往为之者,所以救败也。舜其信仁乎!乃躬藉处苦而民从之。故曰:圣人之德化乎!"

或问儒者曰:"方此时也,尧安在?"其人曰:"尧为天子。""然则仲尼之圣尧奈何!圣人明察,在上位,将使天下无奸也。今耕渔不争,陶器不窳,舜又何德而化?舜之救败也,则是尧有失也。贤舜,则去尧之明察;圣尧,则去舜之德化,不可两得也。"

这两段话同样很有名气。韩非子说,历山的农民相互侵占对方的田界,舜来到了那里,他不作评判,只是在那里默默地耕作,一年之后,这些田界纠纷就自然平息掉了。黄河边有些打鱼的人,争抢着有利地形,舜来到了那里之后,在那里默默打鱼一年,因为他的示范,这些打鱼人都把好的地形让给了年长者。东方有个部落制作的陶器很粗糙,舜又到了那里,默默地制作陶器达一年时间,那里的陶器于是就坚固耐用了。显然,舜特别忙,他的这个忙受到了孔子的大力夸赞,他说舜到哪里,哪里就能转变风气,所以他觉得,圣人是通过道德来感化人的。

于是有人问道,在舜做这些事情的时候,尧在干什么呢?于是有人回答说,尧在做天子。接下来韩非说道,既然如此,那为什么孔子又说尧是圣人呢?既然尧是圣人,那他就应当明察秋毫地了解到天下的各类事情,比如那些耕田者、打鱼者的纠纷,以及制陶的粗劣等等,如果他进行了有效的管理,那舜何必又到处跑着用道德去感化他们呢?既然舜到各地去转变风气,就说明那里风气有问题,既然有了那么多的问题,那尧怎样还能够被称作圣人呢?所以说,如果以此来夸赞舜的贤德，这就等于否定了尧的明察，因为这两者没有办法同时得到肯定。接下来，韩非就举出了"以子之矛，攻子之盾"的这个例子。

由此可见，韩非的文章果真层层推理，有着内在的严密逻辑。为了说明他的结论在认证上的严密性，他举出了这样一个寓言故事，所以说，这个寓言只是佐证他的论点，而其结论则会列在寓言之后：

> 夫不可陷之盾与无不陷之矛，不可同世而立。今尧、舜之不可两誉，矛盾之说也。且舜救败，期年已一过，三年已三过。舜有尽，寿有尽，天下过无已者；以有尽逐无已，所止者寡矣。赏罚使天下必行之，令曰："中程者赏，弗中程者诛。"令朝至暮变，暮至朝变，十日而海内毕矣，奚待期年！舜犹不以此说尧令从己，乃躬亲，不亦无术乎？且夫以身为苦而后化民者，尧、舜之所难也；处势而骄下者，庸主之所易也。将治天下，释庸主之所易，道尧、舜之所难，未可与为政也。

韩非认为，尧和舜不能同时被称颂，这就如同矛和盾的关系一样，两者不可并立。同时他又说，即便是舜到处去纠正社会风气，而他一年也只能纠正一个过错，三年只纠正了三个过错，在社会上像舜这样的贤人很少，而他的寿命也有限，然而天下的各种过错却不断地发生，如果只靠这些贤人拿自己的生命去纠正不断发生的过错，那么他们能起到的效果只能甚微。

接下来才是韩非论证的主旨，他认为只有实行赏罚分明的法律，才能使得天下人有法可依。当一个命令下达之后，很快会传遍天下，哪里用得着等一年的时间，而舜既然是这么贤良，他为什么不用道理去劝说尧来实行法律呢？所以他认为，要想法理天下，必须放弃尧舜的这种办法，真正做到以法治国。

除此之外，像"守株待兔"这样的著名故事，也同样是出自《韩非子》，而这些故事可谓脍炙人口，这也正是后世看重《韩非子》文学性的重要原因。

韩非子墓位于河南省西平县出山镇九女山。在河南省上蔡县看完李斯墓，转车来到西平县，到达西平时已经是下午五点，没有车前往出山镇，只好在当地寻找住宿之所。路边一抱孩子的妇女听见我问路，热情地说："这里附近就有一个宾馆，很高档的，又方便又便宜。"然后热情地指着路边另一小贩说："我抱着孩子不方便，你让她带你去吧，我们天天在这里，不是坏人。"我打量了一下这位将要带路的小贩，她一脸善意地看着我，于是我说了谢谢之后跟着她过了马路，到了她们所说的这一带最好的宾馆——假日网络酒店，住进了历次寻访以来最便宜的"高档宾馆"，六十元一天，房间里居然有着极速电脑和超大液晶显示屏。

◇ 韩非子墓园

◇ 碑额上写着"韩非之墓"

第二天早上,我离开这间高档宾馆,至马路对面拦出租车,前往出山镇九女山访韩非子墓。司机说他只知道出山镇及九女山,却不知道那里有韩非子墓,于是他打电话给自己的朋友,而后告诉我,已经打听到了韩非墓的具体位置,然后开车驶出了县城。

前行之路极不好走,多属村村通公路,原本道路很窄,而此刻又遇上修路,沿途灰尘扑面。而没有修路的地方,又频频遇上农民在路边烧玉米秆,这种情形我在三十年前就已司空见惯,而每年都看到相关部门下严令制止这种污染空气的行为,可是年年景色依旧,真不明白那些指令都管什么用。其中有几段路几乎是在云雾中穿行,能见度仅两三米,真令人担心有车迎面而来却看不见。然而司机一副见惯不怪的样子,连车窗都不摇下来,径直往前开去,车速一点都没有降低。

途中又遇上出殡的大队伍,吹打乐队坐了好几辆车,非常隆重。

◇ 墓园四周有着环形的矮墙

司机见状得意地问我:"你们城里没见过这个吧?我们这里死了人可是件大事。还不能随便葬,得请懂的人拿那个罗盘去地里走,罗盘你知道吧?就是有个针指啊指的,先生就拿着罗盘在地里走,走到哪儿罗盘不转了,指着哪儿就葬在哪儿。那些儿子孙子都扛着东西跟在后面,一停下来立即就破土,当时就得破土。"我问:那如果这指针停的地方不是自家地怎么办?他说:"不管在哪儿,都得马上破土,也不用问这地是谁家的,哪怕是别的村的也不用问,人家也不会说什么,因为别的村的人也有可能葬到咱们这个村来啊,大家都要接受。而且葬了后,不管是在谁家的地里头,来年耕地什么的,也都不动的。"这种风俗我还是第一次听说,也可见古风犹存吧。

五十公里的路行了一个多小时,终于来到九女山附近,开始打问韩非子墓。或许是韩非子名气够大,至少在这里做到了妇孺皆知,故而所问之人指出的路径十分清晰，没费什么周折就找对了方向。远远地看到田野中立着一块大碑，那肯定就是我的寻访目标了。

汽车无法开到墓园的近前，于是我下车往田间走去。十月的西平玉米刚刚收完，大片大片的农田已经耕好，韩非墓前的麦田里可能播得早，已有麦苗露出头来。墓台为大圆形，有砖砌矮围墙，形似台基，周围有几株并不算大的树木，墓碑为黑色，碑额上以篆书写着"韩非之墓"，然下面文字已斑驳至无法辨认。

◇ 字迹剥落

细看之下这块丰碑竟然是用水泥砌成者，在碑的正前方先在水泥上刷了一层黑漆，且刷漆的部分仅是碑的正面，余外的三面裸露着水泥抹面的痕迹。前面的碑文是用黄漆以隶书书写在上面，因为风吹日晒，黑漆已经斑驳脱落，使得上面的字迹大半无法辨识。端详一番，大约是后世给韩非写的碑文。

墓碑之后是一个约十米大小的土丘，上面长满了荒草，已然看不出墓丘的形状。我在这里转了一整圈，除了观察墓丘的形制，更多是想找到文保牌，可惜未曾找到，于是我走出这低矮的围墙，又围着围墙看了一圈，观察四围的情形，却始终没有找到文保牌的痕迹。以我的猜测，这个墓大约是当地百姓一直以来的默认，却并没有得到文物部门的认定。

陆贾：居马上得之，宁可以马上治之乎？

陆贾是汉高祖手下著名的谋士之一，司马迁所著《史记》中有《郦生陆贾列传》，此传的前几句即是："陆贾者，楚人也。以客从高祖定天下，名为有口辩士，居左右，常使诸侯。"

看来，陆贾最大的特长就是口辩，而刘邦也特别看重他的这个特长。刘邦夺得天下建立汉朝之时，在岭南一带有个叫尉他的人，此人又名赵佗，他想在南越搞独立王国，刘邦初定天下，无暇派兵平定，于是就命陆贾前去封赵佗为南越王："及高祖时，中国初定，尉他平南越，因王之。高祖使陆贾赐尉他印为南越王。陆生至，尉他魋结箕倨见陆生。"

看来这位赵佗挺傲慢，他见到陆贾时不行中国礼，于是陆贾跟他说："足下中国人，亲戚昆弟坟在真定。今足下反天性，弃冠带，欲以区区之越与天子抗衡为敌国，祸且及身矣。且夫秦失其政，诸侯豪杰并起，唯汉王先入关，据咸阳。项羽背约，自立为西楚霸王，诸侯皆属，可谓至强。然汉王起巴蜀，鞭笞天下，劫略诸侯，遂诛项羽，灭之。五年之间，海内平定，此非人力，天之所建也。"

陆贾首先跟赵佗讲他是中国人，这言外之意，他要行中国礼，而后陆贾举出了刘邦、项羽争霸之时，最终刘邦灭掉了项羽，以此说明天下能够平定是上天的运数。接下来，陆贾又讲到了刘邦对于南越一地的态度："天子闻君王王南越，不助天下诛暴逆，将相欲移兵而诛王，天子怜百姓新劳苦，故且休之，遣臣授君王印，剖符通使。君王宜郊迎，北面称臣，乃欲以新造未集之越，倔强于此。汉诚闻之，掘烧王先人冢，夷灭宗族，使一偏将将十万众临越，则越杀王降汉，如反覆手耳。"

陆贾的言外之意，乃是告诉赵佗，刘邦听说你想在南越搞独立，本来想派兵灭掉你，但念及百姓受到战争的迫害，所以才没这么做，而今派我来给你封王，如果你不接受的话，那么皇帝会派人挖了你们家祖坟，灭掉你的宗族，而后派一名将领带十万之兵灭你南越国易如反掌。

由以上这几段话即可看出，陆贾确实是位辩士，他讲形势，摆道理，威逼利诱全融入其中，果真把赵佗说得老实了起来，于是接受了刘邦封他的南越王，向汉称臣。陆贾不辱使命，返回朝中。刘邦看到陆贾仅凭一人就能让南越归顺，大感高兴，于是立即封陆贾为太中大夫。

汉朝建立之初，百废待兴，陆贾认为必须以文治天下，于是向刘邦提出了相关建议，并且在谈话中时时引用《诗经》和《书经》上的言语。刘邦并非文人出身，他特别不喜欢听这种文绉绉的言语，于是他骂陆贾说：我的天下是靠骑马南征北战而得来的，说这些诗书有什么用？于是陆贾就说出了那句在后世极有名气的话——打天下可以凭武力，然而治理天下难道也可以靠骑马打仗吗？

他们之间的这段著名对话，也记录在《史记》的这篇传记里："陆生时时前说称《诗》《书》。高帝骂之曰：'乃公居马上而得之，安事《诗》《书》！'陆生曰：'居马上得之，宁可以马上治之乎？且汤武逆取而以顺守之，文武并用，长久之术也。昔者吴王夫差、智伯极武而亡；秦任刑法不变，卒灭赵氏。向使秦已并天下，行仁义，法先圣，陛下安得而有之？'高帝不怿而有惭色，乃谓陆

生曰：'试为我著秦所以失天下、吾所以得之者何，及古成败之国。'陆生乃粗述存亡之征，凡著十二篇。每奏一篇，高帝未尝不称善，左右呼万岁，号其书曰《新语》。"

经过陆贾的一番讲述，终于让刘邦明白，治天下必须靠传统的儒家之道。虽然陆贾的反驳让刘邦不高兴，但他也明白陆说的不错，于是他命陆贾总结大秦帝国丢失天下的原因，同时也要总结自己为什么能够

◇ 陆贾撰《新语》，清光绪元年湖北崇文书局刻本，书牌

夺取天下，于是陆贾就写出了这部著名的《新语》。而此书乃是写完一篇，上奏给皇帝一篇，刘邦每看到一篇都会赞赏陆贾写得好。既然有皇帝的夸赞，身边的人当然要三呼万岁，以此来表明皇帝是何等的圣明。

关于陆贾的生平，《陆氏谱》上说："齐宣公支子达，食采于陆。达生发，发生皋，适楚。贾其孙也。"看来，陆贾是齐宣王之后。胡兴华在《陆贾及其〈新语〉研究》中称："齐宣公当为齐宣王，故陆当为齐宣王的远孙。"

如此说来，陆贾也是名人之后。但到了陆贾这一代时，他已经成了平民，却同样是名师之后。陆贾的老师是浮丘伯，这位浮丘伯曾跟李斯共同拜荀子为师，因此陆贾算是荀子的再传弟子。陆贾在《新语·资质》中特别夸赞自己的老师："鲍丘之德行，非不高于李斯、赵高也，然伏隐于蒿庐之下，而不录于世，利口之臣害之也。"

陆贾说老师浮丘伯的德行远高于李斯、赵高等名人，然而却隐于民间，所以少有人知之。

　　陆贾从浮丘伯那里学到了本领，而后就跟随刘邦打天下，他所做出的业绩不仅仅是凭三寸不烂之舌让南越归顺。其实当年刘邦跟项羽约定，谁先攻下新的都城，谁就为王。正是郦食其和陆贾出奇计，他们说服守关的秦将，趁秦军懈怠之时，突袭入关，这才成就了刘邦的大业。当刘邦夺取天下之

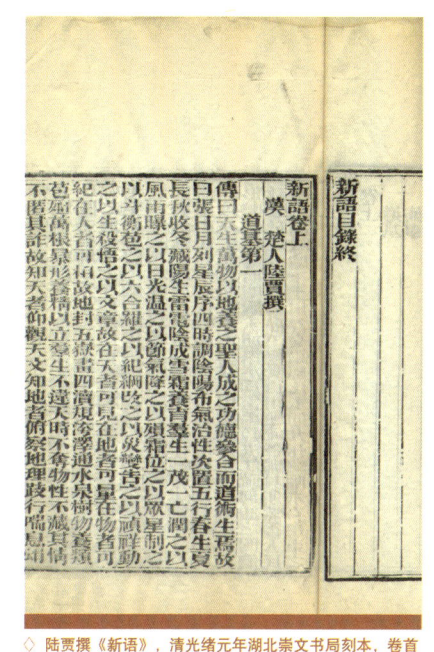

◇ 陆贾撰《新语》，清光绪元年湖北崇文书局刻本，卷首

后，陆贾又劝刘文治天下，才有了以上那段著名对话。

　　陆贾对汉朝的贡献其实不仅如此。刘邦驾崩之后，吕后专权，刘家天下渐渐变为了吕姓把持，陆贾觉得事不可为，于是便离开朝廷韬光养晦。后来他感觉到事情变得越来越严重，当时朝中的右丞相陈平和太尉周勃虽然不满吕氏所为，但陈和周之间的关系也并不协调，二人各自隐忍而无所作为，陆贾认为只有陈、周联合，才能控制吕氏的阴谋，于是他就去见陈平，说了这样一段话：

　　　　天下安，注意相；天下危，注意将。将相和调，则士务附；士务附，天下虽有变，即权不分。为社稷计，在两君掌握耳。臣常欲谓太尉绛侯，绛侯与我戏，易吾言。君何不交欢太尉，深相结？"（《史记·郦生陆贾列传》）

后来正是陈平和周勃联合，铲除了诸吕，接着迎立文帝即位，才出现了中国历史上第一个鼎盛时期——文景之治。由此可见，陆贾在历史上的地位是何等重要。

然而后世把铲除诸吕的功劳全部归于陈平和周勃，显然这种说法不公平，因此南宋时陈亮在《辩士传序》中替陆贾打抱不平："陈曲逆之端居深念，非陆贾无以发之。"陈亮认为，虽然剿灭诸吕之功主要是陈平所为，但如果没有陆贾对他的启发，这件事不知何时才能办成。

如前所言，汉高祖建立天下之后，听从一些谋士们的建议，开始实行文治天下，《汉书·高帝记》中说："汉初清静无为之治，盖陆氏为之导夫先路矣。"

刘邦命萧何制定法律，命韩信制定军法，命张苍制定各种规章制度，命叔孙通制定礼仪，同时命陆贾写出《新语》一书。陆贾的《新语》跟那么多的国家方针大计并提，可见其重要到何等程度。

但是按照以上的顺序，刘邦所下的这五大命令中，陆贾的《新语》却排在了最后一位。即便如此，胡兴华也认为《新语》十分重要，他在其论文中称："'陆贾造《新语》'虽列在最后，但这正具有最后完成而且最为重要的意味。律令、军法、章程、礼仪都是具体的政治制度建设，而且在汉初均带有'汉袭秦制'的色彩。而《新语》则是涵盖各个具体政治制度建设的具有普遍指导意义的政治思想原则，它标志着秦汉间政治指导思想的重大转换，标志着儒家政治哲学与中央集权的君主权力相结合的开始。"

对于《新语》一书，除了《史记》中的记载，余外的文献中也多有提及，比如王充在《论衡·案书篇》中说："《新语》，陆贾所造。盖董仲舒相被服焉，皆言君臣政治得失。言可采行，事美足观。鸿知所言，参贰经传，虽古圣之言，不能过增。陆贾之言，未见遗阙……"

可见,《新语》一书在汉代就有着广泛的影响。由王充这段话可知,《新语》一书在东汉时期仍然完整,没有缺篇。而后《隋书·经籍志》《旧唐书·经籍志》以及《新唐书·艺文志》,都著录有《新语》。然而到了宋代,《崇文总目》《郡斋读书志》等书都未著录《新语》。看来,该书到宋代就已经很少得见。宋王应麟在《汉艺文志考证》中说:"今存《道基》《术事》《辅政》《无为》《资贤》《至德》《怀虑》七篇。"

王应麟是著名的藏书家,而他只见到了《新语》中残存的七篇,即此说明,该书到宋代仅有残本流传。可是到了明弘治年间,一位叫李庭梧的人,却得到了《新语》十二篇的全本,而后他将该书刊刻出版。在此之后,关于《新语》的翻刻之本,基本上都是本自李庭梧本。

也正因如此,这件事在后世引起了争论,因为有些人觉得,在宋代就已经看不到《新语》一书的全本,为什么反而到了明代却出现了祖本,所以有不少人怀疑李庭梧的翻刻本乃是伪书。

对于《新语》一书真伪的怀疑,早在南宋就有人提出了这样的疑问,宋黄震在《黄氏日抄》卷五十六中说:"然其文烦细,不类陆贾豪杰士所言。贾本以《诗》《书》革汉高帝马上之习,每陈前代行事,帝辄称善,恐不如此书组织以为文。又第五篇云:'今上无明王圣主,下无贞正诸侯,鉏奸臣贼子之党。'考其上文,虽为鲁定公而发,岂所宜言于大汉方隆之日乎?若贾本旨谓'天下可以马上得,不可以马上治'之意,十二篇咸无焉,则此书似非陆贾之本真也。"

黄震的怀疑首先是从文风着眼,他觉得《新语》一书从语言风格来说,不像出自陆贾这样的豪杰之士,而后他又从内容上着眼,认为陆贾不应当说出"上无明王圣主"这样的话。

但是黄震的怀疑在当时并没有引起多大的关注,元、明时代也少有人提及，可是到了清乾隆年间，四库馆臣在写《四库全书总目提要》时，又提到了该书真伪的问题："此本卷数与《隋志》合，篇数与本传合，似为旧本。然《汉书·司马迁传》称迁取《战国策》《楚汉春秋》、陆贾《新语》作《史记》。《楚汉春秋》，张守节《正义》犹引之，今佚不可考；《战国策》取九十三事，皆与今本合；惟是书之文悉不见于《史记》。王充《论衡·本性篇》引陆贾曰：'天地生人也，以礼义之性；人能察己所以受命则顺，顺谓之道。'今本亦无其文。又《穀梁传》至汉武帝时始出，而《道基篇》末乃引《穀梁传》曰，时代尤相抵牾。其殆后人依托，非贾原本欤？考马总《意林》所载皆与今本相符……似其伪犹在唐前。惟《玉海》称陆贾《新语》今存于世者《道基》《术事》《辅政》《无为》《资贤》《至德》《怀虑》才七篇，此本十有二篇，乃反多于宋本，为不可解。或后人因不完之本，补缀五篇以合本传旧目也。"（《四库全书总目提要》卷九十一）

因为《四库提要》的权威性，使得流传后世的《新语》一书，究竟是否为陆贾原作就成了大问题。然也有人不同意四库馆臣的这个判断，比如严可均在《铁桥漫稿》卷五《新语序》中说："或疑明本十二篇反多于王伯厚所见，恐是后人因不全之本，补缀五篇，以合本传篇数。今知不然者，《群书治要》载有八篇，其《辨惑》《本行》《明

◇ 陆贾撰《楚汉春秋》，清道光十四年茆氏梅瑞轩刻本，书牌

诚》《思务》四篇皆非王伯厚所见，而与明本相同……又《穀梁传》孝武时始立学官，非陆贾所预见。今此书《道基篇》引《穀梁传》曰：'仁者以治亲，义者以利尊。'乃是《穀梁》旧传，故今传无此文……汉代子书，《新语》最纯最早，贵仁义，贱刑威，述《诗》《书》《春秋》《论语》，绍孟、荀而开贾、董，卓然儒者之言，史迁仅目为辩士，未足以尽之。"

看来，有人猜测《新语》一书的明刻本在篇数上超过了王应麟所见，这多出的部分有可能就是被人伪造五篇添加了进去，以便符合《新语》一书十二篇的总数。而严可均对这种猜测不以为然，他举出了历史上的例子，以此来说明此书从内容角度来说，肯定是陆贾的作品，并非是后世所伪充者。

到了上世纪二十年代，有不少学者都开始研究古籍的真伪，《新语》也在研究之列。而罗根泽、余嘉锡等人不赞同四库馆臣的观点，胡适也认为《新语》一书确实是陆贾的作品："《新语》一书，很有见地，其思想近于荀卿、韩非，其《道基篇》叙文化的演变尤有独到的见解……我从前也曾怀疑此书，去年得唐晏先生校刊本，重校读一遍，颇信此书是楚汉之间之书，非后人所能依托，故为检《司马迁传》，正《四库提要》之误，以释后来读者之疑。"（《陆贾〈新语〉考》）

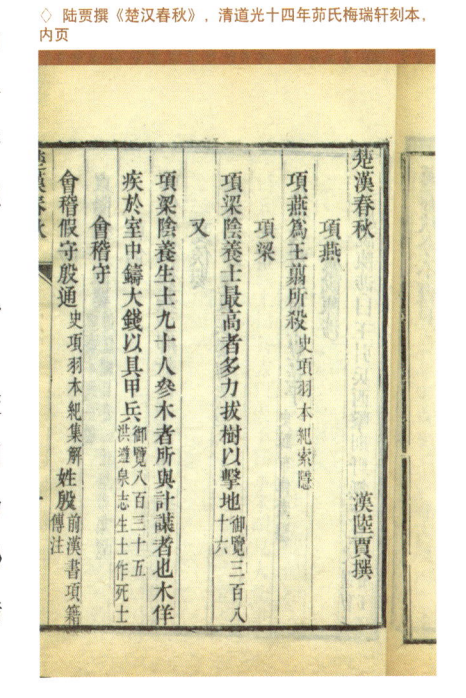

◇ 陆贾撰《楚汉春秋》，清道光十四年茆氏梅瑞轩刻本，内页

◇ 陆贾撰《楚汉春秋》清道光间梅瑞轩刻本

胡适认为《新语》一书中所表现出的陆贾思想，接近于荀子和韩非子，这样的说法其实是从陆贾整体思想而言。相比较来说，陆贾的思想来源较为多样，比如《新语》中专有《无为》一篇，陆在此篇说：

> 夫道莫大于无为，行莫大于谨敬。何以言之？昔舜治天下也，弹五弦之琴，歌《南风》之诗，寂若无治国之意，漠若无忧天下之心，然而天下大治。周公制作礼乐，郊天地，望山川，师旅不设，刑格法悬，而四海之内，奉供来臻，越裳之君，重译来朝。故无为者，乃有为也。

这种说法显然是本自老子的观念。而老子乃是出世的态度，这样的无为思想怎能管理国家呢？但陆贾却认为没问题，他在《至德篇》中说：

> 君子之为治也，块然若无事，寂然若无声，官府若无吏，亭落若无民，闾里不讼于巷，老幼不愁于庭，近者无所议，远者无所听，邮无夜行之卒，乡无夜召之征，犬不夜吠，鸡不夜鸣，耆老甘味于堂，丁男耕耘于野，在朝者忠于君，在家者孝于亲；于是赏善罚恶而润色之，兴辟雍庠序而教诲之，然后贤愚异议，

廉鄙异科，长幼异节，上下有差，强弱相扶，大小相怀，尊卑相承，雁行相随，不言而信，不怒而威。

对于这段话，胡兴华在其论文中评价道："这完全是一幅田园牧歌式的理想治世蓝图，虽然受道家黄老思想影响，显示出一些道家色彩，但与老庄'小国寡民''至德之世'式的无为而治有截然的区别。有的论者认为，陆贾的无为治世与老子的'小国寡民'同属一个模式，其实不然。陆贾所描绘的这个至德之世是实行儒家礼义之治的。"

既然《新语》一书涉及了汉初的方方面面，同样也会谈到相应的文艺理论，比如《道基篇》中说：

礼义不行，纲纪不立，后世衰废；于是后圣乃定五经，明六艺，承天统地，穷事察微，原情立本，以绪人伦；宗诸天地，篡修篇章，垂诸来世，被诸鸟兽，以匡衰乱；天人合策，原道悉备，智者达其心，百工穷其巧，乃调之以管弦丝竹之音，设钟鼓歌舞之乐，以节奢侈，正风俗，通文雅。

对于文章的风格，陆贾反对太多的雕琢，他在《本行篇》中说：

璧玉珠玑，不御于上，则玩好之物弃于下；雕琢刻画之类，不纳于君，则淫伎曲巧绝于下。夫释农桑之事，入山海，采珠玑，捕豹翠，消筋力，散布泉，以极耳目之好，快淫侈之心，岂不谬哉？

虽然如此，但陆贾在《新语》一书中所表现出的骈偶文风却受到了后世的关注，姜书阁在《骈文史论》中说："由今存《新语》

◇ 陆贾撰《新语》,民国二十六年上海商务印书馆据明万历十年本影印《两京遗编》本,书牌

十二篇来看,陆贾文章,概具赋体,而与荀卿之赋颇为近似,但其辞气则不免有辩士之遗风,故《汉志》特列其赋为屈原、荀况两家以外之单独一类,而为骋词之赋,今于其《新语》可见。"

姜书阁提到了《汉书·艺文志》中把陆贾所作之赋单列一类,这也是后世研究的问题之一。《汉书·艺文志·诗赋略》将赋体之文分为"赋"与"杂赋"两大类,而其中的"赋"又分为屈原赋、陆贾赋、荀卿赋,这三种赋不是单指这三人,比如陆贾赋后面就附有二十一家,可见,陆贾赋乃是被作为一个门类来看待,这也足以说明陆贾赋有着何等的代表性。可惜,陆贾所作之赋后来都失传了。

为什么《汉书·艺文志》把赋体分为三个体系?既然有这个分法,也就说明这三种体系各有特色。而陆贾所作之赋究竟有着怎样的特别之处,到今天也只能从《新语》一书中间接地来品评了,比如《新语·道基篇》中有这样一个段落:

> 张日月,列星辰,序四时,调阴阳,布气治性,次置五行,春生夏长,秋收冬藏,阳生雷电,阴成雪霜,养育群生,一茂一亡,润之以风雨,曝之以日光,温之以节气,降之以殒霜,位之以众星,制之以斗衡,苞之以六合,罗之以纪纲,改之以灾异,告之以祯祥,

动之以生杀，悟之以文章。故在天者可见，在地者可量，在物者可纪，在人者可相。

对于这段话，周振甫在《中国文章学史》中称："既是骈对，又是押韵，跟后来的赋体有相似处，不知是不是陆贾开创出来的赋体。"

《新语·资质篇》中也有一个段落受到后世文章家的关注：

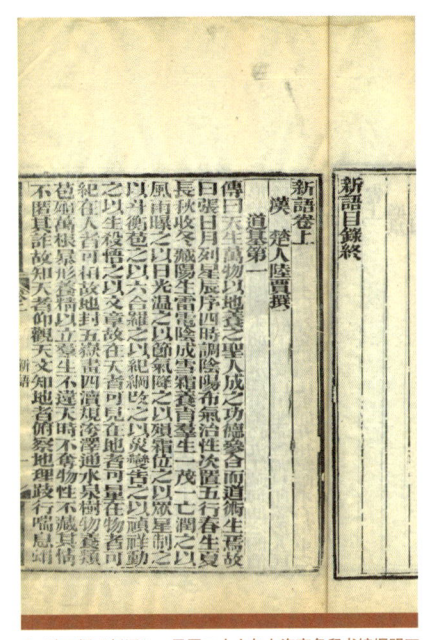

◇ 陆贾撰《新语》，民国二十六年上海商务印书馆据明万历十年本影印《两京遗编》本，卷首

  质美者以通为贵，才良者以显为能。何以言之？夫梗柟豫章，天下之名木也，生于深山之中，产于溪谷之傍，立则为大山众木之宗，仆则为万世之用，浮于山水之流，出于冥冥之野，因江、河之道，而达于京师之下，因斧斤之功，得舒其文色。精捍直理，密致博通，虫蝎不能穿，水湿不能伤，在高柔软，入地坚强，无膏泽而光润生，不刻画而文章成，上为帝王之御物，下则赐公卿，庶贱而得以备器械……

这个段落很长，我只摘录了前面的一小部分，而文廷式评价该段说："此节文似赋颂，楚人固渐染屈、宋之流风也。"

对于《新语》一书的赋体特征，还有《资质篇》中有如下一段：

  人君莫不知求贤以自助，近贤以自辅，然贤圣或隐于田里，而不预国家之事者,乃观听之臣不明于下,则闭塞之讥归于君;闭塞之讥归于君,则忠贤之士弃于野;忠贤之士弃于野,则佞臣之党存于朝;佞臣之党存于朝,则下不忠于君;下不忠于君,则上不明于下;上不明于下,是故天下所以倾覆也。

对于这段话,胡兴华在其论文中评价道:"六组对句以'顶真'的手法一气联排而下,浩浩荡荡,后组前句紧衔前组后句,环环相扣,除关联词'则'之外字字相同,使得复杂的因果关系一目了然,而文章气势则节节递增。其骈丝俪行,和谐音律,铺张扬厉,折射着陆贾的容光,透视着陆贾骋辞雄辩之风格诚非虚语。"而王利器在《新语校注》中则遗憾地说:"陆贾今不可得见矣,读《新语》之文,不啻尝鼎一脔矣。"

陆贾驻节故址碑位于广东省广州市荔湾区西村广州发电厂南门围墙内。昨日从贪泉出来即来到此电厂,两个门卫很客气,但坚决不让入内,说必须要有领导的批示,我在门口颇费口舌地解释自己是为搞文化,然而门卫也客气地回答:"你的单子上写着都是广州的文化遗址,我当然知道你是来做什么的,但领导的规定我不能不执行,你不要为难我。"

◇ 陆贾驻节故址碑

话说到这个分上,我当然不能再不知趣,到了晚上,想到了几个可能跟这儿有关系的领导,分别去电话,讲明自己的想法,其中一位领导还真帮我找到了这个厂的领导。我向这位

◇ 这一带已经变成了如此的居住区

领导说明来意，他说现在厂里下班，让我明天早上来找他即可，于是今早寻访的第一站就又来到了此电厂。

果真这位领导安排人在门口等候，办完了登记手续，还每人带上一块胸牌，才放行入内。在路上我问他何以如此戒备森严，他解释说这个电厂是火力发电，靠近市中心，所以附近的居民在不断抗议，要求把这个厂迁走，为此前两天还引起了冲突，有很多记者来采访此事，所以厂领导下令禁止不让任何外人进入厂区，尤其是拿着照相机的人，不管他是不是记者。原来是我运气不佳，如果在闹事之前进这厂，就用不着这样兴师动众了。

在发电厂的南门，看到了那块嵌在墙上的石碑，碑上仅刻着一列字——"南越陆大夫驻节故址"，右下侧有文保牌，然而字迹已模糊，看不清是哪个级别的部门所颁布者，余外空无一物，仅在驻节牌的右前方有一棵大榕树。

◇ 驻节碑旁的大榕树

当年陆贾出使南越是很轰动的一件事，而关于陆贾前来此地的传说，在历史上也多有记载，比如《舆地纪胜》卷一百一《广南东路·德庆州·古迹》中说："尉陆两公庙。《夷坚志》'陆贾求诗'云：梁竑乾道六年入都赴省，过晋康境，夜舣船锦裹石下。土人相传谓汉陆贾使南越，尉佗与之泛舟至此山，贾默祷曰：我若说越王肯为臣，当以锦裹石为山灵之报。既奉使，遂捐出囊中装，募人植花卉以代锦，以是得名。后人因立庙祀尉陆两公。是夜，梦一重客称陆大夫来见，云：我抑郁于此千岁矣，君幸见临，愿留一诗，即赋诗书于庙壁。"

可见，当地人很以陆贾的前来为傲。然而眼前所见似乎并未看出对陆贾有着怎样特别的尊崇，但转念细想，他比我今天来到此处的时间要早了两千年，在如此漫长的时间里，又经历了那么多的战乱，能够有今天这个痕迹在，已经算是十分难得了。

贾谊：仁义不施，攻守之势异也

汉文帝五年，贾谊已经任长沙王太傅近三年。贾谊本在朝中为官，后因事被贬到了这里，这三年来，心境一直不佳。某天，有一只鵩鸟突然飞到了院中。关于鵩鸟，我还真不知道它今天的名称叫什么，但是按照贾谊的描述，鵩鸟的外形跟猫头鹰很像。这只鸟进院后，落在了一把椅子上并不飞走。按照古人的说法，这一类的鸟不吉祥，如果谁家的院中落入了这种鸟，家中主人就有可能要离开自己的房子。《西京杂记》上称："长沙俗以鵩鸟至人家，主人死。"但是贾谊却并未因此而悲伤，反而还写了一首《鵩鸟赋》，以此来纪念这件事并抒发自己的情怀。

贾谊为这篇《鵩鸟赋》还写了篇序，其在序中称："谊为长沙王傅三年，有鵩飞入谊舍。鵩似鸮，不祥鸟也。谊即以谪居长沙，长沙卑湿，谊自伤悼，以为寿不得长，乃为赋以自广也。"贾谊讲了见到鵩鸟的时间，同时说因为贬地长沙气候阴潮，他觉得自己恐怕要短寿，所以就写了这首赋。司马迁所作《史记》中有《屈原贾生列传》，此传中谈到贾谊还写过一篇《吊屈原赋》，司马迁在对贾谊进行描述时也说过类似的话："贾生既辞往行，闻长沙卑湿，自以寿不得长，又以谪去，意不自得。及渡湘水，为赋以吊屈原。"看来贾谊确实认为自己来到长沙后活不长。

而今他见到了这只鵩鸟，于是打开占卜之书算了一卦："发书占之兮，谶言其度，曰：'野鸟入室兮，主人将去。'请问于鹏兮：'予去何之？吉乎告我，凶言其灾。淹速之度兮，语予其期。'鹏乃叹息，举首奋翼；口不能言，请对以臆。"然而卦书上显示的字句不吉，上面写着野鸟入室，主人将去。贾谊看到这个卦词后并不着急，他反而问那只鹏鸟：我离开这个房子后，将会到哪里去呢？鹏鸟不能回答他的问话，但却叹了口气，在那里抖动翅膀。贾谊觉得这只鸟既然不能说话，于是就自己替这只鹏鸟说了一大堆的话，这就是那篇《鹏鸟赋》。

《鹏鸟赋》的正文起首即是：

> 万物变化兮，固无休息。斡流而迁兮，或推而还。形气转续兮，变化而嬗。沕穆无穷兮，胡可胜言！祸兮福所依，福兮祸所伏；忧喜聚门兮，吉凶同域。彼吴强大兮，夫差以败；越栖会稽兮，勾践霸世。斯游遂成兮，卒被五刑；傅说胥靡兮，乃相武丁。夫祸之与福兮，何异纠缠；命不可说兮，孰知其极！水激则旱兮，矢激则远；万物回薄兮，振荡相转。云蒸雨降兮，纠错相纷；大钧播物兮，坱圠无垠。天不可预虑兮，道不可预谋；迟速有命兮，焉识其时！

鹏鸟说，或者，应当是贾谊说，天地万物的变化从来就没有停止过，一切都是循环往复，反复无定，这正如老子所言：福祸相从，有无相生，好事永远伴着坏事，就如同历史上的越王勾践与吴王夫差，还有其他重要人物的命运也是如此，胜与败，荣与枯，迅速地就能作以转换，因此说：

> 忽然为人兮，何足控抟；化为异物兮，又何足患！

小智自私兮，贱彼贵我；达人大观兮，物无不可。

贪夫殉财兮，烈士殉名。夸者死权兮，品庶每生。

贾谊认为，生而为人是一种偶然，既然如此，那对做人这件事也用不着贪恋，这么推起来，死亡又有什么值得忧虑的呢？但天下人能想透这一点者毕竟太少，就如同智慧低的人只会想到自己，认为他人都低贱，只有自己高贵，只有达人才不会有这种私见，而贪财之人为财而死，刚烈之士为荣誉而亡，这就是现实所显现出的一切。想到这一切，贾谊得出的结论是："德人无累兮，知命不忧。细故蒂芥，何足以疑！"真正有悟性的人不会被万物所累，虽然知道了天命，但不会因此而忧愁，既然这样，像鹏鸟飞入我院中这点小事，又有什么值得忧虑的呢？

这首诗写得极为大气，司马迁在《本传》中评价说："读《鹏鸟赋》，同死生，轻去就，又爽然自失矣！"正是这篇赋让贾谊得到了通达之名，归有光称："若贾生之通达，蔡邕之文学，张衡之精思，卓茂之循良，李膺之高节，黄宪之雅度，邓禹之功勋，有不可一二数者。"归有光简直是把贾谊视为天下之第一通达之人，而其结论的依据就是《鹏鸟赋》。可能是因为湖南人的缘故，毛泽东也对贾谊多有评价，对于这

◇ 贾谊《新书》序言首页，明万历间何允中刻《广汉魏丛书》本

首《鵩鸟赋》，毛泽东在"文革"后期曾对孟锦云说："汉朝有个贾谊，写过一篇《鵩鸟赋》，我读过十几遍，还想读，文章不长，可意境不俗。"从思想角度来说，马积高在《赋史》中称："（《鵩鸟赋》是）赋史上第一篇成熟的哲理赋。"而闻一多则认为此赋为"哲理之诗"。如此说来，这篇《鵩鸟赋》应当算是贾谊文学作品中名气最大者之一。

从文学贡献角度来说，贾谊也有其创见之处。游国恩认为贾谊本是荀子的再传弟子，因此他在写作形式上对荀子的文风多有模仿："特窃取荀子《赋》篇之名，而又兼采其形式，实为汉赋之权舆。故其《吊屈原赋》中，又有与荀子《赋》篇极相似者。"故而游国恩给出的结论是："观此即知贾谊文学之渊源，乃糅合屈原、荀卿两派之辞赋而成者也，实南北文学统一之肇端。"（《游国恩中国文学史讲义》）

贾谊因为何事而被贬到了长沙呢？这件事跟他给朝中上的一份奏章有直接的关系。刘邦消灭秦朝，建立起了汉王朝，在建朝之初吸取了秦国灭亡的教训，提出"与群臣共治天下"的方略，当初帮其夺得天下的大臣们"其有功者上致之王，次为列侯，下乃食邑。而重臣之亲，或为列侯，皆令自置吏，得赋敛。"虽然这些人都被列侯封王，但那个时代的情况还是京城最为繁华，所以这些人被封之后都不愿前往封地，而是继续住在长安，由其所在封地的人民把得到的封禄全部运到京城来。那时交通不便，长途运输是颇为艰难的一项工作，这个工作使得当地的百姓不堪其苦。贾谊认为这种局面如果继续发展下去，很可能引起社会的动荡，说不定又会出现像陈胜、吴广那样的人，于是他就给皇帝写了份奏章，建议那些列侯们回到属地去居住，而不要继续长期居住在长安。

贾谊的这个建议很快被汉文帝所采纳。文帝二年，皇帝下诏称：

"朕闻古者诸侯建国千余，各守其地，以时入贡，民不劳苦，上下欢欣，靡有遗德。今列侯多居长安，邑远，吏卒给输费苦，而列侯亦无由教驯其民。其令列侯之国，为吏及诏所止者，遣太子。"皇帝的这个命令当然让那些高官重臣们很不爽。汉高祖去世之后，吕后专权，在这危急时刻，正是周勃、灌婴等一帮老臣用各种办法平息了诸吕叛乱，其功劳之显赫自不待言，而今皇帝下令让他们回到自己的封地，这些人当然不愿意。当时汉文帝颇为重视贾谊，本打算提高他的职位，但周勃、灌婴等人却在说贾谊的坏话，《史记·屈原贾生列传》中称："于是天子议以贾生任公卿之位。绛、灌、东阳侯、冯敬之属尽害之，乃短贾生曰：'洛阳之人，年少初学，专欲擅权，纷乱诸事。'"

从这几句话可以看出，其实贾谊也没有什么可以让他们诋毁之处，众人只跟文帝说，这个洛阳人太年轻了，还想专权主持朝政，如果让他得逞的话，那肯定会把朝政搞得很混乱。其实这句话多少有威胁之意。面对这些大臣们的反对，文帝也担心事情闹大，于是他就没有再提拔贾谊，而是让贾离开朝廷去任长沙太傅一职。这就是贾谊来到长沙的原因。

贾谊在文章方面的代表作，非《过秦论》莫属。吴松庚在《贾谊》一书中称："在贾谊的众多作品之中，《过秦论》无疑为其扛鼎之作。正是这篇著述，不仅使其在汉帝国的儒林士子中一举成名，而且也奠定了他在中国文学史上的地位。"

《过秦论》分为上、中、下三篇。对于秦始皇统一中国的功绩，贾谊予以了肯定：

> 近古之无王者久矣。周室卑微，五霸既没，令不行于天下。是以诸侯力政，强凌弱，众暴寡，兵革不休，士民罢弊。今秦南面而王天下，是上有天子也。既元元之民冀得安其性命，莫

◇ 贾谊《新书》，清光绪元年湖北崇文书局刻《子书百家》本，书牌

不虚心而仰上。

贾谊认为因周室衰微，诸侯强大了起来，但诸侯国之间的争战却使得百姓苦不堪言，秦始皇能够将六国平定，当然让老百姓看到了平安生活的希望。但可惜的是：

> 秦王怀贪鄙之心，行自奋之智，不信功臣，不亲士民，废王道，立私权，焚文书而酷刑法，先诈力而后仁义，以暴虐为天下始。

秦始皇并没有珍惜安定团结的大好局面，他不相信任何身边的人，同时对百姓实行酷刑，这正是秦朝失败的原因。始皇去世后，秦二世继位，他并没有纠正父亲的错误政策，反而变得更为严酷：

> 二世不行此术，而重之以无道：坏宗庙与民，更始作阿房之宫；繁刑严诛，吏治刻深；赏罚不当，赋敛无度。天下多事，吏不能纪；百姓困穷，而主弗收恤。然后奸伪并起，而上下相遁；蒙罪者众，刑戮相望于道，而天下苦之。

正是这种暴政，才产生了天下的大乱。而《过秦论》一书中，如下的两个段落最为有名：

始皇既没，余威震于殊俗。然陈涉瓮牖绳枢之子，氓隶之人，而迁徙之徒也；才能不及中人，非有仲尼、墨翟之贤，陶朱、猗顿之富；蹑足行伍之间，而倔起阡陌之中，率疲弊之卒，将数百之众，转而攻秦，斩木为兵，揭竿为旗，天下云集响应，赢粮而景从。山东豪俊遂并起而亡秦族矣。

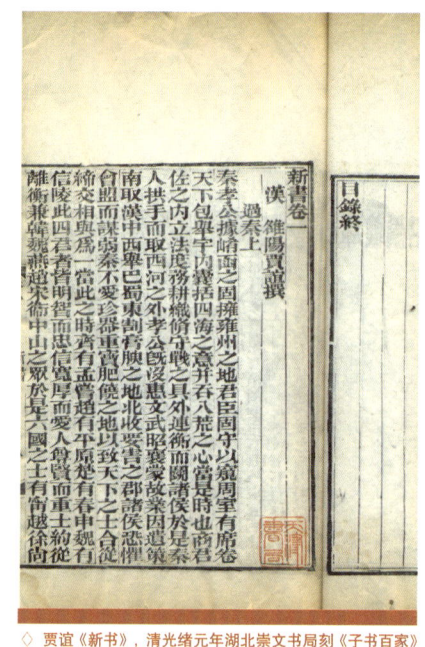

　　且夫天下非小弱也，雍州之地，崤函之固，自若也。陈涉之位，非尊于齐、楚、燕、赵、韩、魏、宋、卫、中山之君也；锄耰棘矜，非铦于钩戟长铩也；谪戍之众，非抗于九国之师也；深谋远虑，行军用兵之道，非及向时之士也。然而成败异变，功业相反。试使山东之国与陈涉度长絜大，比权量力，则不可同年而语矣。然秦以区区之地，致万乘之势，序八州而朝同列，百有余年矣；然后以六合为家，崤函为宫；一夫作难而七庙隳，身死人手，为天下笑者，何也？仁义不施而攻守之势异也。

◇ 贾谊《新书》，清光绪元年湖北崇文书局刻《子书百家》本，卷首

　　这两个段落写得极有气势，他用大量的排比句式，显现出了民间风暴促使的社会变革，此段话的最后一句堪称《过秦论》的文眼，表达出了贾谊的政治主张：只有对社会实施仁义，才能达到长治久安。

司马迁对贾谊的《过秦论》特别喜爱，他将该文的一大半都抄录进了《史记》中。但不知为什么，班固却对《过秦论》不以为意，他在《典引》中说："永平十七年，诏词臣固，太史迁赞语中宁有非耶？臣对，贾谊言子婴得中佐，秦未绝也。此言非是，臣素知之耳。"

虽然如此，班固所著的《汉书》中，还是引用了《过秦论》一文，由此说明，该文乃是西汉重要的一篇文论，即便持不同政见者，也会引用该文。而汉代的版本目录学家刘向却很赞同贾谊在该文中的观点："言三代与秦治乱之意，其论甚美，通达国体，虽古之伊、管未能远过也。使时见用，功化必盛。为庸臣所言，甚可悼痛。"（刘向《汉书·贾谊传赞》引）

关于该书的写作技巧，宋刘克庄在《后村诗话·续集》卷二中说："《过秦论》云：'陈涉锄耰棘矜，不铦于钩戟长铩；谪戍之众，非抗于九国之师；深谋远虑，行军用兵之道，非及曩时之士。'其语本《吕览》，曰：'驱市人而战之，可以胜人之厚禄教卒；老弱罢民，可以胜人之精士练材；离散系累，可以胜人之行阵整齐；鉏耰白梃，可以胜人之长铫利兵。'贾生可谓善融化者。"刘克庄说《过秦论》中那几句很有气势的话，其实是本自《吕氏春秋》，将这两段话进行对比之后，至少让人感觉这两者之间相同之处并不多，所以刘克庄认为，贾谊是个善于融化变通之人。

在修辞方面，钱锺书指出该文为了气势和章节的铿锵，反而使用了一些堆砌的词句："倘'四海''八荒'词不俪妃，则句法无妨长短错落，今乃读之只觉横梗板障，拆散语言眷属，对偶偏枯杌陧。'席卷天下''包举宇内''囊括四海''并吞八荒'四者一意，任举其二，似已畅足，今乃堆叠成句，词肥义瘠……在词赋中铺此如斯，亦属藻思窘俭所出下策。此论自是佳文，小眚不掩大好，谈者固毋庸代为饰非文过也。"（《管锥编》）

金圣叹从内容角度对《过秦论》予以了分析，其在《天下才子必读书》卷六中称："《过秦论》者，论秦之过也。秦过只是末句'仁义不施'一语便断尽。此通篇文字，只看得中间'然而'二字一转。未转以前，重叠只是论秦如此之强；既转以后，重叠只是论陈涉如此之微。通篇只得二句文字：一句只是以秦如此之强，一句只是以陈涉如此之微。至于前半有说六国时，此只是反衬秦；后半有说秦时，此只是反衬陈涉，最是疏奇之笔。"金圣叹首先分析了篇名的含义，而后点出最末一句乃是文眼，之后从结构上分析了该段文字的起承转合。

林云铭在《古文析义》中则是从修辞角度来分析该文："秦之过，止在结语'仁义不施'而'攻守之势异'二句。通篇全不提破，千回万转之后，方徐徐说出便住。从来古文无此作法。尤妙在论秦之强处，重重叠叠，说了无数才转入陈涉，又将陈涉之弱处，重重叠叠说了无数，再转入六国。然后以秦之能攻不能守处作一问难，迫出正意。段段看来，都是到山穷水尽之际得绝处逢生之妙。此等笔力，即求之西汉中，亦不易得也。"

按照林云铭的看法，这等有气势的文章，在西汉也是极其难得者。由此可见，贾谊的文章不但有其独特的思想，从文学角度来看，他的《过秦论》可谓那个时代的名篇，故而吴松庚在《贾谊》一书中评价道："从文学角度分析，《过秦论》上篇亦是西汉文章经典之作。"

贾谊故居位于湖南省长沙市芙蓉区太平街28号。从汉文帝三年贾谊任长沙王太傅到汉文帝七年受召回到长安，贾谊总计在长沙居住了四年多。对于贾谊故居的记载，似乎以盛宏之的《荆州记》为最早："湘州南寺之东，贾谊有井，水深，上敛下大，状如壶，即谊所凿井。"盛宏之是南朝宋人，而后到了北魏的郦道元，其在《水经注》中也有关于贾谊故居的记载："湘州郡廨西陶侃庙，云旧是

◇ 太平街入口处的对联即表明贾谊故居在这里面

◇ 故居外观

贾谊宅。地中有一井,是谊所凿,小而深,上敛下大,其状如壶。旁有一脚石床,才容一人坐,是谊宿所坐床。又有大柑树一。"

这两段记载都谈到贾谊故居中有个很深的井,而此井就是贾谊所凿者。郦道元说这个井旁还有一个石床也是当年贾谊所坐者。因为贾谊的大名,所以历史上的很多名人都曾来这个地方参观过,比如唐代诗人戴叔伦就写过一篇《过贾谊宅》,而清人刘元熙还写过一首《贾太傅古井歌》来专门赞叹贾谊所凿之井。贾谊的这处故居几毁几建,到了1938年,正是抗日的关键时刻,当时的国民政府军事委员会决定在长沙实行焦土抗战方略,于是在11月12日晚派人在长沙放了一把大火,把这座有着几千年历史的长沙城烧掉了八、九成,这就是著名的"文夕大火"。而贾谊故居也同时变成了一片废墟,好在那口著名的井烧不掉。1945年,抗战胜利后,人们在废墟中找到了这口井,而后以此为基点,贾谊故居得以复建。到了1998年,这处故居又被重新翻建起来,这才有了我的寻访之地。

我在长沙城内首先寻找赵汝愚墓,这处墓的寻访颇为顺利。在长沙市的老城区内,竟然还有这么一座小山,而在这山上还完好地

◇ 文保牌

保留着一座名人墓，想一想，真是难得。可能是这座墓处在山上的缘故，所以才没被大火烧掉。从山上下来，下一站就是去参观贾谊故居。打问太平街所在，路人告诉我从步行街穿过去不远即到，而我一路走下去，感觉越走越远，并且打问的几个不同路人告诉我的是不同的方向，这让我又走了不少冤枉路。长沙市在修地铁，到处是工地的轰鸣声，总算走到了太平街的路口，路口为一仿古建筑，两旁的对联上写着："太傅引高雅，平民怀大和"，表明着这条路跟贾谊的关系。

太平街同样是一条步行街，正赶上周日，里面的游客熙熙攘攘，跟着人群向步行街内挤去，前行不足百米，右手边就看到了贾谊故居。我来此之前查过的资料上说贾谊故居在太平街19号，而今天看到的门牌却是28号，门口的领票亭排着很长的队，走近细看排队很慢的原因，是领票亭里的管理者让每位游客逐个登记自己的姓名和身份证号码，虽然不用掏钱买票，而实际操作过程却比买票慢很多。

◇ 晚清民国时排印的《贾氏七修族谱》

我只好回到队尾慢慢地跟着排队，终于排到了窗口，却发觉管理员并不细看参观者是否真的把号码写对了，我故意地写错了几位，结果他根本没有抬眼看，就直接把票递给了我。

从外墙看，贾谊故居是重新翻建的仿古建筑，里面三进院落的建制倒是很雅，在第二进院落中，用实物和展板介绍着贾谊的生平，并且在玻璃柜里展示着一些跟贾谊有关的实物。我注意到其中有两个碗里面放的是土块，介绍牌上写着"贾谊墓墓土"，小字注明着"贾谊墓位于洛阳孟津上古村，被历代所保护，墓土为故居管理处采集供奉"。上面所谈的贾谊墓的地点对我很重要，这年年初我到洛阳去寻找贾谊墓，在那一带转了几圈都没能如愿，这个遗憾下面再聊。而另一个陈列柜里摆着炭化的木块，介绍牌上说：1996年，这些木块出土于贾谊故居的汉代地层中，经中科院碳14测定，木块的年代与贾谊居长安的时代一致。

这个说法太过严谨，他只说与那个时代相近，而不说这是贾谊故居中的原物。另几个玻璃橱内，陈列着贾氏族谱，我从书口看，觉得这应当是民国时期的木活字本，而长沙当地的古玩市场上能够见到的最多古书就是族谱，不知道这里陈列的这一部是否也是从市场上买来者。十几年以前，我在此地买族谱，平均一册的价格仅在35元左右，现在当然已是这个价格的十倍以上了，但即便如此，跟其他的古籍比起来，湖南的族谱还是很便宜。此厅的正中摆着贾谊的塑像，他手拿一支笔目视前方，正沉思着准备写竹简。

房屋的第三进院落是"寻秋草堂",铭牌上介绍着这个房屋名称的来源:

> 因唐代诗人刘长卿拜谒贾谊故居并撰"秋草独寻人去后,寒林空见日斜时"之句而得名。
>
> 明清时期,此处为湖湘官绅拜祭贾谊时吟诗作画、宴饮及休息之所。辛亥革命时期,立宪党人的"铁路协赞会""辛亥俱乐部"及革命党人的秘密组织"湖南体育会"均设于此。毛泽东在青年时代也经常在这里活动。

难怪毛泽东那么推崇贾谊,原来他年轻时就在这里活动。但毛泽东对贾谊的政治思想更感兴趣,1958年4月27日,毛泽东给田家英所写的信中提到:"如有时间,可一阅班固的《贾谊传》,可略去《吊屈原赋》《鵩鸟赋》二赋不阅,贾谊文章大半亡失,只存见于《史记》的二赋一文。《治安策》一文是西汉以来最好的政论,贾谊于南放归来著此,除论太子一节近于迂腐以外,全文切中当时事理,有一

◇ 太傅殿

◇ 寻秋草堂

◇ 佩秋亭

种颇好的气氛，值得一看。"毛泽东让田家英读《汉书》中的《贾谊传》，但他说不用读那两首著名的赋，看来他是有意要培养田家英的政治才能，而让其不必在文学方面有所发展。当然，这只是我的胡乱猜测而已。

寻秋草堂侧边的房间为"太傅殿"，太傅殿的正对面是"佩秋亭"，这个亭子的建筑方式很奇特，仅有前面的一半，而后一半则是贴着院墙。在太傅殿内，陈列着贾谊故居的柱础，这倒是两件真东西，而柱础的旁边就放着一块巨大的瘿木，显然也是一件真东西，旁边也没有写介绍牌。转到出口，看到了"长怀井"，门票背面的景点介绍说这个井是目前我国保存最悠久的古井之一。这个井的井口是并连的两个圆洞，只比沧州的三眼井少一个小眼儿，我扒着井栏向下面望，没能看到水。据说这口井中曾经出土过大量的竹简，不知道现在会不会还有什么遗漏者，当然，我今天没有这么好的运气。

汉文帝七年，不知什么原因，皇帝又想起了当年提出过好建议的贾谊，召令贾谊立即返回长安。这次召见在历史的记载中也极有名气，《史记》中称："后岁余，贾生征见。孝文帝方受釐，坐宣室。上因感鬼神事，而问鬼神之本。贾生因具道所以然之状。至夜半，文帝前席。既罢，曰：'吾久不见贾生，自以为过之，今不及也。'"历史上对这个事件的评价有两种态度，但大多是感慨。汉文帝见到贾谊后没有向他咨询治国方略，而是专聊鬼神之事。这件事肯定让贾谊很失望，而后世也为此大感不平，比如李商隐曾写过一篇《贾生》：

宣室求贤访逐臣，贾生才调世无伦。
可怜夜半虚前席，不问苍生问鬼神。

李商隐的这首诗很有名，他感叹皇帝热心鬼神之事，而对国家大事不关心，为什么会有这样的一个局面出现？这肯定有一大堆的政治解读，在这里就不扯那么远了。而后贾谊又被封为梁王太傅，似乎从职位上说，他没有被提拔，而梁王刘揖是汉文帝的第四个儿子，不知道文帝派贾谊去辅佐这个儿子是否另有深意。但贾谊的运气却不好，《史记·本传》中称："居数年，怀王骑，堕马而死，无后。贾生自伤为傅无状，哭泣岁余，亦死。贾生之死时年三十三矣。"班固在《汉书·贾谊传》中也有相似的记载："梁王揖坠马死，谊自伤为傅无状，常哭泣，后岁余，亦死。贾生之死，年三十三矣。"梁王刘揖是汉文帝最小的一个儿子，竟然无意间从马上摔下来死了，贾谊觉得责任在己，于是每日哭泣，一年多后他也去世了，他死的时候年仅三十三岁。

这么说来，贾谊果真是天才，他在六七年前就给皇帝上了那么有名的奏章，并且很有自己的政治观点，如此推论起来，那时他仅二十几岁。可惜的是，就因为这么一个意外反令他悲伤而逝，似乎这跟历史上夸赞他的通达有些相悖。关于这一点,苏轼有这样的评价:"贾生,王者之佐,而不能自用其才也。贾生志大而量小,才有余而识不足也。"

梁王为什么坠马而死?历史上有着不同的记载,按照《汉书》上的说法:"五年一朝,凡再入朝,因坠马死,立十年薨。"此话是说,梁王是在五年一次的再次朝见父皇的路上因意外坠马而亡者。这种说法听上去比较高尚,因为是去朝见父王而意外失事。吴松庚在《贾谊》一书中提出了不同的看法,该书列举了一些史实,认为梁王其实是在打猎时坠马而死。在此之前,汉文帝曾与邓通经常去打猎,贾谊为这件事曾给皇帝提过意见,而今他所服侍的梁王也因打猎而亡,这当然让他特别内疚,但无论怎样,贾谊确实是因为这件意外之事而深深地自责,竟然为此而离世。

贾谊去世后就葬在了他的老家洛阳,他的墓位于河南洛阳市孟津县平乐镇新庄村,这是我从资料上查得的地址。《洛阳县志》上称:

◇ 北邙旷野里随处可见的坟丘

"梁太傅贾谊墓在洛阳县东北邙山上、大坡道西。"这句话虽然说得颇为明确,但实际的寻找却没那么容易。在这一天的寻访中,贾谊墓是我的最后一程。从刘秀坟驶上洛常路,转过

◇ 终于看到了带圈的墓碑,然而走近细看,却非"贾谊"

大坡口西侧,沿途一路打听,所有人均不知贾谊墓所在。在沿途看到麦田中有许多高大坟丘,每次停下来查看,然基本上均无墓碑,问司机何以如此多的坟丘在此地,其称此地为北邙。他的这句话倒让我想起那句古语:"生在苏杭,葬在北邙。"我一直想象着北邙应当是一座大山,因为风水好所以葬着许多古墓,到今天才明白北邙不是山,而是一马平川的一块高地。

既然这里都是名人的墓葬,为什么只有高大的坟丘,却看不到介绍牌呢?这给我的寻访带来了很大的困难。沿途所问到的信息,有的竟然方向相反。在十几公里的路段上,我们已经开了两个来回。天色渐渐暗了下来,这让我的心情渐生焦虑,总算在路边三百米处看到一个巨大方丘前盖有碑券,我立即让司机停车,而后直接踏入一片松软的麦田,走到碑前,方知是王氏迁洛阳的始祖茔。这个结果让我很是失望,但继续寻找下去显然已经来不及,于是只好让司机把我送回洛阳市内的宾馆。今日行驶不足三百公里,以里程来说,这个数字显然不足平常的一半,以往的寻访均是整天的包车,而这位司机却提出按照计程表来计价。这种做法当然也很公平,显示应付597.8元,我给他600元,司机坚决要退给我100元,我问他理由,他说没什么,就是看我太辛苦了。他的这句体贴让我大为感动,出

门在外，太多的不容易，能够受到一位陌生人的关爱，这一天的辛劳，顿时消散得没有了踪影。

两年后写此文时，终于在吴松庚《贾谊》一书中找到了关于贾谊墓的记载，此书中引用了孟津县水利专家张善良的记载："贾谊墓位于洛阳市区中心东北21.7公里处，即孟津县新庄梅窑村南邙北坡高崖之巅；墓东北三百米处一片废墟土质台地即古时所保护的贾谊故里遗址，历代均在此建祠修宅以祀贾谊。"1966年秋，孟津的一些人在贾谊墓这一带建起了抽水站，为建此站，将贾谊墓上面的封土铲下来用作筑渠的料石，并且将上水压力管直接从墓穴内穿过，由此让我明白了自己为什么来这里一番寻找，却看不到贾谊墓的任何痕迹。据说当地人到如今又有了要保护这位先贤之墓的想法——要在当地营建贾园。真希望我再来此地时，能够看到这座复建起的贾谊之墓。

桓谭：夫通览者，世间比有；著文者，历世稀然

桓谭被誉为两汉之际的唯物主义思想家，之所以能够得到这样一个称号，与他在朝中任职时的一段经历有很大关系。《后汉书·桓谭传》最后一个段落为："其后有诏会议灵台所处，帝谓谭曰：'吾欲谶决之，何如？'谭默然良久曰：'臣不读谶。'帝问其故。谭复极言谶之非经。帝大怒曰：'桓谭非圣无法，将下斩之。'谭叩头流血，良久乃得解。出为六安郡丞。意忽忽不乐，道病卒，时年七十余。"

某天皇帝跟桓谭说，他想通过算卦来决定要事，并征询桓谭的意见，桓谭沉默了很长时间，说自己不读谶书，皇帝追问为什么，桓谭只好说，算卦不属于正道。皇帝听后十分震怒，下令让人把他拉出去斩了。桓谭没想到事情如此严重，吓得使劲磕头，以至额头都磕出了血，才让皇帝的怒气渐渐消了下来，改令把他外放。这个结果让桓谭郁闷不乐，后来为此去世。

其实在此之前，桓谭就给皇帝上过奏章，劝皇帝不要相信方术。《后汉书·桓谭传》中记载有这段事：

是时帝方信谶，多以决定嫌疑。又酬赏少薄，天下不时安定。谭复上疏曰：'臣前献瞽言，未蒙诏报，不胜愤懑，冒死复陈。

愚夫策谋有益于政道者,以合人心而得事理也。凡人情忽于见事,而贵于异闻。观先王之所记述,咸以仁义正道为本,非有奇怪虚诞之事。盖天道性命,圣人所难言也。自子贡以下不得而闻,况后世浅儒能通之乎?今诸巧慧小才伎数之人,增益图书,矫称谶记,以欺惑贪邪,诖误人主,焉可不抑远之哉!'臣谭伏闻陛下穷折方士黄白之术,甚为明矣。而乃欲听纳谶记,又何误也?其事虽有时合,譬犹卜数只偶之类,陛下宜垂明听,发圣意,屏群小之曲说,述五经之正义,略雷同之俗语,详通人之雅谋。又臣闻安平则尊道术之士,有难则贵介胄之臣。今圣朝兴复祖统,为人臣主,而四方盗贼未尽归伏者,此权谋未得也。

两千年前,桓谭就有这样的意识,难怪他被目之为唯物主义思想家。其实,以桓谭的才能来论,他的本事不仅仅如此,朱谦之在《新辑本桓谭新论》一书的自序中,对桓谭的才能予以了各个方面的概括,我抄录该段论述的前半部分如下:"以经学言:君山遍习五经而不离古文,不为章句,不以灾异谶纬说《春秋》,谓前圣后圣未必相袭,通大义而时增新意,今见于《新论·正经篇》者可知已。以音律言:以父任为郎,因好音律,善鼓琴,其离雅乐而更为新声,亦犹古礼之易为习俗,事详《后汉书·宋弘传》,今所见于《琴道篇》者可知已。以天文言:君山尤致意于天文历算气象之学,尝典漏刻、参暑景。难扬子云以天为如盖转曰:是应浑天也。子云立坏其所作。造诣之深,今见于《启寤》《离事》诸篇者可知已。以水利言:王莽时征能治河者以百数,关并、张戎、韩牧并习水事,君山为司空掾,典其议,欲以上继禹功,下除民疾,今所见于《离事篇》者可知已。以名理言:数从子骏、子云辨析疑异,论世间事,辨照然否,虚妄伪饰之辞,莫不证定,尤于公孙龙白马之论,明斥其非,今所见于《启寤篇》

者可知已。"

这段序言总结出的桓谭才能中,第二种指的是他在音乐方面的才能。桓谭的父亲就是位音乐家,这个爱好遗传到了他那里,并且因为精通音乐而受到皇帝的赏识,同时也为此给自己种下了祸根。《后汉书·宋弘传》中说:"帝尝问弘通博之士,弘乃荐沛国桓谭才学洽闻,几能及扬雄、刘向父子。于是召谭,拜议郎、给事中。帝每宴,辄令鼓琴,好其繁声。弘闻之不说,悔于荐举,伺谭内出,正朝服坐府上,遣吏召之。谭至,不与席而让之曰:'吾所以荐子者,欲令辅国家以道德也,而今数进郑声以乱《雅》《颂》,非忠正者也。能自改邪?将令相举以法乎?'谭顿首辞谢,良久,乃遣之。后大会群臣,帝使谭鼓琴,谭见弘,失其常度。帝怪而问之。弘乃离席免冠谢曰:'臣所以荐桓谭者,望能以忠正导主,而今朝廷耽悦郑声,臣之罪也。'帝改容谢,使反服,其后遂不复令谭给事中。"

某天皇帝让宋弘推荐博雅之士,宋弘就把桓谭举荐了出来,宋弘说桓谭在文学上的才能不输于扬雄,在博雅方面不次于刘向、刘歆父子。于是皇帝召见了桓谭,而后命他在朝中任职。此后,每到宴会之时,皇帝都命桓谭鼓琴,这种情形让宋弘没想到,他开始后悔把桓谭推举给皇帝。某天宋弘找到了桓谭,责备桓谭不应当这样做,因为他推荐桓谭来朝中任职是为了提高国家的道德风范,而不是来演奏这些郑声,他希望桓谭能够改变这种做法。

桓谭接受了宋弘的劝告,某次皇帝大宴群臣时又让他弹琴,桓谭当然不敢不从,可是又看见大臣中有宋弘在,于是左右为难,弹奏出的曲子就有些走调。看来皇帝对音乐颇有鉴赏力,竟然听了出来,问桓谭为何今天大失水准。面对此况,宋弘只好站出来向皇帝解释说,桓谭是自己推举而来,他本希望桓谭在朝中能够发挥力量,引导社会上的正能量,没想到桓谭却在朝中专门弹奏这些靡靡之音,自己有举荐失误之责。皇帝听后也认为宋弘所言有道理，于是就不再让桓谭鼓琴。

其实桓谭确实是一位饱学之士，《东观汉记·桓谭传》中说："桓谭字君山，沛人。少好学，遍治五经。能文，有绝才，而喜非毁俗儒，由是多见排诋。"桓谭从小就爱好学习，对五经有很深的研究，文章也写得很漂亮，正因为自己的博学，所以他看不上一般的俗儒，然而在社会上，毕竟是真正的雅人少而俗人多，这让桓谭受到了排挤。

桓谭的博学与家里的大量藏书有很大关系，何庆钊主纂的《宿州志》中称："桓君山藏书处：君山名谭，汉成帝以谭藏书多，待诏门下。时谣曰：'挟君山之书，富于猗顿之财。'相传今藕花墅即其遗址。"这段话说，汉成帝知道桓谭这个人，就是因为他家的藏书很多，而桓谭藏书之富，几乎超过了天下首富猗顿的财富，并且在那时就有歌谣传唱。正因为有这么大量的藏书，才使他有学富五车的物质基础。

然而后世却对桓谭有着不少的非议，这种非议主要来自政治方面，认为他曾经投靠王莽，并且在王莽的新朝中任职。而《后汉书·桓谭传》中却称，在王莽篡权之际，很多人都忙着去拍王莽的马屁，惟有桓谭没有这么做，他在这关键时刻一声都没有吭。可是顾炎武经过一番考证，从《前汉书》中找到依据，认为事实与《后汉书》所说正好相反，他在《日知录》中"《后汉书》"一条中说："《桓谭传》：'当王莽居摄篡弑之际，天下之士，莫不竞褒称德美，作符命，以求容媚，谭独自守，默然无言。'按：《前汉书·翟义传》：'莽依《周书》作《大诰》，遣大夫桓谭等班行谕告，当反位孺子之意。还，封谭为明告里附城。'是曾受莽封爵，史为之讳尔。光武终不用谭，当自有说。"

桓谭所著的《新论》一度失传，但后人从各种文本中又辑佚了出来。在这些辑文中，桓谭有很多处谈到了他在王莽朝中任职的情况，并且在书中一律将王莽称为"王翁"，这种称呼显然没有贬意。例如他在《谴非篇》中说：

> 余前作王翁掌教大夫，有男子（毕康）杀其母。有诏燔烧其子尸，暴其罪于天下。余谓此事不宜宣布，上封章。云："宣帝时，公卿大夫朝会廷中，丞相语次云：'闻枭生子，子长食其母，乃能飞，宁然邪？'时有贤者，应曰：'但闻乌子反哺其母耳。'丞相大惭，自悔其言之非也。人皆少丞相而多彼贤人。贤人之言，有益于德化也。是故君子掩恶扬善，鸟兽尚与之讳，而况于人乎？不宜发扬也。"

桓谭说，他在王莽朝中任掌教大夫时，有位叫毕康的人杀了自己的母亲，皇帝下诏将此人处死，并且用火烧他的尸体，以便让天下人知道，犯了这样的罪有怎样的下场。但桓谭却认为，这种做法不妥当，于是他举出了一些实例，认为君子要掩恶扬善，不应当将这种恶行到处去宣扬。

桓谭在《祛蔽篇》中还说"余前为王翁典乐大夫"，看来他在王莽朝中还任过这样的职务，说明他并不以在王莽朝中任过职而为耻，但这也并不等于他赞同王莽的观念，比如桓谭在《言体篇》中说：

> 王翁始秉国政，自以通明贤圣，而谓群下才智莫能出其上。是故举措兴事，辄欲自信任，不肯与诸明习者通共，苟直意而发，得之而用，是以稀获其功效焉。故卒遇破亡。此不知大体者也。

看来王莽篡位之后十分刚愎自用，不相信别人，最终得以败落，而桓谭认为，这正是王莽不知道识大体的地方。同时，关于王莽任人唯亲的做法，桓谭在该篇中也有提及：

> 王翁前欲北伐匈奴，及后东击青、徐众郡赤眉之徒，皆不择良将，而但以世姓及信谨文吏，或遣亲属子孙，素所爱好，咸无权智将帅之用，猥使据军持众，当赴强敌。是以军合则损，士众散走；咎在不择将，将与主俱不知大体者也。

王莽在讨伐匈奴及平定赤眉叛乱时，都没有选择良将出征，专门选自己的亲属以及跟自己亲近的人，从这些记录可知，桓谭虽然在新朝中任职，但并不赞同王莽的做法。而对于王莽十分迷信之事，桓谭也将其记录了下来，《见徵篇》中称：

> 圣王治国，崇礼让，显仁义，以尊贤爱民为务。是为卜筮维寡，祭祀用稀。王翁好卜筮，信时日，而笃于事鬼神，多作庙兆，洁斋祀祭。牺牲淆膳之费，吏卒辨治之苦，不可称道。为政不善，见叛天下。及难作兵起，无权策以自救解，乃驰之南郊告祷，搏心言冤，号兴流涕，叩头请命，幸天哀助之也。当兵入宫日，矢射交集，燔火大起，逃渐台下，尚抱其符命书及所作威斗，可谓蔽惑至甚矣！

桓谭一向反对迷信活动，而王莽却专搞这种事，直到其逃跑的时候，还不放弃符命书，所以新朝的灭亡也是一种必然。《群书治要·桓子政论》中记录了桓谭对王莽的评价："维王翁之过绝世人有三焉：其智足以饰非夺是，辨能穷诘说士，威则震惧群下。又数阴中不快己者。故群臣莫能抗答其论，莫敢干犯匡谏，卒以致亡败，其不知大体之祸也。"

桓谭给王莽总结出三大特点：首先他承认王莽很有智慧，但是把这种智慧用在了颠倒黑白方面；二者王莽口才极佳，很会辩论，让他人听从自己的观点；第三，王莽很威严，能震得住下属，同时又很有阴招，会暗算不符合自己心意者。他的这些做法变得没人敢跟他说实话，而王莽最终灭亡也正是因为这些原因。

对于王莽喜欢听奉承这件事，桓谭大不以为然，他在《闵友篇》中讲了这样一个小故事：

> 夫以人言善我，亦必以人言恶我。王翁使都尉孟孙往泰山告祠，道过徐州，徐州牧宋仲翁道余才智陈平、留侯之比也。孟孙还，喜谓余曰："仲翁盛称子德，子乃此耶！"余应曰："与仆游四五岁，不吾见称。今闻仲翁一言而奇怪之；若有人毁余，子亦信之！吾畏子也。"

桓谭认为，夸我的人同样也可以贬我。某天王莽命手下都尉孟孙前往泰山封禅，此人路过徐州时，当地官员宋仲翁向孟孙大夸桓谭，称桓谭可跟刘邦手下的著名谋臣陈平、张良有一比。孟孙回来后很高兴地把这话转述给桓谭听。桓听后不以为然，反而跟孟孙说，我们相识四五年了，也没见你夸赞我，今天你听到了宋仲翁夸我几句就特别高兴，如果某天有人诋毁我，你不也会相信吗？我真害怕有你这样的朋友。由此可见，桓谭是何等的冷静与清醒。

桓谭所著的《新论》中也有文论方面的论述。后人所辑的《新论》一书中，卷十二为《道赋篇》。何新文、苏瑞隆、彭安湘所著《中国赋论史》中称"《道赋》篇当然是赋论"，由此可知，桓谭《新论》一书专门有关于赋体的评论，可惜该书已经失散，后人仅辑出数条

归于该篇,其中一条说:

> 余少时见扬子云之丽文高论,不自量年少新进,猥欲逮及。尝激一事而作小赋,用精思太剧,而立感动致疾病。子云亦言:成帝时,赵昭仪方大幸,每上甘泉,诏使作赋,一首始成,卒暴倦卧,梦五藏出地,以手收内之。及觉,病喘悸,大少气。病一年。由此言之,尽思虑,伤精神也。

看来桓谭十分佩服扬雄所作的赋,于是他也效仿着来写赋,但是因为用力太猛,以至身体生了病。而扬雄也说过,汉成帝时也曾命人作赋,而那个人竟然因此而累死了。所以桓谭认为,人太过深思,将会伤精耗气,损坏身体。这段记载至少说明,桓谭在赋的创作方面也下过功夫。而《艺文类聚》卷七十八中也载有桓谭所作的《仙赋(并序)》:

> 余少时为中郎,从孝成帝出祠甘泉河东,见郊。先置华阴集灵宫。宫在华山下,武帝所造,欲以怀集仙者王乔、赤松子,故名殿为"存仙"。端门南向山,署曰"望仙门"。余居此焉,窃有乐高眇之志,即书壁为小赋。以颂美曰:
>
> 夫王乔、赤松,呼则出故,翕则纳新。夭矫经引,积气关元。精神周洽,鬲塞流通。乘凌虚无,洞达幽明。诸物皆见,玉女在旁。仙道既成,神灵攸迎。乃骖驾青龙,赤腾为历,䠯玄厉之擢嵬,有似乎鸾凤之翔飞,集于胶葛之宇,泰山之台。吸玉液,食华芝,漱玉浆,饮金醪。出宇宙,与云浮,洒轻雾,济倾崖。观仓川而升天门,驰白鹿而从麒麟。周览八极,还崦华坛。泛泛乎滥滥,随天转琁,容容无为,寿极乾坤。

但后世对桓谭所作之赋评价并不高，比如刘勰在《文心雕龙·才略》中认为桓谭的赋"《集灵》诸赋，偏浅无才"，不知道这算不算是一种偏见。到了清代，王芑孙在《读赋卮言·审体》中对于桓谭该赋的评价称："西汉桓谭之《仙赋》，黄香之《九宫》，却多征实。"王芑孙的这段话虽然说不上评价有多高，但他至少觉得桓谭所作之赋有着一定的史料价值。

看来刘勰确实是看不上桓谭所作之赋，其在《文心雕龙》中还说过："又君山、公幹之徒，吉甫、士龙之辈，泛议文意，往往间出，并未能振叶以寻根，观澜而索源。不述先哲之诰，无益后生之虑。"

对于刘勰这段不高的评语，朱荣智在《两汉文学理论之研究》一书中称："'未能振叶以寻根，观澜而索源'确为桓谭、刘桢诸人论文之病。盖其文论，皆是兴到之言，初非为文学批评而设也。且以上诸家之文论，今多已亡佚不存，唯桓谭《新论》一书，全后汉文辑有三卷，爬梳整理，尚可窥见一斑。虽体式未备，而于后代之文学批评，则有莫大之启示。"

朱荣智认为，虽然桓谭的赋写得并不怎么好，但他对赋的评论却对后世的文学批评有着很大的启发，而后朱荣智将这种启发总结为五条，其中第一条为："桓谭之文学观，界阈渐趋明晰，于两汉学者之中，最为接近今人所谓之文，此实中国文学理论之新发展。"朱荣智认为桓谭的文学观，与后世的观念颇为接近，这正是桓谭的贡献所在。而他在第三条中则称："刘勰《文心雕龙》为中国文学批评之巨构，而书中屡言桓谭，可见桓谭文学理论之价值。《文心雕龙·体性篇》曰：'才有庸俊，气有刚柔，学有浅深，习有雅郑，并情性所铄，陶染所凝。'桓谭《新论》已言：'若材能有大小，智略有深浅，听明有闇照，质行有薄厚，亦皆异度焉！'是刘勰之说，桓谭已肇其基矣！"

朱荣智认为虽然刘勰在《文心雕龙》中多有批评桓谭，但这个多有批评也正说明了桓谭的文学理论受到了刘勰的重视，更何况刘勰的一些观念也是受桓谭的影响而发者。而对于桓谭的文论，朱荣智在第四条中予以了这样的总结："桓谭之文学理论，今仅存数端，然《新论》之中，如才性异度，妙善之技不传，曲高和寡、学必有师、不轻藻饰云云，虽只泛论文意，而于后代文学理论深有影响。"

对于桓谭在文学史上的贡献，熊依洪所著《中国历代文学大观》中把桓谭归为"其他散文家"，在谈到桓谭的散文成就时，该书称："桓谭的思想精华，主要在《新论》之中，该书也最代表桓谭之风。其文既有辞采，又有充实的内容，论其见解，多妙言高论，观其文字，又简明易懂，不为艰深。故其思想性与艺术性均属上乘。"

桓谭故居遗址位于安徽省淮北市桓谭路。此程的寻访，是以徐州为基地，乘高铁来到这里，休整一晚后，第二天早上包下一辆出租车，前往淮北市寻访。此前我所查得的资料上说，桓谭故居遗址位于淮北市新火车站的旁边，于是这个火车站就成为了我的寻访目的地。

到达淮北市后，我向路边的民警打听新火车站所在，警察告诉我淮北市只有一个火车站。既然只有一处，那为什么还要命名为"新"呢？以我的理解，有旧才会有新，显然我的这套说辞让警察很烦，他想了一下告诉我，淮北火车站正在扩建，可能是扩建的过程中，把旧车站装修一新，于是就成为了新火车站吧。这样的解释颇为奇特，但我也只能相信就是这么回事。

继续开车前往，来到了淮北火车站广场，站在这里观察一番，看不到施工的工地，于是继续在此询问，终于得到了确切的消息：火车站的扩建部分在铁路的另一侧，于是重新上车，绕了很大的一

◇ 寻访桓谭故居遗址时所见工地

条弯路，跨过地道桥，走了一个大大的"U"字型，终于来到了火车站后面的工地前，而此时无意间看到广场后侧的主路路牌，上面明确写着"桓谭路"。见此大喜，看来找到了地方，至少说明当地人还是以桓谭为傲，而后我继续寻找着跟桓谭有关的遗迹，无意间看到旁边的电线杆上也写着"桓谭路"的字样，只是"谭"字误写成了"潭"，但想一想这两个字差异也不大，至少是接近正确。

后广场是两个大工地，其实就是两个大土方坑，未见到任何旧迹，进工地内转悠，没人阻拦，这倒让我觉得意外和有些小失落。前来的路上，司机告诉我，要想走入施工工地，恐怕要有充分的理由。他的提醒当然有道理，于是我沿途打好了腹稿，做出了几套预案，准备见机行事跟对方交涉。而这一路上，精心编造的说辞竟然没派上用场。

我在工地内转一大圈，未找到任何标识。出工地在马路对面见到了修路指挥部的牌子，推门进入。接待人员很客气，我讲明来意，

◇ 淮北市火车站

他说从未听说过有个桓谭故居旧址。为证实其所言不虚,他拿出一摞图纸给我看。我对翻看图纸还算在行,于是一张张地翻看这些图纸,一边指指点点上面的所谓瑕疵。这种小招数果真有用,此人以为我是行家,跟我探讨起修改意见,当然我之所言肯定是醉翁之意不在酒,于是继续在这些图纸中翻看有没有标示出跟文物相关的保护地块,可惜希望落空。

这位工作人员显然感觉到了我的失落,于是建议我再回对面的老广场去找,以他的想法,既然是古老的建筑,那就应当在旧广场那边才有可能。虽然我知道这样的猜测也没什么道理,可是事已至此,只能按其所说,重新上车,请司机再兜回老广场。

淮北市的车站广场和车站体量都很小,像个县级站的规模。而以我的理解,淮北怎么也是个地级市,不知道为什么车站的规模却这样小。我在这车站广场上四处游荡,寻找着可能跟古老有关系的任何蛛丝马迹。广场中央是个花坛,花坛正中有个雕像,底下名牌写着"黄河母亲",应该是这个雕像的名字,雕像的图案是一个妇女斜卧着,手托一个婴孩,婴孩四脚朝天作欢乐状,然而这个婴儿的小鸟却大得有点不成比例。定睛细看,原来是小鸟不知被什么人掰掉了,可能管理者觉得不雅,又用水泥做了一个安在上面。这种情形倒颇像后现代的冷幽默。

雕像旁边的树荫下有几个人在打牌,向他们打听我所要找的遗址,其中两个人都告诉我就在对面的新广场,并且一位称他看到过报纸曾经报道过这件事，就是在火车站后面的工地附近。这个说法让我很是无奈，只好让司机又重新开到火车站背面的工地。

刚才来到此处时，已经看到这一大片分为了两个工地，既然走进了上一个，于是我决定这一次再到另一个工地内去探寻。然而这回没这么幸运，一进门就被保安拦住，说必须领导批准。这种情况我见多了，当然在我的预案之内，虽然受到了阻拦，但我却没有浪费路上的心思，这反而让我有一点点的小兴奋，于是跟着这位保安上到二楼去找领导，然而办公室内却空无一人，这只能归结为我的运气。

面对此况，我心里的底气大幅提高，粗声大气地说要到工地内寻找领导，门卫看我不怕找领导，估计有些来头，很客气地让我随便看。然而结果却不那么幸运：这里除了一个巨大的坑之外，已然看不到任何其他的痕迹。

王充：繁文之人，人之杰也

就文论观而言，王充的观念迥异于他的时代，甚至在他死后的两千年里，也很少得到他人首肯。我所说的文论观，指的是王充所强调的以多为胜，以多为美。他在《论衡·超奇篇》中说："繁文之人，人之杰也。"他认为能写大量文章的人，定然是人杰，这跟后世所强调的专家观念相去甚远，毕竟"横通"一直不是个褒义词。

王充为什么会有这样的观念呢？他在《自纪篇》中做出了如下的说明：

> 累积千金，比于一百，孰为富者？盖文多胜寡，财富愈贫。世无一卷，吾有百篇；人无一字，吾有万言，孰者为贤？今不曰所言非，而云泰多；不曰世不好善，而云不能领，斯盖吾书所以不得省也。

王充的这段比喻很有趣。他用反问句的形式来说明，有一千块钱的人总比有一百块钱的人富有吧，文章也同样如此，多就比少好，有的人一辈子一卷书都没有写出来，而我有百篇；他人无一字传世，而我却有上万言，那你说，到底谁是贤人？所以他认为，自己不能删繁就简地节约篇幅，一定要往多里写。为此他在《超奇篇》中强调："如皆为用，则多者为上，少者为下。"当然，他在这里又加了一个前提，那就是有用的文章多多益善，其潜台词就是没用的文章还是不要多写吧。

王充为什么强调文章要多读多写呢？他在《别通篇》中称："海不通于百川，安得巨大之名？夫人含百家之言，犹海怀百川之流也。"显然他强调只有海纳百川的广博，才能让人视野宽阔，并且强调，其实每一样知识都有各自的用途："人目不见青黄曰盲，耳不闻宫商曰聋，鼻不知香臭曰痈。……人不博览者，不闻古今，不见事类，不知然否，犹目盲、耳聋、鼻痈者也。"

王充认为只专不博就如同人的器官仅能在某些方面有所用途，不能全面地认识问题。也正因为这样，有些人认为王充只讲博而不讲专，为此，郭庆祥在《王充与论衡》一书中予以了反驳。该书引用王充《自纪篇》中的一句话来予以说明："人有所优，固有所劣。人有所工，因有所拙。非劣也，志意不为也。非拙也，精诚不加也。"

郭庆祥认为，这段话"就是王充也讲'专'的明显证据。"看来，这位王充讲博的同时，也并不排斥专。他在《自纪篇》中还说过：

盖〔要〕言无多，而华文无寡。为世用者，百篇无害；不为用者，一章无补。如皆为用，则多者为上，少者为下。

他认为有价值的文章越多越好，没价值的文章写一篇也多余。除了以上的这个观点，王充的另一个观念也在后世引起了广泛的争论，那就是他对尊古之事不以为然，他在《论衡·问孔篇》中说：

世儒学者，好信师而是古，以为贤圣所言皆无非，专精讲习，不知难问。夫贤圣下笔造文，用意详审，尚未可谓尽得实，况仓卒吐言，安能皆是？不能皆是，时人不知难；或是，而意沉难见，时人不知问。案贤圣之言，上下多相违；其文，前后多相伐者。

王充在这明确点出来，儒家的学者喜欢尊师，坚持信古，认为古代圣贤所说的话句句是真理，所以他们只学习这些圣贤的著作，而不能对此提出丝毫的质疑。王充认为这种做法近似于盲从，并不可取，因为圣贤在写文章的时候，虽然进行了谋篇布局，但也不一定篇篇都是好文章，更何况那些圣贤平时随口说出的话，怎么可能一点错都没有呢？既然这样，后世的学者们没有疑古精神，这样的盲从显然不对。如果细读圣贤的著作，就能够看到他们也有前后矛盾的地方。

正是这段言论，使得王充在后世受到了批判，因为怀疑圣贤的言论，在很多人眼中是不可接受的。比如明胡应麟在《少室山房笔丛》卷十二《九流绪论》中说："读王氏《论衡》，烦猥琐屑之状，溢于楮素之间。辩乎其所弗必辩，疑乎其所弗当疑，允矣，其词之费也！"胡应麟首先说，《论衡》一书写得太琐碎，最不能接受者，则是王充辩论不该辩论的问题，怀疑一些不该怀疑的观念。

而清代的钱大昕更把王充视为文人无行之流："其答'或人之嗣'，称'鲧恶禹圣，叟

◇ 王充撰《论衡》三十卷，明万历间何允中刻《广汉魏丛书》本

顽舜神。颜路庸固，回杰超伦。孔、墨祖愚，丘、翟圣贤'，盖自居于圣贤，而訾毁其亲。可谓有文无行，名教之罪人也！充而称孝，谁则非孝？"（《十驾斋养新录》卷六）对于《论衡》一书，《四库全书总目提要》首先肯定了该书价值，同时又说："充书大旨详于《自纪》一篇。盖内伤时命之坎坷，外疾世俗之虚伪，故发愤著书。其言多激，《刺孟》《问孔》二篇，至于奋其笔端，以与圣贤相轧，可谓悖矣。"这段话首先解读了《论衡·自纪篇》，由此了解到王充写此书的原因，但也正因为王充有着愤世嫉俗的性格，所以他所作的《论衡》有一些偏激之语，而尤不能接受者，则是《刺孟》和《问孔》两篇，因为王充在这两篇中对孔、孟表示了质疑。

但也正因为如此，使得王充在"文革"的"批林批孔"运动中被发掘出来，成为了唯物主义的批孔英雄，幸耶非耶，不知道王充本人作何想。

王充的生平记载于范晔所撰的《后汉书·王充传》中，此传首先称："王充字仲任，会稽上虞人也。其先自魏郡元城徙焉。充少孤，乡里称孝。后到京师，受业太学，师事扶风班彪。好博览而不守章句。家贫无书，常游洛阳市肆，阅所卖书，一见辄能诵忆，遂博通众流百家之言。后归乡里，屏居教授。仕郡为功曹，以数谏争不合去。"

这里首先讲到了王充的出

◇ 王充撰《论衡》三十卷，明万历间新安程荣刻《汉魏丛书》本生地以及他的祖籍，而后说他在年幼时父亲就去世了，后来他来到都城，入太学读书，老师是著名的史学大家班彪，而班彪的长子就是班固。当年王充跟班氏父子的关系还混得不错，《意林》引《抱朴子》中的话说："班固年十三，王充见之，拊其背谓彪曰：此儿必记汉事。"如此说来，王充也是名师之后。王充天资聪颖，读书过目不忘，但他并不认可后人对古书作出的注解。因为家里穷，无书可读，于是他就在洛阳的书店去看书，这使得他的眼界十分开阔，之后他做过几任小官，但都因为性格不合而离去。

《后汉书·王充传》又载："充好论说，始若诡异，终有理实。以为俗儒守文，多失其真，乃闭门潜思，绝庆吊之礼，户牖墙壁各置刀笔。著《论衡》八十五篇，二十余万言，释物类同异，正时俗嫌疑。"

◇ 王充撰《论衡》三十卷，民国十四年上海扫叶山房石印本，书牌

因为王充的博学，使得他感觉很多书中所写并不正确，于是他闭门著述，写出了《论衡》。然而对于该书的篇数，后世有着争论，四库馆臣认为该书原本不止八十五篇，《四库全书总目提要》中说："然则原书实百篇余，此本八十五篇，已非其旧矣。"作出这种结论的依据，乃是王充在《自纪篇》中说过的几句话："书虽文重，所论百种。案古太公望，近董仲舒，传作书篇百有余，吾书亦才出百，而云泰多。"

刘盼遂经过一番考证，也认为《总目提要》中的结论没有问题。他在《论衡篇数残佚考》中说："《论衡》一书，今存八十五篇，内惟《招致》一卷，有录无书，盖实存八十四篇，从未有加以异议者。惟予尝按考其实，则《论衡》篇数，应在一百以外，至今佚失实多；最少亦应有十五六篇。"刘盼遂也认为《论衡》应当在一百篇以上，至今已经遗失了十五六篇。

但也有人不同意以上的结论，比如蒋祖怡就认定《论衡》的篇数其实就是八十五篇，他在《〈论衡〉篇数考》中列举出了历代的著录，而后得出了这样的结论："据我看来，《论衡》中今缺《招致》一篇是可以肯定的。《论衡》原书共八十五篇，也是可以肯定的。历代重要的著录，都肯定《论衡》原本是八十五篇。如范晔《后汉书·王充传》：'著《论衡》八十五篇，二十余万言。'《事文类聚》引葛洪《抱朴子》：'著《论衡》八十五篇。'晁公武《郡斋读书志》卷十三：'著《论衡》八十五篇。'高似孙《子略》卷四则云：'《论衡》，汉治中王充所论著也。书八十五篇，二十余万言。'陈振孙《直斋书录解题》云：'初著书八十五篇。'其他如《隋志》《旧唐书经籍志》杂家类、《唐书艺文志》《宋史艺文志》杂家类，虽则仅载《论衡》卷数，不及篇数，但除《隋志》外，其他均作《三十卷》，与今本合。

◇ 王充撰《论衡》三十卷，民国十四年上海扫叶山房石印本，卷首

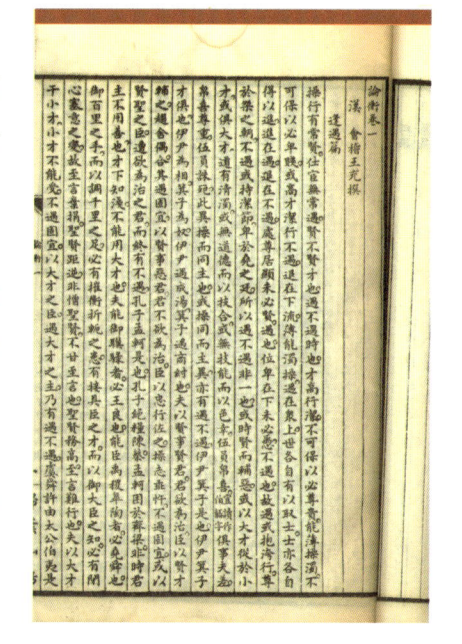

所以,《论衡》原本是八十五篇,毋庸置疑,这些记载,就是有力的证据。"

关于王充为什么要写《论衡》,除了前面《后汉书》中的那段话,王充本人也作过说明,其在《论衡·自纪篇》中说:

> 又伤伪书俗文,多不实诚,故为《论衡》之书。夫贤圣殁而大义分,蹉跎殊趋,各自开门。通人观览,不能钉铨。遥闻传授,笔写耳取,在百岁之前。历日弥久,以为昔古之事,所言近是,信之入骨,不可自解,故作实论。

王充依然强调,因为看到了很多著作写得都不真实,所以他要写出这样一部书来,以正视听。而该书的内容可谓涉及到了他那个时代的方方面面,这正是他读书广博的因果所在吧。王充在"文革"中被视为唯物主义者的重要原因,则是他不相信鬼神。《论衡·论死篇》中说:

> 人之所以生者,精气也。死而精气灭,能为精气者,血脉也,人死血脉竭,竭而精气灭,灭而形体朽,朽而成灰土,何用为鬼?

王充认为人活着就是因为有精气在,而死后,精气就消亡了,人也就化为了灰土,哪里来的鬼呢?同时他认为:

> 天地开辟,人皇以来,随寿而死。若中年夭亡,以亿万数。计今人之数不若死者多,如人死辄为鬼,则道路之上,一步一鬼也。人且死见鬼,宜见数百千万,满堂盈庭,填塞巷路,不宜徒见一两人也。

王充又做出了这样的推论：他认为从开天辟地以来，已经死掉了亿万数不清的人数，如果这些人都变成鬼的话，那满世间都难容得下，且不管他的认定正确与否，在他的那个时代，能有这样的意识确实也超凡脱俗。

《论衡》一书既然涉及了方方面面，这些方面当然也涵盖了文论观，而该书的《佚文篇》中，王充说过这样一段话：

> 五经六艺为文，诸子传书为文，造论著说为文，上书奏记为文，文德之操为文。立五文在世，皆当贤也。造论著说之文，尤宜劳焉。何则？发胸中之思，论世俗之事，非徒讽古经、续故文也。论发胸臆，文成手中，非说经艺之人所能为也。

对于这段话，蒋祖怡在《王充的文学理论》中称："王充在《论衡·佚文篇》里，提到他对于'文'的概念范围的看法，总称之为'五文'。"而对于王充的这段"五文"，蒋祖怡作了如下的解释："在这段话里，除掉重视论说之文，轻视说经艺之文外，值得注意的是王充对'文'的概念范围的理解。他的所谓'五文'，包括了经书的注解，诸子的著述，史书的写作，以及箴、铭、辞、赋、论说、奏议等，并且还包括着一个'文德之操'。"

然而，郭庆祥却认为蒋祖怡的这段解释是一种误解，其在《王充与论衡》一书中说："笔者认为，蒋祖怡把王充的'五文'说当成'文体论'是一种误解，这种误解是由误读造成的。"郭庆祥认为蒋有着怎样的误读呢？郭首先引用了蒋祖怡在《王充的文学理论》一书中的"五文"，而后指出了这段引文的两个误处："一是把'文人宜尊《五经》、六艺为文'中的'文人宜尊'这四个字去掉了，而这四个字对于理解王充的'五文'说是很关键的，是绝对不可去掉的；二是'立五文在世，皆当贤也'的'也'字右下角的标点符号有误，本应是句号而改用了分号。正是这种误读产生了误解，以致导致思路的紊乱。"

且不管以上的这些观点孰是孰非，《论衡》一书中对于文论的各个方面确实均有所涉及。比如王充在《自纪篇》中强调写文章一定要通俗易懂：

> 以圣典而示小雅，以雅言而说丘野，不得所晓，无不逆者。故苏秦精说于赵，而李兑不说；商鞅以王说秦，而孝公不用。夫不得心意所欲，虽尽尧、舜之言，犹饮牛以酒，啖马以脯也。故鸿丽深懿之言，关于大而不通于小。不得已而强听，入胸者少。

王充强调写文章要让别人读得懂，否则的话作品会变得没有意义，他认为写得高深典雅的文章即使努力地去阅读，但真正能够留下深刻印象的却很少。对于这种观念，他在《自纪篇》中又作了进一步的解释：

> 夫文由语也，或浅露分别，或深迂优雅，孰为辩者？故口言以明志，言恐灭遗，故著之文字。文字与言同趋，何为犹当隐闭指意？狱当嫌辜，卿决疑事，浑沌难晓，与彼分明可知，孰为良吏？夫口论以分明为公，笔辩以荴露为通，吏文以昭察为良。深覆典雅，指意难睹，唯赋颂耳。经传之文，贤圣之语，古今言殊，四方谈异也。当言事时，非务难知，使指闭隐也。后人不晓，世相离远，此名曰"语异"，不名曰"材鸿"。浅文读之难晓，名曰"不巧"，不名曰"知明"。

王充认为语言就是说话，而说话就是为了讲清楚道理，可是由于口说的话很快就消失了，所以人们才把它写成书面文字，如此说来，语言应当与书面文字相同才对，而有的人非要写那些深奥典雅的文章，这使得后世难以了解这种文章的真实表达，这种做法显然不对。

然而王充的这种刻意通俗反而又引起了后世的怀疑，比如清梁章钜在评价《论衡》时说："惟其议论支离，文笔冗漫，实不类汉人所为，故余每窃疑其赝作。"（《退庵随笔》卷十七）看来梁章钜在读《论衡》时，感到该书不像东汉时期的作品，他怀疑这部书有可能是后世的伪作。显然，梁章钜没有细读《自纪篇》，因为该篇中除了以上的引用之外，王充还在多处讲述过写文章一定要通俗。当然也有人会说，梁章钜也会看到《自纪篇》中的这段叙述，但他完全可以认为该篇同样是伪作，更何况文本不能自证。

其实，《论衡》确为汉代作品，这一点在历史上有着不少的旁证，比如《后汉书·王充传》的注引中有谢承说过的一段话："王充所作《论衡》，中土未有传者。蔡邕入吴，始得之。恒秘玩以为谈助。后王朗为会稽太守，又得其书，及还许下，时人称其才进。或曰：不见异人，当得异书。问之，果以《论衡》之益。"同样是汉代的蔡邕曾经得到过《论衡》，认为该书内容写得很好，于是密藏起来，而后以此来作为自己谈资。再后来三国时期的王朗也得到了一部《论衡》，他也跟蔡邕一样，偷偷地看，而后转化为自己的语言跟朋友们交谈。王朗谈吐的突然长进，让朋友们都觉得疑惑，他们认为王朗不是遇到了高人，就是得到了奇书，于是朋友们进一步追问，果真王朗说，他是读到了《论衡》。

以上的这两个故事，可以佐证早在汉末，《论衡》就开始流传，说明该书绝非汉代以后之人所伪造者，更何况这两个故事其中的细节也是后世津津乐道者，比如北宋人杨文昌在刊刻《论衡》时，写了篇序言，此序中也引用了以上的故事："既作之后，中土未有传者，蔡邕入吴会始得之，常秘玩以为谈助。故时人嫌伯喈得异书，或搜求其帐中隐处，果得《论衡》数卷持去。邕丁宁之曰：'惟我与尔共之，勿广也。'其后王朗来守会稽，又得其书。及还许下，时人称其才进，或曰：'不见异人，当得异书。'问之，果以《论衡》之益。由是遂见传焉。流行四方，今殆千载。"

看来，历史的传闻确实是前疏后密，到杨文昌讲述这个故事的时候，就多了对话内容，情节也变得有趣了起来。蔡邕得到了《论衡》之后，只是偷偷地读，然后与人交谈，有位朋友不相信他有这么快的长进，于是趁他不备，去他的住处寻找，果真找到了《论衡》一书。此人随手就把该书拿走了，蔡邕知道后，叮嘱这位朋友说，这本书只有你我能看，不能流传给他人。

显然，由以上可证，早在东汉末年，《论衡》就已经引起了世人的关注。而该书的作者王充也是东汉人，因此，梁章钜怀疑该书

◇ 王充墓前的林荫道

为后世伪造，显然没什么道理。不过，从另一个侧面来说，梁章钜的怀疑也正说明了该书在通俗性方面是何等的成功。以至于胡适在《白化文学史》中对王充给予了这样的评价："王充是主张通俗文学的第一人。"对于王充的这个贡献，胡适又在其书中给予了如下的夸赞："王充的主张真是救文弊的妙药。他的影响似乎也不小。东汉三国的时代出了不少的议论文章，如崔寔的《政论》，仲长统的《昌言》之类。虽不能全依王充的主张，却也都是明白晓解的文章……我们总结中古时期的散文的文字，不能不对王充表示特别的敬礼了。"

◇ 省级文保牌

王充在文学史上的贡献，其实不单纯是通俗性这一点，《论衡》中的一些文论观点，也使得后世的专家学者将王充视为最早搞文艺批评的人。梁启超在《中国近三百年学术史》中称，《论衡》一书为"汉代批评哲学第一奇书"。詹安泰在其主编的《中国文学史·先秦两汉部分》中说："自周秦以来，文学尚未能离开哲学或其他学术而独立，《论衡》所谓'文学子游子夏'（《先进》）的文学，是指一切学术来说，文学的含义是很广泛的。一直到了王充，才把文学逐渐独立起来，有它本身的意义和范围。王充虽然未能将文学下了一个定义，但他却为文学批评建立了初步的原则，作为文学批评一全开端者，王充在文学上这一创造是有他伟大的贡献的。"

王充墓位于浙江省上虞市章镇林岙村，这一路的寻访还算顺利，一路跑下来，没有耽误太多的时间，以我的急性格，不愿意在太阳

◇ 王充墓

西下之前就停住步伐,在绍兴访完刘宗周故居,此时仅是下午三点,于是乘车前往上虞,准备先去找王充墓。

  在上虞车站跟出租车商谈我的行程,这个长途站出租车并不多,然而乘车者也同样很少,我刚走出站口,就被几位出租司机挡了下来。我扫了一眼,看到其中一位较为面善,于是坐上他的车,而后向他出示我的行程单,此司机看了一眼后说不认识这个去处,接着就让我下车,我不明白这是怎样的逻辑:难道我所去之地有什么老虎不成?

  无奈,只好上了另一辆出租车,这个司机倒也诚实,他说我所找的林岙村未曾去过,也不知具体位置在哪里,但他可以一路打听。我觉得这种态度比较诚实,于是让他开车前往此地而去。林岙村本是章镇的管辖范围,于是开车前往此镇,来到镇上之后,再打听林岙村,所问之人均可以指路,竟然如此好找,那为何第一辆出租司机要拒绝前来此地呢?我问司机是怎么回事,他解释称:上虞不大,所以出租司机只愿意拉近活，因为跑长路不划算。我说可以提出划算的价格呀。司机一笑，说并不知道我这么好说话，如果上一个司机能够明白这一点的话，他肯定不会拒载。我一向认为自己长着慈祥的面容，看来多日的疲惫让我脸上的慈祥化为乌有。

王充的墓很容易就打听到了地点，刚入林岙村时，就在村边看到了一块大石头，上面

◇ 墓碑略显简陋

刻着"王充墓"，而石头的后方则是一条长长的林荫路，路的两侧种着一些松柏，从粗壮程度看，这些植物已经有了一定的年份。沿着这条林荫路一直前行，路的尽头就是王充墓所在。

王充墓占地约三四亩，四围没有围墙，从外观看，这个墓园的前面就是高高的两排树，在墓旁有省级文保牌，文保牌的背面介绍着王充的生平，上面给王充的头衔是"东汉唯物主义哲学家"，上面还注明该墓是1981年由当地政府在原址重修，并列明此墓的保护范围为6600余平米，如此说来，王充墓的整体墓区的面积达到了十亩。

王充墓的外观为粮囤形，全部用拱形的石条围起，上面出檐，而墓顶裸露，正前方立有石碑，上面刻着"汉王仲任先生充之墓"，从字迹上看，显系当代人手笔，在墓的四围，我没有看到相应的碑石或石翁仲。

刘勰：穷则独善以垂文，达则奉时以骋绩

关于刘勰的生平介绍，从历史上留下来的材料看很是稀少，《梁书·文学传》中有《刘勰传》，然此篇传记主要是抄录刘勰为《文心雕龙》所写的《序志》篇。除这篇引文外，《梁书》中谈到的刘勰生平事迹仅三百余字。《南史》中也有《刘勰传》，但内容跟《梁书》基本相同，仅是个别字迹上的差异而已。也正因如此，我所读到的关于刘勰的基本传记，大多写的都比较简略，或者是根据《梁书》上的这段记录进行演绎，可惜难以确认出处。

◇ 刘勰撰《文心雕龙》十卷，明万历八年刻本，朱襄批校、吴焯题记并批校，卷首

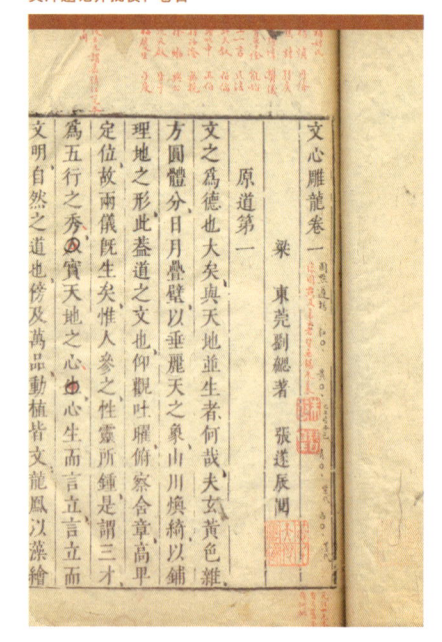

近百年来，《文心雕龙》越发受到文学史研究专家的关注，可惜对刘勰的生平材料发掘却没见到有什么重大突破。这样一位伟大的文学批评家，他的历史事迹竟然如此之少，可见他在世时并未受到应有的关注，而且关于他的著作，除《文心雕龙》之外的归属权，也引起了当代学者一场大的争论。

其实想一想，毕竟在《梁书》

和《南史》两部正史中还有他的传记，虽然仅几百个字，如果不是这样，估计后世想要研究刘勰就变得更加无的放矢了，我下面引文的出处就是《梁书》中对刘勰的记载：

> 刘勰字彦和，东莞莒人。祖灵真，宋司空秀之弟也。父尚，越骑校尉。勰早孤，笃志好学。家贫不婚娶，依沙门僧祐，与之居处，积十余年，遂博通经论。因区别部类，录而序之。今定林寺经藏，勰所定也。
>
> 天监初，起家奉朝请。中军临川王宏引兼记室，迁车骑仓曹参军。出为太末令，政有清绩。除仁威南康王记室，兼东宫通事舍人。时七庙飨荐，已用蔬果，而二郊农社，犹有牺牲；勰乃表言二郊宜与七庙同改。诏付尚书议，依勰所陈。迁步兵校尉，兼舍人如故。昭明太子好文学，深爱接之。
>
> 初，勰撰《文心雕龙》五十篇，论古今文体，引而次之。其序曰："夫文心者，言为文之用心也。……"既成，未为时流所称。勰自重其文，欲取定于沈约。约时贵盛，无由自达，乃负其书候约出，干之于车前，状若货鬻者。约便命取读，大重之，谓为深得文理，常陈诸几案。然勰为文长于佛理，京师寺塔及名僧碑志，必请勰制文。

◇ 刘勰撰《文心雕龙》十卷，明万历八年刻本，朱襄批校，吴焯题记并批校

◇《杨升庵先生批点文心雕龙》十卷，明万历三十七年梅庆生刻天启二年重修本，书牌

关于刘勰的籍贯，《梁书》上说他是东莞莒人，而这个"莒"则是今天的山东省日照市。但杨明先生认为在西晋末年，因为战争的原因，一些北方的大家纷纷南迁，有一批人住在了京口，而刘勰的家族也当如此："因此，刘勰祖上早在刘勰生活的百余年前已离开莒县了。刘勰其实该是京口人。史家说刘勰是东莞莒县人，不过是按传统旧习惯那么说罢了。"（《刘勰评传》）

而朱文民先生则称："到东晋明帝时，为了安置这些从江北南奔的士族大家，设置了十几个侨置郡，其中东莞郡莒县就设在今江苏省武进县南廿里处。在侨置莒县境内，有一侨置村名，叫长贵里，这里是汉城阳王刘章后裔刘勰家族的聚居地，到刘勰辈上已是传到七世或八世了。宋明帝泰始三年（467年），中国古代史上著名文章学家、思想家刘勰就诞生在这里，勰是他的名，字叫彦和。"如此说来，刘勰的出生地虽然属为"东莞莒人"，其实他出生在而今的常州。

刘勰的祖父刘灵真，按照《梁书》本传上的说法，刘灵真是宋司空刘秀之的弟弟。这位刘秀之是刘宋王朝中屡建奇功的重要人物，但刘灵真却没有什么事迹，因此引起了后世学者的各种推测。有的学者认为刘灵真可能跟刘秀之只是表兄弟，有的则认为刘灵真的母

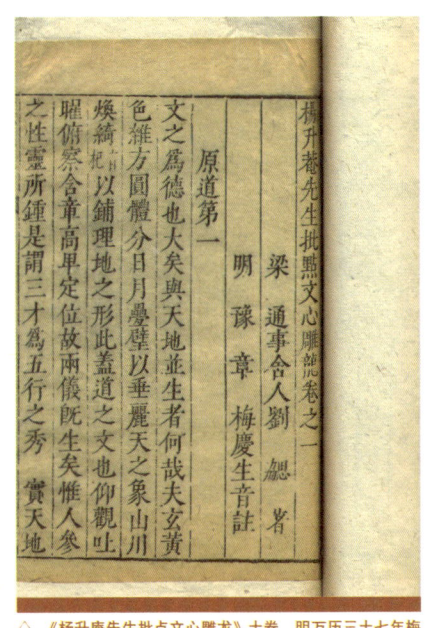

亲是妾室，但都没拿出确切的证据，而刘勰的父亲刘尚，曾经做过四品的武官，但《梁书》中"勰早孤"这一句说明：刘尚在刘勰小的时候就已经去世了，可能是这个原因使得刘家迅速地衰落下来。虽然刘勰刻苦好学，但是因为家里太穷，他就没有结婚，而是到名僧僧祐手下做事。他在僧祐手下一做就是十几年，在这个阶段，他的主要工作是帮着僧祐编寺里所藏佛经的目录。看来刘勰对目录之学颇为内行。

◇《杨升庵先生批点文心雕龙》十卷，明万历三十七年梅庆生刻天启二年重修本，卷首

关于刘勰为什么到定林寺帮僧祐编写佛经目录，《梁书》上说他这么做是因为家贫。对于这一点，也有的专家认为刘勰这么做是因为他信佛，但信佛的这种说法又似乎难以讲得通，因为刘勰跟着僧祐有十几年的时间，他却未曾剃度出家，只是以俗家的身份帮助僧祐整理佛经和撰写文章。但杨明照先生却认为，家贫和信佛这两种原因并不完全正确："按舍人早孤而能笃志好学，其衣食未至空乏，已可概见。而史犹称为贫者，盖以家道中落，又早丧父，生生所资，大不如昔耳。非以家徒壁立，无以为生也。如谓因家贫，致不能婚娶，则更悖矣。"（《文心雕龙校注拾遗》）

杨明照先生的这种判断也是依据于《梁书》本传，因此书中称刘勰"笃志好学""家贫""不能婚娶"，故杨先生认为：既然刘勰的父亲在其幼年时就去世了，但刘勰仍然能刻苦读书，即此可以

表明他们家里还不是穷得什么都没有了。杨先生说史书上所说的"贫",指的是家道中落,因为早年丧父,家里的生活来源少了许多,但这并不等于说家里什么都没有了,所以,杨先生认为因为家里穷就不能结婚,恐怕这种解释不能成立。那么刘勰为什么没有结婚呢?杨明照先生给出的答案是:"然则舍人之不婚娶者,必别有故,一言以蔽之,曰信佛。"

杨先生这个答案的依据是什么呢?他在此文中说到:"《高僧传》卷十一释僧祐传:'年十四,家人密为访婚,祐知而避之定林,投法达法师。达亦戒德精严为法门梁栋。祐师奉竭诚,及年满具戒,执操坚明。'舍人依居僧祐,既多历年所,于僧祐避婚为僧之事,岂能无所闻知,未受影响?"杨先生这段话的意思是说:刘勰不结婚的原因是受了僧祐的影响,因为僧祐也曾有避婚的经历,既然刘勰在僧祐身边十几年,他不可能不知道,也不太可能不受这件事情的影响。因此,杨明照先生的主体观念认为:刘勰没结婚不是因为家里穷,而是受了僧祐的影响。所以,杨先生的观念被人总结为:刘勰因信佛而不婚。

相关的论述中还有一种说法,认为刘勰住在定林寺十几年的原因,是为了读那里的藏书。因为家贫,所以没有那么多书读,但是当时的寺庙藏书却很丰富,而刘勰帮着僧祐整理佛经也正是自己大量阅读书籍的好机会。

对于这几种判断,王元化先生认为都不能成立,他在《文心雕龙创作论》中称:"当然,不可否认,刘勰入定林寺可能还有其他原因,如佛教信仰以及便于读书等等(当时的寺庙往往藏书极丰)。不过,我们不能把信仰佛教这一点过于夸大,因为他始终以'白衣'身份寄居定林寺,不仅没有出家,而且一旦得到进身机会,就马上离开寺庙登仕去了,足证他在定林寺时期对佛教的信仰并不十分虔诚。"为了证明自己的这个判断,王先生在此文中进一步地说:"他自称感梦撰《文心雕龙》,梦见的是孔子,而不是释迦。《文心雕龙》书中所表现的基本观点是儒家思想,而不是佛教或玄学思想。"

那么,刘勰进入定林寺的真实原因究竟是什么呢?王元化的结论是:"这一切都充分说明他入定林寺依沙门僧祐居处的动机并不全由佛教信仰,其中因避租课徭役很可能占主要成分。"王先生认为:刘勰到定林寺里去工作的动机有可能是佛教信仰,但这不是主要原因,其真正目的有可能是避征徭。刘勰在定林寺里待了十几年,但并未出家。

那他为什么不结婚呢?王元化认为:"至于他不婚娶的原因,也多半由于他是家道中落的贫寒庶族的缘故。"但他在家道中落之后就不结婚了吗?好像无论什么时代,穷人也会娶媳妇,这么推起来,

◇ 刘勰撰《文心雕龙》十卷,清乾隆六年黄氏养素堂藏版本,书牌　　◇ 刘勰撰《文心雕龙》十卷,清乾隆六年黄氏养素堂藏版本,卷首

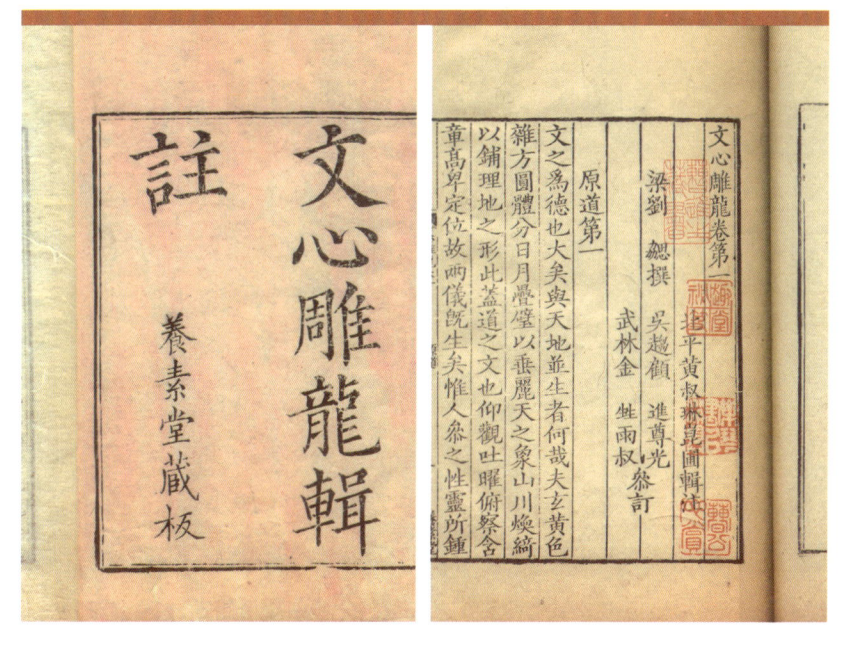

他因为穷而不结婚,这种说法似乎有点儿讲不通。

张少康先生认为王元化所言的刘勰不是因为信佛才入定林寺的这个说法有道理,但他对王认为的刘勰是因为避征徭而入定林寺的判断"则似尚可商榷"。张少康说:"'家贫'是指家庭情况远不如其父为四品官时,'不婚娶'是和当时士族的婚姻习俗有关的。当时士族之间的通婚,十分讲究门第的对等,不仅士庶之不通婚,而且像王、谢、袁、萧等北方高门望族和中下士族一般也不通婚,中层士族和下层士族一般也不通婚。刘勰之'不婚娶',是和其家庭由四品官职家庭演变为普通士族家庭有关的,实际上他已经陷入高不成低不就的难以解决的境况。"

张少康认为刘勰进入定林寺的原因既不是因为家贫,也不是因为信佛,那既然如此,刘勰进入定林寺的真实目的是怎样的呢?张少康的结论是:"根据我初步研究的结果看,刘勰入定林寺依沙门僧祐的主要目的,是要借助和僧祐的关系,利用僧祐的地位,以便能结交上层名流、权贵,为自己的仕进寻求出路,而这一点是可以从当时的社会现实状况和他本人的实际遭遇和经历得到证明的。"

看来,刘勰到定林寺的一个重要原因,则是想借助僧祐在官场上的影响力,通过这个渠道让自己能够结识上层名流,然后达到出仕的目的。张少康

◇ 刘勰撰《文心雕龙》十卷,清光绪元年湖北崇文书局刻本,书牌

在下面用大段的文字分析了那个时代的这种普遍风气,以此来说明刘勰的这个做法只是那时的普遍现象,而并没有什么特别之处。这种说法倒也解释了刘勰为什么在寺庙十几年而不落发为僧的原因,而杨明先生也同样持这种观点,他在《刘勰评传》中称:"刘勰长期居留定林寺中,研习、整理佛家典籍,又写作捍卫佛教的论文,却并不落发为僧,这与他的人生观密切相关。他虽身在庙宇,其实心存魏阙。"

看来,刘勰进入定林寺的真实目的,是想以此做跳板,回到上层社会。为了佐证自己的这个说法,杨明先生引用了《文心雕龙·程器》中的一段话:

> 是以君子藏器,待时而动。发挥事业,固宜蓄素以弸中,散采以彪外,楩柟其质,豫章其干。摛文必在纬军国,负重必在任栋梁。穷则独善以垂文,达则奉时以骋绩。

◇ 刘勰撰《文心雕龙》十卷,清光绪元年湖北崇文书局刻本,卷首

杨先生认为刘勰的这段论述:"鲜明地表达了刘勰的人生思想。他认为君子当提高自己的道德、学问和才能,怀抱利器,一旦有机会,便施展才干,在政治上有所作为。在中国封建社会,一般知识分子想要求得自身的发展,都得进入仕途。"

刘勰进入定林寺的原因,以上给出了这么多的答案,究

竟哪个答案最接近事实？我当然给不出结论，那么多专家之间还争来争去呢，我就别在这里强作解人了，但有一点却是事实，那就是：刘勰在定林寺期间，除了帮助僧祐做工作，他也干自己的私活，就是他写出了一部伟大的著作——《文心雕龙》。

他为什么要写这样一部书呢？刘勰在《文心雕龙·序志》中说过这样一段话：

◇ 刘勰撰《文心雕龙》十卷，清光绪十九年思贤讲舍刊本，书牌

夫宇宙绵邈，黎献纷杂，拔萃出类，智术而已。岁月飘忽，性灵不居，腾声飞实，制作而已。夫肖貌天地，禀性五才，拟耳目于日月，方声气乎风雷，其超出万物，亦已灵矣。形同草木之脆，名踰金石之坚，是以君子处世，树德建言，岂好辩哉？不得已也！

刘勰认为，人生在世，应当立德立言。看来他是想通过写出一部伟大的著作而让自己的名字不朽，对于这个目的，刘勰在《诸子篇》中又强调到："太上立德，其次立言。百姓之群居，苦纷杂而莫显；君子之处世，疾名德之不章。唯英才特达，则炳曜垂文，腾其姓氏，悬诸日月焉。"从这个侧面也可看出，他有很强的功名欲，这跟佛家看空一切的观念完全相悖。

躲在一个清静的寺庙去写一部重要的著作，这有点儿像冯小刚

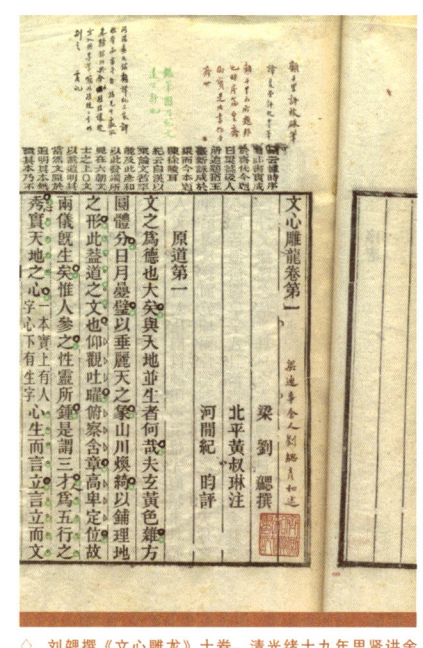

所拍的《一声叹息》开头的那个场景：主角张国立为了写一部剧本，被剧组专门安排到了大海边的一栋别墅里，并且还有美女服侍，但刘勰肯定没有这么好的待遇。其实，他在寺庙中写作也没有那么安静，那个阶段齐武帝去世后，萧鸾继位，萧鸾佛道双修，而到了他的儿子东昏侯萧宝卷的时代，就对佛教完全没有了尊重，比如他拆掉了寺庙里的金银，以此来用作潘妃殿里的装饰，在《南史·齐本纪》中还有这样一

◇ 刘勰撰《文心雕龙》十卷，清光绪十九年思贤讲舍刊本，卷首

段话："至蒋山定林寺，一沙门病不能去，藏于草间，为军人所得，应时杀之，左右韩晖光曰：'老道人可念。'帝曰：'汝见獐鹿亦不射邪？'仍百箭俱发。"

萧宝卷带着大批的随从在南京附近到处游逛，每到一处，让所有人都必须躲避，否则见到就杀。某天他们来到了定林寺，寺内的一位僧人因为有病而无法逃离，于是就藏在了草丛里，但还是被萧宝卷的士兵抓到了，有位大臣觉得杀掉这么一个有病的僧人有些过分，于是就婉转地跟萧宝卷求情，但这个东昏侯根本不听，并且将僧人比做獐鹿，命士兵将这个僧人射死。有时真不明白，这位十几岁的东昏侯为什么如此的残暴无人性，而这个阶段正是刘勰在定林寺写《文心雕龙》的时期。既然此寺跑得仅剩下这么一个病僧，说明当时刘勰也跟着其他人一块儿跑出去躲避了起来。

这种紧张的情况并非一次两次,《资治通鉴·齐纪八》中有这样的记载:"帝既诛陈显达,益自骄恣,渐出游走,又不欲人见之;每出,先驱斥所过人家,唯置空宅。尉司击鼓蹋围,鼓声所闻,便应奔走,不暇衣履,犯禁者应手格杀。一月凡二十余出,出辄不言所定,东西南北,无处不驱。常以三四更中,鼓声四出,火光照天,幡戟横路,士民喧走相随,老小震警,啼号塞路,处处禁断,不知所过……"萧宝卷出行不做任何的通知,他随意朝哪个方向走,这里的百姓无论白天还是黑夜,只要听到鼓声,必须四散逃跑,否则一律被杀掉,而刘勰就是在这样惴惴不安的环境里,仍能写出一部如此谨严的著作,仅凭这一点,就足以令后人尊崇。

刘勰克服种种困难,写出了这样一部独特的书,当然希望通过此书的流传而让自己的名字如日月般常在人间。但是,以他在那个社会的名声,这部书根本传播不出去。那个时代,版刻还没有发明,

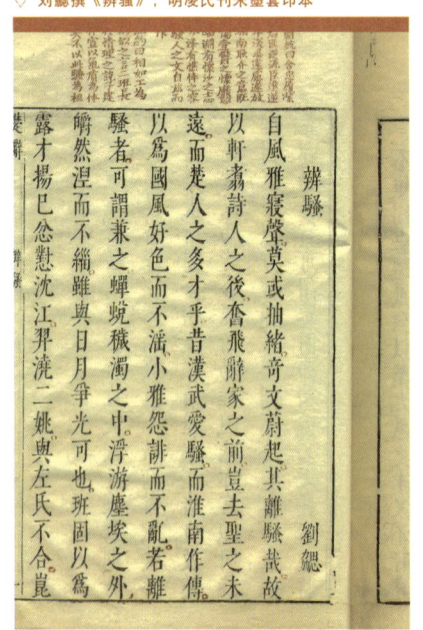

◇ 刘勰撰《辨骚》,明凌氏刊朱墨套印本

著作的传播主要是靠多人的传抄,这种耗时费力的活儿,没有雄厚的经济基础,根本不可能支撑;没有很高的社会影响力,也根本不可能有人传抄。刘勰住在寺庙里长达十几年,估计也没有太多的经济收入,所以,他要想拿出大笔银两找人大量地抄写他的这部著作,显然不可能;而长期住在寺庙内,也不可能让他的名声在社会上有什么影响。这两点就决定了他虽然费尽心思写出这么

一部重要著作，但却不能让社会上的人读到它。

既然学者们认定刘勰长期住在定林寺内是有着另外的目的在，那就说明他也是一位识时务者，所以他并不能坦然地面对自己的心血传播不出去的实况，然而他跟社会上的名流并没有太多的交往，所以他也难以找到一位赏识他的人，刘勰在《文心雕龙·知音篇》中曾发出过这样的感慨："知音其难哉！音实难知，知实难逢，逢其知音，千载其一乎！"他的这个感慨直到千载之后的今天，也依然如是。

但是以刘勰的聪明，他并不是只在那里徒唤奈何，而是想尽办法打破这种局面，《梁书·文学传》中称："（《文心雕龙》）既成，未为时流所称。勰自重其文，欲取定于沈约。约时贵盛，无由自达，乃负其书，候约出，干之于车前，状若货鬻者。约便命取读，大重之，谓为深得文理，常陈诸几案。"这段记载简直像个传奇故事，虽然他写出了这部名著，但如前所说，因为他自身的条件，使得该书无法流传，但刘勰很看重自己的这部作品，不甘心被埋没。他的那个时代，沈约算是大文豪，因为他被当时的人称作"一代辞宗"。不仅如此，他还是当朝的权贵人物，刘勰觉得如果能结识沈约，他的书就能得以传播。

但是刘勰并不认识沈约，于是他就想办法打听到了沈约从家到办公室之间经常走的路

◇ 刘勰撰《新论》，清刻增订汉魏丛书本

线,然后他化装成商贩,背上书等在路边。终于有一天,沈约带着几个随从走在那条路上,于是刘勰走上前献书,随从们把他献的这部书递给了沈约,沈看后大为赞叹,认为这部书写得很好,还把这部书放在案头,经常翻阅。

　　刘勰这么做也是经过了深思熟虑:因为在那个时代,沈约不但以文章名天下,同时还有奖掖后进的佳誉,据说他将一些新诗人的作品题写在自己新建的斋阁墙上,以此来替这些年轻人扬誉。刘勰觉得选这样一位人物替自己扬名,成功的概率比较大,而结果确如其所料:沈约不但称赞他的这部著作,同时还帮他在朝内找了一份工作。

　　天监二年,刘勰被朝廷任命为奉朝请。奉朝请这个职位虽然很低,但毕竟是到中央机关工作了,这就可以结识更多的达官贵人与社会名流,果真第二年他就成为了中军临川王萧宏的记室,而萧宏则是梁武帝萧衍的六弟,刘勰也就等于跟皇室搭上了关系。后来他又担任了南康王萧绩的记室,而萧绩则是梁武帝的四子。这位萧绩在七岁时就任南徐州刺史,而刘勰任他的记室,显然没有什么可交流之处,所以他就同时兼任了昭明太子萧统的东宫通事舍人。

　　即此可以看出,刘勰因为家道衰落而进寺庙写书,通过这部书打动了天下一流的文人沈约,而后又通过沈约进入中央任职,自此

◇ 刘勰撰《文心雕龙》十卷,民国四年上海扫叶山房石印本,书牌

之后就辗转于皇室成员间,尤其他结识了萧统,而昭明太子萧统又是文学之士。《梁书·刘勰传》中称:"昭明太子好文学,深爱接之。"他终于找到了有权有势的知音,并且他的观念也影响到了萧统,杨明在《刘勰评传》中说:"近世学者或以为《文选》一书,可能也受到《文心雕龙》的影响。"

到了天监十七年,刘勰给武帝上表,颇得皇帝之心,于是被升为步兵校尉,同时兼任着东宫通事舍人,应该说他终

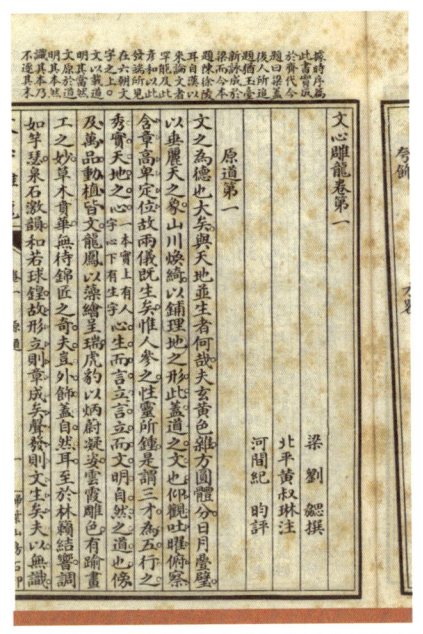

◇ 刘勰撰《文心雕龙》十卷,民国四年上海扫叶山房石印本,卷首

于实现了自己的入仕梦想。然而不知什么原因,他任此职后不久,就被梁武帝派到定林寺去帮助僧人慧震修撰经藏。之前他在定林寺住了十几年,而后终于入朝为官,没想到,转了一圈,他又回来了。

这种返回定林寺的结果是否刘勰所愿呢?因为没有资料记载,所以难以得知真实的情况,但是从理论上推:他费了那么大周折才走进朝中,而今又被解职返回,也恐怕非其所愿。皇帝为什么要做这样一个决定呢?这也同样找不到历史依据。总之,他的返回肯定不是电影《闪闪的红星》里的那句著名台词——"没想到我胡汉三又回来了!"胡汉三喊出这句话时极其自豪,而刘勰返回定林寺的心情就难以揣测了。

然而,刘勰返回定林寺后却有了一个意外的举措:"有敕与慧震沙门于定林寺撰经,证功毕,遂乞求出家,先燔鬓发以自誓,敕

许之。乃于寺变服，改名慧地。未期而卒。"刘勰帮着慧震完成工作之后，突然要求正式出家，在还未得到批准之时，就先把自己的头发烧掉了，以此来表明自己出家的决心，而后他的请求得到了梁武帝的批准，于是他就在定林寺成为了一名正式的僧人，法名为"慧地"，但不久他就圆寂了。

这个转变太大了，他在定林寺寄居了十几年都没有想到出家，而今返回此寺才工作了不长时间就提出要出家，并且都等不及领导的批准就先期燃发明志，这是怎样重大的思想转变？又究竟是发生了什么事情让他如此的坚决？这一切都只能后人去猜测了。

《文心雕龙》可谓是一部奇书，钟子翱、黄安祯所著《刘勰论写作之道》一书，对刘勰的这部名著做出了如下的评价："他的《文心雕龙》，是我国最早的一部体系完整、组织严密、内容丰富、颇多创见的文学理论批评专著。这部名作，在问世以来的一千四百多年里，一直为人们所推崇和赞许。"

从该书的结构来看，刘勰在创作之初就有着完整的构思。《文心雕龙》全书有五十篇，刘勰将其分为上、下两编，总计五个部分，而每个部分各有各的题目，在每部之下，再各分五篇，比如第一部分总名为"文之枢纽"，这个部分包括了《原道》《征圣》《宗经》《正纬》《辨骚》五篇，可见该书的结构十分的清晰明了，为此鲁迅在《论诗题记》中评价该书说："解析神质，包举宏纤，开源发流，为世楷式。"鲁迅同时认为，《文心雕龙》可以跟亚里士多德的《诗学》相媲美。

对于该书的完整性，张少康在《刘勰及其〈文心雕龙〉研究》一书中做出了这样的总评："刘勰的《文心雕龙》一共五十篇，是一部有完整的科学体系和严密的组织结构的文学理论巨著。"

刘勰为什么给自己的这部文艺评论之书起了这样一个名称？他在《序志》中做了这样的解释："夫文心者，言为文之用心也。昔涓子《琴心》，王孙《巧心》，心哉美矣，故用之焉。古来文章，以雕缛成体，岂取驺奭之群言雕龙也？"

刘勰说，所谓的"文心"，就是指的人们用心来写作。而后他举出了两个历史上的例子，以此来赞美"心"是多么的重要。那么他作该书的主导思想是怎样的呢？其又在《序志》中做了这样的解释：

盖《文心》之作也，本乎道，师乎圣，体乎经，酌乎纬，变乎骚，文之枢纽，亦云极矣。若乃论文叙笔，则囿别区分；原始以表末，释名以章义，选文以定篇，敷理以举统，上篇以上，纲领明矣。至于（割）剖情析采，笼圈条贯：摛《神》《性》，图《风》《势》，苞《会》《通》，阅《声》《字》，崇替于《时序》，褒贬于《才略》，怊怅于《知音》，耿介于《程器》，长怀《序志》，以驭群篇，下篇以下，毛目显矣。位理定名，彰乎大易之数，其为文用，四十九篇而已。

他说该书的写作是以"道"为根本，以圣人的观念为师法，以经典为体例，同时吸取了纬书中的文采，参考了《离骚》的韵味，几乎说明了写文章的全部重要问题。同时，他将历史著作分为"韵文"和"无韵文"两部分，而后在每一类中又分出了不同的题材，以此来概括文章在历史上的兴衰，并且他说自己的篇数符合《易经》的大衍之数。

关于"韵文"与"非韵文"，刘勰在该书的《总术》篇中做了如下的阐述：

今之常言，有文有笔，以为无韵者笔也，有韵者文也。夫文以足言，理兼《诗》《书》，别目两名，自近代耳。颜延年以为：

"笔之为体，言之文也；经典则言而非笔，传记则笔而非言。"请夺彼矛，还攻其楯矣。何者？《易》之《文言》，岂非言文？若笔果言文，不得云经典非笔矣。将以立论，未见其论立也。予以为："发口为言，属翰曰笔，常道曰经，述经曰传。经传之体，出言入笔，笔为言使，可强可弱。六经以典奥为不刊，非以言笔为优劣也。"

刘勰说颜延年把文体分为笔、言两个部分，为此他表示不赞同。而关于文体，《文心雕龙》中提到了几十种之多。除此之外，《文心雕龙》中还提到了文章的分类以及文章的色调等等，比如他在《情采》中说：

圣贤书辞，总称文章，非采而何？夫水性虚而沦漪结，木体实而花萼振，文附质也。虎豹无文，则鞟同犬羊，犀兕有皮，而色资丹漆，质待文也。若乃综述性灵，敷写器象，镂心鸟迹之中，织辞鱼网之上，其为彪炳，缛采名矣。故立文之道，其理有三：一曰形文，五色是也；二曰声文，五音是也；三曰情文，五性是也。五色杂而成黼黻，五音比而成韶夏，五情发而为辞章，神理之数也。

他说，圣贤的著作可以总称为"文章"，虽然如此，但也要做细的划分，应当怎样划分呢？他在该篇中接着叙述道：

《孝经》垂典，丧言不文；故知君子常言，未尝质也。老子疾伪，故称"美言不信"；而五千精妙，则非弃美矣。庄周云"辩雕万物"，谓藻饰也。韩非云"艳（采）乎辩说"，谓绮丽也。

◇ 定林寺遗址位于明孝陵景区内

绮丽以艳说，藻饰以辩雕，文辞之变，于斯极矣。研味（李）《孝》《老》，则知文质附乎性情；详览《庄》《韩》，则见华实过乎淫侈。若择源于泾渭之流，按辔于邪正之路，亦可以驭文采矣。夫铅黛所以饰容，而盼倩生于淑姿；文采所以饰言，而辩丽本于情性。故情者，文之经，辞者，理之纬；经正而后纬成，理定而后辞畅，此立文之本源也。

从以上的这些分法即可看出，《文心雕龙》一书涉及到了古人写文的各个方面，刘勰在该书中谈到了怎样搞创作，怎样构思文章，同时还区分出了文章的风格、内容与形式的关系，以及文章的写作技巧等等，可以说他的这部书涵盖了文章的方方面面，这也正是该书为何受到后世广泛赞誉的主要原因。

刘勰创作《文心雕龙》的地点是定林寺，该寺在历史上几毁几建，而今又在旧址之上重建起来，其位于江苏省南京市中山风景区明孝

◇ 国家级的文保牌

陵区内。这次的南京之行,顾正坤先生提供了较多的帮助,但是几天的忙乱耽误了他不少的工作,这令我有些过意不去,于是在寻访的最后一天,我向他提出自己要单独跑一跑,因此这天一早就跟酒店门口的两辆出租车分别谈了包车之事。他们都说南京的出租没这个项目,我让其中一位司机看着收费,他也反复解释坚决不答应,说南京的出租计价方式特殊,没有等候时间。我无论怎样解释都不能将其说服,无奈,只能放弃包车的想法,让司机把我送到定林寺。

然而司机却说他没有听说过南京有定林寺这么个地方,我想了想告诉他那里现在可能叫定林山庄,但司机仍说没有听说过此处,于是我请他先把我送到明孝陵。一路上,司机跟我讲解着包车的不划算,我本以为他说的是自己,后来才听明白,他指的是游客,这游客当然就是今天的我。他说南京也有胆大的出租车司机,包车半天三百元,我真想告诉他:给你一千元陪我跑一天算了,但他一路上的喋喋不休真让我觉得有些受不了,看来有时候想花钱买省事也没那么容易。

　　从地图上查看,感觉定林山庄离明孝陵很近,车很快到了孝陵入口处。中山风景区不收费,但其中的孝陵却收七十元门票,门口的巨大示意图表明定林山庄就在明孝陵区内,我为自己的正确判断而高兴。排队购票时,队前的几个女生拿着学生证正在跟售票处交涉,因为持此证可以门票减半。售票处的几位工作人员态度极其认真,三个人头扎在一起仔细地打量着购票的女生是否跟学生证上的照片为同一人,女生一直在解释照片是化妆后照的。总算通过了三位大妈的审查,轮到我买票时,就凭我这张脸,什么都不用问了,当然是无可置疑地购买全票,但我还是向其中一位大妈主动请教了定林山庄的走法。

　　因为收门票的原因,园内的游人远比其他地方少许多,入门处停着一辆园内电瓶车,一般的景区都有这种车,十元钱可随上随下,

◇ 终于找到了正门

然此车上无人。我问开车者可否载我到定林山庄,她说两百元,这个价钱大出我意料,我还是决定省下这两百元,徒步在园内寻找。前行二百余米左转,即看到了享殿。旁边一条小径穿入密林内,前行一百余米即在林中看到一片仿古建筑,向一老人打问,果真就是定林山庄。穿过一条漫水而过的小桥,即走入定林山庄的回廊。

整个山庄基本是一"回"形建筑,里面陈列着一些复建的资料,并且有古定林山庄遗址的照片,确认此处是刘勰所居者无疑。图片中表明刘勰的故里在山东莒县,并且还有旧居的照片,可惜我山东之行时未到此县,寻得机会将补之。山庄内无其他旧物,拍照一番,原道返回大门口。走到门口费时不足十分钟,我为自己未花两百元坐那辆电瓶车而得意。

历史上还有《刘子》一书,关于这部书是否为刘勰所作,直到今天学界仍然争论不休。朱文民所撰《刘勰传》一书中有三个附录,其中附录二为林其锬、陈凤金所著《〈刘子〉作者考辨》一文,这篇文章的主旨是从各个角度来论证《刘子》为刘勰的作品。纪晓岚的《四库全书总目提要》认为《刘子》一书是剽袭《隋书·经籍志》:"观其书末《九流》一篇,所指得失,皆与《隋书·经籍志》子部所论相同。使《隋志》袭用其说,不应反不录其书;使其剽袭《隋志》,则贞观以后人作矣。"因此,纪晓岚认为《刘子》一书是唐贞观以后人的作品,这就等于从时间上否定了《刘子》是刘勰的作品。然《考辨》一文则以敦煌遗书所出文献来证明《四库提要》的判断错误。

敦煌遗书中发现了《刘子》的写本残卷,此残卷被伯希和带到了国外,王重民先生对此卷进行了仔细的研究,其在《敦煌古籍叙录》中说:"此卷不避唐讳,当出于六朝之末。"傅增湘也研究了敦煌所出的这个残卷,他从避讳字上对残卷进行了分析,其结论是:"此卷'民'字不缺避,当为隋时写本。"通过这两条证据,林、陈二先生认定《刘子》一书成书的时间早于《隋志》，而纪晓岚写《提要》时，敦煌遗书还没被发现，所以他不可能以敦煌文献作为自己判断的依据。

敦煌藏经洞所出还有一书名《随身宝》，王重民也在《敦煌古籍叙录》中给《刘子》一书是刘勰的作品找到了佐证："敦煌遗书内有所谓《随身宝》者，所记经籍一门，均系当时最通行之书，不啻一部唐人《书目答问》也。余乃求之卷内，正有'《流子》刘勰注'一则，知必系'《刘子》刘勰著矣'。于是是书盛行唐代之言益验，而《唐志》刘勰所著之说，又多一证。又3636号卷子为《杂抄》，卷中有'九流'一条，目下注云：'事在《流子》第五十五章'，所录正是《新论·九流》篇原文。其作'流子'之义，虽仍不得其解，然《隋志叙录》，全取此篇，事正相同也。"针对王重民的这个说法，张少康先生认为这部《随身宝》难以作为证据："这只能说明《随身宝》所记不过是坊间俗本，其作者题为刘勰正是袁孝政所说时人无知之故，这种资料很难作为严谨的学术论证。"（《刘勰及其〈文心雕龙〉研究》）

但顾廷龙先生却认定《刘子》确实是刘勰的作品，他在《敦煌遗书刘子残卷集录序》中详细地讲述了自己的判断依据，我将这段话抄录如下："《刘子》作者为谁？《隋志》仅书'梁有'，而未题作者，《唐志》始著录'《刘子》十卷，刘勰撰'。唐释慧琳《一切经音义》亦有'刘勰，梁朝时才名之士也；著书四卷，名《刘子》'之记载……"

关于《刘子》，其他学者还有不同的看法，比如王叔岷认为该书的作者是刘昼，这也是《四库全书总目》的判断，这种说法也得到了不少学者的支持。其他专家的不同看法在这里就不细聊了。

郦道元：悬泉瀑布，飞漱其间，清荣峻茂，良多趣味

郦道元被誉为中国古代最有名的地理学家，因为他写了部《水经注》。陈桥驿先生在《郦道元生平考》一文中评价道："这是一部彪炳千秋的伟大作品，它不仅是一部杰出的地理著作，而且郦道元毕生的思想抱负，也都凝结在这部著作之中"。

就是这样一位伟大的人物，他在中国正史中的评价却并不好，这种古今反差确实让人难以适应。《魏书》把他收入《酷吏传》，在中国人的基本观念里，"酷吏"比"二臣"还要难听。为什么这么一位伟大的人物跟一些恶棍站在了一起？这件事情还真值得仔细推敲一番。

《魏书·酷吏传》中总计收录了九人，这九人中有于洛侯、胡泥、李洪之、高遵、张赦提等，当然也包括了郦道元。我先举两个例子来说说这些酷吏是怎样的酷法。陈桥驿的《郦道元评传》引了几段话，第一个说的是于洛侯："百姓王陇客刺杀民王羌奴、王愈二人，依律，罪死而已。洛侯生拔陇客舌，刺其本，并刺胸腹二十余疮，陇客不堪苦痛，随刀战动，乃立四柱，磔其手足，命将绝，始斩其首，支解四体，分悬道路。见之者无不伤楚，阖州震恐，人怀怨愤。"杀人偿命，斩首即可，但于洛侯觉得这太便宜了杀人犯，于是就割舌刺胸，剁掉手脚，而后再把尸体肢解，挂在不同的路口展示。

再举一个例子，说的是张赦提："斩人首，射其口，刺入脐，引肠绕树而共射之，以为戏笑，其为酷暴如此。"这张赦提残酷的本领不输于洛侯，他把犯人的肠子从肚脐拉出来，然后绕在树上，以此来取乐。看来只有没人性到这个份，才有资格加入酷吏的行列。郦道元与这些人为伍，那他做了什么呢？《魏书》上的描述就四个字——"素有严猛"，这几个字怎么读也读不出酷，不过需要在这解释一句，古代的"酷"指的是残忍，而不是今天年轻人所理解的"帅"，开膛剁手，怎么着也算不上帅吧。

但郦道元没干这样的事，为什么被《魏书》认为很酷呢？为了把这件事说清楚，我把《魏书·郦道元传》中谈到他严猛的一段原话抄录如下：

"道元素有严猛之称，司州牧汝南王悦，嬖近左右丘念，常与卧起，及选州官，多由于念。念匿于悦第，时还其家。道元收念付狱，悦启灵太后请全之，敕赦之，道元遂尽其命，因以劾悦。是时雍州刺史萧宝夤反状稍露，悦等讽朝廷，遣为关右大使，遂为宝夤所害，死于阴盘驿亭。"

这段话牵扯到很长的一段历史故事。汝南王元悦是孝文帝元宏的儿子，他是一位王子，那个时候北魏的当权者是胡太后，而他是胡太后的儿子，其实并非胡所生，即此可看出他是当朝地位极其显赫的红人。然而此人有分桃断袖之好，他喜欢一位叫丘念的男宠，二人整天泡在一起。各个地方官的选举，元悦均左右此事，然而在人选方面，他却听丘念的主意。看来男宠的枕头风也很管用。这件事情传到外面，当然让很多人痛恨这位丘念，然而他却始终藏在元悦的王府内，别人奈何不了他。

某次，丘念从元悦府中走出，准备回家，郦道元立即将其逮捕，押入大牢。元悦闻听此事，立即去找胡太后求情，于是胡下圣旨，让郦道元把丘念放出来。郦早已料到会是这个结果，他为了以绝后患，就趁胡太后的圣旨还未送到之时，立即将丘念斩首。这件事当然就把元悦得罪了，于是他等待机会进行报复。那时，元悦已经料到萧宝夤很可能造反，于是他就把郦道元任命到萧宝夤所管辖的地界内，萧认为朝廷派郦前来，就是为了监督自己，所以就把郦道元等人杀害了。

这段话读来读去，也读不出郦道元是怎样的酷，反而让人感觉他是为了伸张正义，顶着巨大压力为民除害，怎么看都是一位好官，怎么就成了酷吏了呢？更何况，郦道元所处的时代是乱世，在这种乱世里施行威猛之治，恰恰是有见识的表现。如此说来，郦道元为何被贴上酷吏的标签，还真值得探究一番。

关于郦道元的传记资料，在正史中有两处，一是上面所谈的《魏书》，第二则是《北史》。虽然两部正史都收录了他，但其实信息量却都不大。《魏书·郦道元传》仅有 309 个字，《北史》比此将近多一倍，为 612 个字，然而这 612 字中却包括了《魏书》中的那 309 个字。我们先说《魏书》上的记载。

《魏书》为《二十四史》的正史之一，为北齐魏收所撰，朝廷命他撰修国史时，他年仅二十六岁，性格极其偏激。后来的《北齐书》内有《魏收传》，此传内有这样一段话："所引史官，恐其凌逼，唯取学流先相依附者。房延祐、辛元植、眭仲让，虽夙涉朝位，并非史才；刁柔、裴昂之以儒业见知，全不堪编缉；高孝干以左道求进。修史诸人，祖宗、姻戚多被书录，饰以美言。收性颇急，不甚能平，夙有怨者，多没其善。"

这段话讲的是魏收被任命为《魏书》的主编，由他来组织写作班子，但当朝的史官都知道魏收心胸狭窄，于是这些人都巴结魏收。正经的人人不了编委会，而一些乱七八糟的会阿谀奉承者，则全部被魏收囊括了进去。如此想来，这些人所编出的《魏书》会是怎样的质量，故而《魏书》虽然是《二十四史》中的正史之一，却被后世视之为"秽史"。

《魏书》有这样的声名，倒并不是对该书的贬低，这的确跟主编魏收的性格有较大的关系，《北齐书》本传中录有魏收自己的话："每言，何物小子，敢共魏收作色，举之则使上天，按之当使入地。"这句话够狠，魏收说：谁要敢跟我作对，我可以把他打翻在地，如果我看得上的人，我也可以把他捧上天。如此说来，恐怕郦道元得罪过他，所以才被他安了个"酷吏"的恶名。

在这里有必要插叙萧宝夤的故事，以此来说清楚他为什么要杀郦道元。萧宝夤也有着高贵的出身，他是齐明帝萧鸾的第六子，也就是说他是东昏侯萧宝卷的弟弟，同时又是齐和帝萧宝融的哥哥，这三人都是亲兄弟。永泰元年，萧宝卷继位，任命自己的弟弟萧宝夤为征虏将军、郢州刺史等，并由萧宝夤来保卫首都南京，其实那时萧宝夤也只是个十几岁的孩子。此后不久，萧宝卷杀了萧衍的哥哥，于是萧衍立萧宝卷的弟弟萧宝融为皇帝，这就是齐和帝，同时任命萧宝夤为使持节，而有意思的是，萧宝卷也任命了萧宝夤为使持节。

后来萧衍成为了梁武帝，开始诛杀南齐宗室，同时也准备杀萧宝夤。萧宝夤在太监的帮助下，连夜渡江，逃到了长江西岸，来到北魏，而后他得到了北魏皇帝的重视，成为了一名将军，多次带领部队攻打梁朝，想报仇雪恨。经过几次大的战争，最终他也没能打过长江去。这些战争使得他在北魏几升几降，差点因为大败而被杀头，这种处境让他渐萌反志。就在这个关头，元悦用借刀杀人的方式，让朝廷任命御史中尉为关中大使，让郦道元来到了萧宝夤的地界。

萧认定这是北魏朝廷派人来监督自己，经过跟手下商议，觉得应当先下手为强，于是秘密地派部将郭子恢在阴盘驿将郦道元等人全部斩杀，而后对外称郦道元是死于叛军。

此后不久，萧宝夤就杀死南平王元仲冏，举兵反叛，自封为大齐皇帝，同时改元隆绪，并派郭子恢攻打潼关。他的部队很快被北魏打败，萧宝夤只带着百余名随从从后门逃走，投奔了万俟丑奴，万俟任命萧宝夤为太府，后来贺拔岳击败万俟，生擒萧宝夤，萧被押回京师后处死。在此之前，陷害郦道元的元悦，也因为怀揣两把尖刀想行刺，查出之后，也被斩首。这就是此二人的结局。

由此可见，其实郦道元是一位正直的大臣。在那个时代，他为了除掉一个恶棍，不惧得罪当权者，而后被人陷害致死。他的死没有为自己获得应有的荣誉，反而被史书列为酷吏，这是何等的冤枉。

◇ 郦道元撰《水经注》四十卷《首》一卷《附卷》二卷，清光绪十八年长沙王氏思贤讲舍刻本，书牌

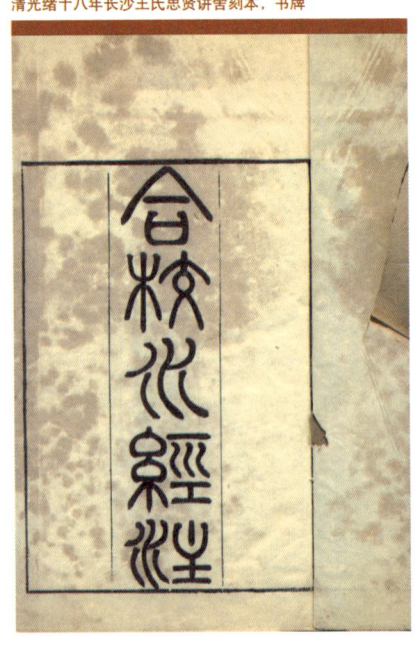

郦道元出身名门，他的祖父郦嵩官至天水太守，他的父亲郦范在明元帝时代任给事东宫，这个职位实际就是太子的老师。而后郦范一路升迁，最终被封为范阳公。父亲去世之后，郦道元承袭了父亲的爵位，后来被封为永宁伯，也成为了朝中的高官。

由这些从政经历来看，郦道元从未任过水官，那他为什么要写一部《水经注》呢？我还真没找到确切的文献。陈桥驿先生站在思想高度上来解读

郦道元：悬泉瀑布，飞漱其间，清荣峻茂，良多趣味　　227

这件事，他认为郦道元身处国家南北分裂的时代，有着强烈的大一统思想，因此郦道元是一位"爱国主义者"，希望通过对祖国山河的系统考察来表明：虽然国家被分为了两个王朝——南方是梁朝、北方是北魏，但在郦道元的心中，这种分裂早晚要统一。郦道元的时代，国家已经分裂了一百五十多年，因为北魏国势的衰落，想统一的梦想显然难以实现，但郦道元通过对整个国家水道的记述，以此来表明中国领土的完整。但他为什么选择通过考察中国的河流这种方式，来曲折地表明自己的思想？这也同样找不到相关的依据。

郦道元的这部名著叫作《水经注》，从书名的解释来看，他是给《水经》一书做的注释。《水经》是三国时代桑钦所撰，书中记录了全国的一百三十七条河流的情况，此书写得颇为简洁，仅一万多字，郦道元就以这部《水经》为基础，通过文献和实地考察两种方式，对《水经》一书做注释。他的这个注释竟然写出了三十多万字，比原书多了二十多倍。《水经注》中记述了一千二百五十二条河流，也比原书多了许多倍，因此后世认为：《水经注》名义上是注释，实际可将此书视为一部独立的著作。但是，郦道元的这部《水经注》成书于何时，因为书中没有记载，故后世的学者有多种多样的猜测，但统一的意见则是该书撰述于郦道元的后期。

◇ 郦道元撰《水经注》四十卷《首》一卷《附卷》二卷，清光绪十八年长沙王氏思贤讲舍刻本，卷首

而尤令后世惊异者，是郦

道元在《水经注》中还写有南朝的年号,这在避讳很严的当时,是很严重的事情。陈桥驿统计《水经注》中总计使用了南朝年号十五次,郦道元这么做的原因,陈先生认为是:"在祖国大一统的事业上,南北两朝都已无所作为。北朝既已无力征服南朝,南北对峙的局面,在他有生之年,已经成为定局。则南北两朝年号的并存,就成为一种客观事实,因此,回避南朝年号不仅已无必要……他更应南北兼顾,不忘他毕生未能亲履的南方半壁河山。这或许是他南北年号并用的原因。"

这样说来,郦道元为了考察水道,也是在全国到处寻访,然而那个时候,国家被分为了南、北,他是北魏的官员,当然不能进入南朝,因为"南朝乃敌国也",那么,中国南方的水道他将如何考察呢?因为《水经注》中也谈到了很多南方的河流情况,而实际的情况是郦道元根本没有去过南方,他对南方水道的叙述等于是卧游,也就是他是通过历史文献的记录来撰写南方的河流。当年他为了写《水经注》,总计参阅了三百三十七种书,在他那个时代,能够找到这么多的书是很不容易的一件事。如此说来,给他安个藏书家的头衔,应该不为过。郦道元的这部《水经注》有一半是实际考察,另一半是文献汇编,这种两分法的比例是多少,我没有做统计,但有意思的是,最为人们熟悉的那个段落,也就是他描写长江三峡的那一篇,却是郦道元借鉴他书而描绘出来者。

陈桥驿说:"全部《水经注》中,描写山水的锦绣文章当然俯拾即是,但历来传诵的千古杰作,主要有两篇。民国以来,常常被选入中学甚至大学的国文课文,作为青年人欣赏和学习的范文。"陈先生所说的《水经注》中的两段名篇,一篇是记述黄河的壶口瀑布,这一篇我还真没读过;而三峡的一篇却收在我的中学课本里,当时这篇文章要求全段背诵,我至今都能朗朗上口:

自三峡七百里中，两岸连山，略无阙处，重岩叠嶂，隐天蔽日，自非亭午夜分，不见曦月。至于夏水襄陵，沿溯阻绝，或王命急宣，有时朝发白帝，暮到江陵，其间千二百里，虽乘奔御风，不以疾也。春冬之时，则素湍绿潭，迴清倒影，绝巘多生怪柏，悬泉瀑布，飞漱其间，清荣峻茂，良多趣味。每至晴初霜旦，林寒涧肃，常有高猿长啸，属引凄异，空谷传响，哀转久绝。故渔者歌曰：巴东三峡巫峡长，猿鸣三声泪沾裳。

这段话写得极其精彩，可见郦道元的文学素养很高，通过他的这段描述，能让读者在脑海中勾勒出那极其美丽的三峡。如果不是亲历者，很难把现实形象描绘得如此逼真，然而遗憾的是，那时北魏的国土没有扩展到三峡一线，所以他也从未去过三峡。郦道元的这段描写来源，几乎全是出自一部叫《宜都山川记》的书，此书的作者是东晋宜都太守袁山松。当年袁山松的的确确是来到了三峡，他在此书中记录下了许多三峡的景色，我引录其中的三段如下：

自蜀至此五千余里，下水五日，上水百日也。

自黄牛滩东入西陵界，至峡口百许里，山水纡曲，而两岸高山重障，非日中夜半，不见日月。

江北多连山，登之望江南诸山，数十百重，莫识其名，高者千仞，多奇形异势，自非烟寨雨霁，不辨见此远山矣。余尝往返十许过，正可再见远峰耳。

《水经注》中的这个最著名片段，其中有许多词句成为了名典，用那段话跟《宜都山川记》中的记载进行对比，即可找到痕迹。我记得中学课本中讲解此段时,老师专门强调有一个特殊的修辞手法叫作"并提",当时所举的例句即是"亭午夜分,不见曦月"。所谓"并提",其实就是:亭午不见曦,夜分不见月,若把郦道元的这句话解全的话,他的意思是说,如果不是正中午,就看不见太阳;同样,如果不是半夜,就看不到月亮。

而在我有限的所学中,也仅知"并提"有两例,而另一例也同样出现在该文之中,那就是"素湍绿潭,迴清倒影"。然而郦道元所说的前一句"并提",应当是出自袁山松的"非日中夜半,不见日月",故而陈桥驿说:"如与袁山松的这几段文章加以对比,都可以看出《水经注》在袁文的基础上加工的痕迹。"如此说来,《水经注》中的一些文章并不是实际的地理实考,也非抄录历史上的文献记载,而是颇具文采的文学作品,看来陈桥驿先生也是这么认为的:

◇ 郦道元撰《水经注》四十卷,清古闽晏湖张氏励志书屋重刊天都黄氏本,书牌

"这种真实的基础,有的是郦道元自己的亲身实践,有的则是他人的亲身实践。在这种真实的基础上,加以文学的夸张和渲染。这样的描写,既没有脱离事物的本来面貌,又能使事物表现得更栩栩如生。"

明末清初的文学家张岱在《跋寓山注二则》中说:"古人记山水,太上郦道元,其次柳子厚,近时袁中郎。"看来张岱认为,古代描写山水景物的文章有三个人写的最好,那就是郦道元、柳宗元和袁宏道。

柳宗元是文学大家，他写的山水文章似乎以《永州八记》最佳，而袁宏道写过不少的游记，有人把他的游记从其全集中抽出，编为《袁中郎游记》一书，可见人们对这类文章的喜爱。而张岱评价三人写这类文章最佳，其着眼点肯定指的是文采，而非专业的科学考察，正如郦道元写的这段三峡，描写得太过逼真，以至于后人认定他一定是来到了三峡，才写得出这样脍炙人口的名篇。上海科技出版社曾出版过一部《地学史话》，其中一篇的名称是《郦道元和水经注》，这篇文章的小标题竟然写成了"耳闻不如亲见"，小标题下面还有这样一句话："郦道元久闻长江三峡之名，决定亲自去看一看。他不辞艰险，长途跋涉来到了三峡。"

为什么会出现这样的失误呢？其实这也不能全怪作者的想当然，也确实是《水经注》这部书本身的原因。《水经注》完成于北魏，那时还没有发明版刻，书籍都是靠手工抄写，然而在不断的抄写过程中，会把《水经》的原文和郦道元的注释混杂在一起。郦道元因为没有到过南方，所以南方的河流他都是抄录文献，而他的抄录又不是像而今这样的规范，如三峡那一段，他并不是照抄原文，而是进行艺术加工式的改写，这使得后世很难区分出哪些是原文，哪些是注释。

虽然郦道元并不想埋没先人的功劳，比如他引用《宜都

◇ 郦道元撰《水经注》四十卷，清康熙五十三年项氏群玉书堂刻本，书牌

◇ 郦道元撰《水经注》四十卷，明崇祯二年小筑藏板本，书牌

山川记》中的记载时，都会注明"袁山松曰""《宜都记》曰"等等，但是原文应该引到哪里，因为古代没有今天的这种标点符号，再加上郦道元对引文的加工，就很难搞清楚引文到哪里结束。还有一个重要原因，是郦道元所引用的古籍，大多已经失传了，比如袁山松所撰的《宜都山川记》，今天我们仅能从其他的文献中找到只言片语，如果这部书仍然存世，这件事情就简单了很多：将两书一对，问题就一目了然了。可惜历史并不会选择性地给人们留下有价值的遗产，也正因如此，《水经注》一书就给后世留下了一个很大的争论缘由。

关于三峡这一段，郦道元也引用了《宜都山川记》里的话：

山松言：常闻峡中水疾，书记及口传悉以临惧相戒，曾无称有山水之美也。及余来践跻此境，既至欣然，始信耳闻之不如亲见矣。其叠崿秀峰，奇构异形，固难以辞叙。林木萧森，离离蔚蔚，乃在霞气之表。仰瞩俯映，弥习弥佳，流连信宿，不觉忘返。目所履历，未尝有也。既自欣得此奇观，山水有灵，亦当惊知己于千古矣。

这段话里说"及余来践跻此境，既至欣然，始信耳闻之不如亲见矣",其实是袁山松所言,而《地学史话》一书将其理解为了这是郦道元的话,所以才产生了那个误会。

其实关于《水经注》的误会,因为传写笔误的原因,给后世造成了许许多多阅读上的困难。到了清代,朴学大为盛行,有多位专家都开始仔细研究《水经注》,其中以戴震最有名气。他从乾隆十五年,也就是在他二十七八岁时就开始校勘《水经注》。乾隆三十八年春,他被招入四库馆,那时《水经注》流传下来最早的版本,就是藏在四库馆中的明代初年的《永乐大典》。在戴震入四库馆之前,已经有一位翰林在校《水经注》,但《四库全书》总编纪晓岚认为,戴震已经对《水经注》的研究有了经验,因为他找到了原文和注文之间的特殊区分方法,于是就改任戴震为《水经注》的校对。到了乾隆三十九年,戴震校出了此书。又过了一年,这部书由武英殿刷印出版。

◇ 赵一清撰《水经注释》四十卷《首》一卷《附录》二卷《刊误》十二卷,清乾隆五十九年东潜赵氏小山堂刻本,书牌

此书发行两年后,戴震就去世了。而后又过了三年,四库馆内又见到了一部赵一清校的《水经注释》,而该书署名的校完时间是"乾隆十九年",显然比戴震的校本要早许多,于是四库馆内开始传言,认为戴震在那么短的时间内能够校出《水经注》,其实是剽窃了赵一清的研究成果。这样的话令戴震的弟子段玉裁很不满意,而后他写信给梁玉绳,梁解释了赵撰写该书的情况。后来这件事基本搞清

楚了，那就是：戴震和赵一清在相互不知道的情况下，各自研究《水经注》，然而他们研究出的成果却很相似，但并没有谁抄袭谁的问题。

如此有意思的一段文坛八卦，竟然就这样平息了，这当然不符合群众的喜闻乐见，于是关于戴震抄袭赵一清《水经注》研究成果的说法，一直在社会上流传。道光年间，魏源、张穆等人都写文章斥责戴震抄袭赵一清；清末地理学家杨守敬也是持类似观点；民国年间，孟森、王国维等也为此斥责戴震人品太差。在这一面倒的情况下，有一个人不信这个邪，他就是胡适。胡适从1943年开始仔细研究《水经注》，直到他1962年去世，用了近二十年时间，搜集了他所能得到的各种《水经注》版本，同时还找到了戴震和赵一清的手稿。他的这些藏品在北京大学五十周年庆上还专门搞过展览，胡适在搜集版本的同时，还撰写了相关的笔记，达到了数百万字，最终他替戴震洗清冤情，因为胡适的结论是：戴震和赵一清二人各自工作，双方都不知道对方在研究此书，故而也都没有参考过对方的研究成果，尽管他们的研究成果相似，但并不存在谁抄袭谁的问题。

但胡适的这个定论并未形成业界的共识，直到今天，还有人在说戴震抄袭之事。看来人们宁信其有不信其无。树欲静而风不止。即使有了结论，人们还是继续念叨着，那也只能由它去吧。不过话说回来，正是这样几百年的争论，也更显示出郦道元的这部《水经注》是何等的重要，因为越争论越能凸显人们对他辛苦劳作的认可。

虽然说《水经注》是极具名气的古代地理学专著，可是书中却记载有许多的历史故事和风土人情，然而这种写法在后世未受到首肯，认为郦道元使得《水经》变得杂芜，但他却因此而记录下了一些重要的历史文献，而更为重要者，通过这些文献可以表达出郦道元本人的好恶观。比如卷二《河水》经"又南过赤城东，又南过定襄桐过县西"，对于这两句话，郦道元在注中称：

《东观记》曰：郭伋，字细侯。为并州牧，前在州，素有恩德，老小相携道路。行部到西河美稷，数百小儿各骑竹马迎拜。伋问：儿曹何自远来？曰：闻使君到，喜，故迎。伋谢而发去，诸儿复送郭外。问：使君何日还？伋计日告之。及还，先期一日，念小儿，即止野亭，须期至乃往。

郦道元在这里记录下一个历史掌故，他在这里引用了《东观记》中的一段话，这段话说一个叫郭伋的官员很有政声，某次出巡到西河美稷，当地有很多小孩骑着竹马欢迎他，等他办完公事离开之时，那些小孩又来相送，问他何时回来，郭伋计算了一下日程，告诉了他们返回的时间。可是等到郭伋再来此地时，却比他当时的所言早了一天，他觉得不能失信于这些孩子，于是就在郊外的一个小亭内住了一晚，第二天才按期前往。

郦道元在这里引用《东观记》上的这段话，其实跟《水经》一点关系都没有，那他为什么要把这段话引用进专著中呢？这至少说明，他赞同郭伋这种不失信于儿童的做法，虽然他对这段话没有作任何评语，这就正如后世选学的观念：取舍就代表了价值观。《水经注》中也记录了一些恶人所为，这也同样表明了郦道元的价值观念。而更为有意思者，则是书中记录了许多的风土人情。比如卷二十八《沔水》经中"又东过中庐县东，维水自房陵县维山东流注之"，郦道元在书中记录了一种名为"水虎"的动物：

沔水又南与疏水合，水出中庐县西南，东流至邔县北界，东入沔水，谓之疏口也。水中有物如三、四岁小儿，鳞甲如鲮鲤，射之不可入，七、八月中，好在碛上自曝，膝头似虎，掌爪常没水中，出膝头，小儿不知，欲取弄戏，便杀人。或曰，人有生得者，摘其皋厌，可小小使，名为水虎者也。

对于这段话，后世经过一番研究，认为郦道元所描写的这个"水虎"，其实就是扬子鳄。然而这段注中所说的地理位置，乃是今天的汉水襄阳与宜城之间的河段，这一带在南北朝时期属于南朝，郦道元根本没有来过这里，所以他的记载其实也是本自《荆州记》。而郦道元在书中说，这种扬子鳄会吃小孩，陈桥驿先生认为这是郦道元受到他书的影响，陈先生在《读水经注札记》中说："扬子鳄虽然是食肉爬虫类动物，但并不是猛兽，平日只吃鱼、蛙、鼠等小动物，不像马来鳄那样凶猛，吞食大动物甚至人。注文中说'小儿不知，欲取弄戏，便杀人'，可能是因为小儿在沙滩上弄戏它，不慎落水中，使它得到杀人的罪名。"

如此说来，郦道元在原材料上进行了改编与加工，这更加可以看得出《水经注》一书的文学性。当然该书的价值所在也绝不会仅仅如此，其更为重要者，还是记录下了那个时代的科技人文等方方面面有价值的内容，比如卷三《河水》经："又南过上郡高奴县东"，郦在注中说：

故言高奴县有洧水，肥可燃，水上有肥，可接取用之。《博物志》称酒泉延寿县南山出泉水，大如筥，注地为沟，水有肥如肉汁，取著器中，始黄后黑，如凝膏，然极明，与膏无异，膏车及水碓釭甚佳，彼方人谓之石漆。水肥亦所在有之，非止高奴县洧水也。

他的这段描述被后世解读为这是石油，由此可知，早在南北朝时期，陕北及河西走廊一带就已经有了石油的出产与利用。

当然，《水经注》的价值远远不止如此，陈桥驿先生将其总结出了八大贡献，于此就不再一一论述。该书记载也有不少失误之处，早在唐代，杜佑就指出《水经注》没有搞清楚黄河的发源，因为《水经注》上说，黄河发源于昆仑山，后世知道这种说法并不正确。其实这个说法本自《水经》，而陈桥驿认为，昆仑山原本是古代传说的山岳，但不知道何时昆仑成为了实指的山名，所以《水经》上所说的昆仑，跟后世所言并非一回事。所以说，无论是《水经》还是《水经注》，均称黄河发源于昆仑，这句话也难说是正确还是不正确，更何况郦道元是一千多年前的古人，他处在南北朝时期，因此不太可能将每一条河道从头走到尾，所以说，即便有一些失误，也一丝都不影响《水经注》的价值。

当年萧宝夤派人杀死了郦道元，同时被杀者还有郦道元的弟弟郦道峻、郦道博及长子郦伯友、次子郦仲友，几乎杀了郦道元全家。而后萧宝夤下令将郦道元葬于长安城东，后来北魏军队收复长安，郦道元又被迁葬于洛阳。他的这些墓址到今天都难以探寻，然而他的故居今日却得以修复。

关于郦道元的故居在哪里，在历史上也有争论。河北的涿鹿县曾被视为郦道元的故乡，然而郦道元在《水经注·巨马水注》中说了这样一段话："巨马水又东，郦亭沟水注之。水上承督亢沟水于逎县东，东南流，历紫渊东。余六世祖乐浪府君，自涿之先贤乡，爰宅其阴。"根据此话的描述，显然这里不是河北的涿鹿县，而应当是当今的涿州。清初孙承泽在《春明梦余录》卷六十四中也称："郦亭在涿州南二十里，为郦道元故居。"看来，郦道元去世一千多年后，到了清初，人们依然认定涿州是郦道元的故居所在地。

郦道元故居位于河北省保定地区涿州市西道元村郦道元路幸福

◇ 故居的匾额

街附近。我的此次河北之行，跑了七天的时间，是从南向北倒着往回走，今日上午的一程是先去寻找卢植墓，而此墓也在涿州境内。拍照完卢植墓后，由此用上导航仪，奔西道元村而去。然而导航把我带入了一条极破烂的废弃公路，这条公路上既无行车也无行人，眼前所见仅是大坑连连，汽车只能以步行速度左盘右转。行驶了半个多小时，才发现路完全不通了，没办法，只好在原地掉头回驶。

◇ 门前的文保牌

这种境遇是寻访过程中最难受者，因为耽误时间就意味着日头的偏西，有时赶到拍摄地，因为天晚，已变得完全不能拍照。这种心焦过程，只有经历过，才能真正地体会到。

郦道元：悬泉瀑布，飞漱其间，清荣峻茂，良多趣味

◇ 紧闭着的大门

又经过一番折腾，终于驶回了大道，于是四处张望，希望能找到问路之人。导航仪这种东西还只能按部就班地选择最近的路线，但它并不知道中国公路变化之快及修路之频，问人才是硬道理。在一个十字路口的红绿灯处，看到有警察在指挥交通。刚才来的时候却没看到，否则我也用不着走这么长的冤枉路。而红绿灯旁边还停着一辆警车，里面坐着几位警察在休息，于是我停下车，直奔警车而去。然而废弃公路这边尘土有两寸厚，我的刹车掀起的尘土随着风势全部刮进了开着门的警车内，几个警察面露厌恶的神色瞪着我，我硬着头皮迎了上去向他们打问如何能从大道找到西道元村。那几个警察不说话瞪着我，我也不吭声，微笑地看着他们，倒要比比谁的耐性好，果真其中一位忍不住了，没好气地告诉我，一直往前走第一个红绿灯左转再见到红绿灯就是。我郑重地谢过这位警察，按照他所指果真开到了西道元村，没费周折就在村中心找到了郦道元故居。

故居的门口立着涿州市的文保牌，而大门却紧闭着，门楣上的牌匾写着"郦道元故居"五个金字，红色的门板上贴着白色的告示，上面写着：游客同志们您好，需要参观者请拨打电话联系，联系人李堂。上面印着的和手写的电话，竟然有五个。我将上面的电话逐个打一遍，每一个都有人接听，但是每接一个电话都会告诉我找另外一个人，而找到的人又会告诉我再找另一个人，一路打下来，竟没有一个能来给开门。真不明白写这个电话有什么用。

　　打电话期间有两个学生模样的人也来到了这里，是男生骑着自行车带着一个女生，他们看到故居锁着门，问我如何进去，我把刚才打电话的情形告诉了他们。那个女生很有耐心，把我刚才打过的电话又逐一打了一遍，结果仍然一样。打电话期间，有一妇女从旁走过，我问她找谁能拿到开门钥匙，她指给我旁边的一家人，说钥匙在这家。我上前敲门，随着一阵狗吠，一个中年妇女应门出来，我说明来意，她反问我谁说她家拿着钥匙，我想转身指给她看，结果身后已没了人影。这位妇女让我去找村部，并指给我村长家的院门，我按其所说前往找之，结果却敲门无人应。

　　无奈，索性回到故居门口，试图翻墙入内，然而转了一圈却找不到蹬脚之处。祠堂前面的广场面积不小，至少有十亩地大，然而却是土地，上面几棵粗大的柳树，还堆着几垛建筑用的红砖和沙土，不知道是否又要扩建这处旧居。但我觉得此处的这片空地也应当是郦道元故居的范围之内，只是我踏上了他家故居的土地，却至其门而不能入。

萧统：典而不野，文质彬彬

兰陵萧氏是中国历史上的一个显赫家族，按历史资料所载，这一族可以追溯到汉代的萧何、萧望。尽管这种说法在历史上有争议，但此族在南北朝时期几乎左右了中国南方的政局。萧道成取代刘宋后，建立了南齐，使萧氏一族成为了帝王子孙，而当时他夺取政权依靠的主要战将，就是谢朓的岳父王敬则。而后的梁武帝萧衍，他的母亲张尚柔就是西晋著名文人张华的七世孙女。可见，这些历史名人全都有着相互的关联。

齐永泰元年，齐明帝萧鸾去世，年仅十几岁的太子萧宝卷继位，此人的荒淫在历史上极其有名，他宠信身边的茹法珍等人，诛杀了多位大臣，这使得一些朝臣开始造反。齐永元二年，平西将军崔慧景起兵包围首都建康，大将萧懿出兵将崔慧景击败，崔在逃亡途中被杀，萧懿因功被升为尚书令。但半年之后，萧懿就被萧宝卷赐死，而这萧懿就是萧衍的哥

◇ 萧统辑《六家文选》六十卷，明嘉靖十三年至二十八年袁褧嘉趣堂刻本，萧统撰序言

哥。萧宝卷也觉得赐死萧懿肯定让萧衍不满,于是派人前往襄阳去刺杀萧衍,然却未成功。萧衍见此况,立即与手下商议,他上表劝荆州刺史南康王萧宝融称帝。齐永元三年,萧宝融在江陵登基,成为了齐和帝,改元中兴元年,于是南齐朝变为了两个朝廷,一个在建康,一个在江陵。

而后萧衍带兵进攻建康,萧宝卷派兵解围。因为萧宝卷的荒淫,使他所派出之大将迅速叛变,而后联合后阁舍人钱强,命人打开宫门,士兵涌入将萧宝卷杀死,其死时仅十九岁。他就是后世所说的东昏侯。再后来,萧衍杀死了他所立的萧宝融,自己登上了皇帝宝座,成为历史上著名的梁武帝。

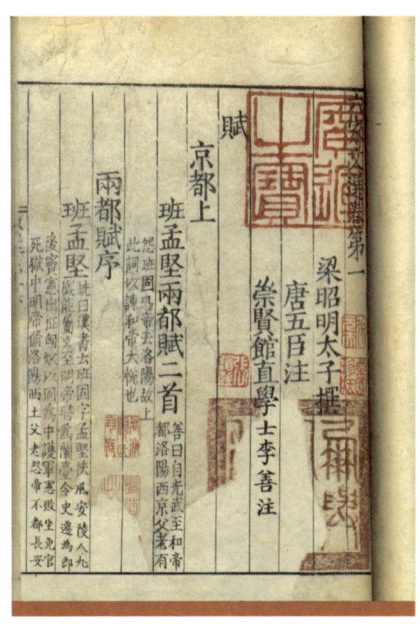

◇ 萧统辑《六家文选》六十卷,明嘉靖十三年至二十八年袁褧嘉趣堂刻本,卷首

梁武帝在历史上名气很大的一个事件,应当是他接见达摩的那段对话。普通元年,禅宗第二十八祖菩提达摩来到广州,第二年被梁武帝迎到了南京。那个时候武帝特别好佛,他跟达摩说:"朕即位以来,造寺、写经、度僧不可胜数,有何功德?"达摩告诉他并无功德,而后二人的对话越说越不投机,这使得达摩觉得武帝不是个谈佛法的人,而后一苇渡江前往少林寺面壁,最后创造了中国的禅宗。而梁武帝萧衍因为这件事,也成为了中国佛教史上的一位著名人物。

萧衍前后的举措反差太大,王鸣盛在《十七史商榷》中有这样一段话："梁武帝本齐明帝之谋主，代为定计，助成篡弑。后竟弑其子东昏侯宝卷，伪立其弟宝融，而又弑之篡之，并尽杀明帝之子宝源、宝修、宝嵩、宝贞，又纳东昏侯之妃吴氏、余氏为妃，乃舍身奉佛，以面为郊庙牺牲，一何可笑。"

王鸣盛讲述了萧衍成为帝王的历史：他不止是杀了萧宝卷、立了萧宝融，同时将明帝之子基本都杀光了，而后占领了南京，把萧宝卷的妃子纳为

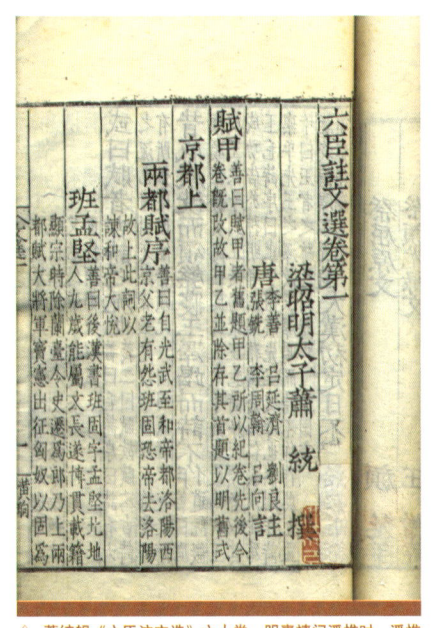

◇ 萧统辑《六臣注文选》六十卷，明嘉靖间潘惟时、潘惟德刻本，卷首

己有。后来萧衍又尊奉佛法，为了不杀生，他把祭祀时用的猪、牛、羊等动物改为五谷。王鸣盛认为萧衍的这个做法太虚伪了。既然萧衍已经成为了帝王，为什么还要做这种虚伪之事呢？王鸣盛给出的结论是："愚谓帝之信果报，正为于心有所不能释然者，故欲奉佛以禳之"，他认为萧衍相信因果报应，因为杀生太多，所以想通过信奉佛法来消灾。

到底是不是这么回事，从而后萧衍的举措来看，我觉得也并非完全如王鸣盛所言。萧衍占领了南京，同时他的确也想占有萧宝卷的嫔妃，按照《南史·齐本纪下》卷五中的记载，萧宝卷虽然仅十几岁，但他的后宫也美女如云，其中他最宠爱的一位妃子叫潘玉儿。据说这位潘玉儿脚很小，而后中国古代女人裹小脚的习俗就是为了想效仿潘玉儿的三寸金莲。这位美女的名声早就让萧衍听闻，于是他占领了萧宝卷的宫殿后，就想将其纳为己用，但是他手下的大将王茂

力劝他不要占有这个女人，王茂跟萧衍说："亡齐者此物，留之将恐贻外议"，萧衍还是听劝的，于是就把这位潘玉儿勒死了。

当然，这一个事例并不能说明什么，《梁史》中称萧衍"五十外便断房室"，他从天监十二年开始，就"不与女人同屋"，而后他在八十六岁时被人禁闭在宫中饿死。这期间有三十多年，他在这么长的时间内确实不近女色。不仅如此，他还下令把自己后宫的嫔妃全部遣散，让她们分别到分封在外地的儿子身边去，只留下了一位，那就是贵嫔丁令光。可能是这个原因吧，萧衍才成为了享年仅次于乾隆的中国皇帝。弘历活了八十八岁，他是自然死亡，虽然萧衍活了八十六岁，但他却是被人饿死的，否则的话，他有可能创造中国帝王年龄的一个纪录。

那萧衍为什么不遣散贵嫔丁令光呢？这仍然需要从一段历史说起。丁令光本是萧衍的侧室，当时萧衍住在襄阳，而丁令光是本地人，十四岁就成为了萧衍的妾，两年后生了个儿子，起名叫萧统，此时萧衍已经三十八岁，萧统是他的第一个儿子。在萧统出生的第二年，萧衍就把建康打了下来，当年的四月，萧衍登上了皇位，成为了梁武帝，并封丁令光为贵嫔，同时立萧统为太子。

既然丁令光的儿子成为了太子，那萧衍为什么不封她为皇后呢？因为此时他的正妻郗

◇ 李善注《文选》六十卷，清乾隆三十七年序叶树藩海录轩刻朱墨套印芸生堂藏板本，书牌

氏已经去世。按照《建康实录》上的说法，这其中的原因是因为郗氏生前"酷嫉妒"，但更多的学者认为这是萧衍的门阀思想在作祟：因为郗氏之母是宋文帝的女儿，这一点丁令光无法相比。可能正是因为将丁令光的儿子立为了太子，尽管没有把她封为皇后，但萧衍还是把她留在了宫中。从事实看，那时萧衍还是跟她同房的，因为此后她又生了两个儿子。萧衍把丁令光留下来，更多的原因应该是为了培养太子吧。

丁令光果真不负梁武帝之望：萧统在三岁时就能读《孝经》和《论语》，到五岁时就能"遍读五经"。萧统果真聪慧超人，按照《梁书》本传上的说法：

> 太子美姿貌，善举止。读书数行并下，过目皆忆。每游宴祖道，赋诗至十数韵。或命作剧韵赋之，皆属思便成，无所点易。高祖大弘佛教，亲自讲说；太子亦崇信三宝，遍览众经。乃于宫内别立慧义殿，专为法集之所。招引名僧，谈论不绝。太子自立三谛、法身义，并有新意。普通元年四月，甘露降于慧义殿，咸以为至德所感焉。

◇ 李善注《文选》六十卷，清乾隆三十七年序叶树藩海录轩刻朱墨套印芸生堂藏板本，卷首

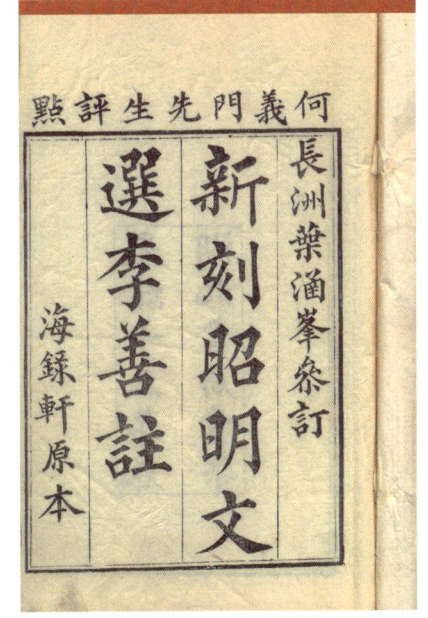

看来萧统长得也很不错，用当今的话来形容，一定是位

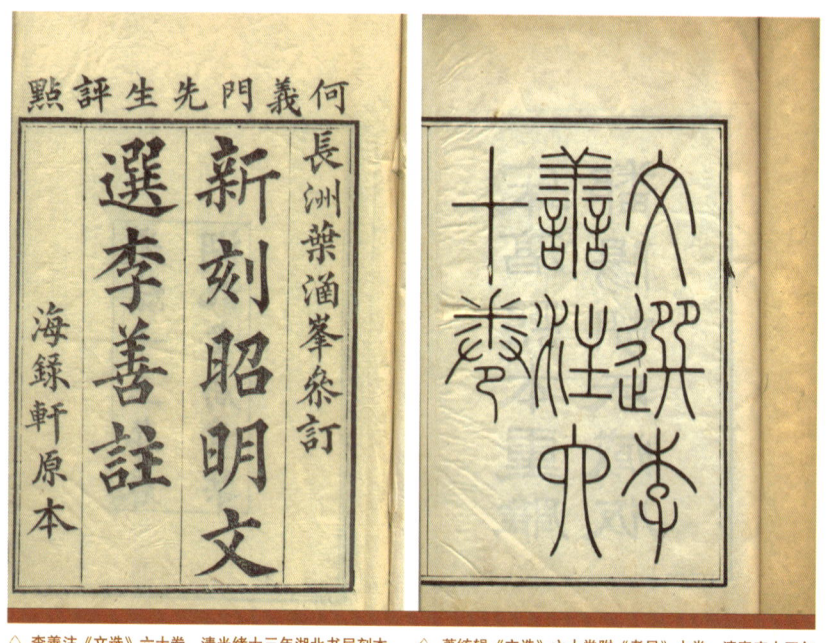

◇ 李善注《文选》六十卷，清光绪十三年湖北书局刻本，书牌

◇ 萧统辑《文选》六十卷附《考异》十卷，清嘉庆十四年胡克家刻本，书牌

帅哥。最为奇特者，他读书能一目十行，并且过目不忘，这在那个时代绝属优良基因。虽然说他的父亲萧衍是位武将，但从出身来说，萧衍也是位文臣。据《梁书》记载，萧衍的个人文集有120多卷，虽然有一些已经失传了，但流传至今者还有55卷，比如那著名的《玉台新咏》就收录有41首梁武帝的诗，其中被后世誉为佳作者有《捣衣》，他还组织群臣编撰了1176卷的《五礼》，另外还编有480卷的《通史》，这些做法对他的儿子萧统也有极其深刻的影响。

萧衍当上皇帝后开始命群臣给宫里收集书籍，这个做法影响到了萧统，使得萧统也有藏书之好，《梁书》本传中称："于是东宫有书几三万卷，名才并集，文学之盛，晋宋以来未之有也。"为此萧统成为了他那个朝代最大的藏书家。萧统出生在襄阳，还不到一岁他就离开了这里，前往南京，而后他成为了中国文学史上名气很大的人物，而襄阳人民则以此为傲，因为萧统对后世最大的贡献是：他编纂了中国古代留存至今最早的一部诗文总集——《文选》。襄阳当地建造的纪念萧统的建筑物，就起名为"文选楼"，此楼到唐代时不知为何改名为了"山南东道楼"，而后名称几经更换，到清顺治年间重建后，定名为"昭明台"。

◇ 城门上嵌着"昭明台"三个字

昭明台处在今日湖北襄阳市的市中心，而今成为了襄阳博物馆，据说现在的昭明台是于1993年在原址上重新建造者。从外观看，样式有些像故宫的午门，只是体量上比午门小许多。我来到襄阳时已经是十二月中旬，感觉当地的气候有些偏南方，因为街边的绿化植物并没有完全退掉落叶。

◇ 楼顶上还有昭明台的匾额

而今这一带已经建成了仿古步行街,街的两边停满了电动三轮车,我来到此台的附近,几乎被这些三轮车主包围了起来,他们一定要拉我去看其他的景点,并不断地告诉我这昭明台里没什么可看的。我来到襄阳,出了站,还未住店就奔到了这里,可能是因为我的行囊让这些车主们认出我是位游客,而其中一位车主身强力壮,直接抢过了我的行李,放到了他的"宝马"上,这令我很是无奈。我告诉他,肯定乘他的车前去找酒店,但总要让我拍一下这昭明台的外观。

原本打算住下来之后再到昭明台里面仔细参观,后来却因为时间的安排,为了赶下一程的班车,竟然没能进内看上一眼,这应当是此程的遗憾。虽然我知道这个台子是重新修造者,但过其门而不入,总是让自己有些遗憾,不知道什么年月才能再踏上此楼。

◇ 萧统辑《文选》六十卷《目录》一卷,明嘉靖元年汪谅刻本,卷首

萧统虽然被立为了太子,然这太子之名一直被称颂了一千多年,因为他还没有继位就去世了。关于他的去世,历史上也有着不同的说法,其中以《梁书》本传中最为简洁:"(中大通)三年三月,寝疾。恐贻高祖忧,敕参问,辄自力手书启。及稍笃,左右欲启闻,犹不许,曰:'云何令至尊知我如此恶。'因便呜咽。四月乙巳薨,时年三十一。高祖幸东宫,临哭尽哀。诏敛以衮冕。谥曰昭明。"

这段话说:萧统得了重病,

但他又不想让父亲萧衍知道，于是每写奏章都亲笔书写，后来病情加重，他身边的人想报告给梁武帝，但他还是不答应，说不想让父亲担心自己，而后他就病逝了，年仅三十一岁。梁武帝得知后特别悲伤，就给他赐谥为"昭明"，因此后世称萧统为昭明太子。

但《南史》中对于这段事的记载却与以上这段有区别："三年三月，游后池，乘雕文舸摘芙蓉。姬人荡舟，没溺而得出，因动股，恐贻帝忧，深诫不言，以寝疾闻。武帝敕看问，辄自力手书启。及稍笃，左右欲启闻，犹不许，曰：'云何令至尊知我如此恶。'因便呜咽。四月乙巳，暴恶，驰启武帝，比至已薨，时年三十一。"

虽然这段话的后半部分与《梁书》所记相同，但前面却说萧统的死因是：在大通三年三月，萧统到池塘里划船、采荷花，因为是女子替他划船，可能是因为技术差，让他掉进了水中，因此摔伤了大腿，为此而伤重去世了。

后世对《南史》中的记载表示了怀疑，因为南京在三月份不可能荷花开，更何况，因船翻落水和生病这两件事，无论哪一件作为原因让梁武帝听到了，似乎也没有什么太大的区别，那为什么一定要强调是因为生病，而不是因为落水受伤呢？正因如此，后世就有了更多的猜测。《南史·梁武帝诸子传》中有这样一段记载："初，丁贵嫔薨，太子遣人求得善墓地，将斩草，有卖地者因阉人

◇ 萧统辑《文选》六十卷，旧钞本

◇ 萧统辑《文选》六十卷，明成化二十三年唐藩朱芝址刻本，卷首

俞三副求市，若得三百万，许以百万与之。三副密启武帝，言太子所得地不如今所得地于帝吉，帝末年多忌，便命市之。葬毕，有道士善图墓，云：'地不利长子，若厌伏或可申延。'乃为蜡鹅及诸物埋墓侧长子位。有宫监鲍邈之、魏雅者，二人初并为太子所爱，邈之晚见疏于雅，密启武帝云：'雅为太子厌祷。'帝密遣检掘，果得鹅等物。大惊，将穷其事。徐勉固谏得止，于是唯诛道士，由是太子迄终以惭慨，故其嗣不立。……"

这段话记载的就是历史上所讲的"埋鹅"事件。起因是丁令光去世后，萧统派人买下了一块好墓地，正准备整理时，有人要撬行市，说自己的地比之前他们买下的那块地更好，因为自己的地对皇帝最旺。萧衍闻听这个说法，就将此地买了下来。等埋藏完丁令光后，有个道士说这块地对长子不利，如果破解的话，就能让长子延寿。于是萧统就用蜡制作了一只鹅还有其他东西，而后将这些东西埋在了这块墓地中。但件事却被两个太监秘告给了萧衍，萧衍找人去挖掘，果真挖出了蜡鹅等物，这个结果让萧衍很不高兴，因为这等于说萧统为了能让自己延寿而不管自己的父亲吉与不吉，因此梁武帝想彻查此事，最终被大臣劝阻。但这件事无论对萧衍还是萧统都有影响，因此萧统去世后，萧衍没有立萧统的长子为太子。后世对这段记载也有疑问，明张溥曾说过这样的话："《南史》所云埋鹅启衅，荡舟寝疾，世疑其诬。于是论昭明者断以姚书（《梁书》）为质矣。"但究竟实际情况如何，则难以得出统一的结论。

虽然萧统仅活了三十一岁，但他在文学史上却留下了自己的名号。他有不少的诗文创作，比如他写了一组《拟古诗》，其中第一首为：

> 晨风被庭槐，夜露伤阶草。
> 雾苦瑶池黑，霜凝丹墀皓。
> 疏条索无阴，落叶纷可扫。
> 安得紫芝术，终然获难老。

对于这首诗，曹道衡、傅刚所著《萧统评传》中予以了这样的评价："这首诗除末二句外，全用对仗，而且很注意辞藻，但诗句似不太讲究声律，与永明作家不大一样，倒近于江淹等人之作，这也许是受了梁武帝的影响。因为梁武帝一些诗也注意辞藻和对仗，却不知四声。所以他的诗还有一些古气……"但昭明太子在文学史上的盛名并不是因为他的诗作，而主要是因为他所编的《文选》。

《文选》一书对中国的文学史影响极其深远，在隋唐年间就已经形成了专门的《文选》学。其实在此之前，《文选》

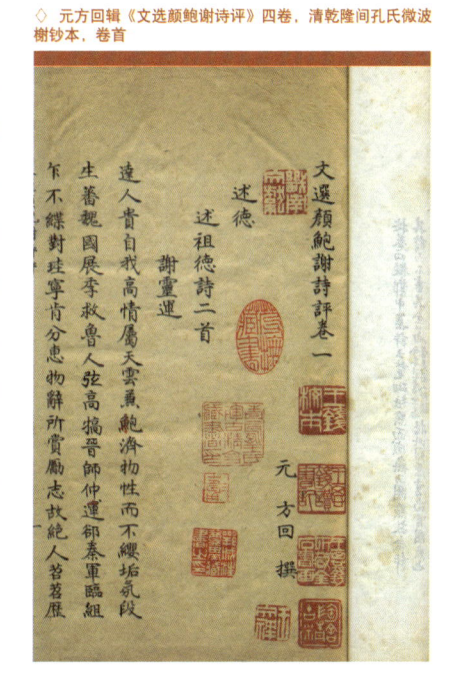

◇ 元方回辑《文选颜鲍谢诗评》四卷，清乾隆间孔氏微波榭钞本，卷首

已经在社会上有了普遍性的影响。《太平广记》中有"石动筩"：

> （北齐）高祖尝令人读《文选》，有郭璞《游仙诗》，嗟叹称善。诸学士皆云："此诗极工，诚如圣旨。"动筩即起云："此诗有何能，若令臣作，即胜伊一倍。"高祖不悦，良久语云："汝是何人，自言作诗胜郭璞一倍，岂不合死？"动筩即云："大家即令臣作，若不胜一倍，甘心合死。"即令作之。动筩曰："郭璞《游仙诗》云：'青溪千余仞，中有一道士。'臣作云：'青溪二千仞，中有两道士。'岂不胜伊一倍？"高祖始大笑。

◇ 宋刘攽辑《文选类林》十八卷，明嘉靖三十七年吴思贤刻本

这段话中所说的"高祖"乃是指的北齐皇帝高欢，高欢去世于公元547年。由以上这段话可证：在此之前，萧统所编《文选》一书就已经流传到了中国北方。萧统去世于公元531年，到他去世后的第十六年，《文选》已经在国内有了广泛的传播。由此可见，这部书是何等的受世人关注。

《文选》收录的作品起自周秦，下限则是萧统所处的齐梁。按照当年萧统制定的收录范围，《文选》不收当世人的著作。为了编这部大书，萧统也动用了围绕在他身边的文人，但正因如此，让后人质疑萧统只是位挂名的领导，但从历史资料来看，萧统的确亲自

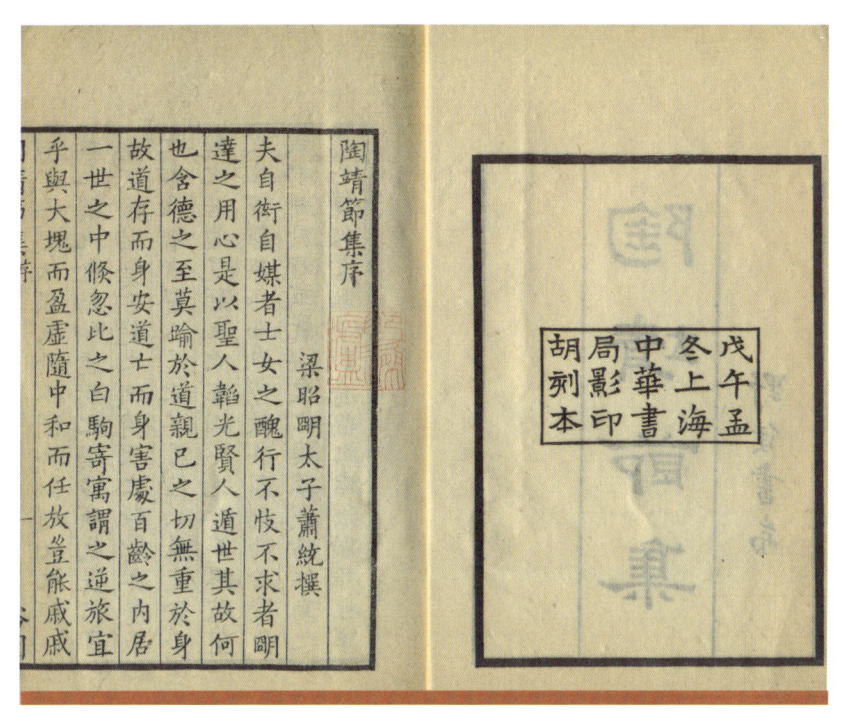

◇ 萧统撰《陶靖节集》序言，民国七年上海中华书局石印本

参与了这件事，比如他在《答湘东王求文集及〈诗苑英华〉书》中称："往年因暇，搜采英华，上下数十年间，未易详悉，犹有遗恨，而其书已传，虽未为精核，亦粗足讽览。"

看来，萧统在编《文选》之前，还编过一部《诗苑英华》。但他自我感觉那部书编得不完备，所以要另起炉灶编出一部更好的书来，但显然这部书请了其他的文士参与其中，唐人元兢说："萧统与刘孝绰等撰集《文选》，自谓毕乎天地，悬诸日月。"这句话中点明刘孝绰也是《文选》的编撰者之一，也正因这句话，才使得《文选》一书的编者产生了争议，比如日本学者清水凯夫在1976年写了篇《〈文选〉的编辑周围》，文中明确地提出《文选》的实际编撰者是刘孝绰，而非萧统。清水先生做出这种判断的理由是："记为

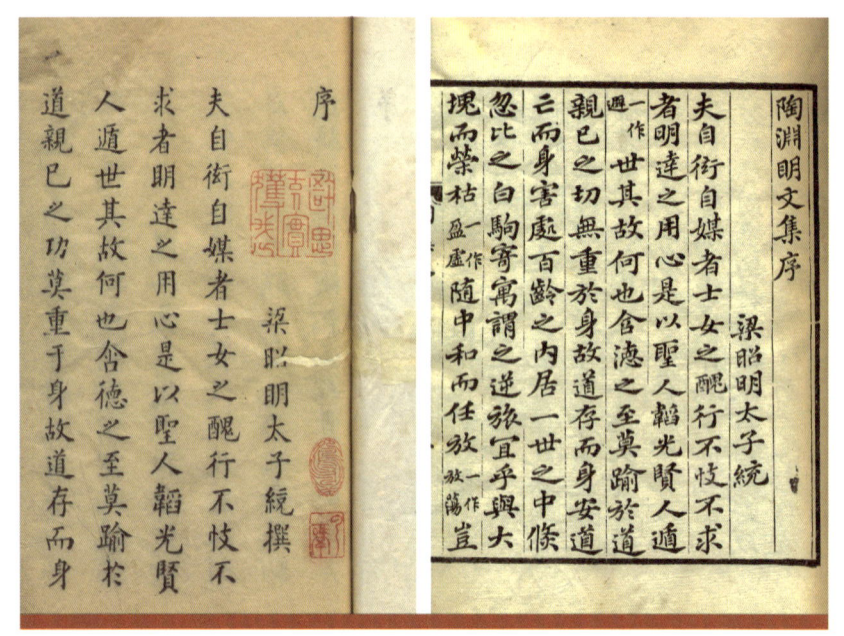

◇ 萧统撰《陶渊明全集 序言》，明白鹿斋刻桃李合刻本　　◇ 萧统撰《陶渊明文集》序言，清写刻本

撰者的皇帝、王公贵族不在担任实际撰录的文人之列。"即此，他认为萧统是《文选》一书的挂名者。

　　清水凯夫认为《文选》的实际编纂者是谁呢？他在该文中说："《文选》的实质性撰录者不是昭明太子，而是刘孝绰，在《文选》选录的作品中浓厚地反映着他的意志。"看来，清水先生认为《文选》的实际编写者是刘孝绰。清水做出这种判断的依据，乃是出自萧统在《答湘东王求文集及〈诗苑英华〉书》中的一段话："夫文典则累野，丽亦伤浮。能丽而不浮，典而不野，文质彬彬，有君子之致。吾尝欲为之，但恨未逮耳。"

　　由此而让清水凯夫先生认为，如果《文选》是萧统所主编者，那么该书中所选录之文，都会是他所主张的"文质彬彬"，但是从《文选》所选内容来看，这里面收录了宋玉的《高唐赋》《神女赋》《登徒子好色赋》和曹植的《洛神赋》，而清水认为这样的作品不符合

◇ 萧统撰《陶渊明集》序言，清木活字四色套印本　　◇ 萧统撰《陶渊明传》

萧统所言的"文质彬彬"。但是穆克宏认为，清水凯夫所言没有注意到萧统在《文选序》中还说过入选作品要"入耳之娱"和"悦目之玩"，因此说，萧统提出的入选标准中属于重点的是"文质彬彬"，但并不等于这句话可以涵盖《文选》所选作品风格的全部。

清水凯夫提出这种主张的另一条证据则是，《文选》中收录了徐悱的《古意酬到长史溉登琅玡城》一诗，而这位徐悱就是刘孝绰的妹夫。刘把这首水平一般的诗收入《文选》中，清水凯夫认为这是刘徇私情。而穆克宏同样不同意清水的这个结论，其在《昭明文选研究》一书中认为徐悱的这首诗："这是一首有文有质的佳作。"同时，"诗中说：'少年负壮气，耿介立冲冠。怀纪燕山石，思开函谷丸。'诗中少年的英雄气概，有梁一代是十分罕见的。此诗因为写得好被选入《文选》，后世的著名诗歌选本如王士禛的《古诗选》、陈祚明的《采菽堂古诗选》、沈德潜的《古诗源》等皆一一入选此诗。沈德潜评曰：'在尔时已为高响。'(《古诗源》卷十三)诚然，怎么能说此诗因刘孝绰徇私情才选入《文选》呢？"

从历史记载来看，刘孝绰也确实参加了《文选》的编辑工作，元兢《古今诗人秀句》中也有这样的说法："或曰：晚代铨文者多矣。至如梁昭明太子萧统与刘孝绰等撰集《文选》，自谓毕乎天地，悬诸日月。然于取舍，非无舛谬。方因秀句，且以五言论之，至如王中书（王融）'霸气下孟津'及'游禽暮知返'，前篇则使气飞动，后篇则缘情宛密，可谓五言之警策，六义之眉首。弃而不纪，未见其得。"

元兢也说《文选》是萧统和刘孝绰共同编辑者，他同时又指出了文中所选的错误之处。另外还有人根据《中兴书目》，认为《文选》是何逊和刘孝绰共同编辑者。对于这一点，未曾受到后世学者们的首肯。《文选》正是因为影响力大才会引起这么多的争论，虽然有争论，但却丝毫不影响该书的价值。

对于《文选序》作者，后世也有争议。有人认为该序的作者虽然署名萧统，其实也是刘孝绰的代笔，其依据乃是日本所藏的一部无注本的《文选》，其卷一中写有"太子令刘孝绰作之云云"。

而曹道衡认为这种说法靠不住，其依据乃是日本目录版本学家森立之在《经籍访古志》卷六中所说的一句话："考字体墨光，当是五百许年前抄本。"看来，森立之仔细翻阅了这部古写本的无注本《文选》，他通过字体和墨色断定这是五百年前的抄本。以此推论起来，这个抄本的抄写时代相当于中国的元朝末年，所以曹道衡认为："可见这一标记当是后人所标，并没有原始史料根据，很可能就是从萧统让刘孝绰作《昭明太子集序》之事（见《梁书》《南史》）误解而来，是不可相信的。"

从历史记载来看，刘孝绰确实是位有名气的文士，而萧统也对他颇为喜爱,《梁书·刘孝绰传》中说:"时昭明太子好士爱文,孝绰与陈郡殷芸、吴郡陆倕、琅玡王筠、彭城到洽等,同见宾礼。太子起乐贤堂,乃使画工先图孝绰焉。太子文章繁富,群才咸欲撰录,太子独使孝绰集而序之。"

昭明太子萧统的确是位文雅之士,他的身边汇集了那么多的文士,而他最为赏识者就是刘孝绰,于是他首先让画工在乐贤堂给刘孝绰画像,同时让刘帮着自己编文集,所以穆克宏的结论是:"刘孝绰很可能是《文选》的主要编选者。"然而除此之外,萧统身边还有很多的文士,比如《南史·王锡传》中说:"时昭明太子尚幼,武帝敕(王)锡与秘书郎张缵使入宫,不限日数,与太子游狎,情兼师友。又敕陆倕、张率、谢举、王规、王筠、刘孝绰、到洽、张缅为学士,十人尽一时之选。"这十个就是后世所说的"昭明太子十学士"。

而穆克宏说:"他们后来多参与了《文选》的编选工作。"如此说来,《文选》是在萧统的安排下,由许多文士共同编选而成者,而刘孝绰可能是这些文士中参加《文选》编选的主要人物之一,所以,不能认定《文选》一书全部是由刘孝绰一人来操刀者。

关于萧统的文学观以及他组织编选《文选》一书的主导思想,可由他的《答湘东王求文集及〈诗苑英华〉书》可知:

> 吾少好斯文,迄兹无倦。谭经之暇,断务之余,陟龙楼而静拱,掩鹤关而高卧,与其饱食终日,宁游思于文林。或日因春阳,其物韶丽,树花发,莺和鸣,春泉生,暄风至,陶嘉月而熙游,藉芳草而眺瞩。或朱炎受谢,白藏纪时,玉露夕流,金风时扇,悟秋山之心,登高而远托。或夏条可结,倦于邑而属词;冬雪千里,睹纷霏而兴咏。密亲离则手为心使,昆弟宴则墨以砚露。

又爱贤之情，与时而笃，冀同市骏，庶非畏龙。不如子晋，而事似洛滨之游；多愧子桓，而兴同漳川之赏。漾舟玄圃，必集应、阮之俦；徐轮博望，亦招龙渊之侣。校核仁义，源本山川。旨酒盈罍，嘉肴溢俎。曜灵既隐，继之朗月；高春既夕，申之以清夜。

对于萧统的这段话，曹道衡、傅刚所著《萧统评传》一书中做出了如下总结："一、他的写作是在'谭经之暇，断务之余'，这表明文学活动在他太子生涯中只是暇余之事，不可过度夸大编著等事在他生平活动中的比重；二、他的写作受到春夏秋冬四时景物的激发，强调外物对人心的感触。这一点自陆机《文赋》倡'遵四时以叹逝，瞻万物而思纷'以来，已备受作家和批评家的注意，萧统则用自己的创作体会印证这一点；三、他强调东宫学士在其文学活动中所具有的重要作用。"

即此可知，萧统的主要精力还是用在了他的政治活动方面，对于文学之事只是他闲暇时的爱好。同时萧统又认为，《文选》乃是记录自己心情的产物，所以他也会写文章来表达和抒发自己的情感。而他同时觉得，聚集一些文士在自己身边共同从事文学活动，这也是很重要的一件事情。如此推论起来，《文选》所选的内容，应当是本着萧统的文学观。

《文选》乃是我国现存最早的一部文学总集，该集对后世有着深远的影响，其编纂完成不久就受到了社会的广泛关注，而后到了唐代，《文选》更受到了读书人的喜爱，以至于李白都想有续作，《酉阳杂俎》中称："李白前后三拟《文选》，不如意者，悉焚之，惟留《恨》《别》赋。"杜甫也有这样的诗句："呼婢取酒壶，续儿诵《文选》。"

到了宋代，《文选》就更有名气了，陆游在《老学庵笔记》卷八中称："国初尚《文选》，当时文人专意此书，故草必称'王孙'，梅必称'驿使'，月必称'望舒'，山水必称'清晖'。至庆历后恶其陈腐，诸作者始一洗之。方其盛时，士子为之语曰：《文选》烂，秀才半。"他的这句"《文选》烂，秀才半"而后成了社会的流行语，一直说到了民国间。

到了民国间，因为新文化运动，令历史上千年有名的《文选》受到了批判。1917年7月，《新青年》杂志第三卷第五号"通讯"一栏中发表了钱玄同写给陈独秀的信，此文中有这样一句话："惟《选》学妖孽所推崇之六朝文，桐城谬种所尊崇之唐宋文，则实在不必选读。"而后有人将钱玄同的这句话精炼为了一句口号——"桐城谬种，《选》学妖孽"，这句口号在"五四运动"中极具名气。然而即使在这种氛围下，也没有把《文选》对中国的影响彻底地清除掉。当时黄侃仍然在致力于《文选》的研究，他去世后，由他的侄子黄焯将其对《文选》的批点整理编辑成书，书名为《文选平点》。

《文选》撰成之后，因为影响巨大，到唐高宗显庆年间，有一位叫李善的文人对《文选》进行了注释。这位李善学问渊博，被时人称为"书麓"，他果真不负此号，为了注释《文选》，竟然引用了近一千七百种书籍，但是他的注本只是注明出处，而不对文意进行讲解，这给使用造成了一定的不便。唐代一个叫吕延祚的人在给皇帝上的《文选注表》中，对李善所注《文选》发表了不同看法："忽发章句，是征载籍，述作之由，何尝措翰？使复精核注引，则陷于末学，质访旨趣，则岿然旧文，只谓搅心，胡为析理。臣惩其若是，志为训释……相与三复乃祠，周知秘旨，一贯于理，杳测澄怀，目无全文，心无留意，作者为志，森乎可观。"

吕延祚的这几句话简直就是彻底否定了李善注的价值，那么这

◇ 江苏常熟昭明太子读书台

位吕延祚为什么要这么做呢？原来他想推翻李善注，自己另起炉灶再请他人对《文选》做注释。而后他让吕延济、刘良、张铣、吕向、李周翰等五人共同注释《文选》，这就是著名的《五臣注文选》。《五臣注文选》的注解方式是从内容上对《文选》进行串解，而后吕延祚把《五臣注文选》献给唐玄宗，皇帝看后认为这个注本比李善注本要好："朕近留心此书，比见注本，唯只引事，不说意义，略看数卷。卿此书甚好。"而唐末在李匡乂《资暇录》中也说："世人多谓李氏立意注《文选》，过于迂繁，且不解文意，遂相尚习五臣。"看来在唐代人们更喜欢五臣注，而不喜欢李善注。

而后随着时代的递延，李善注的地位越来越高，五臣注本反而受到了较多的批评。苏东坡认为李善注要比五臣注好得多："（李善注）本末详备，极可喜，五臣真俚儒之荒陋者也，而世以为胜善，亦谬矣。"因为苏轼是大文豪，他的话对后世产生了较大的影响，后来读《文选》的人就越发地关注李善注。

到了北宋元祐九年，秀州州学将五臣注和李善注合并在一起共同刊刻出来，这就成为了后世的《六臣注文选》。而今通行的《文选》一书，基本上都是六臣注本，我收集该书的多个版本也大多是六臣注本，而五臣注本留存至今者却极其稀见，似乎仅有台北藏有一部宋代建阳陈八郎刻本，我想得到五臣注本的希望，恐怕也只能停留在幻想阶段了。

襄阳的昭明台因为未能登台，而后的寻访中我一直惦记着这件事，因为昭明太子的名气太大，所以国内还有多处与他有关的遗迹，其中常熟有一个读书台，其位置在江苏省常熟虞山脚下。这一天的寻访我先是去找藏书家萧盅友的故居，这位萧盅友就是萧统的后裔。晚清时，翁同龢曾给萧盅友写了个匾额，内容就是"兰陵峻望"，即此可证，萧盅友也是兰陵萧氏中的一脉。

约十年前，萧盅友的藏书散出来一部分，上了嘉德拍卖会，我在拍场中拿下了不少，而后我到苏州时，杨炎先生无意中跟我讲，他跟萧盅友很熟，并且知道其家仍然有万册的线装书。这个消息让我听来颇为兴奋，可惜等我来寻访萧盅友时，他已经离开了这个世界，好在我买到了一批他的旧藏，而这些书上大多有萧盅友的批校之语。虽然我跟昭明太子有着千年之隔，但我却买到了他后裔的藏书，这也算我对兰陵萧氏一族，间接地表达了自己的敬意吧。

◇ 砖木结构的小亭子

这次寻访，我找到了萧盅友的故居，他的故居就处在虞山脚下，跟昭明太子读书台仅隔着一条马路，既然没能

见到萧统的后裔，那只能是拜访昭明太子当年的读书台了。而今这里变成了一个公园，公园的门口还挂着中国书法家培训创作基地的铜牌，读书台的入口处摆着一对石狮子，公狮子两手捧着绣球在玩儿，母狮子抱着小狮子在逗乐儿，没有一丝北方雄狮的威猛。

　　门口无人售票，进门即是上山的台阶，仅二十余级即是读书台所在，其实是一个砖木结构的小亭子，墙上嵌着三块石碑，然而石碑上都罩着玻璃，无法拍照。屋当中摆着一块厚方石充当写字台，两边摆着石鼓墩算是凳子，昭明太子当年在此读书难道真的这么寒酸，这让我不太相信，毕竟其生前一直是太子之身，虽然史书上记载他很简朴，但也不太可能是这个模样。而后我在寻访其他目的地的时候，方想起我的寻访单丢在了这个读书台的桌子上。匆忙返回时，总算从工作人员手中拿回了我的寻访名单，我觉得这应当是萧统对我的暗中庇护。

　　转年我到嘉兴寻访时，范笑我先生带我找到了昭明太子年轻时的读书纪念牌坊。关于这个过程，我要放在沈约一文中叙述了，因为沈约是萧统的老师。

◇ 封着石刻的玻璃反光

皎然：文章观其本性

皎然是唐代著名诗僧，跟当时的许多著名诗人有着密切交往，比如《因话录》卷四中谈到他与韦应物之间的交往："吴兴僧昼，字皎然，工律诗。尝谒韦苏州，恐诗体不合，乃于舟中抒思，作古体十数篇为贽。韦公全不称赏，昼极失望。明日写其旧制献之，韦公吟讽，大加叹咏。因语昼云：'师几失声名，何不但以所工见投，而猥希老夫之意？人各有所得，非卒能致。'昼大伏其鉴别之精。"

看来，皎然最喜作律诗。他前往拜访当时的大诗人韦应物时，担心自己所作的律诗不合韦应物的喜好，于是在舟中苦思冥想，写出了十几首古体诗，而后呈给韦看。韦看完后并没有赞赏，这个结果令皎然大感失望，他不死心，于是第二天又抄录了自己的一些旧作呈上，这次韦看到后，大为赞赏，同时跟皎然说："你为什么不将自己擅长的诗拿出来，而有意地来揣摩和迎合我的心态呢？"韦应物的话让皎然大为叹服。

《唐子西文录》也有一段文字，记载着皎然对诗有着极高的鉴赏力："皎然以诗名于唐，有僧袖诗谒之，然指其《御沟》诗云：'此波涵圣泽'，'波'字未称稳，当改。僧怫然作色而去。僧亦能诗者也，皎然度其去必复来，乃取笔作'中'字掌中，握之以待。僧果复来云：'欲更为中字，如何？'然展手示之，遂定交。"

当时皎然已经声名在外，于是有位僧人特地来向他请教，皎然看了他的诗后,指出其中的"波"字不妥当,提议该僧人进行修改。皎然的话让这位僧人感觉有失脸面,生气地掉头而去,但皎然认定这位僧人对诗也有着见解,肯定还会返回来跟自己商榷,于是在自己的掌上写了个"中"字。

果真,没过一会儿,那位僧人返了回来,跟皎然说,把那句中的"波"字更换为"中"字怎么样?皎然没说话,只是摊开了自己的手掌。这位僧人看到皎然有着如此的鉴赏力,与其成为了密友。

这个故事听起来,很有点儿像诸葛亮在火烧赤壁前做出的计谋,不知道当时皎然有没有看过《三国志》。

关于皎然的生平,《宋高僧传》卷二十九有其传略,该传起首一段称:

> 释皎然,字昼,姓谢氏,长城(今浙江长兴)人,康乐侯十世孙也。幼负异才,性与道合,初脱羁绊,渐加削染,登戒于灵隐戒坛守直律师边,听毗尼道,特所留心。于篇什中,吟咏情性,所谓造其微矣。文章隽丽,当时号为释门伟器哉。后博访名山,法席罕不登听者。然其兼攻并进,子史经书,各臻其极。凡所游历,京师则公相敦重,诸郡则邦伯所钦,莫非始以诗句牵劝,令入佛智,行化之意,本在乎兹。

原来皎然俗姓谢,乃是谢灵运的十世孙,皎然本人也颇以此为傲。然贾晋华在《皎然非谢灵运裔孙考辨》一文中得出了另外的结论,认为皎然实际上是梁吴兴守谢朏七世孙,但即使如此,皎然还是跟谢灵运有着一定的关联,因为谢灵运是他的九世从祖。

然而漆绪邦先生又认为,皎然的十世祖应当是谢密,漆先生在《皎然生平及交流考》一文中说:"据《晋书》及南朝诸史,谢密一系曾守吴兴的，就有五人，即谢密的曾祖谢万，谢密之子谢庄，孙谢朏、谢瀹，谢瀹之子谢览。特别是谢庄以下，三代四人守吴兴。谢览的后人，可能有在吴兴定居下来了，成为吴兴人，传数世，有皎然。当然，这也只是一种可能性。"看来，漆绪邦也不能肯定这一点。

虽然如此，漆先生认为即便皎然说谢灵运是他的十世祖，似乎也算不上大问题，因为皎然自己在诗中有着不同的说法，说明他本人也对这件事没做太多的考证。漆绪邦在《交游考》中说："而据皎然诗中那些含糊矛盾的说法，皎然自己实际上并不清楚谢灵运是否他的'十世祖'。很可能自皎然上推十世，谢灵运声望最高，地位最显，诗名最著，于是就认了这个'十世祖'。这在古人，是常见的现象，并不足怪。"

《宋高僧传》又接着称，皎然从小聪明异常，但他同时有着向佛之心，后来就拜守直为师，成为了一位律僧。许连军在《皎然〈诗式〉研究》一书中，对于皎然出家这事进行了仔细探讨。其称守直曾从普寂传楞伽心印，故而守直算是普寂的弟子，而普寂乃是禅僧，并且是北宗禅，即此可知，皎然最初所学也有北宗禅法。他曾写过《二宗禅师赞》，此文乃是称颂老安和普寂，该赞中有这样的用语："曈曈大照，有迹可睹。不异六宗，无惭七祖。"

皎然明显地把普寂称颂为七祖，这当然是正统的北宗禅观念，可是皎然的诗文中还有称颂南禅者，比如他曾作过《能秀二祖赞》："二公之心，如月如日。四方无云，当空而出。三乘同轨，万法斯一。南北分宗，工言之失。"

慧能与神秀本是"南顿北渐"的各方代表，而皎然在这里一并赞之，似乎反对禅宗南北分派。但许连军却认为此赞中的"二公之心，如月如日"，如果结合题目，就可以把慧能比喻成月，而神秀比喻成日。从这个角度而言，皎然还是偏重于北禅。

且不管皎然更认可南禅还是北禅,但是他的本师守直却是律师。守直主张禅律并重,这种观念恐怕也影响到了皎然,因此皎然并不严守戒律,曾经就跟一位颇有姿色的女道人李季兰有着密切交往。皎然曾作过一首《答李季兰》:

> 天女来相试,将花欲染衣。
> 禅心竟不起,还捧旧花归。

由此可见,皎然虽然是僧人,并且还是位律僧,但思想却颇为活跃,也许这正是他能成为著名诗人的性格基础吧。

皎然早年的生活颇为华富,比如他在《五言述祖德赠湖上诸沈》一诗中写道:

> 我祖文章有盛名,千年海内重嘉声。
> 雪飞梁苑操奇赋,春发池塘得佳句。
> 世业相承及我身,风流自谓过时人。
> 初看甲乙矜言语,对客偏能鸲鹆舞。
> 饱用黄金无所求,长裾曳地干王侯。
> 一朝金尽长裾裂,吾道不行计亦拙。
> 岁晚高歌悲苦寒,空堂危坐百忧攒。
> 昔时轩盖金陵下,何处不传沈与谢。
> 绵绵芳籍至今闻,眷眷通宗有数君。
> 谁见予心独飘泊,依山寄水似浮云。

皎然所夸赞的"我祖"当然指的是谢灵运,他说谢灵运千载有名,而到了他的时候,依然有过黄金饱用无所求的美满生活,但是黄金用尽之后，为了追求功名，他也曾奔走于王侯之家。

对于这首诗中的"甲乙"二字，贾晋华认为指的是进士科考试，而由此推断出皎然在年轻的时候曾经参加过科考。但蒋寅先生不这么认为，其在《皎然诗禅论》一文中说："我认为，'甲乙'在此更可能是代指四部书籍。"那究竟皎然是否参加过科考呢？蒋寅先生在该文中也说有这样的可能："但不管怎么说，皎然早年确如贾文所推断的，有过一段自负文采风流，汲汲于谋求功名的经历，也不排除应科举的可能。"

显然，皎然在诗学上的成就受到了时人的赞叹，故而《宋高僧传》中对此夸赞道："文章隽丽，当时号为释门伟器哉。"

然而皎然在中国文学史上更大的名声，则是由于他写了一部《诗式》。对于该书，明胡震亨认为唐代的诗话中"惟皎师《诗式》《诗议》二传撰时有妙解"，而清代毛稚黄则在《诗辩坻》中说："论诗则刘勰《文心雕龙》、钟嵘《诗品》、皎然《诗式》、严羽《沧浪诗话》、徐祯卿《谈艺录》、王世贞《艺苑卮言》，此六家多能发微。"

毛稚黄在这里将皎然的《诗式》跟刘勰的《文心雕龙》、钟嵘的《诗品》等六部著作并称，以此说明该书在文艺评论史上有着何等重要的价值，故而许连军在《皎然〈诗式〉研究》中夸赞该书："是整个唐代文学理论发展史上最有分量的诗学著作。"

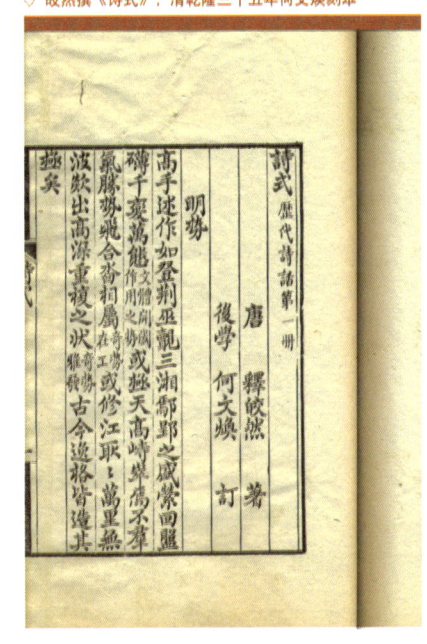

◇ 皎然撰《诗式》，清乾隆三十五年何文焕刻本

为什么皎然的《诗式》有着如此重要的价值呢？张伯伟在《全唐五代诗格汇考·前言》中说："初、盛唐的诗格与晚唐至宋初的诗格在论述的内容方面，其重心有很大的不同。……就诗格本身的发展来看，连接着两个时期的诗格，并且作为诗格转变的契机的，则是皎然《诗式》的出现。《诗式》是继钟嵘《诗品》之后的又一部较有系统的诗论专著。"

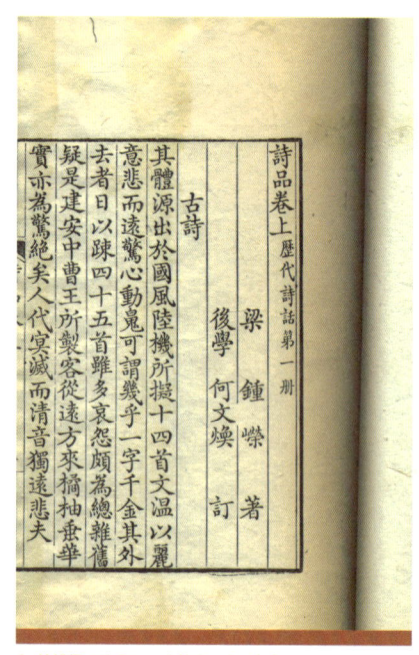

◇ 钟嵘撰《诗品》，清乾隆三十五年何文焕刻本

皎然在《诗式》中首先认证了"文章宗旨"，这一篇可谓是《诗式》一书的总概论，有意思的是他的这篇宗旨，内容所谈却全是夸奖谢灵运：

> 康乐公早岁能文，性颖神澈。及通内典，心地更精，故所作诗，发皆造极。得非空王之道助邪？夫文章，天下之公器，安敢私焉？曩者尝与诸公论康乐为文，直于情性，尚于作用，不顾词彩，而风流自然。彼清景当中，天地秋色，诗之量也；庆云从风，舒卷万状，诗之变也。不然，何以得其格高，其气正，其体贞，其貌古，其词深，其才婉，其德宏，其调逸，其声谐哉？至如《述祖德》一章，拟《邺中》八首，《经庐陵王墓》《临池上楼》，识度高明，盖诗中之日月也，安可攀援哉！惠休所评"谢诗如芙蓉出水"，斯言颇近矣！故能上蹑《风》《骚》，下超魏、晋。建安制作，其椎轮乎？

如此地夸赞祖上，不知道这算不算是皎然的偏心。但许连军却能从中提取出皎然这段话的文眼："直于情性，尚于作用"，许先生认为这句话是"《诗式》诗学思想的总纲"。关于何为情性，何为作用，许连军在文中展开了详细的论述，总之，其认为"情性"乃是指合性之情，"作用"是指运思作意。

关于皎然何以要写《诗式》一书，《唐才子传》一书有如下说法："往时住西林，定余多暇，因撰序作诗体式，兼评古今人诗，为《昼公诗式》五卷，乃撰《诗评》三卷，皆议论精当，取舍从公，整顿狂澜，出色骚雅。"

漆绪邦认为《唐才子传》的作者辛文房可能是没有看到皎然给《诗式》所写的序言："看来辛文房没有见到过《诗式序》，认为《诗式》撰于庐山，而且是'往时'之作。这都是不对的。"因为皎然在《诗式》序中有这样的说法：

> 贞元初，予与二三子居东溪草堂，每相谓曰：世事喧喧，非禅者之意。假使有宣尼之博识，胥臣之多闻，终朝目前，矜道侈义，适足以扰我真性。岂若孤松片云，禅坐相对，无言而道合，至静而性同哉？吾将深入杼峰，与松云为侣。所著《诗式》及诸文笔，并寝而不纪。因顾笔砚笑而言曰："我疲尔役，尔困我愚。数十年间，了无所得，况尔是外物，何累于我哉？住既无心，去亦无我。予将放尔，各还其性。使物自物，不关于予，岂不乐乎？"遂命弟子黜焉。

贞元初年，皎然跟两三位朋友住在东溪草堂，相互讨论着各种问题，认为世界的喧闹不是禅者的本意，学太多的知识反而会影响修行，而作为禅僧，应当去默坐参禅。因此，他所写的《诗式》及其他文章，都不是参禅的正道。于是皎然就笑着跟自己的笔砚说，让你们受累了，而我自己的十年劳顿也是一种愚行，咱们不如各放一马。然后他就让弟子们把笔墨纸砚都清理掉了。

那既然如此，为什么还有《诗式》一书的流传呢？原来几年后，这件事又有了转机，《诗式序》中接着说：

> 至五年夏五月，会前御史中丞李公洪自河北负谴，遇恩再移为湖州长史，初与相见，未交一言，恍然神合。予素知公精于佛理，因请益焉。先问宗源，次及心印。公笑而后答，温兮其言，使寒丛之欲荣；俨兮其容，若春冰之将释。于是受辞而退。他日言及《诗式》，予具陈以凤昔之志。公曰："不然。"因命门人检出草本。一览而叹曰："早岁曾见沈约《品藻》、惠休《翰林》、庾信《诗箴》，三子之论，殊不及此。奈何学小乘偏见，以凤志为辞邪？"再三顾予，敢不唯命？因举邑中词人吴季德，即梁散骑常侍均之后，其文有家风，予器而重之。昨所赠诗，即此生也。其诗曰："别时春风多，扫尽雪山雪。为君中夜起，孤坐石上月。"公欣然。因请吴生相与编录。有不当者，公乃点而窜之，不使琅玕与珷玞参列。勒成五卷，粲然可观矣。

原来是当地有位官员向皎然提到了《诗式》，于是皎然在这位官员的再三要求下，让弟子翻出了草稿。此官员看后，大为赞叹，认为一些前人的同类作品都比不上这部《诗式》，于是皎然才把《诗式》修订完毕。而按着《诗式》序言所载，皎然修订完《诗式》的时间是德宗贞元五年，此时皎然约有七十岁，故而漆绪邦说："《诗式》可以说是皎然的晚年定论。"

对于《诗式》的总体内容，许连军认为皎然在总纲之下另分有四个版块，分别是"作诗之法""评诗之法""风格论"和"诗史观"。对于作诗之法，皎然提出了"诗有四深"的观念："气象氤氲，由深于体势；意度盘礴，由深于作用；用律不滞，由深于声对；用事不直，由深于义类。"

其所说的第一深乃是"深于体势"，何为体势，王运熙先生在《中国文学批评通史·隋唐五代卷》中说："皎然认为，体势、作用、声对、义类，是作诗者应当重视的四个方面。关于这四个方面的论述，可以概括《诗式》卷一的大部分内容。这四个方面的提法，大约受到《文心雕龙》的影响。"

因为《文心雕龙》下半部中所谈的作文之法，跟《诗式》的卷一颇为相近，为此许连军作出了如下的比较："《诗式》所谓体势，约相当于《文心雕龙》下半部中的《体性》《定势》两篇所论；《诗式》所谓作用，约相当于《文心雕龙·神思》所论；《诗式》所谓声对，约相当于《文心雕龙》下半部中的《声律》《丽辞》两篇所论；《诗式》所谓作用，约相当于《文心雕龙·事类》所论。"

其实，关于"势"，皎然自己也作出过解释，他在"明势"一条中说："高手述作，如登荆、巫，觌三湘、鄢、郢山川之盛，萦回盘礴，千变万态。文体开阖作用之势，或极天高峙，崒焉不群，气腾势飞，合沓相属，奇势在工。或修江耿耿，万里无波，欻出高深重复之状，奇势互发。古今逸格，皆造其极矣。"

这里皎然用了很多形容词，比如用山川的变化来解释何为"势"。

关于风格论，许连军认为《诗式》一书是以"辩体有一十九字"为纲领，《诗式》一书在"辩体有一十九字"条中说："夫诗人之思初发，取境偏高，则一首举体便高；取境偏逸，则一首举体便逸。才性等字亦然。体有所长，故各归功一字。偏高、偏逸之例，直于诗体、篇目、风貌不妨。一字之下，风律外彰，体德内蕴，如车之有毂，众辐归焉。其一十九字,括文章德体,风味尽矣,如《易》之有象辞焉。"

看来,诗人在构思作品时,取境高,最终成果就会高。而对于不同的风格,皎然将它们分为了十九类,每类用一个字来形容,但同时他又在后面加一句话,来解释该字所想说明的风格:

高　风韵朗畅曰高。
逸　体格闲放曰逸。
贞　放词正直曰贞。
忠　临危不变曰忠。
节　持操不改曰节。
志　立性不改曰志。
气　风情耿介曰气。
情　缘景不尽曰情。
思　气多含蓄曰思。
德　词温而正曰德。
诫　检束防闲曰诫。
闲　情性疏野曰闲。
达　心迹旷诞曰达。
悲　伤甚曰悲。
怨　词调凄切曰怨。
意　立言盘泊曰意。
力　体裁劲健曰力。
静　非如松风不动,林狖未鸣,乃谓意中之静。
远　非如渺渺望水,杳杳看山,乃谓意中之远。

吴文治在《皎然〈诗式〉蠡谈》中将这十九个字分为了两个方面,

其认为属于"思想内容方面的"有如下九种：贞、忠、节、志、德、诚、悲、怨、意，而属于艺术风格方面的，则是另外的十种：高、逸、气、情、思、闲、达、力、静、远，然许连军先生则将其分为五类，并且将这五类分别与皎然所说的"德、体、风、味"相对应：

品德类：贞、忠、节、志、德、诚六体…………德
风神类：高、逸、气、思、闲、达六体…………风
情趣类：情、悲、怨三体…………………………味
境界类：静、远二体………………………………味
文笔类：意、力二体………………………………体

关于皎然的诗史观，可由《诗式》中的"复古通变体"条予以说明：

> 作者须知复、变之道。反古曰复，不滞曰变。若惟复不变，则陷于相似之格，其状如驽骥同厩，非造父不能辨。能知复、变之手，亦诗人之造父也。以此相似一类，置于古集之中，能使弱手视之眩目，何异宋人以燕石为玉璞，岂知周客嚧唭而笑哉？又复、变二门，复忌太过，诗人呼为膏肓之疾，安可治也？如释氏顿教，学者有沉性之失，殊不知性起之法，万象皆真。夫变若造微，不忌太过。苟不失正，亦何咎哉！如陈子昂复多而变少，沈、宋复少而变多，今代作者不能尽举。吾始知复、变之道，岂惟文章乎？在儒为权，在文为变，在道为方便。后辈若乏天机，强效复古，反令思扰神沮。何则？夫不工剑术，而欲弹抚干将、太阿之铁，必有伤手之患，宜其诫之哉！

皎然认为作者既要懂得复古，又要懂得变通，接着对陈子昂等

诗人进行了评价。总体而言,他反对卢藏用给陈子昂的过高评价,而对于齐梁诗,皎然在《诗式》的卷四中单列一条,予以评价:

> 夫五言之道,惟工惟精。论者虽欲降杀齐梁,未知其旨。若据时代,道丧几之矣。诗人不用此论,何也?如谢吏部诗:"大江流日夜,客心悲未央";柳文畅诗:"太液沧波起,长杨高树秋";王元长诗:"霜气下孟津,秋风度函谷",亦何减于建安?若建安不用事,齐梁用事,以定优劣,亦请论之。如王筠诗:"王生临广陌,潘子赴黄河";庾肩吾诗:"秦皇观大海,魏帝逐飘风";沈约诗:"高楼切思妇,西园游上才",格虽弱,气犹正,远比建安,可言体变,不可言道丧。

皎然在这里表扬了谢朓、王融等人在诗歌上做出的贡献,认为他们的诗作不亚于建安。虽然齐梁诗有着雕琢的毛病,但皎然却认为这是时代变迁的使然,所以并不能对齐梁诗予以全盘的否定。余外,《诗式》中还有不少独特的观点在,此不一一赘述。

总而言之,《诗式》一书对后世有着重大影响,而对于这些影响,许连军在其专著中总结为三点:一,以禅论诗,开后世风气;二,追求"文外之旨",导源后世"神韵说";三,以"辩体有一十九字"为核心的风格论,影响后世的诗歌批评。

关于第二点,其实晚唐的司空图已经提出了"韵外之致""味外之旨",而严羽在论诗时,更加强调"羚羊挂角,无迹可求"的韵致。这些观念叠加在一起,影响了清初的王士禛,由此创造出了神韵派,就此点而言,这也算皎然对清代诗派所做出的贡献吧。

皎然墓位于浙江省湖州市妙西镇滋坞村陆羽茶文化景区内山坡上。来到妙西镇寻找皎然墓,然而当地更具名气者,乃是陆羽墓,

◇ 走近一看，果真是陆羽

并且当地有两座陆羽墓，其中的一座位于陆羽茶文化景区内，而皎然的墓，正是在此景区中陆羽墓的附近。皎然跟陆羽是很好的朋友，陆羽在唐肃宗上元元年隐居于苕溪，而皎然出家后，于代宗大历三年居住于苕溪草堂，自此二人有了密切的交往。两位密友竟然在过世后，能够葬在同一座山上，这也算是一种好归宿吧。

滋坞村的茶文化景区位置很偏僻，在镇上打问了许多次才问到方向，更不方便者，是沿途看不到指示牌，以至于"打的"前往时，都不知如何前行。在镇上等候一个红灯时，我远远见到转盘中间的花坛上立着一尊古代人物的塑像，这一定就是陆羽吧？于是让司机绕到前面时停一下，我下车走近细看，果然如我所猜。而后我站在这里等候行人，果然等到了一位老先生，他告诉我说："前面路往里拐，路心有黄线的，记得跟着黄线走，没有黄线就不要走。就到了。"这种指路方式倒是第一次遇到。

按其所言，终于找到了滋坞村茶文化景区。昨天晚上我听了天

276　觅文记

◇ 山上的石牌坊

◇ 陆羽墓

气预报，知道今天会有一场大暴雪，可能是这个缘故，今天感觉到特别的寒冷，也由于是这样的天气，故路上少见行人，除了刚才好不容易遇到的指路老先生外，一直未见到其他人。进入景区后，感觉天地萧瑟，雪粒已经开始落下，南方的湿冷很快冻僵了我的双手，没有办法，为了拍照只能双手端着冰冷的相机，一边寻找着可拍摄之处，一边问自己为什么要这么自讨苦吃。

进入景区后，在大路口还能看到指示牌，可是到了小路口，就完全没有标志，更为要命的是，这样的鬼天气，在偌大的景区内，我遇不到任何的管理者或者游客，随行而来的司机在好奇心的驱使下，刚开始还下车跟着我一起上山，说去看一看当地鼎鼎大名的茶圣，然而走了没多远，他就觉得实在太冷，决定放弃这种雅兴，跟我打了个招呼，就缩回了车内。

幸而小路并不多，看来此景区开发也有限，经过几个路口后，终于看到一块指示牌，虽然字迹已模糊，但仍然能看到陆羽墓的指向，循路而去，又见小路分岔，选择其中一条向上走去。此时雪粒已经变成了雪花，地上已经开始见白，大约山里气温更低的缘故，呼吸间，感觉空气都要结冰，

◇ 皎然塔介绍牌

◇ 终于来到了塔前

◇ 塔铭

所幸选择的小路是正确的。

不久即看见写着"陆羽坊"的牌坊，牌坊当然是新建的，过牌坊不久，即看见陆羽墓。墓在一座山坡前，墓前建起好几层台阶，近前去看，墓碑上写着"大唐太子文学陆羽之墓"，为1995年新立。墓冢后沿山坡修起一圈围墙，上面刻着陆羽的《茶经》。

陆羽墓旁又有小径向上伸去，有路牌指示皎然塔就在其上，于是不顾下雪继续向上走去，果真就看到了皎然墓。皎然墓的外观有些特别，看上去像个塔状，走到近前，我看到塔上写着"大唐妙喜寺皎然上人之灵塔"，只是不知道这是舍利塔还是肉身塔。从入山开始，我就注意到沿途的路径上落叶堆积，显示很久很久无人打理，而皎然墓塔于此萧瑟之地，居然感觉十分和谐，似乎就应该如是。

皎然塔并不高，六边形，上有冠盖，周围刻有碑记，虽为新修，但终究是旧址。墓后有小路继续向山上延伸，转角处有一小石碑，上刻有字，因为距离较远，难以看清，我想着或许也是和皎然相关者，于是接着向上走，到近前细看时，却是新刻"喫茶来"，也是人为造景之物，不禁大为失望，显然石碑是为陆羽而建，而非皎然。不禁又想起上次经过一个湖，湖水已干，湖底中心有碑，马上跳下车跑到湖心去看，却是"请勿跳入湖内"，看来，好奇心太盛也是令人啼笑皆非之事。

韩愈：道之所存，师之所存也

以文章论，从古至今影响最大者，当属唐宋八大家，而这八大家中的第一位就是韩愈，他在文学史上的地位，卞孝萱、张清华、阎琦三位先生在其合著的《韩愈评传》中说："韩愈是中唐继往开来、独树高峰的伟大文学家。文列唐宋八大家之首，是从司马迁至鲁迅二千年散文史上的第一人。"这句评语足够高大。

韩愈在文学史上的重大贡献之一，就是扭转了社会上重文轻质的写作方式。在唐初，各级官员给皇帝及内府所写的章、奏、表、启、书、记、论等，大多是用骈体文所写，这种文章读上去形式很美，但却限制了内容的表达，这使得各种公文难以完整地表达作者想要表述的意见与观点。到开元末年之后，有不少有识之士都反对这种写法，比如宝应二年，杨绾和贾至都曾提出应当在科举中废诗赋。到了韩愈、柳宗元，他们总结了前人的意见，提倡用古文来替代骈体文，这就是著名的古文运动。

而韩愈在这方面做出的贡献，《新唐书·文艺传序》中评价："唐有天下三百年，文章无虑三变。高祖、太宗，大难始夷，沿江左余风，绮句绘章，揣合低昂，故王、杨为之伯。玄宗好经术，群臣稍厌雕琢，索理致，崇雅黜浮，气益雄浑，则燕、许擅其宗。是时，唐兴已百年，诸儒争自名家。大历、贞元间，美才辈出，擩哜道真，涵泳圣涯，于是韩愈倡之，柳宗元、李翱、皇甫湜等和之，排逐百家，法度森严，抵轹晋、魏，上轧汉、周，唐之文完然为一王法，此其极也。"由此可见，韩愈是唐代古文运动的倡导者。

那么，韩愈为什么要倡导古文运动呢？《韩愈评传》中给出的结论是："韩愈倡导古文运动的目的是复兴道统，通过复兴道统，恢复中国儒家的伦理观念，从而使全国统一，王朝复兴。"

看来韩愈复兴道统的真实目的，是为了恢复儒学的正统

◇ 韩愈撰《唐韩昌黎集》四十卷，明崇祯六年蒋氏三经草堂刻本，卷首。

观念，而他提出的恢复这种观念的方式，是用"复古"和"明道"，他在《争臣论》中说："君子居其位，则思死其官；未得位，则思修其辞以明其道。我将以明道也，非以为直而加人也。"这句话中的"修其辞以明其道"，就是想通过文章的改革来达到"明道"的目的，而这句话也就成为了他倡导古文运动的纲领。韩愈提出这个理论时，他年仅二十五岁，这么年轻就有如此远大的志向，即此可知，他确实是位文章天才。

韩愈的这种做法是逆时代而上，自然会受到习惯势力的抵制，比如当时的一代名臣裴度就说过这样的话："昌黎韩愈，仆识之旧矣。中心爱之，不觉惊赏，然其人信美材也。近或闻诸侪类云：恃其绝足，往往奔放，不以文立制，而以文为戏，可矣乎！可矣乎！今之作者，不及则已，及之者，当大为防焉耳。"裴度说自己早就认识韩愈，也觉得他很有才，但最近听说他把写文章当儿戏，他的这种做法让

裴度很惋惜。

但韩愈的心理极其强大，他并不惧怕社会层面给的压力，对此他也有过辩解，比如他在《题哀辞后》中说："愈之为古文，岂独取其句读不类于今者邪？思古人而不得见，学古道则欲兼通其辞。通其辞者，本志乎古道者也。"韩愈说自己提倡古文，并不是为了跟当世之人作对，他说那些伟大的古人今天见不到，想要学习他们的思想就只能读他们的文章，但读文章的目的并不只为了欣赏文字，更主要的目的是想学习文章中所表达出的思想。

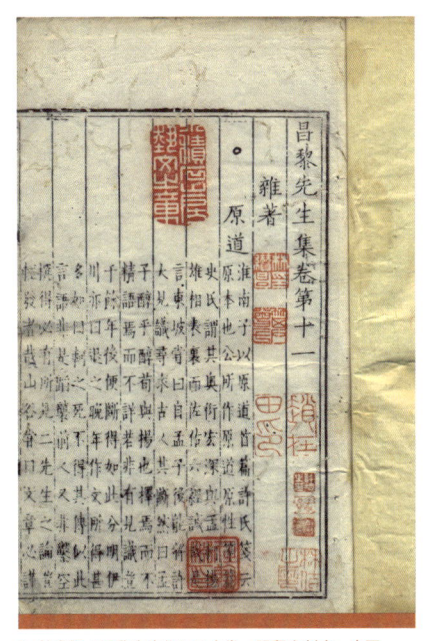

◇ 韩愈撰《昌黎先生集》四十卷，明翻宋刻本，内页

韩愈的确是文章大家，他所写出的古文，不但以说理见长，而且读来铿锵有力，比如我在中学课本中读到的《师说》，此文的第一段为：

> 古之学者必有师。师者，所以传道、受业、解惑也。人非生而知之者，孰能无惑？惑而不从师，其为惑也，终不解矣。生乎吾前，其闻道也固先乎吾，吾从而师之；生乎吾后，其闻道也亦先乎吾，吾从而师之。吾师道也，夫庸知其年之先后生于吾乎？是故无贵无贱，无长无少，道之所存，师之所存也。

这段话开明宗义地提出自己的观念，而后层层递进，详细地阐释了自己所论，并且将一些音调铿锵的四字句加进散文之中，看上去错落有致，读来也朗朗上口，且在内容上，还能完整地表达中心思想。

韩愈在此强调，老师的价值就是传道、授业、解惑。怎么解读这三个词的内涵呢？曾国藩在《求阙斋读书录》卷八中做出了如下的解读："'传道'，谓修己治人之道。'授业'，谓古文六艺之业。'解惑'，谓解此二者之惑。韩公一生学道好文，二者兼营，故往往并言之。末幅云：'闻道有先后，术业有专攻。'乃作双收。"

曾国藩在这里所说的"双收"语，乃是出自《师说》的后半段：

> 圣人无常师，孔子师郯子、苌弘、师襄、老聃。郯子之徒，其贤不及孔子。孔子曰："三人行，则必有我师。"是故弟子不必不如师，师不必贤于弟子，闻道有先后，术业有专攻，如是而已。

韩愈的这句话，千年以来被人所咏叹，可见其行文不仅简洁，更重要者，其有着高度的概括力，仅用一句话就概括出一个深刻的道理，这也是韩愈之文受到后世广泛夸赞的重要原因。

韩愈文中有《杂说》四篇，其中第四篇《马说》最为有名：

> 世有伯乐，然后有千里马。千里马常有，而伯乐不常有。故虽有名马，祇辱于奴隶人之手，骈死于槽枥之间，不以千里称也。
>
> 马之千里者，一食或尽粟一石，食马者不知其能千里而食也；是马也，虽有千里之能，食不饱，力不足，才美不外见，且欲与常马等不可得，安求其能千里也！
>
> 策之不以其道，食之不能尽其材，鸣之而不能通其意，执策

而临之曰:"天下无马!"呜呼!其真无马耶?其真不知马也!

这篇也同样是历史名篇,文笔之好自不用说,在内容上,韩愈则是以马喻人,讲出了人才得不到重用的感慨与悲愤。这篇文章虽短,却特别能透显出韩愈之文的特色:凝练而明晰。他首先说,先有懂马的人,然后才会有千里马。这样的说法看似突兀,却道出了这个世界的一个残酷现实:世上不缺乏能人,但缺乏赏识能人的领导。他接着说,能人时常会出现,但赏识能人的领导却很稀有,故而即使有能人出现,也因没有得到赏识而沉寂于下僚。

为什么会这样呢?韩愈接着解释道:因为真正的能人需要汲取更多的资源,可是其自身没有这样的条件,而社会上又没有人给其提供这样的条件,结果使得这个能人得不到展现自己才华的机会,最终形成了天下无能人的结局。这样的一番比喻,简明扼要地说明了一个大道理,这也正是韩愈文章受人喜爱的重要原因。

就社会影响力而言,韩愈所写的《论佛骨表》更为重要。唐朝是佛教兴盛的时代,几代帝王都对佛法特别推崇。在陕西凤翔法门寺内的护国真身塔里,供奉有释迦牟尼指骨一节,按照当时的习俗,每过三十年,开塔一次,将佛骨请出供奉,据说这样可以令天下岁丰人泰。

到了唐元和十四年,这一年也是开塔之年,于是唐宪宗派人从凤翔迎来佛骨,放在宫内供奉三日。这在当年是极其轰动的一件大事,有很多人破财败家、烧顶灼臂来供奉佛骨。那时韩愈正在朝中为官,他觉得佛法大盛,就等于儒学的衰微,于是他勇敢地站出来卫道,给皇帝写了封奏章,就是那极有名气的《论佛骨表》,韩愈在本文首段先说了这样一番话:

> 伏以佛者，夷狄之一法耳，自后汉时流入中国，上古未尝有也。昔者黄帝在位百年，年百一十岁；少昊在位八十年，年百岁；颛顼在位七十九年，年九十八岁；帝喾在位七十年，年百五岁；帝尧在位九十八年，年百一十八岁；帝舜及禹，年皆百岁；此时天下太平，百姓安乐寿考，然而中国未有佛也。

此文起首一句就说佛法乃是"夷狄之法"，"夷狄"乃是以汉人为中心而对其他民族的称呼，而韩愈在此所说的"夷狄"，当然是国外的意思。他说：佛教观念从后汉才传入中国，而中国的上古时期完全没有这样的教法，虽然没有，但那时的帝王活得都很高寿，天下也很太平。他这句话的潜台词是说：没有佛法，中国依然很好。接下来，他又做了这样的类比：

> 汉明帝时，始有佛法，明帝在位，才十八年耳，其后乱亡相继，运祚不长；宋、齐、梁、陈、元魏已下，事佛渐谨，年代尤促，惟梁武帝在位四十八年，前后三度舍身施佛，宗庙之祭，不用牲牢，昼日一食，止于菜果，其后竟为侯景所逼，饿死台城，国亦寻灭；事佛求福，乃更得祸，由此观之，佛不足事，亦可知矣。

到汉明帝时，佛法传入中国，接受这种观念并没有让明帝在位更久，而此后天下大乱。到了南北朝时期，信奉佛法的人更多，可是朝代的更迭反而变得更加频繁，这个时期唯有梁武帝在位时间最长，达到了四十八年之久，并且梁武帝对佛法十分虔诚，他不但广建佛寺，同时还下诏宗庙祭祀不再杀生，以面塑来替代。

作为皇帝的梁武帝，他每天只吃一顿饭，并且只吃素食，他如此虔诚，并没有换来好结果，还是被侯景活活地饿死了。如此虔诚之人，得到的是这样的结果，于是韩愈得出结论：信佛没有什么用处。

且不论他的这些说法是否正确，或者说这些因果关系是否能够成立，但有一点却让人佩服，那就是韩愈在为文之时，能够把各种观念用类比法汇集在一起，而后得出一个显而易见的结论来，而该文的以下两段，就是他得出这个结论后的建议，这才是该文的要点所在：

> 夫佛本夷狄之人，与中国言语不通，衣服殊制；口不言先王之法言，身不服先王之法服；不知君臣之义，父子之情。假如其身至今尚在，奉其国命，来朝京师，陛下容而接之，不过宣政一见，礼宾一设，赐衣一袭，卫而出之于境，不令惑众也。况其身死已久，枯朽之骨，凶秽之余，岂宜令入宫禁？
>
> 孔子曰："敬鬼神而远之。"古之诸侯，行吊于其国，尚令巫祝先以桃茢祓除不祥，然后进吊。今无故取朽秽之物，亲临观之，巫祝不先，桃茢不用，群臣不言其非，御史不举其失，臣实耻之。乞以此骨付之有司，投诸水火，永绝根本，断天下之疑，绝后代之惑。使天下之人，知大圣人之所作为，出于寻常万万也。岂不盛哉！岂不快哉！佛如有灵，能作祸祟，凡有殃咎，宜加臣身，上天鉴临，臣不怨悔。无任感激恳悃之至，谨奉表以闻。臣某诚惶诚恐。

韩愈的这篇文章写得极其大胆，他讲述了佛本是国外传来者，跟中国没什么关系，并且讲述了佛法观念对中国传统伦理道德的破坏，其在言语中对佛教极其贬斥，认为这佛骨乃是"朽秽之物"，如果与这些物品接触，皇帝则不能长寿，所以他建议应当把佛骨投入水火之中。为了证明所言不虚，他最后说，如果佛真的有灵，那

◇ 韩愈撰《朱文公校昌黎先生集》四十卷，元刻本，卷首

么因为这个提议而带来的灾难，就让他自己来承担，也就是：宁可受到报应，他也不后悔。

在佛法大盛的时代，韩愈竟敢与天下人为敌，这样的气势让人赞叹。而他在文中所讲述的观念，甚至让日本学者吉川幸次郎都为之赞叹，其在《中国诗史》中说："这样的理论，当时别说是佛教徒，就是要得到持中间立场人们的赞同，也是困难的吧！但值得惊叹的，是他的斗争精神。"

不用说，韩愈的这篇奏章引起了皇帝的震怒，想要立即处死韩愈，好在宰相裴度与一大群的王公贵戚们，共同向皇帝求情，最后皇帝把他从刑部侍郎贬为潮州刺史，并且让他当天就离开京城。这一年，韩愈已经五十二岁。他仓促离京，一路上备受艰辛，他十二岁的小女儿也死在了途中，这段经历应当是韩愈一生中受到的最大挫折。

由这段故事可知，面对社会的巨大压力，韩愈有着超强的大无畏精神。但人都有多面性，比如《国史补》中有这样一段话："韩愈好奇，与客登华山绝峰，度不可返，用作遗书，发狂恸哭，华阴令百计取之，乃下。"

这段话读来极其有趣，原来韩愈也是一个好奇心很强的人，他跟朋友登上了华山绝顶，到今天为止，登上华山的顶峰都不是件容易的事，料想千年前的登顶之路比今天还要艰难许多。果真，他们上到了顶峰就下不来了。这个结果让韩愈没有料到，他发狂地折腾一番，仍不奏效，于是大哭起来，觉得自己有可能会死在这座山上，并且写下了遗书。但韩愈毕竟是位名士，当地的县令得到消息后，于是想办法把他救了下来。

我觉得这段记载不但没有贬损韩愈的大无畏勇气，反而把他还原成了一位有血有肉的丰满人物。但是，他劝皇帝烧掉佛骨这件事，虽然遭到了打击，但也创出了名声，《续世说》卷三中有如下记载："韩愈与人交，荣悴不易，而观诸权门豪士，如仆隶焉，瞪然不顾。穆宗以愈为京兆尹，六军不敢犯法，私相谓曰：'是尚欲烧佛骨，何可犯之！'"

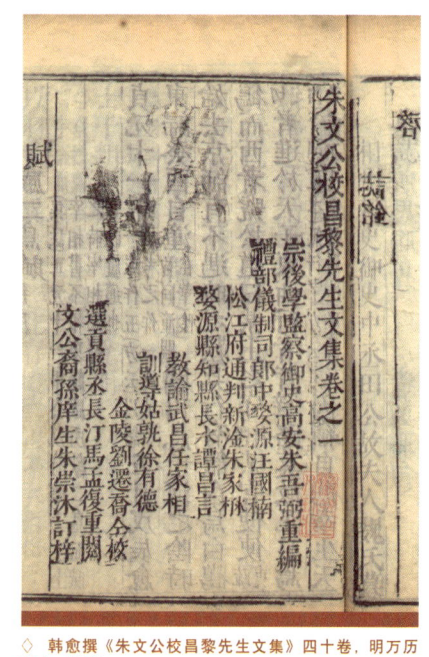

◇ 韩愈撰《朱文公校昌黎先生文集》四十卷，明万历刻本，卷首

看来，韩愈做官也是铁面无私的。皇帝也正是看中了他这一点，后来把他调到首都当市长。他的到来让京城卫戍区的官兵们收敛了很多，这些人私下念叨："韩愈连佛骨都敢烧，我们千万不要惹着他。"这言外之意就是：他什么事情干不出来啊！

韩愈的这些痛苦经历也构成了他文章中的另一大特色，成就了他"文章大家"之名。苏东坡赞韩愈之文为"文起八代之衰"，这句话出自《潮州韩文公庙碑》："匹夫而为百世师，一言而为天下法。……自东汉以来，道丧文弊，异端并起，历唐贞观、开元之盛，辅以房、杜、姚、宋而不能救。独韩文公起布衣，谈笑而麾之，天下靡然从公，复归于正，盖三百年于此矣。文起八代之衰，而道济天下之溺，忠犯人主之怒，而勇夺三军之帅。岂非参天地，关盛衰，浩然而独存者乎！"

苏东坡的这篇碑文高度地赞扬了韩愈对于纠正浮夸文风所做出的贡献，但这句"文起八代之衰"究竟作何解，其实在历史上有着不同的解读，比如清刘开在《与阮芸台宫保论文书》中说："夫退之起八代之衰，非尽扫八代而去之也。但取其精而汰其粗，化其腐而出其奇。其实八代之美，退之未尝不备有也。"

刘开认为，东坡所说韩愈"起八代之衰"，并不是说韩愈扫荡了他之前的历代之文，而是指韩愈从那些历代的古文中汲取了养分，去粗存精，因此，韩愈之文并不是打倒古代而独创一个文体，他只是批判地继承。这种观念也同样出现在刘熙载的《艺概·文概》中："韩文起八代之衰，实集八代之成。盖惟善用古者能变古，以无所不包，故能无所不扫也。"也正因如此，韩愈取历代之精并弃历代之短，得以成为千古难得的文章大家，此正是历代评论家的共识。陈寅恪写过一篇《论韩愈》，文中指出了韩愈在中国历史上做出的六大贡献：建立道统、直指人伦、排斥佛老、呵诋释迦、改进文体、奖掖后进。

前五点我在上面已经提到，在此聊聊第六点"奖掖后进"。《幽闲鼓吹》上有这样一段话："李贺以歌诗谒韩吏部，吏部时为国子博士分司，送客归，极困，门人呈卷，解带旋读之。首篇《雁门太守行》曰：'黑云压城城欲摧，甲光向日金鳞开。'却援带，命邀之。"

韩愈在朝中为官时，李贺把自己所作诗篇递到了韩愈府上，当时韩任吏部侍郎，同时还兼任着京兆尹和御史大夫，按照吉川幸次郎的说法，这三个职务相当于日本的内务次官兼警视总监，检察厅长官。如此说来，韩愈当然很忙。办完公事后，韩愈已经很疲累，他本已解衣宽带，手下人把李贺的诗篇递给他闲览。当他读到第一篇的第一句诗，就感觉大好，于是不顾身体的疲累，立即穿好衣服，命人把李贺请来相见。由此可见，韩愈的爱才之心堪比周公吐哺。

唐宋八大家之一的苏轼对韩愈极其推崇，在东坡口中能够听到赞誉他人的文章可不是一件容易的事情。东坡的视角确实独特，他在《跋退之送李愿序》中有这样一段话："欧阳文忠公尝谓：晋无文章，惟陶渊明《归去来》一篇而已。余亦以谓：唐无文章，惟韩退之《送李愿归盘谷》一篇而已。平生愿效此作一篇，每执笔辄罢，因自笑曰：'不若且放教退之独步。'"

东坡在此先引用了欧阳修的说法：晋代文章可看者，仅有一篇陶渊明的《归去来兮辞》。本着这种说法，东坡认为唐代的文章在他眼中也仅有韩愈所作的那篇《送李愿归盘谷》，由此可见，东坡对韩愈是何等的推崇。但接下来，东坡又话锋一转，说自己原本也想效仿韩愈的这篇文章再写一篇，可是每当提起笔时，想一想也就罢了，他觉得还是让韩愈独步天下吧。东坡以调侃的口吻说出了这一番话，不过也足见其眼界之高。其实东坡是偷换概念，因为欧阳修赞誉的是晋代文章，而韩愈是唐人，东坡自己已经到了宋代，无论东坡写的多好，也只是宋人的文章，不可能再跟韩愈去抢唐代的地盘了。

但东坡赞誉的这篇韩愈文章，也确实是历史名篇，我摘录该文中的一段如下：

> 穷居而野处，升高而望远，坐茂树以终日，濯清泉以自洁。采于山，美可茹；钓于水，鲜可食。起居无时，惟适之安。与其有誉于前，孰若无毁于其后；与其有乐于身，孰若无忧于其心。车服不维，刀锯不加，理乱不知，黜陟不闻。大丈夫不遇于时者之所为也，我则行之。

这段话写得的确极有气势，读来朗朗上口，然而若与陶渊明的《归去来兮辞》相比,却让愚钝如我者,没有了耳熟能详的流畅感。关于此文的内容,当然也有着不同的声音,比如该文中的这一段:"曲眉丰颊,清声而便体,秀外而惠中,飘轻裾,翳长袖,粉白黛绿者,列屋而闲居,妒宠而负恃,争妍而取怜。"

金人王若虚在《文辨》中说:"崔伯善尝言,退之《送李愿序》'粉白黛绿'一节当删去,以为非大丈夫得志

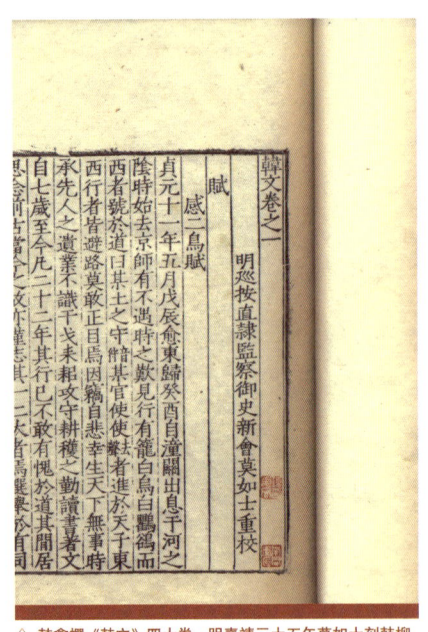

◇ 韩愈撰《韩文》四十卷,明嘉靖三十五年莫如士刻韩柳文本,卷首

之急务。其论似高,然此自富贵者之常,存之何害?但病在太多,且过于浮艳耳。"在这里,虽然王若虚是替韩愈辩解,但至少可知已经有人对该文的内容提出了疑义,而何焯在《义门读书记》中也认为韩愈这篇文章中的部分内容"稍有六朝余习"。但卞孝萱等人所著的《韩愈评传》却对这篇文章有如下的评价:"韩愈写此文,无论结构布局、语言运用、形式选择都颇费心思,花气力,然不无凿痕,与他后来的文章之随意挥洒相比,尚觉不足。这可能与他在创造一种新型散文体式时带有试验性有关。但是,瑕不掩瑜,它毕竟是一块玲珑剔透的美玉。"

关于韩愈的文学主张,其所说的最重要一句话则是"惟陈言之务去",该语出自于他所写的《答李翊书》:

抑又有难者,愈之所为,不自知其至犹未也。虽然,学之

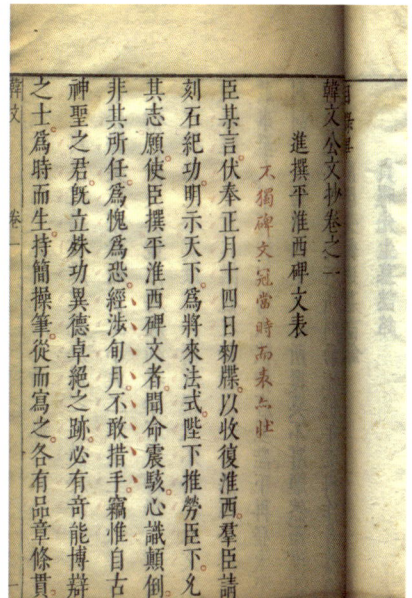

◇ 韩愈撰《韩文起》十二卷，清康熙三十三年挹奎楼刻本，书牌

◇ 韩愈撰《韩文公文抄》十六卷，明末乌程闵氏刻朱墨套印本，卷首

二十余年矣。始者，非三代两汉之书不敢观，非圣人之志不敢存，处若忘，行若遗，俨乎其若思，茫乎其若迷，当其取于心而注于手也，惟陈言之务去，戛戛乎其难哉！

广泛地阅读古人的著作，同时又从中萃取出自己的独特面目，这是何等不容易的一件事，而这正是韩愈所提倡者。对于如何能够写出好文章，韩愈在《答刘正夫书》中则称：

或问：为文宜何师？必谨对曰：宜师古圣贤人。曰：古圣贤人所为书具存，辞皆不同，宜何师？必谨对曰：师其意，不师其辞。又问曰：文宜易宜难？必谨对曰：无难易，惟其是尔。

韩愈在此强调，要以古圣贤人为师。然而古圣贤人流传后世的著作各不相同，那应当学习谁的写法呢？韩愈建议，只应当学习古圣贤人的思想，而不是去学他们的文风。

有人认为韩愈文风中的雄辩之气是模仿自孟子。对于这种说法，林琴南为其做出了辩护："韩之长，亦不止出于孟子；专以孟子绳韩，则碑版及有韵之文亦出之孟子乎？韩者集古人之大成，实不能定以一格。后人极力追古人而力求其肖，则万万不能不出于剽袭。剽袭即死法也，一落死法则不能生于吾言之外。何者？心醉古人之句法段法篇法，处处为之拘挛耳。……昌黎'迎而拒之，平心察之'，此便是不存成心去就古文。"（《春觉斋论文·忌剽袭》）

至少林琴南认为，韩愈文章的特色不仅仅像孟子。为什么这么说呢？因为韩愈所作的祭文、墓志等文章，以及韵文诗，同样作得很好，可是这样的文体孟子从来没有写过。即此可证，韩文并非都本自孟子。林认为，韩文之所以有这么高的成就，就是因为他汇集了许多古人不同的优点，从而形成了自己独特的面目。之后，林得出了结论，那就是：可以学习古人，但不可模仿古人的作品，否则这就是剽袭，而一旦有了剽袭的习气，这样的文章就没法看了。

确如林琴南所言，韩愈在各种文体上都有着非凡的成就，比如他给柳宗元写的墓志铭，也成为了后世广泛传诵的名篇。再比如他所写的《南阳樊绍述墓志铭》，我引用该铭中的一个段落如下：

> 多矣哉，古未尝有也！然而必出于己，不袭蹈前人一言一句，又何其难也。必出入仁义，其富若生蓄，万物必具，海含地负，放恣横从，无所统纪，然而不烦于绳削而自合也。呜呼！绍述于斯术，其可谓至于斯极者矣！

韩愈在这里又强调,写文章绝不抄袭前人的一言一句,这当然是件不容易的事。而他在该墓志铭的最后一段又说:

> 惟古于词必己出,降而不能乃剽贼,后皆指前公相袭,从汉迄今用一律。寥寥久哉莫觉属,神徂圣伏道绝塞。既极乃通发绍述,文从字顺各识职。有欲求之此其躅。

韩愈依然强调文章必须有自己的面目,否则就成了窃贼。对于这篇墓志铭的价值,卞孝萱等所著《韩愈评传》一书,对此评价道:"是韩愈晚年表述其文学主张的最后一篇代表作。把它当成借志铭樊宗师墓而撰写的一篇文论,也无不可。"

翻看韩愈的《昌黎集》,能看到他写过不少的墓志铭,于是有人说韩愈写这个是为了赚钱,既然是这样的出发点,故他所作的墓志铭,有很多都是不切实际的夸赞之语,这种写法被后人通称为"谀墓"。

对韩愈的这种讽刺,最早出自李商隐的《齐鲁二生·刘叉》:"闻韩愈善接天下士,步行归之……后以争语不能下诸公,因持金数斤去,曰:'此谀墓中人所得耳,不若与刘君为寿。'愈不能止,复归齐、鲁。"

对于刘叉的这个说法,顾炎武颇为认同,其在《亭林文集·与人书一八》中称:"韩文公文起八代之衰,若但作《原道》《原毁》《争臣论》《平淮西碑》《张中丞传后序》诸篇,而一切铭状概为谢绝,则诚近代之泰山北斗矣,今犹未敢许也。"顾炎武说:韩愈在文学史上的贡献太大了,他有那么多的名篇传世,如果他能够推辞掉那些墓志铭状之文,就真的是泰山北斗级的人物了。

对于这种说法,姚鼐表示了赞同,他在韩愈所作《赠太尉许国公神道碑铭》一文的评语中说:"观(韩)弘本传及李光颜传,载弘以女子间挠光颜事,与志正相反。退之谀墓,亦已甚矣!"姚鼐对谀墓的说法找到了证据,虽然说姚特别崇拜韩愈,但他还是觉得韩所写的这些软文让他感到痛惜。

而对于这种说法,卞孝宣在《韩愈评传》一书中替传主进行了辩护:"其实,碑、志是应死者家属或门生故吏请求而作,势必隐恶扬善,甚至无中生有地进行歌颂。一般作者如此,韩愈亦在所难免,不必为他辩解。"而后该评传中引用了陈寅恪先生在《元白诗笺证稿》第一章中的一段话:"因见近年……洛阳出土之唐代非士族之墓志等,其著者大致非当时高才文士,而其所用以著述之文体,骈文固已腐化,即散文亦极端公式化,实不胜叙写表达人情物态世法人事之职任。……则知非大事创革不可。是昌黎河东集中碑志传记之文所以多创造之杰作,而谀墓之金为应得之报酬也。"

◇ 韩愈撰《昌黎诗钞》八卷,清雍正五年序刻本,卷首

陈寅恪说,他近些年看到洛阳地区出土的非名家墓志,这些墓志的写作水平很差,虽然韩愈也写了不少墓志,但韩的所写却是一篇精彩的传记,以此推论起来,韩愈即使拿钱替别人写"谀墓",也是认真对待,下了一定的工夫,这么说来,他即使得到一笔不低的酬金,也是他劳动后的应得报酬。陈先生这番论述的潜台词就是说:韩愈所写的这些墓志铭,并不是因为拿人钱就替人说好话,

他也是下了一番功夫的。

如林琴南所言，韩愈在文学上的成就表现在各个方面，他不止是文章写的好，其实他的诗也颇具特色，虽然本文重点谈的是韩愈的文，可是如果不提到他的诗，也会不完整，所以在下面聊一聊韩愈的诗作。

关于韩愈在诗歌创作方面的独创性及其地位，清吴乔在《西昆发微序》中说："唐人能自辟宇宙者，唯李、杜、昌黎、义山。"这句话是将韩愈在诗歌创作方面的成就跟李白、

◇《昌黎先生诗集注》十一卷年 一卷，清光绪九年广州翰墨园刻登云阁板三色套印本，卷首

杜甫、李商隐相并提。但吴乔又说："于李、杜之后，能别开生路，自成一家者，惟韩退之一人，既欲自立，势不得不行其心之所喜奇崛之路。"

吴乔认为，李、杜之后，在诗歌创作上能独成一家者，就属韩愈了。清叶燮在《原诗》中进一步认为："唐诗为八代以来一大变，韩愈为唐诗之一大变；其力大，其思雄，崛起特为鼻祖。宋之苏、梅、欧、苏、王、黄，皆愈为之发其端，可谓极盛。"看来韩愈是唐诗发展的一个转折性人物，他成为了宋诗的发端。

对于韩愈所作诗歌的特色，陆侃如、冯沅君在《中国诗史》中说："从杜甫诗的内容上衍出来的是白居易一群，从杜甫诗的形式上衍出来的是韩愈一群。"这种论述倒是很有意思。陆、冯认为韩愈的诗文特别注重形式，文中所举的第一首诗是韩愈所作《符读书城南》，

此诗的后半段为：

> 少长聚嬉戏，不殊同队鱼。
> 年至十二三，头角稍相疏。
> 二十渐乖张，清沟映污渠。
> 三十骨骼成，乃一龙一猪。

这一段的前七句的每一句都是"二三"的结构，而到了第八句，则转变为"一四"结构，这种做法在诗中少有出现。试着一读，就能感到其中的突兀。韩愈的诗中另有一种特殊的用法，那就是句子的重复，比如《双鸟》：

> 不停两鸟鸣，百物皆生愁。
> 不停两鸟鸣，自此无春秋。

韩愈的诗不仅在句子有重复，而且在有些字上也同样如此，比如他写了一首《南山》，我节录其中一段如下：

> 或连若相从，或蹙若相斗，
> 或妥若弭伏，或竦若惊雊，
> 或散若瓦解，或赴若辐辏，
> 或翩若船游，或决若马骤，
> 或背若相恶，或向若相佑，
> 或乱若抽笋，或嵲若炷灸，
> 或错若绘画，或缭若篆籀，
> 或罗若星离，或蓊若云逗，

或浮若波涛，或碎若锄耨，

或如贲育伦，……

这首诗中，韩愈连用了五十多个"或"字，虽然这首诗是仿照《诗经》中的《北山》而作，里面也有这个"或"字的连用，但原作远没有他用得这么夸张。陆、冯认为韩愈的这个用法"不免有点不自然"。韩愈作的其他一些诗，陆、冯则认为读上去不像诗，比如《忽忽》：

忽忽乎，余未知生之为乐也，愿脱去而无因。
安得长翮大翼如云生我身，乘风振奋出六合。
绝浮尘，死生哀乐两相弃，是非得失付闲人。

而韩愈所作的《嗟哉董生行》，陆、冯认为这首诗"完全是散文的格式"。对于这一点，前人早有诟病，比如惠洪在《冷斋夜话》卷二有这样一段话："沈存中、吕惠卿吉甫、王存正仲、李常公择，治平中，在馆中夜谈诗。存中曰：'退之诗，押韵之文耳，虽健美富赡，然终不是诗。'"而《后山诗话》中录有黄庭坚的评价："诗文各有体，韩以文为诗……故不工尔。"

还有不少的评价都是说韩愈以文为诗，看来大家认定他是一位作文高手，把这种惯性也用到了作诗上。陈寅恪在《论韩愈》一文中，则引经据典地讲述了在韩愈之前的佛经翻译就是以文为诗，但他同时说："……退之虽不译经偈，而独运其天才，以文为诗，若持较华译佛偈，则退之之诗词旨声韵无不谐当，既有诗之优美，复具文之流畅，韵散同体，诗文合一，不仅空前，恐亦绝后，决非效颦之辈所能企及者矣。"陈寅恪认为，韩愈的这种写法不仅好，而且空前绝后。

对于韩愈诗风的评价,古人多以"奇、崛、瑰、怪"来形容,但以这种奇特的方式来写诗,后世也有着不同的评价,清马位在《秋窗随笔》中说:"退之古诗,造语皆根柢经传,故读之犹列商、周彝鼎,古痕斑然,令人起敬。时而火齐木难,错落照眼,应接不暇,非徒作幽涩之语,如牛鬼蛇神。"这当然是褒奖的说法。

而赵翼在《瓯北诗话》卷三中则称:"韩昌黎生平所心摹力追者,惟李、杜二公。顾李、杜之前,未有李、杜,故二公才气横恣,各开生面,遂独有千古。至昌黎时,李、杜已在前,纵极力变化,终不能再辟一径。惟少陵奇险处,尚有可推扩,故一眼觑定,欲从此辟山开道,自成一家。此昌黎注意所在也。然奇险处亦自有得失。盖少陵才思所到,偶然得之;而昌黎则专以此求胜,故时见斧凿痕迹。有心与无心异也。"

赵翼认为韩昌黎就是有意效法李、杜,但是李、杜太有名气了,想超过他们已经没有可能。而韩愈观察到杜甫在奇、险的写法上并未达到极致,于是他就朝这个方向努力,而后创出了自己的风格。但可惜的是,韩愈在这方面走得有些远,使人能看到刻意的地方。从韩愈留下来的诗篇看,他所作之诗,确实有赵翼所说的倾向,但也有一些诗,韩愈写得通俗上口,并不显得刻意。比如那首著名的《早春呈水部张十八员外》:

天街小雨润如酥,草色遥看近却无。
最是一年春好处,绝胜烟柳满皇都。

这首诗已然成为了儿歌中的名篇,但他所作《听颖师弹琴》,则更是极具历史性的名篇:

昵昵儿女语，恩怨相尔汝。
划然变轩昂，勇士赴敌场。
浮云柳絮无根蒂，天地阔远随飞扬。
喧啾百鸟群，忽见孤凤凰。
跻攀分寸不可上，失势一落千丈强。
嗟余有两耳，未省听丝篁。
自闻颖师弹，起坐在一旁。
推手遽止之，湿衣泪滂滂。
颖乎尔诚能，无以冰炭置我肠。

苏东坡对韩愈的这首诗极其喜爱，他曾将此诗改为了一首《水调歌头》的琵琶曲词。关于改编的缘由，东坡在这首词的小序中称："欧阳文忠公尝问余：'琴诗何者最善？'答以：'退之听颖师琴诗最善。'公曰：'此诗奇丽，然非听琴，乃听琵琶也。'余深然之。建安章质夫家善琵琶者，乞为歌词。余久不作，特取退之词，稍加隐括，使就声律，以遗之云。"

东坡说某天欧阳修问他，你觉得哪首写琴的诗最好？东坡回答就是韩愈的这首《听颖师弹琴》。没想到欧阳修却说，韩愈的这首诗写得的确漂亮，但可惜的是，韩愈听到的不是琴，而是琵琶。东坡觉得欧阳修说的对，于是他就把韩愈的那首诗改成了琵琶曲词。

但是这段公案在后世却引起了广泛的争论，争论的焦点就是：韩愈当年听到的究竟是琴还是琵琶？《西清诗话》上有这样一段记载："三吴僧义海，以琴名世。六一居士尝问东坡琴诗孰优？东坡答以退之《听颖师琴》。公曰：此只是听琵琶耳。或以问海，海曰：欧公一代英伟，然斯语误矣。'昵昵儿女语，恩怨相尔汝'，言轻柔细屑，真情出见也。'划然变轩昂，勇士赴敌场'，精神余溢，耸观听也。'浮云柳絮无根蒂，天地阔远随飞扬'，纵横变态，浩乎不失自然也。'喧啾百鸟群，忽见孤凤凰'，又见颖孤绝不同流俗下俚声也。'跻攀分寸不可上，失势一落千丈强'，起伏抑扬，不主故常也。皆指下丝声妙处，惟琴为然。琵琶格上声乌能尔耶？退之深得其趣，未易讥评也。"

这段话说，有位法名义海的僧人对弹琴极其在行，他对欧阳修的回答提出了异议。义海说，欧阳修虽然是一代英豪，可惜他不懂琴。而后义海从此诗中摘句进行分析。因为义海懂得琴理，所以他能从韩愈的诗句中体悟到诗中所描写的弹奏场景，只有琴才能演奏得出来，而琵琶则不可能。因此义海认为，韩愈深得琴理，所以他不可能听的是琵琶弹奏。

对于义海的这个论断，后世有不少人予以赞同，许顗称："韩退之《听颖师琴》诗云'浮云柳絮无根蒂，天地阔远随飞扬'，此泛声也，谓轻非丝，重非木也。'喧啾百鸟群，忽见孤凤凰'，泛声中寄指声也。'跻攀分寸不可上'，吟绎声也，'失势一落千丈强'，顺下声也。仆不晓琴，闻之善琴者云，此数声最难工。"许顗的分析方式也是从琴理上入手，他说自己跟会弹琴的人探讨过这件事，对方也认为诗中所描绘的就是弹琴。而清代的薛雪也同样认为琵琶不可能演奏出这样的声调："《听颖师弹琴》，是一曲泛音起者，昌黎摹写入神，乃以'昵昵'二语为似琵琶声，则'跻攀分寸不可上，失势一落千丈强'，除却吟猱绰注，更无可以形容，

◇ 国家级的文保牌

◇ 韩园入口处的城阙

琵琶中亦有此邪?"

那么,后人为什么要一面倒地强调欧阳修理解错了呢?其实更多者仍然是为了维护儒家正统思想。古琴本是中土的高雅乐器,而琵琶则是西域胡人所擅长弹奏的一种乐器,虽然弹奏琵琶在唐代已经大为流行,但韩愈的诗文中却绝无咏叹琵琶者,这其中的原因,吴振华在《韩愈诗歌艺术研究》一书中认为:"作为以文化复古为己任的一代大儒,他对待音乐的态度是崇尚古乐而排斥所谓的乱雅乐的'郑卫'新声。而当时与雅乐相对的流行音乐正是西域传入的燕乐(俗乐),俗乐中的主要乐器之一就是琵琶。"看来韩愈歌颂古琴却不提琵琶,其内在的原因还是要捍卫儒学的正统,而这种做法也恰好符合了韩愈一贯的卫道立场。

韩愈墓位于河南焦作市孟州市西虢镇落驾头村。昨天在洛阳高铁站包下了一辆出租车,今天一早他就如约赶到了酒店。我把自己的行程单出示给他,他仅瞥了一眼,就说出了今日的行进路线。有着如此高度概括性的统筹,这在我遇到的出租车司机中不多见。跑得两处之后,接着去探访韩愈墓。

韩愈墓在洛阳的东北方向。司机称,走绕城公路太远,坚持穿城而过。我感谢了他的善意,然而这个过程中却经历了二十余个红绿灯并堵车四次,其中两次是因撞车,两次是因警察查车。不足十公里的路,费时竟超一小时,但司机对此却丝毫不烦。我佩服他应对一切的耐性。

终于从开元大道驶出,上二广高速,行40公里从孟州站下,东行7.5公里,在高速路上就看到了韩愈陵园的公路牌。标识这么详尽者真是少见。前方看到了落驾头村的指示牌,我正在琢磨这个地名的含义,还没等醒过味儿来,前行百余米即到了韩庄。

韩愈的墓园入口是一城门式的巨大牌楼,穿牌楼进入两百米即到了韩愈墓园门口,门票二十元。司机说他不想去,就在门口等我。于是我独自买票入内。整个墓园依山势而建,形成三个平台,进山

◇ 入口处

门后，所见是第一层，此处有几百平米的离地两米高的祭祀台，台上空无一物，仅在右角挂了一口钟，钟背铸着"韩文公祠"。然而钟的正面铸造的却是佛家语，将此两者结合在一起，

◇ 韩昌黎的祠堂里挂着一口佛钟

韩文公若地下有知，定然会大感不乐意：他正是因为劝皇帝不要佞佛，而遭受了苦难，而今却被人不依不饶地将佛语铸造在了他祠堂里的钟上，我不确定这个铸造者是否是故意为之。

祭坛后面是韩愈侄孙韩湘子墓，墓旁立着韩湘子雕像，双手做吹笛状。料想韩愈不会想到他的侄孙而后成为了八仙之一，世间事就这么吊诡。当年韩愈因为规劝皇帝不要崇佛而被贬出京城，当他

◇ 韩文公祠入口

到达长安东南的蓝田关时,他的侄孙特意赶来,陪他同行。在路上,韩愈给韩湘写了一首诗,此诗的最后一句是:"知汝远来应有意,好收吾骨瘴江边。"看来爷孙二人感情很好。韩愈觉得此行路途艰难,有可能会客死他乡,于是他嘱咐韩湘,一旦自己去世了,就由他来收尸。好在后来韩愈平安地活着返了回来,而四年之后,韩湘也考中了进士,但后来他如何成了神仙,那就是另外的故事了。

继续前行,登上第二级平台,此处便是韩文公祠。在祠堂门口有一道士正在教一个半大男孩八卦步的走法,看我前来,他马上问我要不要算卦?我告诉他自己不是来算卦的,只想找到韩愈墓。我的这个回答让他原本炯炯的眼神像熄灭的灯一样,暗淡了下去,并且没好气地说,就在后面。我郑重地向他表达了歉意,尽管他已经没有兴趣再听我言语,继续跟那个男孩讲解着八卦步,而我也继续登高,再上十一级台阶到达第三级平台。

平台上有几株古树,很是粗壮,韩愈墓丘远超之前所看坟丘的规格,体量很是巨大,我先走到墓的正前方,向昌黎先生鞠了一躬,以此来表达我的敬意,然后继续在这一带拍照。可能是步步登高带来的疲累,我感觉到双腿有些酸胀,于是在墓旁静坐了几分钟。墓园内静极,无风声,亦无鸟鸣,我几乎可以听到自己的脑神经在相互碰撞的声音。

柳宗元：圣人之言，期以明道

　　能够找到柳宗元的墓址是一个意外。此程来西安的主要目的之一，就是寻找杜牧的墓，虽然这个地址也不确切，后来经李欣宇先生辗转联络，总算得知杜牧墓址位于少陵原上的西司马村，而后与另外两个朋友共同乘车前往此村探寻。幸运的是，在村边遇到了正在接娃放学的关华夏老先生，未曾想到的是，关先生家的新居，就建在杜牧墓的前面，这样的惊喜在无数次的寻访途中少有发生，而后跟随他来到了杜牧墓的旧址。在他的描述下，我等几人终于听明

◇ 此路从东向西，贯通西司马村

◇ 在村中只看到了这一个号牌

白了此墓的变迁历史。

虽然找到了杜牧的墓址，但还是觉得那座大墓在几十年前被拆毁了是个大遗憾，在众人的惋惜之中，我问关华夏，本村还有什么古墓？关先生的话让我等四人目瞪口呆："还有柳宗元的墓。"多少年来，有不少的人都在探究柳宗元墓究竟在哪里，虽然在广西的柳州有柳宗元的墓，但所有人也都知道，那只是衣冠冢，真墓究竟位于何方，也只能任凭后人猜测了。然未曾想，柳宗元之墓竟然跟杜牧墓处在同一村中，这个说法让我们难以置信。

而后是一番追问，关华夏斩钉截铁地说："柳宗元的墓就在本村！"但他同时补充道，柳墓的情形也如同杜牧，在几十年前被挖得没有了痕迹。虽然如此，但我们还是希望能够知道此墓的具体位置，于是热情邀请关先生上车带路，他说距离很近，用不着开车，而后众人便徒步跟在他身后，从西司马村的村东方向往村西走去。

就北方的情况来说，西司马村的面积不小，关华夏说，本村有两千多人，从村里新盖起的楼房看上去，该村的生活较为殷实。但在村中心的位置，却有着一些倒塌的土坯房，而在这个十字路口上，还有一棵很老的古树，该树已经半枯，剩余的部分依然是枝繁叶茂，回来后查资料，我才得知此树名为皂角树。在村的旁边有一个很小的百货店，店的门口有十几位村民，这些人看到了关华夏，纷纷跟他打招呼，老关跟众人说："我带他们去看柳宗元墓。"看来，本村的村民们也都知道这件事。

无意间在商店的门口，我看到了村名，于是立即端起相机拍照，这些村民们纷纷躲避镜头，其中一位老汉指责我为什么不拍现代化的新农村，而专拍这些破房子。我告诉老人，自

◇ 老人告诉我，这块地本就是柳宗元的墓址

己并没有嗜痂之癖，只是因为我始终在村内找不到村名牌，尤其在村口时，那些接孩子的人们告诉我，村名牌已经倒伏在了水沟里。听到了我的解释，村民们纷纷笑了起来，看来他们都知道村名牌倒伏之事。

过了村中心的十字路口，继续向西行，走到村边的位置，关华夏指着一片田地说："这里就是柳宗元墓的原址。"展眼望去，平

◇ 离柳宗元墓最近的院落

◇ 颇具特色的大门

坦的麦田里，看不见任何凸起之物，众人纷纷请关华夏确认没有找错。而此时，也有几位上了年纪的村民跟了过来，他们纷纷讲解着上世纪六七十年代刨平此墓的原因。众人说，原来这个坟十分高大，后来生产队用土，就陆续从这里取用，渐渐地就挖平了。欣宇兄问众人在这里挖出了什么，这些人说，当时只是把坟挖平，并未向下挖，故墓葬的情况未曾看见过，看来柳宗元依然长眠于此地之下。

虽然看到这个结果，我们都大感遗憾，但有了这个意外收获，还是有些兴奋。在返程的车上，欣宇兄向我讲解着十余年前西安附近盗墓之猖獗。他说当地因为偶然的原因破获了一个大案，而得到线索的因素，是捡拾到了一个内存较大的硬盘，而后发现里面所拍的照片都是古墓挖开后的情形，然而这是何人所为，却找不到结果。而后不久，有一位研究生在某个学术刊物上发表了一篇研究成果，内容正是一位古人的墓志铭，而此墓志却从未被发现过。公安机关找到了这位学生，在强大的攻势面前，这位学生交代出了他从哪里买到的这张墓志铭。后以此为突破口，终于抓到了一个势力很大的盗墓贼，而此人正是那个丢失大硬盘者。

经过交代，公安方面方得知真正的内情，原来此人经常用爆破的方式挖开一些古墓，但是墓里的东西运出来，一是堆放问题，二是担心买家怀疑真伪，于是此兄发明了一个办法，那就是以照相摄影方式，拍下墓内情形，然后带着照片或者硬盘到国外跟买家商谈，由买家指定要墓内的哪几件物品，这样可以保证该物的确是出自古墓，然后这个人再从墓内把原物盗出，偷运到海外。这样，买主可以核对他所买到的古物确实是出自某墓。听到这样的离奇故事，令我感慨盗墓贼的专业水准，同时也庆幸柳宗元墓依然未曾被盗挖过。但众人纷纷跟我说，我的这个估计也是一厢情愿，说不定柳墓已经不知道被盗挖过了多少回。

仔细想想，当年柳宗元的日子过得不那么宽裕，他的墓内似乎也不会有多少值钱的东西。不过他到底有多少钱，其实我也不了解，我对他有限的了解，不过就是在上学时，于课本中读到过他的几篇散文而已。

其实柳宗元不是长安人，他的祖籍本在蒲州解县，这个地方就是今天山西运城西南的解州镇。如此说来，柳宗元应当是关云长的老乡，可能是因为这个缘故，他自称是河东人，故而他又被称为柳河东，而他晚年担任过柳州刺史，故其又被称为柳柳州。然而他出

◇ 当年家中的大件

生的时候，就是在长安的西南，应该就在这少陵原一带。当年他家在长安城内还有一所住宅，此处住宅面积虽然不大，但却是祖产所留。柳宗元在《寄许京兆孟容书》中说："家有赐书三千卷，尚在善和里旧宅，宅今已三易主，书存亡不可知。"他们家竟然有三千卷皇帝赏赐的图书，可见早年也是朝中得宠人士，可惜到了柳宗元这个时代，不但书不见了，房子也几经转手，早跟柳家没有关系了。

好在宗元很争气，在唐贞元九年考中了进士，他那一科进士及第者，总共有三十二人，其中的名人除了柳宗元，就数刘禹锡了，也正因为这个原因，使他二人成了终生的好友。按照唐朝的规定，刚刚考中的进士，都要从低级官员做起，柳宗元于是就成为了集贤殿书院正字，这个工作应当算是而今出版社里的校对，这仅是个"从九品上"的小官，再后来他经过自己的努力，逐渐有了些起色，因为他参与了"永贞革新"，后来在保守势力的反扑下，革新派的这些人全被贬官外放，柳宗元也被贬到了邵州，在他还没有渡过长江的时候，又被加贬到了永州。多年之后，柳宗元又再次被外放到了柳州。

据说，他被贬到柳州也是命中有此一劫，《因话录》卷六录有这样一段故事："柳员外宗元自永州司马征至京，意望录用。一日，诣卜者问命。且告以梦曰：'余柳姓也，昨梦柳树仆地，其不吉乎？'卜者曰：'无苦，但忧为远官耳。'征其意，曰：'夫生则柳树，仆则柳木；木者，牧也。'君其牧柳州乎？卒如其言。"

柳宗元好不容易从永州回到了长安，他满以为能够得到重用，某天他见到了一位算命者，于是便跟此人说：我姓柳，但我昨天却梦到有一棵柳树倒在了地上，这个梦是不吉利的吗？算卦的人告诉他：不用担心，没有什么大问题，但你有可能被派到边远的地方去任职。宗元问此人为何有此说，这人向他解释道：一棵柳树倒在地上,就成了柳木,"木"跟"牧"同音,而"牧"正是管理的意思,如此说来,你有可能会到柳州去任职。而后的结果,果真如此人所言。

有可能那位算卦的人并未把卦语解释完,因为柳宗元最终就死在了柳州,终年仅四十七岁。也正因为柳宗元来到了永州,才有了那篇著名的《捕蛇者说》,这个名篇起首就称:

> 永州之野产异蛇,黑质而白章,触草木尽死,以啮人,无御之者。然得而腊之以为饵,可以已大风、挛踠、瘘疠,去死肌,杀三虫。其始,太医以王命聚之,岁赋其二。募有能捕之者,当其租入。永之人争奔走焉。

这篇文章是我中学课本中的必背篇章,然而以上的这个段落却不在背诵的范围之内,可是不知什么原因,我对该文特有感觉,于是将整篇文章都背诵了下来。这篇文章的主体,则是柳宗元借捕蛇人之口,道出了当地百姓生活的不容易:

> 君将哀而生之乎?则吾斯役之不幸,未若复吾赋不幸之甚也。向吾不为斯役,则久已病矣。自吾氏三世居是乡,积于今六十岁矣,而乡邻之生日蹙。殚其地之出,竭其庐之入,号呼而转徙,饿渴而顿踣,触风雨,犯寒暑,呼嘘毒疠,往往而死者相藉也。曩与吾祖居者,今其室十无一焉;与吾父居者,今其室十无二三焉;与吾居十二年者,今其室十无四五焉,非死而徙尔。而吾以捕蛇独存。悍吏之来吾乡,叫嚣乎东西,隳突乎南北,哗然而骇者,虽鸡狗不得宁焉。

当时柳宗元听捕蛇人说,他家三代捕蛇,爷爷和父亲都死于蛇口,而这位捕蛇者从事这个行业已有十二年的时间，在这期间发生过数次的危险。柳宗元听后，心生悲悯，他跟此人说：你别急，我会通报有关部门，让他们给你换岗。捕蛇人听后，立刻悲伤地哭了起来，接着说了以上那一大段话。捕蛇人说：您柳首长如果真的同情我就不要这么做，因为我的工作虽然危险，但远好过征地纳税交粮，如果我不从事捕蛇这个职业，说不定早就死了，因为我的乡亲们大多是老老实实种地，结果他们付出很大的辛苦，几乎把所有的收入都交了税，还是被饿死了，所以，虽然我从事这种危险的捕蛇行当，但毕竟活到了今天，远比乡亲们过得好多了。

柳宗元是借捕蛇人之口，道出了那个时代对百姓的盘剥，而其写文章的巧妙之处，就是通过对眼前事物的描写，而后得出他另外的感慨：

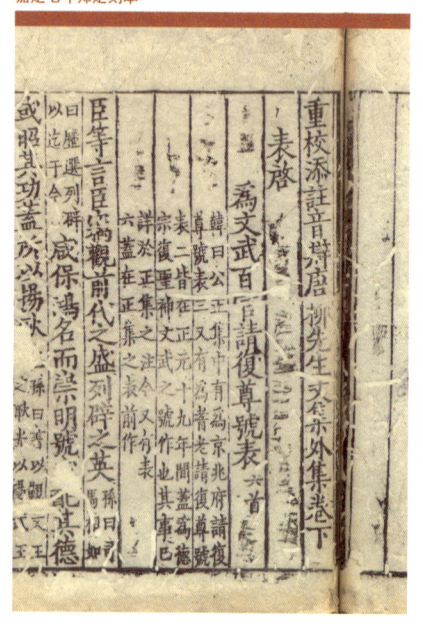

◇ 柳宗元撰《重校添注音辩唐柳先生文集外集》二卷，宋嘉定七年郑定刻本

余闻而愈悲，孔子曰："苛政猛于虎也！"吾尝疑乎是，今以蒋氏观之，犹信。呜呼！孰知赋敛之毒，有甚是蛇者乎！故为之说，以俟夫观人风者得焉。

这最后的几句话，才是柳宗元该文章的主旨，前面的大段描述不过就是铺垫。孔子曾说，严苛的政策对于老百姓来说，比虎患更令人害怕。柳宗元说，他当年怀疑孔子说的是不是有些夸张，今天听到了捕蛇人的这番话，终于相信狂征暴敛的纳税制度确实比毒蛇还厉害，他写这篇《捕蛇者说》，其目的就是希望皇帝派来了解民情的官员能够知道这样的实情。

中学课本中还有一篇柳宗元的名作，那就是《黔之驴》。这篇文章当年也是要求全文背诵者：

> 黔无驴，有好事者船载以入。至则无可用，放之山下。虎见之，庞然大物也，以为神。蔽林间窥之，稍出近之，慭慭然莫相知。
>
> 他日，驴一鸣，虎大骇，远遁，以为且噬己也，甚恐。然往来视之，觉无异能者。益习其声，又近出前后，终不敢搏。稍近益狎，荡倚冲冒，驴不胜怒，蹄之。虎因喜，计之曰："技止此耳！"因跳踉大㘎，断其喉，尽其肉，乃去。

然而在我所学的中学课本中，不知出于什么原因，却没有收入最后一段柳宗元的感叹之语，但是这个有趣的故事却深深地印在了我的脑海中。其实上学之时，只是懂柳宗元写的是怎样一个故事，但这个故事究竟说明了什么，当时并不了解，直到后来读到了柳宗元的这段感慨："噫！形之庞也类有德，声之宏也类有能。向不出其技，虎虽猛，疑畏，卒不敢取。今若是焉，悲夫！"

◇ 柳宗元撰《河东先生集》，明嘉靖间东吴郭云鹏济美堂刻本才明白他究竟想发出怎样的感叹。

对于我个人而言,其实我最欣赏他所写的那篇《蝜蝂》:

> 蝜蝂者,善负小虫也。行遇物,辄持取,卬其首负之。背愈重,虽困剧不止也。其背甚涩,物积因不散,卒踬仆,不能起。人或怜之,为去其负。苟能行,又持取如故。又好上高,极其力不已。至坠地死。
>
> 今世之嗜取者,遇货不避,以厚其室。不知为己累也,唯恐其不积。及其怠而踬也,黜弃之,迁徙之,亦以病矣。苟能起,又不艾。日思高其位,大其禄,而贪取滋甚,以近于危坠,观前之死亡不知戒。虽其形魁然大者也,其名,人也,而智则小虫也,亦足哀夫!

◇ 柳宗元撰《河东先生外集》,明嘉靖间东吴郭云鹏济美堂刻本

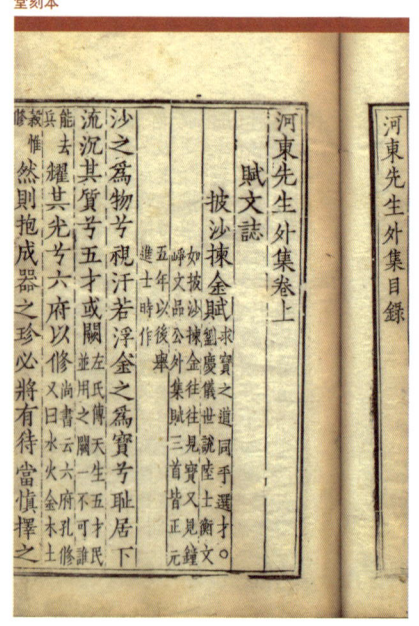

这是柳宗元所写的字数最少的一篇杂文,可惜这篇文章中学课本中未曾选入。我喜欢该文的原因,是柳宗元文中描写的这个小虫子的行为跟我很类似,我觉得自己喜好收藏,这种心态也跟蝜蝂一样,每见古物,尤其是古书,总希望将它弄到手,而完全不考虑自己的能力是否能够负担得了,我也真担心自己的结局就跟蝜蝂一样,终有一天不堪重负。

然而柳宗元写这篇文章的

落脚点,并不在于对这种奇特小虫子的描写,而是想通过这只虫子来说明一种现象,比如尚永亮在《柳宗元诗文选评》中就给出了具备理论高度的解读:"作者并不满足于对蝜蝂的直观描写,而是要借此描写来讽刺世上那些有如蝜蝂一样的贪婪之人。所以文章的后半部分掉转笔锋,直指'今世之嗜取者';他们遇货不避,唯恐所得不多,所积不厚……'日思高其位,大其禄,而贪取滋甚,以近于危坠,观前之死亡不知戒。'寥寥数语,活画出一批徇财者可憎亦复可悲的面目。"如此说来,蝜蝂是贪婪之人的象征,而我却以此来自喻,如此低的境界真令达者哂笑。

柳宗元所作散文还有一个题材是广受后世所夸赞者,这个题材便是他所作游记。当年他被贬到永州,可能是有了闲暇,在这一时期写了不少的游记类散文,其中一组名为《永州八记》,"八记"中最受后世夸赞者乃是《至小丘西小石潭记》,该《记》上半部分如下:

◇ 柳宗元撰《柳柳州合作》六卷,明崇祯三年郑寿昌刊本

从小丘西行百二十步,隔篁竹,闻水声,如鸣佩环。心乐之,伐竹取道,下见小潭,水尤清冽。全石以为底,近岸,卷石底以出,为坻、为屿、为嵁、为岩。青树翠蔓,蒙络摇缀,参差披拂。潭中鱼可百许头,皆若空游无所依。日光下澈,影布石上,佁然不动;俶尔远逝,往来翕忽,似

与游者相乐。

这篇文章虽然不长，描写的景物只是一个小水潭，但他却能将水潭以及周围的情形描写得十分细腻传神，故而吴小林在《唐宋八大家》一书中夸赞该《记》说："全文总共只有二百多字，可是融写景、叙事、抒情于一炉，极尽刻画描摹之能事，把石潭附近的景色不仅写得富有画意，而且饱含诗情，充分显示了柳宗元山水游记的卓越技巧。"

柳宗元是著名的文章大家，身处唐代，因此也有不少的诗作，他的一些诗也广泛地受到后世的夸赞，比如《渔翁》：

> 渔翁夜傍西岩宿，晓汲清湘燃楚竹。
> 烟销日出不见人，欸乃一声山水绿。
> 回看天际下中流，岩上无心云相逐。

这首诗的三、四两句大受后世咏叹。苏东坡对柳宗元特别夸赞，却对这首《渔翁》的最后两句不以为然，《苕溪渔隐丛话》中引用了《冷斋夜话》中的一段话："东坡云：诗以奇趣为宗，反常合道为趣，熟味此诗有奇趣。然其尾两句，虽不必亦可。"东坡首先夸赞这首诗确实有奇趣，但他却觉得该诗的后两句画蛇添足。

东坡的这个评论在后世引起了争论，比如南宋的刘辰翁就对东坡的断语不以为然："此诗气浑，不类晚唐，正在后两句，非蛇安足者。"刘辰翁说整首《渔翁》气脉浑然，完全没有画蛇添足的感觉，他觉得正是因为后两句，跟前面的浑然一体，才没有了晚唐时的气弱之感。而邢昉则进一步认为东坡给出这样的断语，正说明他不懂诗，邢在《唐风定》中说："高正在结。欲删二语者，难与言诗矣。"

当然，在中国任何问题只要有人反对，就会有人赞同。比如《唐诗选脉会通评林》中引用周珽的话："然尾二句不必亦可，盖以前四语已尽幽奇，结反着相也。"周珽觉得《渔翁》的前四句已经把事情说清楚了，而柳宗元在后面添的那两句，反而是多余的解释。他的这个说法当然是本自东坡，而沈德潜也觉得东坡的意见是对的，他在《唐诗别裁集》中称："东坡谓删去末二语，余情不尽。信然。"

◇ 柳宗元撰《河东诗钞》四卷，清雍正五年遂安堂刻《唐宋八大家集》本

虽然东坡提出了删诗的意见，其实这正说明他特别喜欢柳宗元。东坡在《答程全父十二首》中说过这样的话："流转海外，如逃深谷，既无与晤语者，又书籍举无有，惟陶渊明一集、柳子厚诗文数册，常置左右，目为二友。"东坡在被贬职于各地，到处迁移的过程中，只能带很少量的书，按他自己的说法，他一直带在身边的书仅有陶渊明集和柳宗元的诗文，即此可见，东坡对两人是何等的喜爱。然而，东坡是怎么评价他所喜爱的这两位，哪个更优呢？他在《书韩柳诗》中说过这样一段话："柳子厚诗，在陶渊明下，韦苏州上；退之豪放奇险则过之，而温丽靖深不及也。所贵乎枯澹者，谓其外枯而中膏，似澹而实美，渊明、子厚之流是也。若中边皆枯澹，亦何足道。佛云：'如人食蜜，中边皆甜。'人食五味，知其甘苦者皆是，能分别其中边者，百无一二也。"

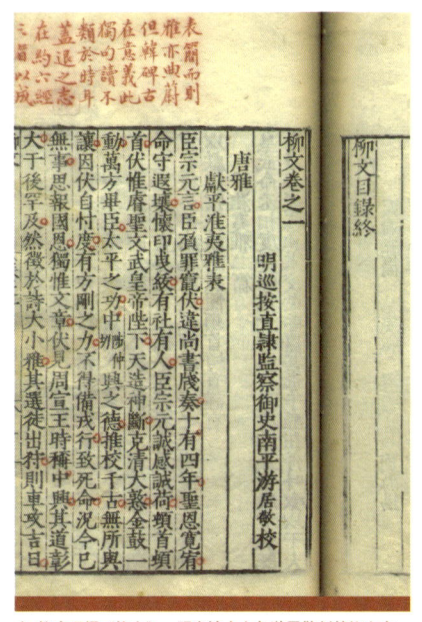

东坡认为陶渊明的诗高于柳宗元，但他同时说，柳宗元的诗又高于韦应物，而后他又拿韩愈跟柳宗元相比，认为韩愈的诗风比柳豪迈，但却比不上柳的温丽。拿柳宗元跟韦应物相比，这应当是东坡在诗学上的一个贡献，对于这两个人，东坡在《书黄子思诗集后》还说过这样的话："李杜之后，诗人继作，虽间有远韵，而才不逮意。独韦应物、柳宗元发纤秾于简古，寄至味于淡泊，非余子所及也。"

◇ 柳宗元撰《柳文》，明嘉靖十六年游居敬刻韩柳文本

而后韦柳并称，基本上就是本自东坡以上的这段话。后人也注意到了这一点，比如宋曾季狸在《艇斋诗话》中说："前人论诗，初不知有韦苏州、柳子厚，论字，亦不知有杨凝式。二者至东坡而后发此秘，遂以韦柳配渊明，凝式配颜鲁公，东坡真有德于三子也。"曾季狸说在东坡之前，没有人将韦柳并称，同时也没人知道杨凝式是何等的厉害，正是由于东坡将韦、柳跟陶渊明相比，又拿杨凝式跟颜真卿相比，才使得这些人大受关注，所以曾认为，东坡有德于此三人。对于柳宗元的诗作，曾季狸最喜爱的句子有如下："柳子厚诗：'壁空残月曙，门掩候虫秋。'语意极佳。东湖诗云：'明月江山夜，候虫天地秋。'盖出于子厚也。"

曾所说的这句诗出自柳宗元的《酬娄秀才寓居开元寺早秋月夜病中见寄》：

客有故园思，潇湘生夜愁。
病依居士室，梦绕羽人丘。
味道怜知止，遗名得自求。
壁空残月曙，门掩候虫秋。
谬委双金重，难征杂佩酬。
碧霄无柱路，徒此助离忧。

曾季狸认为，东湖的那两句，其实就是模仿柳宗元而来。曾所说的东湖，应当就是徐俯，这位徐俯是黄庭坚的外甥，也是一位小有名气的诗人，看来连他都会去模仿柳宗元的名句。

◇ 柳宗元撰《唐大家柳柳州文钞》，明刻本

但还是有不少人认为柳宗元的诗不一定高于韦应物，王渔洋就是这种观点，他在《带经堂诗话》卷一中说过如下的评语："东坡谓柳州诗在陶彭泽下、韦苏州上，此言误矣。余更其语曰：'韦诗在陶彭泽下、柳柳州上。'余昔在扬州，作论诗绝句，有云：'风生澄澹推韦柳，佳句多从五字求。解识无声弦指妙，柳州那得并苏州！'"王士禛认为，东坡的这个断语不对，他觉得应当将上下的顺序改为陶渊明第一，韦应物第二，而柳宗元第三，因为他觉得无论怎样比，柳宗元都比不上韦应物。

柳宗元还有一首名为《江雪》的绝句，也同样脍炙人口：

千山鸟飞绝，万径人踪灭。
孤舟蓑笠翁，独钓寒江雪。

这首绝句被收入儿歌，基本做到了家喻户晓。该诗在宋代已经极有名气，宋范晞文在其所撰的《对床夜话》卷四中有如下评语："唐人五言四句，除柳子厚《钓雪》一诗外，极少佳者。"范所说的《钓雪》应当就是这首《江雪》，他竟然认为这首诗是唐人五绝中最佳之作。虽然如此，宋张戒却在《岁寒堂诗话》卷上中说："柳柳州诗，字字如珠玉，精则精矣，然不若退之之变态百出也。使退之收敛而为子厚则易，使子厚开拓而为退之则难。意味可学，而才气则不可强也。"张也认为柳的诗写得很好，但他却认为柳诗不如韩愈的诗有那么多的变化，他甚至觉得如果让韩愈去学柳宗元的诗风，很容易，而若让柳学韩，则太难了。当然，这种比较也就是一家之言，在实际中无法印证。

就文章而言，柳宗元与韩愈齐名，被后世并称为"韩柳"。按照后世约定俗成的说法，柳宗元排在唐宋八大家的第二位。柳宗元为什么有这么高的声誉呢？这除了他写出了许多脍炙人口的散文外，另一个主要原因，则是他跟韩愈共同主张"文以明道"。

唐贞元九年，韩愈在《征臣论》中说："君子居其位，则思死其官；未得位，则思修其辞，以明其道。我将以明道也。"韩愈在这里第一次提出了"文以明道"的主张。而后柳宗元在永州所写《答韦中立论师道书》中说："始吾幼且少，为文章，以辞为工。及长，乃知文者以明道，是固不苟为炳炳烺烺，务采色、夸声音而以为能也。凡吾所陈，皆自谓近道。"柳宗元在这段话中也同样提到了"文以明道"的概念，看来这是他对韩愈主张的一种呼应。

对于这种呼应，柳宗元在之后的文章和书信中多有阐述。比如当时有位叫崔黯的人，此人乃是代宗朝宰相崔宁的侄孙，喜欢读书，也喜欢书法，并且对骈文也有偏好，看来他曾向柳宗元请教过作文之法，于是，柳就在一封回信中阐述了他对文章的态度："圣人之言，期以明道。学者务求诸道而遗其辞。辞之传于世者，必由于书。道假辞而明，辞假书而传，要之，之道而已耳。道之及，及乎物而已耳。斯取道之内者也。今世因贵辞而矜书，粉泽以为工，遒密以为能，不亦外乎？吾子之所言道，匪辞而书；其所望于仆，亦匪辞而书，其不亦去及物之道愈以远乎？仆尝学圣人之道，身虽穷，志求之不已，庶几可以语于古。"

在这里，柳宗元又讲到了文和道的关系，他首先承认作者的思想就是通过文辞而得以传播，所以他不反对文辞，但问题是，文章虽然写得漂亮，更重要的目的是为了让思想传播，因此，不能将这两者之间的关系颠倒过来。

其实，柳宗元的这个说法就是在批评骈体文，他认为骈体文只是注重形式，反而使内容变得空洞，他在永州时写过一篇《乞巧文》：

> 眩耀为文，琐碎排偶。抽黄对白，啽哢飞走。骈四俪六，锦心绣口。宫沉羽振，笙簧触手。观者舞悦，夸谈雷吼。独溺臣心，使甘老丑。嚚昏莽卤，朴钝枯朽。不期一时，以俟悠久。旁罗万金，不鬻弊帚。跪呈豪杰，投弃不有。眉顰頞蹙，喙唾胸欧。大赧而归，填恨低首。

虽然说是"乞巧"，其实他在批判很多人写文章只是看上去漂亮，却完全没有实际的用途，因为他觉得内容最重要，因此对文章的优美做了无情地讽刺。柳宗元这样的说法对不对呢？至少孙昌武先生认为："柳宗元把文体与文风问题提到这样的高度来认识，也有其偏颇的、绝对化的一面。"（《柳宗元评传》）

关于如何写文章，柳宗元也有着自己的说法，他在《答韦中立论师道书》中有着这样的强调:"故吾每为文章,未尝敢以轻心掉之,惧其剽而不留也;未尝敢以怠心易之,惧其弛而不严也;未尝敢以昏气出之,惧其昧没而杂也;未尝敢以矜气作之,惧其偃蹇而骄也。抑之欲其奥,扬之欲其明,疏之欲其通,廉之欲其节,激而发之欲其清,固而存之欲其重。此吾所以羽翼夫道也。"

看来文章不能轻易作,用现在的话来说:写文章之前,首先要端正态度。余外,他还在很多文章中论述过作文之法,比如他强调了作者的主观修养及其他的一系列要求,看来要想写出一篇足以流传后世的文章,绝非易事。

虽然柳宗元是文章大家,但其流传后世之文,也受到过一些人的质疑,而对其主要的质疑则是他崇信佛教,这样的信仰显然让正统的儒家不能接受。柳宗元崇信佛教,除了当时社会的氛围,还有一点,就是他从小就有这样的信仰,他在《送巽上人赴中丞叔父召序》中说:"吾自幼好佛,求其道,积三十年。"

韩愈坚决反佛,而柳宗元却如此信佛,这两位文章大家虽然是志同道合的古文运动推手,但就这一点,二人却有着较大的差异。韩愈当然希望柳宗元能改变这种信仰,他曾多次规劝过柳,但柳不为所动,其在《送僧浩初序》中反驳韩愈说:"儒者韩退之与余善,尝病余嗜浮屠言,訾余与浮屠游。近陇西李生础自东都来,退之又寓书罪余,且曰:'见《送元生序》,不斥浮图。'浮图诚有不可斥者,往往与《易》《论语》合。诚乐之,其于性情奭然,不与孔子异道。退之好儒,未能过扬子,扬子之书于庄、墨、申、韩皆有取焉。浮图者,反不及庄、墨、申、韩之怪僻险贼耶?"

柳宗元也承认韩愈是自己的好朋友,并且韩多次规劝自己不要信佛,但柳依然觉得不应当完全排斥佛教观念,因为这些观念中有一些跟儒家的《易经》《论语》相暗合,所以他不觉得儒、佛两家观念对立。

柳宗元又说，韩愈对儒家之爱应该超不过扬雄，而扬雄的著作中，除了儒家观念之外，同时他还融汇了庄子、墨子等不同的观念。柳的言外之意，儒家也应该从其他学派中汲取有营养的成分。

虽然说在信佛问题上，韩愈与柳宗元意见相左，但这并不影响二人的友谊，更为有意思的，二人在写文章上还暗里较劲儿。对于他们之间是怎样的较劲，梁德林在《柳宗元诗文的游戏色彩》一文中予以了阐述。

当年，韩愈写了篇《毛颖传》，而柳宗元读过后写了篇《后题》，其在文中称："若捕龙蛇，搏虎豹，急与之角而力不敢暇，信韩子之怪于文也。"柳在这里用夸赞的口吻说，韩愈的这篇文章写得太好了，我想跟他比试一番都不敢。虽然这是谦虚话，但至少也表达出了柳的心态，那就是在为文上，柳对韩有着暗自较劲儿的心理。

而有意思的是，后人通过对他二人文章的比较，发现他们有许多类似的同题之作，比如宋罗大经在《鹤林玉露》中说："韩、柳文多相似，韩有《平淮碑》，柳有《平淮雅》；韩有《进学解》，柳有《起废答》；韩有《送穷文》，柳有《乞巧文》；韩有《与李翊论文书》，柳有《与韦中立论文书》；韩有《张中丞传后叙》，柳有《段太尉逸事状》。"

在这里，罗大经倒没有说韩、柳二人在写散文方面暗自较力，他只是类比出二人文章有相似性。而直接点明二人较力者，则是明代孙矿在《读柳集叙说》中所言的一段话："古人作文，多欲相角，良然。如韩有《张中丞传后叙》，柳有《段太尉逸事状》；韩有《进学解》，柳有《晋问》；韩有《平淮碑》，柳有《平淮雅》；韩有《送穷文》，柳有《乞巧文》，若相配者。"

但无论是罗大经还是孙矿，他们举出的韩、柳二人相似之文的

◇ 西司马村当今的街景

数量并不多，相比较而言，钱基博在《中国文学史》中说"宗元之文有意与韩愈之文争能者"，接下来，钱基博列出了几十种之多，并且其在对比中还点明了韩文与柳文之间的相同点，故而梁德林在其所撰《柳宗元诗文的游戏色彩》一文中说："而他所列举的例证中，有些显然并不一定是有意与韩文争胜之作。如柳宗元担心段秀实的事迹'未集太史氏'，才写了《段太尉逸事状》，似乎与韩愈《张中丞传后叙》没有直接关系。"

但是，韩、柳之间是不是真的在暗里较劲儿呢？梁德林先生显然不这么认为，他认为这只是两个大文人之间的笔墨游戏。而章士钊也持这样的观点，他在《柳文指要》中说："寻韩、柳同时，文章工力悉敌，凡所为文，相互览观，乃至仿效，俱有可能。"

对于柳宗元的墓，回来后我又查了些资料，比如方崧卿《举正叙录》中称："洪氏《辨证》尚有京兆万年司马村《柳子厚铭》……皆未得之。然洪氏亦徒有其目耳。"看来，柳宗元的墓志铭确实出土于司马村。

如此论证起来，即可知柳墓早就被盗挖过，否则他的墓志铭难以让人看得到。而后我在网上搜到了《西安晚报》上的刊载的一篇名为《西安司马村：少陵原上千年古村》的文章，此文的记者采访了司马村的党支部书记关玉良，关称村中原有的这座大墓只是被称作"将军冢"，并未直言这座已经不存在的墓是柳宗元的墓。

我在西司马村拍照时，曾问过关华夏老人，本村是否有柳姓，他告诉我，一个都没有。同时我又问他，何以知此墓原本是柳宗元墓，关华夏跟我说，一是他们本村从来就有这个传说；二是前些年柳宗元的后人来了一大批，其中还有许多现居海外

◇ 柳宗元墓址旁的另一户人家

者，他们就是在这个空地集体祭拜柳宗元，说明柳家后人认定这就是其祖先之墓。而《西安晚报》上的这篇文章中，有这样一段话："今年是唐宋八大家之一，一代文豪柳宗元诞辰1240年，中华柳氏宗亲联谊会发起人，河东柳氏后人刘哲先生联系到记者说：'柳宗元出生于长安，葬于长安，而他的墓葬则很有可能在少陵原上的司马村。'"

看来此地果真有个柳氏宗亲联谊会，此会的发起人是柳哲先生，但是柳哲只是说，柳宗元可能葬在司马村，并未下断语，然《西安晚报》的这篇文章的结尾处还有这样的一段话："柳哲说：'据我所见到的宋代洪兴祖的《韩集辨证》中记载，柳宗元墓碑在京兆万年司马村，由此推测，柳宗元墓很有可能就在司马村。我们柳氏后人曾多次到司马村寻访，认为柳河东之墓应该就在司马村，很有可能就是司马西村的"将军冢"。柳氏一族的后人们希望能找到更多文献和考古资料，进一步确定柳宗元墓所在地，让我们能够祭拜追思这位伟大的祖先。'由此看来，本村书记关玉良所说的'将军冢'很有可能就是柳宗元墓址。"看到这句话，让我悬着的心总算落下了一半。

司空图：乘之愈往，识之愈真
如将不尽，与古为新

司空图是唐末著名的诗学评论家，他在这方面的代表作就是《诗品》。该书又称《二十四诗品》，因为他把唐诗从风格上分为了二十四品，其实每一品就是一种类型，其分别为：雄浑、冲淡、纤秾、沉着、高古、典雅、洗练、劲健、绮丽、自然、含蓄、豪放、精神、缜密、疏野、清奇、委曲、实境、悲慨、形容、超诣、飘逸、旷达、流动这二十四品，每品两个字，同时在这二字之下，他又用十二句四言诗加以解释，比如第一品"雄浑"："大用外腓，真体内充。反虚入浑，积健为雄。具备万物，横绝太空。荒荒油云，寥寥长风。超以象外，得其环中。持之非强，来之无穷。"

这段话就是解释司空图所理解的"雄浑"之诗有着怎样的风格，但这二十四品中也有几篇注语谈的不是写作风格，比如第二十三品"旷达"。司空图对"旷达"二字的解释是："生者百岁，相去几何。欢乐苦短，忧愁实多。何如尊酒，日往烟萝。花覆茅檐，疏雨相过。倒酒既尽，杖藜行歌。孰不有古，南山峨峨。"细读这句话，更多的是一种达观的人生态度，但若以此态度来写诗，写出的诗作可能就会有"旷达"之态。也许司空图所说的这番话，正是想表达这个意思吧。

也正因如此，朱东润先生在《中国文学批评史大纲》中，把这二十四诗品分为了不同的五类：

  一、论诗人之生活：疏野、旷达、冲淡

  二、论诗人之思想：高古、超诣

  三、论诗人与自然之机关：自然、精神

  四、论作品：

    阴柔之美：典雅、沉着、清奇、飘逸、绮丽、纤秾

    阳刚之美：雄浑、悲慨、豪放、劲健

  五、论作法：缜密、委曲、实境、洗练、流动、含蓄、形容

  看来，司空图的《二十四诗品》既概括了诗人的生活，也包括了他的思想，同时还谈到了人与自然的关系。当然，更主要者，《二十四诗品》品评的是作品的风格以及写诗的方法。

  将前代的文学作品，以两个字进行风格上的分类，其实不始于司空图，在他之前的刘勰，就在《文心雕龙》中将诗分为"典雅、远奥、精约、显附、繁缛、壮丽、新奇、轻靡"八体，就社会影响而言，似乎以司空图的《诗品》更大，因此《诗品》被称为中国古代文艺批评理论的最重要作品之一，也正因为《诗品》这部书，使司空图在中国文学史上的地位得以不朽。

  可是在十几年前，突然有人质疑司空图，在此之前，从没有人怀疑《诗品》不是司空图所著，因此这个说法真可谓一石激起千层浪，由此而引起学界广泛的争论，直到今天，仍没有达成学界的共识。

  1990年8月，《中国古籍研究》第一期刊出了复旦大学陈尚君、汪涌豪的长文《司空图〈二十四诗品〉辨伪》，此文长达三万三千字，正式提出《二十四诗品》的作者不是司空图，其真实作者是明万历末年一位叫怀悦的人。这篇《辨伪》之文，主要的立意是说，从司

空图去世到明万历末年，这之间有七百多年，在这个阶段内，竟然没有查到其他典籍征引司空图的《二十四诗品》。但在明嘉靖年间所刻的《诗家一指》中，有《二十四品》一节，此节与《诗品》在内容上几乎完全相同，而这《诗家一指》正是怀悦的作品。该书的内容，除了外编是摘引前人的语录，其余部分都是怀悦的自传。《辨伪》一文将《诗品》与《诗家一指》进行对比，并从五个方面进行了考证，而后给出的结论就是《诗品》其实是明末人根据《诗家一指》所伪造者，并托名司空图。

对《诗品》作者的怀疑，起始于方志彤。陈尚君在《〈二十四诗品〉真伪之争评述》一文中称："1997年初我始获见哈佛大学斯蒂芬·欧文教授1992年出版《中国文学批评读本》中的一条注脚，说到在该校任教的韩裔学者方志彤经长期研究，证明《二十四诗品》是一部伪作。"陈尚君说方志彤虽然对《诗品》的作者产生了怀疑，但方未曾发表他的研究成果就去世了。陈尚君研究了方志彤的这些成果之后，发现方的观点跟自己颇为相似："不难发现，他的观察思路与拙说十分接近，而提出则更早两年，虽然未能作更充分的展开，且未作明确的结论，但所见确实极为敏锐。"

◇ 司空图撰《司空表圣诗集》三卷，清光绪三十一年仁和朱氏刻本，书牌

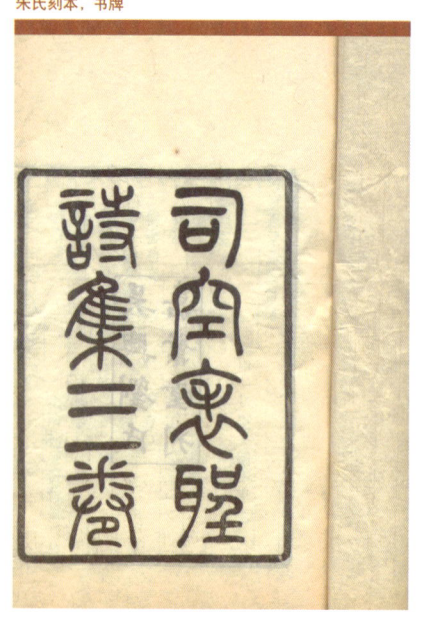

由此可知，早在陈尚君发现这个问题的两年前，方志彤就已经对《诗品》的作者产生了怀疑，只是还未曾开展深入的研究。但即便如此，就算《诗

品》的作者不是司空图,这部著作依然在中国文学史上有着巨大的影响。而后陈尚君引用了欧文教授的说法:"如果此书确实是伪书,那它肯定是中国文学史上最不朽、最有影响和成功的伪作之一。并且由于它如此之深地影响了人们对诗学史的理解,它也以现在的面貌赢得了自己的历史地位。"

此文发表之后,在业界引起了广泛的争论,十几年来有太多的专家学者反对这种说法,但也有一些人支持对该书著作权的质疑,而王步高在《司空图评传》一书中,用了整整一个章节来谈《诗品》作者的真伪问题。正、反两派争论的第一个焦点,就是关于是否在明末之前没有人引用过《诗品》这部书。其实早在宋代,苏东坡就有《书黄子思诗集后》一文,文中有这样一段话:"唐末司空图崎岖兵乱之间,而诗文高雅,犹有承平之遗风。其论诗曰:'梅止于酸,盐止于咸,饮食不可无盐、梅,而其美常在咸酸之外。'盖自列其诗之有得于文字之表者二十四韵,恨当时不识其妙,予三复其言而悲之。"

东坡在这段话中明确地提到了司空图有"二十四韵",也正因为东坡没有写为"二十四品",而是用了个"韵"字来表述,这就使得质疑派认为东坡的这段论述不足为据,他们觉得"品"跟"韵"不是一回事,并且认为唐宋人习惯称近体诗中的一联为一韵,而不是以一首为一韵。然《诗品》却是在每两个

◇ 司空图撰《司空表圣诗集》三卷,清光绪三十一年仁和朱氏刻本,卷首

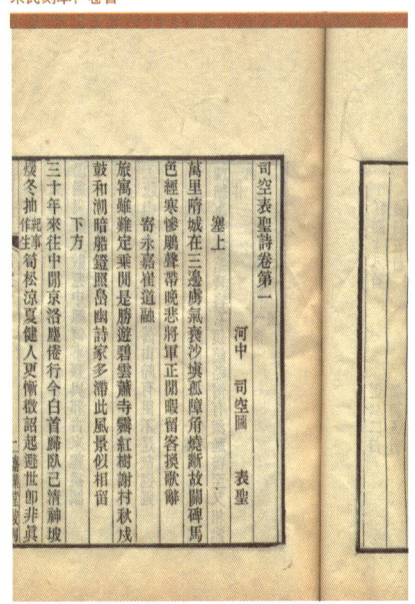

字之下作一首四言诗，故而东坡所言的"二十四韵"，指的是司空图另外的作品，并非《诗品》。针对这种说法，王步高予以了回击："唐宋时期适应近体诗的产生，人们逐步将近体诗中的两句称为一联。但从未将一联称为一韵，'韵'这个词在任何辞书里均不具有'联'的含义。"

陈尚君、汪涌豪在1994年唐代文学年会上发表论文时，就提出了对于《诗品》作者的质疑，其质疑的方式之一，是从《诗品》中景物的描写下手："《诗品》中某些描写，应属江南风物，如'碧桃满树，风日水滨。柳阴路曲，流莺比邻''玉壶买春，赏雨茅屋，坐中佳士，左右修竹''月明华屋，画桥碧阴'之类，虽非实写，总为作者所熟悉之环境。司空图除曾入宣州幕府，一生多居北方。而怀悦生于江南富庶之区，所居又濒湖。《静志居诗话》载其居处环境及友人唱和诗中，能见到的正是春水柳阴，花开鸟鸣，华轩春舫，琴笛佐欢，与《诗品》的描述正相一致。"

而王步高回击这种质疑的方式则是实地考察：前往王官谷。这里正是司空图长期生活之地，王步高在此找到了竹林，找到了桃树，同时也找到了柳阴："竹枝已不是今天永济一带的主要经济作物，品种也仅青竹、苦竹二种。我与刘林去山西考察，仍在王官谷一带见到许多竹枝，王官谷小学院中及村子里都有竹枝。"而后，王步高给出的结论是："《诗品》中写到的景象与司空图的主要生活区域的景物十分贴合，再结合宋、元、明人诗中对王官谷一带的记载，更可认定，陈、汪文至少在这一推论上，是完全站不住脚的。"王步高的这种考察方法让我十分佩服。这些年来，我也在全国各地到处寻访，但却从未想到用当地的植物与景物来印证古人诗词中所言的风物，以此来达到辨伪的作用。

陈、汪《辨伪》一文中有一个专节的题目为"《一指·二十四诗品》多有用唐宋诗文处",此专节的论点是说司空图一直生活在唐末,他绝不可能在自己的文中引用宋人的诗句。文中多有举例,比如《诗品》中《缜密》一品有"水流花开,清露未晞"一句,而苏轼的《十八罗汉颂》中也有此两句。司空图比苏东坡早生两百年,司空怎么可能用到苏的诗句?而王步高则认为"水流花开"在唐人的诗句中早有应用,比如唐刘乾《招隐寺赋》就有"空谷无人,水流花开"。虽然说刘乾的生平不详,但他是唐人,即使他不早于司空图,但他肯定早于苏轼,因此,王步高认为用这一句来证明《诗品》不是司空图所作,显然不能成为证据。

当然,《辨伪》还有其他的证据,比如《诗品》中《高古》有"月出东斗,好风相从",陈、汪认为前句出于东坡的《赤壁赋》:"月出于东山之上,徘徊于斗牛之间。"而王步高则举出《诗经》等几处的例子来证明,早在司空图和东坡之前就有人这么说过。而后王步高又对《辨伪》一文所作的其他质疑一一予以了回应,他给出的结论是:《诗品》一定是司空图所作,而非明末人所为。至于《诗品》中有类似于宋人的语言,王步高摘引了罗宗强在《隋唐五代文学思想史》新版附记中的一句话:"至于宋人诗文中有类于《诗品》之语言,也存在谁为后先的两种可能,焉知非宋人之模仿《诗品》?"

至少我觉得罗宗强的这个说法有道理:既然《诗品》有这么大的社会影响,其当然也会影响到后世的创作,因此宋人模仿《诗品》上的句式和语言风格,也完全是正常的事,为什么一定要说《诗品》是模仿宋人,而不是宋人模仿《诗品》呢?

王步高先生以实地考察来证明古代著作的真伪,这种做法对我有较大影响。读到了他这部大作,也让我有了前往王官谷一探的欲望。虽然探访司空图遗迹本是我的寻访计划之一,但我跳过原定计划,先跑到这里前去一看,想试一试自己能不能也从古人居住地的自然景物中，有所新发现。

司空图故居位于山西省运城地区永济市虞乡镇中条山王官谷，墓在挂鹤峰下。此程出行，我先期到达太原市。在太原周围寻访完毕之后，本打算乘火车前往运城，但当地的朋友告诉我，因为山西境内大多是山区，火车的速度太慢。以我的急脾气，还是乘飞机最便捷。在同省之内乘飞机寻访，我还真没有这样做过，但在实践中，有很多事情都是欲速则不达，此程再次印证了这句俗语。正点应当是十一点四十五的飞机，准时登机后，飞机在原地停了两个小时才慢慢起飞，到达运城时已是下午三点。原计划直接从机场到芮城县，因为我的第一个寻访对象是吕洞宾，前来接我的朋友听完我的计划后说，吕洞宾墓所在的芮城县，由芮城机场开过去，要翻过高大的中条山，此刻前往，时间已来不及。于是改变计划，先到中条山的北部，去寻找司空图的遗迹。

从机场高速直接驶上运三高速，二十余公里后，在高速外的山边看到巨大的关公雕像，高速路上的说明牌指示这里是关公祖庙。这让我开始琢磨关公庙跟关公祖庙之间的区别，我觉得这个"祖"字有歧义，因为它既可以理解为关公祖上的庙，也可以解释成关公的第一庙。我向司机询问，他笑着说，从未听过别人会有我这样的奇怪想法，因为当地人基本都认为这就是第一座关公庙。

从车窗望出去，关公站在一个巨大的水泥平台上，身披战袍，目光直视远方，雕像的颜色呈青铜色。因为高速公路离那个雕像还有一段距离，故而我猜不出雕像的材质是金属的还是涂色的。行驶二十余公里后从解州口下，印象中这个字不是念"解放"的"解"，好像是读"xiè"。当我读出这个自以为正确的音时，司机却说这个字在当地读"hài"。这个字的写法上其实跟"解"有差异，右边是"角"左边是"羊"，因为这个字很少人认识，后来就改写成了"解"字，但当地仍然念"hài"。我想起最后一次简化字方案,"解"字的写法就是左为"角"右为"羊",当时不知道当地人怎么区分,我觉得"解"与"鲜"的读音混乱应该就是从那时开始的。

沿330省道西行,正赶上修路,道路坑洼不平,可能是因为晚点的原因,时间跨过中午的航班竟然没有正餐,仅发了一块掌心大小的烧饼。现在行驶于这颠簸的破路上,越发觉得饥饿难耐,我从书包内翻找食物,竟然还有一包不知放了多长时间的花生米。而此时我也顾不上斯文形象,欢快地吃着花生米。很快,花生米的味道弥漫全车,这时我才想到了礼让三先,于是我问司机要不要一同品尝?他说自己吃过饭了,这当然正中我的下怀。

二十余公里后,从楼上村右转驶上南边的中条山。在这个村子内,打问了两个来回,始终找不到前往王官谷的正路。司机问村内的一位老大爷,这位大爷指点一番,司机仍然不得要领,于是驶回原处,将老人接上车,在他的指挥下,在村的西侧见到了一条不宽的水泥路,

◇ 由此路前往王官谷

◇ 王官谷风景区的入口处

老人说这就是新修的通往王官谷的道路。以前楼上村是通往王官谷的唯一道路，后来不知什么原因封闭了，难怪车上的导航仪把我们指挥到了楼上村，而司机强调说，他的导航仪是半年前刚刚更新过的新版。看来相信高科技还不如相信当地的老大爷。

沿水泥路前行两公里，就看到了"王官风景名胜"字样的水泥仿古牌坊。汽车不准入内，门票三十元，买票后向门口的收费大爷打听司空图墓所在，那位老人告诉我，"文革"中已经将司空图墓前的享庙拆毁，但墓址还在，具体位置在司空图故居的后山上，墓的上面有何仙姑庙，墓址就在何仙姑庙和司空图故居之间。

我在入口处看到了一块全部景区的路线示意图，按照老大爷所言，终于在上面找到了司空图墓碑的位置。从图上看，墓碑的位置跟两位老者所言相符，但旁边一位卖小食品的老者却坚称墓碑早已砸烂，我向他请教墓址之处现在有何标志物，老人说在故居后山上有一块半亩大小的平地，平地上有一棵粗壮的梧桐树。

谢过几位老人，沿着景区内新修的水泥路一路前行。约五百米后，在山涧的溪水中，拦起一座小水坝，水坝的上方形成一个几亩大小的简陋水塘，水塘的对面新修起一座粗糙的水

◇ 指路人

榭，里面端坐着一座石雕像。穿过小溪，走到水榭旁，上面介绍牌写着此亭名"休休古亭"。这块金属牌上用红笔写着四句七言诗："满腹经纶报国志，生逢乱世蹉跎之；三诏不起传千古，第一功名只赏诗"。诗下的墨笔写着此亭的来由：

> 休休古亭，原名耀缨亭，后被陕军烧毁，司空图（公元827年—公元908年）在其废墟上重建，改名休休亭，是他隐居王官谷写作的地方。司空图三十三岁中进士离家入仕，官居"中书舍人"高位。他生活在晚唐年代，朝廷无能，官场腐败，军阀混战，民不聊生。唐昭宗先后三次下诏司空图回朝任职，他均"致章谢之"。"侬家自有麒麟阁，第一功名只赏诗"，为我们留下了弥足珍贵的诗歌理论财富《二十四诗品》。

休休亭正是我的寻访目标之一。王十朋在注释苏轼的《登玲珑山》一诗中称："《唐书·司空图传》：司空图居中条山王官谷，有先人田，遂隐不出。作亭观素室，悉图唐兴节士文人，名亭曰休休，作文以见志。曰：'休，美也，既休而美具，故量才一宜休，揣分二宜休，耄而聩三宜休，又少也惰，长也率，老也迂，三者非济时用，则又宜休。'

因自目为耐辱居士。"因为该亭如上所言,正是司空图所建造者,此亭修造好后,他又写了一首《耐辱居士歌》:

> 咄,诺,休休休,莫莫莫,伎两虽多性灵恶,
> 赖是长教闲处著。休休休,莫莫莫,一局棋,一炉药,
> 天意时情可料度。白日偏催快活人,黄金难买堪骑鹤。
> 若曰尔何能,答言耐辱莫。

这首歌写得颇有名气,他以此来表明自己看待人生的旷达。他所作的这首休休亭辞也被后世看得很高大,钱谦益在《书笑道人自叙后》中称:"渊明赋《归去来》年四十一,而白乐天作《醉吟传》,司空表圣记休休亭,年皆六十七。千载之下,第其品级,初无间然,则后世之视君其又可知已矣。"

王官谷本是司空图家的别墅。关于此处别墅的来由,司空图在《山居记》中称:"中条蹴浦津东顾,距虞乡才百里,亦犹人之秀发,必见于眉宇之间,故五峰頯然,为其冠珥。是溪蔚然,涵其浓英之气,左右函洛,乃涤烦清赏之境。会昌中,诏毁佛宫,因为我有。谷之名,本以王官废垒在其侧,今司空氏易之为祯陵溪,亦曰祯贻云。"

由此可知,在唐武宗灭佛时期,王官谷中的寺庙被拆除了,于是司空图的父亲司空舆就买下了此地,并在此建起了别墅。

对司空图一生影响最大的人,应当是王凝。当年司空图在京城认识了王凝,而后拜王为师,但巧合的是,后来王竟成了司空的主考官。唐代的科举考试跟宋代以后不同,从宋代开始,考生的姓名都会在考卷上被糊起来,称之为"糊名"。而在唐代的考试中却并不这么做,所以在考试前跟主考官搞好关系变成了很重要的一件事。司空图太幸运了,他的老师成为了主考官,他当然一举中第。《旧

唐书·司空图传》上说："图咸通十年登进士第，主司王凝于进士中尤奇之。"

这场考试录取了进士三十名，司空图名列第四。那时司空图的名气还太小，但他能以这么高的名次入选，当然引起了人们的质疑，大家都在说这是他的老师偏心，孙光宪的《北梦琐言》卷三中有这样一段话："及（王凝）知举日，司空一捷，列第四人登科。同年讶其姓名甚暗，成事太速，有鄙薄者，号为'司徒空'。琅玡知有此说，因召一榜门生开宴，宣言于众曰：'某叨忝文柄，今年榜帖，全为司空先辈一人而已。'由是声采益振。"

看来这位王凝也真有勇气，他听到了这些质疑声，不但不做解释，反而把本场入围的进士全部招在一起，并在宴席上当场宣布，这场考试就是为了录取司空图。他的这个做法给司空图带来了很高的声誉，但却给自己惹来了麻烦，《旧唐书·王凝传》上说："凝性坚正，贡闱取士，拔其寒俊，而权豪请托不行，为其所怒，出为商州刺史。"

当时的权贵都想走王凝后门，结果王却不吃这一套，反而录取没有后门的司空图。这个结果肯定让那些人怀恨在心，于是一番活动之后，把王凝贬出了都城。而司空图也很够意思，他知道王凝是因为自己而受贬，于是就跟随王凝前往贬所任职，宋王禹偁在《五代史阙文》中称："凝出为宣州观察使，辟图为从事。既渡江，御史府奏图监察，下诏追之。图感凝知己之恩，不忍轻离幕府，满百日不赴阙，为台司所劾，遂以本官分司。久之，召拜礼部员外郎，俄知制诰。"司空图在跟随王凝前往任所的途中就受到了新的任命，但他果真知恩图报，接到任命后竟然不到任，而是继续留在王凝身边，为此还受到了处分。

后来司空图到朝中任职，却赶上了"黄巢之乱"。黄巢攻入了长安，而后不久，开始大量屠杀城中的官员。在这场大屠杀前几天，司空图准备逃出京城，然而却被堵在了门里，《司空表圣文集·段章传》中称："广明庚子岁冬十二月，寇犯京，愚寓居崇义里。九日，自里豪杨琼所转匿常平廪下。将出，群盗继至，有拥戈拒门者，孰视良久，乃就持吾手曰：'某，段章也，系房而来，未能自脱。然顾怀优养之仁，今乃相遇，天也。某所主张将军熹下士，且幸偕往通他，不且仆藉于沟辙中矣。'愚誓以不辱，章悯然泣下，导致通衢，即别去。愚因此得自开远门宵遁，至咸阳桥，复得榜者韩钧济之，乃抵鄠县。"

当司空图准备逃跑时，被黄巢叛军堵在了门内，而其中一个带头者仔细地盯着他，然后走上前跟他说：我是段章。这位段章原本是司空图的仆人，当年司空图对他很好，只是后来到外任职时，司空图说自己没有那么多钱再继续雇佣他，而让他离开了。没想到二人竟然在这种时刻碰了面。段章告诉司空图，自己是被强迫参加叛军的，没想到却在这种情况下见到了前主人。段章说他的部队首领对人不错，想带司空图见他的领导，以此可以免于杀戮。但司空图坚决不从匪，段章痛哭一番，而后偷偷地把他带到了大道上，让司空图得以逃出京城。

从以上这些故事都可看出，司空图知恩图报、待人和善，也因此而受益。他逃出京城后，就来到了王官谷，在此住了八九年，后又前往华阴住了十一年。因为黄巢被其外甥林言所杀，这场动乱终于被平定，皇帝僖宗也从四川返回了凤翔，同时任命司空图为知制诰，而后又升其为中书舍人。再后来，僖宗驾崩，昭宗即位。后因宦官专权、藩镇割据等事，天下大乱，朱全忠把持朝政，《新唐书》载："天祐二年（905）二月，杀德王裕等六王子。十月朱全忠为诸道兵马元帅，十一月为相国，总百揆，封魏王。十二月，杀皇太后、蒋玄晖、柳璨等；天祐四年（907）四月甲子（十八），哀帝逊位，次年（908）二月被弑，年十七。"朱全忠开始对朝中进行大清洗，杀了皇帝，自立为皇。唐王朝至此结束。

在这个过程中，朱全忠派人把司空图召到洛阳，并给其安排了职务，《旧唐书·本传》中称："昭宗迁洛，鼎欲归梁，柳璨希贼旨，陷害旧族，召图入朝。图惧见诛，力疾至洛阳，谒见之日，堕笏失仪，旨趣极野。璨知不可屈，诏曰：'司空图俊造登科，朱紫升籍，既养高以傲代，类移山以钓名。心惟乐于漱流，仕非专于禄食。匪夷匪惠，难居公正之朝；载省载思，当徇栖衡之志。可放还山。'"司空图觉得在此任职凶多吉少，但他如果不去朝拜，也同样会被杀，于是他来到朝中。在见皇帝时，司空图故意把手中的笏板掉在地上，以此来显示自己老态龙钟，无法任职，故而宰相把他放了回去。于是司空图又回到了王官谷，之后他就住在这里一直到去世。

司空图隐居王官谷期间也做出了一些超凡脱俗之事，《旧唐书·司空图传》中说："图既脱柳璨之祸还山，乃预为寿藏终制。故人来者，引之圹中，赋诗对酌，人或难色，图规之曰：'达人大观，幽显一致，非止暂游此中。公何不广哉！'图布衣鸠杖，出则以女家人鸾台自随。岁时村社雩祭祠祷，鼓舞会集，图必造之，与野老同席，曾无傲色。"

司空图回到了王官谷，这时他已经七十岁了，于是他给自己造好了坟墓，同时还带人坐在坟墓中喝酒、作诗，这让来的朋友都觉得很别扭，而司空图却不管这一套，他自有一番达观的说词，并且还跟当地老乡们相处得都很好。到了第二年，朱全忠逼迫唐哀帝退位，朱封哀帝为济阴王。而后朱全忠登上帝位，建立了梁朝，改元为梁开平元年，《新唐书》上说："朱全忠已篡，召为礼部尚书，不起。"看来，朱全忠当上皇帝后还没有忘记任命司空图为礼部尚书。

接下来，朱全忠又杀了唐哀帝。司空图听到这个消息后，"哀帝弑，图闻，不食而卒，年七十二。"（《新唐书》）司空图闻得

◇ 这里叫影堂，不知是不是祠堂的意思

此讯，就以绝食的方式自杀了。而《唐才子传》上的记载则比《新唐书》多了一些细节："后闻哀帝遇弑，不食，扼腕，呕血数升而卒，年七十有二。"由此可见，司空图是很有气节的人。而我眼前所见的这个休休亭内摆放的司空图雕像，从他的脸上体会出来的，更多的是一种旷达。

沿着休休古亭的侧面继续上行，百余米后就看到前方有一个仿古的院落，门楣上挂着斑驳的匾额，勉强可以看出是"聚贤居"，两旁新悬挂的木匾上写着："天柱峰下隐高士，祯贻溪畔赋华章"。拾阶而上，才注意到右墙上挂着一块简陋的介绍牌，上面写着：

◇ 司空图与两位侍者

聚贤居

又名三诏堂，是后人为纪念司空图三诏不起而修建的，唐王朝先后诏司空图为谏议大夫、礼部侍郎。当时朝政腐败，宦官霸权，司空图看到唐王朝中兴无望，于是辞官归隐王官谷。

进入院内，格局有点像北方的四合院，正堂供奉着司空图的坐姿像，其身披红袍，左手持着磁青皮儿的线装书作读书状，姿态有点像关公读《春秋》的样子。司空图像的两侧还各立着一位侍者，身上同样披着大红袍，不知这两位侍者中有没有一位段章。左右两侧墙上还挂着几幅机器裱的书法作品，像的正中摆着供桌，地上放着功德箱，正厅两侧的厢房也同样挂着一些机器裱的字画，余外空无一物。总之，无论雕像还是字画以及陈设，给我的感觉全都是急就章，制作得很是粗糙。

◇ 在山上找到了这处小庙

◇ 终于看到了"何仙庙"的字样

　　从院中转了一圈出来，向院门口摆摊的两位妇女请教何仙姑庙的走向，其中一位告诉我沿着山路上行不远即是，两位中年妇女的头上，各自包着一块蓝布巾，看上去倒有一种古朴的别致。沿着溪水一路上行，西边的巨大石块上彩绘着一些北京奥运会的吉祥物，这种图像被绘在王官谷中，不知是何喻义。山涧的两侧是高大无比的悬崖，称得上是壁立千仞。走出去近一公里，沿路打问何仙姑庙，均无人知之，但从感觉上似乎方向不对，于是原路返回，再向两位妇女询问，原来是我走错了路，何仙姑庙是沿着司空图旧居侧墙的土路向上走。

　　这条土路很窄，在茂密的树林中，似乎是走的人多了也便成了路，其实是不足二十厘米宽的小径，小径坡度很陡，沿此爬行两百余米，垂直高度至少上升了一百米。在密林中远远地看到有个方形的仿古建筑，爬到跟前，看到正门的门楣上用小篆刻着"何仙庙"三个字，

◇ 在梧桐树下找到了一堆乱石

这三个字却是从左往右读，两侧嵌着石刻的对联"乾坤容我静，名利任人忙"，这副对联上下联的位置却是从右读起。庙很小，四周无窗，向内探望，感觉里面的面积不足三平方米，正中端坐着何仙姑的彩塑。围着庙转了几圈，也未找到司空图墓，从庙向下望去，有一棵粗大的梧桐树，猛然想起入门处的老者告诉我，司空图墓在何仙庙和司空图旧居之间，墓前有一棵梧桐树。

于是沿仙姑庙爬下二十米，即来到了这个梧桐树旁。梧桐树的四周有着一亩地大小的平台，沿着平台转了几圈未能找到墓碑，仅在梧桐树后约有两平方米大小的石堆，我感觉这应当就是所说的司空图墓，这堆石头明显是人工堆砌而成的，墓顶上长满了杂草，仔细地寻找一遍，未找到任何石刻的文字，站在墓前向后望去，仍然是那高不可攀的悬崖峭壁，这应当就是资料上所说的挂鹤峰，按查得的资料所言，司空图去世后，就葬在挂鹤峰下。

◇ 历史资料记载，司空图墓就在这挂鹤峰下

拍照完毕后，原路下行，走进入口处，才注意到，进门时的那个水泥石牌坊背面还刻着字：司空表圣故里。

司空图的《二十四诗品》在后世有着广泛的影响，也同样有着不同的解读，比如其中的第四品为《沉着》。怎样的诗才能称得上"沉着"？司空图做了如下的解释：

> 绿林野屋，落日气清。脱巾独步，时闻鸟声。鸿雁不来，之子远行。
> 所思不远，若为平生。海风碧云，夜渚月明。如有佳语，大河前横。

这首四言诗用了一系列的意象来解释"沉着"二字，但这种解释并不明确，只是概括出了一种特殊的场景。在某天的傍晚，旷野的树林中有一间小屋，而此时一个人穿着便服，独自走在这静谧的荒野里，林中也偶尔有着鸟叫声。接下来仍然是一些具象的描写，从表面读上去，一句也没解释"沉着"是什么意思，所以，《二十四

《诗品》的解读方式都是靠读者的品评和意会。比如，最后的两句，孙联奎在《诗品臆说》中做出了如下的解释："有佳意，必有佳语，所谓词由意生也。佳语而有大河横阻，斯语无泛设。

◇ 返回出口时，方看到牌坊背面的字样

句句字字皆沉着矣。"而杨廷芝则认为这句话的意思是："人之佳语，如有此妙境，而大河前横，举目可得，随在皆然矣。"（《二十四诗品浅解》）

再比如第三品《纤秾》，其诗曰：

采采流水，蓬蓬远春。窈窕深谷，时见美人。碧桃满树，风日水滨。柳阴路曲，流莺比邻。乘之愈往，识之愈真。如将不尽，与古为新。

孙联奎对于此品题目"纤秾"二字，做了如下的解读："纤，细微也；秾，秾郁也。细微，意到；秾郁，辞到。"而同样，杨廷芝也是逐字解之："纤以纹理细腻言，秾以色泽润厚言。"

可见，对于司空图的这《二十四诗品》，后人均站在不同的角度，做着不同的解释。而后世的大诗人也会根据自己的偏好，针对二十四品中的某一品，来做出以偏概全的解读。比如，清初大诗人王士禛就在《香祖笔记》中说了这样一句话："表圣论诗，有二十四品，余最喜'不著一字，尽得风流'八字。"王渔洋还说："'采采流水，蓬蓬远春'二语，形容诗境亦绝妙。"

渔洋山人所说的前一句，出自第十一品《含蓄》：

> 不著一字,尽得风流。语不涉难,已不堪忧。是有真宰,与之沉浮。
> 如渌满酒,花时返秋。悠悠空尘,忽忽海沤。浅深聚散,万取一收。

而后一句则是出自上面所引用过的第三品《纤秾》。看来,这两品最受渔洋所喜爱。而与他同时代的赵执信,出于各种原因,很多诗学观点都跟王士禛唱反调,比如赵在《谈龙录》中说:"观其所第二十四品,设格甚宽,后人得以各从其所近,非第以'不著一字,尽得风流'为极则也。"

赵执信认为,司空图的《二十四诗品》包含的内容十分宽泛,而后世的读者大多是根据自己的偏好来解读《二十四诗品》的整体诗观,这是一种以偏概全,所以说,不能把"不著一字,尽得风流"视之为《二十四诗品》中的最高水准。

对于赵执信的这个说法,四库全书《四库提要》予以了首肯:"各以韵语十二句体貌之。所列诸体毕备,不主一格。王士禛但取其'采采流水,蓬蓬远春'二语,又取其'不著一字,尽得风流'二语,以为诗家之极则,其实非图意也。"

罗根泽先生认为《四库提要》的这种说法"是很对的",而后他在《中国文学批评史》中,这样解读司空图诗评思想:"司空图的意思,不过是以比喻的品题方法,对二十四种独立的诗境,提示其意趣,形容其风格而已。"虽然如此,罗根泽还是认同王渔洋特意引出《纤秾》中的两句:"王渔洋《香祖笔记》引《诗品》中的'采采流水,蓬蓬远春'二语,说是'形容诗境亦绝妙',固然是断章取义,但司空图的力谋建立诗境,则是千真万确的事实。"可见,王渔洋注意到司空图有意表达出诗境。

这也算是一种发现,只是渔洋的解读并不全面而已,朱东润在《中国文学批评史大纲》中说:"今以表圣之书考之,知渔洋所云之诗境,仅为表圣所举种种幻境之一部。绮丽云:'月明华屋,画桥碧阴,金樽酒满,伴客弹琴。'高古云:'月出东斗,好风相从。太华夜碧,人闻清钟。'劲健云:'巫峡千寻,走云连风。'豪放云:'天风浪浪,海山苍苍。'何一而非诗境,惜渔洋之未及知也。"

其实,从司空图的其他论述来看,他并没有强调诗风必须统一在一种风格之下,比如他在《与李生论诗书》中说:"文之难,而诗之难尤难。古今之喻多矣,愚以为辨于味而后可以言诗也。江岭之南,凡足资于适口者,若醯,非不酸也,止于酸而已;若鹾,非不咸也,止于咸而已。华之人所以充饥而遽辍者,知其咸酸之外,醇美者有所乏耳。彼江岭之人习之而不辨也,宜哉!诗贯六义,则讽谕、抑扬、渟蓄、温雅,皆在其间矣。然直致所得,以格自奇。前辈诸集,亦不专工于此,矧其下者耶!"司空图认为,可以用"滋味"来形容诗的不同风格,而真正的好诗却是在滋味之外。

怎样来解读司空图的这番话呢?陈良运先生就在《中国诗学批评史》中说了这样一番话:"(司空图)所强调的是味外之味,即超越酸咸等有形迹之味的另一种难以具说、难以言喻的'味'。此书中所言第一种'味',只能适应、满足人的生理需要,只有'适口'的快感而不能给人以精神愉悦的'醇美'之感。第二种'味',不是人的口舌所能感觉得到的,而是要通过人的内心感悟、精神体验,产生一种无行无迹的审美愉悦,较之前者味之可尽('止于酸而已'、'止于咸而已'),它是味之不尽('远而不尽'、'近而不浮')。"

司空图还被称为"我国文学史上第一个对唐代诗进行总体评论并作出精辟论述的文论家"(王步高《司空图评传》),这句评判的依据,乃是缘于司空图在《与王驾评诗书》中说的一段话:"国初,上好文章,雅风特盛。沈、宋始兴之后,杰出于江宁,宏肆于李、杜,极矣。右丞、苏州趣味澄敻,若清沇之贯达。大历十数公,抑又其次。元、白力勍而气孱，乃都市豪估耳。刘公梦得、杨公巨源，亦各有胜会。浪仙、无可、刘得仁辈，时得佳致，亦足涤烦。厥后所闻，徒褊浅矣。"

这段话虽然仅百十余字，但却在后世引起了广泛的争论。司空图在这段话中概括了唐代哪些诗人堪称重要，但后世却注意到他没有谈到陈子昂、孟浩然、高适、岑参等人，且对于晚唐诗人一个也没有提到，然而他在这段话中提到的杨巨源、无可、刘得仁，这些人在后世却少有人留意。也正因如此，他的这段评价受到了后世的质疑，比如明代许印芳在《与王驾评诗书跋》中说："晚唐人温、李诗名最盛，义山高作，直逼老杜。此外如杜牧之、马虞臣、罗昭谏皆晚唐中矫矫者。表圣乃云刘得仁后，所闻逾褊浅，岂未见温、李诸人之诗耶？"

许印芳认为，到了晚唐，温庭筠、李商隐等人有很高的诗名，尤其李商隐的名作，其水平不次于杜甫，余外，晚唐的杜牧等人也同样水平很高，然而司空图一个字也没提到这些名家，但却讲到了名气很小的刘得仁等，这显然是一种偏袒，为什么会这样呢？许印芳猜测说，这有可能是司空图没有看到温、李等人的诗。

而王步高则认为，当时的陈子昂、李商隐、杜牧等人的影响还不大，以历史的眼光来看，在社会上政治地位较高者，则容易引起后世的关注，而李商隐等人在那个时代只是下僚，所以有可能司空图并没有注意到这些人的诗。

司空图的这段评价，引起后世的另一大争论，则是他在此段话中所说的"元、白力勍而气孱，乃都市豪估耳"。司空图把大诗人元稹、白居易的诗风，视之为土豪语，并且说他们的诗风偏弱，这种评价当然引起了后世的不满。

怎样来解读司空图的这句话，后世学者有着不同的态度，在这里就不一一征引，但有一件事可以说明司空图只是不喜欢白居易的诗风，但对其人品却颇为尊重，比如他在《休休亭记》中说了这样一句话："因为耐辱居士歌，题于亭之东北楹。自开成丁巳岁七月，距今以是岁是月作是歌，亦乐天作传之年，六十七矣。"由此可知，他在自己六十七岁时曾给白居易写过一篇小传，且从小传的内容上可知，司空图把白居易跟陶渊明并提，并且他还以此自况，足见其很看重白居易的人品。

其实，对于司空图的这段诗评，后世也同样有着夸赞的声音，比如明胡应麟在《诗薮·外编》卷四中说："唐人评骘当代诗人，自为意见，挂一漏万，未有克举其全者。唯图此论，撷重概轻，纚巨约细，品藻不过十数公，而初、盛、中、晚，肯綮悉投，名胜略尽。后人综核万端，其大旨不能易也。"

胡应麟认为，唐人评唐诗，大多都是凭着个人的喜好来随口说几句，难免挂一漏万，虽然司空图的评价也不全面，但比其他人已经好了很多。

由以上的这些评论可知，无论司空图的《诗品》，还是他对唐代诗人的评价，都足能引起后世广泛的关注。

对于司空图的诗作，似乎最早予以表彰者，就是苏东坡的那几句话。关于此事，洪迈在《容斋随笔》中也曾提及："东坡称司空表圣诗文高雅，有承平之遗风，盖尝自列其诗之有得于文字之表者二十四韵，恨当时不识其妙。"但后世对司空图所作之诗，却大体上评价并不高，比如明胡震亨在《唐音癸签》卷八中说："司空表圣自评其集，'撑霆裂月，劼作者之肝脾'，夸负不浅。此公气体，不类衰末，似篇法未曾谙，每每意不贯浃，如炉金欠火未融。"而清人翁方纲在《石林诗话》卷二中也称："晚唐唯司空图善论诗……但其自为诗，亦未脱晚唐习气，而辄自誉云：'千变万状，不知所以神而自神'。抑太过矣。"

看来，理论主要是用在别人头上者，用这个理论来要求自己的行为，则不一定做得到。虽然如此，司空图所写的一些作品还是受到了后世的喜爱，比如他作过一篇《酒泉子》：

>买得杏花，十载归来方始坼。假山西畔药阑东，满枝红。
>旋开旋落旋成空，白发多情人更惜。黄昏把酒祝东风，且从容。

到了宋代，欧阳修在一篇《浪淘沙》中化用过司空图的词句：

>把酒祝东风，且共从容。垂杨紫陌洛城东。总是当时携手处，游遍芳丛。
>聚散苦匆匆，此恨无穷。今年花胜去年红。可惜明年花更好，知与谁同？

欧阳修将《酒泉子》的最后一句改为了自己该首词中的第一句。即此可见，像欧阳修这样的大文人对司空图的作品也有喜爱，有人甚至认为欧阳修的改写不如司空图的原作更妙，许昂霄在《词综偶评》中说："欧公《浪淘沙》起语本此。然删去'黄昏'二字，便觉寡味。"

而后世对于司空图的夸赞，则多从做人气节的角度来论述，比如《御批资治通鉴纲目》卷五十三中引用了胡三省的评语："唐末进退不污者唯司空图一人，其犹在韩偓之右乎，迹近而意远，情疏而罪微，此蔡邕、伍琼、周毖之所难也，详味其事，想见其人。呜呼，其可谓贤矣哉！"

顾炎武曾作过一首《王官谷》，此诗高度地赞赏了司空图的气节与人品，其中有几句是：

> 邈矣司空君，保身类明哲。
> 坠笏洛阳墀，归来卧积雪。
> 视彼六臣流，耻与冠裳列。

而历代歌咏司空图的诗作就太多了，包括乾隆皇帝都曾经写过多首诗来歌咏司空图，比如弘历写过一首《题金廷标四皓图》：

> 深山大泽宜商贤，四老婆娑杖履闲。
> 何必磻溪心迹愧，从朝也未忘人间。

而在此诗中的"何必磻溪心迹愧"一句下面，弘历自注"反司空图诗意"，而此句正出自司空图的《漫书五首》：

> 四翁识势保安闲，须为生灵暂出山。
> 一种老人能算度，磻溪心迹愧商颜。

其实司空图的气节还表现在他的做人方式上，《五代史阙文》中有这样一段话："河中节度使王重荣请图撰碑，得绢数千匹，图致于虞乡市心，恣乡人所取，一日而尽。是时盗贼充斥，独不入王官谷。河中士人依图避难，获全者甚众。"看来，司空图当年的润笔费极高，他给人写了篇碑文，竟然就得到了数千匹的绸绢。

这么大数量的财富，司空图却并不放在眼里，而是让人把这些绸绢拉到市中心，随便让街人们领取，一天之内就领光了，可见其为人是何等的旷达。而在唐末之时天下大乱，强盗遍地，但这些强盗们却从不入王官谷，于是当地的百姓为了避难，都躲进了王官谷中，为此司空图救了不少人。连盗贼都敬重司空图的人品，可见其人格魅力是何等的高大。

范仲淹：文弊则救之以质，质弊则救之以文

范仲淹是宋代重要人物，朱熹对他的评价很高，说他是"天地间气，第一流人物"。跟范仲淹共同搞改革的韩琦则赞誉他："大忠伟节，充塞宇宙，照耀日月。前不愧于古人，后可师于来哲。"王安石则称他："一世之师，由初迄终，名节无疵。"当然，这些赞誉说的都不是范仲淹在文章方面的成绩，用古话来说，这些夸赞指的都是他的事功，而他在事功方面所做出的成绩，一是他主持了"庆历新政"，第二则是他抵御了西夏的侵略企图。

其实，范仲淹在历史上做出的贡献，不仅仅是这两点，整个的中国封建社会总计有三大学术顶峰，其中之一就是宋学，而方健先生认为范仲淹就是宋学的开山人物。即此可知，范仲淹在中国学术史上有着何等重要的地位。而我的这篇小文，仅是谈谈他的一个侧面，那就是他在诗文方面的成就。

范仲淹是个苦孩子出身，

◇ 范仲淹撰《范文正公全集》三十五卷，清宣统二年岁寒堂刻本，书牌

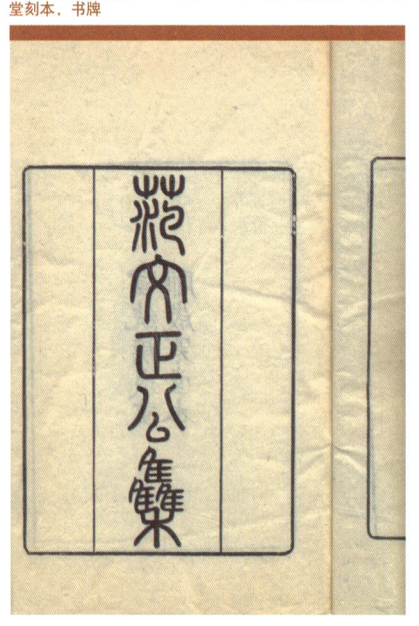

在他三岁时，父亲就去世了，母亲带着他无以谋生，便改嫁给了长山朱文翰。在范仲淹小的时候，母亲并没有把这件事告诉他，所以他一直以为朱文翰就是他的生父。后来偶然发生的一件事，才让他知道自己并不姓朱，可能是这个原因，使他开始发奋读书，他当年的这些行为成为了千百年来老师和家长教育孩子的著名例证。关于这件事，史料多有记载，我引用《湘山野录》上的这一段如下："庆历中，范希文以资政殿学士判邠州，予中途上谒，翌日召食，时李郎中丁同席，范与丁同年进士也。因道旧日某修学时，最为贫窭，与刘某同上长白山僧舍。惟煮粟米二合作粥一器，经宿遂凝，以刀为四块，早晚取二块，断齑十数茎，酢汁半盂，入少盐，煖而啖之，如此者三年。"

这段小故事时常出现在连环画中，当年范仲淹为了苦读，跟朋友一起住在寺庙里，他每日跟同学煮出一锅粥，因为粥很稠，等到粥凝固之后，他用刀再切成小块，每日早晚各吃两块，就这样，一直连吃了三年。坊间认为这个说法不尽合理，因为他的继父朱文翰是长山县令，所以他家不可能太穷。而方健又认为，三年间仅吃这些粥块儿，从营养学的角度看，也难合情理。究竟真相如何？显然难以找到真实的答案。但范仲淹的这个故事确实是深入人心，正如欧阳修在给他写的神道碑中对他的夸赞："少有大节，其于富贵、

◇ 范仲淹撰《范文正公全集》三十五卷，清宣统二年岁寒堂刻本，卷首

贫贱、毁誉、欢戚,不一动其心,而慨然有志于天下!"

范仲淹是个懂得感恩的人,他觉得继父带着他们生活很不容易,等到他自己做了官员,就给皇帝写了份奏章,希望朝廷能给他已经去世的继父一个比他原职更高的名誉头衔。此事在《言行龟鉴》卷三中有载:"范文正公生三岁而孤,母夫人贫无依,再适长山朱氏,长育有恩,常思厚报之。及贵,用南郊所加恩,赠朱氏父太常博士,暨诸子皆公为葬之,岁则为飨祭。朱氏他子弟以公荫得补官者三人。"范仲淹不但为继父争来了荣誉,同时他还努力地帮助同父异母的兄弟,而这些兄弟身后的子孙,也同样得到了范仲淹的照顾。

正是因为范仲淹与人为善,使得他在青年之时就有一些奇遇,《范文正公言行拾遗事录》卷一中载有这样一段传奇:"公在淄州长白山僧舍读书,一夕见白鼠入穴中,探之,乃银一瓮,遂密掩覆。后公贵显,寺僧修造,遣人欲求于公,但以空书复之。初,僧怏然失所望。及开缄,使于某处取此藏。僧如公言,果得白银一瓮,今人往往谈此事。"当年范仲淹在寺院中吃粥块儿苦读,某天他看见一只小白鼠钻入了一个洞穴。看来这天范仲淹读书累了,他想休闲一下,于是就找东西想把那只小白鼠从洞中掏出来,但他没想到,在这洞穴之内竟然有一缸的银元宝。本来范仲淹穷困得已经连吃饭都节省了,这笔横财完全可以瞬间改变他的命运。然而范仲

◇ 范仲淹撰《范文正公别集》清康熙四十六年吴门义塾岁寒堂刻本

淹果真是不凡人物，他竟然没有这么做，而是将这个小洞掩埋了起来，很多年他都没有再提此事。

多年之后，范仲淹考取功名，官儿越做越大，当年他所住的寺院僧人想到范曾经是从他们这里起步者，于是就以这个由头找到范，向他劝捐，希望范出一些钱来修补那个寺院。范仲淹见到来人之后，什么钱都没给，只写了封信让这个使者带回去。寺里的僧人们看到送信的人空手而回，都很失望。等他们看了信之后，才知道范仲淹在信中告诉他们，在寺院中的某处埋着一缸银元宝。众人前往挖掘，果真得到了这批元宝。

这个故事有些传奇，但范仲淹见财不起意的品格，真是太难得了，也许这正是成就大事业的人所要具备的基本品质吧。范仲淹不仅是对这种意外之财不起意，即使有人交给他发财的方法，他同样也不动心，比如《席上腐谈》卷下中讲了这样一个小故事："公与南都朱某相善。朱且病，公视之，谓公曰：'某尝遇异人，得变水银为白金术。吾子幼，不足传，今以传君。'遂以其方并药赠公。公不纳，强之乃受，未尝启封。后其子寀长，公教之，义均子弟。及寀登第，乃以所封药并其术还之。"

范仲淹跟一位姓朱的人关系很好，某天朱生了病，范去探望，朱跟范说自己曾经遇到过一位神奇的人，那个人教给了他水银变白银的秘诀，朱说

◇ 范仲淹撰《范文正公政府奏议》清康熙四十六年吴门义塾岁寒堂刻本

自己的孩子太小，没有办法把这个秘诀传授给孩子，所以他想传给范仲淹。于是朱将此秘方以及相关的试剂，一并赠给了范。范推辞不要，朱一定让范接受，范只好接了下来。但是范把这些东西拿回家后，多年都没有打开看一眼。待这位朱氏朋友去世后，范就抚养朱的儿子，等到朱的儿子考取了进士，范就把当年得到的这些秘方和试剂还给其子。从这些事情都可看出，范仲淹天生就是做伟人的料。

范仲淹能够坚定地推行"庆历新政"，当然跟他的这种坚毅性格有很大的关系。虽然他是穷苦出身，考取功名并不容易，但他却并不在意自己的官位，甚至为了伸张正义，他随时做好了赴死的准备。《范文正公言行拾遗事录》卷一中载："公尹京日，有内侍怙势作威，倾动中外，公抗疏列其罪。疏上，家所藏书有言兵者，悉焚之，仍戒其子曰：'我上疏言斥君侧小人，必得罪以死。我既死，汝辈勿复仕宦，但于坟侧教授为业。'疏奏，嘉纳其言，罢黜内侍。"

朝中的某个大宦官仗着皇帝的宠爱，竟然把持朝政，无人敢挡。范仲淹决定要碰这个硬钉子，于是就给皇帝写了份奏章，历数此人罪行。等他把这份奏章递上去之后，便回到家中，把自己藏书中有关谈战争者，全部烧掉。而后他跟儿子讲，自己已经给皇帝写了奏章要清君侧，很可能会因为得罪人而被处死，并告诉儿子，不要再去做官，今后可以在自己坟旁教书育人。好在皇帝还没有昏庸到那个份上，他看到范的奏章之后，竟然把那个宦官作了处理。

虽然范仲淹做事果敢，但他也并不是一味冒失，《西湖游览志余》卷十六中所载一个小故事，就能看出范仲淹在处理事情上的巧妙："韩汝玉令钱唐，眷一妓，尝宿其家。一日晏起，县吏挟之立门外，候声喏，汝玉即升妓家中堂受喏。翼日，下吏杖一百，即解官自劾云：'某无状，不检，为吏所侮，无以莅民，请解印归。'时范文正公知杭州，大奇之，曰：'公杰士也，愿自爱。'即令还职。汝玉既满，复携此妓游西湖，恋恋一月不去。文正公置酒饯之，召妓佐酒，候汝玉极醉时，令舟子解缆去。及醒，则舟离钱唐数十里矣。后汝玉历臙仕有声。"

当年范仲淹在杭州任职时，他管辖的钱塘县县令名叫韩汝玉，此人爱上了一个妓女。韩某天住在了妓女家中，第二天起来得有些晚，而县政府中的一位工作人员看不惯韩的这个做法，于是就找到了妓女家，站在门外说有公事要办。韩明白此人是故意让他难堪，于是他就在妓女家中升堂办公。第二天，韩汝玉来到办公室，立即命人把找他的那位工作人员暴打一顿。完事之后，他挂印封金，同时写了封辞呈，说自己所为有损官威，因此被手下污辱，这种状态何以为老百姓服务？于是就此辞职。

范仲淹收到了韩汝玉的辞职信，觉得这不是一般人，所以没有批准韩的辞职申请，直到韩任职期满。看来韩对那位妓女的确是动了真情，他觉得自己已经解职，就又去找那位妓女，并带着她游西湖，一玩就是一个月。

范仲淹觉得应该拯救韩汝玉，于是某天他就把韩和那位妓女都找来，请他们吃饭。韩喝得很美，竟然到了大醉的程度，范看时机已到，便命手下弄来一条小船，把韩抬到了船上，

◇ 在路边远远地看到了天地中的一处墓园

◇ 范仲淹雕像

等韩酒醒时，船已经离开钱塘几十里地了。再后来，这位韩汝玉果真成为了颇有政声的好官。

这个故事听来虽然是满满的正能量，但毕竟是拆散鸳鸯的一件事，看来，范仲淹认为儿女情长与励志干大事是互相矛盾的，正如王安石对他的评价——"名节无疵"。这种完美无瑕的人，虽然让人景仰，但多少缺乏些真实感。可能是后人都想把范仲淹由神还原成人，所以还是在他的诗文中扒出了一些逸闻。

范仲淹写过一首《怀庆朔堂》：

庆朔堂前花自栽，便移官去未曾开。
年年忆着成离恨，只托春风管领来。

对于这四句诗，历史上演绎出了不少的八卦，吴曾在《能改斋漫录》中说："范文正公守鄱阳郡，创庆朔堂，而妓籍中有小鬟妓，尚幼，公颇属意。既去，而以诗寄魏介曰：'庆朔堂前花自栽，便移官去未曾开。年年长有别离恨，已托东风干当来。'介因鬻以惠公。今州治有石刻。"范仲淹在做鄱阳郡太守时，建造了一个庆朔堂，而当地有一位年轻的妓女让范特别喜欢，后来范就写了这首诗寄给朋友。

但这段故事听来不过瘾，似乎只是个开头，并没有实质的故事发生。而后姚宽在《西溪丛语》中所载，就有了故事的后续："范文正守鄱阳，喜乐籍。未几召还，作诗寄后政云：'庆朔堂前花自栽，为移官去未曾开。年年忆着成离恨，只托春风管领来。'到京，以绵胭脂寄其人，题诗云：'江南有美人。别后长相忆。何以慰相思，赠汝好颜色。'至今，墨迹在鄱阳士大夫家。"看来范仲淹离任回京后还惦记着那位妓女，并且二人还有联系，因为范又给此女寄去了化妆品，同时还赠给她一首诗，而他所写这首诗的原迹被后人留了下来，成为了这桩韵事的凭证。

再后来，俞文豹在《吹剑录》中所载又把这个故事圆了起来："范文正公守饶，喜妓籍一小鬟。既去，以诗寄魏介曰：'庆朔堂前花自栽，便移官去未曾开。年年长有别离恨，已托春风干当来。'介买送公。"看来范仲淹喜欢此妓，但出于某种原因，他没敢做什么，可是离开后，他还是不能忘情，于是就写了这首诗寄给自己的朋友魏介。魏介果真够哥们儿，他立即明白了范的心思，于是出钱把那个妓女买了下来，还把此女送到了范仲淹的身边。但之后的故事就没人记载了，这让人读起来觉得不过瘾。

对于此事的记载，后世有不同的反应。首先是否定派，比如明李维桢在《范文正公补遗跋》中说："公谪饶州时，于州圃北创庆朔堂，手植花卉，栏为二坛。既移润州，题诗其上，有'年年忆得成离恨，只托春风勾管来'之句，后人和者数十家，亦云'主人当日留真赏，魂梦还应屡到来'，所指皆所植花卉耳，而诬公于乐籍有所属意，不根甚矣。"

李觉得那首诗其实指的是范仲淹所建庆朔堂中的手种之花，这个花指的是植物，而不是代指花季少女。清人陈焯在《宋元诗会》中也坚持这个观点，认为范仲淹那首诗中写的是真花，而不是花般的美女。清代扬州藏书家马曰璐在跟厉鹗同编《宋诗纪事》时也说："按范公诗，自怀庆朔堂栽花作，读四和诗，可以辨《西溪丛语》眷忆乐籍之诬。并《却扫编》春风为道士名，亦近附会矣。"

看来他们都是坚决要维护范仲淹的完美形象，所以可被称为视此事为真的反对派。但是支持派却认为没必要非要把范仲淹纯正化，比如《吹剑录》中俞文豹的一段议论："王衍曰：'情之所钟，正在我辈。'以范公而不能免。慧远曰：'顺境如磁石，遇针不觉合为一处。无情之物尚尔，况我终日在情里做活计邪？'张衡作《定情赋》，蔡邕作《静情赋》，渊明作《闲情赋》，盖尤物能移人，情荡则难反，故防闲之。"

我觉得俞的这段话说的倒较公允，人是有情感的动物，虽然范仲淹在历史上做出了那么大的贡献，但这并不等于说他是个没有感情的人。王瑞来在《天地间气——范仲淹研究》一书中，引用了范写给朋友魏介的一首诗《同年魏介之会上作》：

> 寒苦同登甲乙科，天涯相对合如何。
> 心存阙下还忧畏，身在樽前且笑歌。
> 闲上碧江游画鹢，醉留红袖舞鸣鼍。
> 与君今日真良会，自信粗官乐事多。

而后王瑞来评价此诗说："这首诗形象地描写了宴游的场面。其中'醉留红袖'则显示了有歌伎在场。"以此来说明范仲淹并非不食人间烟火，而后王瑞来在书中举出了范仲淹所写的两首词：

其一《苏幕遮·怀旧》：

> 碧云天，黄叶地。秋色连波，波上寒烟翠。山映斜阳天接水，芳草无情，更在斜阳外。
> 黯乡魂，追旅思。夜夜除非，好梦留人睡。明月楼高休独倚，酒入愁肠，化作相思泪。

其二《御街行》：

> 纷纷坠叶飘香砌，夜寂静，寒声碎。真珠帘卷玉楼空，天淡

银河垂地。年年今夜,月华如练,长是人千里。

愁肠已断无由醉,酒未到,先成泪。残灯明灭枕头欹,谙尽孤眠滋味。都来此事,眉间心上,无计相回避。

范仲淹在这两首词中大谈芳草以及相思泪,这也是他重感情的一种直接表达。清许昂霄在《词综偶评》中说范词中的"酒入愁肠"是"铁石心肠人,亦作此消魂语"。

范仲淹的这两首词在后世流传甚广,尤其《怀旧》的起首一句——"碧云天,黄叶地",这一句的出名是因为王实甫在《西厢记》中将其化用在《长亭送别》一折中,而后使得该词成为了千古绝唱。邹祇谟在《远志斋词衷》给予了《苏幕遮》这样的评价:"前段多入丽语,后段纯写柔情,遂成绝唱。"看来,范仲淹在柔情方面其实不输于任何古人。关于《御街行》,钱锺书在《宋诗记事·序》中也注意到了范仲淹是写情诗的高手:"宋人在恋爱生活里的悲欢离合不反映在他们的诗里,而常常出现在他们的词里。如范仲淹的诗里一字不涉及儿女私情,而他的《御街行》词就有'残灯明灭枕头欹……'这样悱恻缠绵的情调,措词婉约,胜过李清照《一剪梅》词'此情无计可消除,才下眉头,又上心头。'"

范仲淹的词作,就社会知名度而言,似乎以《渔家傲》最为人们所熟知:

塞下秋来风景异,衡阳雁去无留意。四面边声连角起,千嶂里,长烟落日孤城闭。

浊酒一杯家万里,燕然未勒归无计。羌管悠悠霜满地,人不寐,将军白发征夫泪。

◇ "高山仰止"石牌坊

对于这首词，后世也同样有着很高的评价，比如贺裳在《邹水轩词筌》中说："按宋以小词为乐府，被之管弦，往往传于宫掖。范词如'长烟落日孤城闭''羌管悠悠霜满地''将军白发征夫泪'，令'绿树碧檐相掩映，无人知道外边寒'者听之，知边庭之苦如是，庶有所警触。此深得《采薇》《出车》、'杨柳''雨雪'之意。"

专家们觉得范仲淹诗中写得最好的一首，应当是《野色》：

非烟亦非雾，幂幂映楼台。
白鸟忽点破，夕阳还照开。
肯随芳草歇，疑逐远帆来。
谁谓山公意，登高醉始回。

陈衍在《宋诗精华录》上赞誉该诗"有神无迹"，梅尧臣给出的评语则是："状难写之景，如在目前；含不尽之意，见于言外。"

无论专家们怎样夸赞，范仲淹的文章最受人们喜爱者，应该还是《岳阳楼记》，这篇文章才真正做到了脍炙人口，至少今日的中学生基本上人人能够背诵，但即便如此，我还是要把其中描写景物的名段抄录在这里：

◇ 墓园入口处

> 若夫淫雨霏霏，连月不开，阴风怒号，浊浪排空；日星隐曜，山岳潜形；商旅不行，樯倾楫摧；薄暮冥冥，虎啸猿啼。登斯楼也，则有去国怀乡，忧谗畏讥，满目萧然，感极而悲者矣。
>
> 至若春和景明，波澜不惊，上下天光，一碧万顷；沙鸥翔集，锦鳞游泳；岸芷汀兰，郁郁青青。而或长烟一空，皓月千里，浮光跃金，静影沉璧，渔歌互答，此乐何极！登斯楼也，则有心旷神怡，宠辱偕忘，把酒临风，其喜洋洋者矣。

这一段是用对比的修辞手法，说出了岳阳楼在雨天和晴天给游客的感觉是如此不同，但我登上岳阳楼时，可惜既非雨天，也非晴天，未能体会到范仲淹所描绘的景色带给人的巨大影响。该记的最后一个段落也是后世文人常常引用的名句：

> 嗟夫！予尝求古仁人之心，或异二者之为，何哉？不以物喜，不以己悲。居庙堂之高则忧其民；处江湖之远则忧其君。是进亦忧，退亦忧。然则何时而乐耶？其必曰"先天下之忧而忧，

后天下之乐而乐"乎？噫！微斯人，吾谁与归？

我对范仲淹的这篇文章有着特别的偏爱，甚至我的堂号都是由此而得者，可是后来竟然有人说范仲淹把岳阳楼和洞庭湖写得那等壮美，其实他根本就没有去过那里。这个说法太让人受打击了。然而在历史上，有人这么说，同样也有人反着说，我倒觉得无论范仲淹是否真的登上了岳阳楼，这一点其实并不重要。如果他没有去过这里，反而更加证明了他驾驭文字的能力是如此之高：少有人能够没有去过某地，还能把那个地方描绘得如此壮美。而更为重要者，通过他的描绘，似乎能够扫描出他站在楼中眼睛所观测到的一切。

说范仲淹确实没有到过岳阳楼的一派认为，当年是滕宗谅给范仲淹写了封《求记书》，并寄给范一幅《秋晓图》，范就根据滕信中的描写介绍以及眼前所见的这幅画，进行艺术加工后写出了《岳阳楼记》。第二种说法也认为范仲淹没有去过洞庭湖，但他为什么能把洞庭湖描写得那样逼真呢？原因是范仲淹熟悉太湖风光，于是他就根据当年所见的太湖来描写洞庭湖。而第三种说法则是说范曾在鄱阳湖边任职一年半，所以他是根据鄱阳湖的风景来描写洞庭湖的。

对于这三种说法，《范仲淹评传》中一一予以了反驳，方健通过查证各种史料，证明范不但去过洞庭湖，并且还在此住过三年多，而后他得出的结论是："志学之岁以前的范仲淹，在'县三面皆大湖'的澧州安乡县度过了其少年生涯。读书台遗址面山临水，数年来，对洞庭湖细致入微的观察，使他对洞庭风光留下极为深刻的印象。四十余年之后，他应滕宗谅之请时，文思如泉，以如椽之笔，写下了千古绝唱《岳阳楼记》。"

但范仲淹究竟到没到过洞庭湖呢？我当然给不出答案来，《过庭录》中有这样一段记载："滕子京负大才，为众忌嫉，自庆帅谪巴陵，愤郁颇见辞色。文正与之同年，友善，爱其才，恐后贻祸。然滕豪迈自负，罕受人言。正患无隙以规之，子京忽以书抵文正，求《岳阳楼记》，故《记》中云：'不以物喜，不以己悲。先天下之忧而忧，后天下之乐而乐。'其意盖有在矣。"这段话说，滕宗谅负才傲物，作为

◇ 《岳阳楼记》中的名句成为了这里的标语

◇ 三碑并立

朋友的范仲淹担心滕为此受到伤害，他本想劝劝滕，但考虑到滕这个人特别听不进别人的不同意见，正在犹豫之时，范突然接到了滕的来信，希望范写篇《岳阳楼记》，于是范在此《记》中的最后几句话，其实是说给滕听的。然范没想到的是，这几句话而后千古传唱。

从这段记载来看，至少范仲淹写此《记》时不在洞庭湖，也不在岳阳楼，但这并不等于说他之前没有去过那里，因此从这个角度来看，我更愿意相信方健先生的考证，那就是：范仲淹一定去过洞庭湖，并且也登上过岳阳楼。

关于范仲淹在文学史上的地位，赵孟贤在《凌愚谷集序》中说："庆历以来，六一公欧氏未变体之际，王黄州、范文正诸公充然富赡，宛乎盛唐之制，亦其天姿之夐，已脱去五季琐俗之陋。"至少赵孟

坚认为，欧阳修还未开始继承古文运动之前，范仲淹等人已经开始了这方面的运作，其标志之一是范仲淹所作的《奏上时务书》：

> 臣闻国之文章，应于风化。风化厚薄，见乎文章。是故观虞夏之书，足以明帝王之道；览南朝之文，足以明衰靡之化。故圣人之理天下也，文弊则救之以质，质弊则救之以文。质弊而不救，则晦而不彰；文弊而不救，则华而将落。前代之季，不能自救，以至于大乱。乃有来者，起而救之。故文章之薄，则为君子之忧；风化其坏，则为来者之资。惟圣帝明王，文质相救，在乎己，不在乎人。

这是范仲淹在《奏上时务书》中提到的第一件事，可见他对文风有着怎样的重视，故而这篇奏章被视之为北宋古文运动的先声。王瑞来在《天地间气——范仲淹研究》一书中称："范仲淹与北宋古文运动的关系相当密切。虽然他的主要精力并不全在于此，但他的许多言行对北宋古文运动的发展起到了推波助澜的作用。从某种意义上讲，范仲淹称得上是北宋古文运动的早期倡导者、实践者。"

对于社会文风的态度，范仲淹在《尹师鲁河南集序》中表达得更为明确：

> 予观尧典舜歌而下，文章之作，醇醨迭变，代无穷乎。惟抑末扬本，去郑复雅，左右圣人之道者难之。近则唐贞元、元和之间，韩退之主盟于文，而古道最盛。懿、僖以降，浸及五代，其体薄弱。皇朝柳仲涂起而麾之，髦俊率从焉。仲涂门人能师经探道、有文于天下者多矣。洎杨大年以应用之才，独步当世。学者刻辞镂意，有希仿佛，未暇及古也。其闻甚者专事藻饰，破碎大雅，

◇ 祠堂

反谓古道不适天用，废而弗学者久之。

范仲淹于此仍然强调文风跟社会的变化关系，他从远古讲起，而后讲到了唐代的韩愈，接下来，他又说到五代时期文体最弱，之后又提到了柳开对于古人的作用，同时他又提到穆修、尹洙和欧阳修等人在这方面的努力。而有意思的是，他还提到了杨亿，范仲淹在此文中以赞赏的口吻夸赞杨亿，即此说明他并不反对西昆体。从整段文章来看，范仲淹对文风的变迁有着一种客观的态度，他认为每个朝代都会有每一代的文风，艳美过了，就会变

◇ 祠堂内景

得古朴，而古朴过了，又会接着变回来。这正是他客观开明的一面。

范仲淹的该序乃是为友人尹洙的文集所写。尹洙去世后，范仲淹帮他料理了后事，同时还帮尹洙编出了这部诗文集，而后写了这篇序言，可见两人关系是如此的莫逆。而当年范仲淹写完文章后，都会拿给尹洙看，请其提出修改意见。宋毕仲询在《幕府燕闲录》中说："范文正公尝为人作墓铭，已封将发，忽曰：'不可不使师鲁见。'明日，以示尹师鲁。曰：'希文名重一时，后世所取信，不可不慎也。今谓转运使为部刺史，知州为太守，诚为脱俗，然今无其官，后必疑之，此正起俗儒争论也。'希文抚几曰：'赖以示子，不然，吾几失之。'范文正公作《岳阳楼记》，为世所贵。尹师鲁读之曰：'此传奇体也。'"

范仲淹给别人写墓志铭，本已经封好准备寄出，突然想到此文还没有给尹洙看过，于是第二天又拆封拿给尹，尹看后马上提出了自己的修改意见，范闻听后大为感慨，说如果不是尹的提醒，他的这篇文章真的会闹出笑话。可见范仲淹重视尹洙的意见，是何等的有道理。可是范的代表作《岳阳楼记》在其当世已经成为了名篇，然尹洙读后却说，这看上去像一篇传奇体。尹的言外之意，该文的格调不高，不知道范仲淹听到尹的这个评价后，作何反应。如果他真听了这位诤友的评语，而把该文删掉，那在中国文章史上将是何等重大的损失。

从《岳阳楼记》的结构即可看出，范仲淹作此类文章仍是传统的行文方式，首先点明来源，其次点明景色，最终发表议论。而他所作的《清白堂记》也同样如此，该文的第一个段落为：

> 会稽府署，据卧龙山之南足。北上有蓬莱阁，阁之西有凉堂，堂之西有岩焉。岩之下有地方数丈，密蔓深丛，莽然就荒。

一日命役徒芟而辟之，中获废井。即呼工出其泥滓，观其好恶，曰嘉泉也。择高年吏问废之由，曰不知也。乃扃而澄之。三日而后汲。视其泉，清而白色，味之甚甘。渊然丈余，绠不可竭。当大暑时，饮之若饵白雪、咀轻冰，凛如也；当严冬时，若遇爱日，得阳春，温如也。其或雨作云蒸，醇醇而浑；盖山泽通气，应于名源矣。又引嘉宾，以建溪、日铸、卧龙、云门之茗试之，则甘液华滋，说人襟灵。

该文先介绍了地理环境以及来由，原来他整理一个废园时，偶然挖到了一口古井，范命人淘井之后，其水十分甘甜，而后范仲淹用不同产地的茶，用该井水煮之，结果每一种茶味道都很好，这令其大喜。当然范仲淹写此文不止是为了记录，他挖出了一口古井，更为重要者，是他在该段客观描写之后，所发的一段议论：

观夫《大易》之象，初则井道未通，泥而不食，弗治也；终则井道大成，收而勿幕，有功也。其斯之谓乎？又曰："井，德之地"，盖言所守不迁矣；"井以辨义"，盖言所施不私矣。圣人画"井"之象，以明君子之道焉。予爱其清白而有德义，可为官师之规，因署其堂曰清白堂，又构亭于其侧，曰清白亭。庶几居斯堂，登斯亭，而无忝其名哉！

他用《易经》的观念来解读淘井的行为，他说自己喜爱井水的清白，于是将井旁的这间官署用房起名为清白堂，而后又在旁边盖起一个清白亭。范仲淹用泉水的清白来比喻为官之道，这才是他真正想说的话，而他的这种观念可以用其所作《南京书院题名记》中的一段话予以解读：

> 讲议乎经，咏思乎文。经以明道，若太阳之御六合焉为；文以通理，若四时之妙万物焉。诚以日至，义以日精。聚学为海，则九河我吞，百谷我尊；淬词为锋，则浮云我决，良玉我切。

范仲淹在此明确地讲，经以明道，文以通理，这才是他所秉持的文学观。

范仲淹墓位于河南洛阳市伊川县彭婆许营村。在洛阳市包下了一辆出租车，而后驶上洛栾快速路南行十公里左转穿过东高屯村，再向东行驶七公里，从下面穿过二广高速，在此交叉处看到带券墓碑较为精致，上面横写着"特级劳模"，但我来此不是拜访此特级劳模，而是来瞻仰范仲淹墓。

继续东行路过郑少洛高速，然后再反穿回来走一U字形，即看到四野中有一大片松林，估计应是范园。前往打问，此片林子的确

◇ 范仲淹墓

是范园，但却是范氏后人集体家墓园，而范仲淹之墓则是由此前行二百米。按其所指，范仲淹墓园与范氏后人墓园是前后相望，各用砖墙独立围起来而已。墓园前立有范仲淹雕像，雕像后有十余米长的小桥，穿过小桥即是范园，正门上悬挂着光绪皇帝御题的墓區，上书"以道自任"，然正门紧闭，右手有一侧门，估计这也是按老礼复制者：只有帝王可以从正门进入，以我的卑微身份，那当然只能走侧门。

侧门也是一道锈迹斑斑的铁门，门口坐着一位看上去七十余岁的老者，我问他怎样入园，他的回答很干脆："二十元！"，看来是让我买票，我付二十元给他，问他有没有门票，其实找他要票是为自己留个证物而已，然而他却跟我说："这二十元钱不是买票，是你对修复墓园的捐款，没票。"好吧，那就算我给范仲淹墓园的建设添了一块砖吧。

墓园远远望去感觉占地约百亩。进门台阶上一字排开列着十四块五厘米厚四十厘米见方的水泥块，每块上写着一个字，左右各列七块，写着范仲淹的名句——"先天下之忧而忧，后天下之乐而乐"，每字一块，然而从字形到排列方式很像"文革"中的标语。右手有一块三米高的墓碑，然碑亭用现代商场常用的玻璃门及锁封闭了起来，无法照相，也难看清碑上的字迹。此种封碑方式罕见。此碑亭上书

◇ 范仲淹长子之墓

◇ 国家级文保牌

建制年款"中华民国五年三月",年款下一行横书"达不离道",再下面是拱形门楣,砖雕为八卦。墓园的后方是范仲淹墓,墓庐保护完整,旁边有范仲淹父与子之墓。

我来的这一天,在墓园内没有遇到任何游客。站在静静的墓园中,可以让自己静下心来体味一番范仲淹的伟大,他不仅在政治上有着那么多的作为,而他在文学史上的贡献更是受到了后世高度的夸赞,苏轼把他誉为"人杰",而黄庭坚则称他为"当时文武第一",司马光则把他看得更为高大:"雄文奇谋,大忠伟节。充塞宇宙,照耀日月。前不愧于古人,后可师于来哲。"看来司马光认为他的文

◇ 偶遇姚公祠

◇ 姚公祠外观

章就如他的气节一样，可以成为后世的范本。而我的这个遐思却突然听到了回应声，这个回应声吓了我一跳，循声望去，原来是在他的墓前拴着一只大黄猫。可能我忽略了它的存在，所以引起了它的不满。但我觉得，它既然是范仲淹墓前的猫，那也一定是有着大智慧在，于是我掏出了书包里剩余的半个烧饼供奉给它，这也算是我效仿范仲淹年轻时乐善好施的美德吧。

欧阳修：君子之所学也，言以载事，而文以饰言

欧阳修在中国文学史上的地位既高大又重要，脱脱在《宋史》中将他与韩愈并提："……至唐韩愈氏振起之。唐之文，涉五季而弊，至宋欧阳修又振起之。挽百川之颓波，息千古之邪说，使斯文之正气，可以羽翼大道，扶持人心，此两人之力也。愈不获用，修用矣，亦弗克究其所为，可为世道惜也哉！"而后历代对欧阳修的夸赞就太多了，我只引用一下当代学者对他的评价。

袁行霈主编的《中国文学史》中第三卷第三章的题目是"欧阳修及其影响下的诗文创作"，其对于欧阳修的评价为："在宋代文学史上最早开创一代新风的文坛领袖是欧阳修"，"欧阳修博学多才，诗文创作和学术著述都成就卓著，为天下所仰慕。他又是一代名臣，政治上有很高的声望。他以这双重身份入主文坛，团结同道，汲引后进。在当时的著名文学家中，尹洙、梅尧臣、苏舜钦是他的密友；苏洵、王安石得到他的引荐；而苏轼、苏辙、曾巩则是他一手识拔的后起之秀。由欧阳修来肩负革新文风的领导责任，正是众望所归。"

以上的这段评价，应当是本自明胡应麟在《诗薮》中说的两句话："韩稚圭、宋子京、范希文、石曼卿、梅圣俞、蔡君谟、苏才翁、芳子美等，皆永叔友也。王岐公、王文公、曾子固、苏子瞻、王深父、李清臣、方子通等，皆六一徒也。"这么多的名人，不是欧阳修的

◇ "一代文宗"欧阳修

朋友就是他的弟子，而这些人团结在他的周围，对社会文风的影响，由此可知。欧阳修不仅仅是文坛领袖，他自己的创作也同样有着十分令人瞩目的成就，黄进德在《欧阳修评传》中称："欧阳修是宋代第一位兼擅诗、文、词、赋的大家。领袖文坛长达三十年之久。"

由此可见，欧阳修不止是自己在文学史上地位显赫，更重要者，他还是一位文坛领袖，那么多的重要人物都是经过他的提拔与揄扬而名扬天下，其中最重要的人物非苏东坡莫属。

宋嘉祐二年，欧阳修主掌礼部贡举，当时是五位主考官加一位评卷官，这评卷官就是欧阳修的好友梅尧臣。他们在一起封闭了五十天，因为闲来无事，所以互相之间写诗唱和。终于考试完毕，梅尧臣在大量的诗卷中看到了一份最为优秀者，这份试卷中有如下一个段落令他眼前一亮："……《传》曰：'赏疑从与，所以广恩也；罚疑从去，所以慎刑也。'当尧之时，皋陶为士，将杀人，皋陶曰'杀之三'，尧曰'宥之三'，故天下畏皋陶执法之坚，而乐尧用刑之宽。四岳曰'鲧可用',尧曰:'不可,鲧方命圮族',既而曰'试之'。何尧之不听皋陶之杀人,而从四岳之用鲧也?然则,圣人之意,盖亦可见矣……"

梅尧臣读后立即将这份试卷拿到了主考官欧阳修面前,称赞此文有《孟子》之风。欧阳修读完后也觉得这份试卷写得特别好:"惊喜,以为异人。"然而试卷中提到的"皋陶"这个典故,他却不知出处,于是就咨询其他几位主考官,大家都想不起出典。而后欧阳修问梅尧臣,梅却说了句:"何须出处!"

那时已经实行了闭卷糊名考试,考生是谁,主考官们并不知道,但欧阳修仔细品味文风,感觉到很像自己的弟子曾巩所写,他本来想将这份优秀的答卷列为第一名,但虑及别人有闲话,于是改为第二名。等到评完试卷揭封发榜时,众人才知道这份优秀试卷的作者名叫苏轼。

虽然考试已结束,但欧阳修是个认真的人,他还在惦记着那份答卷中的"皋陶"之典出自何书,当时他跟梅尧臣说:"此郎必有所据,更恨吾辈不能记耳。"所以,考试完毕后,等到苏轼来拜谢主考官时,欧阳修首先就向苏问到了这个典故的出处,没想到苏轼的回答竟然跟梅尧臣一样:"何须出处!"

这个故事被后世大量演绎,出现了多个不同版本,甚至有的文献上说,苏东坡回答的"何须出处"这四字本身就有出处,敖英在《绿雪亭杂言》中说:"愚按东坡斯言,非无稽臆断也,在《文王世子》(《礼记》篇名)。曰:'公族有罪,有司谳于公。其死罪,则曰:某之罪在大辟,公曰:宥之;有司又曰:在辟,公又曰:宥之。有司又曰:在辟。三宥不对,走出,致刑于甸人。'即此而观东坡之意,得非触类于此乎?"

还有的文献上说,其实苏轼是故意这么说,因为他知道真正的出处在哪里，但他不想在众主考官面前炫耀自己的博学，明陈继儒《晚香堂小品》卷二十四中称："东坡之论原有本耳，想主司偶忘之，而东坡又不敢辄拈出以对，故漫应如此。不惟待前辈之道宜然，亦可省露之扬己之病也。"但无论事实怎样，苏东坡以第二名的好成绩进士及第，而欧阳修也为能得到这么一位优秀的人才而高兴不已。欧阳修高兴地说："此人可谓善读书，善用书，他日文章必独步天下。"

欧阳修不但对苏轼极其赞赏，苏轼之父苏洵的文章能被天下知，也有很大原因是因为欧阳修的推举，他曾专门给宋仁宗呈上《荐布衣苏洵状》："布衣苏洵，履行淳固，性识明达，亦尝一举有司，不中，遂退而力学。其论议精于物理而善识变权，文章不为空言而期于有用。其所撰《权书》《衡论》《几策》二十篇，辞辩闳伟，博于古而宜于今，实有用之言，非特能文之士也。"虽然有的大臣当时没有同意重用苏洵，但苏洵所写的文章却在社会上流传开来，在欧阳修的推举下，苏轼父子三人的文章在社会上有了很大的影响，《故霸州文安县主簿苏君墓志铭》上称："一时后生学者皆尊其贤，学其文，以为师法。"

三苏之外，另一位"八大家"的重要人物王安石也是因为欧阳修的推举，才使得文名享誉天下，《石林避暑录话》卷二中有这样一段话："王荆公初未识欧文忠公，曾子固力荐之，公愿得游其门，而荆公终不肯自通。至和中为群牧判官，文忠还朝，始见知，遂有'翰林风月三千首，吏部文章二百年'之句。然荆公犹以为非知己也，故酬之曰：'它日倘能窥孟子，此身安敢望韩公。'自期以孟子，而处公以韩愈，公亦不以为嫌。及在政府，荐可为宰相者三人同一札子，吕司空晦叔、司马温公与荆公也。吕申公本嫉公为范文正党，滁州之谪实有力；温公议濮庙，不同，力排公而佐吕献可；荆公又以经术自任而不从公。然公于晦叔则忘其嫌隙，于温公则忘其议论，

◇ 欧阳修撰《醉翁琴趣外篇》六卷，宣统三年至民国六年吴氏双照楼《景刊宋元本词》本，牌记

于荆公则忘其学术，不如是，安能真见三公之为宰相耶？世不高公能荐人，而服其能知人。"

由此话可知，当年王安石并不认识欧阳修，而曾巩则极力推荐王安石去认识欧阳修，但不知什么原因，王不愿这样做。后来王和欧阳在朝中见面，欧阳写诗赞誉王的文章写得漂亮，然而王回赠之诗却并不那么尊重。王把自己比喻成孟子，而把欧阳比喻成唐代的韩愈，显然他觉得自己要比欧阳修高许多。欧阳修是何等聪明的人，这句诗的喻义他当然明白，然而难得之处正是欧阳修的胸怀，他完全不以此为意，继续推荐和支持王安石。也正是欧阳修的这种胸怀，才使他成为了文坛领袖。

欧阳修能够破格提拔人才，在当时也顶着很大的压力，因为在那个时代，社会上流行着浮夸的文风，而欧阳修很反感这种风气，《先公事迹》中称："时学者为文以新奇相尚，文体大坏。公深革其弊，一时以怪僻知名在高等者，黜落几尽。"

正因如此，那场考试录取者都是试卷写得比较平实的文章，这种反潮流的做法当然受到了时人的痛恨。当时那些落榜生们等在路旁，围堵前去上班的欧阳修，以至于动用了警察来帮其解围，还有的人诅咒他早死，但欧阳修却不以此为意，因为他心里知道这个结果是一种必然。《明道杂志》中称："欧阳文忠公应举时，常游京

师浴室院,有一僧,熟视公,公因问之曰:'吾师能相人乎?'僧曰:'然。足下贵人也。然有二事:耳白于面,当名满天下;唇不掩齿,一生常遭人谤骂。'其后公以文章名世,而屡为言者中以阴事。"

看来,他在参加科举考试时就请一位僧人相过面,那位僧人告诉他,你的耳朵比你的脸白,早晚会名扬天下,但你的嘴唇却盖不住牙齿,所以你一生都会被别人诽谤和谩骂。

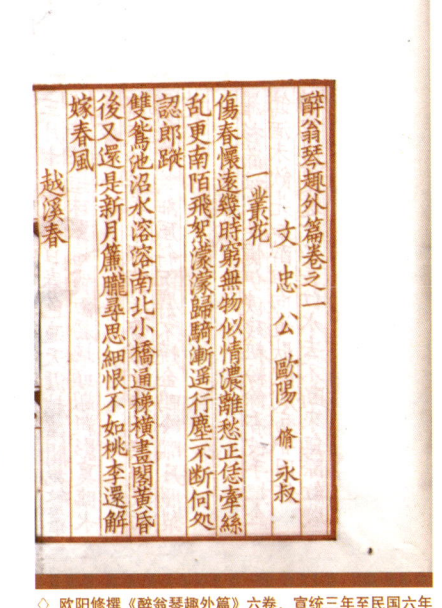

◇ 欧阳修撰《醉翁琴趣外篇》六卷,宣统三年至民国六年吴氏双照楼《景刊宋元本词》本,卷首

然而我看到的各种欧阳修画像却并没有把他画成大龅牙,不知这算不算是对名人的美化。

为了改变社会上的行文风气,欧阳修也做出了一些超常之举,沈括在《梦溪笔谈》卷九中有这样一段话:"嘉祐中,士人刘几,累为国学第一人,骤为怪崄之语,学者翕然效之,遂成风俗,欧阳公深恶之。会公主文,决意痛惩,凡为新文者,一切弃黜,时体为之一变,欧阳之功也。有一举人论曰:'天地轧,万物茁,圣人发。'公曰:'此必刘几也。'戏续之曰:'秀才剌,试官刷。'乃以大朱笔横抹之,自首至尾,谓之'红勒帛',判大'纰缪'字榜之,既而果几也。复数年,公为御试考官,而几在庭。公曰:'除恶务力,今必痛斥轻薄子,以除文章之害。'有一士人论曰:'主上收精藏明于冕旒之下。'公曰:'吾已得刘几矣。'既黜,乃吴人萧稷也。是时试《尧舜性之赋》有曰:'故得静而延年,独高五帝之寿;动而有勇，形为四罪之诛。'公大称赏，擢为第一人，及唱名，乃刘煇，人有识之者曰：'此刘几也，易名矣。'公愕然久之。"

这段话很有意思，当时有位叫刘几的人，特别喜欢用怪诞的语言来写文章，因为刘几名气很大，所以当时很多人都效仿他的文风。欧阳修却十分讨厌这种写法，他决定找机会教训一下刘几，以改变社会的文风。

而后刘几在参加科考时，欧阳修在刘的卷子上批上了调侃的话，同时还把刘几的试卷用红笔从头涂抹到底，等发榜揭名时，这张果真是刘几的考卷。欧阳修想以此来告诉其他的学子，如果文章写成这样，会得到怎样的结果。

然而，数年后的再次考试，欧阳修看到了一份十分符合他口味的考卷，他读到了其中的名句，大为赞赏，所以把此人的成绩列为了第一名，而等到揭名时，这位状元名叫刘煇。有位认识刘煇的人告诉欧阳修说，其实此人就是刘几，他只是改了个名字罢了。闻听此言，搞得欧阳修目瞪口呆。

◇ 欧阳修撰《唐书》二百二十五卷，元大德九年建康路儒学刊明南监及清内府修补本

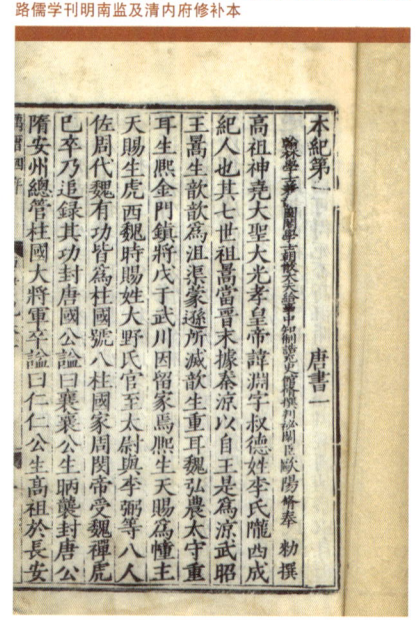

其实细读这段小掌故，看似有游戏的成分，但从另一个侧面来说，也证明这位刘几能够知错就改。连刘几这样的人都能将文风由浮夸变为朴实，那从侧面就可以印证出，欧阳修对社会文风的改变确实起到了效果，但他对这"刘几"变"刘煇"还是调笑了一下。以欧阳

修的性格，他肯定还会找机会让这位刘几服气，《履斋示儿编》卷八中称："东坡有曰：'诗赋以一字见工拙。'诚哉是言。尝记前辈说欧公柄文衡，出《尧舜性仁赋》，取刘煇天下第一。首联句曰：'世陶极治之风，虽稽于古；内积安行之德，盖禀于天。'刘来谒谢，颇自矜。公虽喜之，而嫌其'积'字不是性，为改作'蕴'，刘顿骇服。"

虽然欧阳修很夸赞刘煇的答卷，但他觉得其中改一个字，会让文章变得更妙。刘煇考取了状元，很是志满意得，他来拜谢主考官时，欧阳修却告诉他要将文中的某个字改过来。刘煇一听，这一字之改，确实意境大变，顿时就老实了下来。对于刘几事件，后世给予了较高的解读，袁行霈主编的《中国文学史》中称："刘几改名刘煇再度应试，文风迥变，方得及第。这是'太学体'消歇的一个标志性事件。"

欧阳修为什么会有着跟时代完全不同的文风呢？这件事还要从他的人生经历聊起。欧阳修四岁时，父亲就去世了，为了生活，母亲带着他前去依靠三叔欧阳晔，但欧阳晔也只是个小小的推官，每年的收入很低，不可能供欧阳修去上学。好在母亲郑氏原本是大家出身，于是就在家里教他认字。因为家里穷，所以用不起纸笔，母亲就用芦苇秆在沙子上教他认字。

◇ 欧阳修撰《欧阳先生文粹》二十卷，明嘉靖二十六年郭云鹏宝善堂刻本

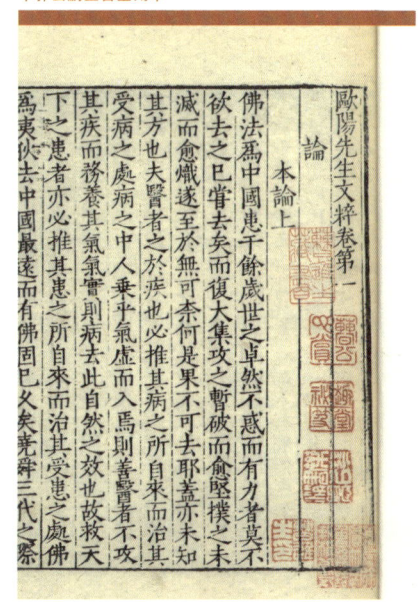

那个时候，欧阳晔在随州任职，当地城南有位姓李的大户人家，此家有着万卷藏书，欧阳修跟李家的儿子成为了好朋友，所以他就常到李家去看书。某天，欧阳修在李家的废纸堆中捡到了一部残缺不全的《韩愈文集》，仔细翻看后，他特别喜欢韩愈的那种质朴文风，这件事对欧阳修后来的文风影响，是一个重要转折。

但是，那个时代所流行的时文显然跟质朴文风相悖，欧阳修以这种文风参加科考，当然是以落榜告终。两次失败让欧阳修明白了什么叫"识时务者为俊杰"，于是他就暂时放弃了那种质朴文风，用了几年的时间来学习时文，他在《与荆南乐秀才书》中直言不讳地讲到了自己的这个转变："仆少孤贫，贪禄仕以养亲，不暇就师穷经以学圣人之遗业。而涉猎书史，姑随世俗作所谓时文者，皆穿蠹经传，移此俪彼，以为浮薄，惟恐不悦于时人，非有卓然自立之言如古人者。然有司过采，屡以先多士。"

在这里，欧阳修还明确地说，因为他自小家里穷，考取功名是能够获得好生活的唯一出路，所以他要学习时文。由此可知，欧阳修是一位懂得变通且为人直率的读书人。果真，他在第三次科考中就成为了进士。得到了期待已久的结果后，他却立即放弃了时文，又恢复到了自己原本的文风中，他在《答陕西安抚使范龙图辞辟命书》中称："今世人所谓四六者，非修所好。少为进士时，不免作之。自及第，遂弃不复作。在西京佐三相幕府，于职当作，亦不为作。"欧阳修明确地说，他不喜欢骈体文，骈体文只不过是他参加考试的敲门砖，既然已经考取了功名，他就再也不作这类的文章。

有两个人对欧阳修的文风形成起到了较大的影响，一位是梅尧臣，而另一位是尹洙。《四库全书总目》卷一五三中称："佐修以变文体者，尹洙；佐修以变诗体者，则尧臣也。"纪晓岚认为，让欧阳修的文章变得更加质朴的人是尹洙，而改变欧阳修诗体的人则是梅尧臣。

欧阳修对尹洙特别推崇，他写过一篇《七交七首，尹书记》：

> 师鲁天下才，神锋凛豪俊。
> 逸骥卧秋枥，意在骙骙迅。
> 平居弄翰墨，挥洒不停瞬。
> 谈笑帝王略，驱驰古今论。
> 良工正求玉，片石胡为韫。

这段话中所说的"师鲁"，指的就是尹洙。欧阳修在洛阳任职时，尹洙也在这里。他们当时的顶头上司钱惟演在府第中建起了一座双桂楼，并让谢希深、尹洙和欧阳修各写一篇楼记。当时欧阳修一挥而就写出了上千字，尹洙看后说："某只用五百字可记。"而后尹建议欧阳修把自己的那篇记也删减到五百字以内，而谢希深所写也是五百字，尹洙自己写的那篇仅三百八十多字。他们三人互相观摩后，还是觉得尹洙写得最好，于是就将尹的那篇交给了钱惟演。

这件事对欧阳修有很大的影响，于是他带着酒前去拜见尹洙。文莹在《湘山野录》卷中载有该事："欧、谢二公缩袖曰：'止以师鲁之作纳丞相可也，吾二人者当匿之。'丞相果召，独师鲁献文，二公辞以他事。思公曰：'何见忽之深，已奢三石奉候。'不得已，俱纳之。然欧公终未伏在师鲁之下，独载酒往之，通夕讲摩。师鲁曰：'大抵文字所忌者，格弱字冗。诸君文格诚高，然少未至者，格弱字冗尔。'"

尹洙告诉他，文章最忌讳格调不高而字数还很多，虽然你们二人所写文格很高，但字数却没能少下来，因为格调越低，字数就会越多。欧阳修经尹洙这么一说，立即明白了作文之法，于是就重新修改了自己所写的那篇记，最终的结果是比尹洙的那篇还要少二十个字。欧阳修的这个改变令尹洙大为赞叹："欧九真一日千里也。"

读到这段话，特别让我觉得惭愧，我所写的文章一直难以短下来，如果赶上欧阳修任主考官，我所写的肯定被他骂得狗血喷头，若真能遇到这样的机会：能够被大文豪欧阳修亲口痛骂，那是何等的三生有幸。但欧阳修确实是聪明绝顶之人，他经过尹洙的一番点拨，立即就对自己的文风做了大的转变，比如他的名篇《醉翁亭记》，就是因为简洁而大受夸赞，该文开头的一段是：

◇ 欧阳修撰《欧阳文集》五十卷，明嘉靖二十二年李冕刻本，目录页

> 环滁皆山也。其西南诸峰，林壑尤美。望之蔚然而深秀者，琅琊也。山行六七里，渐闻水声潺潺而泻出于两峰之间者，酿泉也。峰回路转，有亭翼然临于泉上者，醉翁亭也。作亭者谁？山之僧智仙也。名之者谁？太守自谓也。太守与客来饮于此，饮少辄醉，而年又最高，故自号曰醉翁也。醉翁之意不在酒，在乎山水之间也。山水之乐，得之心而寓之酒也。

这篇文章的起首一句是"环滁皆山也"，我记得上学时，老师至少用了半堂课来讲解这五个字是何等之妙。其实他的初稿要比这五个字长得多，因为大儒朱熹曾经听到或者是亲眼看到欧阳修《醉翁亭记》的原稿，《朱子语类》卷一三九中称："顷有人买得他《醉翁亭记》稿，初说滁州四面有山，凡数十字。末后改定，只曰'环滁皆山也'五字而已。"

由此可知，当年这五个字，原文却是几十个字，只是后来被欧阳修删改成了今日所见的模样，这个改变应该是受到了尹洙的影响。显然，他的这种文风受到了时人喜爱，《曲洧旧闻》卷三中称："《醉翁亭记》初成，天下莫不传诵，家至户到，当时为之纸贵。宋子京得其本，读之数过，曰：'只目为醉翁亭赋，有何不可？'"看来，他的这篇文章刚刚面世就已经搞得洛阳纸贵。而更为有意思者，是《方舆胜览》卷四十七引《滁阳郡志》中的一段话："（《醉翁亭记》）成，刻石，远近争传，疲于模打。山僧云：寺库有毡，打碑用尽，至取僧堂卧毡给用。凡商贾来供施，亦多求其本，所过关征，以赠监官，可以免税。"

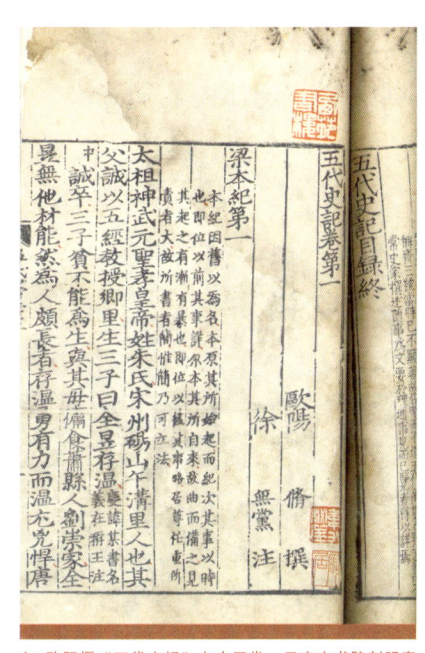

◇ 欧阳撰《五代史记》七十四卷，元宗文书院刻明嘉靖南京国子监修本

这太有意思了。《醉翁亭记》流传于天下，为了便于传播，竟然刻在了石头上。当时很多人都来拓此石，因为拓碑需要毛毡，此刻石旁寺庙里的毛毡竟然都被拓碑人用尽了。即使这样，仍然供不应求，以至于僧人炕上的铺盖都被人拿去用来拓碑。当时有很多商人也来拓《醉翁亭记》，他们拓这篇文章是为了什么呢？原来货物

流通时要征收税金，商人用《醉翁亭记》拓片作礼物送给税官，便可以得到免税的优惠待遇。即此可知，欧阳修的文章在天下有着怎样的影响力。

其实不仅如此，皇帝对欧阳修的文章也很喜爱，《宋名臣言行录》后集卷二中称："公在翰林，仁宗一日乘闲见御阁春帖子，读而爱之，问左右，曰：'欧阳修之辞也。'乃悉取宫中诸帖阅之，见其篇篇有意，叹曰：'举笔不忘规谏，真侍从之臣也。'"他的影响力甚至传播到了邻国，《渑水燕谈录》卷二中称："欧阳文忠公使辽，其主每择贵臣有学者押宴，非常例也，且曰：'以公名重今代，故尔。'其为外夷敬服也如此。"

那时中国的北方是辽国的天下，欧阳修曾作为使臣出使辽国，在那里他受到了热情款待，而辽国国王每次宴请欧阳修时，都会让一些学者作陪。为什么会这样呢？辽国国王说，是因为你欧阳修的文名享誉天下，所以我这么做。

其实，欧阳修也写过一些诗情画意的诗作，比如他写的那首《戏答元珍》，就是流传很广的一首诗：

> 春风疑不到天涯，二月山城未见花。
> 残雪压枝犹有橘，冻雷惊笋欲抽芽。
> 夜闻归雁生乡思，病入新年感物华。
> 曾是洛阳花下客，野芳虽晚不须嗟！

这首诗很有李白的味道。不知什么原因，欧阳修不喜欢杜甫的诗。按理说，李白诗风的汪洋恣意跟欧阳修的质朴文风很不相类，而杜甫的诗风似乎更与欧阳修相合拍，看来人的性格都是有多面性的。

当然，欧阳修的影响力更在文章方面。余外，他在史学方面也极有贡献，比如《二十四史》中的《新五代史》就是出自欧阳修之手，而《新唐书》也是他参与修订者。欧阳修为人特别谦逊，《苕溪渔隐丛话》后集卷二十三引《本朝名臣传》中称："初，仁宗以《唐书》浅陋，命官刊修，在职十年而修至，分撰纪、表、志，七年书成。宰相韩琦素不悦宋祁，以所上列传文采雕饰太过，又一书出两手，诏修看详，改归一体。修受命，叹曰：'宋公于我前辈，人所见不同，讵能尽如己意？'遂不易一字。又故事：修书进御，惟书官崇者。是时，祁守郑州，修位在上，修曰：'宋公于此，日久功深，吾可掩其长哉！'遂各列其姓名。宋庠闻而喜曰：'自昔文人相凌掩，斯事古未有也。'"

当年仁宗皇帝认为《旧唐书》写得太过浅陋，于是安排人重新撰写。此前，宋祁已经修订《旧唐书》十年，欧阳修接着修订此书时，感觉到两人的文风并不同，但他并没有将宋祁的稿子推翻重来，而是一字不改地原文录入。按照当时的规定，集体编纂之书要署上官衔最大之人的名字，而欧阳修的职位在修书人中最高，但他却坚持要署上宋祁之名，因为他觉得不能埋没宋祁对此书所下的功夫。

怎样才算是一篇好文章？欧阳修在《代人上王枢密求先集序书》中说过这样一段话："某闻《传》曰：'言之无文，行而不远。'君子之所学也，言以载事，而文以饰言，事信言文，乃能表见于后世。……言之所载者大且文，则其传也章；言之所载者不文而又小，则其传也不章。"

由这段话可知，欧阳修并不反对文章写得美，他认为好的文章首先是内容充实，同时还要写得漂亮，只有这两者结合的文章，才能够流传久远。欧阳修还认为文章在精不在多，他在《与渑池徐宰书·五》中说："所寄近著尤佳，论议正宜如此。然著撰苟多，他日更自精择，少去其繁，则峻洁矣。然不必勉强，勉强简节之，则不流畅，须待自然之至，其如常宜在心也。"

徐宰乃是欧阳修的门生徐无党，也正因如此，欧阳修在信中跟他说得很直接。他说，徐的文章已经写了不少，今后有空时要进行仔细地挑选和删改，只有这样，剩下的文章才会变得"峻洁"。但他同时也强调，不用为了删而删，如果刻意地把长文删短，这样的文章读上去就变得不通顺。而欧阳修所撰之文，正是贯彻了这种为文之法，因此苏洵在《上欧阳内翰书》中夸赞道："执事之文，纡余委备，往复百折，而条达疏畅，无所间断；气尽语极，急言竭论，而容与闲易，无艰难劳苦之态。"苏洵的这几句话对欧文风格总结得十分到位。

欧阳修的散文名篇，其中之一乃是《朋党论》，该文起首两句则是：

> 臣闻朋党之说，自古有之，惟幸人君辨其君子小人而已。大凡君子与君子，以同道为朋，小人与小人，以同利为朋，此自然之理也。

这是欧阳修在庆历四年写给宋仁宗的一篇奏章，开篇的两句就直点主题。欧阳修首先说"君子有朋，小人无朋"，他的这番话是针对夏竦等人的。

这些人反对新政，诬蔑欧阳修和范仲淹等为"党人"，而欧阳修直言"朋党"这个概念自古有之。他在该文中举出了古代的事例，以此来佐证自己的观点：

> 然臣谓小人无朋，惟君子则有之。其故何哉？小人所好者禄利也，所贪者财货也。当其同利之时，暂相党引以为朋者，伪也；及其见利而争先，或利尽而交疏，则反相贼害，虽其兄弟亲戚，不能相保。故臣谓小人无朋，其暂为朋者，伪也。君子则不然。所守者道义，所行者忠信，所惜者名节。以之修身，则同道而相益；

以之事国，则同心而共济。终始如一，此君子之朋也。故为人君者，但当退小人之伪朋，用君子之真朋，则天下治矣。

欧阳修认为，如果真的让君子的"朋党"来掌管天下，则天下将会得到大治。接下来，他又有着长篇的论述。由此可以看出，欧阳修的这类政论文的写作特色：既简洁明要，又能引经据典，通过事实来佐证自己观念的正确性。

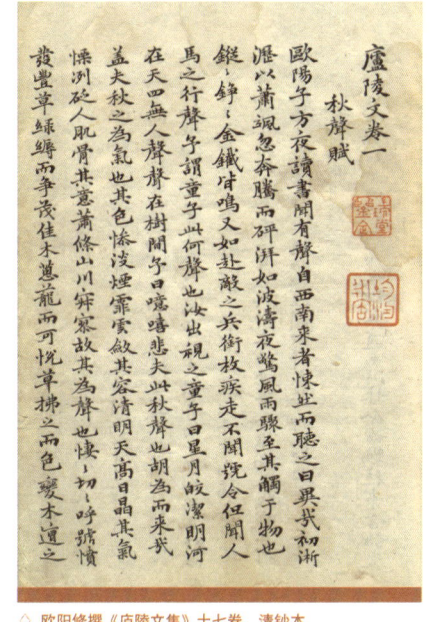

◇ 欧阳修撰《庐陵文集》十七卷，清钞本

《秋声赋》也是欧阳修的散文名篇，该文的第一个段落为：

> 欧阳子方夜读书，闻有声自西南来者，悚然而听之，曰："异哉！"初淅沥以萧飒，忽奔腾而澎湃，如波涛夜惊，风雨骤至。其触于物也，鏦鏦铮铮，金铁皆鸣；又如赴敌之兵，衔枚疾走，不闻号令，但闻人马之行声。余谓童子："此何声也？汝出视之。"童子曰："星月皎洁，明河在天，四无人声，声在树间。"

某天夜里，欧阳修正在读书，突然听到西南方向传来的声音，而后他细听此音，竟然听出了那么多的不同，于是他让身边的侍童出门去看看这是什么声音，这位侍童回来告诉他：外面的月色很好，看不到人影，而声音则是从树间传过来的。欧阳修闻听之后，发了一大堆的议论：

> 余曰："噫嘻悲哉！此秋声也，胡为而来哉？盖夫秋之为状也：其色惨淡，烟霏云敛；其容清明，天高日晶；其气栗冽，砭人肌骨；其意萧条，山川寂寥。故其为声也，凄凄切切，呼号愤发。丰草绿缛而争茂，佳木葱茏而可悦；草拂之而色变，木遭之而叶脱。其所以摧败零落者，乃其一气之余烈。夫秋，刑官也，于时为阴；又兵象也，于行为金。是谓天地之义气，常以肃杀而为心。天之于物，春生秋实。故其在乐也，商声主西方之音，夷则为七月之律。商，伤也，物既老而悲伤；夷，戮也，物过盛而当杀。"

因为他明白了，这就是秋声。接下来，欧阳修讲述了秋声的特色，又论述了秋在四季中的特殊地位，之后他又产生了一段这样的联想：

> 嗟乎！草木无情，有时飘零。人为动物，惟物之灵，百忧感其心，万事劳其形，有动于中，必摇其精。而况思其力之所不及，忧其智之所不能，宜其渥然丹者为槁木，黟然黑者为星星。奈何以非金石之质，欲与草木而争荣？念谁为之戕贼，亦何恨乎秋声！

◇ 国家级文保单位

欧阳修由秋声想到了植物的凋零，而后又由此想到了人，他也讲到了生而为人的不容

◇ 匾额上写着"欧阳文忠公陵园"

易,可惜他的这番感慨于此刻没人跟他做探讨,他只能把自己的话说给那位侍童:

> 童子莫对,垂头而睡。但闻四壁虫声唧唧,如助余之叹息。

侍童当然听不懂他这样高深的联想,于是垂头睡去,而欧阳修只能听到窗外的虫鸣以及自己的叹息之声。这篇文章的结构,正能完整地表达出欧阳修作文的风格及其行文方式,清魏禧在《杂说》中这样评价了欧阳修的文风:"欧文之妙,只在说而不说,说而又说,是以极吞吐、往复、参差、离合之致。"魏禧的这段评价,更多者是解读欧文的叙述方式,而金赵秉文则是从简洁明快的通俗性上,来看待欧文长盛不衰的原因:"亡宋百余年间,惟欧阳公之文不为尖新艰险之语,而有从容闲雅之态,丰而不余一言,约而不失一辞,使读之者亹亹不厌。盖非务奇之为尚,而其势不得不然之为尚也。"

（《竹溪先生文集引》）

正是这样的文风使得欧阳修的文章对后世产生了广泛的影响，之后许多的文章大家都从欧文中汲取到了养分，黄进德在《欧阳修评传》中说："欧阳修这种平易流畅、从容闲雅、丰约中度而又情韵邈远的文风，在散文发展史上产生了极为深远的影响。明代的宋濂、归有光、茅坤、唐顺之，清代的方苞、姚鼐等古文大家无不在不同程度上受其启迪和沾溉。"

除了文章巨匠的头衔外，欧阳修还是位收藏家，比如《宋名臣言行录》中称："公平生有所好，独好收畜古文图书，集三代以来金石刻为一千卷，以校正史传百家讹谬之说为多。在滁时，自号醉翁。晚年自号六一居士，曰：'吾集古录一千卷，藏书一万卷，琴一张，棋一局，常置酒一壶，吾老其间，是为六一。'"如此说来，给欧阳修贴上个"藏书家"的标签也不为过。他当年竟然收集了一千卷的金石拓片，并以此来校正史书上的错讹，并且藏书的数量达到了万卷。在那个时代，这已经是极大的数量。而他"六一居士"之号，也正来自于他的这些爱好。

欧阳修的祠和墓位于河南省郑州新郑市辛店镇欧阳寺村北。昨天的寻访我乘出租车一路跑了五百多公里，感觉特别疲惫，但想到第二天的行程，还是到酒店前台要了一张新郑地图。服务员拿给我的地图很小，不大于A4纸。这么小的一张地图竟然标价五元，然而前台告诉我现在卖十元，理由是城区扩大很快，这两年没出新图了，这是前几年出版的，有了收藏价值，所以溢价销售。这一刹那我是那么的痛恨"收藏"二字，我说自己不想买收藏品，能不能看一眼，服务员很大度地说：看一眼可以不收费。

我当着她的面趴在柜台上，在地图上寻找欧阳修墓所在，按资料记载此墓在新郑市新店镇欧阳寺村，然而图上却找不到欧阳寺村

◇ 祠堂外观

的地名，这让我更加相信自己没必要买这张地图。早晨站在酒店门口等出租，过去数辆均有乘客，恰巧一辆出租在我旁边下客，旁边还有两组客人也想乘这辆出租，我抢上一步，看都没看拉开车门就坐到了里面，心中默念着"对不起"，对自己的有失风度表示歉疚，口中问司机：想不想跑长途？此人口气很大："只要不出国境我哪儿都去。"我告诉他自己要跑几个地方，因为不知路途远近，最好按打表走，其称跑长途打表不合算，但包车他又算不出路径，看来比较难缠，但当地出租车太少，我又不敢轻易地换一辆，只好说咱们就这么跑，你看着收钱吧。

因我这种口气可能令他更加觉得我像个骗子，他没有开车，而是在原地算计起来。一番商量，最终达成协议：按里程付钱，另外再加回程费及高速费。谈了十几分钟才上路。西驶二十公里，沿途停车两趟打听路径，终于在欧阳寺村北找到了欧阳修的祠和墓。司机说，自己开车这么多年，从来没拉客人来过此处。

◇ 两位年轻人帮我打开了祠堂的锁

◇ 祠堂的正中立着一块墓碑

祠堂院落占地约三四十亩，建制完好，门口无人收费，我在院落里拍照时，不知从哪个房间走出两个年轻人，他们主动帮我打开正房让我拍照。两人说话是标准的普通话，看样子是大学分配来此工作的。整个祠内仅我一位游客，我问年轻人是否有人来参观，他们说极少，"陵墓类景点很少有游客来，我们主要接待政务性来访。"

祠堂两进院落，墓在后院，然从中轴不能穿行，只好退到进门处由左路走到后面。后园有两座大墓相连，按标牌所示是欧阳修夫妇二人之墓，右边的墓碑上刻着"宋太师欧阳文忠公之墓"，而左侧的墓碑则为"宋安康郡太夫人薛氏之墓"。在这座葫芦形的大墓右侧是一片竹林，这片竹林有数亩之大，所种为早园竹，竹林中有十余座坟丘，从石碑看都姓欧阳，估计是欧阳家族后人。

欧阳修先后娶妻三次，他二十五岁时娶了恩师胥偃的女儿。结婚两年后，胥氏生一子，胥氏生子后不到一个月就去世了，年仅十七岁。而后欧阳修又娶了杨氏，然而结婚十个月后，杨氏也病逝了。欧阳修所娶的第三位夫人就是薛氏。这位薛氏倒是很有见识，苏辙给他写的墓志铭中称："及文忠为枢密副使，夫人入谢，慈圣光献太后一见识之曰：'夫人薛家女邪？'夫人进对明辩。自是每入辄被顾问，遇事阴有所补。尝待班于廊下，内臣有乘间语及时事者，意欲达之文忠，夫人正色拒之曰：'此朝廷事，妇人何预焉！且公未尝以国事语妻子也。'"

当年欧阳修在朝中为官时，薛氏曾跟着一同去拜见皇太后，她的应对特别得体。当时朝中有人想通过薛夫人给欧阳修传话，这位薛夫人却当场拒绝，说妇女不能干预政事，并且说自己的丈夫在家中从不跟自己谈论国家大事。由此可见，这位薛氏很有政治头脑。薛夫人生了四个儿子，其中二儿子欧阳奕跟苏东坡是很要好的朋友。如此看来，眼前所见的这两座并在一起的坟丘，只有薛夫人陪伴着欧阳修，而另外两位夫人却葬在了他处。

这种安葬方式是否真符合欧阳修的心愿，在我看来也未必，《读醒杂志》卷三中称："欧阳公之父崇公与母韩国太夫人，皆葬于沙溪泷冈。胥、杨两夫人之丧，亦归祔葬。公辞政日，屡乞豫章，欲

◇ 欧阳修墓

◇ 两座墓成葫芦形

归省坟墓,竟不得请。里中父老至今相传云:公葬太夫人时,尝指其山之中曰:'此处他日当葬老夫。'后葬于新郑,非公意也。"

原来胥、杨两位夫人跟欧阳修的父母葬在了他处,而当年欧阳修也提出自己死后葬在那里,可是不知为何,他后来却葬在了新郑,此非其所愿,而葬在这里只有薛夫人陪伴,恐怕也不一定是他的愿望。《高斋漫录》上有如下一段话:"欧公作王文正墓碑,其子仲仪谏议,送金酒盘盏十副、注子二把,作润笔资。欧公辞不受,戏云:'正欠捧者耳。'仲仪即遣人如京师,用千缗买二侍女并献。公纳器物而却侍女,答云:'前言戏之耳。'盖仲仪初不知薛夫人严而不容故也。"

这段话说的很意思。当年欧阳修给别人写墓碑,那家人答谢了二十个金酒盘还有两个酒壶,欧阳修坚决不接受,其理由是:得到了这么多的金盘子,但却缺少端盘子的人。对方闻言,心领神会,于是立即派人到京城买了两个侍女,而后将侍女和盘子一并送给欧阳修。但欧阳修只留下了盘子，而把侍女送了回去，他说自己只是开句玩笑，不能当真。为什么会这样呢？此文中说，是因为薛夫人管得严，绝不能容纳此两女。由此可知，这位薛夫人对自己的丈夫管得很严格，恐怕到了地下也不容许他女靠近。

看完欧阳修墓，在门口想站在车后悄悄拍一张照片，我这么做的原因，是这几年一路寻访所养成的一个习惯，其实这么做只是个小防备，一是担心自己丢东西，二者万一有意外，以此也算有个线索。然而我无意间发现，该车的后面没有牌照，再转到车前看，同样没有。

这太过分了，一路打车我还没有遇到过这种情形，直问司机为何前后均无牌照？他说：三月三十日祭祖大典，公司将所有车换成新牌，这样好看，还能收一百二十元的牌照费。但旧的收走了，新的还没下来，当地的警察都知道这种情形，所以没人查。事已至此我也无奈，只好硬着头皮用下去。上路刚走了一段，他就要下道加气，说汽车烧液化气，每公里成本四毛，而烧汽油则要七毛多。到这时也只能任由司机按照他的说辞去安排了。

苏洵 苏轼 苏辙：飘飘乎如遗世独立 羽化而登仙

唐宋八大家应该是中国古代最有名的文章组合，虽然这个组合到了明末才予以正式命名，然而这个称呼已然深入人心，而这八人中，苏洵、苏轼、苏辙父子一家子就占了三席的位置。唐、宋是中国文章的恢宏时代，这两朝加在一起有五百多年的历史，在这么长的时段内，推选出八位文章大家，从这个角度来说，苏氏一门太厉害了。

苏家这三位，其中以苏轼名气最大。吉川幸次郎在《中国诗史》中说："宋诗的第一伟人苏轼"，同时他又说："（苏轼的）父亲、弟弟都是散文大家，和他一起，占了'唐宋八家'中的三家，但诗名则为他所独占。"看来吉川先生也同样惊叹于苏家占的份额太大了。同样是日本汉学家的前野直彬在《中国文学史》中，则把苏轼称之为"宋代第一位的诗人"，并且认为："苏轼是其老师欧阳修后又一次出现的万能的大天才，在文学方面也是诗、词、赋、古文都留有第一流的作品。"

其实苏轼在中国历史上的地位不仅仅是在宋诗界独占鳌头，赵义山、李修生主编的《中国分体文学史》对苏轼有着这样的评价："苏轼是宋代唯一称得上堪与屈、陶、李、杜方驾的伟大作家，在文艺上有多方面成就臻于一流。其诗冠代，与黄庭坚并称'苏黄'，与陆游并称'苏陆'；其文冠代，与欧阳修并称'欧苏'；开创豪放词风,与辛弃疾并称'苏辛';书法为宋四家之一,并称'苏黄米蔡'。"可见,三苏虽然并称,但就历史影响以及个人成就而言,唯有苏轼最受后人瞩目。

在历史上,为了称呼的方便,人们将苏洵称为"老苏",苏轼为"大苏",苏辙为"小苏"。既然三苏在历史上的成就并不相当,为什么他们会并称在一起呢?一般而言,人们都认为这件

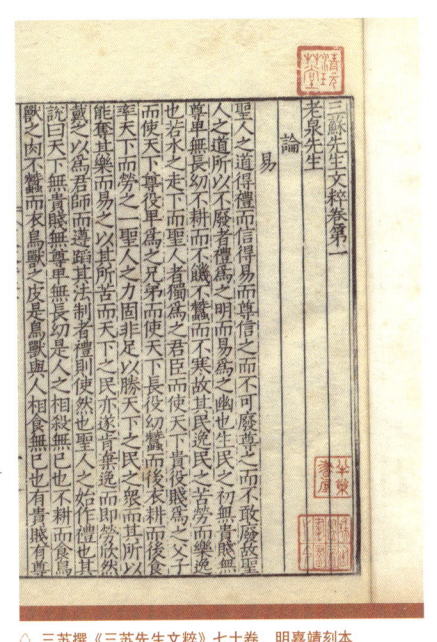

◇ 三苏撰《三苏先生文粹》七十卷,明嘉靖刻本

事的始作俑者应当是明代的茅坤,因为他编了一部《唐宋八大家文钞》,这部书有很大的社会影响,但若追根溯源,很多人又不认为"唐宋八大家"的起名权属于茅坤,清代诗人杭世骏在《古文百篇序》中称:"元末临川朱氏始标'八家'之目,迄今更无异词。"

由此可知,杭世骏认为最早提出"八家"之人是元末的朱右。他的这个判断得到了纪晓岚的肯定,其在《四库全书总目提要》中称:"考明初朱右,已采录韩、柳、欧阳、曾、王、三苏之作为《八先生文集》,实远在坤前。"这两种说法唯一的区别,是杭世骏说朱右为元末人,而纪晓岚说朱是明初人。那就折中一下,将朱右定在元末明初好了。

朱右的这个提法要比茅坤早两百年。然而朱右虽然将这八位作者的文章汇在了一起,但他并没有提出"八大家"这个说法,况且实际情况也不是纪晓岚所说的那样,朱右编了《八先生文集》。

◇ 苏洵撰《郎晦之注老泉文集》十二卷，民国二十九年隐庐活字印本，书牌

实际的情况是，朱右只编了一部《六先生文集》，他在《新编六先生文集序》中称："邹阳子右编《六先生文集》，总一十六卷。唐韩昌黎文三卷，六十一篇；柳河东文二卷，四十三篇；宋欧阳子文二卷，五十五篇，见《五代史》者不与；曾南丰文三卷，六十四篇；王荆公文三卷，四十篇；三苏文三卷，五十七篇……故唐称韩、柳，宋称欧、曾、王、苏。六先生之文，断断乎足为世准绳而不可尚矣。"

由此可知，他所说的这"六先生"，其实就是"唐宋八大家"，只是他将苏洵、苏轼、苏辙的文章合编在一起，称为"三苏文三卷"。如果将"三苏"分别计算，也就正好符合这"八家"之名。然而朱右编的《六先生文集》到后来却失传了，好在当时他请自己的朋友贝琼写了篇序言，题目为《唐宋六家文衡序》，这篇序言保留了下来。由序可知，最初朱右将此书定名为《六先生文集》，而后的定稿书名则改为了《唐宋六家文衡》。

若将三苏合在一起，则朱右为最早的"六家"说，而在元代其实还有"七家"说，吴澄在《刘尚友文集序》中称："汉文历八代浸敝，而唐之二子兴。唐文历五代复敝，而宋之五子出。文人称欧、苏，盖举先后二人言尔。欧而下、苏而上，老苏、曾、王未易偏有所取舍。……叙古文之统，其必曰唐韩、柳二子，宋欧阳、苏、曾、王、苏五子也。"这篇序言中提到的唐宋七位文章大家，唯独没有苏辙。

但吴澄的这个序言并没有点出"七家"之名，而将此给予明确说法的，则是明成化李绍在《苏文忠公全集》序言中所提出者："古今文章，作者非一人，其以之名天下者，惟唐昌黎韩氏、河东柳氏、宋庐陵欧阳氏、眉山二苏氏及南丰曾氏、临川王氏七家而已。"这篇序言中有"眉山二苏氏"，

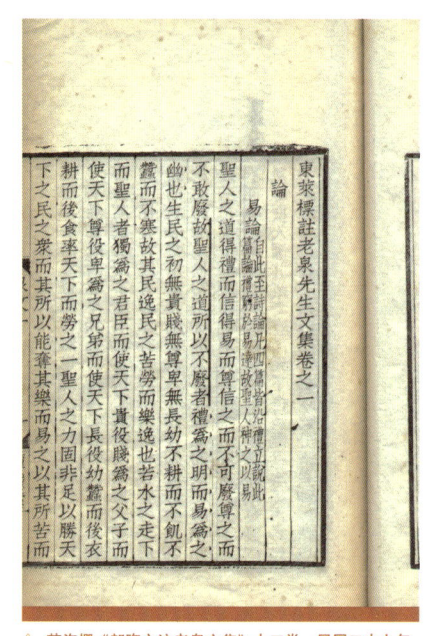

◇ 苏洵撰《郎晔之注老泉文集》十二卷，民国二十九年隐庐活字印本，卷首

他没有点出三苏中去掉了哪一位，后世的理解还是认为他去掉了"小苏"苏辙。

但也有人这不这么看。清乾隆时，钱大昕将李绍的这句话录入了《十驾斋养新录》。到晚清时，俞樾将钱大昕的所录又收入了《茶香室续钞》，同时曲园老人又对这段话写了句按语："茅鹿门所定八大家本此，但增入老苏耳。"俞樾认为茅坤提出的"唐宋八大家"，其本源就出自李绍的这个说法，唯一的区别是，茅坤又在"七家"之外把"老苏"加了进去。如此说来，俞樾认为李绍在序言中所说的"眉山二苏氏"指的是苏轼和苏辙，而没有苏洵，到了茅坤才把苏洵加了进去。

从这些论述可知，唐宋的文章大家无论是"七家"还是"八家"，区别都在三苏中的增减，这个增减是在"老苏"和"小苏"之间转换，唯一没有变化者，则是"大苏"苏轼。如此说来，真正让"唐

宋八大家"并称在一起者，仍然是茅坤。不过从这个侧面也可看出，三苏虽然并称，其实另外的两苏在后世心目中的地位都比不了"大苏"。

以我的有限理解，"老苏"最有名的文章就是《六国论》，因为我在课本中学过这篇文章。此文的确写得有气势，尤其开篇的那几句话：

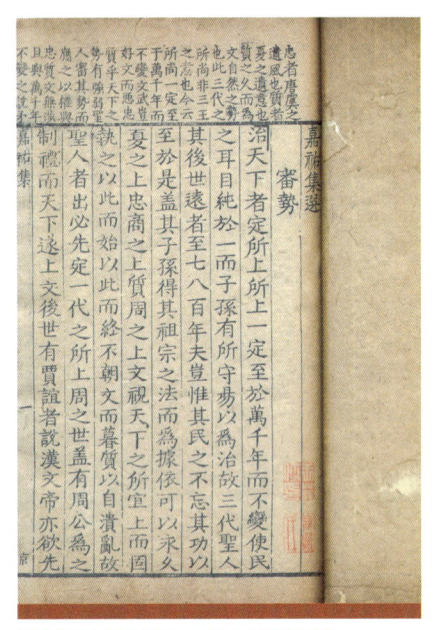

◇ 苏洵撰《嘉佑集选》一卷，明天启元年刊本

六国破灭，非兵不利，战不善，弊在赂秦。赂秦而力亏，破灭之道也。或曰：六国互丧，率赂秦耶？曰：不赂者以赂者丧，盖失强援，不能独完。故曰：弊在赂秦也。

这几句话极具名气，苏洵起首就得出结论，他认为秦灭六国，并不是因为秦强大而其他国家打不过他，之所以六国被灭，原因是这些国家纷纷贿赂秦，即使不贿赂者，也因六国心不齐，而后被秦一一击破，所以他觉得秦能统一全国，最重要的原因就是出在这些国家相继地贿赂秦。

为什么会得出这样的结论呢？苏洵接着做出了如下的分析：

秦以攻取之外，小则获邑，大则得城。较秦之所得，与战胜而得者，其实百倍；诸侯之所亡，与战败而亡者，其实亦百倍。则秦之所大欲，诸侯之所大患，固不在战矣。思厥先祖父，暴霜露，斩荆棘，以有尺寸之地。子孙视之不甚惜，举以予人，如弃草芥。今日割五城，明日割十城，然后得一夕安寝。起视四境，而秦兵又至矣。然则诸侯之地有限，暴秦之欲无厌，奉之弥繁，侵之愈急。故不战而强弱胜负已判矣。至于颠覆，理固宜然。古人云："以地事秦，犹抱薪救火，薪不尽，火不灭。"此言得之。齐人未尝赂秦，终继五国迁灭，何哉？与嬴而不助五国也。五国既丧，齐亦不免矣。燕赵之君，始有远略，能守其土，义不赂秦。是故燕虽小国而后亡，斯用兵之效也。

此文不但分析事理视角独特，从文学角度而言，也颇有气势，难怪苏洵被称为唐宋八大家之一，余外他的诗作我却未曾读到。其实我也很好奇，老苏为什么能培养出那么有名的两个儿子？按照前野直彬的说法："据说出身于商人"，虽然这里用了"据说"二字，看来还是有所本。

苏洵年轻时并不喜欢刻苦读书，后人编写《三字经》有云："苏老泉，二十七，始发奋，读书籍。"竟使得世人皆知。后来不知什么原因，他突然开悟了，此后就开始发奋，然而他的运气却不好，始终未能考中进士。其实相对而言，宋代的科举已经比唐代宽松了很多，虽然宋代在考试手段上要比唐代严格，然而录取的名额却大了许多倍。唐代一场科考录取的人数大约在二三十位之间，而宋代则是这个名额的十几倍到几十倍。虽然跟绝对人口数相比，宋代的科考也比今天的高考难度大百倍，但毕竟还是有很多人能考上名次，而老苏始终考不上，那也就无法怨政府了。

老苏的出名跟欧阳修有很大关系，当时，他是通过益州知州张方平和雅州知州雷简夫分别给欧阳修写了推荐信。按照张方平在《文安先生墓表》中的说法："永叔（欧阳修）一见大称叹，以为未始见夫人也。目为孙卿子（荀子），献其书于朝。自是名动天下，士争传诵其文。"此后欧阳修给皇帝写了奏表，专门举荐苏洵，但两位宰相不置可否，这件事没弄成，然而老苏的名声却在京城传播开来了。而他的两个儿子苏轼和苏辙就比他运气好得多，两人分别在二十一岁和十九岁就进士及第。

这个结果令老苏的心情十分复杂，一边为自己的儿子这么年轻就能考取功名而骄傲，一边也感慨自己屡屡碰壁，应该多少也有些酸意，《史阙》中录有苏洵说的这样几句诗：

> 莫道登科易，老夫如登天。
> 莫道登科难，小儿如拾芥。

苏洵感慨，别人都说科考容易，但对我来说，却如登天般难，但也不能说科考难，因为我的儿子却易如反掌。虽然他跟两个儿子并称为"三苏"，但他的文章和诗作都要少得多，叶梦得在《避暑录话》卷下中夸赞苏洵："明允诗不多见，然精深有味，语不徒发，正类其文……婉而不迫，哀而不伤，所作自不必多也。"看来，人们都注意到苏洵的诗流传于世者很少。

苏洵写过一首名叫《有骥在野》的四言诗：

> 有骥在野，百过不呻。
> 子不我良，岂无他人？
> 絷我于厩，乃不我驾。
> 遇我不终，不如在野。
> 秃毛于霜，寄肉于狼。
> 宁彼我伤，宁不我顾？无子我忘。

此诗受到了胡应麟的夸赞,其在《诗薮》卷二中赞誉到:"四言简直"。

关于苏洵,自南宋以来就将其称为"苏老泉",王十朋所辑《集注分类东坡先生诗》卷一中引林子仁的说法:"庚子正月,先生(苏轼)与子由侍老泉自荆州游大梁。"此句话称,大、小苏陪着父亲老泉游大梁,曾枣庄在《三苏研究》中认为:"这可能是最早称苏洵为老泉的记载",但是曾先生认为"老泉"肯定不是苏洵,他举出了明清两代学人为此而提出的质疑。一是在唐宋时期,避讳很严,如果苏洵确实号"老泉",那么苏轼肯定要避"老泉"讳。

然而实际情况却并非如此,比如苏轼作过一首名叫《六月七日泊金陵,得钟山泉公书,寄诗为谢》的诗,此诗中有这样的诗句:"宝公骨冷唤不闻,却有老泉来唤人。"此诗中明确写出了"老泉"二字,这在唐宋时期是不可能出现的事情。清人王鸣盛在《蛾术篇》卷七十八中也同样提出了质疑:"《金陵阻风得钟山泉公书》云:'宝公骨冷唤不闻,却有老泉来唤人。'俗称苏明允为苏老泉,又以其《嘉祐集》为《老泉集》。果尔,东坡岂作此语?"

那么,"老泉"是怎么回事呢?叶梦得在《石林燕语》卷十中称:"苏子瞻谪黄州,号东坡居士,东坡其所居地也;晚又号老泉山人,以眉山先茔有老翁泉,故云。"叶梦得认为,"老泉"其实是苏东坡晚年的号,这个号的来源是因为在他的老家眉山祖坟处有个老翁泉。

对于这一点,明娄坚在《学古续言》卷二十三《记苏长公二别号》一文中也证实了这个说法:"东坡此书古澹遒劲……又纸尾有'东坡居士老泉山人'印。盖公自黄(州)还朝,既衰而思其丘墓,去作此书不远,两别号殆相继于元丰、元祐之间也。当时如宗室(赵)令畤,尝从公为颍州倅,亦札记及此。而南渡后,虽马端临之博,犹以老泉为明允别号。至本朝杨升庵,其博洽为一代所推,亦仍其误。"娄坚是用苏东坡作品的钤章来做印证者。

而王文诰在《苏诗总案》卷一中也有如此的认定:"老泉者,公以称其父之墓也,集有《老泉焚黄文》可证。时惟苏氏子孙称之,后两宋文人震于其名,皆相沿称道,遂讹以为字,举目为苏老泉而有加以先生者矣。"由此可知,将苏洵称为"苏老泉",肯定是没有道理的一种称呼方式,可是在历史上却没人注意到这种显然的错误,直到民国时期影印的《苏洵文集》仍然称其为"苏老泉"。

在历史上的兄弟情深,少有像苏轼和苏辙这样密切者。宋嘉祐六年,苏轼任凤翔签判,而苏辙则留在京城开封陪父亲。这是他们二人第一次远离,而后二人就靠通信联络。苏轼在《次韵子由除日见寄》中写到:

诗成十日到,谁谓千里隔?
一月寄一篇,忧愁何足掷!

兄弟二人亲密无间,分别两地常常写诗唱和,手足情深溢于言表。其实他们在年轻之时就特别能玩到一块儿,在参加考试时,兄弟二人还能互相给对方以照顾,《铁围山丛谈》卷二中录有这样一段话:"东坡公同其季子由入省草试,而坡不得一,方对案长叹,且目子由。子由解意,把笔管一卓,而以口吹之。坡遂癔乃《管子注》也。"

原来他们在参加当地考试时,东坡一时想不起题目中所言之出处,于是就给弟弟使眼色。苏辙立即明白了哥哥的意思,但他又不能在考场上明目张胆地说出,于是就以毛笔的笔管为道具,做出吹奏状。东坡是何等的聪明,他立即就明白了弟弟是在告诉他此题出自《管子注》。

不仅如此，当弟弟不明白时，哥哥也同样给予了帮助，《吹剑四录》上称："东坡试《形势不如德论》，不知出处，'礼义信足以成德'，知子由记不得，乃厉声索砚水曰：'小人哉！'子由始悟出'樊迟学稼'注。"哥哥竟然用叫别人续水的方式让弟弟醒悟过来出处在哪里。

在历史上有一场著名的文字案，名叫"乌台诗案"。《汉书·朱博传》中称："是时，兀御史府吏舍百余区井水皆竭；又其府中列柏树，常有野乌数千栖宿其上，晨去暮来，号曰朝夕乌。"因此后世便将御史府称为"乌府"，而御史台则称为"乌台"。宋元丰二年，御史中丞李定、何正臣、舒亶等几人向皇帝举报，苏轼用写诗来"玩弄朝廷，讥嘲国家大事"，而后皇帝同意将苏轼逮捕下狱。这就是历史上有名的"乌台诗案"。

对于"乌台诗案"初期的情形，《萍洲可谈》卷二中有如下记载："东坡元丰间知湖州，言者以其诽谤时政，必致死地，御史台遣就任摄之，吏部差朝士皇甫朝光管押。东坡方视事，数吏直入上厅事，捽其袂曰：'御史中丞召。'东坡错愕而起，即步出郡署门，家人号泣出随之。弟辙适在郡，相逐行及西门，不得与诀，东坡但呼：'子由，以妻子累尔！'郡人为之泣涕。下狱即问五代有无誓书铁券，盖死囚则如此，他罪止问三代。"

◇ 苏轼撰《东坡先生全集》七十五卷，明万历三十四年茅维刻本，书牌

◇ 苏轼撰《东坡先生全集》七十五卷，明万历三十四年茅维刻本，卷首

当时苏轼正在做湖州知州，这帮人已经想将其置之死地，而东坡却完全不知其中的阴谋，他还在堂上理事就被人当场抓走。苏辙闻知，立即追了过去，而此时东坡已经被抓出了城西门。东坡不知事情严重到了什么程度，于是就大声地喊给苏辙听，让他照顾好自己的妻儿。等被关进监狱后，狱卒问苏轼有没有五代的铁券丹书。按照当时的惯例，只有犯死罪的人才会被问有没有这种护身符，即此可知，当时的御史就是打算将苏东坡置之于死地。

在押送东坡前往首都的路上，他想到了自杀，因为他不知道事情严重到什么程度，但他思考一番，觉得不能死，原因竟然就是想到了自己的弟弟，他觉得自己要是自杀了，弟弟肯定不会单独活下去，此事记载于《孔氏谈苑》卷一："苏子瞻随皇甫僎追摄至太湖鲈香亭下，以柁损，修牢。是夕，风涛颇洞，月色如昼。子瞻自惟仓卒被拉去，事不可测，必是下吏，所连逮者多，如闭目窒身入水，顷刻间耳。既为此计，又复思曰：'不欲辜负老弟。'弟为子由也，言己有不幸，则子由必不独生也。"当自己在生死关头，想不到别人，却唯独担心自己的弟弟，如此的兄弟情深真是罕见。

苏轼被关进监狱之后，想到的还是弟弟，他通过狱卒给弟弟写了两首交待后事的诗，《归田诗话》卷上中称："东坡为舒亶、李定等所论，自湖州逮系御史台狱，时宰欲致之死。于狱中作诗寄子由曰：'圣主如天万物春，小臣愚暗自亡身。百年未满先偿债，十口无归更累人。是处青山可埋骨，他年夜雨独伤神。与君世世为兄弟，更结来生未了因。''柏台霜气夜凄凄，风动琅珰月向低。梦绕云山心似鹿，魂飞汤火命如鸡。眼中犀角真吾子，身后牛衣愧老妻。百岁神游定何处，桐乡知葬浙江西。'神宗见而怜之，遂得出狱，谪授黄州团练副使。后作《中秋月》词云：'惟恐琼楼玉宇，高处不胜寒。'神宗览之曰：'苏轼终是爱君。'得改汝州听便。"苏轼的诗还是被人送到了神宗皇帝那里，皇帝看后觉得苏轼也没什么反心，将他关了一百多天后放了出来，而后贬职下放到他处。

当时想害苏轼的这帮人不能看着事情就这样不了了之，于是继续在他的诗文中找线索，《石林诗话》卷上中称："元丰间，苏子瞻系大理狱。神宗本无意深罪子瞻，时相进呈，忽言苏轼于陛下有不臣意。神宗改容曰：'轼固有罪，然于朕不应至是，卿何以知之？'时相因举轼《桧诗》'根到九泉无曲处，世间惟有蛰龙知'之句，对曰：'陛下飞龙在天，轼以为不知己，而求之地下之蛰龙，非不臣而何？'神宗曰：'诗人之词，安可如此论？彼自咏桧，何预朕事？'时相语塞。章子厚亦从旁解之，遂薄其罪。子厚尝以语余，且以丑言诋时相，曰：'人之害物，无所忌惮，有如是也！'"这些人又给皇帝上谗言，说苏轼竟敢诬蔑皇帝。好在神宗并不想置苏轼于死地，他看了之后，认为诗中所写跟自己没啥关系，再加上好心大臣的劝慰，此事也就不了了之。

那么"乌台诗案"的起因究竟是怎么回事呢？如果按背景来说，这跟王安石的改革有较大的关联。最初苏轼反对这种变革，为此他被派到了地方去任职。也有的资料上说，他是主动要求离开者。苏轼是位口无遮拦之人，他在一些诗句中表示出了自己对这种变革的不满。而朝中的那帮人想抓把柄来整一整他，但苏轼又没干过什么坏事，唯一的办法只能从他的诗句中找毛病，而当时主要找出来的证据，恰恰是苏轼写给弟弟的一首名叫《戏子由》的诗：

> 宛丘先生长如丘，宛丘学舍小如舟。
> 当时低头诵经史，忽然欠伸屋打头。
> 斜风吹帷水注面，先生不愧旁人羞。
> 任从饱死笑方朔，肯为雨立求秦优。
> 眼前勃溪何足道，处置六凿须天游。
> 读书万卷不读律，致君尧舜知无术。
> 劝农冠盖闹如雨，送老虀盐甘似蜜。
> 门前万事不挂眼，头虽长低气不屈。
> 余杭别驾无功劳，画堂五丈容旂旄。
> 重楼跨空雨声远，屋多人少风骚骚。
> 平生所惭今不耻，坐对疲氓更鞭棰。
> 道逢阳虎呼与言，心知其非口诺唯。
> 居高志下真何益，气节消缩今无几。
> 文章小伎安足程，先生别驾旧齐名。
> 如今衰老俱无用，付与时人分重轻。

其实此诗的内容只是苏轼调笑自己的弟弟，比如说弟弟长得太高，打个哈欠都会碰头等等，但找证据的人抓住了其中的"读书万卷不读律，致君尧舜知无术"，这句话的本意是苏轼调笑弟弟说，你只是读闲书，但却不读律法的书，这怎么能辅佐皇帝成为尧舜？然而找麻烦的人却不这么看，认为这是有意不学新的律法。而其他的诗句中也有对朝廷不尊之处，因此这首《戏子由》就成为了苏轼诬蔑朝廷的主要证据。

哥哥被抓后,弟弟积极营救,苏辙给皇帝写了封《为兄轼下狱上书》,此书中有这样一段话:"(苏轼)顷年通判杭州及知密州日,每遇物托兴,作为诗歌,语或轻发。向者曾经臣僚缴进,陛下置而不问。轼感荷恩贷,自此深自悔咎,不敢复有所为。但其旧诗已自传播。"苏辙在给皇帝的奏章中当然不敢说是谁以诗歌来举报哥哥,然而此事背后的始作俑者,竟然是作《梦溪笔谈》的沈括。此事记载于王铚《元祐补录》中:"沈括素与苏轼同在馆阁。轼论事与时异,补外。括察访两浙,陛辞。神宗语括曰:'苏轼通判杭州,卿其善遇之!'括至杭,与轼论旧,求手录旧诗一通。归即笺贴以进,以词皆讪怼。其后李定、舒亶论轼诗置狱,实本于括云。"我对沈括的印象一直很好,看到这段话后真的难以置信,希望王铚的所记只是没有依据

◇ 苏辙撰《栾城集》四十八卷,清道光十二年刻眉州三苏祠藏版三苏全集本,书牌　　◇ 苏辙撰《栾城集》四十八卷,清道光十二年刻眉州三苏祠藏版三苏全集本,卷首

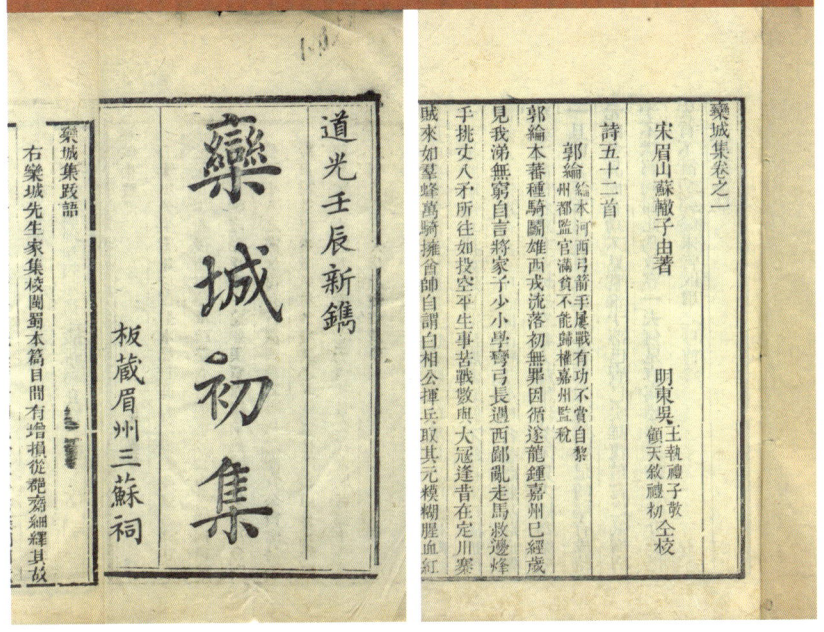

的传闻吧。

东坡能够躲过这场大的灾难，跟他弟弟苏辙的极力营救有一定的关系。如前所言，苏辙写了封《为兄轼下狱上书》的奏章并呈给了皇帝，他在该奏章中还替哥哥做了如下的解释："臣诚哀轼愚于自信，不知文字轻易，迹涉不逊。虽改过自新，而已陷于刑辟，不可救止。轼之将就逮也，使谓臣曰：'轼早衰多病，必死于牢狱，死固分也。然所恨者，少抱有为之志，而遇不世出之主，虽龃龉于当年，终欲效尺寸于晚节。今遇此祸，虽欲改过自新，洗心以事明主，其道无由。况立朝最孤，左右亲近，必无为言者。惟兄弟之亲，试求哀于陛下而已。'臣窃哀其志，不胜手足之情，故为冒死一言。"

◇ 苏辙撰《栾城集》五十卷，明刻清梦轩藏板本

苏辙说哥哥已经意识到自己写文章太过轻率，他本想改过自新，可惜他的文章已经流传出去，收不回来了。虽然如此，苏轼被逮捕之后依然感念皇帝对他的照顾，可惜因为他性格耿直，知道没人在这关键时刻替他说话，所以他只能要求弟弟苏辙帮助自己向皇帝予以解释，而苏辙觉得哪怕是冒着一死，也要替哥哥跟皇帝把事情解释清楚。

尽管承认哥哥苏轼所写之文确实有问题，但苏辙觉得，即便如此，哥哥所犯之事也不至于判死刑，于是他就引经据典，说自己愿意被撤职，以此来减轻哥哥的罪行："昔汉淳于公得罪，其女子缇萦请没为官婢，以赎其父，汉文因之遂罢肉刑。今臣蝼蚁之诚，虽万万不及缇萦，而陛下聪明仁圣，过于汉文远甚。臣欲乞纳在身官以赎兄轼，非敢望末减其罪，但得免下狱死为幸。兄轼所犯，若显有文字，必不敢拒抗不承，以重得罪。若蒙陛下哀怜，赦其万死，使得出于牢狱，则死而复生，宜何以报？臣愿与兄轼洗心改过，粉骨报效，惟陛下所使，死而后已。臣不胜孤危迫切，无所告诉，归诚陛下，惟宽其狂妄，特许所乞。臣无任祈天请命激切陨越之至。"

苏辙的这份奏章写得情真意切，原本神宗皇帝就没想置苏轼于死地，看到这份奏章后，他就给相关部门打了招呼，于是苏轼的案子被审了四十多天后就重新发落了。当年除夕，苏轼出狱，被贬为了黄州团练副使。从另一个角度来看，苏辙的这份奏章正因为写得在情在理，才使得原本犹豫的皇帝终于动了心。因为这篇好文章使得东坡免于死罪，这也算是文章的力量吧。

当年老苏带着两个儿子第一次进京赶考时，就边走边作诗，而后他们将这些旅途之诗合编在一起，称为《南行集》，可惜此书已经失传了。然而有些诗却收在了其他集子内，故而这个时段所作还是有一些留了下来，比如苏辙写过一首《江上看山》：

朝看江上枯崖山，憔悴荒村赤如赭。
暮行百里一回头，落日孤云霭新画。
前山更新色更深，谁知可爱信如今。
唯有巫山最秾秀，依然不负远来心。

当时苏轼也唱和了一首。兄弟二人虽然有大量的唱和诗，以我的眼光看，最有名的当为苏轼所作的《和子由渑池怀旧》：

人生到处知何似，应似飞鸿踏雪泥。

> 泥上偶然留指爪，鸿飞哪复计东西。
> 老僧已死成新塔，坏壁无由见旧题。
> 往日崎岖还记否，路长人困蹇驴嘶。

这首诗极有名气，木斋在《苏东坡研究》一书中称："这是能标志苏轼为超一流大诗人的首篇诗作"，而苏辙的原作则为：

> 相携话别郑原上，共道长途怕雪泥。
> 归骑还寻大梁陌，行人已渡古崤西。
> 曾为县吏民知否？旧宿僧房壁共题。
> 遥想独游佳味少，无言骓马但鸣嘶。

东坡所和的这首诗完全是次韵弟弟的诗作，但无论境界和气度都要比弟弟的那一首好太多。

东坡喜欢作次韵诗，金代王若虚给苏东坡的诗作做了个统计，发现他集中之诗竟然有将近三分之一都是和韵，王在《滹南遗老集》中称："次韵实作诗之大病也，诗道至宋人已自衰敝，而又专以此相尚，才识如东坡亦不免波荡而从之，集中次韵者几三之一，虽穷极技巧，倾动一时，而害于天全者多矣。"看来，王若虚对次韵之作很不喜欢，他认为这是诗之大病。确如其所言，东坡特别喜欢和别人的诗，比如他喜欢陶渊明的诗作，竟然一和就是一百二十多首。

但这种做法真的不好吗？有很多人并不同意王若虚的这个判断，比如朱弁《风月堂诗话》中录有晁以道的说法："（苏轼）和人诗用韵妥贴圆成，无一字不平稳。盖天才能驱驾，如孙、吴用兵，虽市井乌合，亦皆为我臂指，左右前却，在我顾盼间，莫不听顺也。前后集似此类者甚多，往往有唱首不能逮者。"晁的评价可谓极高，他认为只有天才才能把和韵之诗作得如此完美。

苏轼的确是不可世出的天才人物，他对写诗只是不同的情绪表达方式，尤其他的那种诙谐，是其他诗人中少有者。其实有些诗作，比如和韵、回文、藏头等，看似游戏，其实是一种智慧的机敏反应，《朝野遗记》中有这么一段话："刘贡父觞客，子瞻有事欲先起，刘调之曰：'幸早里且从容。'子瞻曰：'奈这事须当归。'各以三果一药为对。"

这段话看似随口应答，其实是有玄机含在里面。某次刘贡父请客吃饭时，苏轼有事要提前离席，刘就随口调笑了一句：您别急，慢慢地走。而苏轼马上就听懂了刘话中所隐含之意，于是回答了一句：没办法，这件事我必须急着回去办。从二人的应答看，似乎没什么特别之处，然而细品文意，刘贡父说的那句话里包含了三种水果和一种药材，三果为杏、枣、李，而药材为苁蓉。东坡闻此，给出的回答也同样是三果一药，其三果为奈、蔗、柿，而一药为当归。在这一瞬间，竟然对得天衣无缝，这绝非常人可及者。

东坡也写过回文诗，他有《次韵回文三首》。竟然能把回文诗也以次韵来作，即可看出他对文字有何等的高超把握力。三首中的第一首为：

春机满织回文锦，粉泪挥残露井桐。
人远寄情书字小，柳丝低日晚庭空。

将这首诗一字一字倒过来读，也同样是一首美诗：

空庭晚日低丝柳，小字书情寄远人。
桐井露残挥泪粉，锦文回织满机春。

东坡的这些游戏之诗，被方东树给予了很高的评价，其在《昭昧詹言》中称："杂以嘲戏，讽谏谐谑，庄语悟语，随事而发，此东坡之独有千古也。"然而东坡的有些诗作却把一些感想完整地放到了里面，这就是后人批评他的以文为诗，比如张戒在《岁寒堂诗话》中称："自汉魏以来，诗妙于子建，成于李、杜，而坏于苏、黄。……子瞻以议论作诗，鲁直又专以补缀奇字，学者未得其所长而先得其所短，诗人之意扫地矣。"看来，张戒认为诗歌之妙被苏东坡和黄庭坚给破坏了，破坏的原因之一就是东坡以议论为诗。

明代的屠隆也同意这个观点，其在《由拳集》卷二十三中称："宋人多好以诗议论；夫以诗议论，即奚不为文而为诗哉？……之数者，苏、王诸君子皆不免焉，而又往往自谓能入诗人之室，命令当世，则吾不知其何说也。"屠隆的观点也很明确，他认为既然宋代人喜欢发议论，那就去写文章，何必要用议论来写诗呢？

然而对于以上的这些说法，也有着完全相反的意见，比如赵翼在《瓯北诗话》中说："以文为诗，自昌黎始，至东坡益大放厥词，别开生面，成一代之大观。尤其不可及者，天生健笔一枝，爽如哀梨，快如并剪，有必达之隐，无难显之情。此所以继李、杜之后为一大家也。"当然，赵翼说东坡"大放厥词"是一种褒义的夸赞，他认为这正是东坡常人不可及之处。

其实，细读东坡的诗作也确实有这样的特点，比如他写过一首《洗儿戏作》：

> 人皆养子望聪明，我被聪明误一生。
> 惟愿孩儿愚且鲁，无灾无难到公卿。

整首诗没有写怎么样给儿子洗澡，全篇都在发议论。如果这首诗被举报的人看到,肯定又是罪证,因为他在讽刺那些公卿们都是"愚且鲁"。

他还写过一首《题沈君琴》:

> 若言琴上有琴声,放在匣中何不鸣?
> 若言声在指头上,何不于君指上听?

本来这种题目应该是描写某人的弹琴手法如何高妙,然而苏轼却在这里大发议论,称如果琴声是出在琴上,那为什么琴放在盒子里时没有声音?如果琴声是出在指头上,那为何不直接听手指?为此,纪晓岚评价到:"此随手写四句,本不是诗,蒐辑者强收入集,千古诗集有此体否?"

纪晓岚认为这根本就不是诗,他说古代的诗中哪有这种写法。其实这正是东坡的高妙之处,他完全不按规矩出牌,打破了千古以来诗作的固定模式,这正如朱弁在《风月堂诗话》中的评价:"世间故实小说,如街谈巷说,鄙俗之言,一经其手,似神仙点瓦砾为黄金,自有妙用。"

而刘熙载的评价则更具形象性,其在《艺概》中称:"东坡诗打通后壁说话,其精微超旷,真足以开拓心胸,推倒豪杰。"

因为东坡的名气太大了,后世对他的评价用几本书都说不完,我也就不再啰嗦。而我对他的喜爱有很大的成分,是他在面对一场场灾难而显现出的乐观生活态度,他的诙谐给人以难得的快乐,这就正如杨万里在《诚斋诗话》中所讲的那个有趣故事:"东坡尝宴会,俳优者作伎万方,坡终不笑。优突出,用棒痛打作伎者:'内翰不笑,汝犹称良优乎?'对曰:'非不笑也,不笑所以深笑之也。'坡遂大笑。盖优人用东坡《王者不治夷狄论》云:'非不治也,不治所以深治之也。'"连歌伎都能熟读东坡的文章，并且能机警的化用，可见其在社会上的影响力是何等之大。

东坡才气之大，可谓古今一人，他在各方面都有着突出的贡献，无论他的诗还是他的词，都被后世称为具有里程碑的地位，而他的散文也同样有着很高的成就，木斋在《苏东坡研究》一书中说："苏轼在散文方面，丝毫不亚于他在诗词方面的成就。这不仅是由于他的散文数量大，体裁样式繁富，而且在于他在散文里表达了更为丰富、更为深刻的思想内容。"

虽然说后世有"八大家"之目，其中名气更大者，则为韩、柳、欧、苏，这四人又被后世称之为"四大家"，这种称呼方式缘于这四位各有各的特色，李涂在《文章精义》中很形象地点出了这四位大家在文风上的区别："韩如海，浩瀚恢宏；柳如泉，澄澈隽永；欧如澜，容与闲逸；苏如潮，奔腾倾注，波澜层出。"

对于自己文章的水平，东坡给出了很高的评语，他在《文说》中称：

> "吾文如万斛泉源，不择地而出。在平地滔滔汩汩，虽一日千里无难。及其与山石曲折、随物赋形而不可知也。所可知者，常行于所当行，常止于不可不止，如是而已矣。其他，虽吾亦不能知也。"

他的这段话被广泛地引用，以此来说明东坡散文的特质。

其实，他这段话主要表明一个观点，那就是文章应当书写自己的真实心态，不要进行仔细的推敲与雕琢。但他的这个说法只适用于天才级的人物，而一般人写文章，显然难以达到他的这种文思泉涌。那他人应当怎样写文章呢？东坡在《答谢民师书》中给出了这样的意见："大略如行云流水，初无定质，但常行于所当行，常止于所不可不止,文理自然,姿态横生。孔子曰:'言之不文,行而不远。'又曰:'辞达而已矣。'夫言止于达意,即疑若不文,是大不然。求物之妙,如系风捕景,能使是物了然于心者,盖千万人而不一遇也。"

在此可以以东坡的《喜雨亭记》为例,该文起首一段即是:

> 亭以雨名,志喜也。古者有喜,则以名物,示不忘也。周公得禾,以名其书;汉武得鼎,以名其年;叔孙胜狄,以名其子。其喜之大小不齐,其示不忘一也。

东坡的这种写法打破了前人同类文章中的固有格式。一般而言,这类文章都是先叙事,次写景,后议论,这种写法被称为"唐人模式",而东坡的该文,开笔就议论,故而木斋认为东坡的这种写法"标志了对前人三段事模式的突破"。而吴楚材在《古文观止》中评价该文说:"只就'喜雨亭'三字,分写、合写、倒写、顺写、虚写、实写,即小见大,以无化有。意思愈出而不穷,笔态轻举而荡漾,可谓极才人之雅致矣。"

东坡的这类作品中,以前后《赤壁赋》名气最大,而我却偏爱《前赤壁赋》,该赋的第一个段落为:

> 壬戌之秋,七月既望,苏子与客泛舟游于赤壁之下。清风徐来,水波不兴。举酒属客,诵明月之诗,歌窈窕之章。少焉,月出于东山之上,徘徊于斗牛之间。白露横江,水光接天。纵一苇之所如,凌万顷之茫然。浩浩乎如冯虚御风,而不知其所止;飘飘乎如遗世独立,羽化而登仙。

虽然后世考证出东坡游览的是黄冈赤壁,而非三国时交战的那个赤壁，但这丝毫不影响东坡该赋在后世的广泛流传，因为他的这篇赋作得太美了，比如这第二段：

> 于是饮酒乐甚，扣舷而歌之。歌曰："桂棹兮兰桨，击空明兮溯流光；渺渺兮予怀，望美人兮天一方。"客有吹洞箫者，倚歌而和之。其声呜呜然，如怨，如慕，如泣，如诉，余音袅袅，不绝如缕。舞幽壑之潜蛟，泣孤舟之嫠妇。

该段中的每一句几乎都成为了后世引用的名句，这也正是东坡的魅力所在。比如清余诚在《重订古义释义新编》卷八中评价该文说："起首一段，就风月上写游赤壁情景，原自含共适之意。入后从渺渺予怀，引出客箫，复从客箫借吊古意，发出物我皆无尽的大道理……而平日一肚皮不合时宜都消归乌有，那复有人世兴衰成败在其意中。游览，一小事耳，发出这等大道理，遂堪不朽。"

余诚的这段评价可以看出，他是怎样来理解东坡游览赤壁之心态。而金圣叹则从写作的技巧上来分析该文："游赤壁，受用现今无边风月，乃是此老一生本领，却因平平写不出来，故特借洞箫呜咽，忽然从曹公发议，然后接口一句喝倒，痛陈其胸前一片空阔了悟，妙甚。"（《天下才子必读书》卷十五）

对于东坡这种写法的价值，郭预衡在《中国散文史》中予以了这样的评价："苏轼写得自由随便的作品，还有赋体之文。两篇《赤壁赋》都打破了赋之常体，而成为一种新的文体。可以说是游记，也可以说是杂文。其中有叙事，有抒情，有问答，有议论，而且或韵，或散，不拘格套，既不同于骚体，也不同于俳体。……这样的文章发展下去，就是明代公安派的小品文了。"

对于三苏的文论，郭绍虞在《中国文学批评史》中予以了如下的总评："三苏论文便与欧、曾迥异。其所由不同之故，即在其对文学的态度……盖道学家及柳、穆、欧、曾诸人，其所以学古人者，乃所以求其道。即使于道无所得，表面上总不敢像苏洵这样大胆地宣言为文而学文，所以孔、孟、荀、扬、韩诸人在道学家以之建立道统者，在他（洵）却以之建立文统……他只是论文的风格，不复论及文的内容……这便是三苏论文重要的地方。"

郭绍虞认为，从整体而言，三苏对于文章的观念，跟欧阳修、曾巩很不相同。究竟有怎样的不同呢？郭绍虞在其专著中接着说："明此，才可知三苏论文，本不重在道，即偶有言及道者，其所谓道，也是道其所道；非惟不是道学家之所谓道，抑且不是柳、穆、欧、曾诸人之所谓道。同一道的观念，在道学家说来觉得朽腐者，在古文家说来便化为神奇。"

苏洵墓、苏轼墓、苏辙墓位于河南省平顶山市郏县城西二十二公里处的茨芭乡苏坟寺村东南隅，小峨眉山东麓。

关于此墓的经历，杨钟羲在《雪桥诗话》三集卷十一中有如下的记载："郏县峨眉山，乃两小山，东西对峙，粲若列眉。苏文忠、文定窆其东山之麓，中奉明允衣冠为虚冢。迨、过六子咸东西祔。甲申，闯贼凭陵，破穴伐木。章邱张笃行于顺治丙戌重为修筑。墓西南百步为广庆寺。前殿供佛，后为祠堂，祀三先生。嘉庆癸酉，豫大饥，僧不能守，近村饥民樵林发屋，遂益破坏。墓有田七顷，给僧，僧无牛具不能耕，亦芜秽不治。道光癸未，吴巢松按试临汝，闻其事，归以告之程梓庭中丞、杨海梁方伯，即捐俸千五百金，复募金数千，属邑宰庀而新之。工毕之日，郏、宝两邑令俱会于新祠，展祀以妥神。士女和会，罗拜庭下者盖万人。巢松有长歌记其事。"

看来，三苏墓中，其中苏洵的墓是衣冠冢。这些墓在明末时遭到过李自成部队的破坏，而后又重新修起。不管怎么样，直到今天，

◇ 三苏园入口处

还有可寻访之处，已经觉得是一种万幸。

这程的河南寻访，其中的一站我住到了禹州。在此包下一辆出租车，前往探访三苏之墓。从禹州开到郏县约三十多公里，从郏县到苏坟寺村还有二十多公里的路程，在距离景区还有八公里时，就看到了三苏园的水泥牌坊，沿途有不少的岔路，却未再见到有指示标牌。

◇ 三苏坐在这里

司机没有来过此处，他一路上给自己的朋友打电话了解路径，虽然当地话我听不大懂，但从他的表情上看，得到的回答都不确切，我提出插上自己的导航仪，他同意了我的要求。

◇ 墓园的门前

我拿着导航仪的插头在他的车上寻找点烟器或插入点,然却遍寻不着,问他点烟器的位置在哪里,他说自己的车上没有这个装置,这也是我前所未闻的事儿。我觉得这倒是一种彻底的戒烟方式。

三苏园景区门前的停车场倒很是巨大,入口处的建筑有点像北京的关帝庙,我赶到此处时,可能是因为阴天的原因,偌大的停车场上仅我一辆车。门票三十元,司机说若有本地身份证,门票可以降为十元,我说那你可否把身份证借给我去买票,他笑着回答我,禹州的身份证在郏县也算外地,没有用。门票的形式倒很特别,是一张硬卡片,票的背面是八十分的邮资明信片,这倒是人性化的设计,游览之后还可以把它投进邮筒内当明信片使用。这种做法在五六十年代的西方很是流行,可惜现在进入了互联网时代,邮寄信件或明信片,已经变成了古老的交流方式。

园区很大,我感觉至少有几百亩以上,总体形式是窄长形的纵向排列。我沿着右侧的路一直向内走,首先看到的是巨大的水池,

◇ 这几棵大树的树龄达到了北宋

旁边的牌子写明这个水池叫"东坡湖"。从湖的右侧穿过，继续前行，一百余米后是三苏纪念馆，门口的广场上有三苏在谈书论道的塑像，后面的纪念馆当然是新建的，我对此兴趣不大。继续前行二百余米，见到苏东坡的高大雕像，从雕像侧旁转过，再向前三四百米，就看到了三苏的享殿，享殿的建筑格局有点像四合院。在里头走了这么长的路，到这里才遇到了除我之外的第一位游客，他是一位老者，挂着拐杖，正在细细地观看着院中的碑刻。

穿过享殿，再往前走就是三苏陵，陵区的占地面积上千平米，里面种满了松柏，从树茎上看这都是几百年前所种植者，而享殿门口的那两排古树年龄更大，有着"锦官城外柏森森"的感觉，并且那几个古树上还钉着保护牌，标明那些树的年龄均为北宋。如此说来，杨钟羲的那段记载也并不完全正确，说明当时大顺军在此处并没有把三苏坟上的树都砍光。从版本上说，北宋刻本流传至今稀若星凤，全国公共图书馆藏书中，宋刻本有上千部之多，但北宋本不足其中

◇ 苏洵墓碑

的百分之一，但今天看到这么多的北宋古木，也让我觉得很是高兴，这说明在那个时代，这些树就已种植，一直活到了今天。

我在林区内四处拍照，寂静的树林内仅我一人，除了风声没有听到任何的鸟鸣。在树林的前方一字排开三苏的坟丘，中间的是"宋老泉苏先生之墓"，右侧为"宋东坡子瞻苏先生墓"，左侧为"宋颖滨子由苏先生墓"，三座墓的大小形制以及坟前石供桌上所陈列的石雕件几乎完全相同，三座坟均为无墙裙的土堆，直径都在三米，高约两米多，我在这三座坟前分别鞠了一躬，表明了我的崇敬之情，之后就在陵区内到处拍照。

在东坡坟的前右侧方另立着一块大碑，上面刻着"苏园听雨"，不知是哪位前人来此祭拜三苏时留下的墨宝，他一定是在陵区里遇到了雨，而我今天却遗憾地没能赶上这种美景。正感叹间，猛然听到松林上方唰唰的响声，这种声音不像是在下雨，紧接着落下了一层干枯的松枝碎屑，这种碎屑瞬间撒了一地，我站在原地没动，细

◇ 苏轼墓碑

看眼前的景象，琢磨是怎么回事，紧接着就有些颗粒打在了我的头上和脸上，这种从天而降的颗粒很是密集，使得整个松林都回响着这种敲打声，声音没过多久大了起来，不一会儿就穿透了松柏的遮盖，几分钟后整个的地下就变成了白色，这时我才想明白，这是天降雪霰。

今天恰逢谷雨，竟然下起了雪霰，不知道这是不是个吉兆，我站在东坡坟旁边，本来是欣羡古人的苏园听雨，而我今天却变成了雪霰听松，虽然声响肯定比听雨要大很多，但境界上似乎略逊一等。密集的雪霰给我的拍照造成了困难，因为阴天，来时带了伞，但可惜伞放在了车内，而园区又这么大，从景区的入口走到苏坟前，至少要二十多分钟，其实这么大的景区真正值得看的也就在最尽头的这个陵区，余外都是新造建者，这跟当今的商品包装有一比，我实在没有气力原路返回，于是脱下衣服包裹住相机继续在园区内拍照。

在入享堂前的二十余米路侧，左右两边各有一个小的通道，向左侧走是"宋苏先生讳迟夫人梁氏墓"，而右侧则是"宋苏先生讳

苏洵、苏轼、苏辙：飘飘乎如遗世独立，羽化而登仙　　427

◇ 苏辙墓碑

◇ 苏园听雨

◇ 梁氏墓

◇ 苏适墓

苏洵、苏轼、苏辙：飘飘乎如遗世独立，羽化而登仙　　429

◇ 东坡墓全景

适暨夫人黄氏墓"。苏适是苏辙的儿子，不知当年小苏为什么给儿子起的名跟哥哥苏轼名的读音完全相同。两座墓的大小相同，均用青砖围成正方状，是三个台阶高的台地，占地面积约半亩大小。这两人的墓何以不葬在陵区内，我未见有详细的资料介绍。

出苏陵从园区的另一侧往回走，沿途是广庆寺和三苏祠。寺庙的面积不大，但保护得很是完整，而其寺前的广场很是巨大，跟寺庙有些不成比例，我冒着雪走进寺内，同样没有遇到游客，静静地在寺内游走着，在雪天中独自漫步，有着一种"前不见古人，后不见来者"的似悲似喜的心态。广庆寺的后方即是

◇ 广庆寺山门

◇ 躲在山门下避雨

◇ 三苏祠

三苏祠，祠堂内有着全国仅存的元代三苏泥塑雕像，然而这些雕像却用玻璃柜包裹得严严实实，从任何角度都无法很好拍照。在祠堂的院中，摆列着三个巨大而精美的碑额，旁边没有

◇ 红头赑屃

说明文字，其实也不用说，那碑身肯定已经在那特有的年代化为了齑粉，这三个螭首的旁边还摆放着一个红头的赑屃，而那旁边的介绍文字说这红头赑屃本身也是一宝，细看之下赑屃头上的红顶不是油漆涂染，它的确是原石上的一部分，在雪的映衬下，这块红顶越发显得通红透亮，可跟丹顶鹤相媲美。

从景区走出回到车上，雨雪一直没停，原路驶回禹州市，行驶了几十公里，也没能让我将这双手缓和过来，此时唯一的想法是让自己的身体暖和起来。最近禽流感越来越严重，河南也成了疫区，有时专家的话真不知道如何去听，前一段他们坚称禽流感不会人传人，但新发现的几例完全没有禽类接触史，这使得专家的口吻有所转变，说现在还不能确定禽流感的传播途径。如果今天的雨雪让我感冒发烧，肯定会被当成疑似禽流感而被隔离起来，在这敏感的时期，哪怕得了伤风感冒都会觉得比得了癌症还要严重。

三苏景区的雨雪把我浑身浇透，此时冻得身体微微发抖，特别想喝几口热汤把身体暖和过来。然而在禹州市的街边，连进了两家饭店都说还未营业，让我六点钟之后再来，当地饭店的这种风俗还真是罕见。总算找到一家粥店，点了盘锅贴一碗稀饭，趁热吃了下去，感觉身体灵动了许多，回到宾馆又特意找服务员要了两床棉被。

觅文记（下）

韦力·传统文化遗迹寻踪系列之五

韦力 著

上海文艺出版社
Shanghai Literature & Art Publishing House

覓文記 【下】

曾巩：知信乎古，知志乎道

宋代的科举考试要比今天的高考难百倍千倍以上，然而曾巩一家人在同一场科考试中，六人参考，六人进士及第，这可以说是自有科考以来未曾听闻过的奇迹。《挥麈后录》卷六中记载了这个奇迹："南丰昆弟六人，久益澌落。与长弟晔应举，每不利于春官。里人有不相悦者，为诗以嘲之曰：'三年一度举场开，落杀曾家两秀才。有似檐间双燕子，一双飞去一双来。'南丰不以介意，力教诸弟不怠。嘉祐初，与长弟及次弟牟、文肃公、妹婿王补之无咎、王彦深几，一门六人，俱列乡荐。既将入都赴省试，子婿拜别朱夫人于堂下，夫人叹曰：'是中得一人登名，吾无憾矣。'榜出唱第，皆在上列，无有遗者。"

看来，在参加科考的初期，曾家人并不那么顺利，还被家乡某位不友好的乡亲写诗奚落了一番。但曾巩不受这种事情的影响，他仍然与兄弟和妹夫等人努力学习，竟然一家六人全部通过了乡试，而后又一同去参加进士科。他们离家赴京时，向母亲道别。母亲说，你们这六人中，哪怕只有一个人能考取功名，我就死而无憾了。她没想到的是，去了六位，六位全都考得了功名，不知会把这位老太太高兴成什么样。

但这个奇迹还是让人忍不住八卦一番。古人云：名师出高徒，当年曾巩就是拜欧阳修为师。宋景祐三年，曾巩十八岁时前去参加考试，结果铩羽而归，但这次考试却让他跟王安石成为了朋友。庆历元年，曾巩第二次入京考试时，就拜在了欧阳修的门下。而这第二次的科考，他还是未能取得功名，王安石比他运气好，这次考试取得了进士及第。

到了宋嘉祐元年，曾巩的老师欧阳修当上了翰林学士，而后调回首都，主编《新唐书》，第二年任科考的主考官，而就是在这次，曾家六人一同考取了功名。如此说来，这样的好结果让人忍不住八卦，似乎也能理解，但是这一科的进士及第者，还有苏轼和苏辙兄弟二人，这么说来，这场科考也算不上是偏心。

其实这场考试刚刚结束，欧阳修就因此惹上了麻烦。唐代的科举近似开卷考试，这使得考试成绩多有作弊之嫌，而宋代的科考就要比唐代严格了许多，这些具体措施包括"封弥""誊录""初考""复考""定号""奏号"等等，并且考官要在考试之前就住进考院内，直到考试结束判出成绩，才可出院。这期间需要五十多天。制度如此之严，想要作弊确实极难。

嘉祐二年的这场科考，总计五位主考官，同时还有判卷官梅尧臣。梅的职务名称叫参详官，这个职位又称为小试官。这六个人像关禁闭一样，住在一起五十多天，在一起闲得无聊就写诗，等考试结束后，他们把这段时间写的诗还刻成了一本诗集，这本诗集后来也成为了他人攻击欧阳修等人的证据。

这场考试策论的题目是《刑赏忠厚之至论》，其中有位考生的文章写得特漂亮，梅尧臣把这份考卷推荐给主考官欧阳修，并建议将这份考卷列为第一名。欧阳修对这份考卷也极其赞赏，但他读来读去，从行文风格上看，怎么都觉得这位考生有可能就是自己的弟子曾巩。欧阳修觉得让自己的弟子考中状元，肯定会有很多闲话，于是他忍痛把这份考卷列为了第二名。等到最终公布成绩时，才知道这份考卷的作者是苏轼。

由此可证,曾家六人一同进士及第,欧阳修真的没作弊。但群众不这么看,等到礼部发榜的当天,当时深受人推崇的学子都落榜了,而中榜者大多是文风平实的无名之辈,这引起了落榜人的愤怒,于是他们拉帮结伙,在路上拦堵欧阳修的车马,并围攻谩骂。还有的落榜生还写了篇《祭欧阳修文》,将其扔到欧阳修家的院子里,以此来诅咒欧阳修早死。

好在仁宗皇帝给欧阳修以大力的支持,按照规定,科考之后还要进行最终的殿试。按以往的做法,殿试考试还会筛选下一批人,但这一场却很特别,因为所有参加殿试的人一律赐进士及第、进士出身或同进士出身。这种做法的言外之意是,这场考试所有的录取者全部受到了皇帝的首肯。这样论起来,后人再八卦曾家六人同时进士及第,也就应该没什么可说的了。

◇ 曾巩撰《宋大家曾文定公文钞》十卷,明万历七年茅一桂刻《唐宋八大家文钞》本

当年曾巩跟王安石的关系很好,后来王安石职位越升越高,当上了宰相,开始搞变法,曾巩对这件事并不支持,但也没有公开表示反对,为此二人的关系也渐渐疏远了。但是王琦珍不这么认为,他在《曾巩评传》一书中写到:"在王安石变法中,曾巩较任何人都更处于一种微妙的境地。一方面,他和王安石既是同乡,又是挚友,曾、王二府又是姻亲;另

一方面，作为门生后学，曾、王、二苏都为欧阳修、杜衍、韩琦等一辈老臣所赏识与器重；再则，其弟曾布又是王安石变法的左膀右臂。从某种意义上说，曾巩是熙宁前后复杂政局的一位极重要的知情者"，然而《宋史》中却认为曾巩和王安石是"始合终睽""凶终隙末"。

王琦珍认为元代人修《宋史》是根据司马光等人的观念，故而修史者据此来断定是王安石背弃了曾巩，所以王琦珍说："这种历史的偏见一直沿袭到今天。"而后文中举出了蔡上翔反对此说的例子，曾巩在元丰三年的文章中说过"吾君吾相之美，相与有成"这类的话，蔡由此说："吾相非介甫乎？设子固果有大不悦于介甫，则不直斥其过可矣，亦何至称道其美若是？则吾不知世传两人始合而终睽者又因何事也。"

还有一种说法，就是元丰六年，曾巩病逝于江宁，王安石闻讯后却没有写哀挽之词，这件事也是后人认为王安石做得太过的地方。但是曾巩去世后的第二年，苏轼由黄州迁汝州团练副使时路过江宁，王安石换上便装，骑着一头驴到码头去看苏轼，二人在聊天时，王称赞苏说："不知更几百年，方有如此人物。"东坡闻此颇为动情，而后又写诗又写文给王安石，据此，王琦珍得出的结论是："曾、王相交之深，远胜于苏、韩，而对新法的批评，曾巩则不及他们尖锐，更何况十分注

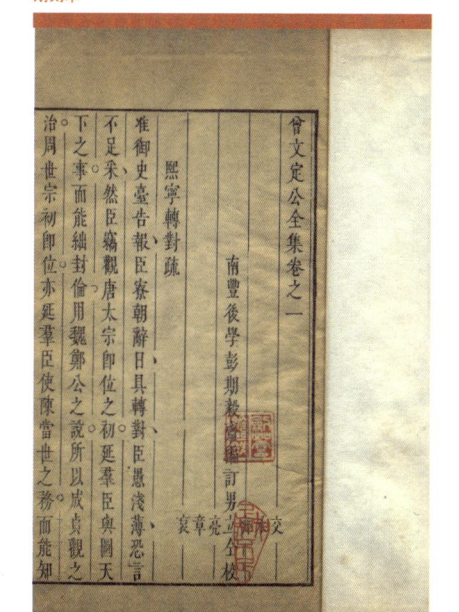

◇ 曾巩撰《曾文定公全集》二十卷首，清康熙三十二年彭期刻本

重节行操守的曾巩,对一手抚育成长的弟辈们那样深地卷入变法,从未有过责备。王安石对苏轼尚且这般宽容与厚爱,以如此胸次而对曾巩反衔恨至此,以至殁而不吊,那显见是不合情理的。"王琦珍进一步认为,曾巩去世时,说不定王安石写过挽联,只是未曾传世。究竟事实如何,也只能任由后人猜测了。

曾巩还有一件事被后世广泛猜测,那就是"被罢修《五朝国史》"。元丰三年九月,曾巩六十二岁时,由亳州前往沧州赴任知州,路过京师时受到了神宗皇帝的召见。因为曾巩的应答让皇帝感到满意,于是下令曾不用再去知州,留在朝廷编史书。此事记载于宋李焘撰、清黄以周等辑补的《续资治通鉴长编》:"朝散郎直龙图阁曾巩,素以史学见称士类。方朝廷叙次两朝大典,宜使与论其间,以信其学于后。其见修两朝国史将毕,当与三朝国史通修成书,宜与巩充史馆修撰,专典史事。取三朝国史先加考详,候两朝国史成,一处修定。仍诏巩管勾编修院。"

而后曾巩遵皇帝之命,开始在京师编修《五朝国史》,但到了第二年的四月,其突然被要求停止这项工作。《续资治通鉴长编》中记述了其中的缘由:"(元丰五年四月戊寅)罢修《五朝史》。先是,曾巩上《太祖本纪》,篇末《论》所论事甚多,而每事皆以太祖所建立胜汉高祖为言。上于经筵谕蔡卞曰:'巩所著乃是《太祖汉高孰优论》尔,人言巩有史材,今大不然。'于是,罢巩修《五朝史》。"

从这段话可知,罢修《五朝国史》的原因是曾巩写了篇《太祖本纪》。曾巩将此记拿给神宗审阅,皇帝看后很不高兴,于是就跟蔡卞说:曾巩拿太祖跟汉高祖进行比较,人们都说曾巩有史才,从此文看来,不是那么回事。

为什么曾巩的这篇文章会让皇帝不高兴呢?后世为此做出了不

同的解读，比如陆游在《老学庵笔记》卷七中说："会南丰上《太祖纪》叙论，不合上意，修《五朝史》之意浸缓。未几，南丰以忧去，遂已。"而后王应麟也赞同陆游的说法，其在《玉海》中称："（元丰四年）十一月，巩上《太祖总论》不称上意，五年四月，遂罢修五朝史。"但是余嘉锡认为这种说法不正确，他在《四库提要辨证》中称："是神宗于阅《太祖总序》后尚谆谆以修史之体式义例问巩，何尝如《玉海》所言以《总论》不称上意，遂罢修《五朝史》也哉？"

既然神宗已经看过了《太祖总论》，并且还仔细询问曾巩修史的体例，怎么可能又突然觉得曾巩没有史才而让其罢修呢？余嘉锡认为，这其中有两个原因，一是因为有人上谗言，这个上谗言的人名叫徐禧，因为在此之前，曾巩得罪过他。此事记载于王铚的《默记》："曾子固作中书舍人还朝，自恃前辈，轻蔑士大夫。徐德占为中丞，越次揖子固甚恭谨。子固问：'贤是谁？'德占曰：'禧姓徐。'子固答曰：'贤便是徐禧？'禧大怒而忿然曰：'朝廷用某作御史中丞，公岂有不知之理？'其后，子固除翰林学士，德占密疏罢之，又攻罢修《五朝史》。"

看来是曾巩当年不尊重徐禧，引起此人大怒，后来徐禧向皇帝上谗言，攻击曾巩所编的《五朝国史》，为此而被皇帝下令罢修，因此余嘉锡得出的结论是："盖神宗读巩所上《太祖总论》后，虽甚不悦，尚未欲遽行废罢，特其意浸缓而已。惟其神宗之意已缓，故谗毁之言易入。此所以徐禧之疏甫上，而《五朝史》即罢修矣。《长编》仅据《神宗宝训》修入，而未考他书，宜其不知所以罢之故也。"但李俊标认为徐禧的攻击并不是问题的关键，李在《曾巩研究》中说："不论其是否真为言者所攻击，由上述分析可知，曾巩被罢修的关键在于神宗不悦，若有谗毁之言也仅只是推波助澜而已。而神宗又为什么不悦，余嘉锡未作论述。"

那么神宗皇帝看到《太祖本纪》后为什么不高兴呢？徐度在《却扫集》中有这样一段说法："未几，撰《太祖皇帝总叙》一篇以进，请系之《太祖本纪》篇末，以为《国史》书首。其说以为太祖大度豁如、知人善任，使与汉高祖同，而汉祖所不及者其事有十，因具论之，累二千余言。神宗览之不悦，曰：'为史但当实录以示后世，亦何必区区与先代帝王较优劣乎。且一篇之赞已如许之多，成书将复几何？'于是书竟不果成。"看来，神宗不高兴的原因是曾巩拿宋太祖跟汉高祖刘邦进行比较，并且写了两千字之多。

汉高祖那么伟大，曾巩拿宋太祖与其比较，这本来有抬宋太祖的意思，那为什么神宗还大为不高兴呢？原来这件事涉及了宋朝皇室一段不愿提及但又不得不提及的一段历史。

首先说，当年赵匡胤就是从后周叛变，而后建立的宋朝，而这赵匡胤就是宋太祖。如何把他背叛后周而建立宋朝，说成是一种合法的过渡，这是史官很难下笔的问题。第二大难点，则是皇权的过渡问题。赵匡胤也就是宋太祖，他当了皇帝之后，本应当是他的子孙世世代代接替皇位，然而从宋朝的第二位皇帝——赵光义开始，北宋此后的所有皇帝都不是赵匡胤的后代，因为赵光义是赵匡胤的弟弟。也就是说，北宋的这些皇帝们除了赵匡胤本人之外，其他的都是赵光义的子孙。

即此可知，北宋的皇帝要修国史，首先就要面对开国皇帝赵匡胤如何登基的问题。如果史官评价不高，则有辱大宋国威；如果评价高了，则又会让不是太祖子孙的这些皇帝们不高兴。这其中的微妙心理是怎样构成的呢？这跟赵光义取得皇位的传闻有一定的关系。

按正史上的说法当然很简略，《宋史·太祖本纪》上称："癸丑夕，帝崩于万岁殿，年五十，殡于殿西阶。"这句话只是说，某天太祖突然死在了万岁殿，究竟怎么死的，一个字也没有提。《宋史纪事本末》就比这详细了很多:"冬十月,帝有疾。壬午夜,大雪,帝召晋王光义,嘱以后事。左右皆不得闻,但遥见烛影下晋王时或离席,若有逊避之状。既而上引柱斧戳地,大声谓晋王曰:'好为之!'俄尔帝崩,时漏下四鼓矣。宋皇后见晋王愕然,遽呼曰:'吾母子之命皆托于官家。'晋王泣曰:'共保富贵,无忧也。'甲寅,晋王光义即皇帝位,改名炅。"

这段话说,太祖生病时在某个大雪夜召见了弟弟赵光义,太祖觉得自己身体已经不行了,于是单独向赵光义交待后事,当时其他人只能站在窗外看着里面晃动着的身影,大家只隐约地看到太祖拿着一把斧头戳着地,大声地跟赵光义说了句话,而后就死了。皇后见此况十分吃惊,请赵光义做主。再后来,赵光义就继承了帝位。

但是这段记载还是有很多不明确之处,因为不知道太宗和太祖在大殿里究竟发生了什么事,文莹在《续湘山野录》中的所言就生动了许多:"是夕果晴,星斗明灿,上心方喜。俄而阴霾四起,天地陡变,雪雹骤降,移仗下阁。急传宫钥开门,召开封尹,即太宗也。延入大寝,酌酒对饮。宦官、宫妾悉屏之,但遥见烛影下,太宗时或避席,有不可胜之状。饮讫,禁漏三鼓,殿下雪已数寸。太祖引柱斧戳雪,顾太宗曰:'好做,好做。'遂解带就寝,鼻息如雷。是夕,太宗留宿禁内,将五鼓,伺庐者寂无所闻,太祖已崩矣。太宗受遗诏,于柩前即位。逮晓登明堂,宣遗诏罢,声恸,引近臣环玉衣以瞻圣体,玉色莹然如出汤沐。"

这就是历史上有名的"烛光斧影"的故事。这个故事究竟有多少真实性?历史上分成了两派,比如司马光就在《涑水纪闻》中极力地替太宗辩解,他说太宗来到之时,太祖其实已经去世了。而毕沅在《续资治通鉴》中也同意这个说法。然而这件事也确实可疑,因为按照古代的改元惯例,皇帝去世后,当年所剩的几个月仍然延续旧的年号,而新皇帝虽然已经登基,但新的年号会从第二年元旦算起。赵匡胤去世之时,离本年结束仅剩了两个月,但赵光义登基后就立即将开宝九年的所剩两个月,改为了"太平兴国元年"。为什么连两个月都等不及呢?也有人说赵光义继承哥哥的皇位,是因为遵从了杜太后的遗诏。

究竟事实怎样,到现在也没有结论。但不管怎么说,曾巩在《五朝国史》中大赞宋太祖赵匡胤堪比汉高祖刘邦,这样的比喻很让神宗不高兴,可是神宗又说不出什么来,他毕竟不能指责曾巩赞赏高祖,所以也只能批评曾巩写得不好。但话又说回来,曾巩难道不明白皇帝对这段历史讳莫如深吗?如果他知道还这么写,难道他要做董狐吗?后来,皇帝并没有将其撤职或治罪,而是做了另外的提拔,这其中的原因也只能由后世做各种解读了。

从文章风格而言,曾巩受其老师欧阳修影响很大,欧阳修对这位弟子也特别夸赞,他曾写过一首名叫《送吴生南归》的诗:

> 我始见曾子,文章初亦然。
> 昆仑倾黄河,渺漫盈百川。
> 决疏以导之,渐敛收横澜。
> 东溟知所归,识路到不难。

在这首诗中,欧阳修极其夸赞这位弟子。然后世却有着不同的声音,因为在宋代就流传着曾巩"不能作诗"的说法,陈师道在《后山诗话》中说:"世语云:'苏明允不能诗,欧阳永叔不能赋;曾子固短于韵语,黄鲁直短于散语;苏子瞻词如诗,秦少游诗如词。'"这个说法后世多有转载。惠洪《冷斋夜话》卷九所载比上一个说法更甚:"(彭)又尝曰:'吾生平所恨五事。'人问其故。渊材敛目不语，久之曰：'吾论不入时听，恐汝曹轻易之。'问者力请其说。乃曰：'第一恨鲥鱼多骨；第二恨金橘太酸；第三恨蓴菜性冷；第四恨海棠无香；第五恨曾子固不能作诗。'闻者大笑。渊材瞋目曰：'诸子果轻易吾论也！'"曾巩不能作诗，被人调笑为"五恨"之一。

曾巩的诗作受到时人的轻视，他的词也同样不被看重，李清照在《词论》中就说过这样的话："曾子固文章似西汉，若作一小歌词，则人必绝倒，不可读也。"从实际情况看，曾巩所作之诗也确实有些问题，他写过一首《苦雨》：

> 雾围南山郁冥冥，峡谷荒风驱水声。
> 只疑日失黄道去，又见雨含沧海生。
> 如催病骨夜寒入，似送客心衰思惊。
> 扬州青铜不忍照，应有白发添数茎。

对于这首诗，李俊标在《曾巩研究》一书中说到："此诗并不符合标准的七律格式，平仄不谐、中两联又不完全对仗。但其用韵格式在杜甫的律诗中都能找到，如首联末尾仄平平对平仄平即与杜甫'强戏为吴体'的《愁》诗首联相同。虽然杜诗中没有一首平仄与此完全相同，但拗体本身就是在追求一种变化，从这几种杜诗拗调的运用中也正能体现出一种'拗律'的韵味。"

然而曾巩的文章却受到了后世一致的夸赞，其中最为推荐曾巩者，应当是大儒朱熹，他专门为曾巩作过年谱，朱熹在《朱子语类》中说："文字到欧、曾、苏，道理到二程，方是畅。荆公文暗。"在这里，朱熹将曾巩与欧阳修、苏轼等并列，并说王安石的文章比不上前几位。至于朱熹所褒奖的这三位如何分出高下，其又说："东坡文字明快，老苏文雄浑，尽有好处。如欧公、曾南丰、韩昌黎之文，岂可不看？……欧公文字敷腴温润，曾南丰文字又更峻洁，虽议论有浅近处，然却平正好。到得东坡，便伤于巧，议论有不正当处。后来到中原，见欧公诸人了，文字方稍平。老苏尤甚。大抵以前文字都平正，人亦不会大段巧说。自三苏文出，学者始日趋于巧……（荆公）却似南丰文，但比南丰文亦巧。"

关于曾巩的文章，我先引用他的名篇《赠黎安二生序》如下：

> 黎生曰："生与安生之学于斯文，里之人皆笑以为迂阔，今求子之言，盖将解惑于里人。"余闻之，自顾而笑。夫世之迂阔，孰有甚于予乎？知信乎古而不知合乎世，知志乎道而不知同乎俗，此余所以困于今而不自知也。世之迂阔，孰有甚于予乎？今生之迂，特以文不近俗，迂之小者耳，患为笑于里之人。若余之迂大矣，使生持吾言而归，且重得罪，庸讵止于笑乎！

对于这篇文章，王琦珍的评价是："这里所使用的，全属浅近的文言。措辞平易，全近乎口语，文章谈笑自若，开口见心，但不显得松散与平庸。"其实曾巩的文名在当世就广受重视，他去世后，曾肇在给他所作的《行状》中称赞到："欧阳文忠公赫然特起，为学者宗师。公稍后出，遂与文忠公齐名。自朝廷至闾巷海隅障塞，妇人孺子皆能道公姓字。其所为文，落纸辄为人传去，不旬日而周天下。学士大夫手抄口诵，唯恐得之晚也。"

我再引一篇曾巩所写的《送傅向老令瑞安序》：

> 向老傅氏，山阴人。与其兄元老读书知道理，其所为文辞可喜。太夫人春秋高，而其家故贫。然向老昆弟尤自守，不苟取而妄交，太夫人亦忘其贫。余得之山阴，爱其自处之重，而见

其进而未止也，特心与之。向老用举者令温之瑞安，将奉其太夫人以往。予谓向老学古，其为令当知所先后。然古之道盖无所用于今，则向老之所守亦难合矣。故为之言，庶夫有知予为不妄者，能以此而易彼也。

这篇文章受到了后世的夸赞，茅坤在《唐宋八大家文钞》中称赞到："仅百余言，而构思措辞，种种入彀，中有简而文、淡而不厌者"，而正是这位茅坤把曾巩列为了"唐宋八大家"之一。

关于曾巩文风的来源，宋王震在《南丰先生文集序》中称："方是时，先生自负要似刘向，不知韩愈为何如尔？"王震说当年的曾巩并没把唐代的韩愈当作自己追摹的对象，其眼界直追到了汉代的刘向。虽然如此，但曾巩并不盲从于刘向，当年刘向在《战国策叙录》中说过这样一段话："战国之世，君德浅薄，为之谋策者，不得不因势而为资，据时而为划。故其谋扶急持倾，为一切之权，虽不可以临教化，兵革救急之势也。皆高才秀士，度时君之所能行，出奇策异智，转危为安，运亡为存，亦可喜，皆可观。"

刘向认为，战国时代的那些名士，他们奔走于不同的国家，这些人为那些国家出谋划策，使得一些诸侯国转危为安，刘向认为这些人的价值取向没什么问题。但曾巩不赞同刘向的这个观点，他在《〈战国策〉目录序》中针对刘向的这个说法做出了这样的评判：

向叙此书，言"周之先，明教化，修法度，所以大治。及其后，谋诈用，而仁义之路塞，所以大乱"。其说既美矣。卒以谓"此书战国之谋士，度时君之所能行，不得不然"，则可谓惑于流俗，而不笃于自信者也。

◇ 济南大明湖边的曾巩祠

曾巩认为刘向的说法看上去很美，实际上刘向却是受了社会流行观点的影响。为什么这样说呢？曾巩在该序中讲述了孔孟时代的法制，以及二帝三王时代之法，接下来曾巩说了如此一番话：

> 战国之游士则不然，不知道之可信，而乐于说之易合。其设心注意，偷为一切之计而已。故论诈之便而讳其败，言战之善而蔽其患。其相率而为之者，莫不有利焉，而不胜其害也；有得焉，而不胜其失也。卒至苏秦、商鞅、孙膑、吴起、李斯之徒以亡其身，而诸侯及秦用之者亦灭其国，其为世之大祸明矣，

◇ 济南曾巩祠的来由

而俗犹莫之寤也。惟先王之道，因时适变，为法不同，而考之无疵，用之无弊，故古之圣贤，未有以此而易彼也。

看来曾巩对战国时代的名士没有任何的好感，他说这些人只会给各国献计献策，他们只说好的一面，而从不讲问题的弊端，最终这些人大多也没有好结果。

对于曾巩的这篇序，归有光在《文章指南》中称："文章意全胜者，词愈朴而文愈高；意不胜者，词愈华而文愈鄙。如曾子固《〈战国策〉目录序》，无一奇语，无一奇字，读之如太羹元酒不觉至味存焉，真大手笔也。"归有光的这种夸赞可谓极致，他认为最好的文章读上去都朴实无华，因为思想性弱的文章才会写得华丽，接着他举出了曾巩所作的《〈战国策〉目录序》，他说此序没有一句都是奇句，也没一个字也是奇字，这才是大家手笔。对于曾巩的序，明茅坤在《唐宋八大家文钞·南丰文钞引》中说："曾之序记为最。"茅坤认为曾巩所作之文，总体上来看，水平最高是序和记。

◇ 香樟木雕造的曾巩像

曾巩在文学史上的地位，《宋史》中已经给出了定论："曾巩立言于欧阳修、王安石间，纡徐而不烦，简奥而不晦，卓然自成一家，可谓难矣。宋之中叶，文学法理，咸精其能，若刘氏、曾氏之家学，盖有两汉之风焉。"此后的文章大家对曾巩也多有推崇。进入清代，桐城派崛起，曾巩的文章更加受到了看重，自此被认为是唐宋间一流的文章大家。

◇ 研究曾巩的文章

◇ 据说此物是按照曾巩墓中出土者所仿造

曾巩的祠堂处在山东济南市的大明湖边上。乘大巴至济南，前往大明湖。由北门进去，一路打听南丰祠，游人似乎均对此不熟悉，只是告诉我，前面有个祠堂。走近一看，原来这里叫"藕神祠"。仅一进的小院里，小小的藕神祠显得特别清幽静美，因为时值金秋，铺满整个屋檐一直垂到檐前的不知名蔓草全部变成深深浅浅的红色，以这种地方祭祀女性神祇，别有一番情韵，祠中塑着三位女神，皆民间娘娘造型，背后的墙上又绘着飞天，里外皆无说明，颇不解究竟祭祀的是谁，但看见门外对联却是："是也非耶水中仙子荷花影，归去来兮宋代词宗女士魂"，疑是李清照。李清照正是山东人，却不知她已经升格为藕神。回来查资料，方得知这其中的缘故：清代同治年间，济南文人经过商议，决定推戴李清照代替原来的藕神，并重修藕神祠。

藕神祠旁边就是南丰祠，祠中立有曾巩雕像，为产于江西南丰县之古香樟精雕而成。祠中四围为展柜，陈列着一些近代出版的书及影印文件，唯一的一部线装书为影印本《南丰曾子固先生集》，此外还有曾巩墓出土的一盏佛灯和樵斗不过是复制品。

离开曾巩南丰祠，前往王士禛遗迹秋柳人家和秋柳诗社。今天是星期六，天气又好，大明湖景区内处处是新娘，都是出来拍婚纱照的，姹紫嫣红，在摄影师"头抬一点、脚往前一步，腰往后靠"的指挥声中，摆出各种动作，忽然听到一个新郎很不满："我怎么老是这个动作？"果然，一路上看到的所有新郎都只有一个动作，那就是扶着新娘，然后作亲吻状。不知道这个姿态藕神怎么看。

◇ 步行穿过这座大桥

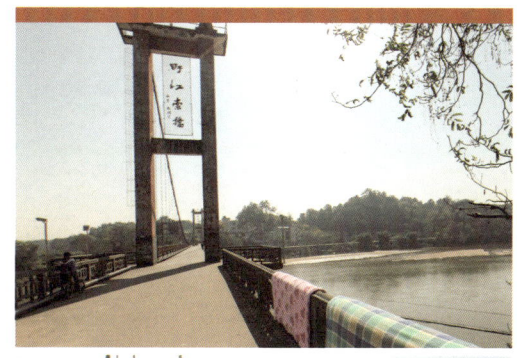

◇ 带路者说，对面的那座小山就是曾巩读书处

曾巩读书岩和纪念馆位于江西省抚州市南丰县琴城镇南门子固公园。从杜市镇返回抚州，在抚州西驶上G70福银高速，南行约六十多公里，在南城县转上G35济广高速，向南偏西行驶约四十公里，从南丰出口下道。在高速行驶时，雾已渐渐消散，看到了难得的太阳，心情也跟着慢慢地晴朗起来。今早一起床就嗓子疼，我想跟昨晚吃饭有关系，在饭店里我告诉服务员自己的菜中一定不要放辣椒，但端上来的菜仍然是辣味儿十足，服务员解释说仅放了一点点，如果一点也不放那么菜会没有味道。我跟司机讲了这个故事，他自豪地说，江西本地吃辣那是天下第一，四川人虽然以麻辣烫火锅著称天下，但比起江西的辣味来还是差一些，因为麻辣烫是麻排在前头。

◇ 一片仿古建筑

讲到这里,司机对北方的大米也很不以为然,他说东北大米虽然有名,但江西人却不喜欢吃,因为太粘了,不如江西的大米吃着爽口。古人说:水是家乡好,月是故乡明,这真是简单而伟大的至理名言。

在高速路上,沿途看见了多个警车模样的画板,这些画板用木支架支在紧急停车带上,上面写着"严禁超速"。这种用假警车来吓唬超速者的办法,有点儿像农田中插着的稻草人来吓唬飞鸟吃食一样,这种伎俩连鸟都骗不了,况人乎。

◇ 曾巩纪念馆

进入南丰县境,路边看到多个"世界橘都"的广告牌,司机说南丰橘子特别甜,建议我买几箱带回去,我告诉他自己还要跑其他的

◇ 曾巩读书岩

地方，但还是在路边买了一小箱，在车上跟司机分享。

进入县城，在十字路口上看到一个门面房门口坐着几个小伙子，走上前向他们问路，有个小伙子很热心地告诉我如何如何地转弯，但听他的描述中要连转几个地方，我和司机都说记不住，于是请他上车带路，驶入了老城区。

老城区道路很窄，前行约一公里，来到一个高架的索桥边，小伙子说此桥必须步行，桥长约四五百米，名称叫"盱江索桥"，桥下的这个宽阔河面自然叫盱江了。步行穿桥而过，宽阔的河面依然流水汤汤，小伙子告诉我这个悬索桥以前能够过车，

◇ 唐宋八大家聚在了一起

◇ 曾巩果真在这里读书

2002年时，第一场大雨把南丰县淹了，是因为上游的一座水库垮了，这场大水冲毁了南丰的一座桥，这座悬索桥虽然没塌，但也受了损伤，维修之后就再也不让过车了，我望了望桥下的水面，距离这个桥面至少有二三十米的距离，这让我想象着当年水漫悬桥的壮观景色。

下桥后右转，是一座不高的小山，远远的就能看到山上的仿古建筑，小伙子指着那片建筑说，这就是曾巩纪念馆。纪念馆的门不大，侧墙上写着大红标语：热烈欢迎政协领导到我馆视察工作。显然，这个标语不是给我看的。而与之相对的墙上则挂着"南丰县博物馆"和"南丰县收藏家协会"的牌子。门口无人售票，

◇ 县级文保牌

进门第一眼看到了浮雕的唐宋八大家雕像，上面的人物或坐或站，看情形有点像兰亭序中的曲水流觞，但这八个人恐怕难凑到一起，毕竟还隔着朝代，但转念一想，现代的影视技术最讲究穿越，这可能也是一种艺术的再创造了。

　　进门之后，我先登上了左边的台阶，因为看到了有个新做的亭子，上面写着"读书岩"，读书岩占地面积约百十平米，沿着山体是个很浅的小山洞，我觉得深度也就五六米，前半部分高可站人，后面则只有弯腰了，洞的正前方有一个古人的塑像，那肯定就是曾巩，形象是手持书卷，正在诵读，但可惜这个塑像做得形体太大，跟他身后的那个山洞实在不成比例，而尤其山洞前面的仿古亭最煞风景：里面的顶棚竟是用PVC板制作的。读书岩的侧边看到了南丰县的文物保护牌，名称就是"曾巩读书岩"，如此看来曾巩的确在此读过书，而并非只是文艺语言的附会，台阶旁还有另一块碑，上面刻着"重修读书岩记"。

　　沿读书岩右转就来到曾文定公祠，本来上祠堂的路底下有专门的台阶，这才是正路，我是从读书岩横向穿行而过，在这条近路的旁边又看到一组雕像，是一位古人在弹琴，旁边有

◇ 南丰县祠堂内的曾巩像

◇ 不知他的像旁为何伴着这样一位

◇ 不知这算不算是浮雕

两个人在欣赏,没有标牌,我不知道这是重现的哪段历史,曾巩是否会弹琴,这我需要查查资料,但我注意到他手中弹的那张琴,从制式看应当属仲尼式。

　　进入祠堂,正前方是新做的曾巩半身胸像,后面贴着一段很长的引言介绍着曾巩的生平,然而曾巩像前的侧墙上,却摆着一件残损的天神塑像,跟这间室内严肃的氛围极不相称,地上还摆着一块牌匾正在描金。穿过祠堂,后一进院落为"思贤堂",沿台阶进入,正中摆着一件木雕,从形象看有点类似于孔子的楷木雕像,但我知道这肯定是曾巩,雕像旁没有介绍,但我觉得这个可能更接近曾巩的真容。

　　从思贤堂转出,远远的看到侧面的山崖上雕刻着一组人物浮雕,沿台阶前往观察,在二十余米长的山崖上,有几十个人物的浮雕,细看之下并非是雕在岩石上,而是一种新的印模技术,脱模后贴在了山崖上面，这种古今艺术的结合，也称得上是一种创造。我说出了自己的看法，带我来参观的小伙子不认同我的判断，他说这就是雕刻出来的，他同时建议我去参观纪念馆旁的配

◇ 傩舞之乡

殿，说里面正在展览傩戏面具，认为是当地的第一大特色。我听从了他的建议，来到这排配殿旁，果真看上面挂着的牌子写着"南丰傩舞之乡"，上面一块略小的牌子则写着"南丰县实验小学学生德育教育基地"，只可惜这几间配殿都锁着门，我无法欣赏到傩面的精彩。

沿祠堂的正路台阶下行，走到近入口处，是一个半亩见方的水池，水池旁的岩石上刻着"墨池"二字，按史书记载这就是曾巩的洗笔之处，池中的水清澈见底，看不到一丝的墨痕。曾巩确实写过一篇《墨池记》，该文的第一个段落是：

> 临川之城东，有地隐然而高，以临于溪，曰新城。新城之上，有池洼然而方以长，曰王羲之之墨池者，荀伯子《临川记》云也。羲之尝慕张芝，临池学书，池水尽黑，此为其故迹，岂信然邪？

看来，我眼前见到的这个墨池，并非是曾巩《墨池记》中所写之地，这里说的墨池位于临川，临川乃是今日的江西抚州市，而抚州的墨池又是王羲之的洗笔处，因为这篇《墨池记》成为了曾巩的名篇，于是当地人在此又建起一个墨池，以此来与曾巩的名文相配。即使

◇ 前往祠堂要穿过墨池

如此,能够在这里看到墨池,至少让人能够忆起曾巩的《墨池记》。

《墨池记》之所以受人瞩目,是因曾巩在写法上的特别。一般而言,这样的题目当然会细细地描写墨池的方方面面,但曾巩既然是文章大家,他当然不会这么做,接下来的一段他是在谈论王羲之书法的变化:

> 方羲之之不可强以仕,而尝极东方,出沧海,以娱其意于山水之间。岂其徜徉肆恣,而又尝自休于此邪?羲之之书晚乃善,则其所能,盖亦以精力自致者,非天成也。然后世未有能及者,岂其学不如彼邪?则学固岂可以少哉!况欲深造道德者邪?

这样的写法,被沈德潜窥得:"用意或在题中,或出题外,令人徘徊赏之。"(《评注唐宋八大家古文》卷二十八)

看罢祠堂,沿途步行回返,路上小伙子说自己在上学的时候来

◇ 墨池的题款儿

过这里，今年已二十二周岁。我不知道他为什么要强调是周岁，但也没有打断他的叙述。他说自己现在甲鱼店打工，告诉我甲鱼在当地很有名，但南丰政府仅仅宣传橘子而不提甲鱼，他认为这是一个失误。说到橘子的时候正好路过读书岩下面的一片橘林，我顺手摘下一颗，剥皮后就塞进嘴里，感觉味道的确与刚才买的那一小箱不同，觉得味道中还有一丝的鲜酸。小伙子说南丰橘真正的味道就是这种甜中带酸的感觉，而不是一味的甜，只有这种味道才是正宗，并且说福建的橘子也是从这里引种过去的，他们也打着南丰橘的牌子对外卖，但味道就是一般的甜。

穿过索桥，上车后又重新穿入老城区，在拥挤的街道中慢慢开行，重新回到甲鱼店，向小伙子致谢后离去。

王安石：天有过乎？有之；地有过乎？有之

王安石为唐宋八大家之一，是受到后世高度肯定的文章高手。然而就他的文学观念而言，王安石似乎对文章写得漂亮并不措意，他在《上人书》中说过这样的话："所谓辞者，犹器之有刻镂绘画也。诚使巧且华，不必适用；诚使适用，亦不必巧且华。要之以适用为本，以刻镂绘画为之容而已。不适用，非所以为器也，不为之容，其亦若是乎？否也。然容亦未可已也，勿先之，其可也。"

王安石认为文章写得漂亮，只是对社会服务的一种补充，并不能成为文章的主体，也正因为他的这段话，而被袁行霈认为："可见虽然王安石不排斥文学的艺术性，但他更重视文学的社会功用。"（《中国文学史》）袁先生同时指出王安石的文风也有其缺点，那就是过分注重逻辑说服力，而对艺术感染力重视不够。

从其他的历史记录来看，

◇ 王安石撰《新刻临川王介甫先生诗文集》一百卷，明万历四十年王凤翔光启堂刻本，书牌

王安石也确实讨厌漂亮的文采,《邵氏闻见录》卷十四中有这样一段话:"东坡中制科,王荆公问吕申公:'见苏轼制策否?'申公称之。荆公曰:'全类战国文章,若安石为考官,必黜之。'"

苏轼考中进士后,王安石问吕公著是否看到了苏轼的考卷,公著大赞此卷写得漂亮,王闻此很不以为然地说:不过就是战国时人写的那种漂亮文章,如果我是主考官,肯定把他刷下去。如此说来,王安石不喜欢这种文章的华而不实,他更看重的是言之有物。

其实王安石更看重自己经世致用的所作所为,他当年所进行的政治改革也正印证了这一点。宋神宗咸宁二年,王安石当上了参知政事,虽然他还不是宰相,但已经开始实施新政,因为他得到了皇帝的支持,故而大刀阔斧地改革政体,为此也受到了保守势力的坚决抵抗。

针对王安石实施的新政,司马光给其写了封《与王介甫书》,这封信有三千字之长,提出了五大弊端。而王安石的回信却仅有司马光篇幅的十分之一强,总计三百八十字,此信名为《答司马谏议书》,其中一个著名的段落为:"盖儒者所重,尤在于名实。名实已明,而天下之理得矣。今君实所以见教者,以为侵官、生事、征利、拒谏,以致天下怨谤也。某则以谓受命于人主,议法度而修之于朝廷,以授之于有司,不为侵官;

◇ 王安石撰《新刻临川王介甫先生诗文集》一百卷,明万历四十年王凤翔光启堂刻本,卷首

举先王之政，以兴利除弊，不为生事；为天下理财，不为征利；辟邪说，难壬人，不为拒谏。"王安石在此信中以其言简意赅地回答方式，利落干脆地一一反驳司马光所提出的五大弊端，即此可以看出王安石特有的文风。

关于司马光的观点，苏轼在《司马温公行状》中有如下的描述：

◇ 王安石撰《王荆公诗笺注》五十卷《补遗》一卷，清乾隆六年张京松清绮斋刊本，书牌

> 天地所生财货百物，止有此数，不在民则在官。譬如雨泽，夏涝则秋旱。不加赋而上用足，不过设法阴夺民利，其害甚于加赋。此乃桑洪羊欺汉武帝之言，太史公书之，以见武帝不明耳。至其末年，盗贼蜂起，几至于乱。若武帝不悔祸，昭帝不变法，则汉几亡。

细品司马光所言，确有其理，他认为社会上能够产生的财富就这么多，在总量不变的情况下，官府拿走的多，老百姓手里就会少，而王安石的做法就是与民争利。而后司马光举出了官逼民反的例子，以此来说明对百姓盘剥太重，会让天下大乱。针对司马光的这么一大段论述，王安石只用了九个字就予以了反驳——"为天下理财，不为征利"，且不论其所言是否有道理，但这种回答方式确实是铿锵有力。

虽然王安石号称自己不在意优美诗歌的创作，但人都有多面性。

按照历史资料记载，其实他在这方面也下了不少的功夫，最著名的故事就是他关于"绿"字的推敲，《容斋随笔》卷八中有如下记载："王荆公绝句云：'京口瓜洲一水间，钟山只隔数重山。春风又绿江南岸，明月何时照我还？'吴中士人家藏其草，初云'又到江南岸'，圈去'到'字，注曰不好，改为'过'，复圈去而改为'入'，旋改为'满'，凡如是十许字，始定为'绿'。"看来手稿传世也真是有利有弊。

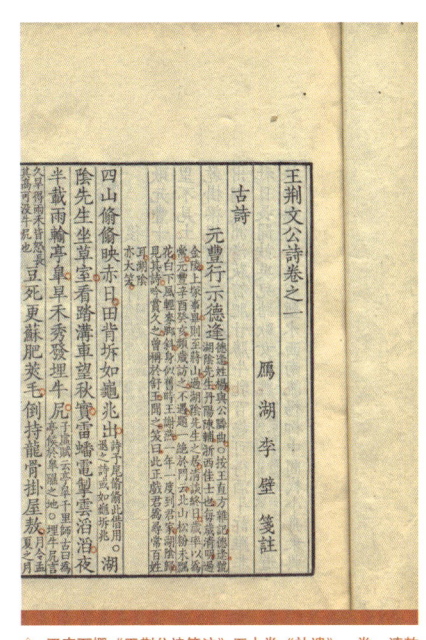

◇ 王安石撰《王荆公诗笺注》五十卷《补遗》一卷，清乾隆六年张京松清绮斋刊本，卷首

后人得到了王安石的一篇诗稿，发现他一直在仔细地推敲诗句中的某一个字眼，原诗中最初所写为"春风又到江南岸"，但王感觉这个"到"字不佳，于是改为了"过"字，而后还是觉得不妥，又改为了"入"字，之后又改为了"满"字。这样陆续改了十几遍之多，最终才确定为一个"绿"字。这"绿"字确实是传神之笔，看来绝顶聪明之人为了能够将诗句写得更为妥帖，也会下如此大的功夫。由此可知，王安石对诗词创作其实也是极下工夫之人，只是他将此视之为"小道"，不愿意承认罢了。

我觉得王安石的诗风跟他的性格有很大的关系，《邵氏闻见录》卷十中有下面一段话："司马温公尝曰：'昔与王介甫同为群牧司判官，包孝肃公为使，时号清严。一日，群牧司牡丹盛开，包公置酒赏之。公举酒相劝，某素不喜酒，亦强饮，介甫终席不饮，包公不能强也。

某以此知其不屈。'"

司马光曾经跟别人讲述了自己经历的一个小故事：当年王安石还没有当上宰相时，曾在黑脸包拯的手下任职。某天包公设酒宴，招待手下赏牡丹，包公以他那特有的黑脸劝酒，司马光平时不喝酒，但在包公的强劝下也只好勉强地喝一些。然而王安石却不管这一套，不管包公怎么劝，他就是不喝，一直到终席。王安石的这个个性被司马光看在眼里，故而司马光认定此人绝对是不屈不挠的人物，后来王安石当上了宰相，果真如司马光感觉的那样。

但是，王安石的变革也并不那么顺利。两起两落之后，司马光上台把王安石所推行的新政全部废止。这两位大家之间的恩怨，成为了后世不断嚼舌头的话题。

按照史书记载，王安石天生就不凡，《铁围山丛谈》卷四中有如下一段趣闻："长安西去蜀道有梓橦神祠者，素号异甚。士大夫过之，得风雨送，必至宰相；进士过之，得风雨则必殿魁。自古传无一失者。有王提刑者过焉，适大风雨，王心因自负，然独不验。时介甫丞相年八九岁矣，侍其父行，后乃知风雨送介甫也。"

◇ 王安石辑《王荆公唐百家诗选》二十集，清康熙四十三年宋荦丘逈刻双清阁印本，书牌

在蜀道上有一座祠堂十分灵异，如果达官贵人从此祠堂经过时赶上下雨，那么此人今后必在官场上飞黄腾达；如果举子经过此堂时赶上下雨，那

此人就能考中状元。看来祠堂所在的地区在那个时代干旱少雨，否则岂不成了满朝宰相和遍地状元。但当地人就坚信此祠的特性，因为根据传说，这种事情从未有过闪失。

这么说也不绝对，因为王安石的父亲从此经过时正赶上了疾风暴雨，这让老王特别得意，认定自己很快要飞黄腾达了，然而等待多年却未见应验。至少在这个问题上，他开始相信无神论。但他人却不这么看，因为当时王安石仅是个八、九岁的孩子，他是陪伴父亲从此经过而赶上了风雨，后来王安石果真当上了宰相，于是人们说：那场风雨是因王安石而下，并不是他的父亲，只是其父自我感觉良好而已。

王安石搞改革，苏东坡并不支持，这使得东坡一路遭贬。虽然如此，二人的关系也并没有彻底闹掰。王安石退休后回到了南京，东坡过此地时还专门去看他，故而政见不同并不等于彼此间一定要成为仇敌，其实好的对手也会让对方敬佩，《西清诗话》卷中载有如下一段话："王文公见东坡《醉白堂记》，云：'此是韩、白优劣论。'东坡闻之，曰：'未若介甫《虔州学记》，乃学校策耳。'二公相诮或如此，然胜处未尝不相倾慕。元祐间，东坡奉祠西太乙宫，见公旧诗云：'杨柳鸣蜩绿暗，荷花落日红酣。三十六陂春水，白头想见江南。'注目久之，曰：'此

◇ 王安石辑《王荆公唐百家诗选》二十集，清康熙四十三年宋荦丘迥刻双清阁印本，卷首

老野狐精也。"

二人看到对方的文章，相互斗嘴嘲讽，看上去彼此不服，但后来东坡在一个祠堂的墙壁上见到了王安石所写的一首诗，他站在那里端详了半天，而后感叹到：这老头真是只十分精灵的狐狸精。其言外之意是：这简直不是人写的！

王安石罢相之后，回到了南京，受此挫折后，让他的性格以及诗风都有了很大的转变，叶梦得在《石林诗话》上称："王荆公晚年诗律尤精严，选语用字，间不容发。"看来前人已经注意到了政治上的挫折对其诗风的影响。

在这个阶段，王安石完全不过问世事，《东轩笔录》卷十二中称："王荆公再罢政，以使相判金陵，到任，即纳节让同平章事，恳请赐允，改左仆射。未几，又求宫观，累表得会灵观使。筑第于南门外七里，去蒋山亦七里，平日乘一驴，从数僮游诸山寺。欲入城，则乘小舫，泛潮沟以行，盖未尝乘马与肩舆也。所居之地，四无人家，其宅仅蔽风雨，又不设垣墙，望之若逆旅之舍，有劝筑垣墙，辄不答。元丰末，荆公被疾，奏舍此宅为寺，有旨赐名报宁。既而荆公疾愈，税城中屋以居，竟不复造宅。"

这个过程中，王安石在一片旷野上建起了居所，但房屋建得特别简陋，连个院墙都没有。有人觉得这样不安全，劝他建起围墙，但他对这种建议却从不回答，是什么原因他也不做解释。而后他得了病，就把这处宅院捐给了佛寺，除此之外，他已经没有了其他的居所，于是他又回到城中租房居住。这是怎样的一种心态？引起了后世一大堆的猜想。

不仅如此，他还有着更奇特的举措，《清虚杂著补阙》中称："王荆公领观使，归金陵，居钟山下，出即乘驴。予尝谒之，既退，见其乘之而出，一卒牵之而行。问其指使：'相公何之？'指使曰：

'若牵卒在前听牵卒,若牵卒在后即听驴矣。或相公欲止即止,或坐松石之下,或田野耕凿之家,或入寺。随行未尝无书,或乘而诵之,或憩而诵之。仍以囊盛饼十数枚。相公食罢,即遗牵卒。牵卒之余,即饲驴矣。或田野间人持饭饮献者,亦为食之。'盖初无定所,或数步复归,盖近于无心者也。"

王安石在南京期间,经常骑驴出门,身边只有一位牵驴者陪伴,牵驴的人问他去哪里,他却回答让对方任意地走:如果对方走在了驴前,那就让驴跟着前行;如果驴走在了前面,那他和牵驴者就听从驴的安排。走到旷野中找个地方休息,有时读读书,有时会拿出一些大饼食用,吃剩下的就递给牵驴人,如果牵驴人还吃不完,就用剩下的来喂驴。

看到这段话,让我想起了王勃《滕王阁序》中所言的"阮籍猖狂,岂效穷途之哭"。当年的阮籍,也是让他的马随便地走,一旦走到了死胡同,他就在那里大哭一场,而后返回,但王安石没有哭,他只是读书、吃饼、喂驴,没人知道他在想什么。

关于王安石的政治改革,后世有着不同的评价,可谓毁多誉少,然而他的的确确是位廉吏。另一位唐宋八大家中的人物曾巩,跟王安石是亲戚,曾巩祖父的姐姐是王安石夫人的祖母,故而二人有着较为密切的交往,《后山丛谈》卷四中称:"王荆公与曾南丰平生以道义相附。神宗问南丰:'卿交王安石最密,安石何如人?'南丰曰:'安石文学行义,不减扬雄,以吝故不及。'神宗遽曰:'安石轻富贵,不吝也。'南丰曰:'臣谓吝者,安石勇于有为,吝于改过耳。'神宗额之。"

看来,连神宗皇帝都知道曾巩跟王安石关系不错。某天,皇帝问曾巩:你觉得王安石究竟是怎样的一个人?曾巩回答说:王安石的文学天赋以及做人方式不比扬雄差,但是因为他性格小气,从这一点讲，他比不过扬雄。皇帝闻此，感觉不满说：王安石视富贵为浮云，根本就不小气。曾巩解释到：我所说的小气不是指的钱财，王安石做事果敢，但他对自己的错误却从不舍得改正。曾巩的回答让神宗微微点头。

从这些对话可以看出，曾巩赞赏王安石的才能，但并不首肯他的为人方式，虽然他没有跟王安石针锋相对，但后来还是被贬出了朝廷。即使如此，人们还是知道他二人的关系非同一般，《孙公谈圃》卷上称："荆公为许子春作家谱，子春寄欧阳永叔而隐其名。永叔未及观，后因曝书，读之称善。初疑荆公作，既而曰：'介甫安能为？必子固也。'"

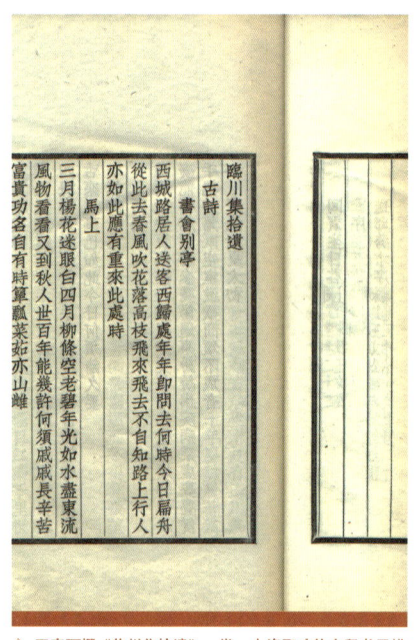

◇ 王安石撰《临川集拾遗》一卷，上海聚珍仿宋印书局排印本

某年，王安石为许子春的家谱写了序言，许将此寄给了欧阳修。因为文中没有署名，某天欧阳修读到此文时大为赞叹，开始他从文风上感觉到，该文有可能出自王安石之手，但他转念又觉得王安石恐怕写不了这么好，这篇文章肯定是出自曾巩之手。

且不说王安石的政改究竟对不对，但他性格上的不贪连皇帝都早有耳闻。其实不仅如此，王安石对女色也不贪，甚至还有着"仁者乐山"的宽厚，《邵氏闻见录》卷十一中称："王荆公知制诰，吴夫人为买一妾，荆公见之，曰：'何物也？'女子曰：'夫人令执事左右。'安石曰：'汝谁氏？'曰：'妾之夫为军大将，部米运失舟,家资尽没犹不足,又卖妾以偿。'公愀然曰:'夫人用钱几何得汝?'曰:'九十万。'公呼其夫,令为夫妇如初,尽以钱赐之。"

王安石升了官,他的夫人为了奖励他,给他买回了一个小妾,此事王安石不知道,等他回来后见到此女,问其是干什么的?小妾回答说:是夫人让我来照顾你。王就问起了此女的出身。此女称她原本是某位大将军的家室,但因为丈夫工作失误,在运米的过程中丢了船,于是朝廷判其夫赔偿,此将军变卖了所有的家产却依然还不上账,于是把自己的夫人卖了,以此来上交罚款。王安石闻听此言,大感同情,于是问此女,自己的夫人是花多少钱把她买来的?此女告诉了他当时的价格。而后王安石命人找来那位将军,让他们夫妇团圆,同时将买妾的费用也一并赠给了对方。

◇ 王安石撰《王临川全集》一百卷,清光绪九年刻本

我觉得王安石能够坚定地推行新政的一个重要原因,就是他行为上的无懈可击,他不爱钱财、不喜喝酒、不近女色,只有如此,才不会授柄于人,他能成为千古名人,跟他的这些独特个性应该有很大的关系。

对于王安石在文章史上的地位,明茅坤在《临川文钞引》中说:"王荆公湛深之识、幽渺之思,大较并本之古六艺之旨,而于其中别自为调,镂刻万物,鼓铸群情,以成一家之言者也。"

茅坤认为，王安石的见识很广、修养也很深，并且不模仿古人，有着自己独立的面目，所以才成为了一流的文章大家。茅坤同时又称，王安石所作最好的政论文就是《上仁宗皇帝书》。该文很长，有上万字之多，我在此仅摘录其中的一个段落：

> 夫以今之世，去先王之世远，所遭之变，所遇之势不一，而欲一二修先王之政，虽甚愚者，犹知其难也。然臣以谓今之失，患在不法先王之政者，以谓当法其意而已。夫二帝、三王，相去盖千有余载，一治一乱，其盛衰之时具矣。其所遭之变，所遇之势，亦各不同，其施设之方亦皆殊，而其为天下国家之意，本末先后，未尝不同也。臣故曰：当法其意而已。法其意，则吾所改易更革，不至乎倾骇天下之耳目，嚣天下之口，而固已合乎先王之政矣。

通过这段话即可看出王安石的行文特色。他说：当世距远古隔得很久远，并且所面对的问题也跟古代不同，如果完全参照古代的办法来治理当世，显然不容易。所以他建议：只可以效仿先贤的理论，而不能学他们治理国家的具体办法，而这也正是自己要提出社会变革的主要原因。

对于该文，茅坤在《唐宋八大家文钞》中予以了这样的评价："荆公以王佐之学与王佐之才自任，故其一生措注已尽于此书中，所以结知主上亦全在此书中。然其学本经术，故所言非汉唐以来宰相所能见。而其偏拗自用，大较与商鞅所欲变法处相近，故其功业亦遂大坏，而反不如近世浮沉者之得。学者须具千古只眼看之。"茅坤认为，王安石认定自己有治理国家的才能，所以把自己的整体社会主张全部写入了该封奏章中，而宋神宗能够重用王安石，也是因为细看了此文。

从内容而言，茅坤觉得王安石的政治主张跟商鞅的变法思想相近。显然，茅坤不赞同王安石的政治观念，他觉得王安石的这篇文章可谓是反面教材。但茅也承认，王安石的这篇文章从结构而言写得很好："此书几万余言，而丝牵绳联，如提百万之兵，而钩考部曲，无一不贯。"

清初的张伯行也不赞同王安石的政治主张，他在《唐宋八大家文钞》卷十八的评语中说："介甫胸中，原将一代弊政看得烂熟，欲取先王法度来改易更革一番。其志其才，皆是不可一世，惜其所讲求者，皆先王法度之迹，而本领则未之知也。程子曰：'有《关雎》《麟趾》之意，然后可以行《周官》之法度。'介甫不知此意，而徒讲求于法，又以坚僻之意见主张其间，其贻害不亦甚哉。"

张伯行认为，王安石将当时朝政的弊端看得十分清楚，所以他想搞社会变革，王的志气之大、才能之高，确实是难得的人，只可惜他不讲求儒家的传统观念。但张伯行也承认，王安石的这篇文章写得极好："此书滚滚万言，援据经术，操之则在掌握，放之则弥六合，诚千古第一奇杰文字。读者要觑破介甫学术本领，则得之矣。"

王安石有一篇《原过》，也是受后世夸赞的散文，该文的第一段为：

> 天有过乎？有之，陵历斗蚀是也。地有过乎？有之，崩弛竭塞是也。天地举有过，卒不累覆且载者何？善复常也。人介乎天地之间，则固不能无过，卒不害圣且贤者何？亦善复常也。故太甲思庸，孔子曰勿惮改过，扬雄贵迁善，皆是术也。

王安石首先说，天和地都有过错，而人介于天地之间，当然也会有过错，但有过错也并不等于不能成为圣贤，孔子和扬雄都说过

有错就改这个问题。这本来是很简单的道理,然而却有人不这么看:

> 予之朋有过而能悔,悔而能改,人则曰:"是向之从事云尔,今从事与向之从事弗类,非其性也,饰表以疑世也。"夫岂知言哉?

有人知错就改,但别人却说:你现在的行为跟你以往的所言变得不同,看来你这个人很虚伪。王安石认为,以这样的观点来判断别人的改过怎么能行呢:

> 天播五行于万灵,人固备而有之。有而不思则失,思而不行则废。一日咎前之非,沛然思而行之,是失而复得,废而复举也。顾曰"非其性",是率天下而戕性也。且如人有财,见篡于盗,已而得之,曰:"非夫人之财,向篡于盗矣。"可欤?不可也。财之在己,固不若性之为己有也。财失复得,曰"非其财",且不可;性失复得,曰"非其性",可乎?

为了说明自己的观点,王安石在此举这个例子。他说:自己的钱财被贼偷走了,而后自己又夺了回来,如果有人说"这不是你的财产,而是强盗的财产",你认为这么说可以吗?王安石以此想来说明,个人的过错只是意外的丢失,而今捡了回来,怎么就不算自己的固有之物呢?

所以,孙琮在《山晓阁选本宋大家王临川全集》卷一中评价道:"人不能无过,贵于善改。而能改则返于无过,而性可复。此义与孔孟相发明,而行文特为矫健,不落宋人习气。"看来,孙琮完全赞同王安石的观点,同时夸赞该文写得凝练而简洁,没有宋人那种大段大段的排比议论。

上面提到，王安石跟欧阳修的政治观点并不相同，然而这并不妨碍二人在文学素养上的相互欣赏。欧阳修去世后，王安石写了篇《祭欧阳文忠公文》，该文的第一段为：

> 夫事有人力之可致，犹不可期，况乎天理之溟溟，又安可得而推？惟公生有闻于当时，死有传于后世，苟能如此足矣，而亦又何悲？

王安石的这段话很是推崇欧阳修，他说欧文在其当世就极有名气，而在其去世后，也同样能够流传后世。为什么有这样的结论呢？王安石在文中接着说：

> 如公器质之深厚，智识之高远，而辅学术之精微，故充于文章，见于议论，豪健俊伟，怪巧瑰琦。其积于中者，浩如江河之停蓄；其发于外者，烂如日星之光辉。其清音幽韵，凄如飘风急雨之骤至；其雄辞闳辩，快如轻车骏马之奔驰。世之学者，无问乎识与不识，而读其文，则其人可知。

王安石在这里用了很多的形容词来说明欧阳修文章是何等之美，同时也说，读欧文就如见其人。这句话等于在说：欧阳修所作之文可谓直抒胸臆。

接下来，王安石在该文中又讲到了欧阳修的为宦经历之坎坷，其中完全没有贬语，以至于茅坤夸奖该文说："欧阳公祭文当以此为第一。"而孙琮也很赞同茅坤的这句断语，其在《山晓阁选宋大家王临川全集》卷一中说："生有闻，死有传。欧公当代重望，祭

◇ 夕阳下的纪念馆大门

公之文,亦当从其重处言之。此篇虚笼后,即从公文章说入,盖转移文体,公生平所自任,故以此为先。下以立朝气节为一段。功成不居为一段。而后自言其私,以见情之不能忘,堂堂正正,自首讫尾,绝不着寒俭色相。鹿门先生以此为欧公祭文第一,诚非虚语。"

王安石的时代,就文章而言,可谓高手如林,王安石与这些名家相比,处在怎样的位置上呢?茅坤在《临川文钞引》中给出了这样断语:"荆公之雄不如韩,逸不如欧,飘宕疏爽不如苏氏父子兄弟,而匠心所注,意在言外,神在象先,如入幽林邃谷,而杳然洞天,恐亦古来所罕者。"

茅坤认为,王安石的文风不如韩愈雄壮,也不如欧阳修飘逸,而在疏爽方面比不上三苏,虽然如此,但王文也有其独特之处,他在文中所表现出的气概与韵味,也是极其罕见者。为了佐证自己的这个断语,茅坤在该文中又接着说:"予每读其碑志墓铭,及他书所指次世之名臣、硕卿、贤人、志士,一言之予,一字之夺,并从神解中点缀、风刺,翩翩乎凌风之翮矣,于《史》《汉》外别为三昧也。"

茅坤细读了王安石所作的碑志和墓志铭,感觉到了王安石在写这类文章时的审慎态度,他认为王安石的这种文风,虽然跟《史记》《汉书》不同,但这也正是其价值所在。

王安石纪念馆位于江西省抚州市临川区赣东大道1085号。从崇

◇ 明月轩

仁县六家桥乡驶回抚州市,我看离天黑尚早,于是前往王安石纪念馆,因为王安石的墓至今查不到任何线索,我只能前往这个新盖的纪念馆去瞻仰一番,也算聊备一格吧。纪念馆不收费,凭身份证登记入内,看门的老者告诉我,马上就要下班,催我进去看得快些,我满口应承着往里跑。

纪念馆占地面积不小,感觉有百亩以上,正堂的前面广场上,立着王安石的官服像,他身后的二层正楼挂着两个牌匾,上面写着"熙丰楼",下面的一块则是"革故鼎新",门口有个服务人员正在锻炼身体,她能用双手够着脚面,原地不动。我等了几分钟希望她离开以后我再拍照,然而她的用功程度超过了我的耐性,只好将她的影子一并收入照片中。

从正堂进入,里面是王安石的生平展,当然不会有一件真迹,其中有几个镜框录着王安石的诗句,边框做成仿线装书的制式,可惜不对路,我很想好为人师对这个事指教一番,但可惜展厅内没有

◇ 笔直站立的王安石

一个人。

对于王安石的诗作，除了那首"春风又绿"，似乎儿歌中咏唱最多的是那首《除日》：

> 爆竹声中一岁除，春风送暖入屠苏。
> 千门万户曈曈日，总把新桃换旧符。

这首诗有多高的艺术水准，这不好评价，但该诗之所以出名，据说因为这是中国第一首描写春联的诗作。

他还有一首诗在"文革"中被广泛引用，那就是《商鞅》：

> 自古驱民在信诚，一言为重百金轻。
> 今人未可非商鞅，商鞅能令政必行。

这首诗作于他推行新法的过程中，王安石以此诗来表明他坚定地推行新法的态度。当他的变革受到挫折时，他还写过一首《精卫》：

帝子衔冤久未平，区区微意欲何成？
情知木石无云补，待见桑田几变更。

他以此来表明自己会像精卫填海那样，做出不可为而为之的改革。但这首诗也同时透露出了他所受到的巨大阻力，令他有了隐退的心态。也许正是如此，才让王安石回到金陵后做出许多匪夷所思的事情来。

王安石为了推行新政，得罪了许多人，以至于到他去世时，家人所办的葬礼冷冷清清。张舜民写过四首《哀王荆公》，其第一首为：

门前无爵罢张罗，
元酒生刍亦不多。
恸哭一声唯有弟，
故时宾客合如何？

张舜民称他来吊唁王安石时，只有他一个人，而当年围绕在王安石身边的那些人都去了哪里呢？这位张舜民当年也反对王安石的变法，而后被王贬出了朝廷，到司马光当政时其又被启用为监察御史。

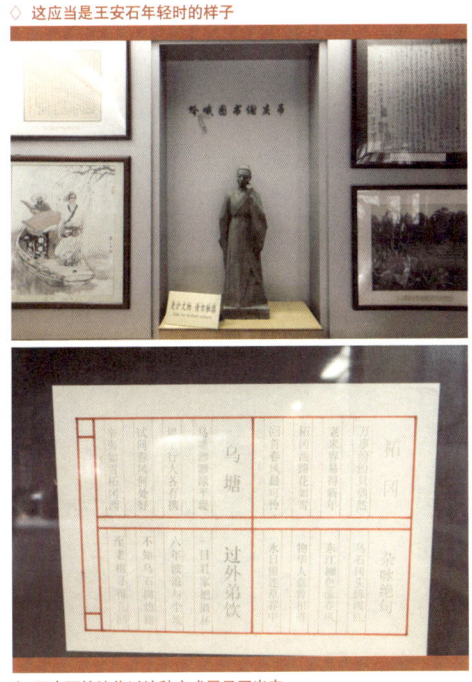

◇ 这应当是王安石年轻时的样子

◇ 王安石的诗作以这种方式展示了出来

◇ 下马碑

当年反对变法的人都来吊唁王安石,并且感慨世态的炎凉,对于这种状况,李壁在王安石所作的《勿去草》注释中称:"盖自公罢相,凡昔之门生故吏,舍之而去者多矣,又从而下石焉,如吕惠卿者,盖其尤也。公之卒也,张芸叟为诗以吊之,曰:'今日江湖从学者,人人讳道是门生。'"

看来,当年围绕在王安石身边的人,因为王失去了权势而都散去了。不仅如此,还有人落井下石,以至于王安石的弟子在社会上再不敢说当年跟王有着密切关系,真可谓此一时彼一时也,读来令人感慨。

王安石故里、祠堂位于江西省抚州市东乡县黎圩镇上池村。原计划开车从秀谷镇前往西北方向的黎圩镇,然而细看地图从琅琚镇向北有一条村路可以直达,于是建议司机抄近路。道路很窄,穿过几个乡之后,陷入了烂泥路中,司机恼火,我也很沮丧,但到这时说什么都没有了用处。

王安石：天有过乎？有之；地有过乎？有之　　477

◇ 瑶田遗址

◇ 奇怪的介绍文字

◇ 王安石故里碑

　　站在路边前望不远处，正有几个人在这烂泥路旁建房，我跟司机走过去打问路径，建房的老乡告诉我，从他这里到上池村也就三里地远，并且前面有更多的大坑，汽车根本过不去。司机看到了旁边一辆摩托车，问建房者是否可以借用，他可以把自己的汽车作为抵押物放在这里，他用摩托车带我拍照后再返回到这里。对方回答说：这是老板的摩托，不外借。

◇ 这可能是王安石的故井

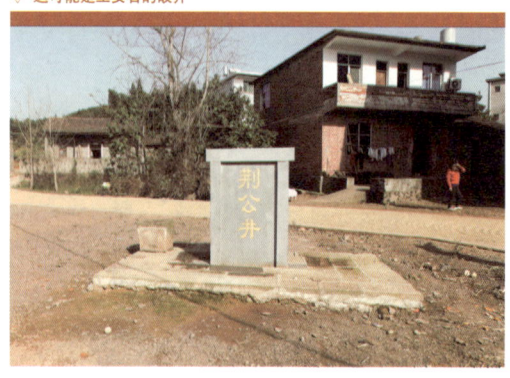

我看到了摩托车旁边还有自行车，于是退而求其次地问其自行车是否可以，对方总算勉强答应了下来。我让司机在原地等候，同时建议他想办法找人把车从烂泥中拖出，我独自骑

◇ 祠堂外观

自行车前往上池村。司机担心地问我："你真会骑自行车吗？"我告诉他："当然。"

自行车的车座太矮，我骑在上面腿不能伸展得开，但总算比步行要快了许多，只可惜在这短短的三里地道路中，有一半都要推着自行车前行，路途破烂的程度无法形容，跟抚州附近的破烂路比起来，岂止是小巫见大巫，按照时下的流行语来说，应该叫：没有最烂，只有更烂。

我本来把照相机放在自行车前的前筐上，有两次差点从中间颠出来，吓得我把它拿出来挎在身上，用自己的身体做这个照相机的缓冲带。刚到村口就看到一个十米见方的平台正中立着一块圆头的石碑，石碑上的字迹已损泐得完全看不清，碑后还立着一个说明牌，上面写着"下马碑"，底下的说明是：

此碑为明代抚州府教授王孟演之子尊奉皇上圣旨而立。

◇ 墙上的匾额

　　王孟演是上池瑶田人，任教数十年，门生甚多，为官者不少，常有名人志士，文武官员前来看望先生，瞻仰荆公故里。而王安石是北宋名相，故他们纷纷向朝廷进言，为了尊崇名相，凡去瞻仰王安石故里者，"文官应下轿，武官要下马"。

　　皇上怀念良相，准奏。下了此圣旨。

　既然有圣旨在，我当然要遵旨。而今我所骑者，既不是王安石的驴，更没有马，但我还是在此下车，推着那辆破烂的自行车继续向村方向前行一百余米。在路边看到了另一块碑，碑的正面写着"瑶田遗址"四个大字，碑后用隶书和篆书两种字体写着说明，但篆书字体写得十分拙劣，我仔细辨认一番，也没能搞清楚瑶田遗址的出处。

　从瑶田遗址继续进村，在村的正中看到了新刻的一块不规则石碑，上面写着"王安石故里上池村"。在这块碑旁的空地上，有一

◇ 整个故里已经成为了文保单位

口水井，上面刻着"荆公井"三个字，这时的阳光正好斜照在井栏上，我为了能够照清楚这个井，换了一个顺光的角度，然而在井的后方阴凉地，坐着一溜村民，其中一位大声地跟我说，不能把人照进去，看来当地的人对肖像还是很有保护意识。

井的右方就是王安石祠堂，此祠堂从外形看像一个方形的堡垒，仅正前方有三个门，余外三面均是砖砌的高墙，门的正前方是一个一亩见方的水塘。我来到祠堂的正门前，看到了江西省所立的文保牌，牌上的内容并不仅是王氏祠堂，其写明了是"王安石故里上池村"，看来整个村子都被列为了文保单位。祠堂正中的大门上写着"王氏宗祠"，而两侧的小门分别写着"木本""水源"。祠堂上了门无法看到里面的情形。

在祠堂正对的路上有一个新盖的水泥牌坊，离祠堂约有几百米路程，我骑车来到这个牌坊前，看到牌楼上写着"十一世纪政军家，

◇ 小商店的名称

"王安石故里上池村",这个称呼很是现代,我觉得"政军家"可能是政治军事家的简称吧。

在村中骑车转悠,看到了一个商店的名字叫"荆公商店",我很想进内看看里面的商品,可惜同样锁着门,我向一位村民打听半山书院如何前行,他告诉我,半山书院并不在半山,而是在山顶上,但是现在已经完全没有了痕迹。既然如此,我只好放弃爬山寻找的打算,骑着自行车返回到了停车处。

司机已经请村民把汽车拖了上来,他正在查看着底盘的受损情况,我把自行车还给村民,问司机汽车的现况,他说没有伤到发动机,仍然可以开行。这句话听着很振奋人心,我谢过众人的帮忙,并问他们为什么要在这前不着村后不着店的烂泥路中建房,其中一位可能是房主,他告诉我说:"听说这条路明年要改水泥路了,来看王安石故里的人会多起来,到那时我在这开个店,肯定生意好!"我夸赞了他眼光的前瞻性,他正建的这座房子的前脸,正在贴着水泥座的假罗马柱,我建议他改成仿红漆的木柱,这样跟王氏故里较为匹配,房主对我的建议不以为然:"罗马柱流行,这看着多气派。"

原路驶入烂泥路中,但总觉得往回走,心里可能有些许安慰,驾驶了不到一公里,两辆车并在了窄窄的路上,完全不能通过,向前打问才知道,其中一辆大货车陷在了泥中,现在从村内又找来了另一辆车,把货要倒过去,这份无奈只能在路边慢慢的等候,司机把车停在路边,打着自己的聊天电话,一副不着急的样子,看来这种情形对他而言司空见惯。我耐着性子写着自己的日志，总算在我的忍耐极限到来之前通了车。

　　回到抚州市，让司机把我送到长途车站，他告诉我说，我到抚州来时所乘的车，不是真正的抚州到南昌的高客大巴，而长途车站专门有走高速的直达大巴。来到抚州长途车站，给司机结账，感谢他三天来跟着我东奔西跑所付出的辛苦，希望我再次来到抚州时还能坐他的车。

　　进站买票时，离开车时间仅余两分钟，我飞奔上车，我的票号是第57号，车上的人基本已坐满，我自觉地走到车尾寻找我的座位，数到第56号，后面却没有号了，这是怎么回事？难道大巴也学航空公司超卖票？但转念一想：不对啊，这上面写明有57号，不可能是站票，我立即下车，跑到检票处，问检票员这是怎么回事，我跟他声明：要让我坐小板凳我坚决不干。

　　检票者瞥了一眼我的票，头也不抬地说："是第一排第一个座。"原来最后就是第一，设计者太有才了，把这样深奥的哲理，竟然能用到这日常生活之中，真是学以致用的楷模。我找到这个座位，但这个座位上已经有捷足者，我不想放弃这么有哲理的一个座位，于是劝此人对号入座，然后欣欣然地坐在原本属于我的"头把交椅"上。

严羽：大抵禅道唯在妙悟，诗道亦在妙悟

严羽是中国古代著名的文艺理论家，他自己也喜欢作诗，然而他的诗才似乎跟他的文艺理论比起来有较大的差距，这个反差给后世批评他所作《沧浪诗话》的瑕疵找到了借口。对于这一点，严羽本人也有着清醒的认识，他在《答吴景仙书》中称："仆于作诗，不敢自负。至识，则自谓有一日之长。"以我的私见，他的诗名不那么响，应该跟他年轻时对他最有影响的一位老师有一定的关系，这位老师就是包扬。

包扬的经历特别奇特，他们兄弟三人先是拜陆九渊为师，而后又转师朱熹。显然，他最初走的是经学路数，但朱、陆的观点有那么大的反差，他却先后以二人为师，这也就看出他在观念上的自我冲突。

那个时候，朱、陆两派发生了较大的争论，陆九渊的象山之学以"尊德性"为宗旨，而朱熹的学问则以"道问学"为号召。虽然这两大宗师的私交还不错，但他们弟子之间的关系却形同水火："宗朱者诋陆为狂禅，宗陆者以朱为俗学"，这两派弟子之间相互攻击。那时的包扬坚决捍卫陆九渊的观念，曾批评朱熹："读书、讲学，充塞仁义。"这句话骂得有点儿狠，让他的老师陆九渊都有点儿受不了，于是写信把包扬批评了一番，同时也把包扬的几个兄弟骂了一顿。但是包扬并没有改变自己的这个态度，除了性格，还有可能

是年龄的原因，因为包扬只比他的老师陆九渊小四岁。

但不知什么原因，到了宋淳熙八年，包扬又投到了敌对的阵营朱熹的门下，他比朱熹小十三岁，但对老师却极其尊重，按他儿子包恢的说法："某之先君子从（晦翁）学四十余年，庆元庚申（1200）之春，某亦尝随侍坐考亭春风之中者两月"，但即使如此，包扬依然不改他那特立独行的性格。那时，他跟着朱熹的其他弟子共同编著《朱子语类》，包扬把癸卯、甲辰、乙巳这三年间所听到的老师教诲编为了《饶后录》的第三至第六卷，但他在编辑时竟然偷偷地把自己的观念以朱子的名义渗入书中，比如他曾说过"书为溺心之大阱"，这显然是他从陆九渊那儿学来的观念。包扬将这句话渗入《胡子知言》一章中，后来黎靖德在编辑《朱子语类》时发现了这个问题，即此可知，这位包扬是既胆大又独具个性的人物。

严羽拜包扬为师时二十二岁，那时的包扬已是七十岁的老人，严羽在包扬门下学习了三年，他学到了什么东西，未见资料记载，但我觉得包扬的这种叛逆性格应当对他有影响。严羽有一位诗界的好友是戴复古，他们二人曾在一起交往五年，可谓了解较深，戴赠给了严一首诗，名叫《祝二严》：

风雅与骚些，历历在肺腑。
持论伤太高，与世或龃龉。

从这首诗可以得知，二人的关系很不错，否则戴不可能说出这么直白的话，他说严羽的性格与世俗太不相谐。由这个侧面可以知道严羽的一些观念一定不受到时人的喜欢，由此想开去，我觉得严羽的性格在一定程度是受了包扬的影响。严羽写过一首《惜别行赠冯熙之东归》：

> 男儿一片万古心，满世寥落无知音。
> 今朝见君握君手，大笑浩荡开烦襟。

这首诗的前两句就道出了他的独特性格，看来他有建功立业之雄心，然而在当时却很少受到他人的欣赏。严羽还写过一首《有怀阆风山人》：

> 把酒忽惆怅，君今吴楚间。
> 孤云随马首，风雨隔河关。
> 心事竟何在？此行殊未还。
> 空将百年意，泣向宝刀环。

这首诗中的后两句也同样道出了他的独特思想不受社会所重视的悲凉。

从严羽的经历可以看出，其实他学的是经学，后来搞的却是诗学理论，而其与著名诗人的交往似乎也仅与戴复古较为密切，然戴复古在宋代却非第一流的诗人。这个经历可能对严羽有影响，使得他的诗作在历史上没有什么名气。然而他的诗学理论却受到了后世的广泛关注，许志刚在《严羽评传》中称："严羽在中国文学史上之所以能占有一席之地，产生了不同于一般词客骚人的影响，甚至于他的影响也远非一般的诗话作者所能同日而语，就在于他在文艺思想领域做出了杰出的贡献，在于他的理论的独创性。他的思想和理论观点集中体现于《沧浪诗话》中。"

总体而言，严羽的诗学观念是推崇盛唐，而对当时盛行的江西诗派却多持贬义，而江西诗派的首领正是黄庭坚。到了元代，方回在《瀛奎律髓》卷二十六中将江西诗派总结为"一祖三宗",这"一祖"指的是杜甫,而"三宗"则为黄庭坚、陈师道和陈与义。

其实江西诗派的真实宗主应当黄庭坚,因为正是他努力地提倡让天下人学杜甫,黄庭坚在《答洪驹父书》中称:"老杜作诗,退之作文,无一字无来处。盖后人读书少,谓韩、杜自作此语耳。古之能为文章者,真能陶冶万物,虽取古人之陈言入于翰墨,如灵丹一粒,点铁成金也。"由此可知,黄庭坚认为,杜甫之诗和韩愈之文最有价值的地方就是字字有来历,他强调要想写好诗就要多读书多用典故,只有这样作诗,才能真正做到诗学上的脱胎换骨。《野老纪闻》和《冷斋夜话》中都引用了黄庭坚的这个说法:"诗意无穷,人之才有限。以有限之才追无穷之意,虽渊明、少陵不得工也。然不易其意而造其语,谓之换骨法;规摹其意形容之,谓之夺胎法。"

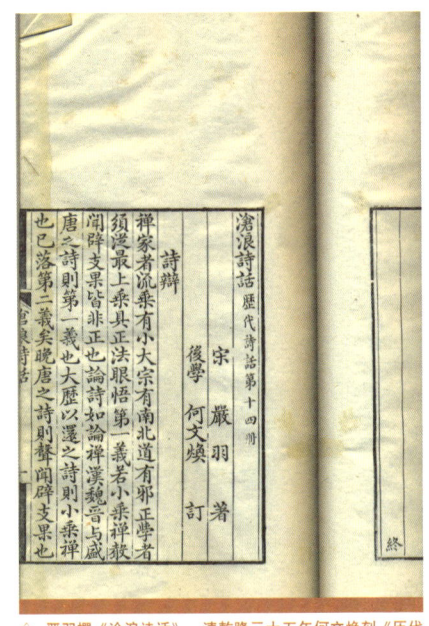

◇ 严羽撰《沧浪诗话》,清乾隆三十五年何文焕刻《历代诗话》本

从理论来说,黄庭坚的这种提议有其必要性,这使得诗作变得更加有知识含量,但是能将古代的典故不露痕迹地用在诗中,只有大诗人才能做得到,而这种方法如果人人学之,就使得诗歌读起来佶屈聱牙,这就是后世所说的以文字为诗、以才学为诗、以议论为诗。严羽觉得这种写诗方式背离了诗歌的本性,他的观念可以称之为"兴趣说",他在《沧浪诗话·诗辨》中说:

> "夫诗有别材,非关书也;诗有别趣,非关理也。然非多读书,多穷理,则不能极其至,所谓不涉理路、不落言筌者,上也。诗者,吟咏情性也。盛唐诸人,唯在兴趣,羚羊挂角,无迹可求。故其妙处,透彻玲珑,不可凑泊。如空中之音,相中之色,水中之月,镜中之象,言有尽而意无穷。"

严羽的这段论说极具名气,后世诗学研究者引用过无数回。严羽在这里明确地提出,诗学有着自己独有的韵味,跟道理无关,但如果不读书,则难以将诗作得好。

既然读书多了不行,不读书也不行,那究竟应该怎样呢?这就是严羽所说的"羚羊挂角,无迹可求"。其实这句话是出自佛学的公案,严羽将其用在了诗学理论之中。这个公案记录于《五灯会元》卷七:"雪峰义存在堂上与众说法,众人问答之间,义存禅师说了句:'我若说东道西,汝则寻言逐句。我若羚羊挂角,汝向什么处扪摸?'"

"羚羊挂角"本自一种传说。有一种羚羊晚上睡觉时会将自己的角挂在树枝上,以此四蹄悬空,因为猎人会寻着羚羊的脚印而去捕获它,将自己挂在树上,猎人就找不到它了。这个办法是否管用,我多少有点怀疑。没脚印了,朝树上一望,不就看见了吗?但古人特别喜欢反复引用这句话,也许羚羊的这种做法真的管用。不管怎么说,后人用这两句话来形容诗学的奇妙之处,是不容易用一种简单的总结就能概括得了。

而严羽则认为,诗学的最高境界就是妙不可言,非要把各种跟诗无关的方式用在诗上,这就不能称之为诗,他在《诗辨》中又说:

> 近代诸公乃作奇特解会,遂以文字为诗,以才学为诗,以议

> 论为诗。夫岂不工，终非古人之诗也。盖于一唱三叹之音，有所歉焉。

由这句话可知，严羽认为以文字等方式为诗，也可以称之为诗，但这不是古人之诗，而这种观念正是对江西诗派的批判。

在宋代有一股扬杜抑李的风气，除了黄庭坚，苏轼、王安石等人都是如此，比如《诗人玉屑》中录有王安石的说法："太白词语迅快，无疏脱处。然其识污下，诗词十句，九句言妇人、酒耳。"

王安石说得够难听，他说李白的诗虽然读上去很顺口，但见识却低，因为十句诗中有九句都是说女人和酒。然而严羽却认为李白与杜甫各有所长、各有所短，他在《诗评》中说："李、杜二公，正不当优劣。太白有一二妙处，子美不能道；子美有一二妙处，太白不能作。"另外他还说过："子美不能为太白之飘逸，太白不能为子美之沉郁。"我觉得严羽的说法倒是一种公允之论。

《沧浪诗话》中有一个章节是《考证》，严羽在这个章节中提及了他所认为古人有问题的诗作，比如他说："《木兰歌》最古。然'朔气传金柝，寒光照铁衣'之类，已似太白，必非汉魏人诗也。"严羽认为《木兰辞》中的一些诗句特别有李白的诗风，所以他认定《木兰辞》是后人伪造的一首诗歌。既然这个章节名为"考证"，那严羽应当举出他给出这种判断的依据，然而他却完全不这么做，只说结果，不说考证过程。可见，这个章节的内容与"考证"之名实不相符，这也是后世指摘他的地方。

严羽还有一个观念受到了后世较多的批判，那就是他喜欢以禅喻诗，如前面所举的"羚羊挂角"的例子就是如此。他在《沧浪诗话》中有一个段落明确提到了自己的主张：

> 大抵禅道唯在妙悟，诗道亦在妙悟。且孟襄阳学力下韩退之远甚，而其诗独出退之之上者，一味妙悟而已。惟悟乃为当行，乃为本色。然悟有浅深，有分限。有透彻之悟，有但得一知半解之悟。汉魏尚矣，不假悟也。谢灵运至盛唐诸公，透彻之悟也。他虽有悟，皆非第一义也。

严羽认为禅宗讲顿悟，诗学也同样如此，他认为孟浩然的学问功底要比韩愈差得很远，然而孟在诗坛上的名声却在韩之上。为什么会这样呢？就是因为孟有妙悟。严羽同时又说，这种悟性有深有浅，深者就成为了大诗人。

其实说到这个层面倒也没什么问题，而后严羽又把南禅与北禅的区别用在了诗学高低的比喻上，其在《诗辨》中称：

> 禅家者流，乘有小大，宗有南北，道有邪正。学者须从最上乘，具正法眼，悟第一义。若小乘禅，声闻辟支果，皆非正也。论诗如论禅，汉魏晋与盛唐之诗，则第一义也；大历以还之诗，则小乘禅也，已落第二义矣；晚唐之诗，则声闻辟支果也。学汉魏晋与盛唐之诗者，临济下也；学大历以还之诗者，曹洞下也。

严羽的这段话受到了后世的广泛批判，原因就是他对于禅宗体系分类上的混乱，对此清初诗人冯班写了篇《严诗纠谬》，专门来批判《沧浪诗话》中的各种问题。对于严羽的这段禅宗比喻，冯班进行了很长一段话的指谬："今云大历以还是小乘，晚唐是声闻辟支，则小乘之下别有权乘，所未闻一也。……临济玄禅师，曹山寂禅师，洞山价禅师，三人并出南宗，岂沧浪误以二宗为南北乎？所未闻二也。临济、曹洞，机用不同，俱是最上一乘。今沧浪云'大历以还之诗，小乘禅也'，又云'学大历以还之诗，曹洞下也'，则以曹洞为小乘矣，所未闻三也。……沧浪之言禅，不唯未经参学南北宗派，大小三乘，此最易知者，尚倒谬如此，引以为喻，自谓亲切，不亦妄乎？"

冯班认为，严羽缺乏最基础的佛教常识，因为他还没有搞清楚禅宗南北两派的区别，比如曹洞宗和临济宗都属于南派，而严羽却将此进行对立的比喻，同时曹洞宗也不能归在小乘禅中，不知严羽是从哪里得来的这些观念。然而对于严羽在这方面的混乱，许志刚先生给他做出了大段的解释，而后做出的结论是："严羽以禅喻诗，多方设譬，各有侧重。但一个基本的原则是通过不同层次上的比喻，将自己对于诗歌艺术的最新的理解，通过比喻的方式，传达给世人。他用以比喻的事物同被比喻的事物之间只有简单的对应关系。例如大乘、小乘对应诗的不同的发展阶段，而临济宗和曹洞宗也对应诗的不同时期和不同特点。"（《严羽评传》）

严羽否定宋诗，鼓吹盛唐，虽有其道理在，但也有人认为这种复古的做法其实也有问题，比如钱谦益在《徐元叹诗序》中称："宋之学者祖述少陵，立鲁直为宗子，遂有江西宗派之说。严仪卿辞而辟之，而以盛唐为宗，信仪卿之有功于诗也。自仪卿之说行，本朝奉以为律令，谈诗者必学杜，必汉魏、盛唐，而诗道之榛芜弥甚。仪卿之言，二百年来遂若涂鼓之毒药。"

这里所说的"仪卿"就是严羽。钱谦益首先肯定了严羽提倡盛唐是有功于诗学，然而严的这个观念在明朝引起了很大的影响，比如前、后七子所提倡的"文必秦汉，诗必盛唐"，显然就是严羽观念的翻版，但将这种观念走到极致，就只是一种复古，没有诗学的创新与发展，钱认为，严的这个观点简直是一种毒药。

从这个角度而言，其实钱没有诬严，严在《诗法》中说过这样的话："诗之是非不必争。试以己诗置之古人诗中，与识者观之而不能辨，其真古人矣。"严认为检验诗好坏的标准，就是把自己的诗作混到古人的诗里让别人去分辨，如果别人看不出来这是今人所作，那就是好诗了。如果按照这个理论推论下去，那诗学就会停留在盛唐那个时代，就不会再有后来的发展了，这也正是很多人批评严羽的地方。

其实也有人对严羽的这个失误做过回护，比如王士禛在《带经堂诗话》中称："严沧浪《诗话》借禅喻诗，归于妙悟，如谓盛唐诸家诗，如镜中之花，水中之月，镜中之象，如羚羊挂角，无迹可求，乃不易之论。而钱牧斋驳之，冯班《钝吟杂录》因极排诋，皆非也。"王认为，严借禅喻诗很有道理，而钱谦益和冯班等人对严的指责其实没有道理。但无论怎样，严羽的诗学观念给后世对诗学的总结找到了一种方法，而他也正因为有这部《沧浪诗话》而得以在中国诗史上不朽。

就诗学观念而言，严羽特别重视诗体，他在答《吴景仙书》中说：

"毋怪来书有甚不喜分诸体制之说，我叔诚于此未了然也。作诗正须辨尽诸家体制，然后不为旁门所惑。今人作诗，差入门户者，正以体制莫辨也。世之技艺，犹各有家数。市缣帛者，必分道地，然后知优劣，况文章乎？"

严羽强调，作诗必须要先辨诗体，只有这样才不会走入旁门左道，因为诗的风格就如同社会上的各种技能一样，每一家的传承都有其独特的路数在。

◇ 公园简介上写有万历年间所修的沧浪阁

严羽所强调的诗学理论，对后世有着深远的影响，比如到了清初，王士禛就是综合了严羽等人的观念，而后创造出了自己的"神韵说"："严沧浪论诗云：'盛唐诸人，唯在兴趣，羚羊挂角，无迹可求，透彻玲珑，不可凑泊。如空中之音，相中之色，水中之月，镜中之象，言有尽而意无穷。'司空表圣论诗亦云：'味在酸咸之外。'……于二家之言别有会心"，而后他就根据这个观念，选编出了《唐贤三昧集》一书。

其实，严羽观念的影响不仅仅是对王渔洋，徐志刚所著《严羽评传》一书，其中有一节名为"师其意而不师其词的后继者"，该章节中有这样一段话："有些学者也受到严羽的影响，然而，他们既不曾给严羽以很高的评价，也未必申明引述他的观点作为自己理论建树的出发点和前提。他们对严羽采取了师其意而不师其词的态度。"而后文中举出了性灵派袁枚的例子，看来袁枚的很多诗学观也是本自严羽，只是他未曾明说罢了。

乘大巴车前往邵武，下车行不久，即见一门檐有古风，再看，仅剩此一门，前后左右皆无古建，门上为"李忠定公祠"。大门上有类似假斗拱之屋檐，中间一圈青砖为旧物，两侧为新式青砖。此处之前当为李纲祠，然现在仅剩此门，门两侧为铁栏杆延伸开去，未知后面为什么单位。因李纲墓（故居）已访，故拍照存用后继续前往熙春公园。

正值学生放学时间，熙春公园要路过学校，许多中学生蜂拥而出，摩肩接踵，忽然庆幸所寻之严羽沧浪亭不在学校里面，否则又是不得其门而入。经过学校后，熙春园并无游人，不用买票，亦不见人守门，其冷清与刚才之人潮汹涌截然两类。入园不久即见一大片草地，草地中间高立着一座塑像，不用猜就知道一定是李纲，近前看果然。因天气欲雨，湿度极大，拍出来居然雾气弥漫，别有一番韵味。

◇ 沧浪阁大门　　　　　　　　　　　◇ 沧浪阁的来由

　　李纲塑像为石头雕成，因长期在户外，风吹雨淋，居然显出锈迹斑斑的模样。因目的地是沧浪阁，故拍完即往江边行去。不远即见到两层阁楼一座，隐于小园之内，惜小园门扉紧闭，不得入内，幸好阁楼临江，从侧边可以见到全貌。睹全貌略有失望，全无古味，显然近若干年新修，但想想毕竟是当年旧地，也能接受。转而至小园正门，正门却颇有古味，再看门边小石碑说明，此楼原系明代万历年间始建，原名"八角楼"，清雍正初年由邵武知县周伟更名为"沧浪阁"，以纪念南宋诗词评论家严羽。如今仅存砖雕牌坊为旧物，现阁为1981年重修。若不看牌坊后之新建阁楼，临江而望此牌坊，亦极具古味，何况侧有老樟树一株，两人合抱之粗，树身有保护牌云有434年，并提醒雷雨天气请勿在树下逗留。临离开前忍不住在树下数望沧浪阁，与此名相关之古人古事——浮上脑海，虽为新建，亦让人留连。江天低回，欲雨未雨，近此楼台皆有诗怀。

严羽：大抵禅道唯在妙悟，诗道亦在妙悟

◇ 凭江而立的沧浪阁

◇ 寻访途中路过李纲雕像

◇ 相传为严羽旧居

◇ 残存的砖雕

从公园出来，沿着马路走到有的士处，欲往拿口镇严坊村访严羽墓。司机一听拿口镇，最低者叫价100，高者130，又问严坊村在拿口镇哪里，把我也问住了，取出地图看，告知在大竹镇到拿口镇中间，并强调未到拿口镇，始有司机略降价为90元，于是上车前往。严坊村并不难找，入村不久即见一群老者团坐在墙根聊天，因听不懂当地话，请司机代为打听，老者们纷纷指着面前一片废墟说："就在这里啰，只剩下这半堵墙了。还有就是上面那棵铁树。"我大为疑惑，严羽为南宋人，其旧宅怎么可能留至今，哪怕只剩下半堵墙。问其墓，众云"哪里有墓，墓早就没有了"。

其中一个还走近废墟中间，具体指出其中一堵说，只有这一片是严羽以前的老房子，这一边就不是的了。此村似乎颇穷，望出去附近还有很多老式木板盖成的房子，皆四面漏风，但明

◇ **据说是严羽带回的铁树**

显仍然有人居住。空地中间生满杂树及垃圾，显然颓废不止一两年，老人们所指仅余一堵墙，由两片残墙拼成，右边一片残墙当为上世纪五六十年代所建，左边为大方砖，上有檐瓦，以及残存部分石砌斗拱及砖雕，显然为旧时大户人家。依着墙边还摆着一个弃用的老式碗橱。除此之外，什么也没有了。

老者们又指往高处一株铁树，云为严羽从京城里带回来的，已经有一千年了。"他出去了就没有回来过，一直在京城当官。"闻此言颇疑惑，严羽一生未曾出仕，大半时间隐居家乡，何来"在京城"一说。然老者皆如此慎重其事，又指着铁树边的一圈半矮围墙说："村里还专门砌了堵墙保护起来。每年都有好多人来看。"皆不似说谎，故只能理解为世代相传，以讹传讹，于是严羽就成了京官。然而无论如何，毕竟这里相传是严羽墓所在地，假亦真，真亦假，假假真真皆有吧。

离开严坊村时问是否有村牌，村人皆云现在没有了，于是又看了一眼，废墟所在地正对着一户农家，门牌为"严坊10号"。

又沿原路往村外走，村路极小，若有车交会，定是极无奈之事，然而会车之事没有遇到，却遇到一大群鹅，摇摇摆摆在车轮前面，怎么都不避开，司机拼命按喇叭，鹅虽然也着急，摇着屁股扇着翅

膀拼命往前赶,但怎么赶都是在这条路上。司机急着回去交车,奈何人不懂鹅语,鹅不会让道,如此僵持近十分钟后,终于来到一段稍微开阔一点的路上,甩脱了那群鹅。可怜的鹅们,无端被人撵了这么远的路,该不会走丢吧?

宋濂：道明而后气充，气充而后文雄

宋濂与刘基、高启并称为明初"诗文三大家"，徐朔方、孙秋克所著《明代文学史》将其与刘基并称为"双子星座"，宋濂有这么高的成就，跟他早年所拜的名师应该有一定的关联。宋濂先后师从于吴莱、黄溍和柳贯。吴莱就是吴渊颖，关于吴渊颖的学问，宋濂在《浦阳人物记》中这样描述其师："益穷诸经之说，用功既深，所造愈精。间有论著，绝出于庸常数等。翻阅子书百余家，辨其正邪，驳其伪真，援据皆的切可传。四方学者，一时多师之。"

◇ 宋濂编《渊颖吴先生集》十二卷，民国十三年梦选瘘刻本，书牌

而对于黄溍，宋濂在《金华黄先生行状》中描述道："先生之学，博极天下之书而归于至精。有问经史疑难、古今因革，与夫制度名物之属，旁证曲引，语蝉联不能休。至于剖析异同，谳决是非，多先儒之所未发。见诸论著，一本乎六艺，而以羽翼圣道为先务。……

中统、至元以来如先生者二三人而已。"关于柳贯，宋濂在给其所作的行状中赞誉道："为文章有奇气，春容纡徐，如老将统百万雄兵，旗帜鲜明，戈甲焜煌，不见有喑呜叱咤之严。……濂虽不敏，受先生之教为深。"

可见这三位均非等闲之辈，然这些赞誉均出自宋濂，读来让人觉得有溢美之嫌，而《四库全书总目提要》在《宋学士全集》提要中也有如下的夸赞："元末文章，以吴莱、柳贯、黄溍为一朝之后劲。濂初从莱学，既又学于贯与溍，其授受俱有源流。又早从闻人梦吉讲贯五经，其学问亦具有根柢。"

◇ 宋濂编《渊颖吴先生集》十二卷，民国十三年梦选瘦刻本，卷首

虽然他跟随了这么多的名师，而这些老师也同样赞誉他这位弟子，可是他学成之后，却隐居到了龙门山，这一住就是十年的时间。他的入山隐居，跟刘基有很大的关系，刘在《送龙门子入仙华山辞序》中说："龙门先生既辞辟命，将去仙华山为道士，而达官有邀止之者。予弱冠婴疾，习懒不能事事，尝爱老氏清净，亦欲作道士，未遂。闻先生之言则大喜，因歌以速其行。先生行，吾亦从此往矣。他日道成为列仙，无相忘也。"在宋濂准备隐居的时候，有人阻止他的这个行为，在此时刘基听到了这个消息，于是就找到了宋濂，促他成行，他同时跟宋开玩笑说：哪天你成了神仙，不要忘记当年我对你的鼓励。

宋濂最终没有成为神仙,却成为了一代的开国功臣。元至正十八年,朱元璋打下了婺州,转年其将婺州改为宁越府,同时任命王宗显为知府,于是王就派人将宋濂等人找来,聘其为经师。再后来朱元璋的同乡李善长把他推举给了朱,查继佐《罪惟录》卷八有这样一段话:"帝曰:'吾徐将军,淮阴无以过。即安得留侯者?'对曰:'金华宋景濂可为博物洽闻,兼通象纬。'帝曰:'以孤所闻,通象纬者莫如青田刘基。'自是二公合举王业。"从此,宋濂与刘基共同成为了朱元璋手下的左膀右臂。朱元璋所发布的重要命令和规章制度等大多出自宋濂之手,《明史》本传上称他:"在朝郊社、宗庙、山川、百神之典,朝会、宴享、律历、衣冠之制,四裔贡赋、赏劳之仪,旁及元勋巨卿碑记刻石之辞,咸以委濂,屡推为开国文臣之首。"

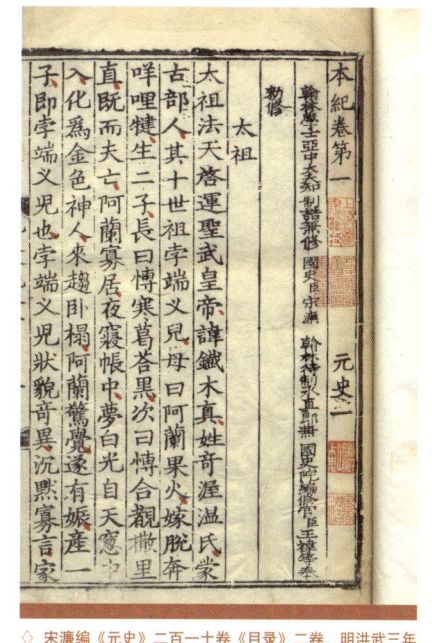

◇ 宋濂编《元史》二百一十卷《目录》二卷,明洪武三年内府本

早在至正二十年,朱元璋就任命宋濂为江南儒学提举,同时让他做自己长子朱标的老师,而那时,朱标仅六岁。关于他跟刘基在明朝的作用,《明史》中讲到了他们两人的分工:"濂长基一岁,皆起东南,负重名。基雄迈有奇气,而濂自命儒者。基佐军中谋议,濂亦首用文学受知,恒侍左右,备顾问。"看来刘基主要是军事谋臣,而宋濂的作用就是文臣,朱元璋曾经问他:"帝王之学,何书为要?"宋濂向他推荐宋代真德秀所撰的《大学衍义》。

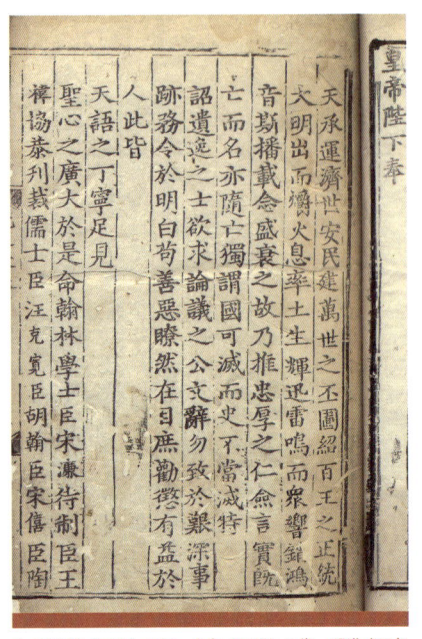

◇ 宋濂编《元史》二百一十卷《目录》二卷，明洪武三年内府本，宋濂序言一

明朝建立之初，朱元璋就下令纂修《元史》，任命宋濂为总裁，刚刚建国，就忙着续修正史，朱元璋是怎样的心态呢？王春南在《宋濂评传》中说："除了总结历史经验之外，修纂《元史》还有一个目的，就是宣告元朝作为一个朝代已经结束，新建立的明王朝'天命'所归，人心所向，以便绝了元朝残余势力复辟故元之心。"

出于这种原因，朱元璋催促得十分紧迫，于是宋濂等人仅用了几个月的时间，就将一百三十多万字的《元史》修成，也正是出于这样的匆忙，使得《元史》有不少的缺点，比如说本史没有修《艺文志》，余外的错误、重复、牴牾之处不少。出现这种情况的原因，除了时间紧迫，还有一个重要的原因，那就是元朝的史料大多是用蒙文书写，而宋濂不认识蒙文，虽然当时也请了一些人做翻译，可是翻译出来的文本，其准确度和真伪，宋濂也完全无法鉴别，这才使得到了民国年间，柯劭忞重新写了一部《新元史》。

明初的重要文献——《大明日历》《皇明宝训》《大明律》《洪武圣政记》等等，也均出自宋濂之手，从这个侧面也看出朱元璋对他的重用。《翰林院承旨诰文》中说："文者翰林院尚未有首臣。朕于群儒中选，皆非真儒人，各虚名而已。独宋濂一人侍朕左右，十有九年，虽才不兼文武，博通经史，文理幽深，可以黼黻肇造之规，宜堪承旨。"

虽然宋濂获得了如此高的声誉，但他是一个谨慎的人，曾经几番向朱提出要辞职还乡。到明洪武十年，朱元璋答应了他的请求，当时朱还问宋有多大年龄，宋说自己六十八岁，于是朱元璋赐给他了一种名为"绮"的绫罗绸缎，并且他跟宋濂说："藏此绮，俟三十二年后作百岁衣也。"那言外之意，朱元璋祝愿宋濂长命百岁，如此说来这是何等的恩宠，可是三年之后，风云突变。

◇ 宋濂编《元史》二百一十卷《目录》二卷，明洪武三年内府本，宋濂序言二

洪武十三年，宋濂的长孙宋慎牵扯到了胡惟庸案，宋氏一家全部被捕入狱，而后宋慎被杀，宋濂也被定为死罪。当时的马皇后闻听此事，立即向朱元璋求情，朱却完全听不进去。某天，朱到马皇后那里吃饭的时候，马所做的饭菜完全不用荤，朱元璋问她是怎么回事，马皇后回答说："妾为宋先生作福事也。"朱闻此立即明白马皇后的用意，但他还是没有答应。而此时太子朱标也要求其父赦免自己的老师，朱还是不答应，于是朱标跳入金水河自杀，而后被他人救起，朱元璋这才赦免了宋濂的死罪，将宋濂全家流放到茂州。在前往茂州的路上，宋濂自杀了。

关于宋濂的死，历史上有不同的记载，明李绍文在《皇明世说新语》卷五中称："宋景濂安置茂州，道遇高僧，与语曰：'吾闻内典善恶必报，吾平生所为，自谓无愧，何至是哉？'僧曰：'先生于胜国尝为何官乎？'曰：'编修。'僧默然。濂是夜自经死。"原来宋濂的自杀与一位僧人的谈话有关系，宋濂前往戍地路过夔州时遇到一位高僧，宋因为始终不解为什么他那么大的功劳，也没有做任何的坏事，而朱元璋一定要置他于死地。这位高僧听到了宋濂的叙述后，反问他，你曾经在元朝时做过什么官？宋濂说是编修，高僧听完后不再言语，于是宋濂当天晚上就自杀了。

其实这段话我始终没能看明白，为什么他说自己在元朝任了编修，那位僧人就不再说话。王春南在《宋濂评传》中解释道："一位高僧点拨他：你一定在元朝当过什么官。宋濂这才恍然大悟：朱元璋终于没有放过自己，原来是因为在前朝自己曾被任命为编修（没有到任）。他自知已不容于朱元璋，当晚便自经而死。"但我觉得这段解释似乎跟上面的文意并不贴切。关于此事，查继佐的《罪惟录》中引用了《守溪笔记》上的一段话："后坐孙慎，得罪戍夔，憩某寺，语僧：'濂生平所学无愧，保以得此？'僧曰：'胜国时何官？'曰：'编修。'僧曰：'编修！'不复措一字。濂夜自经死。"

而这一段话比《皇明世说新语》中的记载多了僧人重复宋濂所说的"编修"二字，故而我觉得宋濂之死应该跟此二字的含意有关，可惜我未能将其想明白。其实，宋濂之死如果放在大环境来看，他正赶上朱元璋的大清洗，而朱元璋当时的心态我在刘基一文中，已经做了简单的分析，有兴趣者可以对照一看。

政治上的是是非非无法说得清楚，我们还是接着说宋濂在文学史上的地位吧。当年宋濂刚到应天府的时候，朱元璋问陶安："四人之才如何？"陶安回答说："臣谋略不及刘基，文学不及宋濂，治民之才不如章溢、叶琛。"看来在那个时代，宋濂的文名已经广为流传。

而刘基也同样佩服宋濂，他曾说："当今文章第一，舆论所属，

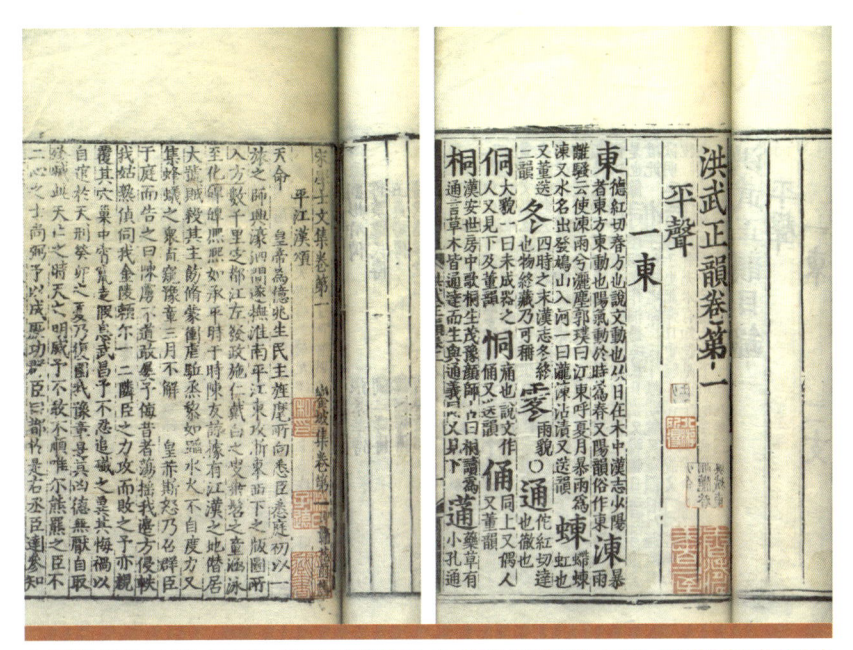

◇ 宋濂撰《宋学士文集》七十五卷，明正德九年张缙刻本　　◇ 宋濂编《洪武正韵》十六卷，明巡按直隶监察御史刻本

实在翰林学士臣濂。"那宋濂的学术观是怎样的呢，从他早年的三位老师可以看出，宋濂是以经学为主，所以他认为写文章要："明道之谓文，立教之谓文，可以辅俗化民之谓文。斯文也，果谁之文也，圣贤之文也。"

对于诗作，宋濂也同样是这个观点，他在《杏庭摘稿序》中说："濂颇观今人之所谓诗矣。其上焉者，傲睨八极，呼吸风雷，专以意气奔放自豪；其次也，造为艰深之辞，如病心者乱言，使人三四读终不能通其意；又其次也，傅粉施朱颜，燕姬越女巧自炫，鬻于春风之前，冀长安少年为之一顾。诗而至斯，亦可哀矣。"宋在这里批评当时的人，作诗只是炫技，除了表面好看，没有思想意气包含在里面。

关于宋濂的诗作，确实没有什么名篇可脍炙人口，王春南在《宋濂评传》中说："宋濂创作的诗歌不算多，但自成一家，在明初占有重要地位。"

而后该书举出了宋濂的几篇诗作，比如《饮鹤川》：

渴鹤忽飞来，爱此一勺清。
五湖非不多，恐染凫鹥腥。

王春南赞誉此诗"清逸可读"。宋濂还写过一首《五折泉》：

一级复一级，有若步云梯。
终于投东意，万折不肯西。

王春南赞誉该诗"亲切感人"。王春南同时也指出宋濂的诗歌有一些缺憾："有的作品不够简洁、紧凑"，同时文中引用了陈田在《明诗纪事》中对宋濂诗作的评语："集中小诗，犹是元习。长篇大作，往往规抚退之，时亦失之冗沓。"

袁行霈主编的《中国文学史》中认为："在散文创作领域，宋濂与刘基是值得注意的两位作家。"看来宋濂在散文方面的创作应该比他的诗更好。该书中引用了宋濂所作《环翠亭记》中的一个段落："当积雨初霁，晨光熹微，空明掩映，若青琉璃然。浮光闪彩，晶荧连娟，扑人衣袂，皆成碧色。冲融于北南，洋溢乎西东，莫不绀联绿涵，无有亏欠。"此书中对这段文字的评价是"文字清隽雅素，简洁明畅，给人以美感。"同时，《中国文学史》中又摘引了一段宋濂所作的《书斗鱼》中的片段：

各扬鬐鬣相鼓视，怒气所乘，体拳曲如弓，鳞甲变黑。久之，忽作秋隼击，水泙然鸣，溅珠上人衣。连数合，复分。当合，如矢激弦，绝不可遏。已而相纠缠，盘旋弗解。

对于这段文字，该书评价称"刻画细致，生动，富有情趣"。

王春南所著《宋濂评传》则认为他所作的《送东阳马生序》写得最为脍炙人口，这篇文章的第一段为：

> 余幼时即嗜学。家贫，无从致书以观，每假借于藏书之家，手自笔录，计日以还。天大寒，砚冰坚，手指不可屈伸，弗之怠。录毕，走送之，不敢稍逾约。以是人多以书假余，余因得遍观群书。既加冠，益慕圣贤之道，又患无硕师、名人与游，尝趋百里外，从乡之先达执经叩问。先达德隆望尊，门人弟子填其室，未尝稍降辞色。余立侍左右，援疑质理，俯身倾耳以请；或遇其叱咄，色愈恭，礼愈至，不敢出一言以复；俟其欣悦，则又请焉。故余虽愚，卒获有所闻。

看来宋濂也是个苦孩子出身，当年家里穷得无书可看，于是就到处找人借书。在大冬天里，他仍然抄书不断，抄完后他马上送回去，就担心超过了约定的还书日期。因为他的守时，所以别人更愿意借书给他。为了能够增长学问，他竟然步行百里之外去请教名家，即便受到对方的呵斥，他也恭恭敬敬地一句话不敢回，等到对方欢愉时，他再进一步的请教，难怪他能够有那么大的成就。

对于如何能写出好文章，宋濂给出的答案是"养气"，他在《文学篇》中称："天地之间，至大至刚，而吾藉之以生者，非气也耶？必能养之而后道明，道明而后气充，气充而后文雄，文雄而后追配于圣经。不若是，不足谓之文也。"宋濂认为，首先要经过"养气"，才能明白圣人的道理，弄明白道理之后，气就等于养出来了，而有了这种气，文章自然就看上去漂亮。

对于他的这种观点，宋濂在《苏平仲文集序》中，又举出了这样的实例：

> 自秦以下，文莫盛于宋；宋之文莫盛于苏氏。若文公之变化瑰伟，文忠公之雄迈奔放，文定公之汪洋秀杰，载籍以来，不可多遇。其初亦奚暇追琢缔绘以为言乎？卒至于斯极而不可掩者，其所养可知也。

宋濂认为，自秦、汉以后，只有宋代的文章最受后世所瞩目，而宋文中，又以三苏写得最好。接下来，他分别用三个词评价了三苏每人文风的特色，而他的结论则是，三苏的文章都是养气而成的。

对于自己的文章，宋濂怎么看呢？他曾写过一篇《拙庵文记》，乃是为他人所写，然而奇特的是，该文几乎是他个人的自述：

> 余，天下之拙者也。德敬岂若余之拙乎？世人之舌长且圆，捷若转丸，恣谈极吐，如河出昆仑而东注；适宜中理，如斧断木、炭就火，猱援木以升，兔走圹而攫之以鹘也。其巧于言也如此。余则不能。人问以机，谢以不知；人示以秘，瞠目顾视，莫达其旨；人之所嘉，余纵欲语，舌大如枰，不可以举；闻人之言，汗流颊沘；人之所讳，余不能止，开口一发，正触禁忌，人皆骇笑，余不知耻。余言之拙，海内无二。

宋濂首先说自己很笨拙，他拿自己跟精明的世人相比，称自己是何等的木讷、他人是何等的圆滑。而后他又话锋一转，开始论述

自己的"不拙":

> 然吾亦有不拙者。圣人既没千载,至今道存于经,岳海崇深,茫乎无涯,窅乎无涂。众人游其外而不得内,舐其肤而不味其腴。吾则搜摩刮剔,视其轨而足其迹,入孔孟之庭而承其颜色。斯不谓不巧也。生民之叙,有政有纪,离为六府,合为三事。周公既亡,本摧末弊;秦刻汉驳,而世以不治。吾握其要而举之,爬疡择颣,取巨捐细,德修政举,礼成乐备,广厦细旃,每资之以献替。吾于斯艺,虽管仲复生,犹将扼其吭而鞭其背。是不谓之巧不可也。而德敬岂有是乎?

宋濂的这段话把自己描写得十分伟大,他说自己的能力远在管仲之上,这种自夸方式超过了诸葛亮。当年诸葛亮也不过就是"每自比作管仲、乐毅"(《三国志》),而宋濂却认为自己比管仲的本事大多了。这么类比起来,著名的诸葛亮也不在宋濂眼中。

显然,上面的这一段是宋濂谈到他的治国雄心,那么在写文章方面,他的自叙倒比以上的话有了几分谦虚,比如他在《跋张孟兼文稿序后》中说:"……濂之学文五十余年,群书无不观,万理无不穷,硕师巨儒无不亲,自意可以造作者之域,譬诸登山,攀跻峻绝,不为不力,而崇颠咫尺,不能到也。此无他,受才之有限也。"

宋濂说自己读书五十多年,几乎无书不观。虽然如此,他也说文章的顶峰他还是没能攀登得到,这不是他不努力,只是因为个人的才能已经达到了极限。其实,从宋濂的文章倒也能看出,他的所言确是实情,比如他所作的一篇《人虎说》,全文如下:

> 莆田壶山下有路通海,贩鬻者由之。至正丁未春,民衣虎皮,

锻利铁为爪牙，习其奋跃之态，绝类。乃出伏灌莽中，使侦者缘木而视。有负囊至者，则啸以为信，虎跃出，扼其吭，杀之。或脔其肉为噬啮状，裂其囊，拔物之尤者，余封秘如故，示人弗疑。人竞传壶山有虎，不食人，唯吮其血，且神之。

已而，民偶出，其妇守岩穴。闻木上啸声急，意必有重货，乃蒙皮而搏之。妇人质脆柔，贩者得与抗。妇惧，逸去。微见其蹠，人也。归谋诸邻，噪逐之。抵穴，获金无算。民竟逃去。

呜呼！世之人虎，岂独民也哉！

宋濂在这里讲了一个小故事，他说莆田壶山下有一条大路，有很多商人行走于此，到元末时，有个人披着虎皮在此路边装老虎，有商人过时，他就伺机杀掉此人，夺其财物，而后将杀人的痕迹伪装成被虎咬过的样子，于是当地人传说此路有虎，不吃人，专吸人血。

某天，这个装虎者出外办事，他老婆守在路边，此人听到了报信者发出的口号特别着急，所以知道有个钱很多的人于此通过，此妇不想丢掉这笔送来的财宝，于是她就装虎去杀此人，可她毕竟力气小，过路的商人跟她一番搏斗，吓得她逃跑了。她在跑的过程中，被商人看到了脚，于是知道这是人在装虎，而后此人带了些人返回此地，吓得这个装虎者逃跑了。而这些人在装虎者所住的山洞里，发现了一大堆的财宝。

这篇短文写出了一个奇特的故事，而宋濂仅在文后发了一句感慨，他说世上装虎的绝不是那一个人。宋濂以此点明这个世上有着太多披着虎皮残害他人者，如果众人努力与之斗争，就能揭示出这些人的真面目。

其实，宋濂从小就很有文名，比如元欧阳元在《潜溪集序》中说："其气韵沉雄如淮阴出师，百战百胜，志不少慑；其神思飘逸如列子御风，翩然骞举，不沾尘土；其辞调尔雅如殷鼎周彝，龙纹漫灭，古意独存；其态度多变如晴霁终南，众皱前陈，应接不暇，非才具众长、识迈千古，安能与于斯？"

这段话点出了宋濂文章的特色，那就是有很强的气势在，而这种气势也确实表现在他所作的文章中，例如前面提到的《拙庵记》，文中还有这样一个段落：

> 盖人有所拙者必有所巧，有所巧者必有所拙。拙于今必巧于古，拙于诈必巧于智，拙于人必巧于天；苏、张巧于言而拙于道，孟子拙于遇合而巧于为圣人之徒，晁错号称智囊而拙于谋身，万石君拙于言而为汉名臣。余诚乐吾之拙，盖将全吾之天而不暇恤于人也。

宋濂的文名不止在国内影响大，甚至传到了国外，比如《明史·宋

◇ 这片菜地就是宋濂故居旧址

濂传》中说："士大夫造门乞文者，后先相踵。外国贡使亦知其名，……高丽、安南、日本至出兼金购文集。"

既然如此，那么他的文风为什么没能像台阁体那样，影响文坛上百年呢？高志忠在《宋濂和他的散文》一文中，认为有两个原因。一是政治原因，因为宋濂晚年死在了他乡，故而他的作品没能尽早地刊布出来；第二个原因，则是宋濂的文学主张跟明初的社会风尚不合拍。也正因如此，宋濂在其当世文名天下，而到了后世却少有人再讲到他的文学成就。

◇ 文保牌后清翠悠悠

其实，宋濂的成就不仅是在文学史上，他的一生中所做的另一件重要事情，就是培养出了一位著名的弟子，那就是方孝孺。关于方孝孺的事情，我在下一篇文章中再细聊。

宋濂故居遗址位于金华市傅村镇上柳家村禅定寺西五十米。我的这一程寻访，之前的一程是去找杨盈川，那个过程颇为曲折，虽然这些曲折增加了故事的可读性，但却极大地考验了我的耐性，我祈盼着宋濂故居的寻找不会再费这么大周折。可能是上天对我辛苦的体谅，因此这一程的寻访变得简单到无话可写，因为远远看过去，只是在一片田地中立着一块文保牌，余外再没有什么可看的。

历史的变迁不可抗拒，虽然我也能理解何为沧海桑田，但这样的一位大名人，他的故居却变成了一片菜地，多少还是让我觉得有些失落。其实我很想了解到，他的故居何以变得了无痕迹，可惜我赶到此地的时间已是傍晚时分，展眼望去，田野中看不到任何的人影，

◇ 旁边有个新建的寺院

而司机也完全对此一无所知，他只是沉湎于向我讲述着当地警察查身份证抓小姐的故事，虽然他也强调警察通过拦路查证也抓到过一些坏人，但显然这种正能量在司机嘴中讲述时，在语调上完全没有讲到抓小姐时兴奋。

他的这些八卦逸闻解了我一路上的岑寂，但眼前的这一刻，我更关心者，是为什么宋濂故居连个假古董都不建。我在各地的寻访中，看到许多的名人故居都是新近建造者，虽然我并不欣赏这种做法。其实细想，我的不赞同，反对的是拆真建假，因为有些地方觉得名人故居太过破烂，维修费用之高远不如拆平重建，在我看来，这种做法，也是对文化的一种不尊重。如今这个地方倒是真的很尊重，平地就是平地，而就在平地上立一块文保牌，余外了无痕迹。可是我面对此况时，也同样没有了往日所赞誉的尊重历史之情，人真是个怪物，似乎怎么做都难令自己满意，我应该好好地调整一下自己的心态了。

刘基：夫恶忧患，而乐无害，凡物之同情也

刘基就是刘伯温，他在社会上的名声，更多的是一位能掐会算的神秘人物，按照《行状》上的说法："公在燕京时，间阅书肆，得天文书一帙，因阅之。翌日即背诵如流，其人大惊，欲以书授公，公曰：'已在吾胸中矣，无事于书也。'"原来，刘基在北京的某个书摊上得到了一部神秘的天文著作，他又有超强的记忆力，把书上的内容全部融进了自己的脑海中。

这段话读起来倒没什么神秘感，只是觉得刘基运气好，第二则是他记忆力超强，而王文禄在《龙兴慈记》上的记载，就有了神秘的意味："青田山中有异，刘伯温隐居时日对坐。山忽开石门，进入，见石壁上有字曰：'山为基开。'取石击之，石门又开。进入内，有道士枕书卧，遂取书看，乃兵书也。曰：'明日能熟之，吾当授汝。'明日果熟，遂授以兵法。"

刘伯温在老家隐居时，他居所旁边的大山突然开了个石门，他走到里面，看到墙壁上写的字，正是预示他是来此开门者，于是他就用石块击打石门，果真，里面的第二道门又开了。石门里面的情形倒不像芝麻开门后珍宝满眼，他的所见仅是一个道士躺在那里看书，他接过书来细看，原来是一部兵书，那位道士说：如果你一天内能够背熟这部兵书，那我就仔细地教你。

刘伯温果真做到了这一点，于是这位道士就教给他排兵布阵之

法。这段话应当是在解释刘基何以懂兵法的缘由吧。看来，中国人编这种神秘的故事，总是缺乏一种天花乱坠的想象力，难怪写不出《哈利·波特》。但这段石门为之而开的记载，却为刘基帮助朱元璋打天下做了很好的铺垫。

刘基在元至顺四年就已经考取了进士，而后在元朝做了多年的小幕僚，不知什么原因，他在社会上渐渐有了小名声。至正十九年，朱元璋的手下大将胡大海来到了金华府，胡在当地帮助朱寻找名士，而当时金华一地最著名的人物有四位，那就是宋濂、刘基、叶琛、章溢。胡大海找到了这四人，让他们见了朱元璋，当时朱请这四人来自己手下任职，四人中只有刘基婉辞，经过朋友的劝说，他才同意去做朱的幕僚。而后朱请刘分析了天下的形势，刘的一番解释让朱大为信服，而后就成为了朱手下的主要谋臣。

接下来，刘基陪着朱元璋南征北战，而一些重大事件都跟刘的决策有很大关系，甚至他的能掐会算还救了朱元璋的命。当时朱元璋正跟陈友谅决战于鄱阳湖，某天正在进行着规模宏大的水战："太祖坐胡床督战，基侍侧，忽跃起大呼，趣太祖更舟。太祖仓卒徙别舸，坐未定，飞炮击旧所御舟立碎。"（《明史·刘基传》）

当时朱元璋正在一艘船上现场督战，而刘基陪伴其旁，本来没有任何的征兆，但刘基却突然起身大叫，他让士兵迅速地给朱元璋换了一条船。在这紧急关头，来不及解释，朱相信刘这么做肯定有其道理，于是他们就跳上了另一条船。还没等坐稳，一发炮弹击中了他们刚才所乘的那艘大船，大船瞬间被击得粉碎。由此可见，刘伯温的神机妙算果真了得。

后来几经征战，朱元璋终于夺得了天下，在南京开创了大明王朝。接下来的事情，当然是封赏有功之臣。朱将自己手下的有功之臣，按照公、侯、伯、子、男，封爵五等，按说刘伯温的功劳很大，这个功劳，朱也承认，朱曾说过："渡江策士无双，开国文臣第一。"既然如此，刘伯温被封为公爵应该不成问题，然而结果却是他被封为了第三等的伯爵。这个结果让很多人都觉得意外，意外的原因是，那些被封为公爵和侯爵的人物中，有不少的人为明朝的建立所付出的功劳，远比刘伯温差许多。

比如被封为韩国公的李善长，虽然跟随朱元璋很多年，但他确实没有做出什么重大的贡献，而朱元璋不但把他封为公爵，同时还任命他为宰相，这种做法在朝中引起了争论。有好几位大臣都直接跟朱元璋讲：李善长绝对没有做宰相的本领。朱元璋立即将这些提出反对意见的人顶了回去，刘辰在《国初事迹》中记载，当时朱元璋称："善长虽无宰相才，与我同里，我自起兵，事我涉历艰险，勤劳簿书，功亦多矣。我既为家主，善长当相我，盖用勋旧也，今后勿言。"

朱元璋也承认李善长并不是做宰相的材料，但他却明确地告诉众人，自己重用李善长，就因为他跟自己是同乡，从自己起兵之时，李就伴随左右，没有功劳也有苦劳，所以他跟众人说：你们劝也没有用。如此看来，这位朱皇帝倒真是位爽快的人，他能直接告诉众臣，自己就是任人唯亲。于是这李善长被封为了公爵，每年得到的食禄达四千石，而功劳极大的刘伯温，其食禄仅为二百四

◇ 刘基撰《太师诚意伯刘文成公集》二十卷，明隆庆六年谢廷杰、陈烈刻本

十石。对于这个结果，周群在《刘基评传》中称："封爵得伯，食禄菲薄，颇令后人费解。"

其实查看各种史料，也能找到一些出现这个结果的缘由。首先，朱元璋是彻头彻尾的农民出身，在历代的封建帝王中，似乎只有他和刘邦的出身有一比，所以朱特别信任自己的老乡，因此在他当了皇帝后，所封的公爵和侯爵，一大半都是他的乡里乡亲；还有一个原因，应该就是刘基的能掐会算。他伴随在朱的身边多年，当然知道朱的为人，朱在论功行赏时，当然也考虑到了刘基为他取得政权而做出的贡献，可当朱要给刘封一个较高的爵位时，刘却坚决推辞，刘跟朱说："陛下乃天授，臣何敢贪天之功。圣恩深厚，荣显先人足矣。"刘伯温极其谦虚，他说：皇帝您夺取了天下，乃是上天的赐予，其实我没有做出什么贡献，所以能得到个伯爵，就已经是光宗耀祖了。

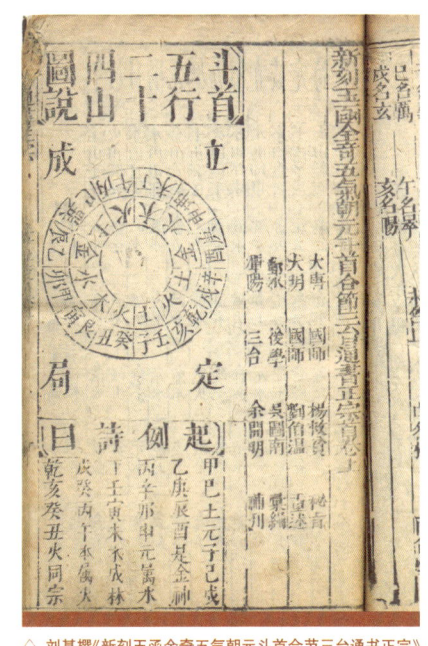

◇ 刘基撰《新刻玉函全奇五气朝元斗首合节三台通书正宗》首卷三卷，明三台余开明刻本，卷首

对于刘基的不居功，清姚莹在《识小录·诚意伯》中称："今诚意以功名终始，而明祖功臣庙二十一人，独不及之何也？以是知青田之不居功，其德识为远矣。诸臣惟自以为功，故上虽立庙而心实忌之；青田虽不自名功，故不庙，祸亦不及。"因为刘伯温被封为了诚意伯，故姚以"诚意"称之。当年朱元璋将二十一位功臣的牌位列入庙中，其中没有刘基，姚认为这个结果正是刘基不居功的表现，也正因如此，一直担心大权旁落的朱元璋，就对刘没有太多的提防，

后来的事实也证明刘的预见极其正确：朱元璋大封功臣后没几年，就将那些公侯们杀掉了一半。

不但如此，刘伯温功成身退，向朱提出了退休的要求，最终朱满足了他的愿望，于是刘得以荣归故里。不知刘伯温有没有"鸟倦飞而知还"的心态，但是他回家后所写的《旅兴五十首》就能窥得他当时的心态，其中之一为：

◇ 刘基撰《新刻玉函全奇五气朝元斗首合节三台通书正宗》首卷三卷，明三台余开明刻本，插图

初秋积雨过，众绿光如濡。
莎鸡啼高树，蟋蟀鸣阶除。
时物已改故，芳年从此徂。
荣名非我愿，守分敢求余。
登楼眺远郊，肆目望天衢。
明月出云中，照我华发疏。
还归掩关卧，梦到园田居。

然而奇怪的是，刘基返回故里后一个月就去世了。他的死因也成为了历史上的一大谜案，说法之一就是他被宰相胡惟庸派来的医生害死了，此事记载于《行状》："正月，胡丞相以医来视疾，饮其药一服，有物积腹中如拳石，公遂白于上，上亦未之省也，自是疾遂笃。"关于这种说法，朱元璋在洪武二十三年跟刘基的次子刘

璟谈话时，多次提到过："你父亲吃胡家下了蛊药，哥也吃他害了。"刘伯温之死还有其他两种说法，但究竟事实如何，也只能让后人去猜测了。以刘伯温如此聪明之人，最终都落得这么个结果，可见，自古以来，当官都是个高危行业。

刘伯温妙算如神的传说深入人心，比如《剪烟丛编》中记载着这样一个故事："高皇帝建都金陵，命刘诚意相地，筑前湖为正殿。基业已植桩水中，上嫌其逼，少徙于后，诚意见之，默然。上问之，对曰：'如此亦好，但后不免迁都之举。'时金陵城告完，高皇帝与诚意视之曰：'城高若此，谁能逾之？'诚意曰：'除非燕子能飞入耳！'其意盖为燕王也。高祖又问诚意国祚短长，诚意曰：'国祚悠久，万子万孙方尽。'后泰昌，万历子。天启、崇祯、弘光皆万历孙，果符其谶。"

◇ 传刘基撰《烧饼歌》一卷，清宣统二年苏州沧居居士钞本，封面

朱元璋在南京建设首都时，让刘伯温去看风水，刘规划的建筑方式让朱觉得不满意，朱要求眼前的景色更开阔一些。而后朱问刘，自己的这个改变好不好。刘说得很婉转，他说好倒是好，但今后可能会发生迁都的事情。那时首都的城墙已经建造完毕，朱得意地说：这么高大的城墙，恐怕谁都跨不过去。而刘伯温的回答却是：只有燕子能够飞过去。刘的这个回答大有深意，因为几十年后，果真是燕王朱棣越过了金陵的城墙，同时又把首都迁到了北京。这段记载

中还说，刘伯温预测出了明末几朝的递传情况。

《剪烟丛编》上的这段记载被后世津津乐道，但专家们经过一番考证，认为这都是胡编。《震泽纪闻》上还有着流传更广的刘氏预测："太祖既有天下，谓诚意伯曰：'汝既佐朕定天下，复有何术以教朕之嫡孙使守天下乎？'基曰：'有。'因成一小箧，而用铁汁灌其锁，以授之。及靖难兵入，建文君开箧而视，则袈裟一，伽黎一，剃刀一，度牒一，曰：'此刘伯温教我也。'遂为僧而遁。"

◇ 传刘基撰《烧饼歌》一卷，清宣统二年苏州瀹居居士钞本，卷首

朱元璋打下天下后问刘基：你有什么法术能够让我的嫡孙守住天下？刘拿出了一个封死的小箱子，而后朱将这个箱子给了孙子朱允炆，后来朱棣打进了南京，建文皇帝朱允炆在这危机时刻想起了那个小箱子，他打开一看，原来里面放着的物品是和尚的袈裟以及剃头刀等等。朱允炆看到这些后立即明白了，刘基是让他化装成僧人潜逃，这也就有了后世不断传说的建文帝躲进深山的传奇故事。但王世贞觉得这个传说不可靠，针对此段记载，王在《弇山堂别集》卷二十一《史乘考误二》中称："诚意卒于洪武八年，时皇太子无恙，而又二年建文君始生，何得预云为嫡孙计乎？此误尤可笑。"

专家们虽然一再地指出历史传说中的谬误，但这依然挡不住广大人民群众的喜闻乐见。刘伯温是古代的一位神奇人物的形象早已深入人心，但这样的结果却遮掩了刘伯温在诗词方面的才能，《四库全书总目提要》在谈到刘基的诗作时，给予了这样的评价："其诗沉郁顿挫，自成一家，足与高启相抗。"看来，纪晓岚认为刘基已经是明初有着独特面目的诗人了。而周群在《刘基评传》中则进一步说："刘基是明代为数寥寥的诗文俱佳的作家之一。"朱彝尊在《明诗综》卷三中则认为刘基是"开明三百年风气"的重要诗人。

刘基虽然喜欢道教，然他却并不排斥佛教，他跟不少的名僧都有交往，所以他所写的跟佛寺有关的诗作也有多首，比如《普济寺遣怀》：

> 江上西风一叶黄，莎鸡络纬满丛篁。
> 物华乘兴看都好，时序逢愁速不妨。
> 露下星河光潋滟，月明岩谷气清凉。
> 愿闻四海销兵甲，早种梧桐待凤凰。

这首诗作得清晰明了，写出了在一个秋夜里万籁俱寂的安静环境，他在这里希望天下能够不再有战争，同时盼望着国家能够"周公吐哺，天下归心"。

刘基还作过一首《淮南王》：

> 淮南王，好神仙。澄心炼炁守自然，收拾真一归中圆。化为五色黄金丸，乘风驾景飞上天。飞上天，逍遥游。八鸾捧毂龙翼辀，虹霓缤纷夹彩斿，上窥九阳下六幽。回头大笑武皇帝，柏梁桂馆空清秋。

诗中所写的内容，全是关于淮南王刘安喜好道教的事情。

刘基的有些诗作喜欢模仿李白的风格,他作过一篇《钧天乐》,此诗的前半段为:

> 君不见天穆之山二千仞,天帝所以觞百灵。
> 三嫔不下两龙去,九歌九辩归杳冥。
> 我忽乘云梦轻举,身骑二虹臂六羽。
> 指挥开明辟帝关,环佩泠泠曳风雨。
> 明月照我足,倒影摇云端。
> 参差紫鸾笙,响震瑶台寒。
> 我欲听之未敢前,空中接引皆神仙。

读到这段诗,让我会本能地联想起李白的《将进酒》《梦游天姥吟留别》中的诗句,我感觉刘基就是化用李白的这两首诗而成此作者。

刘基的诗作,也有一些是他心理的折射,比如《旅兴五十首》中的第五首:

> 侥福非所希,避祸敢不慎?
> 富贵实祸枢,寡欲自鲜吝。
> 蔬食可以饱,肥甘乃锋刃。
> 探珠入龙堂,生死在一瞬。
> 何如坐蓬荜,默默观大运。

刘在此诗中说,他不希望得到福报,而却盼望能够避祸,因为富贵就是灾难的源泉,他觉得能够暖衣粗食,就是最好的结果,如果贪求口欲,那就如同在吞钢刀,所以他觉得生死只是一瞬间的事情,能够平平安安地看待命运的降临，则已经是最好的结果。

关于刘伯温的诗风，周群总结为两点："追杜"和"慕韩"。刘基喜欢杜甫质朴、自然的诗风，从上面所引就能够看得出，而刘效仿韩愈的诗作风格，则可从《夏中病疟戏作呈石末公》中可以窥得，此诗颇长，我只摘录其中的一小部分：

> 晚浴烝骨毛，蹭蹬张万孔。
> 不虞小人风，堀堁触埲塕。
> 长驱毒暑气，炕若燎发熄。
> 钻肤入经络，键钥謇冲捅。
> 萤萤水帝子，鼠伏伺腥膭。
> 痴琚与狡踶，并出助推捅。
> 天君赫斯怒，六卒躬自董。
> 丹元将爽灵，逆击阚哮唪。
> 主客相批亢，乾坤为摇动。
> 初交且乏乏，再接遂哝哝。
> 脩脩螽股切，瓋瓋鶠翅韈。

从这一小段就可看出，里面有太多难写难认之字。由此可知，刘基喜欢韩愈那种务求新奇的作诗方式，在诗词中用许多生僻之字、之典，对于刘基的这个特点，周群评价到："大量生冷怪僻词汇的运用，对记人咏物不但无所补益，相反，严重影响了诗意的表达，有难以卒读之感。刻意求新猎奇，结果成了刘基的诗歌一病，其程度比韩愈有过之而无不及。"

以上所引，乃是刘基的诗作，其实他的文章同样有着名气，比如上面所提到的《四库全书总目提要》评价刘基的诗，可以跟高启相媲美，其实，此话之后接着还有一句："其文宏深肃括，亦宋濂、王祎之亚。"而《明史·刘基传》中也说："所为文章，气昌而奇，与宋濂并为一代之宗。"

对于刘基的文章，周群所著《刘基评传》首先引用了《郁离子·晚成》中的一段：

> 昔者齐桓、晋文公皆先丧其国，而后归为五伯。越王勾践栖于会稽，而后灭夫差，作诸侯长。知武子囚于楚，而后归相晋侯，光复先君之业。孙子刖足，而后为大国师，破军斩将，威动天下。伍子胥丧家出奔，而后入郢复其父兄之仇。范雎折胁拉齿弃于箦中，而后相秦斩魏齐。此三君四大夫者，方其逃奔困厄之际，孰不谓其当与枯荄落叶同腐土壤；而一旦光辉焕赫，使人仰之如日星之在上。

对于这段话的风格，周群评价道："行文如同策士抵掌而辩。显然，这与先秦寓言，尤其是孟子的寓言风格十分接近。"这段总结基本上概括了刘基文章的风格，那就是他喜欢用孟子的寓言体，而这种风格的作品在刘基文中多能见到，比如他所作的《鱼乐轩记》，该文的第一个段落为：

> 至正癸巳，番阳程邦民以进士授官，判绍兴之余姚州。明年春，奉府檄至郡，理钞法及赈济事，寓永福寺之东轩。东轩者，上人善启之所居也。其广不盈丈，而清明不烦，有榻可息，有花木竹石可玩。轩之前，甃瓦石为小池，有鱼六七十头，皆长五六寸，赤鳞锦章，出入蕴藻中，悠悠焉，或泳或翔，或吹而呕，或施而涟，与与焉，不啻如处江湖而乘秋涛也。程君观而悦之，

命其轩曰"鱼乐之轩"。

刘基首先用很简洁的话交待了事情的来由,而后则写到,永福寺方丈的居室之前,用砖瓦砌了个小池塘,池塘里有六七十条小鱼,这些鱼都很漂亮,它们优哉优哉地游在水草中,于是这里被命名为"鱼乐轩"。

而该文的第二段,则有人对此提出了质疑,作者针对这个质疑,发表出了自己对社会的看法:

> 或难之曰:"《诗》不云乎:'鱼在于沼,亦匪克乐'?今此无乃又迫于沼,而非鱼之所乐乎?"程君曰:"吁,果然哉!子见其一,而未见其二也。夫恶忧患,而乐无害,凡物之同情也。是故性迁于习,习贯而乐生焉,岂惟鱼哉!野鸟之处笼中,其始至也,憧憧焉,闻声而跃,见动而惕,如不能须臾生也;及其久而驯也,则虽举而之野,纵之而不逸,驱之而不去,徘徊盘旋,恐违其所,离之则悲以鸣,狂顾而疾赴焉,于是笼其家而乐在是矣。夫山野之优游,岂不胜樊笼之局促哉!彼既习而耽之矣,我局促而彼优游之矣,又乌得不乐哉!今夫洿泽之间,数罟不禁,缯罔如云,鲛人蜑夫,鼓枻生风;猰獭鹭鸪,鹙鹭成群,利觜长骹,没渊泉,撇波涛,无隐弗留,鲲鲕登于庖厨,鲰鱻殈于胎卵,患害日至而无所避,优游云乎哉!则又曷若处此之为乐也!"难者无以应,遂书以为记。

有人引用《诗经》上的话,说鱼在小池塘里并不快乐,而今这个鱼乐轩的面积比小池塘还要小,鱼怎么能快乐呢?于是作者借此发表了一大段的议论,他认为不管是人还是动物,都喜欢避害趋乐。

比如，把一只鸟装在笼子里，开始时这只鸟很不安生，长久之后，它就会坦然下来，即使你把它放生，它也会飞回来。按理说，野外多么辽阔，为什么非要再返回这牢笼之内呢？这就是习惯使然，更何况，天下打渔人到处都是，活在自然界有着太多的危险，所以这些小鱼们能够活在这小池塘里，已经逃避了无数的危险，既然如此，为什么不乐呢？

显然，这样的行文方式就是通过一个现象，来讲述一个深刻的道理，这就是寓言式的说理。而刘基所作的《卖柑者言》，则更是他这类文体的代表作品：

> 杭有卖果者，善藏柑，涉寒暑不溃，出之烨然，玉质而金色。置于市，贾十倍，人争鬻之。予贸得其一，剖之，如有烟扑口鼻，视其中，则干若败絮。予怪而问之曰："若所市于人者，将以实笾豆、奉祭祀、供宾客乎？将炫外以惑愚瞽乎？甚矣哉为欺也！"

刘基说，在杭州有个卖水果的人，他的最大才能就是能长期储藏柑。这在没有冷库的时代，确实是个独门绝技。此人储藏的柑放一年都不会坏，更为奇特者，他的柑拿出来后，依然鲜艳如初，在鲜果没有下来时，此人柑的售价比正常时贵了十倍，即便如此，还是有人抢购，于是刘基也买了一个。当刘打开食用时，表面光鲜的柑，里面已经如同烂棉花。这个结果让刘基很奇怪，他觉得人们花这么大价钱，买这种坏柑有什么用呢？于是，刘基指责卖柑者是不良商贩：

> 卖者笑曰："吾业是有年矣，吾赖是以食吾躯。吾售之，人取之，未尝有言，而独不足子所乎？世之为欺者不寡矣，而独

我也乎？吾子未之思也。今夫佩虎符坐皋比者，洸洸乎干城之具也，果能授孙吴之略耶？峨大冠、拖长绅者，昂昂乎庙堂之器也，果能建伊皋之业耶？盗起而不知御，民困而不知救，吏奸而不知禁，法斁而不知理，坐縻廪粟而不知耻。观其坐高堂，骑大马，醉醇醴而饫肥鲜者，孰不巍巍乎可畏、赫赫乎可象也？又何往而不金玉其外，败絮其中也哉？今子是之不察，而以察吾柑！"

卖柑者听到刘基的指责，笑了起来，而后做了一大段的解释：他觉得自己做的这件事就是个生意，他愿卖，有人愿买，这是愿打愿挨的关系，更何况这个世界上，欺骗人的事儿太多了，比如那些高官们，他们能有什么本事呢？有了强盗他们不去抓，老百姓生活得很困难，他们不去救，这些没有廉耻的人，整天大鱼大肉地享受着生活，这种人又何尝不是"金玉其外，败絮其中"呢？你不去揭发这些恶棍，为什么单单要来指责我这个卖柑的？

显然，刘基的这篇文章不过就是借题发挥，他通过一个卖柑者之口，阐述了"窃钩者诛，窃国者侯"这句古语，以此来指责那些尸位素餐的高官们，才是真正的大骗子。

通过这个小故事可以看出，刘基对社会的这些蛀虫十分的痛恨。但是从大的角度来看，他并不把有些事情极端化，同样，他对贪污的态度也并非如上所言的爱憎分明，比如他写过一篇名为《使贪》的小文，该文如下：

客有短吴起于魏武侯者，曰："吴起贪，不可用也。"武侯疏吴起。公子成入见，曰："君奚为疏吴起也？"武侯曰："人言起贪，寡人是以不乐焉。"公子成曰："君过矣！夫起之能，天下之士莫先焉。惟起贪也，是以来事君，不然，君岂能臣之哉？且君以为殷汤、周武王孰贤？务光、伯夷，天下之不贪者也，汤不能臣务光，武王不能臣伯夷。今有不贪如二人者，其肯为君臣乎？今君之国，东距齐，南距楚，北距韩、赵，西有虎狼之秦，君独以四战之地处其中，而彼五国顿兵坐视，不敢窥魏者，何哉？以魏国有吴起以为将也。周《诗》有之曰：'赳赳武夫，公侯干城。'吴起是也。君若念社稷，惟起所愿好而予之，使起足其欲而无他求，坐威五国之师，所失甚小，所得甚大。乃欲使之饭粝茹蔬、被短褐步走以供使令，起必去之，起去，而天下之如起者，却行不入大梁，君之国空矣。臣窃为君忧之。"武侯曰："善。"复进吴起。

战国时代，有人跟魏武侯说吴起的坏话，其称吴起特别贪，这种人不可重用。于是武侯开始疏远吴起，为此，公子成问武侯：您为什么要疏远吴起呢？武侯直言：有人告诉我，吴起特别贪，而我不喜欢这样的人。于是公子成劝武侯说：您做的有些过了，吴起为天下第一大将，在当今世上，没人能超过他，而吴起愿意在您的手下任职，正是因为他的贪，否则您怎么可能管得了他？

这位公子成的见地果真超凡。他问魏武侯：您认为殷汤和周武王，谁更是贤君？比如隐士务光和伯夷，这两位都是不贪的人，因为商汤灭了桀，所以务光就投水自杀了，而伯夷在商亡之后，不食周粟而死。所以，作为贤君的商汤和武王，都不能使这两位不贪的人屈服，如果今天也有这么两位不贪者，他们愿意来作臣属吗？而今的魏国，四面还有着强敌，这些国家虎视眈眈，他们为什么不敢攻打魏国？原因只有一个，那就是魏国有像吴起这样的名将，如果君主您要考虑国家的话，您就应当满足吴起的各种贪欲，让他觉得无所求，这

◇ 故里标志

才是"所施甚小，所得甚大"的结果。如果您一定要让吴起艰苦朴素，做一个清廉之人，那他肯定离您而去，他的离去则定然成为魏国之忧。武侯听了公子成的劝解后，立即醒悟过来，于是重新重用吴起。

读完这段寓言，确实难以让我琢磨出刘基写这样一篇寓言故事的主旨是什么，他难道认为：为了维护国家的大利益，可以让重要的官员贪污吗？看来，天下的是与非并非是一成不变者，高度的不同也会使得是非观有所不同。如果把刘基的上两篇文章摆在一起问刘基：哪个才是真的？这也算是以子之矛攻子之盾吧，以我的揣度，他会说：这两种说法都不假。

刘基墓位于浙江省文成县南田镇西湖乡西陵村。此程的寻访是先到达温州，两天之后，从汽车南站乘车前往文成。在长途车站门口，遇有揽客之士拼客，温州至文成40元一位，于是上车。离开城区渐渐看到有油菜花开，想起去年初出来时，还见有雪花漫飘，真是冬去春来，不觉已是第二年。

◇ 国家级的文保单位

后排一同拼车的另外三位皆女士，与司机聊得不亦乐乎，遇有电话，皆扬声高应，车厢内欢声笑语，真应了那句俗话：三个女人一台戏。司机也是本地人，可能觉得开车寂寞，于是他也加入了聊天沙龙，跟那几个女人聊得很是畅快，只可惜我听不懂当地话，不知他们怎么有这么多开心事可说。

快到文成县时，我问司机从县城到刘基墓需要多少车资，他说当地的公价是150元。我说："你们这里的的士都不打表的吗？"三位女士一同笑着说："我们这里的车都不打表的，要是打表你更打不起，比这还要贵！"无奈只好接受此价，与司机商量来回可否

◇ 刘基庙正门

便宜，其直接说："来回三百，不讲价的，你要去的地方很远哦。"女士们又纷纷解围了："你要去的是南田哦，那个小路很难走的，要兜、兜、兜、兜，唉哟唉哟喂，我去过一次就怕了。"这些妇女七嘴八舌地向我讲解着，好在她们都会说普通话，再加上那形象的语调，终于让我接受了这个事实，于是我同意付300元，请司机带我到那里去跑一趟。

◇ 屏风状的匾额

在前行的路上，我又想起当地还有一座刘基庙，其地址在浙江省文成县南田镇新宅村。司机对这一带很熟悉，没费任何周折就开入了新宅村，刚进村就看到了刘基庙。从外观看，此庙是近些年刚刚建造起的新景点，在门口看到的游客很少。我来到了售票处，却未曾看到售票人员，于是直接走入了院内。

在院的正中有刘基像一座，背后大字"通天地人"，这句话就显现出当地人是如何看待刘伯温者。而雕像的旁边则为刘伯温纪念馆，于是走进此馆参观一番。参观完毕后，接着走向另一侧的刘基庙，此庙亦为新近修建者，见有柱上对联"五百年名世，三不朽伟人"，落款儿为"耀东"，忍不住想起逯耀东，未知是否为同一人。庙内清静无人，油漆锃亮，神像前有卦签一桶，想起刘伯温之神机妙算，从来不信鬼神之说的我忍不住摇了一卦，刚跳出一支签，一位守庙的老人家马上就出现了，看了看我的签说："上上签。"然后示意我跟他走，进入一个小房间，其从墙上撕下一张小纸条，问我认不认字，看不看得懂，我问多少钱，其云随便，于是付二十元离开。

◇ 刘基站在这里

但我又想，这些签桶里会不会有古怪，比如将所有下签的底部弄得稍微重一点，这样摇的时候就不易跳出来，跳出来的全是好签。猛然想起我来到的是刘伯温的庙，这样的想法有渎他的盛名，更何况得到的是上上签，我为这个好结果也不应当对此有什么怀疑。

又往刘基故居去，一路所见，似乎并不富裕，问司机文成县是否是贫困县，其云浙江省一共就两个贫困县，文成县是其中一个。刘基故里大石前有售票亭，亦无人售票，沿台阶上行，有老农妇穿一套棉睡衣坐在路边屋前吃面，小小的一个碗，身边堆着一垛柴，可见此处仍然是生柴煮饭，其身后的房屋半为红砖半为木板，亦可见生之多艰，然屋边新树生芽，亦见生机。上行不久即见一小池，小池对面为几间新建仿古民居，门窗洞开，可以直接看见对面，里面空空如也，另有小亭两间。小池当为人工挖成，要走近故居需绕池而过，于是沿小池而行至门前，听得"吱呀"一响，一位守门人

刘基：夫恶忧患，而乐无害，凡物之同情也 533

◇ 围墙内的刘基墓

站出来，喊："买票！"问多少钱，其云10元。于是递上10元，而后转身离开。我的举措令这位卖票者大感疑惑，他问我为什么不进去，我告诉他：这个院子这么小，我站在这里就可以将院中的一切一览无余了。

又往西湖乡访刘基墓，一路的寻访使得这位司机对我的工作感上了兴趣，他不停地向我询问如何能申请文物保护，我问他为何这么想了解申报的细节，司机很爽快地告诉我：如果能为村里做出些贡献，就有可能去申请当村干部，如果能当上村

◇ 文保牌

◇ 刘基墓说明牌

长，那就会有太多的好处。我对他言谈的逻辑完整表示了赞叹，而后向他简述了申报文保单位的流程，他听得十分认真，看来他真是想以此作为自己进步的阶梯。

来到西陵村，刘基墓就在几间民居后面，有围墙圈起，门上有锁，不得入内，锁旁有文物保护牌，我将此牌指给司机看，告诉他想办法弄到这个牌子，就算大功告成了。司机闻此，大为释然，说这还不容易，他们当地有不少石材加工厂，花很少的钱就能刻好几块这样的牌子。他的这个思维方式让我有点儿赶不

◇ 这个石马太过现代

刘基：夫恶忧患，而乐无害，凡物之同情也　　535

◇ 夕阳西下

上，我跟他说：自己立的没有用，必须是有关部门颁发者，才是合法者。司机反问我："你怎么知道这块牌子是政府颁发的，而不是本村人立在这里的呢？"他的这个说法我还真没有想到过，我在寻访过程中，确定某处历史遗迹，往往都是以相关部门颁发的文保单位石牌为据，闻其所言，还真不知道什么才是真正靠得住者。想想当今，各类东西都有山寨版，我凭什么认定自己所见到的文保牌就一定是明确无误的真品呢？这件事我还真的要好好地想一想。

◇ 刘基墓碑

好在刘基墓园的围墙并不高，门锁挡不住我，于是翻墙而入，

其墓范围并不大，两块墓碑倚小山而立，不过我怀疑有可能此小山整个皆为其冢。未翻墙而入时，见内有石马两匹，一般而言，发现此物大多可证这里有古墓，然入内细看，却是新近的仿刻，且仿刻手法拙劣，连山寨版都算不上。底座上大字刻有某某人立，大有名垂千古之意。两块墓碑中，右边一块隐约可辨，其碑文为"开国大师刘……"，另一块模糊难辨。

司机还惦记着当村长的事儿，他对那块文保牌极感兴趣，站在门口跟前来围观的村民们讨论着这件事，等我拍完返回之时，他兴奋地告诉我跟村民一番探讨后得到的新信息，但我更关心：为什么当地要把刘基的墓圈起来？村民的回答让我有些意外，他们说刘基的墓中埋有金头和银头，很多盗墓贼都惦记着前来挖掘，他们觉得刘基是当地的大名人，不能让这个墓有什么闪失，于是就围了起来。

我赞赏他们爱护文物的心态，但刘基并不是因为砍头而死者，为什么会有贵金属的头埋在棺材里呢？眼前的这个小围墙连我这样的笨人都挡不住，更何况那身手矫健的盗墓贼。

方孝孺：以此殉君兮抑又何求？

方孝孺在历史上的大名不是因为其诗文有多么高明，也不是因为其有着怎样高超的治国方略，恰恰是因为他的死——他是中国历史上唯一一位被灭十族的人。关于这件事，还是要从明初的环境聊起。

鸟尽弓藏，兔死狗烹，似乎是封建皇权时代的保留节目，但明太祖朱元璋在这方面的建树，估计是中国帝王中的极致。朱元璋出身下层，故其特别看重老乡关系，洪武一朝总共封爵五十七人，而他的同乡就占了四十人，虽然有人劝诫他，这么做会伤了有功之臣的心，朱也不为所动。但让他没想到的是，他的这些同乡们得到了高官厚禄，却一点都不满足，这些人简直是欲壑难填，他们拼命地扩展地盘，侵占民财，事情越搞越大，朱元璋下了一堆的命令都无法阻止这种状况的蔓延。据说后来他的淮系帮竟然将刘基毒死，到此时，他的老乡们基本上把持了朝政。

事情发展到如此程度，让朱元璋感觉到，如果不能制止这些人的行为，将会危及到他刚刚建立起来的大明政权，于是开始痛下杀手。洪武十三年，朱元璋将左丞相胡惟庸诛杀，而后借此机会废除掉了丞相制，在中国已经推行了一千五百年的丞相制度就此完结。两年后，朱元璋成立了锦衣卫特务组织，而后依靠这个组织大规模的诛杀淮系功臣，在十年左右时间里，先后被杀者有三万多人。到了洪武二十六年，蓝玉案暴发，为此株连被杀者有一万五千人，两案合计在一起,总计杀掉了五万余人。到了洪武末年,当时所封的公与侯,还活着的仅余两位,到此时,把持政坛的淮系勋贵势力被彻底铲除。

在历史上对于朱元璋的屠杀功臣行为,几乎是一面倒的骂声,然而细翻历史,也发现那些被杀者并不都是被冤枉的人。比如蓝玉,他已经被封为了公爵,并且是掌握军队实权的大将军,然而此人飞扬跋扈,随意侵占民田。朱元璋派监察御史去调查此案,居然被蓝玉赶了回来。朱元璋让蓝玉返朝时,他夜过喜峰关,因为守关官吏没来得及开门迎接,蓝玉居然毁关而入。朱元璋对他几次劝告,他完全置若罔闻,并且觉得皇太子朱标病死是个起兵造反的机会,没想到这件事被锦衣卫侦得,故而他的死也是罪有应得。

经过这番大清洗,朱元璋终于觉得,政权牢牢握在了自己手中,但他回身一望,突然发现,身边已经没有了真正可用之人,而这个清洗的结果也就为后来的燕王朱棣造反埋下了伏笔。当时,朝中真正有作战经验的大将几乎全部被杀,等燕王打来的时候,建文帝几乎找不到可以带兵抵抗之人。

朱元璋诛杀了这么多大臣,可能他觉得只有自己的儿子最值得信任,于是他采取了分封制。当年朱元璋共有二十六个儿子,除了已去世者,朱元璋分别给他的儿子们封王,这些藩王最初权力很大。洪武二十五年,皇太子朱标去世,而后他的第四子燕王朱棣渐渐成为了在世兄弟中的老大。不知出于什么原因,朱标去世后,朱元璋并没有封其他的儿子为太子,而是直接将朱标的儿子朱允炆立为了继承人。

朱元璋去世的第七天,二十二岁的朱允炆正式登基为大明王朝的第二代天子,而后他所操办的第一件事,就是削藩,因为他已经感觉到各位叔叔们分封在各地做诸侯,他这位侄皇帝根本指挥不动这些人,所以他觉得,只有限制藩王的权力,才能巩固皇权。朱元璋曾经召见过方孝孺，但不知什么原因，朱元璋却没有给他任命官职，朱允炆上台后，立即将方孝孺召进了京，按照有些说法，建文朝的各种规章制度及大政方针都是出自方孝孺的设计。但细读史书，似乎这种说法难以靠得住，因为方孝孺被召进了皇宫，当时任命的职位是府学教授，而这个职位仅是最低级的从九品。到了转年，也就是建文元年，他升为了侍讲学士，但这个职位也不高，仅是从五品，同时建文帝也从来没有宣布过，让方孝孺与齐泰、黄子澄同参国政，如此说来，这等低级的职位，不太可能由他来把持朝政。

但是他的确给建文帝出了不少主意，后来建文帝果真将岷王、湘王、齐王废为庶人。而后燕王朱棣听从姚广孝的主意，以"清君侧"的名义发起了战争，用三年多的时间打到了南京城，而建文帝自小生活在宫中，没有太多的应战经验，方孝孺也从来没有在朝中任过较高的职务，在这种情况下，他给朱允炆出的各种计策一一落空，最终燕王打入了南京城，建文帝不知所终。而后，燕王登基，改年号为永乐，同时不承认建文朝，将建文四年改为洪武三十五年，并开始清理围绕在建文帝身边的老臣。

朱棣杀人的手段不比他爹差。比如将辅佐建文帝的齐泰抓获后，将齐家六十五口人全部诛杀，同时与之沾亲的四百多人流放。而后将一些大臣割舌头、割鼻子、碎尸弃市、满门抄斩，还将一些大臣敲掉牙齿后勒死，然后剥皮，塞上稻草，悬挂在武功坊，甚至将一些大臣，用铁刷子割肉，以及将兵部尚书的鼻子割掉，煮熟后再塞进他嘴中。这些惨无人道的做法，他全用在了当年跟着他爹打天下的功臣身上。

当年朱棣带兵南下之前，他的重要谋臣姚广孝给他送行的时候，向他提出了一个要求："方孝孺者，素有学行，武成之日，必不降附，请勿杀之。杀之则天下读书种子绝矣！"（谷应泰《明史纪事本末》

卷十八）朱棣当场答应了这个要求。朱棣到了南京之后，四次召见方孝孺，方坚持不见，而后朱棣让人强令把他带来。方孝孺身穿丧服，见到朱棣时大哭不已，朱棣见此况只好让方的学生对他劝说，而方将这些学生大骂一顿。朱棣强忍着怒火，对方孝孺一番劝慰，然方却骂他是篡位的反贼，朱又让他写登基诏书，方掷笔于地，同时说："死即死耳，诏不可草。"朱棣跟他说："汝安能遽死？即死，独不顾九族乎？"

◇ 方孝孺像，清宣统元年黄严九峰精舍刻《方正学先生逊志斋集》本

方孝孺的回答是："便十族奈我何！"

到此时，朱棣终于忍不住，命手下将方孝孺嘴唇割裂，而后押入大牢，同时下令逮捕方氏族人，每逮一人，都拉到监狱门口让方孝孺看，方完全不顾。按照中国的传统，父、母、妻三族亲属合为九族，既然方说了灭他十族都不怕，那朱棣就把方的学生也一并抓来，以此充"十族"之数。在行刑之时，方孝孺做了一首绝命词：

> 天降乱离兮孰知其由？三纲易位兮四惟不修。
> 骨肉相残兮至亲为仇，奸臣得计兮谋国用猷。
> 忠臣发愤兮血泪交流，以此殉君兮抑又何求？
> 呜呼哀哉，庶不我尤。

在这个过程中，朱棣总计逮捕了方孝孺五服之内的九族亲人以及他的学生合计873人，因为人数多，行刑地有限，这些人用了七天时间才杀完。此后方孝孺的著作被禁，一直过了一百五十年，到明万历年间，才给其平反，自此，他成为了中国历史上著名的忠臣。

对于方孝孺的举动，历史上各有各的说法。比如朴趾源《热河日记》记载乾隆上谕："当时永乐位本藩臣，乃犯顺称兵、阴谋夺国，诸人自当义不戴天。

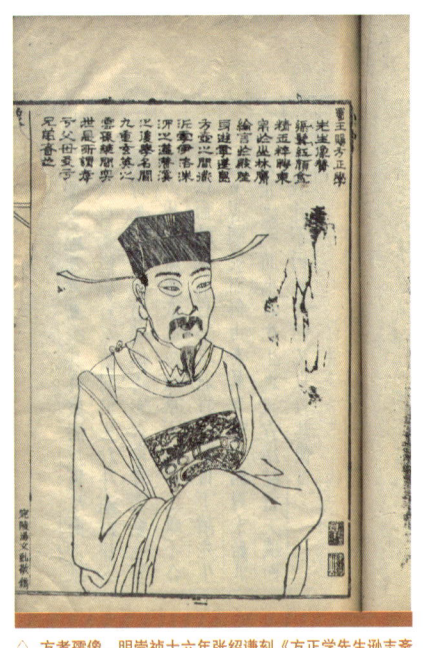

◇ 方孝孺像，明崇祯十六年张绍谦刻《方正学先生逊志斋集》本

虽齐泰、黄子澄等轻率寡谋，方孝孺识见迂阔，未足辅助少主；然迹其尊主锄强之心，实堪共谅。及大势已去，犹且募旅图存、抗词抵斥；虽殒身湛族，百折不回，洵为无惭名教者。"弘历认为朱棣属于犯上作乱，但方孝孺等人虽没什么辅佐皇帝的经验，然而他的忠心却值得表扬，这种评价当然是站在帝王的角度。

虽然历史上大多数对方孝孺的评价，都认为他这么做是一位真正的忠臣，但也有着不同的声音。比如民国时期的蔡东藩就说过这样的话："方孝孺一迂儒耳，观其为建文立谋，无一可用，亦无一成功。至拒绝草诏，犹不失为忠臣，然一死已足谢故主，何必激动燕王之怒，以致夷及十族。试问此十族之中，有何仇怨，而必令其同归于尽乎？"

蔡认为方只是一位迂儒，他也承认方是忠臣，但蔡说想做忠臣那就自己以死报君即可，用不着一定要激怒燕王，将他灭十族，蔡说这十族的人，方孝孺跟他们没有什么仇怨，为什么要将这些人一同葬送呢？虽然这是一纸激愤之言，但细想之下，似乎方孝孺也确实没必要非要激怒那位残暴的人。

洪武十年，翰林院承旨宋濂退休还乡，这年他已经六十八岁，而此时收方孝孺为徒。方在宋濂门下仅有四年的时间，他的勤奋好学让宋濂特别喜爱，宋濂在《送方生还天台诗序》中这样夸赞方孝孺："古者重德教，非惟子弟之求师，而为师者得一英才而训饬之，未尝不喜动颜色。……晚得天台方生希直，其为人也，凝重而不迁于物，颖脱有以烛诸理，间发为文，如水涌而山出。喧啾百鸟中，见此孤凤凰，云胡不喜？"可能是因为宋濂的原因，使得朝中有些大臣向朱元璋推举方孝孺，朱两次召见方孝孺，但始终没有重用他，并且说："今非用孝孺时。"看来，朱元璋另有打算。

在诗文观念上，方孝孺深受宋濂的影响，他曾说过："苟出乎道，有益于教而不失其法，则可以为诗矣。"（《刘氏诗序》）而龚鹏程则认为："不过在宋濂、方孝孺等人的理论中，重义理而不重法度，谓道明自然辞达，故不刻意讲求文法。后来李东阳、李梦阳、谢榛等人就大谈法度了。其说甚为繁缛，但论章法基本上仍只是起承转合。"（《中国文学史》）

因此，方孝孺的诗学仍然是重思想轻形式，方孝孺在《与郑叔度》中称："古人之为学，明其道而已。不得已而后有言，言之恐其不能传也，不得已而后有文。道充诸身，行被乎言，言而无迹，故假文以发之。"而后他又进一步的声明："夫道者根也，文者枝也；道者膏也，文者焰也。膏不加而焰纾，根不大而枝茂者，未之见也。"因此，方认为文章最重要的是能够讲出道理来，至于写得漂亮，那只是细枝末节，所以他仍然强调的是：文以载道，道以文传。

但从他的诗作来看，这种判断也不尽然，方孝孺在《成都杜先生草堂碑》中说："少陵杜先生……敛所得于古人者，悉于诗乎寓之。其言包综庶类，凌跨六合，辞高旨远，兼众长而挺出……"而他在《吊李白》中又称："惟有李白天才夺造化，世人孰得窥其作。我言李白古无双，至今采石生辉光。"由此可见他对李、杜都有同样的高度推崇。虽然如此，但他也反对盲目的崇拜，他的《谈诗五首》其一为：

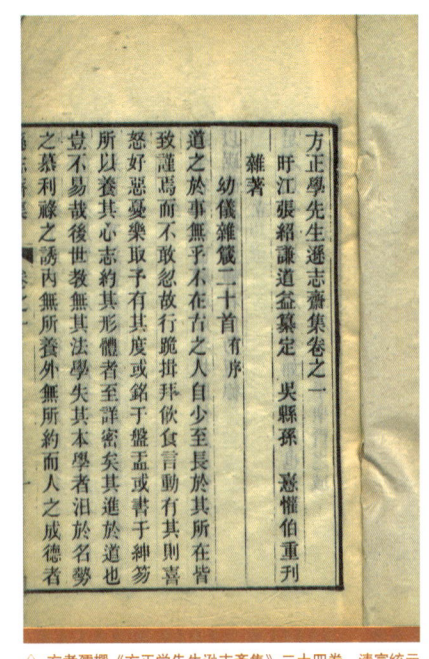

◇ 方孝孺撰《方正学先生逊志斋集》二十四卷，清宣统元年黄严九峰精舍刻本

> 举世皆宗李杜诗，不知李杜更宗谁。
> 能探风雅无穷意，始是乾坤绝妙词。

虽然这么说，但他的作品中还是有模仿李白的痕迹，比如他所作的《江山万里图》，此诗的前面一节为：

> 我昔奉敕辞金阙，西下巴川持使节。
> 仙槎二月出龙河，万里春风掉晴雪。
> 吴江茫茫入杳冥，棹歌初过蛾眉亭。
> 锦袍不见李供奉，白云遮断三山青。
> 烟芜涨绿知何地，白鸟双双没淮树。

片帆风满疾如飞，矫首惊看溯流去。
大孤小孤横雪波，匡庐五老青嵯峨。
九江秀色叹奇绝，半空飞瀑悬银河。

对于此诗，徐朔方、孙秋克所著《明代文学史》中评价道："意象清新，风格恣纵，已突破了摹本的框套。"

方孝孺在年轻时也写过一些轻松的诗作，例如他写过十七首《闲居感怀》，其中第四首为：

贤有四海志，家无一金资。
言高力不足，举世争笑之。
不如富侠子，钱刀散孤嫠。
间阎称行义，赫赫名声重。

◇ 方孝孺撰《方正学先生逊志斋集》二十四卷，明崇祯十六年张绍谦刻本

读到这段诗，就让我联想到王勃在《滕王阁序》中的名句："穷且益坚，不坠青云之志。"

方孝孺作过一首《见梅》：

寒梅冻后放幽姿，何事今年花较迟？
昨日途中春意到，溪头才见二三枝。

对于这首诗，赵映林在《方孝孺评传》中称赞该诗："写得清新、

亮丽、含蕴，刻画了梅花傲寒的品性，素艳的风韵。"

对于方孝孺的诗文，《四库全书总目提要》的评价是："孝孺学术醇正，而文章乃纵横豪放，颇出入于东坡、龙川之间，盖其志在于驾轶汉唐，锐复三代，故其毅然自命之气，发扬蹈厉，时露于笔墨之间。"针对《总目》的这段评价，周振甫在《中国文章学史》中总结道："他的文章，出入于苏轼、陈亮，即不同于理学家。他是宋濂的学生，又受宋濂推重理学家的影响，也推重理学。宋濂的文章，欲合义理、事功、文章为一；他的文章，合义理、文章为一，更具有发扬蹈厉的精神。"

◇ 方孝孺撰《侯城杂诫》清顺治四年序两浙督学周南李际期宛委山堂刻本

为什么会给出这样的结论呢？周振甫引用了方孝孺《与王修德二书》中的一段话：

> 夫文辞于学者，至为浅事。以道言之，正不必求其新奇，惟发人所未尝言之理，则可谓之新，非众人思虑之所及，则可谓之奇。如孔子之大传，有圣人以来，未之有也。子思之《中庸》、孟子之七篇，有诸子以来，未之有也。周子之《太极》《通书》，张、程之《西铭》《易传》，以至朱子之所论者，有经说以来，未之有也。以其古所未有谓之新奇可也。然圣贤岂务为新奇哉？其道明，其德盛，其言不得不高且美耳。故夫外道德以为文辞者，

皆圣贤之所弃者也。

由这段叙述可知，方孝孺的文章观念一本于他的老师宋濂。虽然如此，他在有些说法上，跟宋濂也并不相同，方孝孺在《三贤赞》中说：

> 圣贤之道，以养气为本。今之人不如古者，气不充也。气不充则言不章，言不章则道不明。予窃有意于道，而患萎靡不振，思起古豪杰而与之游，求于往昔，得三人焉：曰司马子长，曰韩退之，曰欧阳永叔，三人皆气豪辞雄，有振衰立懦之功。

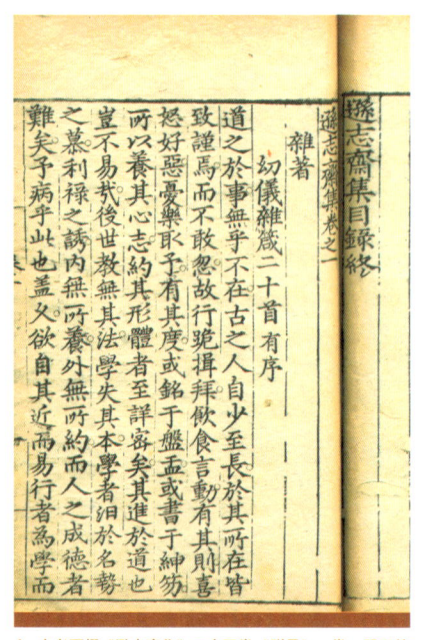

◇ 方孝孺撰《逊志斋集》二十四卷《附录》一卷，明正德十五年顾璘刻本

对于方孝孺的这段话，周振甫评价道："这就与宋濂不同，宋濂极推崇宋理学家周、二程、张、朱五子，推崇五子的文章同于经书，即义理与文章合一。孝孺不写五子赞而写《三贤赞》，把五子的性理与三位豪杰的文章分开，而推崇文章。把性理和文章分开，把理和气分开。认为五子讲理，三杰讲气，要求气充而纠正萎靡不振，重在学文章而不是学理，这就说明孝孺还是推重文章的。"

由以上可知，方孝孺的文章观念颇为正统，从其所作散文来看，也是本着唐代人此类文章的三段论。比如他所作的一篇《蚊对》，该文的第一个段落是讲到一位天台生，这应当是作者的代称，其称自己在某个暑期的夜晚坐在蚊帐之时，一位侍童给他扇扇子，时间久了,童子也靠着床睡着了,可是不久,他就听到了耳旁有很大的"嗡嗡"声,接着他就感到了疼痛,于是他就两手拍打,而后闻到了手中的血腥味,他立即把童子唤醒,点亮蜡烛一看,原来蚊帐没有拉下来,里面满是叮咬他的蚊子。这个结果让天台生很生气,他斥骂童子,而后童子经过一番张罗,把蚊子赶了出去。接下来,天台生一声长叹说:上天为什么要生出这样的害虫?

◇ 方孝孺年谱

童子听闻到他的这句感慨,于是就发了一大通的议论:

> 童子闻之,哑而笑曰:"子何待己之太厚,而尤天之太固也!夫覆载之间,二气絪缊,赋形受质,人物是分。大之为犀象,怪之为蛟龙,暴之为虎豹,驯之为麋鹿与庸狨,羽毛而为禽为兽,裸身而为人为虫,莫不皆有所养。虽巨细修短之不同,然寓形于其中则一也。自我而观之,则人贵而物贱,自天地而观之,果孰贵而孰贱耶?今人乃自贵其贵,号为长雄。水陆之物,有生之类,莫不高罗而卑网,山贡而海供,蛙黾莫逃其命,鸿雁莫匿其踪,其食乎物者,可谓泰矣。而物独不可食于人耶?兹夕,蚊一举喙,即号天而诉;使物为人所食者,亦皆呼号告于天,则天之罚人,又当何如耶?且物之食于人,人之食于物,异类也,

犹可言也。而蚊且犹畏谨恐惧，白昼不敢露其形，瞰人之不见，乘人之困怠，而后有求焉。今有同类者，啜粟而饮汤，同也；畜妻而育子，同也；衣冠仪貌，无不同者。白昼俨然，乘其同类之间而陵之，吮其膏而嚺其脑，使其饿踣于草野，流离于道路，呼天之声相接也，而且无恤之者。今子一为蚊所嘬，而寝辄不安；闻同类之相嘬而若无闻，岂君子先人后身之道耶？"

显然，这段话乃是方孝孺借童子之口而说出者，其称上天造物，本就是各有不同，但上天却对所有生物平均对待，只是人觉得自己珍贵而他物贱，于是人就可以任意地宰杀其他的动物，但上天并没有规定其他的动物不能吃人。而蚊子也是动物的一种，它们白天怕人，躲避起来，到了夜里，趁人不备，而后讨食，这有什么不对呢？而今人这种动物每天里道貌岸然，白天看着都一样，而暗地里却互相残害，而今你因为被蚊子叮就大为恼怒，那么多的人间残害，你却不去管，难道是君子吗？这段议论正是该篇的文眼，点出了人性的虚伪与残忍。

方孝孺还写过一篇《指喻》，该书的第一个段落为：

> 浦阳郑君仲辨，其容阗然，其色渥然，其气充然，未尝有疾也。他日，左手之拇指有疹焉，隆起而粟。君疑之，以示人，人大笑，以为不足患。既三日，聚而如钱。忧之滋甚，又以示人，笑者如初。又三日，拇指大盈握，近拇之指皆为之痛，若剟刺状，肢体心膂，无不病者。惧而谋诸医，医视之，惊曰："此疾之奇者，虽病在指，其实一身病也，不速治，且能伤生。然始发之时，终日可愈；三日，越旬可愈；今疾且成，已非三月不能瘳。终日而愈，艾可治也；越旬而愈，药可治也；至于既成，甚将延乎肝膈，否亦将为一

臂之忧。非有以御其内，其势不止；非有以治其外，疾未易为也。"君从其言，日服汤剂，而傅以善药，果至二月而后瘳，三月而神色始复。

细读这段话，显然方孝孺是仿《韩非子·喻老》中的《扁鹊见蔡桓公》一文。蔡桓公屡次不听扁鹊的劝告，终于身亡。但方孝孺却改变了这个故事的结局，他说一位姓郑的人，本来身体很好，可是某天拇指上长了一个小疙瘩，结果他不以为意，疙瘩越长越大，情况严重后，他才去看病，医生问他何以不早来，如果早来的话，当天就能治愈，而今病情发展到这种情况，至少三月才会好。果真此人服了汤药之后，两个多月才缓了过来。接着方孝孺发了这样一顿议论：

> 余因是思之：天下之事，常发于至微，而终为大患。始以为不足治，而终至于不可为。当其易也，惜旦夕之力，忽之而不顾；及其既成也，积岁月，疲思虑，而仅克之，如此指者多矣！盖众人之所可知者，众人之所能治也，其势虽危，而未足深畏。惟萌于不必忧之地，而寓于不可见之初，众人笑而忽之者，此则君子之所深畏也。

他觉得天下之事，刚开始都是小事，可是后来却变成了大患，这就是平时不治理，所以事情变得越来越糟糕。由此可知，方孝孺写文章，喜欢以一个故事为发端，而最终来表达他的观念。对于如何才是一篇好的文章，方孝孺强调要贵在有神，他在《苏太史文集序》中说：

◇ 方孝孺墓

  天下之事，出于智巧之所及者，皆其浅者也。寂然无为，沛然无穷，发于智之所不及知，成于巧之所不能为，非几乎神者，其孰能与于斯乎？故工可学而致也，神非学所能致也，惟心通乎神者能之。神诚会于心，犹龙之于雨，所取者涓滴之微，而可以被八荒、泽万物，无所得者，譬之抱瓮而灌，机械而注，为之不胜其劳，而所及仅至乎寻丈之间。

  对于方孝孺的这段论述，郭绍虞在《中国文学批评史》中评价道："这又俨然是东坡论文的主张，真是能得苏子之意者。智巧是才，而神则超于才，是无所用其才。盖才之所溢为气，气之所发于文者为顿挫阖辟，为驰骤反复，惟神则不能无智巧而不可用智巧，所以'顿挫阖辟而不至于肆，驰骤反复而不至于繁'。无其才而学其文，则'非拘则腐'，有其才而学其文则'其诞则野'，即使免于上述二病，而所能企及者，也是'工'而不是'神'。'工可学而致也，

◇ 天地正气牌坊

神非学所能致也'，所以惟不学其文，而得其意，才是'默会乎神'，才为知变化之道。这样说，所以又同于古文家的见地。"

方孝孺的墓位于南京市雨花台区雨花台东北山麓。南京的这趟寻访还算顺利，本来是请顾正坤兄开车到处寻找，顾兄人特别好，做事认真，性格也不急不躁，可能正因为如此，使得他开车也变得磨蹭，这跟我的性格特别不相符，在我的催促下，搞得他一头大汗，以至于第二天都不好意思再麻烦他，索性乘出租车在南京城内到处寻访。

这天打的来到雨花台风景区的东北角，由北门进入，沿右侧上山小路前行，首先路过杨邦乂剖心处。再前行五十米，穿过一片杜鹃花山坡，沿坡下行是一片竹林，路旁有太监义会碑，此碑是南京市文物保护单位。再前行二十米山坡上即是方孝孺墓，墓前的石牌坊以篆书字体刻着"天地正气"，牌坊的左柱上用楷书刻着"十族

◇ "天下读书种子" ◇ 极高的夸赞

殉忠天遗六世",右柱刻着"一抔埋血地接孝陵"。后面是方孝孺半身铜像。

　　沿铜像后台阶上行二十余米,平台上即是方孝孺墓,墓前石碑刻着"明方正学先生之墓",碑后即圆盖形墓丘,全部以青石覆盖。墓的两旁立着二十余块碑刻,均是赞叹方孝孺者,第一块录着明释道衍对方孝孺的评价——"天下读书种子",然字迹非姚广孝之手笔。

归有光：偃仰啸歌，冥然兀坐

按照桐城派的观念，唐宋八大家的作品是文章的正轨，而归有光继承了这八大家的文章正统观念，然后桐城派的大多数作家又从归有光那里继承了文章正宗。薛福成在《寄龛文存序》中说："国朝康、雍之间，桐城方望溪侍郎独以朴学治古文辞，继明归震川氏，以上接韩、欧阳之绪。"关于归有光在文章史上的地位，钱大昕在《归震川先生年谱序》中有着如此的评价："震川归先生之文，近代之韩、欧也。"

归有光的文名得自于身后，明隆庆五年，归有光卒于官，五年之后，《昆山县志》给他做出了这样的评价："归有光……沉潜简默，与俗寡合。日惟闭门啜茗，取群经子史读之。及长益该博贯穿，上自典、坟、骚、选，由历代至国朝诸大家文，次第批阅，无不了悟。酷好太史公书，不忍释手。其为文不事雕琢，而议论奇特，气雄辞健，远近宗之。"

这段话说归有光沉默寡言、不善交际、每天躲在家中喝茶看书，归对各种书都喜欢阅读，同时喜欢在上面做批阅，尤对《史记》最感兴趣，同时也喜欢对古人的著作写下评判式的文字。从这段描述可以看出，当地人对归有光的首肯，是他博览群书，而不是他有什么作品。归有光受人关注的地方，是他对古书的批评意见。

那个时代的文章大家是王世贞，可能是文人相轻之故，王跟归的关系很不好，两位重量级的人物之间有矛盾，这当然就成了后世津津乐道的八卦内容。王很不喜欢归的文风，他在《书洹词后》中称："吾每读归熙甫时义，厌其不可了，若千尺线。"王认为归的文章写起来没完没了。好在他没有说"又臭又长"，但王在《艺苑卮言》中又说："（归熙甫）如秋潦在地，有时汪洋，不则一泻而已。"看来，时间不同，心态不同。同为一物，而其评价却如此的相反，可能哪种说法都是真的吧。

相比较而言，归有光对王世贞的评价就难听多了，他所作的《项思尧文集序》中有这样一段话："盖今世之所谓文者难言矣。未始为古人之学，而苟得一二妄庸人为之巨子，争附和之，以诋排前人。韩文公云：'李、杜文章在，光焰万丈长。不知群儿愚，那用故谤伤！蚍蜉撼大树，可笑不自量。'文章至于宋、元诸名家，其力足以追数千载之上而与之颉颃；而世直以蚍蜉撼之，可悲也。无乃一二妄庸人为之巨子以倡道之欤！"

归在这里虽然没有点出王的姓名，但钱谦益在《震川先生小传》中，明确指出归有光文中所说的"妄庸人"就是王世贞。而王也认为归的这句话就是冲自己而来者，于是他在《书归熙甫文集后》中说："熙甫集中有一篇盛推宋人，而目我辈为蜉蝣之撼不容口，当是于陆生所见报书故，无言不酬，吾又何憾哉！吾又何憾哉！"显然，王对归贬斥自己还是咽不下这口气，《震川先生小传》中记载了王回应归的话："弇州闻之，曰：'妄则有之，庸则未敢闻命。'熙甫曰：'惟妄，故庸。未有妄而不庸者也。'"

对于这二人之间的舌战，贝京在《归有光研究》中说："归有光以举子身份反对文坛霸主，勇气可嘉；归推崇宋元文学，王主张越宋元而取法先秦、汉魏、盛唐，两人观念差异甚大；归目光远大，王肤浅平庸；归、王两人关系紧张微妙。"

王世贞和归有光之间，是什么原因导致的关系紧张呢？王世贞在《书归熙甫文集后》中做了如下的解释："而又数年，熙甫之客中表陆明谟，忽贻书责数余以不能推毂熙甫，不知其说所自。余方盛年骄气，漫尔应之，齿牙之锷，颇及吴下前辈。中谓陆浚明差强人意，熙甫小胜浚明，然亦未满语。"原来，归有光的一位朋友某天写信给王世贞，指责王没有推举和表扬归震川。王接到此信后，不知这个说法是从哪里得来者，但王说那时自己年轻气盛，所以立即写信回击此人，虽然在言语上自己取得了胜利，但得信之人很可能把自己的话转述给了归，于是二人的关系就紧张了起来。

◇ 归有光撰《震川先生集》三十卷《别集》十卷《附录》一卷，清康熙十至十四年归庄、归珑等刻本，书牌

关于归、王二人之间的关系，贝京用"紧张""微妙"来形容。为什么会有这样的说法呢？这也缘于一段历史公案。王在生前虽然有力地回击了归的责难，但等到归去世后，王作了《吴中往哲像赞》，此像赞之一就是归有光。王在此文中对归大为夸赞，其中无一词含有贬义，比如形容归："生而美风仪，性渊沉，于书无所不读，而尤邃经术，长于制科之业。"而此赞的后半段则有如此的夸赞之语："先生为古文词，虽出之自《史》《汉》，而大较折衷于昌黎、庐陵。当其所得，意沛如也。不事雕饰而自有风味，超然当名家矣。其晚达而终不得意，尤为识者所惜云。赞曰：风行水上，涣为文章。当

其风止，与水相忘。剪缀帖括，藻粉铺张。江左以还，极于陈、梁。千载有公，继韩、欧阳。余岂异趋？久而始伤。"

王的这段赞誉说得足够高，他夸赞归有光文章的水平已经快追赶上韩愈和欧阳修。然而这段赞誉的最后一句——"久而始伤"中的这个"始"字，在后世却引起了不小的争论。因为有人认为，钱谦益为了袒护归有光，特意把此句中的"始伤"改为了"自伤"，这一字之差，意思大变。因为改为"自伤"之后，就等于说王世贞晚年后悔了自己当年对归有光的反击。

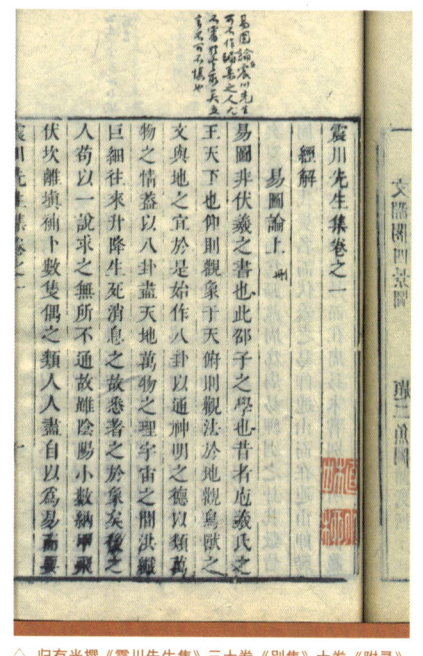

◇ 归有光撰《震川先生集》三十卷《别集》十卷《附录》一卷，清康熙十至十四年归庄、归珍等刻本，卷首

《四库全书总目提要》中对归有光的评价，就是以"自伤"作解释者："初，太仓王世贞传北地、信阳之说，以秦汉之文倡率天下，无不靡然从风，相与剽剟古人，求附坛坫。有光独抱唐宋诸家遗集，与二三弟子讲授于荒江老屋之间，毅然与之抗衡。至诋世贞为庸妄巨子。世贞初亦抵牾，迨于晚年，乃始心折。故其《题有光遗像赞》曰：'风行水上，涣为文章。风定波息，与水相忘。千载惟公，继韩、欧阳。余岂异趣，久而自伤。'盖所持者正，虽以世贞之高名盛气，终无以夺之。自明季以来，学者知由韩、柳、欧、苏沿洄以溯秦汉者，有光实有力焉，不但以制艺雄一代也。"

纪晓岚也讲到了归有光对王世贞的斥责。纪认为王虽然在文坛上影响很大，但是归却能坚持自己的观点。当初王对归的指责虽然反感，但到了晚年，王却认为归的观念正确，而后纪晓岚引用了王给归写的像赞，而最后一词则用的是"自伤"。

而事实是否真的如此，这需要分析是不是钱谦益真是有意地将"始"改为"自"。钱钟书对此进行了详细的分析，他在《谈艺录》中说："一字之差，词气迥异。'始伤'者，方知震川之不易得，九原不作，赏音恨晚也。'自伤'者，深悔己之迷途狂走，闻道已迟，嗟怅何及也。二者毫厘千里。曰'岂异趣'者，以见己与震川，同以'史、汉'为究竟归宿，特取径直而不迂，未尝假道于韩、欧耳。弇州弟敬美《王奉常集》卷五十三《艺圃撷余》云：'正如韩、柳之文，何有不从左史来者。彼学而成为韩为柳，我却又从韩、柳学，便落一尘矣。轻薄子遽笑韩、柳非古，与夫一字一语必步趋二家者，皆非也。'足资傍参。"

而后，钱钟书在《谈艺录》中还认为，直到晚年，王世贞也没有真正信服过归有光。钱认为王对归的评价，始终有所保留。那么钱先生如何解释：归去世后，王在《吴中往哲》中所作的赞语呢？

钱钟书认为，王在此时已经意识到他跟归的学术观点并不是本质的区别，因为二人"同以'《史》《汉》'为究竟归宿"。王在这里遗憾于归已经故去，而他无法再跟归交流彼此的心得。贝京认为，钱钟书的"这种解释显然比钱谦益的要公允、合理"。钱谦益认为王是在归去世后幡然悔悟，而钱钟书则认为王只是遗憾于归去世后，无法找到印证观念的人。这也就是钱钟书为什么要强调钱谦益将"始伤"篡改为"自伤"的原因，因为钱钟书认为"二者毫厘千里"。

但也有人不同意钱钟书的这个结论，郑利华在《王世贞研究》一书中，对"始伤"二字做了如下的解释："联系上下文的意思，这里的'始伤'应该是对归有光'晚达而终不得意'的境遇感到伤心，表示同情。"郑利华认为王只是为归的境遇而伤感，贝京觉得郑利华所言如果仅从赞词来说没有问题，但若将整个文章联系起来，意思就不能解释得通，因此贝京的结论是："'始伤'所针对的主要是两人此前本不应有的隔阂而言的。"

归有光去世后，他的墓志铭是由当时的大文人王锡爵所作，但陆陇其却说那篇墓志铭虽然署名为"王锡爵"，而实际却是由"唐时升"所代笔者，陆在《三鱼堂賸言》中说："震川墓志系唐叔达笔，托名于王文肃，初文肃欲自作，数日不成，卒使叔达为之。"

这篇墓志铭夸赞了归有光的学问来由，讲述到他的生平时则称："……其后八上春官，不第。盖天下方相率为浮游泛滥之词，靡靡同风，而熙甫深探古人之微言奥旨，发为义理之文，洸洋自恣，小儒不能识也。"原来，归有光之前参加了八次科考都落选了，但唐时升说归落选的原因不是他文章写得不好，恰恰相反，因为归所写的文章太深奥了，以至于让那些判卷官们都看不懂。这种说法显系溢美之词，否则就无法解释归到了晚年考中进士的结果。

对于归有光文章之好，这篇墓志铭上也给予了高度的夸赞："所为抒写怀抱之文，温润典丽，如清庙之瑟，一唱三叹，无意于感人，而欢愉惨恻之思，溢于言语之外，嗟叹之，淫泆之，自不能已已。"这段赞誉称归之文完美无瑕，大受人们所喜爱。唐时升为什么如此夸赞归有光呢？原来，唐正是归的弟子，而唐的父亲唐钦尧也是归有光的密友。

真正让归有光在社会上影响扩大的人就是钱谦益，钱在《新刊震川先生文集序》中赞誉到："启、祯之交，海内望祀先生，如五纬在天，芒寒色正，其端亦自余发之。"那时钱谦益已经有了文坛领袖的地位，因此他的高度夸赞有很强的号召力。钱这样夸归，除了对归文章的喜好，从私情角度上讲，钱跟归的孙子归文休以及曾孙归庄，都是很不错的朋友。

而后的文章界，几乎对归有光有着一面倒的夸赞，喜欢归文章的人常常引用黄宗羲所给出的断语——"震川为明文第一"。虽然这几个字确实是黄宗羲所言，但遗憾的是，后人是把黄的话掐头去尾。黄的原话出自于《明文案序》："议者以震川为明文第一，似矣。试除去其叙事之合作，时文境界，间或阑入，较之宋景濂尚不能及，此无他，三百年人士之精神，专注于场屋之业，割其余以为古文，其不能尽如前代之盛者，无足怪也。"

◇ 归有光辑《诸子汇函》二十六卷，明天启五年刻《诸子汇函》本

你看，这才是黄宗羲所说的原话。黄这句话的前面还有"议者"二字，"议者"就是他人说，而后面的"似矣"二字则是个不肯定的语气。贝京说："黄宗羲虽未明确否定'以震川为明文第一'的说法，但暧昧地使用'似矣'一词，意味着他不太赞成这一说法。"

到了清代，桐城派崛起，该派人士基本上都推崇归有光，但也有少数人对归的文章提出过一些批评意见，比如曾国藩就认为当时的人对归有光太拔高了，曾认为归的水平跟曾巩、王安石远不能比，他甚至认为归的文章都超不过方苞。但总体而言，清代的文学界大多对归有光一片赞誉。相比较来说，袁枚的评价比较公允。袁认为，归为了参加科举考试，所以把主要精力都用在了八股文的训练上，虽然归的文章写得很漂亮，"然古文虽工，终不脱时文气息；而且

终身不能为诗，亦累于俗学之一证"（《随园诗话》）。

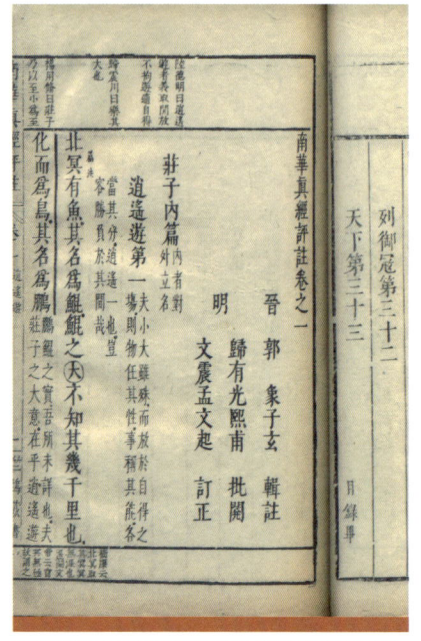

归有光的文章到底是怎样的一个好法，方苞在《书归震川文集后》中说："震川之文，乡曲应酬者十六七，而又徇请者之意，袭常缀琐，虽欲大远于俗言，其道无由。其发于亲旧及人微而语无忌者，盖多近古之文。至事关天属其尤善者，不俟修饰，而情辞并得，使览者恻然有隐，其气韵盖得之子长，故能取法于欧、曾而少更其形貌耳。"

◇ 归有光评点《道德经评注》二卷《南华真经评注》十卷，明天启四年竺坞藏书刻本

方的这段话似乎对归文赞誉不高，方说归的文章有六、七成都是应酬性文章，没有太大的价值。那方认为归的哪些文章有价值呢？方认为"至事关天属其尤善者"，而这"天属"二字则出自《庄子·山水》："或曰：'弃千金之璧，负赤子而趋，何也？'林回曰：'彼以利合，此为天属也。'"原来"天属"就是指天然的血缘关系，看来，归有光最擅长的文章，就是关于亲情方面的散文。

那么，为什么归有光这类的文章大受后世夸赞呢？游国恩在《中国文学史》中评价到："他把生活琐事引到'载道'的'古文'中来，使古文更密切地和生活联系，因而也写出一些面目清新的作品。"游先生认为，归有光把古人十分看重的载道之文，应用到了生活之中。

而陈建华《中国江浙地区十四至十七世纪社会意识与文学》一书中称："归有光所以能写出《项脊轩志》《先妣事略》等感人至深、

久诵不衰的作品,正与他对道是'天下之至情'的认识有关。如此注意日常琐事的描写,已包含着对人生的新理解。"

而章培恒、骆玉明主编的《中国文学史》,对归有光的这类文章也有着同样的评价:"正因为归有光肯定'匹夫匹妇'的'至情',他一部分散文如《先妣事略》《寒花葬志》《项脊轩志》等,写得相当感人。……在日常生活中捕捉印象深切的感受,娓娓道来,却寄托着感慨和深情,是归有光这一类散文的长处。"

以上的这些评价中都提到了归震川所作的《项脊轩志》,这篇文章被认为是他的代表作。清王拯在《书归熙甫集〈项脊轩记〉后》中,讲了这样一个故事:"往时上元梅先生在京师,与邵舍人懿辰辈数人日常过之,皆嗜熙甫文。先生日谓舍人与余曰:'君等皆嗜熙甫文,孰最高?'而左手《震川集》与邵,右一纸与余,曰:'第识之,以觇同否。'余纸书《项脊轩记》,先生取邵手所举集中文,即此也,乃相与皆大笑。"

当年梅曾亮在北京时,跟邵懿辰等人都有交往,而他们都喜欢归震川的文章。某天,梅曾亮跟邵懿辰和王拯等人说:你们认为归有光的文章哪篇最好?而后他们效仿周瑜与诸葛亮攻破曹操大军的办法,用手心猜字。没想到,他俩写出来和手举所示的都是"项脊轩记"。英雄所见略同,让众人大笑不已。

那这《项脊轩志》是怎样的一篇文章呢?我引用该文的前半段如下:

项脊轩,旧南阁子也。室仅方丈,可容一人居。百年老屋,尘泥渗漉,雨泽下注,每移案,顾视无可置者。又北向,不能得日,日过午已昏。余稍为修葺,使不上漏;前辟四窗,垣墙周庭,以当南日,日影反照,室始洞然。又杂植兰桂竹木于庭,旧时栏楯，亦遂增胜。借书满架，偃仰啸歌，冥然兀坐，万籁有声，而庭阶寂寂，小鸟时来啄食，人至不去。三五之夜，明月半墙，桂影斑驳，风移影动，珊珊可爱。

原来，归的这篇文章是描写他家特别小的一间书室。他在这里用平实的语言描写了这间书室各式各样的小细节，刘大杰在《中国文学发展史》中评价归的这类文章："能以清淡朴素之笔，描绘平凡琐事，抒情真挚，记事生动，不事雕饰，而风味超然。"自恃很高的林琴南也说，他六百年来最佩服的文章大家就是归有光。对于这篇《项脊轩志》，林琴南给予了高度的评价："琐琐屑屑，均家常之语，乃至百读不厌，斯亦奇矣。"看来，平淡的日常描写正是归有光文章的特色所在。

对于《项脊轩志》的以上部分，贝京在《归有光研究》一书中评价道到："这一段，四言为主，奇偶间杂，节奏时紧时缓，既富于变化，又一气贯注。主要表现自己对项脊轩的实用性及审美性改造，透露出如意、自得的心情。景物、心情十分相称。"

然而该文接下来的部分，其文字叙述方式却并非完全如此，例如：

项脊生曰："蜀清守丹穴，利甲天下，其后秦皇帝筑女怀清台；刘玄德与曹操争天下，诸葛孔明起陇中。方二人之昧昧于一隅也，世何足以知之，余区区处败屋中，方扬眉、瞬目，谓有奇景。人知之者，其谓与坎井之蛙何异？"

余既为此志，后五年，吾妻来归，时至轩中，从余问古事，或凭几学书。吾妻归宁，述诸小妹语曰："闻姊家有阁子，且何谓阁子也？"其后六年，吾妻死，室坏不修。其后二年，余久卧病无聊，乃使人复葺南阁子，其制稍异于前。然自后余多在外，不常居。庭有枇杷树，吾妻死之年所手植也，今已亭亭如盖矣。

此为《项脊轩志》的最后两段。对于这两段话，后世专家经过考证，认为最后一段乃是归有光多年之后补写而成者，因为此《志》最初的写作时间是明嘉靖二年，当时的归有光方十八岁，还未娶妻，五年之后，他方完婚，二人生活的了六年，其妻去世。而该文中已经写到了归妻去世后的事情。

文中的倒数第二段，乃是归震川效仿司马迁在《史记》中的写法，在每一篇文章结束的部分，加上这样一段作者的评语，比如吴小如在《古文精读举隅》中说："过去人们都认为自'余既为此志'以下的文章既是作者所补记的《志》文的续篇，为什么非添在'项脊生曰'一段的后面不可呢？作者完全可以把中间'项脊生曰'这一段移到篇末或干脆删掉，何必要添出个尾巴来呢？其实这正是作者摹仿《史记》的地方。《史记》中褚少孙所补的部分固然列于篇末；就是司马迁本人的文章，也出现过这种结构。读者试检《史记·田单列传》，不就是有'太史公曰'以后又添出一段关于王蠋的记载吗？这种章法看似别扭，其实仍有所本。我故曰其结构'似奇而实正'。"

为什么归有光的这篇《项脊轩志》最受后世所看重，吴小如先生同样在其文中做出了这样的结论："我以为他的散文，不论作者本人有意无意，已开始受到当时白话小说的影响。即以这篇代表作《项脊轩志》而论，它上承唐人传奇写作手法，下启《聊斋志异》用笔先河。它正是归有光专门摹写身边琐事而具有小说胎息的一篇杰作。"

其实，归有光这种风格的文章还有多篇，比如他所作的《先妣事略》中最后的部分为：

有光七岁与从兄有嘉入学,每阴风细雨,从兄辄留,有光意恋恋,不得留也。孺人中夜觉寝,促有光暗诵《孝经》,即熟读无一字龃龉,乃喜。……十六年而有妇,孺人所聘者也。期而抱女,抚爱之,益念孺人,中夜与其妇泣。追惟一二,仿佛如昨,余则茫然矣。世乃有无母之人,天乎?痛哉!

归有光还作过一篇《思子亭记》:

予岁不过三、四月居城中,儿从行绝少,至是去而不返。每念初八之日,相随出门,不意足迹随履而没,悲痛之极,以为大怪无此事也。盖吾儿居此七阅寒暑,山池草木、门阶户席之间,无处不见吾儿也。葬在县之东南门,守冢人俞老,薄暮见儿衣绿衣,在享堂中,吾儿其不死耶?因作思子之亭。徘徊四望,长天寥廓,极目于云烟杳霭之间,当必有一日见吾儿翩然来归者。

◇ 归有光评点《史记》一百三十卷,清光绪二年武昌张氏刻本,书牌

以上的前一篇文章,乃是记述归母勤劳持家养育儿子的琐碎之事,通过细节的描写,作者表达出对于去世母亲的深切怀念;而后一篇文章,则是作者记述他思念已逝儿子的沉痛心态,这样的文章基本上不用形容词来描绘心态,他只是

用平实的笔调,以娓娓道来的笔风来记述一个个刻骨铭心的画面,而正是这样的文风受到了后人的夸赞。

归有光受到后世夸赞的另一件重要事情,就是他对《史记》的评点。《史记》一书乃是历史上极具名气的作品,历代文人有太多对该书做出评点者,为什么归有光的评点就如此受后世重视呢?这倒并不是说他的评点有多么出奇之处,而其重要原因,是他一生总计对《史记》一书评点了十几回。就已知的评点次数来说,似乎归有光能在这个方面拔得头筹。

他为什么如此痴迷《史记》呢?严虞惇在《史记例意跋》中有这么个说法:"昔冯定远先生语余云,震川每一下第,即阅《史记》一过,故阅本最多。"严称冯班曾亲口跟他说,归有光每次考试失败之后,就把《史记》通读一过。

为什么落第之后不读其他书,而却一遍遍地读《史记》呢?这其中肯定有原因,对此归有光本人做出过如下的解释:

◇ 归有光评点《史记》一百三十卷,清光绪二年武昌张氏刻本,卷首

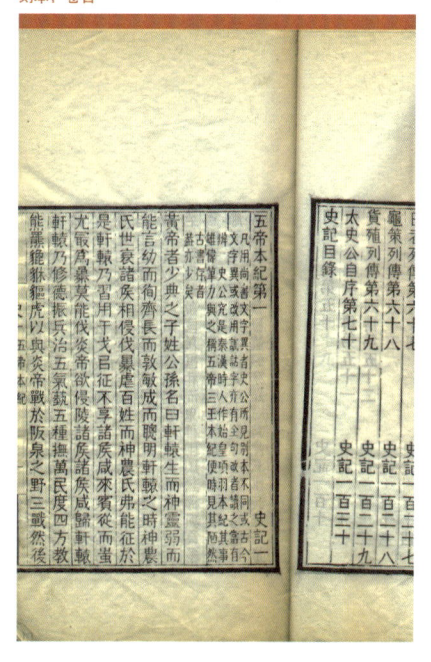

> 余固鄙野,不能得古人万分之一,然不喜为今世之文。性独好《史记》,勉而为文,不《史记》若也。……夫知《史记》之所以为《史记》,则能《史记》矣。(《五岳山人前集序》)

归明确地说,他不喜欢当

代人的文章，而古文中，他最喜爱《史记》。至于他为什么钟情于该书，归又在《与陆太常书》中解释道："执事又过称其文有司马子长之风。子长更数千年，无人可及，亦无人能知之。仆少好其书，以为独有所悟。"归有光称：司马迁的文风几千年来没人赶得上，同时也没人能真正品味得出，而我从小就喜欢司马迁的文章，并且我能够品味出他文章中的独特味道。

既然他对《史记》有着如此的偏好，那么他的一次次评点是怎样进行的呢？为了能够表达出他对《史记》一书的理解，归有光使用许多不同的符号以及不同的颜色，来表示出他对《史记》的评点意见。

归有光所评点的《史记》，他首先作出了一篇《例意》，其在《例意》中简明扼要地解释了他所用符号和颜色的不同意义：

> 《史记》起头处来得勇猛者圈，缓些者点。
> 朱圈点处总是意句与叙事好处，黄圈点处总是气脉。
> 亦有转折处用黄圈而事乃联下处者。
> 黄圈点者人难晓，朱圈点者人易晓。
> 旁支处黄点，不是旁支者止用朱圈点。
> 墨掷是背理处，青掷是不好要紧处，硃掷是好要紧处，黄掷是一篇要紧处。

这么复杂的一套符号系统，似乎他对《史记》做出了大量的评点，可是后世在其评点之中，并不能看到他的太多评语，比如王拯在其编纂的《归方评点史记合笔》一书中说"归评语殊不多见"，这真是个奇怪的事情。

既然归有光对《史记》的研究下了这么大的工夫，并且他的这个工夫广受后世所关注，那为什么相关的评语并不多呢？针对这种反差，贝京在《归有光研究》一书中做了专章的讨论，经过一番分析，贝京发觉归有光其实并没有对《史记》进行深入的研究，贝京在该书的《序论》中说："很多人都提到归有光散文与《史记》的关系，认为深受《史记》风格的影响，但以往论者对于两者关系的把握，总体说来不够准确。归有光对《史记》下过很深的工夫，先后圈读评点达几十次，前人多许为能得《史记》之神。我仔细研究了归有光对《史记》的圈点和评语，并对其文章风格与《史记》进行比较研究，发现归有光对《史记》的理解并不够深刻，他从《史记》所学到的，主要是文章修辞层面的东西，其文章之所长，恐怕并非从《史记》学来。"

然而有意思的是，归有光评点《史记》却在历史上有着很大的名气，比如林琴南在《桐城吴先生点勘〈史记〉读本序》中认为，历史上研究《史记》者，分为两大派别："厥有二派，甲派如钱竹汀之《考异》、梁玉绳之《志疑》、王怀祖之《杂志》，均精核多所发明，而梁氏成书至三十六卷，论黄帝一事几千言，其下历举异同，良足以刊《史记》之误；乙派则归震川、方望溪及先生之读本，专论文章气脉，无尚考据。二者均有益于学子，然而发神枢鬼藏之秘，治丛冗秃屑之病，导后进以轨辙，则文章家较考据为益滋多。顾不有考据，则瞀于误书；不讲文章，则昧于古法。"

林把研究《史记》的派别，分为甲派和乙派，甲派主要是一些清代重要的学者，他举出了钱大昕、梁玉绳和王念孙，这三位都是乾嘉学派中的大家；而林琴南举出的乙派，则是归有光、方苞和吴汝纶，显然这一派均为文章派人物。

对于这两派孰优孰劣的问题，林的评价倒是不偏不倚，他认为这两者都有贡献，如果没有学者的认真考据，后来的读书人就会误读，而如果没有文章家的相应解读,那么读者也不能明白古人在写文章方面所隐含的微言大义。从以上的这段评价可知,至少在一些文人眼中,归有光在《史记》评点方面确实做出了很大贡献。

然而也有人不认为归有光的评点有多少价值在,比如章学诚就在《文史通义》中说:"归、唐诸子得力于《史记》者,特其皮毛,而于古人深际,未之有见。"

关于归有光的文学观,其在《雍里先生文集序》中说过这样一段话:

> 以为文者,道之所形也。道形而为文,其言适与道称,谓之曰:其旨远,其辞文,曲而中,肆而隐,是虽累千万言,皆非所谓出乎形而多方骈枝于五脏之情者也。故文非圣人之所能废也。虽然,孔子曰:"天下有道,则行有枝叶;天下无道,则言有枝叶。"夫道胜,则文不期少而自少;道不胜,则文不期多而自多。溢于文,非道之赘哉?

由此可知,归有光的文学观颇为正统,他认为文章就是以"道"为本源,思想正确才是文章能够站得住的主要原因,而他的这个观点应当是本自明初宋濂所言的"以道为文"。

上海市嘉定区安亭镇有震川中学,我曾经前往那里去找归有光的遗迹,虽然费了点小周折,最终还是走进了学校。古代遗迹存在于学校中,而今成为寻访的主要难点,但那天我的运气还不错,门口的一位保安喜欢搞收藏,这对我而言,当然是个强项。一番交谈,他马上认定我是位行家,关系也拉近了许多。而今人与人的交往,尤其在大城市之外的地方,仍然是递烟为交谈的第一步,可惜我拙于此道,真盼着各个学校的保安都对收藏有偏好,我可以借机发挥

◇ 震川书院铭牌

自己的优势。

  震川中学内留存着不少历史遗迹。进入校园，我首先看到了弥陀桥，再往前又看到一座雕像，我本能地认定这应该就是归震川先生了，然而没想到基座上却写着"林则徐"。林跟这所学校的关系，我还没有搞明白，于是向保安请教，但他对此也不了解。

  但我还是在校园中看到了"归有光史料陈列室"，可惜我到的时候，此馆没有开门，不知里面陈列着哪些跟归有光有关的实物。陈列室的背后是一个不大的园林，占地合计有四五

◇ 原来是林则徐

◇ 归有光在这里乘凉

庙大小，小巧精致，典型苏派园林的造法。

　　园林西侧的教学楼旁草地上放着一块随形石，上刻"茹古楼"，底上的小字说明此处原是震川书院讲堂所在，细看之下几乎每过不远就有这样的石头说明牌，一个中学竟然随处皆是古迹，令我赞叹再三。但门卫却不以为然，他说这些古迹的历史都太短了，真正有价值者是进门处的那座弥陀桥，因为那座桥原本属于菩提寺。保安说这菩提寺当年是全世界第二大寺庙，这个说法我还是第一次听闻，可惜未曾问出他所言的出处在哪里。可我还是觉得这个学校以归有光的名字来命名，也足见当地人是何等地看重这位前贤。

　　归有光墓和归庄墓位于江苏省苏州昆山市柏庐中路与震川西路交叉口旁的小花园内。出太仓奔昆山，到昆山时下起了雨，虽然不大，却给问路带来了困难。路边匆匆的行人，没人有耐性回答我的问题，于是我只好让司机把车停稳后到靠边的商铺去打问。

归有光：偃仰啸歌，冥然兀坐　　571

◇ 归有光资料陈列室的匾额

◇ 陈列室外观

停车之处恰好是在昆山市的一个丁字路口上，我无意间看到丁字路口的顶端是一个小花园，于是我穿过花园对面的马路，而后走进了一家店铺。然而连问了几家，都没人知道归有光墓所在，并且他们都说未曾听说过这个名字。这个结果让我感到很失望，无奈只好返回车上。在往回走时，我无意间看到那个小花园内隐隐地有一座雕像，于是决定进内一看究竟。没想到，那个雕像竟然就是归有光。更没想到，这座雕像的斜前方就是归有光的墓丘。

无意间的寻得让我的心情大好，于是不顾濛濛的细雨，快步地跑到车中将相机取出，而后迅速返回花园拍照。眼前所见的归有光墓，从外观看，形式像个粮墩，从剥落的水泥可以看出里面是用红砖砌就，墓前两米立着墓碑，上书"明南京太仆寺丞归震川先生之墓"，旁边立着文保牌，墓的正前方有一休憩歇脚的小亭。

小亭再向前，立着十余米长的影壁，影壁的图案为金属制浅浮雕的《项脊轩志》，前面有归震川的雕像，他坐在一太湖石上，左手扶石，右手持笔，眼睛微闭，似乎在酝酿着一篇文章的写法，然而整个雕像的基座还未完工，旁边堆着砖头和沙石。如此完整的墓园，

572　觅文记

◇ 归有光墓

◇ 震川书院讲堂遗址

归有光：俯仰啸歌，冥然兀坐　　573

◇ 归有光在这里沉思

◇ 雨中的归有光

距此十米的数家商铺竟都不知，真弄不懂这究竟是怎么回事。

按资料记载，归庄墓在归有光墓的左前方，然而我找了几遍都找不到任何踪影，无意间看到文物保护牌的背面写着归有光墓是从他地迁来者，我真糊涂，刚才看到了归有光墓里面露出的红砖，那一定是近些年新迁来者，而归庄墓应该还在原址，可惜我未查出原址在何处。

这一刻，我本想打电话问昆山的朋友祁学明兄，他对当地掌故极熟，应该知道归庄墓在哪里，但犹豫了一下，觉得自己跑到其家门而未打招呼，找不到地方了反而求救，于理于情均不合，于是放弃这个念头，只能今后来此地时再做筹划。但无论如何要把归庄找到，"归奇顾怪"能够都找到才算是完璧。

唐顺之：本色卑，文不能工也

唐顺之是明代中晚期著名文学派别——唐宋派的代表人物之一，这个派别处在前七子和后七子之间，因此该派的产生是对于前七子所提倡的复古运动的一种反拨，而后七子的出现也同样是为了校正唐宋派重理轻辞的倾向。

唐宋派的主要代表人物有：王慎中、唐顺之、茅坤，而归有光被认为是此派的集大成者。该派的发明人应该是王慎中，李开先在《遵岩王参政传》中称："曩唯好古，汉以下著作无取焉。至是始尽发

◇ 唐顺之雕像

宋儒之书读之，觉其味长，而曾、王欧氏文尤可喜，眉山兄弟犹以为过于豪而失之放。以此自信，仍取旧所为文如汉人者悉焚之。但有应酬之作，悉出入曾、王之间。唐荆川见之，以为头巾气。仲子（王慎中）言：'此大难事，君试举笔自知之。'未久，唐亦变而随之矣。尝以书寄予：'新来独得为文之妙，兄虽海内极相契，而于此文有不能共其味者矣！'然不知其正相同也。"

这段话说，王慎中最初也是像前七子那样，汉代以后的文章都不喜欢读，但后来他受到了王学的影响，开始读宋儒之书，于是他就读到了曾巩、王安石、欧阳修和苏轼等人的文章。相比较而言，他更喜欢读曾、王的文章，因为他觉得苏轼兄弟的文风有些过于豪放。到这时，王慎中将以往所受前七子影响之文全部烧掉了，开始模仿曾巩和王安石的笔风。唐顺之看到后，觉得王慎中的这种模仿之文缺乏生气，但是王跟唐说：你也写一写，就知道不容易了。唐顺之果真试着学习，终于明白了这种文风的妙处。

由此可知，唐顺之的文风转变是受了王慎中的影响。对于这一点，李开先在《荆川唐都御史传》中说的更明确："（唐顺之）素爱崆峒诗文，篇篇成诵，且一一仿效之。及遇王遵岩，告以自有正法妙意，何必雄豪亢硬也。唐子已有将变之机，闻此如决江河，沛然莫之能御矣。故癸巳以后之作，别是一番机轴，有高出今人者，有可比古人者，未尝不多遵岩之功也。"

唐顺之最初也喜欢前七子的文章，尤其喜爱李梦阳的文风，喜爱的程度已经达到了能将李梦阳的名篇全部背诵下来，并且还能仿照李的文风进行创作，后来他遇到了王慎中，在王的劝说下，他放弃了对前七子的模仿，文章风格大变，所以李开先说唐顺之的这个变化应当归功于王慎中。

唐宋派中的重要人物还有茅坤，就是他首次刊刻了《唐宋八大家文钞》，故而唐宋派也被称为"八家派"，这种称呼出现在了陈柱所著的《中国散文史》中："八家派受前七子文必秦汉之反响、而以唐宋八家矫之。始之者为王慎中，继之者为唐顺之、茅坤，而归有光集其大成焉。"陈柱也认为，唐宋派的出现就是为了校正前七子一味强调的摹古。

虽然同为唐宋派中的主要人物，但唐跟茅的观点也有一定的差异，二人曾通过写信来做学术上的辩论。唐顺之在《与茅鹿门主事书》中详细地阐述了自己的观点："只就文章家论之，虽其绳墨、布置、奇正、转折，自有专门师法，至于中一段精神、命脉、骨髓，则非洗涤心源、独立物表、具今古只眼者，不足以与此。"

唐顺之认为，写文章虽然讲技巧，但更重要的是要有精神实质。为了说清自己的这个断语，他在信中做了这样的一个比喻：

> 今有两人，其一人心地超然，所谓具千古只眼人也，即使未尝操纸笔，呻吟学为文章，但直据胸臆，信手写出，如写家书，虽成疏卤，然绝无烟火酸馅习气，便是宇宙间一样绝好文字；其一人犹然尘中人也，虽其颠颠学为文章，其于所谓绳墨、布置则尽是矣，然翻来覆去不过是几句婆子舌头话，索其所谓真精神与千古不可磨灭之见，绝无有也，则文虽工而不免为下格，此文章本色也。

唐顺之在信中举出了两个人，其中一人完全不懂写文章的技巧，他写文章的方式就如同写家信，虽然家信不严谨，但句句是实情，唐觉得这样的文章就是天下第一等。唐又接着说，还有一个人整天研究文章的写法，但在内容上却说来说去就那么几句俗语，这样的人即使文章写的再漂亮，格调也是十分低下。而后唐顺之又在此信中举出了两个古人的实例：

> 即如以诗为喻，陶彭泽未尝较声律、雕句文，但信手写出，便是宇宙第一样好诗，何则？其本色高也。自有诗以来，其较声律、雕文句，用心最苦而立说最严者无如沈约，苦却一生精力，使人读其诗，只见其絪缚龌龊，满卷累牍，竟不曾道出一两句好话，何则？本色卑也。本色卑，文不能工也，而况非其本色者哉？

唐在这里举出的两个例子，一是陶渊明，二是沈约。唐认为陶渊明的文章之所以高妙，就是因为陶是以本色来作诗；而沈约虽然有那么多的写作理论，并且在写诗上也仔细雕琢，却没有一句名言为后世所称道，因此唐顺之的结论是："本色卑，文不能工也。"唐的这段比喻受到了后世的质疑，认为他把沈约贬低成这样太过偏颇，然而唐顺之的著名理论——本色论，就是由此而得以阐述者。

如前所言，唐宋派的出现就是为了校正前七子所强调的"文必秦汉，诗必盛唐"，虽然唐顺之在此之前对前七子顶礼膜拜，但在他遇到王慎中后大为转变，他在多处指责前七子文章之鄙，比如他在《董中峰侍郎文集序》中说："别为一种臃肿俚涩浮荡之文，其气离而不属，其声离而不节，其意卑，其语涩，以为秦汉之文如是也，岂不犹腐木湿鼓之音。"唐的这几句话骂得够狠，他认为前七子的模仿之文实在是腐朽，因此坚决反对这种作文方式。

唐顺之的这个改变受到了后世的肯定，《四库全书总目提要》在评价唐顺之的文集《荆川集》时称："考索既深，议论具有根柢，终非井田封建之游谈。其文章法度，具见《文编》一书，所录上自秦汉以来，而大抵从唐宋门庭沿溯以入。故于秦汉之文，不似李梦阳之割剥字句、描摹面貌；于唐宋之文，亦不似茅坤之比拟间架、掉弄机锋。在有明中叶，屹然为一大宗。"《总目提要》赞誉唐顺之的文章写得有根柢，也间接地批评了李梦阳的生硬摹古，同时也称唐顺之与茅坤的不同，因为茅坤太强调文章的间架结构和写作技巧了。

唐顺之是个多才多能的人，除了在文学方面的成就，他还研究过理学，尤其对王阳明的心学颇为倾心，同时他还是一位著名的将领，因为抗击倭寇很有功绩，又被视为抗倭英雄。

◇ 唐顺之抗倭时的戎装像

唐顺之二十三岁时参加会试，一举拔得头筹，成为本届的会元，参加廷试时又位列二甲第一名。在京做庶吉士的阶段，他结识了王畿、罗洪先等王学著名人物，故而转向了心学的研究，而后因为触怒了嘉靖皇帝而被削职为民，后来他又得到严嵩的推举而被起用。关于这一点，后人对唐顺之颇有非议，《明世宗实录》中的《唐顺之小传》中说："初罢归，闭门独居，力为矫亢之行，非其人不交，非其道不取，天下士靡然慕之。既久之，不获用，晚乃由赵文华进，得交严氏父子，觊因以取功名。起家不二年，开府淮扬，竟靡所建立以卒。顺之本文士，使获用其所长，直石渠金马之地，其著作润色，必有可观者。乃以边才自诡，既假以致身，遂不自量，忘其为非有，欲以武功自见，尽暴其短，为天下笑云。"

明嘉靖十四年，唐顺之得罪了知政张璁，而后被罢官，他回到家乡全身心地做学问。到了嘉靖三十六年，国家北方有战事而南方有倭寇的侵扰，朝廷需要军事人才，经过赵文华的推荐，唐顺之被任命为南京兵部主事。唐顺之经过一番思索，再度出山前往任职，而后通过赵文华，他跟严嵩父子搭上了关系。严嵩出版自己的诗文集——《钤山堂集》时，唐顺之还给他写了一篇序言。

◇ 唐顺之撰《荆川文集》十八卷，清康熙五十一年二南堂藏板本

在此序中，唐对严大为夸赞，而这也正是后世对唐顺之有非议的地方。但唐在工作方面确实是位好官，他协助总督胡宗宪抗击倭寇，取得了较大的成绩。

其实在那个时代，唐顺之要想有所作为，当然要跟严嵩搞好关系，否则他不可能施展自己的抱负，因此评价一个人，最好能还原现场，以对方的处境以及他的心态来解读他在某个时段的所为。马美信在其点校的《唐顺之集》前言中说："唐顺之受到晚节不保的批评，主要是因为他是由赵文华荐举而复出，受严嵩重用而北巡蓟镇，视师浙直，然而他也多次受到徐阶、聂豹等'忠正之士'的荐举，因而并不能由此认定唐顺之是严嵩的私党。唐顺之受到严嵩的赏识，但并未与之同流合污。"

一个人的特殊经历，或者说重要经历，当然在他的作品中会有相应的表现，因此，唐顺之的不少诗作都跟战争与军事有关，比如翁万达由陕西巡抚升为宣大山西总督后整顿边防，而后遏制了蒙古鞑靼部的入侵。唐顺之闻此特别高兴，于是仿照李白《塞下曲》也作了同名的18首诗作，以此来寄赠给翁万达。我选录第二首和第五首如下：

其二
三晋连年苦被兵，九重抚髀忆豪英。
诏书更不从中御，万里长城一委卿。

其五
赤气氤氲夜指天，旄头落地如火然。
晓来西山一鏖战，夺得牛羊归满川。

唐顺之的这类诗作果真蕴含着豪迈之气，而他作的《岳王坟》也同样如此：

国耻犹未雪，身危亦自甘。
九原人不返，万壑气长寒。
岂恨藏弓早，终知借剑难。
吾生非壮士，于此发冲冠。

唐顺之还写过一首《金台行》

君不见，七雄割据势相均，得士者富失士贫。
燕昭信义明日月，不惜千金买骏骨。
郭卿谈笑吐深谋，海内贤豪竞驰突。
就中乐生尤奇绝，按剑魏朝人岂知？

一朝遇主同心腹，亲屈君王为推毂。
指麾燕兵百余万，踢蹴齐城七十六。
于今六合无并吞，寂寞古台空复存。
少年未上麒麟阁，且学浮沈金马门。

他在这首诗中用了多个典故，以此来表达忠君报国的思想。
唐顺之也写过一些描写景物的诗作，比如《咏夹竹桃》：

桃竹旧传生碧海，竹桃今见映朱栏。
春至芳香能共远，秋来花叶不同残。
疏英灼灼分丛发，密蕊菲菲对节攒。
不信千年不结子，错疑竹实衔栖莺。

◇ 唐顺之撰《新刊唐荆川先生稗编》明万历九年茅一相文霞阁刻本

◇ 唐顺之辑《唐荆川先生编纂左氏始末》十二卷，明嘉靖四十一年唐正之刻本

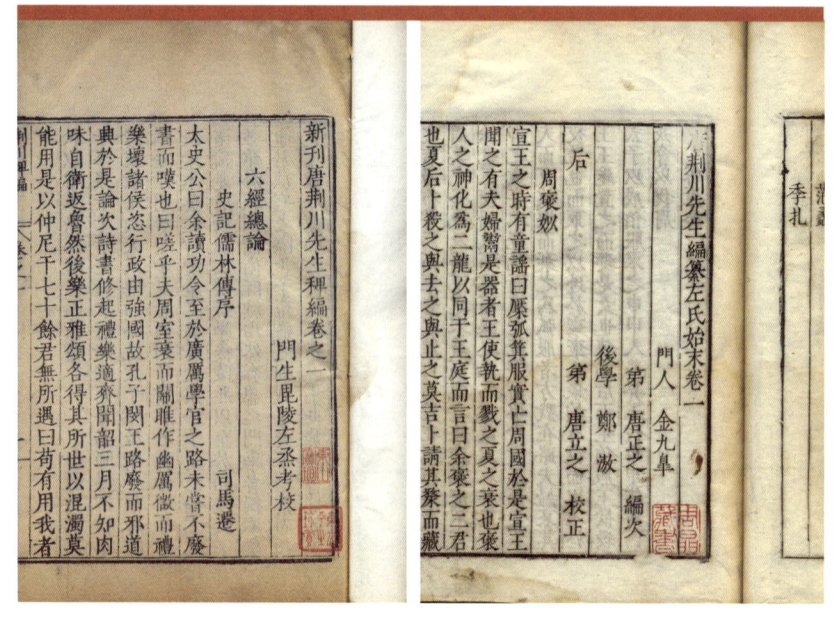

就表现个人的气质而言，唐顺之写的《咏崔后渠书屋》最能显现他的气魄：

> 碧山学士隐墙东，丛菊萧萧卷幔中。
> 开径自须同蒋诩，著书元不愧扬雄。
> 分畦粳稻清溪注，对户峰峦翠霭通。
> 未许栖迟三亩宅，还应密勿五云宫。

这首诗从字面看是唐顺之夸奖他人，但我读来的感受，却更多的是他夫子自道。这样的诗作并不能表现唐顺之作品的全貌。如前所言，他有一度深研理学，为此，他的作品中有不少表现出朱学和王学的风貌。

一般而言，后世把唐顺之视为王学人物，但事实上，他的观念中也有不少程朱思想，比如他在给王立道的信中说："诗文六艺与博杂记闻，昔尝强力好之，近始觉其羊枣昌歜之嗜，不足饥饱于人，非古人切问近思之义，于是取程朱诸老先生之书降心而伏读焉。初亦未尝觉其好也，读之且半月矣，乃知其旨味隽永，字字发明古圣贤之蕴，凡天地间至精至妙之理，更无一闲句闲语，所恨资性蒙迷，不能深思，力践于其言焉耳。然一心好之，固不敢复夺焉。此类之书，皆近世英敏材辩之士以为老生烂话，至东阁不肯观，虽其苦心敝精于文字间，而意不免老死而无所闻，有可痛者。"

从这段叙述可以看出，唐顺之在努力地调和王阳明的心学和程朱的理学，正是出于这种原因，他对哲理诗和哲理文大为夸赞，唐顺之在《与王遵岩参政书》中称："近来有一僻见，以为三代以下之文，未有如南丰；三代以下之诗，未有如康节者。然文莫如南丰，则兄知之矣，诗莫如康节，则虽兄亦且大笑。此非迂头巾论道之说，盖以为诗思精妙，语奇格高，诚未见有如康节者。知康节诗者，莫如白沙翁，其言曰：'子美诗之圣，尧夫更别传。后来操翰者，二妙罕能兼。'此犹是二影子之见。康节以锻炼入平淡，亦可谓'语不惊人死不休'者矣，何待兼子美而后为工哉？古今诗庶几康节者，独寒山、静节二者老翁耳，亦未见如康节之工也。"

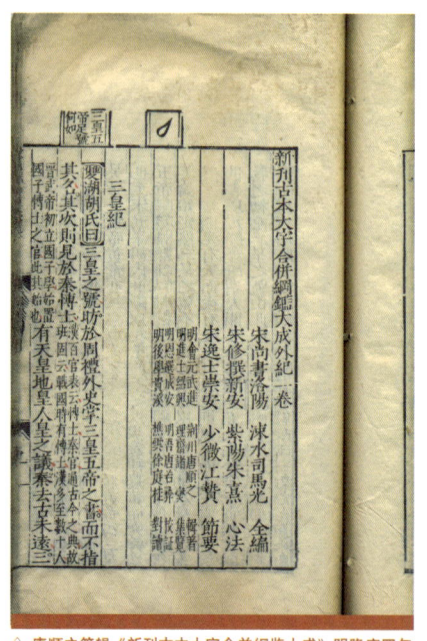

◇ 唐顺之等辑《新刊古本大字合并纲鉴大成》明隆庆四年书林杨员寿归仁斋刻本

唐顺之的这段话说得足够极端。他认为从秦汉以来，写文章的第一高手乃是曾巩，而诗中的冠军则是邵雍。他给出这样的评价，连他自己都觉得会受到别人的嘲笑，但他却说自己不是开玩笑，因为没有人能像邵雍那样诗思精妙。唐顺之说以往最为夸赞邵雍之诗者乃是陈献章，陈把邵的诗作跟诗圣杜甫并提，这样的夸赞本已是用词的顶级，但唐顺之还是觉得陈献章的这个说法不够高大。看来，唐认为邵雍之诗的水平远在杜甫之上。

唐顺之如此推崇曾巩之文和邵雍之诗，也应该是受了王慎中的影响。曾巩虽然是唐宋八大家之一，但相比于另外七家，曾巩的文章最具道学气味，这也正是王慎中和唐顺之推崇曾巩之文的主要原因。看来，在唐顺之眼中，文章的思想性最为重要，其余者则是细枝末节。

对于如何才能称得上是好文章？唐顺之在《与洪方洲书》中说：

盖文章稍不自胸中流出,虽若不用别人一字一句,只是别人字句,差处只是别人的差,是处只是别人的是也。若皆自胸中流出,则炉锤在我,金铁尽镕,虽用他人字句,亦是自己字句,如《四书》中引《书》、引《诗》之类是也。愿兄且将理要文字权且放下,以待完养神明,将向来闻见一切扫抹,胸中不留一字,以待自己真见露出,则横说竖说更无依傍,亦更无走作也。

他首先强调,文章要有自己的面目,不能与他人雷同。而后他又说:"近来觉得诗文一事,只是直写胸臆,如谚语所谓开口见喉咙者,使后人读之如真见其面目,瑜瑕俱不容掩,所谓本色,此为上乘文字。扬子云闪缩谲怪,欲说不说,不说又说,此最下者,其心术亦略可知。"这段话依然在强调"本色"。

然而在前面的引用中,唐顺之也曾强调过行文要有技巧,比如他跟茅坤说的那段话,则说明唐顺之依然讲究文章要有布局。对于这两种观念之间的冲突,唐顺之做过如下的解释:

不能无文,而文不能无法,是编者,文之工匠而法之至也。圣人以神明而达之于文,文士研精于文以窥神明之奥。其窥之也有偏有全、有小有大、有驳有醇,而皆有得也,而神明未尝不在焉。《易》曰:刚柔交错,天文也;文明以止,人文也。学者观之,可以知所谓法矣。(《文编序》)

在这里,唐顺之依然强调作文要有法。既然有法,那不就违背了他所强调的"本色"吗?为了调和"本色"和文法之间的矛盾,唐顺之强调作文要有"神明"。而"神明"是什么呢?这就是唐顺之所强调的天人合一的"道"。

既然如此,那么,古人写文章究竟有法还是有道呢?唐顺之在《董中峰侍郎文集序》中说:

汉以前之文,未尝无法,而未尝有法,法寓于无法之中,故其为法也，密而不可窥。唐与近代之文，不能无法，而能毫厘不失乎法，以有法为法，故其为法也，严而不可犯。密则疑于无所谓法，严则疑于有法而可窥。然而文之必有法，出乎自然而不可易者，则不容异也。

唐顺之的这番话说得比较活。他认为，汉代以前的文章既有法也无法，而有法是寓于无法之中者，因此轻易看不出其中的法，而唐之后的文章就特别强调有法。总之，他还是认为文章当有法。

既然有这么多的理论在，那唐顺之自己的文章是有法还是无法呢？他在《答蔡可泉》中说："即使欲以文字市声名于世，亦其文之最工者而后可。自古文人虽其立脚浅浅，然各自有一段精光不可磨灭，而不暇乎其他，是以谓之文人。仆不能为文而能知文，每观古人之文，退而自观鄙文，未尝不哑然笑也。半生簸弄笔舌，只是几句老婆舌头语，不知前人说了几遍，有何新得可以阐理道而裨世

◇ 唐顺之撰《重刊校正唐荆川先生文集》明嘉靖三十四年金陵书林薛氏刻本　　◇ 唐顺之撰《重刊校正唐荆川先生文集》清江南书局刻本

教者哉！"

看来，要想在后世留有文名，则必须在写文章方面多下工夫，只有这样才能写出千古传唱的名篇，而作者的观念也就融在了这文字之中。唐顺之谦称自己文章写得一般，但却深懂何为好文章，显然他的这番话只是一种自谦。

在其当世，唐顺之就已经文名满天下，王慎中在《重刊校正唐荆川文集序》中，对唐顺之给予了很高的夸赞："君于学盖所谓得其精华，其于言可谓有文而必行于远者也。其文具在，学者苟读焉而思，思焉而有以得之，则知其心之所通于季札孰为浅深，言之所成于子游孰为先后，有不可得而辨者矣。君仕为翰林编修，复为太子司谏，皆以守道直己之志，弃去不啻敝屣，有吴公子轻千乘之国之节。其文之以礼乐，得言氏之传，而廉隅操行必谨于一介之取予，刚果自断，不可以威武利禄诱屈也，尤足以辟夫媮懦惮事、无廉耻而嗜饮食之诮。上下二千余岁之间，吾谓吴有文学三人焉，不为过也。"

王慎中认为，古吴乃文学之邦，自古到明，当地出了三位大文学家，分别是季札、言偃和唐顺之。两千多年的历史中，出了无数的大文豪，王慎中仅标榜其中的三位，而这其中之一就有唐顺之。这个评语是何等的偏私，但也足以说明唐顺之在文章方面有着怎样的声誉。

唐顺之的文章大多流传至今，我仅摘选他所作的一篇《任光禄竹溪记》，该文的第一个段落为：

> 余尝游于京师侯家富人之园，见其所蓄，自绝徼海外奇花石，无所不致，而所不能致者惟竹。吾江南人斩竹而薪之，其为园，亦必购求海外奇花石，或千钱买一石、百钱买一花不自惜，然有竹据其间，或芟而去焉，曰："毋以是占我花石地。"而京

师人苟可致一竹，辄不惜数千钱，然才遇霜雪，又槁以死。以其难致，而又多槁死，则人益贵之。而江南人甚或笑之曰："京师人乃宝吾之所薪。"呜呼！奇花石诚为京师与江南人所贵，然穷其所生之地，则绝徼海外之人视之，吾意其亦无以甚异于竹之在江以南。而绝徼海外，或素不产竹之地，然使其人一旦见竹，吾意其必又有甚于京师人之宝之者，是将不胜笑也。语云："人去乡则益贱，物去乡则益贵。"以此言之，世之好丑亦何常之有乎？

唐顺之说，北京的许多大户人家都喜欢在庭院里布置些奇花异草，为了搞这些装饰，这些富人们花了大笔的银两，唯一可惜者就是种不活竹子，故竹子乃是京城富豪们最为看重的庭院装置，然而江南人却整天里砍伐竹子当作柴草来烧；江南的富人在布置园林时，也同样花大价钱买奇石，可是他们却又将不花钱的竹子全部砍伐掉，

◇ 唐顺之墓全景

认为这种生长迅速的植物会侵占了花园中用来布置奇石的地方,同时北方人的爱竹受到了南方人的嘲笑。

南、北方的富人对同一种植物有着相反的评价,那究竟谁对谁错呢?唐顺之认为:"昔人论竹,以为绝无声色臭味可好,故其巧怪不如石,其妖艳绰约不如花,孑孑然有似乎偃蹇孤特之士,不可以谐于俗。是以自古以来,知好竹者绝少。且彼京师人,亦岂能知而贵之,不过欲以此斗富,与奇花石等耳。故京师人之贵竹,与江南人之不贵竹,其为不知竹一也。"

唐顺之说,真正懂竹子的人其实极少,无论是北方人以之为贵,还是南方人以之为贱,统统都是不懂竹子的表现。而他用南人和北人的不同观念作对比,以此表达出竹子所具有的高洁,并不因他人的褒和贬而受到任何影响,这也应当是他个人心态的一种自我写照吧。

唐顺之墓位于江苏常州市荆川公园内。此趟的常州之行,天公不作美,在这里总计三天的寻访时间,天天全是下雨。我对雨水并不讨厌,但这种天气却给我的寻访带来了许多困难,这不仅是拍照上的不便,更多者是问路变得很困难,好在唐荆川墓处在公园之内,这种目标明确的寻访之地最容易找到。

乘出租车来到了公园门口,下车之处即看到了别致的介绍牌,牌上标明了荆川墓在公园的具体位置。因为雨天的原因,公园的入口处一个人都没有,此处不收费,我径直走入了园区。公园内也同样看不到人影,我打着伞,按照图上标示的具体位置前行,因为下雨的原因,这里的红花与绿树看上去都有着别样的娇艳。

前行不远,就看到了唐荆川读书处的介绍牌,看来这里不仅是他的安眠之地,同时也是他当年苦读之处。生于斯,葬于斯,这也是一种幸福吧。一路上,我的东张西望有了意外的发现:无孔不入的房地产广告竟然挂在了公园内的路边,尤其让我惊奇者,是房地

◇ 墓前的最后一道牌坊

产项目的名称,叫"上书房",不仅如此,这"上书房"三字下面还写着"藏书万卷的宅院"。我想唐荆川当年在这里读书,也应当备着万卷的藏书,否则他那么多的见解,总不会是凭空诞生出来的。但是这个广告说项目中有万卷藏书,应该是句形容词吧,我觉得发展商不太可能给每套房内配上万卷之书。

在公园的一隅,我看到了作读书状的唐荆川雕像,看上去他很有读书人的风范,然而与之相对应者,我在公园内还看到了他的戎装像,他那一脸的正气再加上紧紧包裹的甲胄,很像是雕像中的戚继光,而据说,当年戚继光打击倭寇,就是唐顺

◇ 墓道上的牌坊

之教给他的一些妙招儿，只是古人的雕像都像一个模子扣出来的，总让人觉得无法分辨。

如果不是下雨，这样大一个公园，想来应该很热闹，但这种撑着折叠伞，在公园内独自漫步，我倒没有背诵戴望舒的《雨巷》，反而却吟诵上了朱自清的《荷塘月色》，虽然是阴天，看不到月色，但即便如此，我总觉得，朱自清那时的心态跟我现在漫步在雨中公园有着一定的相似性，

◇ 青果巷唐顺之故居介绍牌

◇ 唐顺之故居遗址外观

前行不远，就看到了唐顺之墓的指示牌，而眼前宽阔的神道修得很是整齐，在文保牌的旁边，有着体量不大的石像生，从外形看，像是当年的故物，神道下方铺就的青石块，因为下雨的原因，上面长了一些青苔，走在上面让自己变得小心翼翼。穿过一座小桥，看到了一座牌楼式的牌坊，沿此继续走，在墓前看到了一座石牌坊，牌坊上的字写得很简洁——"唐荆川先生墓"，而此牌坊的后面，就是唐顺之的墓园。

墓园占地面积不大，大约有一亩大小，正前的墓碑上写着"明赠兵部侍郎谥襄文荆川唐先生之墓"，此碑的年款是"大清嘉庆元年十月"，但从刊刻的清晰度来讲，我感觉这是后来补刻者。墓碑的

后方一字排列着三座圆形的墓,在这里我未找到介绍牌,我猜测中间的那一座应当是唐顺之,两侧应该是他的家人吧。

第二天,常州的雨还是没有停歇的意思,我只能冒雨去寻找他故居的遗址。关于唐顺之故居的旧址,唐写过一首《读东坡诗戏作》:

> 公诗句句写胸臆,一滴水成大海翻。
> 方臯牝牡无定相,曼倩滑稽有至言。
> 扫除李杜刍狗语,出入鬼神傀儡门。
> 异代或疑后身在,告终此地招其魂。

在这首诗的题目下方有唐顺之的小注:"东坡卒于武进顾塘桥,去余家数十步",看来,唐顺之故居所在的方位距东坡的终老处藤花馆很近,然而历史资料记载唐顺之的家族在常州当地有着多处物业。1984年9月,江苏省文化厅编印的《江苏省文物保护单位》中有"唐荆川宅",这个条目下方写着:"唐荆川宅在常州市青果巷86号,唐荆川故居原有八桂、贞和、易书、筠星、四并、复始、松健、礼和等八堂,号称'唐氏八宅',分布在青果巷中段今雪洞巷至西庙沟一带。八宅始建于明万历以前,历经兴废,现仅存贞和堂。贞和堂原名保合堂,为荆川故

◇ 会元牌坊仅残存一根立柱

居。堂原有门厅、轿厅、大厅，大厅面阔三间，进深七檩，檐柱高4.5米。抬梁式构架，月梁形制，材质为楠木紫檀，雕刻精美……"唐顺之竟然有八处住宅，我今天能找到其中的一、二，也就算大有收获了。

唐荆川的故居之一位于常州市青果巷，离此最近的门牌号为"青果巷141弄11号"，此故居遗址破烂的程度超出了我的想象。从外观看，这是一幢清式的普通房屋，几面墙上污损不堪，而侧脊的上方有着体量不小的广告牌，是常州市红十字办的点穴推拿诊所。在这个广告牌的下方，就是唐荆川故居的文保牌，为省级文保单位，文保的内容写着"唐荆川宅（礼和堂）"，而下面则注明着年代"明弘治——万历"。这个文保牌刻的字迹很浅，在雨中辨识起来颇费眼神，但能够顺利找到，我的心中还是颇觉欣慰。

唐荆川的故宅遗址锁着门，无法了解到里面的情形，好在他在常州还有一处遗迹，那就是他考取会元时，所建的石牌坊。由其故居前行不远，就在巷内看到了一根立在路边的石柱，从风化程度上看，这一定是件古物，走到近前，我才注意到在这根石柱的脚下贴着一块金属的文保牌，上面写着"会元坊残件"，看来这就是我要寻找的目标。

这根残存的石柱贴墙而立，已经跟旁边的房屋连为了一体，可惜对面未能找到另一根立柱的原位置，所以无法推论出当年这个牌坊是怎样的宽大，但我想，以唐荆川在当年的英名，这座牌坊的规模一定超于寻常。

李贽：天生龙湖，以待卓吾

李贽是个奇人，从他在世到他去世后的三百年里，始终处在被夸和被骂之间，他的思想被正统者视之为异端，即使是思想开放人物，也同样对他贬斥有加，比如黄宗羲、顾炎武、王夫之、颜元、纪晓岚以及到近代的章太炎等，都以李贽的观念为非，顾炎武在《日知录》中说："自古以来，小人之无忌惮而敢于叛圣人者，莫甚于李贽。"

有人夸就有人赞，比如他的好友焦竑就认为："（李贽）可肩一狂字，坐圣人第二席"，这等高尚的评价，蔡尚思先生还认为不足，其在《李贽思想体系——汉后一位反旧传统的伟大思想家》一文中称："我却认为他实应当坐圣人第一席，在君主专制时，他是比孔子还要难能可贵的。"

到了上世纪七八十年代，李贽突然大放异彩，对于李贽思想的研究，成为学术界的重要话题，而对李贽的评价也同样是步步升高，不知李贽若地下有知，他会不会高兴自己几百年后又被夸赞为思想博大精深，以他那特立独行的性格，李贽应该不会感到有什么惊奇吧。

同样是李贽，为什么历史对他的夸赞不是捧上天就是贬入地？这当然要从李贽本身去找原因。当年，东林党领袖顾宪成对李贽有这样一句评价："李卓吾大抵是人之非，非人之是……学术到此，真成涂炭，惟有仰屋窃叹而已，如何？如何？"由此可知，李贽的怪异之处就是喜欢跟别人反着说：凡是天下认为对的事情，他都说不对；反过来，天下人普遍认为错的事情，他却认为对。

用"文革"中的口号来形容，李贽的这种行为是典型的反潮流，难怪当年的那些小将们把李贽看得极其伟大。当然，李贽的思想也恰好符合了那时的意识形态，比如李贽认为焚书坑儒的秦始皇是千古一帝，而大肆诛杀功臣的朱元璋则比秦始皇更伟大，是万古一帝。

李贽为什么会有这些奇特的思想？前人有太多的研究文章，我也无法一一在此列出。以我有限的眼光来看，孙康宜主编的《剑桥中国文学史》下编中，对李贽的评价最有意思。该书中给李贽身份命名是"职业作家"，这样的一个头衔远远赶不上近几十年来中国学术界所给出的评价。

对于李贽与人不同的思想方式，该书将其解读为"好辩"："那么，该如何理解李贽招牌式的好辩姿态？他为何故意挑起卫道者的辩驳呢？他真的相信自己笔下的所有一切吗？我们不得而知。但是，我们的确知道他清楚意识到自己的辩论家身份，他的谋生之道便是颠覆正统观点。他不受传统羁绊的人格角色具有高度的自我意识，所以他才将自己的散文集命名为《焚书》。"

李贽为什么在思想观念上专门与他人作对呢？该书认为李贽是想通过这种声音引起出版界的注意："李贽的经历突显了晚明文学文化的某些显著特征。致仕以后，他凭着成为公众人物而谋取生活，其名望通过出版界建立起来。与他在体制内的处境相比，李贽通过大张旗鼓地抨击官方体制过上了更好的生活。"通过出版来赚取稿酬，而后过上更好的生活，这样的思维方式倒也真是接地气。《剑桥中国文学史》一书认为，李贽早期的生活一直很窘迫，他有八个孩子，其中七个都去世了，这些孩子"都死于营养不良"。看来，李贽退休后，很想提高自己的生活质量，后来事实证明，他的做法很成功：

"甚至他某些方面的性格怪癖也表明他拥有相当舒适的物质条件：李贽素有洁癖，据说他雇用了好几位仆人全天候清扫庭院，'数人缚帚不给'。"

这部书的解读很有意思，它从李贽有洁癖说起。李贽每天雇好几个人清扫院落，应该是一笔不小的开支，但他能够负担得起，从这个侧面来印证，他通过标新立异的观念争取到社会的影响力，而后出版商关注到了他，于是他的作品热卖，从此过上了好生活。这样一个完整的逻辑链，在其他的研究著作中我却未曾读到。

从李贽的履历来看，确如《剑桥中国文学史》中所言，他早年的日子过得有些拮据。按说李贽的官儿当得也不小，曾经做过姚安知府，这个职位是正四品，他在此任职三年，离开姚安时，带走的财产仅是一些图书，并且他在此还写了一副楹联：

听政有余闲，不妨爨运陶斋，花栽潘县；
做官无别物，只此一庭明月，两袖清风。

这副楹联也表明，他在姚安知府任上的确没有攒下什么积蓄，反过来说，这也证明了李贽是位清官。

李贽退休之后，他的一些举措让人发现确实与众不同。万历十六年，李贽突然削发为僧。他为什么这么做？历史上有着不同的记载，袁中道在《李温陵传》中说："一日，恶头痒，倦于梳栉，遂去其发，独存髯须。"

这段话有点像客观描述。李贽因为某天头皮发痒，也懒得每天洗头梳头，所以就剃了个光头，但胡须却没有一同剃光。袁中道的这个说法在汪可受所作《卓吾老子墓碑》中得到了印证："……余见老子于龙湖。时麻城二三友人俱在，老子秃头带须而出，一举手便就席。……余曰：'如先生者，发去须在，犹是剥落不尽。'老子曰：'吾宁有意剥落乎？去夏头热，吾手搔白发，秽不可当，偶见侍者方剃落，使试除之，除而快焉，遂以为常。'爱以手拂须，曰：'此物不碍，故得存耳。'众皆大笑而别。"

当时有人问李贽为什么剃了光头还剩着胡须？李回答说：感觉头顶太热，用手不断地挠头也不干净，某天看到仆人剃了光头，觉得不错，于是把自己的头发也都剃了。

李贽剃光头的真实原因，恐怕并非如此，他在写给朋友的信中说出了实情："其志以落发者，则因家中闲杂人等时时望我归去，又时时不远千里来迫我，以俗事强我，故我剃发以示不归，俗事亦决然不肯与理也。又此间无见识人多以异端目我，故我遂为异端以成彼竖子之名。兼此数者，陡然去发，非其心也。实则以年纪老大，

◇ 李贽撰《藏书》六十八卷，明天启元年陈仁锡校刻本　　◇ 李贽撰《藏书》六十八卷，明万历二十七年焦竑金陵刻本

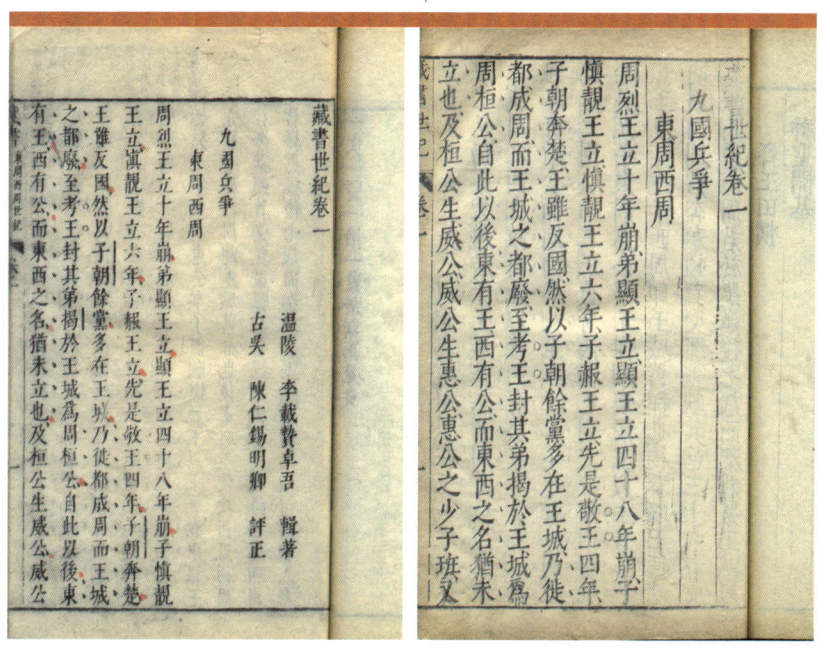

不多时居人世故耳。"(《与曾继泉》)

原来,李贽落发的一个重要原因,就是不想家人再来烦他。李贽退职时,把妻儿老小送回了老家,他只身一人来到了湖北麻城,但家人常常来探望他,这让他很烦,所以他落发之后就跟家人说自己出家了,以此就可以不再理世俗之事。而他的这段话又透露出了另一个细节,那就是在当时就有很多人认为他是个另类,李贽说:既然被别人看成另类,不如就做得更另类,这些因素加在一起,让李贽下定决心落发为僧,但他也明说:其实出家不是他的本心。即此可知,李贽出家是多种因素促成者,其中之一就是他的异端思想已经在社会上产生了影响。

李贽遭到那么多的骂名,那么,他是怎样看自己的呢?他曾写过一篇《自赞》:

> 其性褊急,其色矜高,其词鄙俗,其心狂痴,其行率易,其交寡而面见亲热。其与人也,好求其过,而不悦其所长;其恶人也,既绝其人,又终身欲害其人。志在温饱,而自谓伯夷、叔齐;质本齐人,而自谓饱道饫德。分明一介不与,而以有莘藉口;分明毫毛不拔,而谓杨朱贼仁。动与物迕,口与心违。其人如此,乡人皆恶之矣。昔子贡问夫子曰:'乡人皆恶之,何如?'子曰:'未可也。'若居士,其可乎哉!

徐朔方、孙秋克认为李贽的《自赞》"这篇奇文,可与陶渊明的《五柳先生传》媲美"。(《明代文学史》)李贽在该文中剖析了自己性格,同时也直言自己的历史观与他人不同,徐、孙认为李贽的这篇《自赞》是"以反语为自己画像",不知这算不算一种自嘲精神。但他的一些行为的确在社会上引起了不小的风波,其中就包括他跟女弟子梅淡然之间的关系。

万历十六年，李贽在麻城认识了梅国桢，而后他又认识了梅国桢的二弟梅国楼。这位梅国楼后来给李贽提供了不少帮助，当年李贽跟耿定向发生了观念上的冲突，梅国楼在李、耿二人之间做了一些调解工作，后来麻城当局准备抓捕李贽时，也是梅国楼及时通风报信劝李贽赶快离开者。

梅国桢的三女儿名叫梅淡然，她在年少时接受了刘家的聘礼，但还没来得及成婚，刘就去世了，梅淡然也不想再嫁人。万历二十一年，李贽开始扩建龙潭寺，淡然听说过就写信给李，说自己也想出家。可能李贽并不希望淡然这么做，所以没有支持她的这种想法。然而梅国桢却很支持女儿的想法，他在麻城北街为女儿修建了一座绣佛精舍，以此供梅淡然念佛和刺绣，而后淡然正式削发为尼，李贽听到这件事后就写了首《题绣佛精舍》的诗作：

> 闻说淡然此日生，淡然此日却为僧。
> 僧宝世间犹时有，佛宝今看绣佛灯。
> 可笑成男月上女，大惊小怪称奇事。
> 陡然不见舍利佛，男身复隐知谁是。
> 我劝世人莫浪猜，绣佛精舍是天台。
> 天欲散花愁汝著，龙女成佛今又来。

李贽在这首诗中夸赞淡然为"女中丈夫"。而后李还写了一篇名为《豫约》的文章，以此来说明他不视淡然为弟子，而是彼此之间称师。

虽然李贽的女弟子不止淡然一位，梅家的大媳妇以及其他的几位女士，也同样拜李贽为师，但人们还是喜欢八卦李贽跟淡然之间的故事。当然,这样的八卦定然给李贽带来了骂声,直到当代,黄仁宇在著名的《万历十五年》一书中还提到了这件事:"梅国桢有一个孀居的女儿梅淡然曾拜李贽为师,梅家的其他女眷也和李贽有所接触。这种超越习俗的行动,在当时男女授受不亲的上层社会里,自然引起了众人的侧目而视。"

黄仁宇在此段话之后,有很长一个段落叙述人们对李贽的攻击:"但是李贽对舆论不加理睬,反而毫无顾忌地对淡然和她的妯娌大加称赞……他在著作中,理直气壮地辩解自己和她们的交往完全合于礼法,毫无'男女混杂'之嫌,但是又不伦不类地写下了'山居野处,鹿豕犹以为嬉,何况人乎'这些话……反对者举出十余年前李贽狎妓和出入于孀妇卧室的情节,证明他的行止不端具有一贯性;对这种伤风败俗的举动,圣人之徒都应该鸣鼓而攻之。"但李贽的这种做法究竟对不对,黄先生没有给出断语。而事实上,李贽跟淡然之间的关系确实很亲密。万历二十七年,李贽身在南京,他写了四首名叫《却寄》的诗,而后寄给了麻城的淡然:

> 一回飞锡下江南,咫尺无由接笑谈。
> 却羡婆须蜜氏女,发心犹愿见瞿昙。
>
> 持钵来归不坐禅,遥闻高论却潸然。
> 如今男子知多少,却道官高即是仙。
>
> 盈盈细抹随风雪,点点红妆带雨梅。
> 莫道门前车马富,子规今已唤春回。
>
> 声声唤出自家身,生死如山不动尘。

欲见观音今汝是，莲花原属似花人。

对于这四首诗，许苏民在《李贽评传》中分别作了简述："第一首写淡然想见到李贽，而李贽也很想念这位异性知己。其中'婆须蜜氏女'即是指淡然女士，而'瞿昙'（佛）则是淡然女士对李贽的推重。第二首写李贽见到淡然的来信，不免有几分感伤，感伤得潸然泪下，同时盛赞淡然女士的见识超过世间多少男子——那些'却道官高即是仙'的男子，——正因为淡然女士见识高，所以值得自己仰慕。第三首诗前两句赞颂淡然女士的体态轻盈和花容月貌，而后两句则以'子规'寓自己将返回湖北去与她相会之意（'春夏有鸟曰子规，其鸣如曰不如归去'）。第四首是说自己和淡然都有共同的精神追求，并说见到了淡然女士也就是见到了观音菩萨，盛赞淡然女士貌美如花而心地善良纯洁，犹如出淤泥而不染的莲花。"

无论李贽是真出家还是假出家，他给一位女尼写这等富有深情的诗，也确实无法让别人作他解，更何况他在诗中说自己很快就会去看淡然。转年的夏天，他也确实实现了自己的承诺，重新回到麻城去见淡然。他的这个做法被当地人称之为"僧尼宣淫"。

当时主要攻击李贽的人叫黄建衷，此人为什么要这么干？沈德符的《万历野获编》卷二十三有一段记载：原来这位黄建衷也看上了梅淡然的美色，于是想了个招数，就是让自己的小妾拜淡然为师，而后以此为借口跟淡然接触，后来淡然明白了黄的目的，于是她将计就计，最终结果让黄赔了小妾，还什么都没捞着。这真是出"赔了夫人又折兵"的明代翻版，于是黄恼羞成怒，诬陷李贽与淡然之间的关系，借机报复梅家。

黄建衷曾经在兵部任职，他通过关系找到了湖广按察司佥事冯应京。经过黄的一番游说，冯也认为李贽的做法有些伤风败俗，于是决定"毁龙湖寺,置从游者法"。在官府行动之前,有人得到消息,马上安排李贽避难,而后有一批人冲进了龙湖寺,他们在这里没有找到李贽,于是纵火烧了此寺中的芝佛院。原本李贽将芝佛院视之为自己的终老之地,他在此院中已经给自己建造起了舍利塔,这帮人冲进来之后找不到李贽,于是将此塔砸毁。

这场风波使得李贽没有了栖身之处,后来他在朋友的邀请下去了通州。然而他的离开并不能让那些人善罢甘休,有个叫张问达的人向万历皇帝上了奏折,列出李贽的许多罪状,其中之一就是他在麻城时的一些所为:"尤可恨者寄居麻城,肆行不简,与无良辈游庵院挟妓女,白昼同浴,勾引士人妻女,入庵讲法,至有携衾枕而宿者,一境如狂。又作《观音问》一书,所谓观音者,皆士人妻女也。后生小子,喜其猖狂放肆,相率煽惑。至于明劫人财,强搂人妇,同于禽兽而不之恤。"

张问达说,李贽在麻城时,竟然大白天把妓女带入寺院,然后一起洗澡,同时他还把良家妇女勾引进寺院内一同睡觉。对于这封奏折上的说法,许苏民在《李贽评传》中认为"这都是张问达发挥其想象力编出来的"。可能是万历帝觉得这些指责事出有因、查无凭据,以此来逮捕李贽似乎证据不足,但他又觉得李贽的这些做法,会导致异端思想在社会上的传播,于是皇帝下令以"敢倡乱道,惑世诬民"罪名,命人将李贽逮捕。

在监狱中,李贽仍然在写作,其中他写了一些诗作,最著名者则为《系中八绝》,这首诗的第五首为《书能误人》:

年年岁岁笑书奴,生世无端同处女。
世上何人不读书,书奴却以读书死。

看来他也明白自己是因为读书而死者，其实更确切地说，应该把这个"读"字换成"写"，因为他的著作在社会上流传极广。

万历三十年三月十五日，有位侍者到监狱中为李贽剃头，而后李拿过剃头刀就自割喉咙，虽然血流满地，但当时并没有断气，侍者问他痛不痛，但他已说不出话，就用手沾着血写了"不痛"二字。侍者问他为什么要自杀，他又写下了"七十老翁何所求！"第二天半夜他就去世了。

每读到这段史实，都会让我有心中作痛的感觉，这也让我再细想《剑桥中国文学史》中所说的李贽的那些异端行为，是为了引起出版界的注意。李贽毕竟是个读书人，他应当明白自己的这些异端言论，很可能给自己带来大麻烦，更何况他在自杀之前也已几次遇险，这足以提醒李贽：再这么走下去，其结果肯定不好。即使这样，李贽依然我行我素，难道他是在用生命换取金钱吗？我还是觉得李贽的所作所为，更多的是一种思想观念上的特立独行，他的这些言论后来因为出版而带来了经济上的收入，这应当是意外所得的副产品，而不太可能是主观形成的一个结果。

从思想观念上来说，李贽应该没有脱离王阳明的观念，因为他以王学反朱学，同时又以佛学反儒学，而后到其晚年，他又强调"三教归儒"，看似矛盾的这些言论也可看出他的心路历程。

李贽的主要思想观念就是他的《童心说》。关于何为"童心"？他有大段的解释，于此不再啰嗦，但是他把这种观念用在了文学思想上。李贽的《童心说》中有这样的段落：

> 诗何必古选，文何必先秦。降而为六朝，变而为近体，又变而为传奇，变而为院本，为杂剧，为《西厢曲》，为《水浒传》，为今之举子业，皆古今至文，不可得而时势先后论也。故吾因

是而有感于童心者之自文也，更说甚么六经，更说甚么《语》《孟》乎？

李贽的这些话都说得通俗明了，他认为没必要去泥古，因为历史的风气本来就在转变。那既然如此，应该如何作诗呢？李贽在《读律肤说》中这样认为："淡则无味，直则无情。宛转有态，则容冶而不雅；沉着可思，则神伤而易弱。欲浅不得，欲深不得。拘于律则为律所制，是诗奴也，其失也卑，而五音不克谐；不受律则不成律，是诗魔也，其失也亢，而五音相夺伦。"他认为作诗用不着被格律束缚，但完全不讲格律又不能称之为诗，他把辩证法应用在了写诗的方法论上。

更有意思的是，李贽把历史上的大诗人分成"狂者"和"狷者"两类，我引用其中一段如下："李谪仙、王摩诘，诗人之狂也；杜子美、孟浩然，诗人之狷也。韩退之文之狷，柳宗元文之狂，是又不可不知也。汉氏两司马，一在前可称狂，一在后可称狷。狂者不轨于道，而狷者几圣矣。"李贽还把苏轼和苏辙两兄弟分为了两类，他认为苏轼是"狂者"，而苏辙是"狷者"。这种分法确实奇特。

李贽特别夸赞杜甫，他认为杜甫有真性情，并且说杜甫的人格比其诗更好。当年李贽在杜陵池畔写过《南池二首》：

济漯相将日暮时，此地乃有杜陵池。
三春花鸟犹堪赏，千古文章只自知。

水入南池读古碑，任城为客此何时。
从前祇为作诗苦，留得惊人杜甫诗。

李贽把杜甫的诗视之为千古文章，并且以"惊人"来形容杜甫的诗作，可见其对杜甫是何等的夸赞。同时他还认为古人中只有谢灵运、李白和苏轼能够称为"风流人物"，他在《藏书·苏轼》中写道："古今风流，宋有子瞻，唐有太白，晋有东山，本无几也。必如三子，始可称人龙，始可称国士，始可称万夫之雄。用之则为虎，措国家于磐石；不用则为祥麟，为威凤。天下后世，但有悲伤感叹悔不与之同时者耳。孰谓风流容易耶？"他把这三人称之为"人中龙"。

虽然李贽有着极其反潮流的思想，但他同时也有看透人生的一面，比如他在《评三国志演义》中称："曹家戏文方完，刘家戏子又上场矣，真可发一大笑也。虽然自开辟以来，哪一处不是戏场，哪一人不是戏子，哪一事不是戏文，并我今日批评《三国志》，亦是戏文内一出也。呵呵！"他认为人生如戏，一切都用不着认真，比如他落发为僧之后，仍然喝酒吃肉逛妓院，但是他在《焚书》中又说："出家为何？为求出世也。"

那么，他哪句话才是真的呢？以我的看法，他的矛盾所言均是出自其本心，只是不同的时段作出不同的解释罢了，他眼前的一切只是触景生情的感受，正如他作的一首六言诗《云中僧舍芍药》：

芍药庭开两朵，经僧阁里评论。
木鱼暂且停手，风送花香有情。

看来，出家与风情对李贽来说，圆融无碍。

虽然李贽在性格上极其反叛，但他却是位视书如命的人，他把自己的读书观写成了一篇《读书乐》：

天生龙湖，以待卓吾。天生卓吾，乃在龙湖。

龙湖卓吾，其乐何如。四时读书，不知其余。
读书伊何，会我者多。一与心会，自笑自歌。
歌吟不已，继以呼呵。恸哭呼呵，涕泗滂沱。
歌匪无因，书中有人。我观其人，实获我心。
哭匪无因，空潭无人。未见其人，实劳我心。
弃置莫读，束之高屋。怡性养神，辍歌送哭。
何必读书，然后为乐。乍闻此言，若洞不谷。
束书不观，吾何以欢。怡性养神，正在此间。
世界何窄，方册何宽。千圣万贤，与公何冤。
有身无家，有首无发。死者是身，朽者是骨。
此独不朽，愿与偕殁。倚啸丛中，声震林鹘。
歌哭相从，其乐无穷，寸阴可惜，曷敢从容！

◇ 李卓吾批点世说新语补》二十卷，明书林余坌孺刻本，书牌

李贽说他天生就是个读书人，除了读书不知道还能够干什么，因为读书乃是与古人交谈，他能为之哭，也能为之笑。有人问他何必如此，劝他应当快乐地享受这个世界，用不着去苦读书。李却认为这些古人正是因为有了这些著作，才得以不朽。

相比于他的文学作品，他对古书的评点其实更受后世瞩目，比如左东岭先生在《李贽与晚明文学思想》一书中说："认

真地讲，李贽在文学成就上最为世所重者是其文学批评而非其文学创作。他的文学批评又以其强烈的主观性为主要特色。他文学批评的主要目的乃自适自娱。"这段话既概括了李贽的文学最高成就，同时也点评了他的文学批评特色。那李贽为什么特别喜欢评点古书呢？他在《寄京友书》中作了这样的解释："《坡仙集》我有披削旁注在内，每开看便自欢喜，是我一件快心却疾之书，今已无底本矣，千万交付深有来还我！大凡我书皆为求以快乐自己，非为人也。"

李贽特别喜爱的古人之一，就是东坡，他对东坡的文集有过许多批点，每次翻看时，都会心生欢喜，他在信中明确说，评点是为了自娱自乐，并非是评给他人看。但尽管这样，他还是认定自己的评点能够传之后世，影响他人。

至少是他的所评之书，都会拿给好友焦竑看，比如他所评点的《东坡文集》，就曾出示给焦竑，焦看过之后大为赞赏："故先生（指苏轼）之文，学者未尽读，即读而弗知其味，犹弗读也。卓吾先生乃诠择什一，并为点定，见者忻然传诵，争先得之为幸。大若李光弼一入汾阳之军，而旌旗壁垒，无不改色，此又一快也。"（焦竑《坡仙集卷首》）

焦竑说，对于东坡的这些文章，有些人并没有认真地读，即使有人读，也没有品味出真正的主旨，这样跟没读区别不

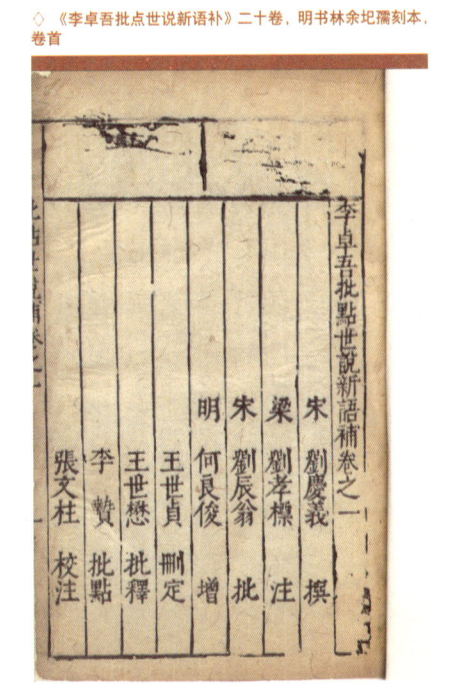

◇ 《李卓吾批点世说新语补》二十卷，明书林余圮孺刻本，卷首

大,而李贽对该书做了评点,从此让读东坡书的人终于懂得文中所想表达的思想,这真是一件大快人心的事。

明代周晖在《金陵琐事》卷一中说:"(李贽)常云:'宇宙有五大部文章:汉有司马子长《史记》,唐有杜子美集,宋有苏子瞻集,元有施耐庵《水浒传》,明有李献吉集。'余谓:'《弇州山人四部稿》更较弘博。'卓吾曰:'不如献吉之古。'"

◇ 李贽评《坡仙集》十六卷,明万历二十八年焦竑序刻本

周晖记载,李贽常说天下有五大名著,分别是司马迁的《史记》、杜甫的诗集、苏东坡的文集、施耐庵的《水浒传》以及明代李梦阳的诗文集,将此并称为"五大",颇为奇特。周晖也发表了自己的意见,建议将李梦阳的文集换成王世贞的《弇州山人四部稿》,因为他觉得该书所包含的内容比李梦阳的诗文集更为"弘博"。但李贽没有接受周的建议,他认为王世贞的文章不如李梦阳更有古风。

且不管李贽的观念是否正确,但这代表了他的好恶观。对于苏轼,李贽一向倾慕,他在《复焦弱侯》一书中说:"苏长公何如人,故其文章自然惊天动地。世人不知,只以文章称之,不知文章直彼余事耳,世未有人不能卓立而能文章垂不朽者。"

李认为东坡的文章可以惊天地动鬼神,然而世上的人只会夸东坡文章写得好,其实人们不知道,东坡写文章只是个业余爱好,李贽认为只有顶天立地的人物才能写出来永垂不朽的文章,由此可知,他认为文章好的前提是人品好。同样，他对杨慎的夸赞，也是本着这样的观念："先生人品如此，道德如此，才望如此，而终身不得一试，故发之于文，无一体之备，亦无备不造，虽游其门者尚不能赞一词，况后人哉！"（《焚书》卷五《杨升庵集》）

站在李贽的视角，既然少有人有东坡那样的人品和经历，那当然也不可能写出东坡那样的奇文，如此说来，那后世的人还能不能写文章呢？李贽认为当然可以，但要能写出好文章来，必须要具备一定的条件，他在《二十分识》一文列明了这些条件：

> 有二十分见识，便能成就得十分才，盖有此见识，则虽只有五六分才料，便成十分矣。有二十分见识，便能使发得十分胆，盖识见既大，虽只有四五分胆，亦成十分去矣。是才与胆皆因识见而后充者也。空有其才而无其胆，则有所怯而不敢；空有其胆而无其才，则不过冥行妄作之人耳。盖才胆实由识而济，故天下唯识为难。有其识，则虽四五分才与胆，皆可建立而成事也。然天下又有因才而生胆者，有因胆而发才者，又未可以一概也。然则识也、才也、胆也，非但学道为然，举凡出世处世，治国治家，以至于平治天下，总不能舍此矣，故曰"智者不惑，仁者不忧，勇者不惧"。

对于李贽的这段话，左东岭在其专著中予以了这样的解读："李贽在此强调的是才、胆、识缺一不可。有才无胆，则怯弱不敢行事，此犹上所言缺乏狂傲之气与独立精神者，一生总不能成就任何事情，则亦空有其才而无所用；有胆无才，则更可能导致其胡行乱为。但仅有才与胆而无识则尤不可，盖才与胆皆因识见高超方能充实。但仅有才与胆则亦无才与胆。"由这段话可知，李贽强调要能写出好文章，必须要具备才、胆、识。既然有这样的素质要求，那李贽自己是否做到了呢？他在该书中继续写道：

> 余谓我有五分胆，三分才，二十分识，故处世仅仅得免于祸。若在参禅学道之辈，我有二十分胆，十分才，五分识，不敢比于释迦老子明矣。若出词为经，落笔惊人，我有二十分识，二十分才，二十分胆。呜呼！足矣，我安得不快乎！虽无可语者，而林能以是为问，亦是空谷足音也，安得而不快也！

这段话表达出了李贽少有的谦虚，他说自己的胆是五分，才是三分，但见识却是二十分，他说这样的才、胆、识在处世时仅仅是能够免祸，如果从参禅学道这个角度来论，他重新给自己打分就是：二十分胆、十分才、五分识。他说自己在这方面不敢跟释迦牟尼相比。对于写文章，他却十分地自信，二十分为他每一项评价的满分，而李在这里竟然将此三项都给了满分，可见他对自己的文章有着何等的自信。

李贽的评点之文确实是和他人不同，比如他所喜爱的《水浒传》，李贽在《忠义水浒传序》中竟然说出了这样一番话："故有国者不可以不读，一读此传，则忠义不在水浒，而皆在于君侧矣。贤宰相不可以不读，一读此传，则忠义不在水浒，而皆在于朝廷矣。兵部掌军国之枢，督府专阃外之寄，是又不可以不读也，苟一日而读此传，则忠义不在水浒，而皆为干城心腹之选矣。否则，不在朝廷，不在君侧，不在干城腹心，乌在乎？在水浒。此传之所为发愤矣。若夫好事者资其谈柄，用兵者藉其谋画，要以各见所长，乌睹所谓忠义者哉！"

这段话简直像一篇推荐文章，他认为无论是皇上还是宰相，也不管是军政大人还是地方官员，人人都要读《水浒》，为什么呢？

因为《水浒》的主旨就是讲"忠义"二字,如果国君读了《水浒》,那忠义就来到了君旁,宰相读了《水浒》,忠义就进了朝廷,以此类推,谁读了《水浒》,谁就具备了忠义。

他的这个观点可谓发前人所未发,以至袁中道在《跋李氏遗书》中评价说:"卓吾李先生,今之子瞻也。才与趣,不及子瞻;而识力、胆力,不啻过之。"至

◇ 文保牌

◇ 墙上的介绍牌

少,袁中道认为,李贽乃是当今的苏东坡,但中道又称,李贽的才与趣虽然比不上东坡,但他的见识和胆量却超过了东坡。

李贽墓位于北京市通州区西海子西街12号,西海子公园内。虽然通州来过无数回,但却从未想起去拜访一下这位特立独行的前贤,这也正是我愚钝之处。每做事情只会单打一地直奔一个目的,想想李贽观念与行为之间的圆融无碍,这真不是一个容易达到的境界。

驱车走东五环上京通快速路,20分钟就到通州区,沿新华西路东行,过三个红绿灯见口左转,向北前行五百余米路东即是西海子公园。这个公园有些奇特:大门口修得很宽敞,然而前来的路却是拥挤不堪,路的两侧密密地排满了各式各样的小门脸儿房,以餐饮居多,我赶到这里时,已近午饭时间,油锅里飘出来的炸年糕香味

◇ 画出了个同心圆，不知是否暗喻《童心说》

儿特别诱人，我决定从公园出来后，再来此解决自己的午餐。但这个香味儿实在有穿透力，以至于我不能忍到朝拜完李贽，这一刻我想到了李贽的《童心说》，他教导后人要以本性做事，而此刻想品尝这年糕就是我的"童心"。

年糕的味道不负我望，平常吃饭时自律的戒糖、戒油、戒高温烹炸，统统抛在了脑后，我以童心享受着上天赐给的这种美食，当然，要得到美食总是要付出 money，这也就让我有些理解《剑桥中国文学史》中的所言，我想李贽的"童心"也肯定是要由物质基础来作支撑，只是他与别人的谋生手段不同而已。

站在公园门口，边吃年糕边体味着李贽的思想。这件事情完成之后，我径直走进公园。该公园免门票，但里面的游人也并不多，我所查得的资料上说，李贽墓位于城墙公园遗址旁，但这个遗址在哪里，我却无人可问。于是沿着大道一直前行，终于遇到了几个游人，

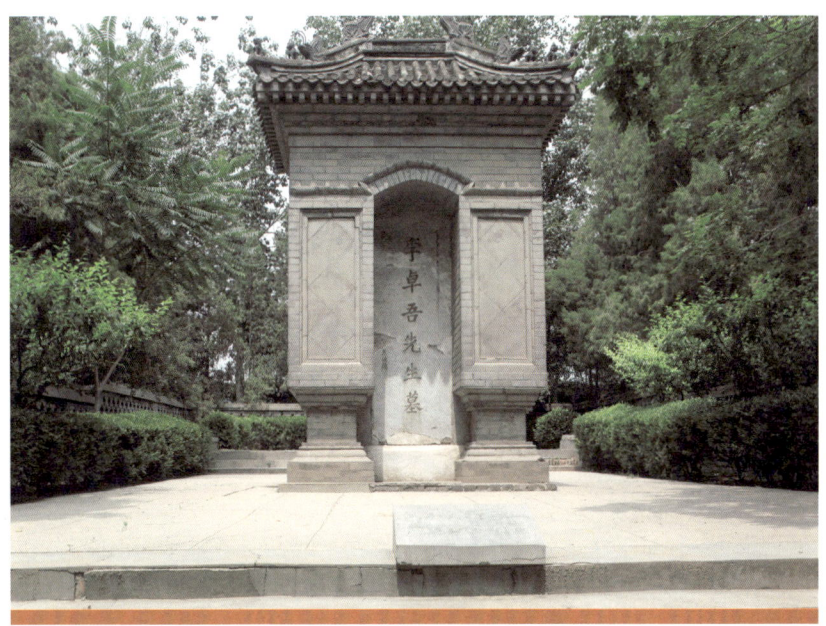

◇ 焦竑题写的墓碑

但没人知道李贽是谁。而后我又用"李卓吾"打听，但还是没人能回答我的问题，没办法，只好在公园内四处游荡，终于在湖边一假山处看到了李贽墓园。

墓园不大，占地面积不足二亩，台地下并列着三块碑，中间一块为周扬所题，两边的碑刻则为通县人民政府所立，均为优质的汉白玉，然所刻之字堪称丑陋，上七八步水泥台阶，正中嵌着二米多高石碑，上书"李卓吾先生墓"，落款为"焦竑"，此块碑是断为几截又重接起者。碑后五六米再上三级台阶即是李贽墓，墓丘不大，直径约二米，墓裙为青砖，水泥封盖顶，墓后U字型一圈万年青，仅此而已。

几十年前，李贽大受关注，我本以为他的墓园会被整修得很庞大，看来当时的人只是用李贽的思想来作自己说话的工具，也可以说，是用李贽来攻击封建社会，但对于他本人，人们没有那么大的兴趣。

如此的功利，让我这种无用的人除了感慨几句，也说不出其他了，更何况，我来到李贽墓前也就是默默地瞻仰一番，不也同样没有任何的实际作为吗？

袁宗道 袁宏道 袁中道：古文贵达，学达即所谓学古也

公安派在晚明文坛上颇具影响力，其代表人物为袁氏三兄弟，即袁宗道、袁宏道和袁中道，因为兄弟三人都是湖北公安人，故而以他三人为中心的文学派别被称为"公安派"。

到晚明之时，前后七子的影响力依然很强大，归有光、唐顺之为代表的"唐宋派"对前后七子的复古运动进行了批判，然而这个批判并不彻底，真正对复古派构成强大冲击力者就是公安派。徐朔方、孙秋克在《明代文学史》中称："嘉靖年间兴起的唐宋派，并没有从根本上扫除复古风气，万历年间，作为七子的强大反对派，公安派举起文学革新的旗帜，发起对复古运动的反击。"而此书中同时又说："对七子复古风气的批判，是公安派文学理论的基础。"

◇ 袁宏道撰《袁中郎全集》四十卷，明崇祯二年武林佩兰居刻本，书牌

关于公安派在当时文坛上的影响力，前野直彬主编的《中国文学史》有如下的论断："直到万历初，反古文派的动向还是散发性的，但到了袁氏三兄弟的公安派，发展为有明确主张的文学集团，中心人物是老二袁宏道。宏道的文学论的基调继承李贽，在于对'伪'的拒绝和对'真'的追求。所谓诗，必须是性灵（这可以说是'童心'的文学化）——纯粹自由的诗的精神的直接流露即真诗，严拒依靠规范的似古。"由此可知，三袁的文学理论是部分继承了李贽的思想观念。

三袁的父亲名袁士瑜，此人终生未考得功名，所以他把自己的精力都用在培养三个儿子身上，袁中道在《二赵生文序》中说："先君子之教予三人，不宽不严，如染香行露，教之最有风趣者也。"如此说来，这真是一位好父亲，所以，他的这三个儿子而后都成了进士，不但如此，他们都在文学史上有着很重要的影响力。但对于他们思想的成熟，还是跟李贽有一定的关系。

万历十九年，袁宏道专程前往麻城龙湖去见李贽，虽然两人年龄上差距很大，李比袁大四十一岁，但两人却相谈甚欢，袁宏道住在李贽家中三个多月，而后才返回。这次的见面对宏道影响很深，袁中道在《吏部验封司郎中中郎先生行状》中谈到了二哥跟李贽的会面："先生（宏道）既见龙湖，始知一向掇拾陈言，株守俗见，死于古人语下，一段精光不得披露。至是浩浩焉如鸿毛之遇顺风，巨鱼之纵大壑。能为心师，不师于心；能转古人，不为古转。发为语言，一一从胸襟流出，盖天盖地，如象截急流，雷开蛰户，浸浸乎其未有涯也。"袁宏道见到李贽之后，觉今是而昨非，尽弃以往所学，自此思想境界大开。

就社会影响力而言，三袁中宏道最有名气，故谈及公安派，其实主要说的是他的思想，这其中的原因之一，是大哥宗道去世较早。

宗道比宏道大八岁，比中道大十岁，而他在四十一岁的时候，就离开了这个世界。兄弟三人性格也不同，周群在《袁宏道评传》中称："伯仲三人，虽然宗道位居清华，功名显卓，但与宏道、中道旷达任适的性格不同，宗道一生砥砺名行，小心翼翼。内心的忧苦始终伴随着这位清正文人。"其实宏道也不长寿，他在四十三岁就去世了，故而其弟遗憾地说："若尚留在世三十年，不知为宇宙开拓多少心胸，辟多少乾坤，开多少眼目，点缀多少烟波。"

公安派的思想核心就是性灵说。关于何为性灵说，袁宏道在《叙小修诗》中是这样评价其弟袁中道的诗作："大都独抒性灵，不拘格套，非从自己胸臆流出，不肯下笔。有时情与境会，顷刻千言，如水东注，令人夺魄。其间有佳处，亦有疵处。佳处自不必言，即疵处亦多本色独造语。然予则极喜其疵处，而所谓佳者，尚不能不以粉饰蹈袭为恨，以为未能尽脱近代文人习气故也。"这段话收在了袁宏道的《锦帆集》中，虽然这只是二袁评价三袁的话，但却可以将此视之为公安派的思想主旨。袁宏道认为，直舒胸意，不抄袭前人，才是最好的诗作，哪怕这种胸意有瑕疵，不完美，也比抄袭要好，故而袁宏道所说的这番话，就是针对前后七子所提倡的"文必秦汉，诗必盛唐"而来者。

这种观念仍然是本于李贽的童心说，因此范嘉城、段慧

◇ 袁宏道撰《袁中郎全集》四十卷，明崇祯二年武林佩兰居刻本，卷首

冬所著《晚明公安派性灵文学思想研究》一书就认为："王阳明心学为性灵文学的发端演变提供了哲学基础。"对此该书进一步地解释到："性灵文学思想在阳明心学为哲学基础的大环境下，与中国传统诗教相比已经发生了重大变化。可以简单地概括为在心与物的关系中，虽没有否定物，但主观性灵在文学发生的过程中占据了主导，明显地表现出重视自我、重视主观心灵的倾向。"

◇ 袁宏道撰《袁中郎破研斋集》明周应鹰刻本，卷首

最早将三袁并称的人是钱谦益，他在《袁庶子宗道》中说："所谓公安三袁者也……（宗道）其才或不逮二仲，而公安一派实在伯修发之。"而后沈德潜在《明诗别裁集》卷十中说："公安兄弟意矫正王、李之弊，而入于俳谐，又一变而之竟陵，诗道遂不复振。人但知竟陵之衰，而不知公安一派先之也。"这段话中沈德潜将三袁称为"公安一派"，这仍然将"公安派"中加了个"一"字。第一次将"公安派"作为一个词使用者，可能是朱彝尊，他在《静志居诗话》中评价公安派中的江盈科时，说了这样一句话："进之与袁中郎同官吴下，其诗颇近公安派，持论亦以七子为非，特变而不成方者。"公安派作为一个独立的派别，渐渐地受到了文坛的关注。

也正因为如此，三袁的诗文在创作中极力的通俗，他们会把一些村言野语用进诗作中，而《竹枝词》则是袁宏道最喜爱的体裁之一，也有很多的创作。周群说，袁宏道是明代作家中写《竹枝词》最多

的作者之一,且在书中举出了宏道所作的《竹枝词,时阻风安乡河中》:"一溪才顺一溪湾,一尺才过一丈还。船子山愁箭括水,儿童又指帽儿山。"这种写法已近于顺口溜。袁宏道还有一些诗作,被视之为口语入诗,他在《答李子髯》中说:"当代无文字,闾巷有真诗。"看来,他认为真正的诗是出于民间,比如他所作的《余杭雨》就基本上是以口语入诗者:

◇ 袁宏道撰《广陵集》明周应鹰刻本,书牌

> 不恨今日雨,却恨前日晴。
> 无端放隙光,诱我余杭行。
> 余杭有何趣,败寺老和尚。
> 若使在西湖,亦得闲眺望。
> 出门无去处,袖手东西顾。
> 桑下见蚕娘,泥滓沾衣篑。
> 只是去临安,已觉步步难。
> 何况径山路,千盘与万盘。

对于这首诗,周群在《袁宏道评传》中说:"全诗无一生冷之词,无一处用典,自然畅达如行云流水,用散文化的句式,娓娓道来。"也正因为如此,袁宏道所创作的诗从雅变俗,然而这也有矫枉过正的弊端,例如他的《别无念》:

五年一会面，一别一惨然。
只消三回别，便是十五年。
念我志参学，黄杨木子禅。
百遍听师语，终不破盖缠。
辟彼生盲人，生不识紫朱。
告以朱何似，转告转模糊。
别师既不忍，留师复苦难。
十月江风多，留毛盖脑寒。

这首诗被后人认为"淘炼不足，率意浅俗"，其实这样的诗还不是宏道所作最通俗者，他还作过一首《人日自笑》：

是官不垂绅，是农不秉耒。
是儒不吾伊，是隐不蒿莱。
是贵着荷芰，是贱宛冠佩。
是静非杜门，是讲非教诲。
是释长鬓须，是仙拥眉黛。

跟这首诗类似者还有一首《渐渐诗戏题壁上》：

明月渐渐高，青山渐渐卑。
花枝渐渐红，春色渐渐亏。
禄食渐渐多，牙齿渐渐稀。
姬妾渐渐广，颜色渐渐衰。

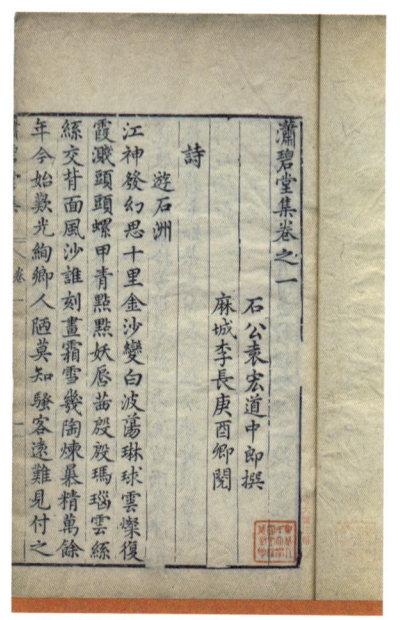

◇ 袁宏道撰《潇碧堂集》二十卷，明万历三十六年袁氏书种堂刻本

袁行霈主编的《中国文学史》认为袁宏道所作的这一类的诗："虽然没有刻意造作的腔调，但不恰当地插入了大量俚语俗语，破坏了作品的艺术美感，"故而认为宏道所作的各种诗"毫无诗意可言，不能不说是败笔"。

可能是袁宏道为了从民间吸取营养，他特别喜欢读小说，比如著名的《金瓶梅》，流传至今的史料，最早提到该书者，就是出自袁宏道写给董思白的一封手札，此札中有这样一段话："《金瓶梅》从何得来？伏枕略观，云霞满纸，胜于枚生《七发》多矣。后段在何处，抄竟当于何处倒换？幸一的示。"看来袁宏道只读到了《金瓶梅》的一部分，仅这一部分就让他大感兴奋，他觉得该书写得要比枚乘的《七发》好得多。他的这个看法，有些极端，但也可看出《金瓶梅》对他极有吸引力，以至于他向朋友请问该书的后半部分从哪里能够抄得到。看来那时，《金瓶梅》是以抄本形式流传。

而袁宏道对《水浒传》也同样夸赞有加，他在《听朱生说水浒传》一诗中称："少年工谐谑，颇溺《滑稽传》。后来读《水浒》，文字益奇变。《六经》非至文，马迁失组练。一雨快西风，听君酣舌战。"宏道在此说得更过分，他认为《水浒传》要比儒家的六经以及司马迁的《史记》都要好。由此可见，他对民

◇ 袁宏道点评《徐文长四声猿》四卷，明万历四十二年钟人杰刊本

间文学偏爱到怎样的程度。那个时候，戏曲界常上演汤显祖的《牡丹亭》，为此宏道也同样给予了极高的夸赞："精极、妙极、趣极，无处不是第一。"

这里的"趣"字是袁宏道的主要学识观之一，他在《叙陈正甫会心集》中说："世人所难得者唯趣。……夫趣，得之自然者深，得之学问者浅。"所以他认为学问是阻碍人有趣的主要关键。而宏道在此文中又进一步地说："迨夫年渐长，官渐高，品渐大，有身如梏，有心如棘，毛孔骨节俱为闻见知识所缚，入理愈深，然其去趣愈远矣。"宏道说，年龄越大，官位越高，品级越尊，入理越深，这样的人就离趣越远。

对于性灵说的审美旨趣，除了以上的这个"趣"字，范嘉晨和段慧冬还总结出另有"真""露""俗"，对于这一点，袁宏道都有相关的论述，并且身体力行地将这些观念应用在了自己的诗作中。宏道在《冯琢庵诗》一文中明确地说："独谬谓古人诗文，各出己见，决不肯从人脚跟转，以故宁今宁俗，不肯拾人一字。"而对于他整体观念的总结，江盈科《敝箧集引》中引用了袁宏道的一段明确说法："诗何必唐，何必初与盛？要以出自性灵者为真诗尔。夫性灵窍于心，寓于境。境所偶触，心能摄之；心所欲吐，腕能运之。心能摄境，即蠓蚁蜂虿皆足寄兴，不必《雎鸠》《驺虞》矣；腕能运心，即谐词谑语皆足观感，不必法言庄什矣。以心摄境，以腕运心，则性灵无不毕达，是之谓真诗，而何必唐，又何必初与盛之为沾沾！"

袁氏三兄弟中，以宗道成绩最好，因为他是万历十四年的状元，而后他成为东宫讲官，为皇太子朱常洛讲学。三袁虽然以老二宏道名气最大，但是对于公安派在社会上的影响，则大多是宗道为先声。钱谦益的《列朝诗集小传》丁集中有《袁庶子宗道》，此文中称："伯修在词垣，当王、李词章盛行之日，独与同馆黄昭素厌薄俗学，力排假借盗窃之失。于唐好香山，于宋好眉山，名其斋曰白苏，所以自别于时流也。其才或不逮二仲，而公安一派实自伯修发之。"即此可见，宗道对公安派的形成起到了一定的作用。然而宗道却与他的两个弟弟在学术观念上有着一定的差异，宗道的学术思想最重要的特点就是"以释诠儒"，也就是说，他把一些佛学思想渗入到儒学观念之中，其实这种做法应该本自王阳明。

宗道的诗作传世者有两百五十多首，《袁宏道评传》中举出了他的作品两首，其中之一为《题宫树春云卷》：

> 绛阙连宵回，重楼拂曙通。
> 山岚茜翠外，花气郁纷中。
> 鸣鸟骄芳树，轻烟散景风。
> 何须临曲巘，幽意足帘栊。

对于这类作品，周群评价说："流丽而不乏雅逸之趣。"跟他的诗相比较，宗道的散文更受关注，中道曾评价其说："诗清润和雅，文尤婉妙。"周群认为，宗道所写的文，"以游记类最为可读"，举出的范例则是《游西山二》，而书中所举袁宗道所作散文的另一篇则是《上方山三》，我截取此文中的一段如下：

> 僧取石左右击撞，或类钟声，或类鼓声。突然起立者，名曰须弥，烛之不见顶。又有小雪山、大雪山，寒乳飞洒，四时若雪。其他形似之属，不可尽记，大抵皆石乳滴沥数千年积累所成。僮仆至此，皆惶惑大叫。予恐惊起龙神，亟呵止，不得，则令通诵佛号。篝火垂尽，惆怅而返。

因为在北京长期任职的原因，宗道所写的游记大多是北京周围的景点，比如西山就是当今的北京植物园，而此处我也去过数回，对于西山的景色，宗道连写了五篇游记，读到这些熟悉之地，还是有着别样的亲切。他的游记中还有两篇写到了小西天，我在这一带住过两年，他在文中描绘出的景色，到如今已经完全没有了痕迹，可见城区内变化是何等之大。

然而北京周边的景色，大多与宗道所记的明末没有太大的变化，譬如他的游记中有两篇是专写戒坛山，我初始并不知其所写为北京的何地，然而读到了内容，瞬间有了亲切之感：

> 戒坛山，西山幽邃处。入山二十余里，始见山门。有高阁，可望百里。浑河一带，晶晶槛楯间。阁后有轩，庋岩上。出轩右行数百步，乃达戒坛。坛在殿内，甃石为之，坛周回皆列戒神。阁前古松四株，翠枝穿结，覆盖一院。月写虬影，几无隙地。最可喜者，松枝粗于屋柱，去地丈许。游人持杯行行其上，如覆平道。时王则之、黄昭素、顾升伯、丘长孺诸公，俱坐松丫中看月。从下观者，闻咳笑声，皆疑鹳鹤之宿树杪矣。

原来宗道在此处所描绘者，乃是北京的戒坛寺，该处我虽然仅到过一次，但印象十分深刻，尤其里面那巨大的戒坛，跟袁宗道在文中的描绘几乎完全一样，只可惜他说阁前有一棵横卧松，我却未曾留意到。而宗道在第二篇《戒坛山》游记中，又提到此山有很多的洞，其中最有名者乃是庞涓洞，如此名胜之地，我却未曾听闻过，看来有必要手持宗道之文，再探戒坛山。

对于文论观念，宗道写过两篇名为《论文》的文章，其在此文中称：

> 口舌，代心者也；文章，又代口舌者也。展转隔碍，虽写得畅显，已恐不如口舌矣，况能如心之所存乎？故孔子论文曰："辞达而已。"达不达，文不文之辨也。唐、虞、三代之文，无不达者。今人读古书，不即通晓，辄谓古文奇奥，今人下笔不宜平易。夫时有古今，语言亦有古今，今人所诧谓奇字奥句，安知非古之街谈巷语耶？

宗道首先强调，写文章是为了表达自己的心声，而古人基本能做到心口如一，可是今人在读古书时，却总认为古人太过难懂，其实古文在那个时代也就是街坊间的平常话。宗道的这段叙述，是为反对李空同等人的摹古来做铺垫。接下来他亮明了自己的观点：

> 空同不知，篇篇模拟，亦谓"反正"。后之文人，遂视为定例，尊若令甲。凡有一语不肖古者，即大怒，骂为"野路恶道"。不知空同模拟，自一人创之，犹不甚可厌。迨其后一传百，以讹益讹，愈趋愈下，不足观矣。且空同诸文，尚多己意，纪事述情，往往逼真，其尤可取者，地名、官衔，俱用时制。今却嫌时制不文，取秦汉名衔以文之，观者若不检《一统志》，几不识为何乡贯矣。且文之佳恶，不在地名、官衔也。

宗道说，李梦阳等人写文章强调一味地摹古，只要别人文章中有一句话不像古人，他们就会骂此人的文章属于野路子。不过宗道还是说了句公允话，他认为李梦阳的摹古还是不错，只是后来效仿他的人变得每况愈下。相比较而言，李梦阳所作文章还能表现出自己的观点，而后人的一味摹古，甚至用秦汉时代的官衔来称呼今人，而这正是该类文章读来生厌的地方。既然如此，那应当怎么办呢？

宗道在该文中以问答的方式亮出了自己的观点：

> 或曰："信如子言，古不必学耶？"余曰："古文贵达，学达即所谓学古也，学其意不必泥其字句也。"

袁宗道认为，古文可以学，但学习的不是古人的字句，而是学他们的观念，只有这样做才不是泥古。而他在《论文下》中也同样表达了这种观念：

> 爇香者，沉则沉烟，檀则檀气。何也？其性异也。奏乐者钟不藉鼓响，鼓不假钟音，何也？其器殊也。文章亦然，有一派学问，则酿出一派意见；有一种意见，则创出一般言语；无意见，则虚浮，虚浮则雷同矣。大喜者必绝倒，大哀者必号痛，大怒者必叫吼动地，发上指冠。惟戏场中人，心中本无可喜事，而欲强笑；亦无可哀事，而欲强哭，其势不得不假借模拟耳。

相比较而言，兄弟三人中，以袁宏道的文学成就最受后世所瞩目，明末张岱在《跋寓山注》中说："古人记山水手，太上郦道元，其次柳子厚，近时则袁中郎。"张岱本就是位写游记的高手，他能如此的夸赞袁宏道，这也足见宏道在这方面的成就是何等的突出，以至于让张岱认为，自古以来，写游记的好手仅有三位，最早的是郦道元，而后是唐代的柳宗元，到了他所处的近现代，那就属袁宏道成就最高了。对此宏道的朋友江盈科也这么看，其在《解脱集二序》中说："夫近代文人纪游之作，无虑千数，大抵叙述山川云水亭榭草木古迹而已，若志乘然。中郎所叙佳山水，并非喜怒动静之性，无不描画如生。譬之写照，他人貌皮肤，君貌神情。"

袁宏道写了很多游记，而他所作的游记大多很短小，最短的一篇仅有二十多个字，如此高的概括能力真让人佩服，我在这里引用他所写的《禹穴》：

> 禹穴一顽山耳，禹庙亦荒凉。不知当时有何奇，而龙门生欲探之。然会稽诸山，远望实佳，尖秀淡冶，亦自可人。昔王子猷语人，但云"山阴道上"。"道上"二字，可谓传神。余尝评西湖，如宋人画；山阴山水，如元人画。花鸟人物，细入毫发，淡浓远近，色色臻妙，此西湖之山水也。人或无目，树或无枝，山或无毛，水或无波，隐隐约约，远意若生，此山阴之山水也。二者孰为优劣，具眼者当自辨之。夫山阴显于六朝，至唐以后渐减；西湖显于唐，至近代益盛。然则山水亦有命运耶！

禹穴处在会稽山中，而宏道的这篇文章却完全不谈游览的过程，用四个排比来讲明该山之美，这种写法体现出了宏道作文的特色。他所作的游记中也有一篇是我所熟悉之地，这就是《游高梁桥记》。高梁桥位于北京西直门外，我在此居住过几年，这个桥已经与柏油路融为了一体，看不出有什么特色，可是在三百年前，袁宏道在此游览时，却留下了美好印象：

> 高梁桥在西直门外，京师最胜地也。两水夹堤，垂杨十余里，流急而清，鱼之沉水底者，鳞鬣皆见。精蓝棋置，丹楼珠塔，窈窕绿树中。而西山之在几席者，朝夕设色以娱游人。当春盛时，城中士女云集，缙绅士大夫，非甚不暇，未有不一至其地者也。

如前所言，宏道所作的游记颇喜用排比句，例如他所写的《西洞庭》，该文的上半段为：

> 西洞庭之山，高为缥缈，怪为石公，巉为大小龙，幽为林屋，此山之胜也。石公之石，丹梯翠屏；林屋之石，怒虎伏群；龙山之石，吞波吐浪，此石之胜也。隐卜龙洞，市居消夏，此居之胜也。涵村梅，后堡樱，东村橘，天王寺橙，杨梅早熟，枇杷再接，桃有"四斤"之号，梨著"大柄"之称，此花果之胜也。杜圻传范蠡之宅，用里有先生之邨，龙洞筑《易》《老》之室，此幽隐之胜也。洞天第九，一穴三门，金庭玉柱之灵，石室银户之迹，此仙迹之胜也。山色七十二，湖光三万六，层峦叠嶂，出没翠涛，弥天放白，拔地插青，此山水相得之胜也。纪包山者，虽云灿霞铺，大约不出此七胜外。

宏道在此文中谈到西洞庭的美景时，用了七个"之胜"，使得这一段文字成为一个大排比，而在这大排比之内，又有小排比，比如谈到此山的石头时，如此的层层递进，再加上有章节的回环，使得这篇游记读来有了另样的美感。

可能是因为袁二和袁三相差仅两岁，故这两个兄弟关系最为亲密，中道自己也承认这一点，他在《寄苏云浦》中说："与中郎年相若，少即同学。长虽宦游，南北相依，曾无经年之别。一日不相见，则彼此怀想；才得聚首，欢喜无穷。"中道的诗也同样不喜欢用典，例如他写的一首《阻风登晴川阁，予两度游此，皆以不第归》：

> 苦向白头浪里行，青山也识旧书生。
> 相逢谁胜黄江夏，不死差强祢正平。
> 天外云山金口驿，雨中杨柳武昌城。

汉滨父老今安在，只合依他隐姓名。

看来这晴川阁不是中道的福地，他每游此阁，都会考试失败，而中道也的确是考了三次才考中进士者，看来那一次肯定未来此处。可是读他所写的这首诗，却完全没有怨恨之语，以至于王夫之评价该诗说："尖新之习芟除已竟，但用本色胜人。"（《明诗评选》卷七）。

中道也写过口语入诗的作品，例如《过沙河作石子歌》：

河水清，照见石，照见石子如珠玉，晶晶莹莹好颜色。
水浅浅兮石片片，水底依稀照人面。
切莫照人头上白，世上知心难再得。

而他更为浅俗的作品还有《堆蓝》，其第二首为：

不爱山上石，不爱山上树，
唯爱树抱石，棱棱有媚趣。

虽然三袁都不喜欢用典，然而他们却都推崇苏轼，比如袁中道赞誉李贽时，就说过："龙湖先生，今之子瞻也。"看来东坡才是他们心目中的顶极人物，要夸赞谁最好，就说他像东坡。是什么原因令公安派如此推崇苏轼呢？除了当时的社会风气使然，还有一个原因，那就是东坡诗也有着通俗的一面，例如袁宏道赞誉苏诗时说："出世入世，粗言细语，总归玄奥，泚惚变怪，无非情实。"

关于袁中道的文学成就，周群在《袁宏道评传》中说："中道散文的成就高于诗歌，虽然不及宏道流利清新，但也整饬中见灵秀，

别具风格。"而中道也有自己的文学观念,比如他的《花雪赋引》中说:

> 天下无百年不变之文章。有作始,自有末流;有末流,还有作始。其变也,皆若有气行乎其间。创为变者,与受变者,皆不及知。是故性情之发,无所不吐,其势必互异而趋俚。趋于俚,又将变矣。作者始不得不以法律救性情之变,法律之持,无所不束,其势必互同而趋浮。趋于浮,又将变矣。作者始不得不以性情救法律之穷。夫昔之繁芜,有持法律者救之;今剽窃,又将有主性情者救之矣。此必变之势也。

中道认为,文章和世界一样,都在变化之中,天下没有百年不变的文风,因为任何事情有始就有终。总体而言,文风也是由宽变严,而后又由严变宽。对于这种变化的历史,中道又在该文中说:

> 变之必自楚人始。季周之诗,变于屈子。三唐之诗,变于杜陵。皆楚人也。夫楚人者,才情未必胜于吴越,而胆胜之。当其变也,相沿已久,而忽自我鼎革,非世间毁誉是非所不能震撼者,乌能胜之。

这一段的说法显系有自我标榜之意,因为中道认为天下文章最初的变化,乃是从他的家乡楚国变起,他从周末的诗谈起,而后说到了屈原,接下来又讲到了唐代,他也承认楚国人从才情角度而言,不一定能胜过吴越,但他却觉得楚人比吴越人有胆量,所以他们才能有这样的大变革。

与他的两个哥哥相比,中道文章中的小品文最受后世所喜,比如他所写的一篇《书骂坐》:

> 新安山人吴虎臣好骂坐，汪伯玉荐之戚大将军所。大将军于饮时，令军正立其傍，云有喧哗者，以军法从事。虎臣终席寂然。近有山人好骂坐，皆言其性甚恶。予曰："其性虽恶，其眼甚慧。彼于席上择人而骂之。其不可骂者，终亦不骂也。"

这也是一篇短文，中道能在这么短的篇幅内刻画出主人公的形象。他说有位叫吴虎臣的人，特别喜好在聚会时斥骂他人，以此来表现自己是何等不俗，后来他被人推举到戚大将军身边，显然这位大将军知道吴虎臣有这种恶习，于是在某日的宴会上，大将军让一位军中执法官站在吴的旁边，同时宣布如果在座者有大声吵嚷，将以军法论处。这位吴虎臣以至于到终席，都一声不敢吭。接下来，中道开始发表议论，人们都说喜欢骂坐的人性恶，但中道却说，这种人虽然性恶，但却有一双慧眼，因为他知道哪些人能骂，哪些人不能骂。他的这句话，正点出了像吴虎臣这样的假狂士的嘴脸。

中道的小品文中也会记录一些奇特人物，比如他作的《一瓢道士传》：

> 一瓢道人，不知其名姓，尝持一瓢浪游鄂岳间，人遂呼为一瓢道人。道人化于澧州，澧之人渐有得其踪迹者，语予云：道人少读书，不得志，弃去，走海上从军。时倭寇方盛，道人拳勇非常，从小校得功，至裨将。

这位一瓢道士不知其真实姓名，每日里拿着一个瓢到处游荡，后来坐化于澧州，当地人说这位一瓢因为年轻时读书未能取得功名，于是就去从军，而那时海边倭寇作乱，一瓢在与倭寇战斗时，因为有军功，渐渐升到了副将。

作了以上简单介绍后，该文接着写到：

> 后失律，畏诛，匿于群盗，出没吴楚间。久乃厌之，以赀市歌舞妓十余人，卖酒淮扬间，所得市门资，悉以自奉，诸妓更代侍之，无日不拥艳冶，食酒肉，听丝竹。饮食供侍，拟于王者。又十余年，心复厌之，亡去，乞食湖南一带间。后至澧，澧人初不识，既久，出语颠狂，多奇中，发药有效。又为人画牛，信口作诗，有异语。人渐敬之，馈好衣服饮食，皆受而弃之，人以此多延款道人。

不知什么原因，一瓢后来犯了法，于是逃跑做了强盗，当了一些年的强盗，让一瓢有了厌恶之心，于是就花钱从市场上买了十几位歌妓，看来他开起了酒吧或者歌舞厅。一瓢买歌妓，不但用此来招待客人，也拿来自用，过着神仙日子。可是十几年后，他又厌烦了，于是乎，就变成一位道人，在湖南一带讨食。因为他有着特殊的才能，所以他还能要到不少的餐食，可是，最有意思者，则是他后来的举措：

> 道人栖古庙中。一日，于炉灰里取金一挺，付祝云："为我召僧来礼忏。"忏毕，买一棺，自坐其中，不覆，令十余人移至城市上，手作拱揖状，大呼曰："年来甚扰诸公，贫道别矣。"虽小巷间，无不周遍，一市大惊。复还至庙中，乃仰卧，命众人曰："可覆我。"众人不敢覆，视之，已去矣。遂覆而埋之。举之甚轻，不类有人者。

看来这个一瓢果真有着神通，他能预知自己离世的日子，而后他请了一些僧人为他礼忏,接着又买了一口棺材,他坐在里面不盖盖,让十几个人抬着他到城中游览,他一一向路人感谢曾经对自己的照顾,等回到庙里时,他让人盖上棺材盖,一瞬间就离世了。

如此短的一篇小文,却能传神的描绘出一位奇特人物,可见中道有着很强的文字驾驭能力,

晚明时期,东坡大放异彩,其中一个原因,那就是那个时代的文人不喜欢程朱理学,大倡陆王心学,而东坡恰好也不喜欢那一套,比如《续资治通鉴》卷八十中说:"程颐在经筵,多用古礼。苏轼谓其不近人情,深疾之,每加玩侮。"既然是东坡不喜欢的人,那晚明文人也就同样非之。俗话说,看不起永远是彼此,朱熹当年对苏轼的文章虽然也有肯定之语,但也说过这样的话:"读之(指苏轼之文),爱其文辞之工而不察其义理之悖,日往月来,遂与之化,如入鲍鱼之肆,久则不闻其臭矣。"

公安派喜欢苏轼还有一个原因,那就是东坡兼容佛老,这也跟公安派的习性很是相近。但是公安派的观念进入了清代,却没有了生存的土壤,从清初开始,考据学盛行,而公安派以谈论心性为主旨,自然受到了冷落。到了乾隆年间,编修《四库全书》时,三袁的著作也有些被禁。当时总体的社会风气少有人对公安派有留意者,在清人的眼中,公安派的理论均属野狐禅。

进入了民国,尤其是新文化运动之后,被冷落了近三百年的公安派突然大放异彩,周作人、林语堂、阿英等人开始大讲公安派所奉行的性灵说。"五四"运动以"打倒孔家店"为号召,提倡白话新文学,而公安派的这些理念跟"五四"运动的文学观念有着相通之处,周作人在《中国新文学的源流》一文中指出:"很有些相像的地方。两次的主张和趋势,几乎都很相同。更奇怪的是,有许多作品也都很相似。胡适之、冰心和徐志摩的作品,很像公安派的,

清新透明而味道不甚深厚。"而周作人特别喜欢袁宏道所作的一篇《瓶史·八洗沐》，该文中的一个片段是："淡云薄日，夕阳佳月，花之晓也；狂号连雨，烈焰浓寒，花之夕也。唇檀烘日，媚体藏风，花之喜也；晕酣神敛，烟色迷离，花之愁也。欹枝困槛，如不胜风，花之梦也；嫣然流盼，光华溢目，花之醒也。"而周作人在《重印袁中郎全集序》中评价道："《瓶史》与《觞政》二篇大约是顶被人骂为山林恶习之作，我却以为这很有中郎特色，最足以看出他的性情风趣。"

看来文章跟历史一样，都有着时间上的轮回，对于同一件事物，无论是夸赞还是贬斥，只是时代的不同而已，星星还是那颗星星，文章也还是那篇文章，只是审美主体的思想变了，那么该文所得到的评语也就随之升降。但话又说回来，能够在历史上有一篇作品被人褒来贬去，倒也是一种没被遗忘。

三袁墓位于湖北省公安县孟家溪镇三袁村。昨天在湖北天门访完钟惺和谭元春后，立即赶往长途车站，希望能够赶上前往公安的车，但是没想到这里的长途车站过了五点即全部收班，连开往武汉的车都没有了。没办法，只好住在了距离长途车站最近的一家小宾馆。今日一早七点钟，即到车站问前往公安县的车，工作人员告诉我，这里去公安县没有直达车，我的失望表情引起了她的同情，她跟我说，你有两个选择，一是先去武汉，然后转往公安，另一个选择是从沙市转车，虽然她的这个说法让我觉得跟某个电视镜头相仿佛，但我还是感谢了她的善意。于是我选择了去沙市的车。

我之所以作出这样的一个选择，是因为沙市到公安也有高速，只是不知道这些挂着"走高速"牌子的车是不是真的走高速，事实上这些车常常只在某一段路程走高速，于是就会挂上全程高速的牌子。购票上车后见到车窗上贴有从沙市到公安中途上车的价钱表，知道又是挂羊头卖狗肉，但也无可选择了。好在这种车是站到站的方式，到沙市下车后，立即跳上另一辆开往公安县的车，没有将时间耗在等待上。

到公安县城后，打的前往孟家溪镇，对司机说去三袁墓，他对我的回答没有吱声，我不确定他是听懂了我的话，还是并不明白我的目的地是哪里，于是再次向他确认。他说知道，而后就不再言语。看来我碰到了一位沉默寡言的司机，想了想，这也倒是好事，多天来的疲累让我也没有了说话的欲望，坐在出租车里，倒是一个短暂休息的时机，于是一路无话地开到了孟溪镇。这时司机把车停在了镇中心热闹位置的一个白色雕像前，告诉我说："到了。"

我真后悔没在车上跟他确认自己找的是三袁墓而不是三袁像，但事已至此，只能问他，是否知道三袁墓在哪里，司机仍说这里就是。他的这个回答让我疑惑，三袁像下面有可能就是墓的原址，于是走近细看，这个塑像的基座上贴满着乱七八糟的广告，然而没有任何文字说明此为三袁墓旧址，更何况雕像处在闹市区的中心，从历史演变的情况看，也不太可能这是古人墓葬的旧址。

我站在旁边向人打听三袁村，看来三袁在这里的名气的确很响亮，所问的人都能马上给我指出方向。快到三袁村时，远远看到田野间有老房子，我认为这么古老的破房子，必定是三袁墓无疑，然而司机选择路径时错走了另一条小径，经过一家村中小店时再打听，村人告知正确路径后，大声指着一名妇女说："你把她带上！她是管钥匙的！"转身望去，原来是一位中年妇女，带着一个小孩子，我于是立即请他们上车。到处的寻访吃过无数的闭门羹，无意中能够遇到拿钥匙的人，这样的运气并不多。被妇女一同带上车的小女孩大约四五岁，一直好奇地盯着我，为了表达我的感谢，我将书包内的小零食悉数掏出，递给那个小女孩，她用期待的眼神望着自己的母亲，希望得到首肯，果真那个母亲大声地对她说，拿着吧。于是乎，我看到了最为愉快的笑容。

但我的好心在本次却未曾带来应有的效果，因为来到三袁墓的门口时，那位妇女突然说，她忘了带钥匙。这个意外让我也不知说什么好。这位妇女为了解释其言不虚，她告诉我说，平时钥匙都装在身上，但今天只是个意外，我问她钥匙到哪里去取，她却告诉我，拿钥匙的那个人进县城里去了，恐怕短时间内难以返回。

难道这次的结果又是拍拍大门，失望而去？找到了开门人，而无法入内，这种情况倒给我的寻访又多了一个特殊的范例，我从那位妇女的脸上感觉到她不是给我故意卖关子，但无论此是真是假，而我无法入内却是一个事实。这时候此妇女给我出了一个主意，她跟我讲，你可以跳进去看看。我望了眼一人多高的大墙，还真不敢逞起匹夫之勇，然而妇女告诉我，这个院墙并非每处地方都这么高，有些地方是可以爬上去的。于是她带着我向墙的另一侧走去，果真

◇ 闹市中的三袁雕像

◇ 仅看到了宗道和中道的墓

在某处看到了一个比较低矮的地方。但妇女却又告诉我，这个方位从外面看比较矮，但里面却很高，她建议我爬上墙后不要直接往下跳，而是向右走出二十余步再向下跳。

她的这个说法让我很欢喜，但我同时也忍不住地会猜测，她为什么知道得这么确切，难道经常带人这么翻墙？我忽然觉得这种猜测是小人之心，于是决定按其所言，试上一把。可是那个所谓较矮的高墙也并不容易爬上去，而那位沉默寡言的司机此时却突然开了口，他说把我推上墙，这倒是个好的建议，这位司机果真有一把好气力，我能明显地感到他托起我时，并没有费尽全身之力。登上墙后，眼前所见果真印证了刚才那位妇女的所言，我颤颤巍巍地站在墙上，努力地克服着自己的恐高症，沿着仅容一脚宽的墙脊，边走边数走出了多少步，果真走出了二十多步后，看到了一处里侧较矮的地方。

然而近期整个湖北正处于梅雨季节，这几天一直断断续续地下

638　觅文记

◇ 袁宗道墓碑

◇ 袁中道墓碑前摆放着枯萎不久的花

◇ 墓园门楣上没有字

◇ 墓园修缮志

着雨，因为长期无人打扰，围墙内的各种野生植物非常茂盛，虽然站在高处，却也看不清植被下究竟是什么情况，然而此情此景，也不可能再往外跳下去，只好护好了相机，咬着牙跳了下去。好在，植被下的并不是水坑，只是松松的泥土，而衣服也被植被上的水珠湿了一半。整个墓园颇为壮观，居然占地25亩，然而除正中高台上两座墓冢外，围墙之内皆荒草树木。两墓并立，左边为袁中道，右边为袁宗道，原来袁宏道的墓并不在这里。

墓碑距离墓冢颇远，虽然简单，但仍然显得比较大气。墓两侧立有石碑，简介三袁以及说明三袁墓修缮过程。拍完照爬上墙头又

◇ 墓园里的空地

如走一段钢丝跳下来,我才开始重新打量墓园外观,其三门为宫殿式,然门楣上空白,一字未写,也许是未修缮完工之故。在我爬进墓园内拍照的时间,妇女跑回家中拿来一个小学生的作业本,等在外面,见我跳出后,拉着要我签名,说是上面定下来的规矩。打开看,里面是来参观的人写下的一些类似"某某到此拜祭"的话,于是我也入乡随俗了一回,写下了生平第一句"到此一游"。

◇ 三袁简介

钟惺、谭元春：诗，活物也；诗，清物也

竟陵派是晚明时期著名的一个文学流派，此派以钟惺和谭元春为代表，因为钟、谭都是竟陵人，故而该派被称之为竟陵派，他们的文风也被称为"钟谭体"，这个称呼最早来自于钱谦益的《列朝诗集小传》丁集："伯敬少负才藻，有声公车间，擢第之后，思别出手眼，另立幽深孤峭之宗，以驾驭古人之上，而同里有谭生元春为之唱和，海内称诗者靡然从之，谓之钟谭体。"而《明史·文苑传》则将该派称之为"竟陵体"："自宏道矫王、李诗之弊，倡以清真。惺复矫其弊，变为幽深孤峭，与同里谭友夏评选唐人之诗为《唐诗归》，又评选隋以前诗，为《古诗归》，钟、谭之名满天下，谓之'竟陵体'。"

◇ 钟惺撰《隐秀轩集》明天启二年沈春泽刻本

竟陵派的兴起跟当时的公安派有一定的关系，陈衍在《石遗室诗话》卷二十三中有这样一段话："钟敬伯、谭友夏共选《古诗归》《唐诗归》，风行一时，几于家弦户诵。盖承

前后七子肥鱼大肉之后，近选唐诗，专取清瘦淡远一路，其人人所读，若李太白之《古风》、杜少陵之《秋兴》诸作，皆不入选，所谓厌刍豢思螺蛤也。唯钟、谭于诗学虽不甚浅，他学问实未有得，故说诗既不能触处洞然，自不能抛砖落地，往往有'说不得''不可解'等评语，内实模糊影响，外则以艰深文固陋也。"

陈衍的这段话说得很形象，他说钟、谭共同评选的《古诗归》和《唐诗归》风行于天下，而如此畅销的原因是因为那个时代人们已经厌腻了前后七子所倡导的诗风，陈衍把这种诗风比喻成"肥鱼大肉"，针对这种情况，钟、谭特意将唐诗中的"清瘦淡远"诗作选出来，于是让天下爱诗人大感爽快，这也就是钟、谭所选诗作得以畅销天下的原因。接下来陈衍对这种选诗方式以及评诗方式并不首肯，虽然如此，钟、谭所选之诗风行天下，则显然是一个事实。

陈衍的这段话直接将竟陵派接续上了前后七子，完全没有提及竟陵派跟公安派是什么关系。其实公安派兴起之时，竟陵派还未形成，而钟惺跟袁中道也是很好的朋友，那个时候袁中道认为，公安派本在湖北，而钟、谭所处的竟陵也同属湖北一地，故希望钟、谭二人能够统一在袁宏道的旗帜下，共同张扬楚风，也就是希望他们一并支持公安派。

袁中道为什么要去联合竟陵派呢？邬国平在《竟陵派与明代文学批评》一书中分析道："竟陵派与公安派由于面临共同的论敌前后七子，以及其他某些文学主张的相近（如都肯定性灵之言，都主张信心而作），加之两派在地域上都处于楚地，互相过从较多，这使他们互相的关系与其他文学流派相比，显得较为密切，以至袁中道公开提出与钟惺等人同宗袁宏道之长，共张楚风的意见，其实质就是希望继袁宏道之后，重振公安派雄姿。"

但钟惺拒绝了袁中道的提议，这个结果显然令袁中道很不爽，后来《诗归》风行天下之后，中道借此对竟陵派提出了批评："杜之《秋兴》，白之《长恨歌》，元之《连昌宫词》，皆千古绝调，文章之元气也。楚人何知，妄加评窜。吾与子（钱谦益）当昌言击排，无令后生堕彼云雾。"中道说，《诗归》竟然连杜甫和白居易的千古名篇都不选入，并且对这些古诗还胡乱评价，所以他邀请钱谦益共同来抵制该书，其目的就是不令后辈们受害。

其实，袁中道的批评也有其道理，因为钟惺在《诗归序》中批评了前后七子，同时也批评了公安派的诗观："今非无学古者，大要取古人之极肤、极狭、极熟，便于手口者，以为古人在是。使捷者矫之，必古人外自为一人之诗以为异，要其异，又皆同乎古人之险且僻者，不则其俚者也。则何以服学古者之心？无以服其心，而又坚其说以告人曰：'千变万化，不出古人。'问其所为古人，则又向之极肤、极狭、极熟者也。世真不知有古人矣。"

前文提到公安派是力矫前后七子之弊，刻意地让诗歌通俗化、口语化，针对公安派的这个观点，钟惺提出了反驳，他认为专门来写这种肤浅之诗，就会令世人不了解真正的古诗是何种面目。

袁中道拉拢钱谦益反击竟陵派，果真得到了钱的响应，钱谦益所撰的《列朝诗集小传》有《钟提学惺》一篇，钱在此文中首先提到了钟、谭所选《诗归》的畅销："（《诗归》）譬之春秋之世，天下无王，桓、文不作，宋襄、徐偃德凉力薄，起而执会盟之柄，天下莫敢以为非霸也。数年之后，所撰古今《诗归》盛行于世，承学之士，家置一编，奉之如丘尼之删定。"

钱谦益明确地说，钟惺考中进士之后，就想独自创出一个诗派，钱总结这个诗派的特点是"深幽孤峭"，这四个字几乎成了后世评价竟陵派诗作的定语，同时钱谦益也说，这类诗风叫做"钟谭体"，该书影响之大，以至于到了凡是读书人家都会有一部《唐诗归》《古诗归》，而钟、谭在这两部书中的评语，也被人视之为诗学圭臬。钱说这些人读到钟、谭的评语就几乎将其视之为孔夫子删诗那样的重要，当然，他的这句话不无讽刺意味。

如果前边的这段话算是对钟、谭夸奖的话，那么接下来钱谦益开始对这两人的诗学观点大加讨伐："而寡陋无稽，错谬叠出，稍知古学者咸能挟筴以攻其短。《诗归》出，而钟、谭之底蕴毕露，沟浍之盈于是乎涸然无余地矣。当其创获之初，亦尝覃思苦心，寻味古人之微言奥旨，少有一知半见，掠影希光，以求绝出于时俗。久之，见日益僻，胆日益粗，举古人之高文大篇铺陈排比者，以为繁芜熟烂，胥欲扫而刊之，而惟其僻见之是师，其所谓深幽孤峭者，如木客之清吟，如幽独君之冥语，如梦而入鼠穴，如幻而之鬼国，浸淫三十余年，风移俗易，滔滔不返。"

钱谦益在这里用了很多难听话来贬斥钟、谭所选之诗以及相关评语，而钱贬斥"钟谭体"的这些形容词，也成了后世批评竟陵派时不断引用的字句。接下来，钱谦益认为"钟谭体"给社会造成了很坏的影响："余尝论近代之诗，抉摘洗削，以凄声寒魄为致，以鬼趣也。尖新割剥，以噍音促节为能，以兵象也。鬼气幽，兵气杀，著见于文章，而国运从之，以一二轻才寡学之士，衡操斯文之柄，而征兆国家之盛衰，可胜叹悼哉！……唐天宝之乐章，曲终繁声，名为入破；钟、谭之类，岂亦《五行志》所谓诗妖者乎！余岂忍以蚓窍之音，为关雎之乱哉！"在这里，钱谦益认为，钟、谭的这种评诗风格简直就是亡国之音。

自钱谦益贬斥竟陵派后，直到民国年间，对于竟陵派的批评一直是社会的主流，郑艳玲在《钟惺评点研究》一书中称："清代的钟惺研究主要有两类，一是以钱谦益为代表的反对派主流；二是支持派旁支。"看来批评竟陵派是清代文学界的主流，而支持者因为声音太过微弱，也只能称之为旁支。比如清诗大家朱彝尊就在《静志居诗话》卷十七中对竟陵派予以了严重的斥责："《礼》云：国家将亡，必有妖孽。非必日蚀，星变，龙螯杂祸也，唯诗有然。万历中，公安矫历下、娄东之弊，倡浅率之调，以为浮响；造不根之句，以为奇突；用助语之辞，以为流转；著一字务求之幽晦，构一题必期于不通。《诗归》出而一时纸贵，闽人蔡夏一等既降心以相从，吴人张泽、华淑等复闻声而遥应，无不奉一言为准的，入二竖于膏肓，取名一时，流毒天下，诗亡而国亦随之矣。"朱彝尊的斥责之声基本上跟钱谦益同调。由此可见，钱谦益的这个定调对后世有着深远的影响。

那么，钱谦益为什么要对竟陵派给出这种严重的批评呢？除了诗学观点的不同，其实从个人关系来说，也有很大的因素。当年在参加科举考试时，钟惺和钱谦益都是万历三十八年的进士，钱谦益是该年探花，而钟惺为第十七名。关于这场科考还有一个插曲，那就是汤宾尹经过一些手段把本为状元的钱谦益排后，而将韩敬列为第一，自此之后，钱对汤宾尹十分的痛恨。

钱在编选《列朝诗集》时，就没有选汤的诗作，自然也就没有为他列传。然而钟惺却跟汤宾尹关系特别好，钟将汤喻之为"救时宰相"，他在《汤祭酒五十序》中对汤进行了大大的夸赞："汤先生意度高广人也，其肝肠栩栩然见于须眉鼻吻之间。与先师雷何思太史善，其人亦相似，皆怜才而喜谈天下事，于士有一之不知，尝引为耻；事有一之不可为，不啻身忧之。循资旅进，异日皆可为救时宰相。"而汤也对钟特别推崇，他在《钟伯敬像赞》中是如此的夸赞钟惺："其貌甚癯，博昧先王乃甚腴。其情甚孑，愤发天下之事乃甚热。其气体甚弱甚柔，擘古今之得失，决豪杰之雌雄，乃甚壮甚遒。我仪其人，朝莫见之。舍于松下，拂披清飕。以讽以诵，《史怀》《诗归》。"

顶替钱谦益成为状元的韩敬,当然也就成了钱谦益的仇人,但后来发生的党争,韩敬也没得到什么好处。然而钟惺也跟韩敬关系特别好,当韩敬的事情已经得以昭雪之后,他仍然住在吴兴老家,万历四十七年时,钟惺特地去看韩敬,并且给他写了三首诗,其中第一首为《得韩求仲书并所选文二编感而有寄》,此诗的前两句为:"十年明一冤,人生年几十?可见始祸人,为谋亦不失。"可见钟惺在竭力地替韩敬鸣冤。那么反过来,钱谦益直到晚年都在痛恨韩敬顶替自己当了状元之事,他若得知钟惺反而替韩敬说话,那么他对钟的态度也就可想而知。

虽然如此,但是钱谦益跟钟惺之间并没有到翻脸的程度,钱还有两次专程去看钟,但不巧的是两次都未曾见到面,而钟惺也特意写诗表示了歉意,其中一首为《喜钱受之就晤娄江先待予吴门不值》:

>不敢要君至,既来弥解颜。
>友朋相见意,形迹亦何关。
>两度来迎候,孤舟费往还。
>可知心过望,正以事多艰。
>学道身初健,忧时神颇屦。
>浮沉十载内,毁誉众人间。
>试看予流寓,何殊子入山?
>机缘如互凑,述作有余闲。

对于这首诗,邬国平评价说:"钟惺这两首诗虽然也表达了对钱谦益的思念、慰劝,以及对重逢的向往,但是两人之间的某种疏远、陌生乃至隔阂,也是分明能从诗中感受出来的,完全不同于他与韩敬那样的惬洽密切。"

从表面看，两人虽然没有闹翻，但是钱谦益的确看不上钟、谭的评点，故而他在《列朝诗集小传》中同样有指摘谭元春的话，比如丁集中《谭解元元春》有这样一段评语："吴门朱隗曰：'伯敬诗桃花人事少，诋之者曰：李花独当终日忙乎？友夏诗秋声半夜真，则甲夜、乙夜秋声假乎？'云子本推服钟、谭，而其言如此。"

这段话的原始出处，见于明朱隗《明诗平论》中《秋夕集周安期陶公亮陈则梁赵承琢胡用涉金正希拍鸳堂看月》，朱隗在"秋声半夜真"一句下的评语："最是竟陵习语，不恨清态，正坐浮耳。诋之者常举伯敬'桃花少人事'，谓：'李花当独终日忙乎？'今云'半夜真'，则前此后此秋声尚假？论诗虽不必如此戏谑，要之率尔语亦当简洁，病在为炼。"由此可知，钱谦益的这段引用，显然有着歪曲的成份，因为朱隗的原话本是一句戏谑语，而钱谦益却将其改成了肯定性的评语。所以前人的评价无论是褒与贬，一定要弄清楚，他做出如此判语的背后原因，看来，做到完全的公正真是不容易的一件事。

其实从文学观念上来说，竟陵派直接受公安派的影响，比如公安派所看重的"真诗"以及"性灵"等观念都被竟陵派所继承，然而这两派在文学趣味上还是存在差异。袁行霈主编的《中国文学史》将这两派的差异总结为两点，一是公

◇ 钟惺评《春秋左传》三十卷，明崇祯四年毛晋汲古阁刻本，书牌

安派并不反对文学复古,因为他们只是不满于前后七子仿古蹈袭的做法,他们强调作家自己的创造,但是竟陵派更加看重向古人学习;而第二点则是公安派强调于"信心而出,信口而谈",这种做法使得该派的诗作变得浅俗,而竟陵派则要求从古诗中体味出精神。但从诗作的特性来说,竟陵派也确实存在钱谦益给他们总结的那四个字——深幽孤峭,比如钟惺所作的《宿乌龙潭》:"渊清息群有,孤月无声入。冥漠抱天光,吾见晦明一。寒影何默然,守此如恐失。空翠润飞潜,中宵万象湿。……"

此诗中用了不少的阴性词,比如孤月、无声、冥漠、晦、寒影等等,对于这些词,袁行霈的《中国文学史》给予了如下的总结:"此诗凸显在诸诗中的幽寒凄清的基调,大概就是竟陵派作家所要追求的'幽情单绪''奇情孤诣'的创作境界吧。"这样的诗作也就决定了竟陵派诗风的基调。

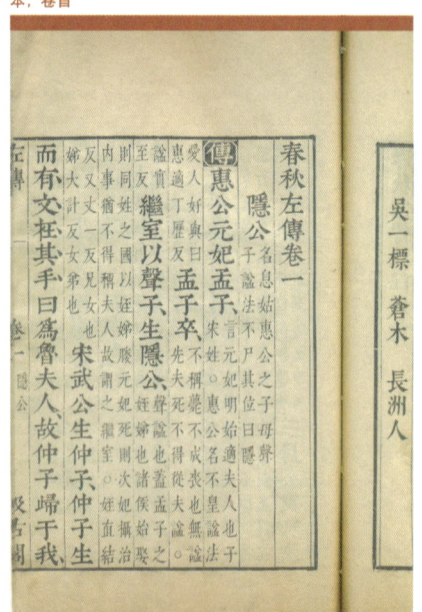

◇ 钟惺评《春秋左传》三十卷,明崇祯四年毛晋汲古阁刻本,卷首

钟惺和谭元春是出于怎样的动机,要选出唐与古这两部《诗归》?谭在《退谷先生墓志铭》中说过这样的话:"万历甲寅、乙卯间,取古人诗,与元春商定,分朱蓝笔,各以意弃取,锄莠除砾,笑哭由我,虽古人不之顾,世所传《诗归》是也。"这句话只是说,他们两人在两年的时间内,分别用朱笔和蓝笔进行选择和评点。但谭并没有说为什么要这样做,而钟惺则在《与蔡敬夫》中提

到了这么做的缘由:"每念致身既迟,而作官已五载,以闲冷为固然,习成偷堕,每用读书做诗文为习苦销闲之具。别后凡有所作,历境转关,似觉渐离粗浅一道。家居,复与谭生元春深览古人,得其精神,选定古今诗曰《诗归》,稍有评注,发覆指迷。盖举古人精神日在人口耳之下,而千百年未见于世者,一标出之,亦快事也!"

谭元春和钟惺是同乡,他比钟小十二岁,两人是何以相识者,相关史料未曾看到。虽然年龄上有着差距,但两人的性格上却很相近,他们的诗选分为两部书,从上古到隋代称为《古诗归》,该书总计有十五卷,从初唐到晚唐称之为《唐诗归》,总计三十六卷。对于自己的评选尺度,钟惺在总评王季友时,有过这样的话:"余性不以名取人,其看古人亦然。每于古今诗文,喜拈其不著名而最少者,常有一种别趣奇理,不堕作家气。岂唯诗文?书画家亦然。"看来他特地要挑选不著名的诗作,果真有着别样的眼光。而对于这两部书为什么叫"诗归",钟惺在序言中说:"选者之权力,能使人归。"看来他认为自己的诗选才是正统。

关于《唐诗归》,钟、谭有着扬杜抑李的倾向,比如杜甫的诗选择了288首,而李白的诗则是97首,并且在评点上也指出李白诗作的不少毛病。钟、谭的《诗归》还有一个倾向,那就是对曹操的肯定,《古诗归》中选了曹操八首诗。而有趣的是,四大名著之一的《三国演义》一书中,竟然也录有钟惺的一首诗,这首诗出现在该书的第七十八回,诗的题目叫《邺中歌》,这首诗的前半部分为:

> 邺则邺城水漳水,定有异人以此起。
> 雄谋韵事与文心,君臣兄弟而父子。
> 英雄未有俗胸中,出没岂随人眼底?
> 功首罪魁非两人,遗臭流芳本一身。

> 文章有神霸有气，岂能苟尔化为群？
> 横流筑台拒太行，气与理势相低昂。

即此可见，钟惺对曹操有着何等的夸赞。

两部《诗归》出版之后，迅速地风靡天下，而竟陵派的形成也以该书的出版为标志。当时该书收到了不少的赞誉，比如钟惺的好友夏树芳给予了这样的评价："至读《诗归》，一字敲倡，龙翔凤仰，垒然发我才思。钟先生格韵真为近代第一文人。"钟惺因为评点《诗归》而名声大噪，但夏树芳把钟称之为"近代第一文人"，显然，这样的夸赞不具有公信力。

虽然钟、谭并称，但钟惺才是竟陵体的领袖人物，然而他却对谭元春特别的夸赞，钟惺在《与金陵友人》中称："谭郎友夏，楚之才子也。比于不佞十倍，而风流倍之。"他们两人的友谊一直延续到了钟惺去世，这之间长达二十一年。钟惺去世后，谭对他特别怀念，并且在《丧友诗三十首有引》中回朔了两人之间的友谊："每别必思，思必求聚，将聚必倚栏而待，聚必尽其欢，欢必相庆，片语出示，作者敛容，一过相规，旁人失色。于是天下人皆曰：此二子真朋友也。客有善谮者，钟子笑应曰：'吾两人交，所谓苏、张不能间也。'"

其实，两人在性格上并不相同，在诗学观点上也略有差异，张业茂在《谭元春传评》中说："钟惺爱用虚字，谭元春则认为应该选而用，多则舍。明明存在分歧而又能始终友好相处，这正是钟、谭友谊的可贵之处。"从性格来说，钟惺也很特别，《竟陵县志》上说他："读书学道为念，通籍十四年，简淡自持，耻事生产，自著述外，无酬酢主宾，人以是多忌之。然与文士接，终日谈论不辍，与邑名士谭元春为性命友，每商榷古今文章诗史，不袭人唾余，而

两家各勉为孝友,俨如通家,有雍睦古道焉。"这样的性格也就决定了他的诗作风格,他曾写过一首《桃花涧古藤歌》:

> 吾闻藤以蔓得名,身无所依不生成。
> 看君偃卧如起立,雅负节目不自轻。
> 昂隐诘屈自为树,傍有长松义不附。
> 春来影落涧水中,不与桃花同其去。

这首歌被目之为钟惺为人的自我写照,他决定不依靠他人,不看轻自己,要走出自己的路子来。而他诗风的特别之处,也受到了后世的批评,比如郭绍虞在《中国文学批评史》中说:"钟、谭沾染明代文人习气,只在文中讨生活,所以觉其不学;只在文中开眼界,所以也多流弊。换句话说,就是还在纯艺术论中翻觔斗,所谓一知半见,也就等于无所知见。钱牧斋称其'见日益僻,胆日益粗','以俚率为清真,以僻涩为幽峭','识堕于魔而趣沉于鬼',也未尝不中其病痛。"

由以上可知,钟、谭就是因为评点《古诗归》和《唐诗归》而名扬天下者,他二人为什么想起要评点古诗?是谁首先提出这种建议的?谭元春在《退谷先生墓志铭》中称:"万历甲寅、乙卯间,取古人诗,与元春商定,分朱蓝笔,各以意弃取,锄莠除砾,笑哭由我,虽古人不之顾,世所传《诗归》是也。"

由这句话可知,对于这两部书的评点,是钟惺首先提出的建议。对于这个说法,亦可由钟惺所写的《与蔡敬夫》中所言可证:"家居,复与谭生元春深览古人,得其精神,选定古今诗曰《诗归》,稍有评注,发覆指迷。盖举古人精神日在人口耳之下,而千百年未见于世者,一标出之,亦快事也!"

钟惺说,那时他家中没事儿,于是就请谭元春来共同筛选古诗。虽然他们所选的这两部诗集风行天下,但却受到了不少文人的批评,以至于有人说《诗归》根本不是钟、谭二人所评点者,这样的说法出自于朱彝尊《静志居诗话》卷十八中"谭元春"一条的引语:"《诗归》本非钟、谭二子评选,乃景陵诸生某假托为之。钟初见之,怒,将言于学使,除其名。既而家传户习,遂不复言。"

引语明确地说,该书乃是一位秀才所选,而后假托钟、谭之名而对外发行。钟惺见到此书十分生气,准备向有关部门举报,要将这位秀才除名,可是后来看到这部书风行天下,想一想,也就没这么做。显然,这样的说法可谓罔顾事实,因为钟惺在跟他人的通信中,多次谈到正在编写此书,比如钟在给蔡敬夫的信中说:"凡得公诗,无不和者,此番独未能。自西陵游后,断手于此矣。两三月中,乘谭郎其处与精定《诗归》一事,计三易稿。最后则惺手抄之,手抄一卷,募人抄副本一卷。副本以候公使至而归之公。"

看来,钟惺跟蔡敬夫的关系很好,并且二人是师友关系。蔡每作诗都会寄给钟,钟看后也会与之唱和,但在这封信中,钟却说:他来不及唱和了,因为近两、三个月他正跟谭元春忙着评点《诗归》,到此时,他们已经校到了第三稿。看来,这第三稿已经成了定本。因为钟惺亲手抄了一份,而后他又请人抄了个副本,他准备将此副本送给蔡敬夫。

◇ 钟惺评《三国志注钞》十六卷,清顺治戊戌赵吉士刻本

钟惺为了评点《诗归》，真的下了大工夫，以至于连好友的和诗都来不及作。钟惺为什么要把评点古诗的事情看得这么重要呢？他《与谭友夏》一信中说过这样几句话："弟僦居金陵，心自怀归，盖平生精力十九尽于《诗归》一书，欲身亲校刻，且博求约取于中、晚之间，成一家言，死且不朽。"

钟惺说自己暂住在南京，其实挺想返家，可是他把自己的主要精力都用在了选诗和评点方面，并且想亲自刊刻这部书，他把对古诗的评点看得很重要，认为《诗归》将成为自己立言于世上，且永垂不朽的标志。

可见，钟惺对编辑和点评《诗归》之书，看得何等重要。而今有人说《诗归》乃是他人所选，只是假冒钟、谭之名而已，若钟惺地下有知，不知会气成什么样。当初，二人为了能够编出一部流芳后世的古诗选本，他们下了很大的工夫，比如谭元春在《奏记蔡清宪公四》中说："盖彼取我删，彼删我取，又复删其所取，取其所删，无丝毫自是求胜之意。"

在哪些诗能够入选的问题上，看来二人的意见并不统一，但他们并不互相谦让，而是以能够选到最合适的诗为标准，哪怕对方删掉了，但自己觉得有价值，也依然会重新填上，这份认真真是难得。由此也可以看出，无论选诗还是评点，二人都有着极其认真的态度。

邬国平在《竟陵派与明代文学批评》一书中，举出了谭

◇ 钟惺评《公羊传》明崇祯九年陶珽刻本

元春所评唐岑参《还高冠潭口留别舍弟》一诗：

> 昨日山有信，只今耕种时。
> 遥传杜陵叟，怪我还山迟。
> 独向潭上酌，无人林下期。
> 东溪忆汝处，闲卧对鸬鹚。

对于这首诗，邬国平在其专著中说："这首诗读来颇费解。看诗的题目，我们知道它是诗人为辞别弟弟、回高冠潭口而作。诗的前面四句写诗人回去的原因是那里有人在想念他，希望与他相聚。这还比较好懂。然而后面四句却不明白说的是什么意思，主语究竟是谁？'忆汝处'的'汝'又是指谁？皆不知所云。"

但是这个疑问经过谭元春的认真分析，终于得出了圆满的答案："不曰家信，而曰'山有信'，便是下六句杜陵叟寄来信矣。针线如此。末四语就将杜陵叟寄来信写在自己别诗中，人不知，以为岑公自道也。'忆汝'之'汝'字，指杜陵叟谓岑公也。粗心人看不出，以为'汝'指弟耳。八句似只将杜陵叟来信掷与弟看，起身便去。自己归家，与别弟等语，俱未说出，俱说出矣，如此而后谓之诗，如此看诗，而后谓之真诗人。"

由谭的所言可知，该诗的后四句乃是转换了主角，因为这后四句乃是讲述的杜陵叟来信的内容：杜陵叟说，因为岑参没有在身边，使他感到了寂寞。以往难以读懂的一首诗，经过了谭元春的评点，终于让读者能够读懂该首诗讲述的是怎样一个完整的内容。对于谭的这个发现，钟惺给予了很高的夸赞："此诗千年来唯作者与谭子知之，因思真诗传世，良是危事。反复注疏，见学究身而为说法，非唯开示后人，亦以深悯作者。"

看来，钟惺特别高兴谭元春有这样的发现。钟说，这首诗千年以来，只有作者本人和谭元春明白该诗所讲述的真实内容。由这个侧面也可以理解，为什么《诗归》能够风行天下。这跟两位评点者所下的工夫，当然成正比。

但是，中国是诗的国度，无论唐诗还是古诗，流传于后世者是一个很大的数量，对这种海量之诗进行选择和评点，难免会挂一漏万。比如，《古诗归》卷一中收有《几铭》，该诗中的几个字因为在流传过程中残缺了，于是所缺之字就被后世刊刻者用"□"来替代，故而其中的一句就成了"皇皇惟敬□□生垢□戕□"，但是古书经过了多次翻刻，这些"□"就被刊刻者讹为了"口"字，而钟、谭并不了解这种情况，于是他们就对这句话进行了发挥性的评点，比如钟惺说："读'口戕口'三字，竦然骨惊，觉《金人铭》反饶舌。"而谭元春也做出了这样有趣的评价："四'口'字叠出，妙语，不以为纤。"

他们两人的误会来自于哪里呢？《四库全书总目提要》中，四库馆臣在给冯舒所写的《诗纪匡谬》中称："（冯）舒因李梦龙《诗删》，钟惺、谭元春《诗归》所载古诗，辗转沿伪，而其源总出于冯惟讷之《古诗纪》，因作是书以纠之。"看来，钟、谭所选《几铭》是从冯惟讷的《古诗纪》中摘选而出者，但他们并不知道这部书已经有了传抄上的错误，这才使得钟、谭在评价《几铭》时，闹出了这样的笑话。

其实，这样的错误仅是百密一疏，但后世有些学者却因此否定掉了钟、谭所评《诗归》的全部，比如朱彝尊在《胡永叔诗序》中评价《诗归》说："专以空疏浅薄诡谲是尚，便于新学小生操奇觚者不必读书识字，斯害有不可言者已。"

对于这样的批评，邬国平先生替钟、谭二人进行了辩护："钟惺、谭元春是文学批评家，而不是学问家，他们的评点议论是以慧性见长，而不是以学识广博取胜。"但那时,考据学也就是所说的实学风行于天下,钟、谭的这种感性的评价当然不能受到考据家们的喜爱,若以乾嘉学派的眼光来看,当然钟、谭的评价没什么意义,可是考据学毕竟跟文学不是一回事,因此邬国平说:"清人著书立说重考据、求出处,不尚空泛的议论,这固然有它的长处,但对鉴赏、批评文学作品来说,这种学风却不是皆足以奏效的。"

其实,钟惺的选诗与评诗也有他的理论依据,比如他写过一篇《诗论》,该书可谓是他在诗词方面的理论论述,他在该书的开篇即称:"《诗》,活物也。游、夏以后,自汉至宋,无不说《诗》者,不必皆有当于《诗》,而皆可以说《诗》,其皆可以说《诗》者,即在不必皆有当于《诗》之中。非说《诗》者之能如是,而《诗》之为物不能不如是也。"

钟惺认为,《诗经》的创作虽然距他的那个时代已经很遥远,但两千年后读到这样的诗,依然是个活物,而不应当把它作为死去的文学作品来看待。他在《简远堂近诗序》中还有一个新观点:"诗,清物也。其体好逸,劳则否;其地喜净,秽则否;其境取幽,杂则否;其味宜澹,浓则否;其游止贵旷,拘则否。之数者,独其心乎哉?"

钟惺在这里又说,诗是清物,因为好诗要有一份从容在,同时要写得干净,味道不可以太浓,境界不可以嘈杂。而这些所言也正是他选诗的依据。但对于他的这种观念,后世既有夸赞者,也有批评者,但他把诗视为"活物",则是其的一大发明,故而邬国平在其专著中给予了这样的评价:"竟陵派的诗为'活物'论在我国文学批评史上占有重要的地位,它代表了古代文学鉴赏批评理论的一个新的历史高度。"

钟惺墓位于湖北省天门市皂市镇苏家湾村,这个地址是我从网上查得者,此次来到湖北寻访,每到一地,都包下一辆出租车,这一程的寻访却不顺利。乘车来到了苏家湾,在村中心问过了多位村民,他们都说未曾听到过本村有这么一座古人墓。我在来此村之前,刚刚在京山访到了郝敬墓,当时找得也很困难,而后通过文化站站长才得以访到。于是我想如法炮制这个成功经验,打电话给114,找到了天门市文化局的电话,给此局去电,直接说明自己的寻访目标,接电话者却称不知道"钟惺、谭元春"是谁,但他说话的语气还算客气,说帮我找个人问一下,而第二位接电话者,口气很冲,应该是个小头目,他当即斥喝我怎么能够随便来拍古墓,同时质问我是否得到了市委宣传部的文件。

看来遇到了茬子,我问他钟惺墓为什么不准拍照,他荡气回肠地告诉我,当然不行,没有官方的允许,任何人都不能拍照。于是我换了个问法,说不能拍也就罢了,那就钟惺墓究竟在哪里?我估计他可能根本就不知道钟惺的墓究竟在哪里,我的这个小招术,此人果真未曾料到,依然嚣张地说:"我就算知道了也不告诉你,你先把市委宣传部的文件拿来再说吧!"

到了这种地步,我也无可奈何。想一想,我还有下一程安排,只能离开本地,等下次有机会时,再想办法弥补上这个缺憾吧。然而那句著名的古语——屋漏偏遭连夜雨,船破又遇顶头风,这时候却发挥了效应,刚开出村不久,我乘的出租车车轮竟然陷入了泥潭中,司机试了几种办法都无法摆脱这个困境,无奈只好往回走,呼唤来了几位村民,在众人的努力下,终于把车轮

◇ 沿着司机的手指望去,令我大喜

◇ 旷野中的文魂

抬了出来,看到大家的一脸汗水,让我更加的感慨,为什么这么质朴的村民,竟然有那样的一个文化官员。

向众人道谢后,继续前行,然而司机是京山人,他也不熟悉天门的路径,为了少走冤枉路,他不断地注意着路边的指示牌,突然间,他跟我讲:"你看,钟惺大道,你找的是不是就是这个人?"顺其所指,果真看到了那几个大大的字,我觉得这是上天对我的照顾,虽然我寻钟惺墓未果,但总算拍到了这个路牌,也就如孙悟空在如来佛的手指上撒了泡猴尿,这个结果多少舒解了我不快的心境。

我的下一个寻访目标当然就是谭元春。谭元春墓位于天门市黄潭镇黄咀村,好在此处距皂市镇并不是很远,并没费多少周折就来到了此村。此村的面积不大,村民们都知道谭元春墓在哪里,按其所指,穿过村庄,驶上了一条泥泞的小路,

◇ 被砍伐掉的树仅剩树桩

◇ 谭元春墓全景

此时又下起了雨，我很担心又发生车轮陷入泥坑的情况，好在这位司机还算仁义，他告诉我说，不用担心，因为有了刚才的经历，他开行时已经小心了许多。出村几百米，就在平整的荒野中看到了一处墓园，从外观形式上，我本能的感觉，这里就是我的寻访目标，来到近前一看，果真如此。

出租车并不能开到墓园的入口处，于是下车步行前往，充沛的雨水，把脚下的路泡成了烂泥场，行走在上面，走不出几步，两只鞋就变成了两个大泥坨，我只好不断地找木棍清除着脚上的这些赘物，好在未曾摔倒，就走到了谭元春的墓园内。从外观看，这个墓园是新近修造完毕者，墓园的形制基本属于正圆形，一圈的围栏有些像公园的围墙。墓园的正中就是谭元春的墓丘，墓丘之上有多棵被斩掉的树的残根，从横截面上来看，这些树当年也很能够遮挡一些荫凉，不知为什么要将这些植物砍得精光。来到此地时，刚刚过了清明，也许是其家的后人认为这是一种好的修墓方式，也有可能是当地的一种风俗，我对此却完全不了解。但不管怎么样，钟、谭二人我总算朝拜到了其中的一位，这让我顿时有了了结一桩心愿的放松感。

徐霞客：诸峰朵朵，仅露一顶，日光映之，如冰壶瑶界

徐霞客应当算是中国历史上最有名的旅行家，他的这个爱好应该是得之于其父徐有勉，而他的儿子李寄也同样有此好，三代人都共同秉持着一个特殊的爱好，这样的家族在中国太过罕见。

据说徐家也曾经是江阴的富户，徐霞客的父亲不喜欢出门找工作，也不愿意结交权势，唯一的爱好就是游山玩水。万历二十九年，徐霞客已经十五岁了，他参加过一回童子试，但因成绩不好未曾考

◇ 徐霞客墓

取，从此就对科举没了兴趣。徐有勉见此况，一丝都没有责怪儿子，但他却鼓励儿子多读书，于是徐霞客就养成了藏书的习惯。可能是因为家里有钱，所以他就尽量去买能够买到的所有书。

徐霞客十九岁时，父亲去世了，于是他就想效仿父亲那样，去游览天下的名山胜水，但考虑到母亲已经年迈，他不忍心离去。然而他的母亲却是个达观的人，她鼓励他出外游玩。万历三十六年，在徐霞客二十二岁时，他终于走出了家门。而后他一趟趟的出行，直到五十四岁离开人间。

徐霞客为什么要将一生的精力都用在游览之上？关于这件事的明确答案，我未曾寻找到，而他的游览过程及经历，大多都记录在了游记之中，这就是后世整理出来的《徐霞客游记》。但这个游记其实只是他晚年的游览经历，比如最初的五年，他游览了许多名胜，却完全没有文字流传下来。而从万历四十一年到崇祯六年，这二十年的时间内，他仅写了一卷的游记；从崇祯九年到崇祯十二年，仅三年多的时间，他就写了九卷的游记，因此说，他的游览经历其实大多未曾记录下来。

徐霞客在游览过程中，每日都会记下当日的行程，同时还会写出所见的景物描写，比如他所作的《游天台山日记》，我录其第一段如下：

四月初一日　　早雨。行十五里，路有歧，马首西向台山，天色渐霁。又十里，抵松门岭，山峻路滑，舍骑步行。自奉化来，虽越岭数重，皆循山麓；至此迂回临陟，俱在山脊。而雨后新霁，泉声山色，往复创变，翠丛中山鹃映发，令人攀历忘苦。又十五里，饭于筋竹庵。山顶随处种麦。从筋竹岭南行，则向国清大路。适有国清僧云峰同饭，言此抵石梁，山险路长，行李不便，不若以轻装往，而重担向国清相待。余然之，令担夫随云峰往国清，余与莲舟上人就石梁道。行五里，过筋竹岭。岭旁多短松，老干屈曲，根叶苍秀，俱吾阊门盆中物也。又三十余里，抵弥陀庵。上下高岭，深山荒寂，泉轰风动，路绝旅人。庵在万山坳中，路荒且长，适当其半，可饭可宿。

这段的写法有日期、有天气、有路程，几乎是典型的日记体，然而文中的景物描写既是写实，又有着简明扼要描绘，虽寥寥数语，但却写得十分形象，可见徐霞客有很强的文字把控能力。

对于这样的本领，从他的炼字功夫上即可得窥，比如庆远府龙隐岩双门洞前刻有张自明的《丹霞绝句》，此绝句中有"自有此山才有此，游人到此合徘徊"，徐觉得这两句的"才"字写得不佳，他认为应当将此字改为"谁"。他曾经还在前往鸡足山传衣寺看到一副门联——"峰影遥看云盖结，松涛静听海潮生"，徐霞客认为后一句中的"涛"字与"潮"字是叠韵，他认为"何不以'声'字易'涛'字乎？"

可见，徐霞客在作诗和写文时特别讲求文字上的锤炼与推敲，也这正是他的游记广受人喜爱的重要原因之一。我仍然以《游天台山日记》为例，再引用该记中的第三段如下：

仍下华顶庵，过池边小桥，越三岭。溪回山合，木石森丽，一转一奇，殊慊所望。二十里，过上方广，至石梁，礼佛昙花亭，不暇细观飞瀑。下至下方广，仰视石梁飞瀑，忽在天际。闻断桥、珠帘尤胜，僧言饭后行犹及往返，遂由仙筏桥向山后。越一岭，沿涧八九里，水瀑从石门泻下，旋转三曲。上层为断桥，两石斜合，水碎迸石间，汇转入潭；中层两石对峙如门，水为门束，势甚怒；

> 下层潭口颇阔，泻处如阈，水从坳中斜下。三级俱高数丈，各级神奇，但循级而下，宛转处为曲所遮，不能一望尽收。又里许，为珠帘水，水倾下处甚平阔，其势散缓，滔滔汩汩。余赤足跳草莽中，揉木缘崖，莲舟不能从。暝色四下，始返。停足仙筏桥，观石梁卧虹，飞瀑喷雪，几不欲卧。

这一段文字几乎全是景物描写，但他并不在细节上大肆渲染，始终有着刻意的收敛，所有描写点到为止，却又能形象地还原当时的实况。这样的本领应当是得益于他年轻时的大量读书。

对于徐霞客的诗作，因为传本的大量丢失，故而流传至今者不足百首。对于他的诗，卢永康、祁若渝写过一本《徐霞客诗校注》，此书的序二由云南大学历史系教授朱惠荣所写，朱先生在此序中评价说："徐霞客诗作的内容，多为记游写景，即使朋友酬唱，也发生在名山胜水的特定环境，这和他一生以旅游探险为职业分不开。因此，徐霞客的诗作可算是他的《游记》的姊妹篇，和《游记》互相参对阅读，更能体会其精髓高妙。"如此说来，徐霞客的诗也成为了他那著名游记的一部分，这也正是徐诗的价值所在。

《徐霞客诗校注》一书中，排在最前面的五首诗是徐霞客写给其族兄徐雷门的《题小香山梅花堂诗》。徐霞客在此诗前写了五百字的小序，讲述了他的族兄徐雷门建起了一座别墅，而徐霞客对此别墅的景色十分喜爱，于是写出了五首诗。此组诗的第一首为《得壶字》：

> 佳迹空山漫记吴，幽人逸兴寄髯苏。
> 种来香雾三千界，削就云根第一株。
> 水月遥分大士供，阴晴递换小山图。

片时脱尽尘凡梦，鹤骨森寒对玉壶。

卢、祁二先生《校注》之书，首先对"得壶字"做了解释："又称分韵，作诗时先规定若干字为韵，各人分拈韵字，依韵作诗，叫作'分韵'，一称'赋韵'。"看来，此诗是徐霞客与徐雷门分韵作诗时，徐霞客得到了一个"壶"字，故而他以此作出了这首诗。

而这组诗的第三首则为《和兄韵》：

结庐当遥岑，爱此山境寂。
展开明月光，幻作流霞壁。
壁上叠梅花，壁下飞香雪。
泠然小有天，洵矣从香国。
香留妃子名，花洒名贤笔。
名以还山灵，笔以表山骨。
幽人物外缘，今古妙吻合。
造化已在手，香色俱陈迹。
相对两忘言，寒光连太乙。

对于和韵，卢、祁二先生的注释为："和韵，亦作唱酬、酬唱。谓作诗与别人相酬和。大致有以下四种方式：一是和诗，只作诗酬和，不用被和诗原韵；二是依韵，亦称同韵，和诗与被和诗同属一韵，但不必用其原字；三是用韵，即用原诗韵的字而不必顺其次序；四是次韵，亦称步韵，即用其原韵原字，且先后次序都须相同。"

从这两首诗以及注释即可得知，徐霞客对诗作的文字把握，确实很是娴熟。对于这样的诗作，徐霞客还写过一组"赋得孤、云、独、往、还"，这组诗每字为一首，合计为五首。对于何为"赋得"，卢、祁二先生的《校注》中作了如下解释："凡摘取古人成句之诗，题首多冠以'赋得'二字。南朝梁元帝即已有《赋得兰泽多芳草》一诗。科举时代之试帖诗，因诗题多取成句，故题前均冠以'赋得'二字。同样也应用于应制之作及诗人集会分题。后遂将'赋得'视为一种诗体，即景赋诗者亦往往以'赋得'为题。"我录该诗的前两首如下：

> 秋空净无极，兀兀片云孤。
> 不与风同驶，遥令雨自苏。
> 卷舒如有约，尺寸岂随肤？
> 我欲神相倚，从之径转无。

> 为霾并为电，弥天总是云。
> 谁能绘霄汉，了不作氤氲。
> 捧日开朝霁，飞霞散夕曛。
> 此中无一系，何处着纷纷？

徐霞客在作诗方面确实有着不小的本领。关于这一点，他的密友黄道周给这五首诗作的跋语中做了如下说明："壬申（崇祯五年）秋，同徐振之泛舟洞庭，还宿楞枷山，即席分韵，共赋'孤云独往还'，而振之诗先成。喜其词意高妙，备极诸长，因录于上，方知予作之不逮也。七月望日，弟黄道周书。"

在崇祯五年，黄道周跟徐霞客共同在洞庭湖内坐船游览，当晚他们住下来时就分韵赋诗，当时要求每人写出"孤""云""独""往""还"各一首，而徐霞客首先完成了这五首诗。黄道周看后，觉得写得太好了，他感觉自己实在比不上。

徐霞客的诗作中有不少都有一段小序，这些小序完全可以视作

一篇迷你型的游记,比如他所作的《游桃花涧》,该诗前的小序为:

> 涧去梅花堂一里,堂以幽,涧以壮,各擅一奇,亦相为胜:一如洞门仙子,环窈窕之云;一如天际真人,标峨嵋之雪。予兄既种梅以辟山,复买松以存涧。予两游俱从月下,石得之白,松得之清,于泉之观未也。庚午(崇祯三年)春季,乘雨蹑屩,九天风雨,三峡波涛,观斯尽矣。并记之。

而此诗的前半部分则为:

> 睡足山中雨,起探云里泉。
> 重崖岚掩映,复道水潺湲。
> 涧是桃花旧,波摇松影鲜。
> 层层声捣石,矫矫势垂天。
> 吼虎深藏峡,狂龙倒挂川。
> 怒疑连壁坠,宛似趁风旋。
> 玉迸丝丝立,珠倾个个圆。
> 石文喧归鼓,松韵押疏弦。

徐霞客的一生中,最要好的朋友一共有两位,一位是上面提到的黄道周,而第二位则是一位法名静闻的僧人。静闻是江阴迎福寺的和尚,他曾刺血抄录了一部《妙法莲华经》,而后发愿要将此经供奉于云南鸡足山。明崇祯九年,静闻伴随徐霞客前往云南,在到达湘江时遇到强盗,静闻受了两处刀伤,但他仍然冒着大火把佛经抢了出来,后来病逝于广西南宁。

好友的去世让徐霞客十分悲伤,于是他写了六首《哭静闻禅侣》,

他在此诗中的小序中写到：

> 静上人与予矢志名山，来朝鸡足，万里至此，一病不痊，寄榻南宁崇善寺。分袂未几，遂成永诀。死生之痛，情见乎词。

看来，霞客与静闻禅师在共同的游历中结下了深厚的友谊。可惜出师未捷身先逝，当时霞客的心情可想而知，他在该组诗的第一首中写到：

> 晓共云关暮共龛，梵音灯影对偏安。
> 禅销白骨空余梦，瘦比黄花不耐寒。
> 西望有山生死共，东瞻无侣去来难。
> 故乡只道登高少，魂断天涯只独看。

这首诗的第三句写的是静闻去世后，徐霞客带着他的骨骸及《法华经》继续前往鸡足山，他走了五千多里，终于来到了该山，并将静闻的血经供奉在了悉檀寺，同时将静闻的骨骸安葬于文笔山麓，据说静闻的墓塔至今仍存。

而该组诗的第五首则讲述了静闻以身护经的英勇：

> 鹤影萍踪总莫凭，浮生谁为证三生？
> 护经白刃身俱赘，守律清流唾不轻。

一篑难将余骨补，半途空托寸心盟。

别时已恐无时见，几度临行未肯行。

该诗中有徐霞客的小注："江中被劫，上人独留，刃下冒死守经，经免焚溺。"

徐霞客的另一位好友黄道周，学问好，亦善书画，虽仅比徐年长一岁，然而徐却对黄极其佩服。崇祯元年，徐霞客专程前往福建漳浦县去见黄道周，从此二人成了莫逆之交。而后二人又几次见面，再后来黄道周被关进了监狱，徐霞客特意派长子徐屺前往大狱去探望黄，并赠给黄一袭寒裘。徐屺往返奔波了三个多月，回来后他向父亲描述了黄道周在狱中所受的折磨，徐霞客听后"据床浩叹，不食而卒"，于崇祯十四年正月就这样去世了。

◇ 徐霞客撰《游记》十册《补编》一卷，清光绪七年瘦影山房木活字本，卷首

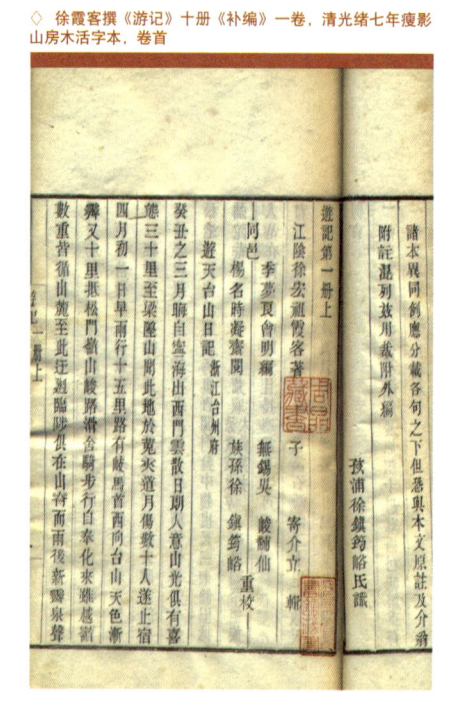

一年之后，黄道周出狱，他听到徐霞客去世的消息，就写了篇《遗奠霞客寓君长书》，而后请人捎给徐屺，以此来祭奠这位生死之交。

徐霞客去世后，他所作的游记大多失散，而为其整理者，主要是其三儿子李寄。李寄不姓徐，这肯定有历史缘由，光绪间《江阴县志》有如下一段话："母周氏，徐弘祖妾，方孕而嫡嫁之，以育于李氏，故名李寄；又以介两姓，历两朝，故自名介立。性颖异，好学，

少应郡试，拔第一。既而悔曰：'奈何以文字干荣哉！'弃去。奉母居定山，终身不娶。母卒，隐由里山之山居庵，号由里山人。"

原来，李寄的母亲周氏是徐霞客的妾，当周氏怀着李寄时，不知何故，她被赶出了家门，估计是徐霞客长期在外游览，而其大老婆将他的妾赶了出去。而后周氏又嫁给了一位姓李的人，她生出的孩子也就只能姓李姓。然而这位李寄却遗传了其父的本事，对文字很有把控力，竟然在当地的考试中拔得了头筹。但考取这样的好成绩却并没有让李寄快乐，于是他放弃了进一步的科考，专门伺候母亲而终生未娶。

这位李寄也同样继承了徐霞客的游览基因，李寄在《昆仑山樵传》中这样介绍自己："昆仑山樵李介，字介立，号因庵，江阴人，性耿直，不能谐世，恒困于衣食，好山水，将遍游天下，不登昆仑不止，故自号昆仑山樵。"

明清之际，李寄也参加了抗清活动，失败之后，他隐居于九莲庵，而后开始整理父亲的《游记》。当他听说父亲的手稿因战乱流失到了宜兴，于是专程前往此地去寻找，而后他在康熙二十三年，从宜兴史夏隆处得到了曹骏甫的抄本。但这部抄本有很多地方做了窜改，于是李寄用其他几个抄本互相校订，又补充进了一些新的内容，而后就成为了《徐霞客游记》一书的祖本。

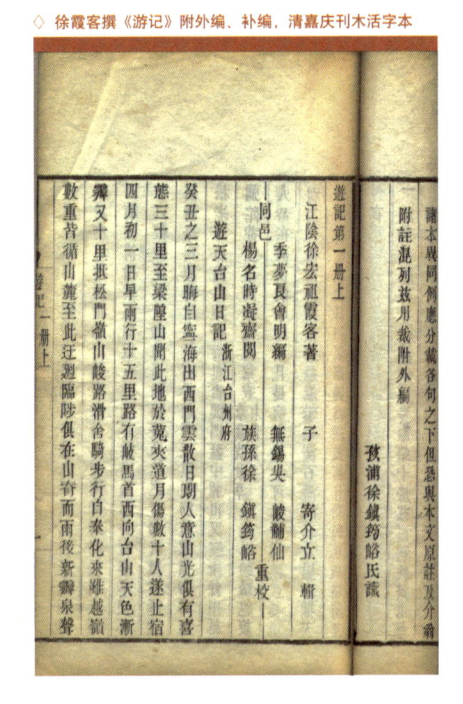

◇ 徐霞客撰《游记》附外编、补编，清嘉庆刊木活字本

反过来看徐霞客的一生,还是难以理解他为什么将全部的精力用在旅游事业上。这个过程中,他所能得到的体味,确实非常人所能理解者,比如《江阴县志》上说:"(徐霞客)出游,东南佳山水,如东西洞庭、天目、雁荡,俱穷其胜。其游也,从一仆或一僧,携一杖一袱被,不治装裹粮,能饥数日,遇食即饱,绝壁丛箐,攀援上下,捷如飞猱。每行数百里,即燃松拾穗,走笔为记。"

看来,他出门时大多会有一位仆人相伴,有时会有僧人伴同,他的出行也并没有太多的装备,包括食品也带得很少。而他能几天不吃饭,有时一顿又吃个饱。不仅如此,他的出行也并不像当代驴友那样有特别多的装备,他完全靠自己攀岩走壁,这样的本领真让人叫绝。但最难得者,是他每走一段就会停下来写日记。

徐霞客攀岩走壁的本事我完全不具备,然而在出行过程中每日必记,我却与之相仿佛。徐霞客的这种特殊偏好被文震孟称之为"古今第一奇人",文震孟的这句话应该指的是徐霞客执于一端的游览吧。我觉得徐霞客写的《吟白崖堡南岩》颇能表现出他的志向:

洞门千古无人到,古干虬藤独为谁?
投杖此中还得杖,三生长与菖坡随。

徐霞客觉得这等人间美景,千古以来都未曾有人光临过,这是何等的遗憾,而山中的古藤也白白地在那里绽放英姿,却得不到人们的赞叹,他觉得自己应当前往一访,以不辜负上天赐予的人间绝景。

我的文化寻踪之旅,若跟徐霞客比起来,无论其持久性还是艰难度,都无法与他并提。虽然如此,我还是把他视之为有着共同爱好的一位前辈,所以他的游记中所写出的喜怒哀乐,每当我读到时,都会有感同身受的亲切。比如,他所写的《游雁宕山》,这篇文章的第十四日有如下一个段落：

> 天忽晴朗，乃强清隐徒为导。清隐谓湖中草满，已成芜田，徒复有他行，但可送至峰顶。余意至顶，湖可坐得，于是人捉一杖，跻攀深草中，一步一喘，数里，始历高巅。四望白云，迷漫一色，平铺峰下。诸峰朵朵，仅露一顶，日光映之，如冰壶瑶界，不辨海陆。然海中玉环一抹，若可俯而拾也。北瞰山坳壁立，内石笋森森，参差不一。三面翠崖环绕，更胜灵岩。但谷幽境绝，唯闻水声潺潺，莫辨何地。望四面峰峦累累，下伏如丘垤，唯东峰昂然独上，最东之常云，犹堪比肩。

徐霞客为了游览，到处找朋友，这天在向导的带领下，他们上山顶去寻找湖，走在荒草之中，这段路程十分的艰难。等来到山顶之时，一下豁然开朗，他用了不少的笔墨来描绘眼前所见到的美景。欣赏完这样的美景之后，徐霞客还惦记着他想看到的湖，于是他们继续前行，而接下来的路，因为向导的离去，使得他跟两位仆人经历了一场危险：

> 既而高峰尽处，一石如劈，向惧石锋撩人，至是且无锋置足矣！踌躇崖上，不敢复向故道。俯瞰南面石壁下有一级，遂脱奴足布四条，悬崖垂空，先下一奴，余次从之，意可得攀援之路。及下，仅容足，无余地。望岩下斗深百丈，欲谋复上，而上岩亦嵌空三丈余，不能飞陟。持布上试，布为突石所勒，忽中断。复续悬之，竭力腾挽，得复登上岩。出险，还云静庵，日已渐西。主仆衣履俱敝，寻湖之兴衰矣。

◇ 旅游区涵盖这么多的内容

他们走到了绝壁处，没办法，徐霞客就让两位仆人分别解下绑腿，以此来接长布绳，而后从悬崖上垂下。等他们来到下方时，发现根本没有站脚的地方——眼前是绝壁，下面是百丈深崖。没办法，只好重新攀登上去，于是他就把那个布绳向上抛，希望能找到支点，但没想到的是，布绳经过石头的摩擦，突然断了，好在人没有摔下悬崖。他把布绳接好后，终于还是攀登了上去，得以脱离险境。

◇ 这个匾额把"霞客"之名解读为：霞迎天下客

我的寻访过程也几次历险，读到徐霞客的这段话，瞬间让自己回忆起当时的场景，酸甜苦辣，只有经历过险境的人，才能品味到其中的三昧。

徐霞客游记的特

色，除了描绘得准确传神，我觉得其中的凝练最值得佩服。比如北岳恒山，我也曾游览到这里，并且也登上了当时还开放着的悬空寺。对于悬空寺的奇特，我曾经写了篇三千余字的小文予以介绍，而徐霞客的描绘却仅在百余字左右：

> 西崖之半，层楼高悬，曲榭斜倚，望之如蜃吐重台者，悬空寺也。五台北壑亦有悬空寺，拟此未能具体。仰之神飞，鼓勇独登。入则楼阁高下，槛路屈曲。崖既矗削，为天下巨观，而寺之点缀，兼能尽胜。依岩结构，而不为岩石累者，仅此。

◇ 在武夷山柳永纪念馆旁看到的徐霞客雕像

徐霞客说，五台山也有悬空寺，但跟眼前的北岳悬空寺比起来，却不够完美。他是用对比法衬托出了此处悬空寺的特别。因为该寺壁立于悬崖之侧，再加上游客众多，我走在这些木制的回廊中，感到整个寺都在微微地颤动，这让我双腿发软，而今读到徐霞客的这段游记，他说自己是"鼓勇独登"。看来，徐霞客同我的感受一样，也是鼓足勇气登上的此寺。而后他又用很少的笔墨描绘了该寺的独特，如此的精炼，也许这正是他所作的游记受到后世喜爱的原因吧。

我第一次看到徐霞客的雕像不是在他的家乡，而是在福建寻找柳永墓的过程中。在柳永纪念馆内，柳的墓没找到，却在后园内看到了徐霞客的雕像，这真是一个意外。可能是因为长时间的未曾清理，站在那里的徐霞客如同泪流满面，我把这解释为：他正在悲伤静闻

◇ 雨中的徐霞客故居入口

禅师的离世。

　　徐霞客故居和墓位于江苏省江阴市霞客镇南岐村。徐霞客故居所在地原名马镇，后因纪念徐霞客而改名为霞客镇，但附近居民仍以马镇呼之。是日因有超级台风，影响江阴，连日暴雨，颇为辛苦。沿途有见旅游广告路牌，其上总称为"中国徐霞客旅游区"，下有江苏军事文化博物馆、上官云珠故居、赞园及江苏学政文化旅游区，

◇ 国家级的文保牌

我对其中江苏学政颇有兴趣，然暴雨之下，司机又不熟路，只好放弃。

　　徐霞客景区分为两个部分，一边为故居，另一边为墓，两处合计门票20元。其故居内为大部分古代名人纪念

◇ 徐霞客手植罗汉松

馆的样子，一座新修的仿古建筑，里面多半布置成展馆，或者放几件新做旧式家具，布置成家居样式，不过其中展出了梧塍里徐氏世系及《徐霞客生平年表》。这是很有用的资料，在他处当然看不到，其中有讲到徐霞客的家庭：其一生先后娶有四房妻妾，最小的妾周氏因不见容于大妇，被大妇趁徐霞客外游之机，以"嫁婢女"的名义将之强嫁给李姓之人。

看到这一段，终于证实了周氏被赶出家门的原因，但这也让我在思索：徐霞客长年在外游荡，并且出门时并不带妻妾，那他娶这些妻妾放在家中有什么用呢？只会闲来生事，才有了周妾被赶出家门的事情。而难得的是，恰好是这位周氏所生的儿子，却为其父整理出了那部著名的《徐霞客游记》，否则，我们今天就很难看到还有这么一部奇书流传于世。

在故居的院中有一棵罗汉松，按照旁边的介绍牌所言，这棵松树为徐霞客手植，至今已经有了四百多岁的年龄，看来后世确认徐

◇ 徐霞客故居

徐霞客：诸峰朵朵，仅露一顶，日光映之，如冰壶瑶界　677

◇ 徐霞客故居第一进院落

霞客的故居就是此处，也一定是以这棵松树为标志物。

　　从故居出来，约十米之外，门对门为仰圣园，其墓就在此园后面。仰圣园颇大，内中湖光滟影，加上雨声，如果时间充裕，细细檐下听雨，倒不失情趣。园中有徐霞客塑像，此为寻访以来所见的第三尊。徐霞客周游天下，大江南北处处有其行踪，被其记载之处多有为其塑像者。

　　仰圣园中又有小园，名晴山堂，堂中又有徐霞客塑像，其墓即在园中深处。青砖小径，雨打林声，往谒徐霞客，想自己这几年来也是南北寻访古迹，虽然路线不同，但想徐霞客亦当认我为知己与同路人吧。其墓碑上书"明

◇ 仰圣园内的徐霞客雕像

◇ 仰圣园入口

◇ 仰圣园中的美景

徐霞客：诸峰朵朵，仅露一顶，日光映之，如冰壶瑶界

◇ 晴山堂内景

◇ 晴山堂入口

◇ 徐霞客墓碑

高士霞客徐公之墓",旁有说明:"该墓为徐霞客的明式移葬墓,1978年从徐家祖坟迁入,墓前竖有清初原碑,顶端横刻'十七世'三字,是徐氏家庭第十七代的意思。"

金圣叹：无意得之，不亦异乎？

金圣叹在文学史上颇具名气，然而他却没有什么专门的著作传世，不过清初历史上有两件重要事情都跟他有关，一是腰斩《水浒》，二是哭庙案。

《水浒传》是中国小说史上的著名作品，市面流传者大多是一百二十回本，然而金圣叹却说自己见到了七十回本，而后他以此本作底本，进行了评点，但后世专家大多认为实际上没有七十回本的《水浒传》，金圣叹就是将一百二十回本的《忠义水浒传》进行了删节，而谎称这是七十回本。

究竟是不是这么回事，各位专家各说各的道理。比如胡适曾经认为，在明弘治正德年间，确实刻过一部七十回本的《水浒》，他在《水浒传考证》一文中认为金圣叹没有假托古本，胡适的这篇文章写于1920年。三年之后，鲁迅在《中国小说史略》中反对胡适的这个说法。鲁迅认为，所谓的"七十回本"就是金圣叹制造出来者。而俞平伯在《论〈水浒传〉七十回古本之有无》一文中，则认为："惊恶梦仅见于七十回本，未见其他明刊本"，即此否定了明代七十回本的存在。到了1929年6月，胡适在《百二十回本〈忠义水浒传〉序》中认为自己十年前的那个猜测不能成立，从此也就否定了历史上原有"七十回本"这件事。此后，郑振铎写了篇《〈水浒传〉的演化》，自此认定，"七十回本"就是金圣叹用一百二十回本删节而成者。

经过专家的考证，金圣叹的删节底本实为一百二十回袁无涯本的《水浒传》。金的删节方式是将原本的第一回改为楔子，而后又删去后四十九回，同时修改了书中的一些细节。虽然这种认定已经基本成了业界的共识，但后来还是有着不同的声音，比如上世纪八十年代初，罗尔纲在《文史》第十五辑上发表了一篇题为《金圣叹〈贯华堂水浒传〉的问题》的文章，认为当年罗贯中所撰的《水浒传》就是七十回，但金圣叹并没有见到过这个七十回本，而是通过其他办法了解到了七十回本的大致情形后，再将一百二十回本删节成了七十回本。

究竟事实如何，也只能等待专家们继续讨论下去，而得到一个最终的答案。我们暂且认定金圣叹就是腰斩了《水浒》，那接下来的问题当然是他为什么要这么做，也就是惯常所说的"动机"。

胡适认为金圣叹腰斩《水浒》的主要原因，就是他痛恨强盗，反对招安。其他的说法也很多，而今细读金圣叹批《水浒》的批语，即可看出他最痛恨的人就是宋江，比如他在《读第五才子书法》中说："《水浒传》有大段正经处，只是把宋江深恶痛绝，使人见之，真有犬彘不食之恨。从来人却是不晓得。"

金认为，晁盖要比宋江好得多："晁盖只是直，宋江只是曲，此晁、宋之别也。"但是，当年晁盖犯了案，正是宋江冒险将一干人放跑者，对于宋江的这个做法，金圣叹则认为："自吾观之，宋江之罪之浮于群盗也，吟反诗为小，而放晁盖为大。……宋江而诚忠义，是必不放晁盖者也。宋江而放晁盖，是必不能忠义者也。"我觉得金在这里又偷换了评判标准，他认为宋江的罪恶主要就是因为放跑了晁盖，而所谓的吟反诗则是小问题。

显然，金圣叹的这种认定跟社会的主流观念相去甚远，从该书的书名——《忠义水浒传》即可看出，人们是以"忠义"的色彩来看待梁山泊这群英雄的造反行为，而他们的首领宋江当然也就成为了忠义理念的化身。明末的李贽虽然反对社会的大多数主流意识，但他却认定水泊梁山上的英雄是忠义之众，他在《〈忠义水浒传〉序》中写道："则谓水浒之众，皆大力大贤有忠有义之人可也。然未有忠义如宋公明者也。……独宋公明者，身居水浒之中，心在朝廷之上，一意招安，专图报国，卒至于犯大难，成大功，

◇ 金圣叹撰《金圣叹全集》八卷，清上海锦文堂石印本，书牌

服毒自缢，同死而不辞，则忠义之烈也，真足以服一百单八人者之心，故能结义梁山，为一百单八人之主。"

但是金圣叹认为，完全不是这么回事，比如他在《水浒传》第五十七回的总评中说："村学先生团泥作腹，镂炭为眼，读《水浒传》，见宋江口中有许多好语，便遽然以'忠义'两字过许老贼，甚或弁其书端，定为题目。此决不得不与之辩。辩曰：宋江有过人之才，是即诚然，若言其有忠义之心，心心图报朝廷，此实万万不然之事也。"他认定宋江满口的忠义全是骗人，金也承认宋江有过人之处，但这跟忠义没有关系。而关于施耐庵作《水浒》的意图，金则认为"备书其外之权诈，备书其内之凶恶，所以诛前人既死之心者，所以防后人未然之心也"。金圣叹认为，施耐庵作《水浒》的目的就是为了揭露宋江的伪忠义。

金圣叹认为《水浒传》是极好的一部书，以他的视角来说，《水

浒传》超过了司马迁的《史记》。他在《读第五才子书法》中说:"某尝道《水浒》胜似《史记》,人都不肯信。殊不知某却不是乱说。其实《史记》是以文运事,《水浒》是因文生事。以文运事,是先有事生成如此如此,却要算计出一篇文字来,虽是史公高才,也毕竟是吃苦事。因文生事即不然,只是顺着笔性去,削高补低都由我。"

◇ 金圣叹撰《金圣叹全集》八卷,清上海锦文堂石印本,卷首

看来,金圣叹曾经跟别人讲《水浒传》超过了《史记》而没有人相信,所以他觉得有必要作出说明。他在这段话中提出了两个著名的命题:《史记》是"以文运事",而《水浒传》则是"因文生事"。他的这个发明受到了后世专家的关注,郭绍虞在《中国历代文论选》第三册中认为:"(金圣叹)把《水浒》与《史记》作了一个比较,认为它们的区别在于:《史记》是以文运事,《水浒》是因文生事,这也就是说,历史必须严格尊重事实,小说则可以在事实的基础上进行虚构和夸张。"

金圣叹的这些离奇想法应该跟他的人生经历有较大的关联度,比如说他一生的功名,仅仅就是一位秀才,而这个结果跟他考试时的玩世不恭有很大的关系,我摘录一段《清代七百名人传》第五编上的段落:

人瑞为文,怪诞不中程法。补博士弟子员,会岁试,以"如

此则动心否乎"命题,其篇末有云:空山穷谷之中,黄金万两。露白葭苍而外,有美一人。试问夫子动心否乎。曰动动动。连书三十九字,学使怪而诘之,人瑞曰:只注重"四十不"三字耳。越岁再试,题为"孟子将朝王"。人瑞不着一字,第于卷之四隅,书四"吁"字。曰:七篇中言孟子者,偻指难数,前乎此题者,已有四十孟子,是"孟子"二字,不必作也。至云"朝王,"则如见梁惠王、梁襄王、齐宣王,皆朝王耳,是"朝王"二字,亦不必作也。题五字中,只有"将"字可作。宗师不见演剧者乎?王将视朝,先有内侍四,左右立而发吁声,此实注重"将"字之微意也。以是每被黜。

这段话读来太有意思了,话说金圣叹参加某次考试的时候,考试的题目是"如此则动心否乎",金圣叹在考卷的后半部分说:在那空山穷谷里,某人突然发现了堆放着万两黄金,而在某个景色绝佳之处,突然又发现了一位遗世而独立的美人,那么这个时候,孔夫子会不会动心呢?接下来金圣叹连写了三十九个"动"字,老师看到答卷后问他,为什么如此地作怪,他回答说:这三十九个字的"动",就表明"四十而不动"。

还有一次考试的题目是"孟子将朝王",这次金圣叹的答案更为搞笑,他在整张答案纸的四角各写了一个"吁"字,剩余的部分则一片空白。老师问他,他当然会振振有辞,他说题目中的"孟子"二字已经不用提了,而"朝王"二字也没什么可解,所以这五个字中能够着力的地方,仅剩了一个"将"字,而这个"将"字让他联想到了演戏,因为戏里面大王来见皇帝时,先有四个内侍站在四角发出"吁"声,所以他在答卷的四角各写一个"吁"字就是对题目的正解。他的这个玩法其结果可想而知。即此可见,金圣叹是何等的玩世不恭。但也有人说这是表象，因为他参加过多次相应的考试，就说明他并没有放弃进取之心。

那金圣叹的思想观念究竟是如何的呢？后世大多认为他是儒释道三教合一的综合观。我们先聊一下他名字的来源。

其实圣叹是他的号，而他本名为采，后改名为人瑞。他何以叫圣叹，廖燕在《金圣叹先生传》中称："或问'圣叹'二字何义，先生曰：'《论语》有两喟然叹曰，在颜渊为叹圣，在'与点'则为圣叹，予其为点之流亚欤！'"这里记载说，金自称《论语》中有两次叹，以此来表明他想效仿曾点。

◇ 金圣叹批《四大奇书第一种》五十一卷一百二十回，清书业德刻本，书牌

但吴正岚认为金圣叹名称的来由恐怕不止于此，吴在《金圣叹评传》一书中引用了《法华经·譬喻品》中的一段文字："如来亦复如是。虽有力无所畏而不用之。但以智慧方便，于三界火宅拔济众生。为说三乘，声闻、辟支佛、佛乘，而作是言。……汝等当知，此三乘法，皆是圣所称叹。……是诸众生脱三界者，悉与诸佛禅定解脱等娱乐之具，皆是一相一种圣所称叹。"而后，吴正岚的结论是："这可能是'圣叹'之号的另一个来源。因为，'圣所称叹'可直接简略为'圣叹'，比起从《论语》'夫子喟然叹曰'推演出'圣叹'来，还少一转折。"

从金圣叹留存至今的文字可知，他是心地很善良的一个人，比如他在《贯华堂选批唐才子诗》卷六中说："某尝忆七岁时，眼窥深井，手持片瓦，欲竟掷下，则念其永无出理，欲且已之，则又笑便无此事。既而循环摩挲，久之久之，瞥地投入，归而大哭！此岂宿生亦尝读此诗之故耶？至今思之，尚为惘然！因附识于此。"

金的这段自述写得极具画面感，他说自己在七岁的时候手里拿着一个瓦片想投

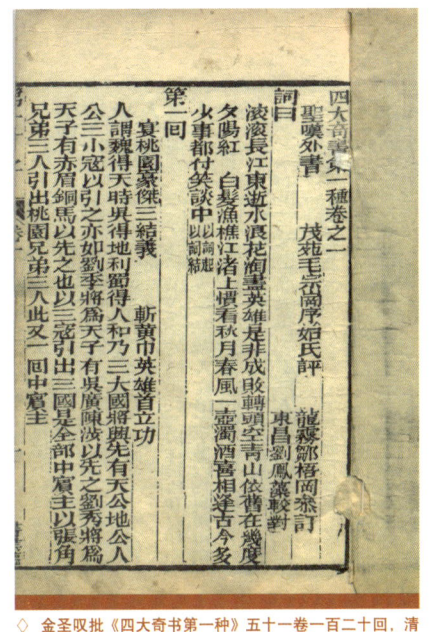

◇ 金圣叹批《四大奇书第一种》五十一卷一百二十回，清书业德刻本，卷首

进深井中，但他觉得这个瓦片入井之后，从此就再没出井之日，可是他却站在那里犹豫再三，最终还是把那个瓦片投进了井里，而后回到家里大哭一场，他认为这就是一种宿命。我倒觉得，正是这种心态，才使得他有了三教合一的思想，他想摘取历史上的各种善良而汇集出一种独特的思想。

关于这一点，从他在《随手通·序（童寿六书）》中的一段解字就可看出："'元'字之上半双钩空处，即孔子所云'寂然不动'；下半象口吐气，即孔子所云'感而遂通'也。上半即《老子》所云'无名天地之始'，下半即《老子》所云'有名万物之母'也。上半即释迦所云'色究竟天下'，下半即释迦所云'光音天'也。"在这里，金圣叹将《周易》中的"元"字拆分为上下两半，而后他用孔子的说法、老子的说法以及释迦牟尼的说法分别解之，而这正是他三教合一思想的一个注脚。

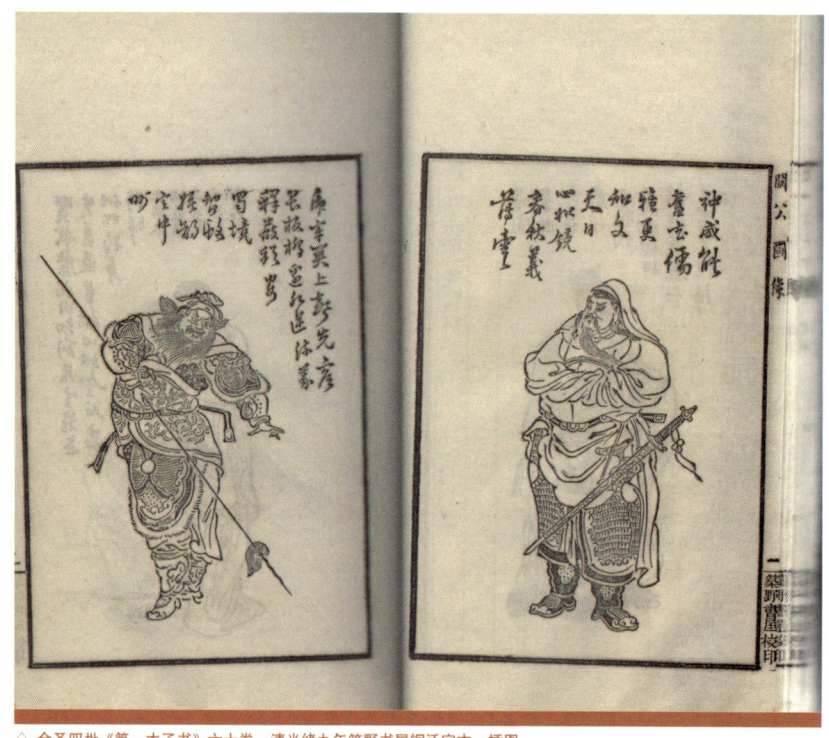

◇ 金圣叹批《第一才子书》六十卷，清光绪九年筑野书屋铜活字本，插图

金圣叹与人为善的心态广受朋友赞誉，比如他的朋友徐增在《天下才子必读书序》中说过这样的话："又每相见，圣叹必正襟端坐，无一嬉笑容，同学辄道其饮酒之妙，余欲见之而不可得，叩其放，圣叹以余为礼法中人而然也。盖圣叹无我，与人相与则辄如其人，如遇酒人则曼卿轰饮，遇诗人则摩诘沉吟，遇剑客则猿公舞跃，……遇孩赤则啼笑宛然也。以故称圣叹善者，各举一端；不与圣叹交者，则同声詈之，以其人之不可方物也。"

由此可见，金圣叹特别照顾朋友，朋友的性格举止是怎样，他也会用同样的性格去呼应。但徐增也同时说，看不上金圣叹的人就不断地骂他，因为他的行为处世方式太不合俗规，比如金跟归庄就是朋友，但是归庄却在《诛邪鬼》中把金骂了个狗血喷头。但归庄也承认，金圣叹确实有才气。

对于《水浒传》，金圣叹确实下了很大的功夫。他为何偏爱该书，其在《水浒序》中说过这样一段话："天下之文章，无有出《水浒》右者，天下之格物君子，无有出施耐庵先生右者。学者诚能澄怀格物，发皇文章，岂不一代文物之林？然但能善读《水浒》而其为人已绰绰有余也。《水浒》所叙，叙一百八人，人有其性情，人有其气质，人有其形状，人有其声口。夫以一手而画数面，则将有兄弟之形，一口而吹数声，斯不免再映也，施耐庵以一心所运，而一百八人各自入妙者，无他，十年格物而一朝物格，是以一笔而写百千万人，固不以为难也。"

这段话足可以看出金圣叹的主观认定，他认为天下最好的文章就是《水浒传》了，为此他也认定该书的作者施耐庵是天下最好的作家。

为什么给出这样高的赞誉呢？因为《水浒》一书中所谈到的一百单八将，每个人都有自己独特的个性和气质。这些人有着怎样的气质呢？金圣叹又在该书的第三回总评中说："《水浒传》文字妙绝千古，全在同而不同处有辨。如鲁智深、李逵、武松、阮小七、石秀、呼延灼、刘唐等，众人都是急性的，渠形容刻画来，各有派头，各有光景，各有家数，各有身份，一毫不差，半丝不混，读去自有分辨，不必见其姓名，一睹事实就知某人某人也。"

在这里，金圣叹举出了《水浒传》中一些著名的人物，他说这些人的性格各有特色，而每个人的出身又有很大的差异，但经过施耐庵之笔，读者只用看故事情节，就能知道这段文字描绘的是哪位人物，由此可见，施耐庵对于人物描写是何等的成功。

那么，金圣叹怎么理解施耐庵创作《水浒》的动机呢？其在《读第五才子书法》中说了这样一段话："大凡读书，先要晓得作书之人是何心胸。如《史记》须是太史公一肚皮宿怨发挥出来，所以他于《游侠》《货殖传》特地着精神，乃至其余诸记传中，凡遇挥金杀人之事，他便啧啧赏叹不置。一部《史记》，只是'缓急人所时有'六个字，是他一生著书旨意。《水浒传》却不然。施耐庵本无一肚皮宿怨要发挥出来，只是饱暖无事，又值心闲，不免伸纸弄笔，寻个题目，写出自家许多锦心绣口，故其是非皆不谬于圣人。"

金圣叹认为，读书要首先读出写书人的动机，比如司马迁写《史记》的动机，就是为了发泄自己对社会一腔的不满，因为司马迁受到了不公正的待遇；但施耐庵则不同，因为他没有司马迁那样的遭遇，只是吃饱了饭没事儿干，于是拿出纸笔，想个题目，展示自己的才华，就写出了这样一部书。

但金圣叹也承认，施耐庵刻画人物极其成功，比如他在该书第五十五回总评中说："盖耐庵当时之才，吾直无以知其际也。其忽然写一豪杰，即居然豪杰也；其忽然写一奸雄，即又居然奸雄也；甚至忽然写一淫妇，即居然淫妇。今此篇写一偷儿，即又居然偷儿也。人亦有言：非圣人不知圣人。然则非豪杰不知豪杰，非奸雄不知奸雄也。耐庵写豪杰，居然豪杰，然则耐庵之为豪杰可无疑也。独怪耐庵写奸雄，又居然奸雄，则是耐庵之为奸雄又无疑也。虽然，吾疑之矣。夫豪杰必有奸雄之才，奸雄必有豪杰之气；以豪杰兼奸雄，以奸雄兼豪杰，以拟耐庵，容当有之。"

金圣叹也好奇，施耐庵没有那么多的生活体验，但他为什么能把好人和坏蛋写得都那么传神。显然，施耐庵的本领让人琢磨他究竟是怎样的一个人，金圣叹在该总评的最后部分写道："或问曰：然则耐庵何如人也？曰：才子也。何以谓之才子也？曰：彼固宿讲于龙树之学者也。讲于龙树之学，则菩萨也。菩萨也者，真能格物致知者也。"

金首先说施耐庵是个才子，但为什么要把施称之为才子呢？金圣叹竟然将此跟佛教的龙树菩萨联系在了一起，而龙树乃是佛教中观般若学派的创始人，这样的解读方式颇为奇特。

怎样解读金圣叹的这种联系呢？吴正岚在《金圣叹评传》中总结道："这段文字同样是以'因缘生法'来说明人物个性由因缘自然聚合而成，但对于作家如何塑造人物个性的说明更为具体。作家在塑造个性化人物过程中主观'无与'之说，实际上是从创作论的角度进一步强调了人物个性由因缘自然聚合而成，不假作家之人力的观点。因此，这段文字虽然没有提及阴阳气化之说，但其实质却是更进一步地凸显'因缘生法'与阴阳气化在人物个性由因缘自然聚合而成这一点上的相通。"

除了解读作者的观念及其写作的动机，金圣叹也会重点分析《水浒传》一书的写作技巧。他认为《水浒传》一书在写法上，分正笔和闲笔两种，他在第十二回的总评中说："故篇中凡写梁中书加意杨志处，文虽少，是正笔；写与周谨、索超比试处，文虽绚烂纵横，是闲笔。夫读书而能识宾主旁正者，我将与之遍读天下之书也。"

金圣叹认为能把这两者区分出来很重要，以此法来读书，就能读懂天下所有的书。而后他举出了《水浒传》第十九回至二十一回宋江杀阎婆惜的一段文字，他认为："其非正文，只是随手点染而已。"为此，他作了如下的说明："宋江、婆惜一段，此作者之纡笔也。为欲宋江有事，则不得不生出宋江杀人；为欲宋江杀人，则不得不生出宋江置买婆惜；为欲宋江置买婆惜，则不得不生出王婆化棺。故凡自王婆求施棺木以后，遥遥数纸，而直至于王公许施棺木之日，不过皆为下文宋江失事出逃之楔子。读者但观其始于施棺，终于施棺，始于王婆，终于王公，夫亦可以悟其洒墨成戏也。"

金圣叹认为，施耐庵为了让宋江有后续的故事，特意安排他有杀人的这么一段事儿；为了能够让宋江杀人，所以就会编出宋江买阎婆惜；为了使这段事能够成立，于是又写出了一段"王婆化棺"。看来，这一环套一环的安排，都是给宋江上梁山做出的铺垫。所以，金圣叹认为，《水浒传》虽然篇幅很大，但其环环相扣，其实就是一篇大文章，他在《读第五才子书法》中说："凡人读一部书，须要把眼光放得长。如《水浒传》七十回，只用一目俱下，便知其二千余纸，只是一篇文字。中间许多事体，便是文字起承转合之法。"

由此可知，金圣叹很重视《水浒传》中的闲笔。但闲笔怎样融进文章中才最佳呢？金圣叹总结出了"弄引法"和"獭尾法"。对于这两法，金圣叹在《读第五才子书法》中分别解释道：

> 有弄引法。谓有一段大文字，不好突然便起，且先作一段小文字在前引之。如索超前，先写周谨；十分光前，先说五事等是也。《庄子》云："始于青苹之末，盛于土囊之口。"《礼》云："鲁人有事于泰山，必先有事于配林。"
>
> 有獭尾法。谓一段大文字后，不好寂然便住，更作余波演漾之。如梁中书东郭演武归去后，知县时文彬升堂；武松打虎下冈来，遇着两个猎户；血溅鸳鸯楼后，写城壕边月色等是也。

而后，他举出了《水浒传》中的几个例子，来证明自己的这个总结：

> 夫文章之法，岂一端而已乎？有先事而起波者，有事过而作波者，读者于此，则恶可混然以为一事也？夫文自在此而眼光在后，则当知此文之起，自为后文，非为此文也；文自在后而眼光在前，则当知此文未尽，自为前文，非为此文也。必如此，而后读者之胸中有针有线，始信作者之腕下有经有纬。不然者，

几何其不见一事即以为一事,又见一事即又以为一事,于是遂取事前先起之波,与事后未尽之波,累累然与正叙之事,并列而成三事耶?

如酒生儿李小二夫妻,非真谓林冲于牢城营有此一个相识,与之往来火热也,意自在阁子背后听说话一段绝妙奇文,则不得不先作此一个地步,所谓先事而起波也。

◇ 金圣叹批《贯华堂第六才子书西厢记》八卷附西厢文一卷,清乾隆十五年古吴三乐斋刻本,书牌

如庄家不肯回与酒吃,亦可别样生发,却偏用花枪挑块火柴,又把花枪炉里一搅,何至拜揖之后向火多时,而花枪犹在手中耶?凡此,皆为前文几句花枪挑着葫芦,逼出庙中挺枪杀出门来一句,其劲势犹尚未尽,故又于此处再一点两点,以杀其余怒。故凡篇中如搠两人后杀陆谦时,特地写一句把枪插在雪地下,醉倒后庄家寻着踪迹赶来时,又特地写一句花枪亦丢在半边,皆所谓事过而作波者也。

可见金圣叹对《水浒》一书,确实读出了自己的独特见解。而对于他何以把该书删成七十回,金圣叹作过这样的解释:

一部书,七十回,可谓大铺排,此一回可谓大结束,读之正如千里群龙,一齐入海,更无丝毫未了之憾。笑杀罗贯中横添

◇ 金圣叹批《贯华堂第六才子书西厢记》八卷附西厢文一卷，清乾隆十五年古吴三乐斋刻本，卷首

狗尾，徒见其丑也。

金认为，《水浒》一书到了七十回，就已经是个大结束，读者看到这里已经完全没有了遗憾，但罗贯中非要在七十回之后，再续狗尾，金认为这种做法太过可笑。

而对于金圣叹的这段解释，朱东润在《中国文学批评史大纲》中评价说："实则以全书论，六十回后不如人意处已多，圣叹于此，改窜尤勤，故入七十回后，即以卢俊义一梦作结。然文字余波未尽，收束亦突兀，后人于金本《西厢》之异议较少，于金本《水浒》之异议较多，殆以此也。"看来朱东润也认为，腰斩《水浒》者，正是金圣叹。

但朱并不认为金的这种改写有问题："明人《水浒》原有百回、百二十回等诸本，七十回以前之《水浒》，与七十回以后之《水浒》，其人物之思想行动，矛盾冲突处，不一而足，圣叹窥破此点，认后半为后人续貂，遂毅然以七十回为断，其识力可见。平心论之，一部《水浒》当然以宋江为主角中之主角，七十回后之宋江，责燕青之射雀，饮李逵以药酒，直是头巾身份，与七十回前全无交代，就前半部论，浔阳题句，直写阴狠果断之人格，圣叹认为《宋江全传》纲领者在此。"

金圣叹所批之书不止《水浒传》一种，他在《西厢记·读法》中说："仆者因儿子及甥侄辈要他做得好文字，曾将《左传》《国策》《庄》

《骚》《公》《谷》《史》《汉》、韩、柳、三苏等书杂撰一百余篇,依张侗初先生《必读古文》旧名,只加'才子'二字,名曰《才子必读书》,盖致望读者之必为才子也。久欲刻布请正,苦因丧乱,家贫无赀,至今未就。今既呈得《西厢记》,便亦不复念之矣。"

而后,金圣叹的这些评点本就被后世合称之为"六才子书",这六种书分别是《庄子》《离骚》《史记》、"杜诗"、《水浒传》《西厢记》。他所批点的这些"六才子书",在后世大为风行,也正因如此,他的这个发明被别人所剽窃。

从清代直到今天,流传最广的一部古代散文选本就是《古文观止》,其实这部书就是抄袭金圣叹的一部评选集,张国光先生在《金圣叹批才子古文》一书的前言中说:"但是,谁也没有注意到,这部三百年来脍炙人口、影响深远的《古文观止》中的大部分文章,却是转录自在它之前三、四十年由文学评论家金圣叹(1608—1661)评选的《才子必读古文》。《古文观止》选编的绝大部分文章与《才子古文》雷同不说,这个选本中的许多思想性较强,艺术分析较为细致精到的评语,往往也是从《才子古文》抄过来的。"也由此可知,金圣叹所评点之书在其当世就受到了高度的重视。

跟金圣叹有关的第二件大事,则是哭庙案。清顺治十七年,任维初任吴县令,此人颇为残暴,到了转年,他用官仓里的平价米进行倒卖挣钱,由此引起了民怨。恰在此时,顺治皇帝驾崩,当地的一些官员们都到府堂去哭灵,而本地的一百多名秀才借机到府堂去告任维初的状,随后人越聚越多,这些秀才都要求罢免任维初,此事越搞越大,惊动了朝廷,四月初一,朝廷派了四位官员来了解实况。而前来的官员中有跟任维初关系较密切者,于是强行逼供,有人供出了丁子伟和金圣叹是主谋,随后这两人被捕,经过一番审讯,结果上报朝廷,而后批下将一百二十一人处斩。

对于哭庙案，金圣叹是否确实参与，同样后世有着各种各样的解读与分析，但无论怎样，金圣叹的死确实是冤情，《甲申朝事小纪》初编卷五录有苏州民谣："天呀天，圣叹杀头真是冤。今年圣叹国治杀，他年国治定被国贼奸。"根据这段民谣，吴正岚认为："民间认为圣叹被杀是冤案，也可证明他不是哭庙运动的领袖。"但不管怎么样，这样一位思想奇特的人物就因为如此一件小事离开了这个世界。

《哭庙纪略》中记录了金圣叹在狱中给家人写的书信，其中有一句话广泛被后世引用："杀头，至痛也；籍没，至惨也。而圣叹以无意得之，不亦异乎？"他死到临头，依然用惊世幽默来坦然地面对这一切。世界上缺乏了这样的人，将会使乏味的生活更加黯淡无彩。

明清以来，中国的文脉集中到了江南，而苏州堪称江南文脉的文眼，我觉得这不是我的私见。二十余年来，为了寻访我来过这里无数回，当然我到苏州也不单纯是寻访，比如说买书、访友，甚至

◇ 透过缝隙，隐隐地看到了文保牌

纯粹是为了游览。相比较而言,这一带的寻访点实在是太多,比如我在十几年前的书楼寻踪之旅,当时用五年的时间,总计找到了近一百五十座古代的藏书楼及其遗址,而这其中的四分之一竟然都集中在这苏州一地。近几年我为了古代文化遗迹的寻访,也多次前来苏州,而在当地找得次数最多的朋友,就是马骥先生。

◇ 文保牌背面的文字

◇ 牌后看不到墓丘

马骥是一个奇特的人,这不只是因为他的工作与文化毫不相干,更为重要者,他有着对于传统文化持久的热忱,我的寻访找到这样的朋友同行,这种臭味相投真是外人难以体会得到。我的这程寻访,有两个重要的目标人物,一是大藏书家黄丕烈,第二则是这位奇特思想人物金圣叹。而巧合的是他们两人的墓竟然相邻在一起,我把这种结果理解为这两位先贤对我辛苦寻访的体谅。

其实能够找到这两位先贤的墓并不容易,因为前人的记载模糊不清,我事先跟马骥作了寻访路线的交流,他说自己也未曾去过,但他让我别急,因为可以动用自己的人脉,定然能让我得到满意的答案。马兄说,他对这两位乡贤也很有兴趣,所以他在百忙中抽出时间来陪我共同前往探访。

乘着马兄的车，我们先开到了苏州的藏书镇，这个镇名让我听来就觉得兴奋，可惜该镇的镇名跟藏书没有直接的关系，据说该镇的名称来源于西汉名臣朱买臣在此读书的故事。

既然是朱买臣的读书之处，为什么不叫"读书镇"呢？但既然朱买臣于此隆重地读书，这也足可说明他当年在这里藏了不少书，否则拿什么来读呢？仅凭这一点，就让我感到了欣慰。但我来此地是为了寻找金圣叹，而非朱买臣的藏书之处。

金圣叹的墓究竟在哪里，各种记载语焉不详，而马骥先生为了能让我访得目标，他已经提前做了铺垫，我们开车来到此镇时，首先见到了已经等候于此的带路朋友。一番寒暄之后，由这位朋友带路，来到了藏书镇博士坞山下的一个村庄，在村口见到了等候于此的该村书记，而后又在这位书记的带领下，向山上开去。

开到半山的路上，眼前已然没有了路，于是几辆车分别停下，跟着书记徒步向五峰山登去。大约前行了十几分钟，在山腰上看到了一条杂草丛生的山沟，书记说，金圣叹墓的文保牌就在这条沟口，然而由于南方植物的茂盛，展眼望去，早已被这些植物遮挡得没了任何痕迹，而后众人沿着沟沿慢慢地探寻，终于看到了金圣叹墓的文保牌。

◇ 日本人当年建造的仓库

可惜的是，在这个文保牌的背后却未能找到墓冢，这种情形让我略感意外，因为这毕竟是在大山之上，谁会把金圣叹的墓彻底铲平呢？书记指着那块碑背后的文字让我看，那段

◇ 不知是哪个朝代的旧居

文字写明，这里确实就是金圣叹墓的原址，在日本侵华期间，此处变为日本人的军事仓库，附近的墓全部被平掉。这真是一种大遗憾。但既然来到了金圣叹墓的原址，总要寻访到一些痕迹，果真在距离墓碑十余米处就看到了很深的坑道。书记说这就是当年日本人挖的洞，马骥兄立即用手机作电筒走入了洞中，他很快又转了出来，说里面什么也没有。

拍照完金圣叹的墓，我还惦记着黄丕烈墓的所在，书记说他只知道金圣叹，却未曾听说过黄丕烈，但是他仍然愿意带我等寻找。于是众人散开，沿着金圣叹墓的不同方向作放射状地探看。一番探寻，谁也未曾找到结果，而我却在金圣叹墓的下方看见了一个水塘。

跟着书记又来到了山下的五峰村，因为他告诉众人说在村中还有一墓，不知道是不是我所要找的黄丕烈。而后果真在村边找到了一处古墓，可惜没有墓碑，不能确认这是否跟黄丕烈有关系。返回苏州的当晚，马兄请了多位苏州的书友共同聚会，其中有江澄波老先生，江老闻听我等今日探访情况，他马上说："山上的那个水塘就是黄丕烈的墓址，因为那里被日本人给炸掉了。"

江老的这个说法，令马兄跟我都感到吃惊，同时也很遗憾于没有仔细地在那个水塘周围寻找历史遗迹。第二天一早，江澄波老先生来到酒店给我拿来了一份资料，就是关于黄丕烈墓相应的历史记载，老先生做事之认真，真的令我很感动。

侯方域：行文之旨，全在裁制，无论细大，皆可驱遣

　　侯方域与魏禧、汪琬并称为"清初三大古文家"，这个并称来自宋荦和许汝霖在康熙三十三年所编的《国朝三家文钞》。何以在这个时段出现了三位古文家，《四库全书总目提要》在评汪琬《尧峰文钞》时，说过这样一段话："古文一脉，自明代肤滥于七子，纤佻于三袁，至启、祯而极弊。国初风气还淳，一时学者，始复讲唐宋以来之矩矱。而琬与宁都魏禧、商丘侯方域称为最工，宋荦尝合刻其文以行世。"四库馆臣在这里总结了自明代前后七子提倡古文运动时的文风，而后又讲到了三袁，到了清初，有些学者开始纠正前后七子及三袁的偏失之处，故而就产生了这三大家之文。

　　虽然三家并称，但这三位并未组成一个文学团体，因为侯方域与魏、汪二人未曾见过面，也没有他们之间相互交往

◇ 侯恂故居全景图

◇ 侯恂故居介绍牌

的文字流传，因此，将此三人并称纯属清初时他们的社会影响，以及这三大家都跟编辑者之一宋荦有交往。

对于《国初三家文钞》一书的编辑，宋荦在该书的序言中讲到了他与这三大家之间的交往："忆朝宗长予十七年，予交朝宗时年未弱冠。其后宦游得交叔子、钝翁，皆十年以长。追惟曩时握手议论、卮酒笑言之欢，恍如昨梦。因而屈指，朝宗殁已四十年，墓木已拱；叔子殁且十年；钝翁视二君最老寿，殁亦已四年矣。把其遗文，其能无山阳闻笛之怆也。"

宋荦说，侯方域比自己大十七岁，他们在年轻时候就常在一起游玩，再后来，他又认识了三大家中的另外两位，与这两人的交往也在十年以上，如今侯已去世四十年，魏也离世了十年，而汪也已经去世四年了，由此可知，宋荦是在这三位朋友都去世之后，才把他们的文集汇编在一起。

对于这三位朋友的文风特色，宋荦在该书的序言中给予了这样的评价："三君际其时，尤为杰出，后先相望，四五十年间，卓然各以古文名其家。大较奋迅驰骤如雷电雨雹之至，飒然交下，可怖可愕，霎然而止，千里空碧者，侯氏之文也；文必有为而作，踔厉森峭，而指事精切，凿凿乎如药石可以伐病者，魏氏之文也；温粹雅驯，无钩唇棘吻之态，而不尽之意含吐言表，譬之澄湖不波，风日开丽而帆樯之容与者，汪氏之文也。"

三大家虽然并称，其实就社会影响力而言，则以侯方域为最大，这不仅是因为他年龄最长，另外一个重要原因，是其家族在社会上的特殊影响力。侯家本出身不高，乃是明代的戍籍，而戍籍就是世代为军族者。到了侯方域祖父侯执蒲的时期，家族才渐渐发达了起来，因为侯执蒲考中了进士，而后做到了太仆卿。侯执蒲跟东林党人赵南星、高攀龙关系很好，这样的交往引起了魏忠贤的痛恨。

侯方域的父亲侯恂本是万历丙辰的进士，侯恂的弟弟侯恪跟其兄同年登第。崇祯二年到九年，侯恂在京任职，此时正赶上"红丸""移宫"两大案，侯恂跟父亲共同与阉党斗争，为此他们相继被罢官，直到魏忠贤被杀之后，侯恂才重新被起用，而后升到了兵部侍郎。侯恂在兵部任职期间，提拔了很多在明史上极其重要的人物，比如史可法、袁崇焕、左良玉等人，尤其他跟左良玉的关系最受后世称道。

侯恂任兵部侍郎时，左良玉是他的帐前杂役。某年冬天，文武百官祭拜皇陵之后开宴，左良玉因为喝得大醉，丢失了四只金酒杯，这在当年是很严重的失职。左酒醒之后，主动请求侯恂治他的罪。侯恂很欣赏这位堂堂大汉，不但未治罪，还破格提拔为裨将。崇祯四年，侯又将左良玉提拔为副帅，而后这位左良玉显现了自己的特殊才能，在战争中屡建奇功，最终升到了大元帅，成为李自成农民军的劲敌。

侯恂后来当到了户部尚书，但他跟阁臣薛国观、温体仁关系处得不好，这两人派宋之普奏了侯恂一本，指斥他"靡饷误国"，侯恂先被降职，而后又被关进了监狱，这一关就是七年。到了崇祯十四年，侯恂之父侯执蒲去世，皇帝同意他回家奔丧，第二年春他又回到了监狱。当年六月，李自成的部队围攻开封，而当时的兵权都在左良玉手中，左为人性格暴烈，朝廷觉得对他指挥不动，有人向崇祯帝提出建议，让侯恂去解开封之围，因为左良玉曾是他的部下。于是侯恂以兵部侍郎身份前去统兵，然而各个部队并不听他的指挥，不久黄河决口，开封陷落，侯恂又一次被罢官，他逃避到了扬州。崇祯十六年，他再次被捕下狱，转年李自成的部队打入北京，侯恂从狱中被放出，而后躲到了南京。

侯恂在狱期间，侯方域曾到北京来看父亲，并且在监狱里看到了当时的文坛领袖钱谦益。钱对这个少年很是夸赞，并给他写了《赠侯朝宗叙》，此文中有这样的段落："余观侯子朝宗所著经义，如玉之有光，剑之有气，英英熊熊，变现于空旷有无之间，以为文人才子之文，非经生之文也。已而观其诗，俊快雄浑，有声有色，非犹夫苍蝇之鸣，侧出于蚓窍者也。"

钱谦益的这段文字，全是在赞颂侯方域文采之亮丽，看来在那个时候，方域就展现了自己的奇异文采。但这个阶段，侯方域也受到了一些人的指斥，比如父亲关在监狱里，而他照样地喝酒找小姐，他的这个做法让很多文人侧目，黄宗羲就跟他人说过这样的话："朝中之尊人尚在狱中，而燕乐至此乎？吾辈不言，是损友也。"黄宗羲对侯方域的指责也确有其事，侯方域自己就说过："仆少年溺于声伎，未尝刻意读书，以此文章浅薄。"（《与任王谷论文书》）

父亲从监狱里放出来，准备组织军队跟大顺军作战。年轻的侯方域给父亲出了很多主意，让侯恂觉得这个儿子太狂妄了，特意安排人把他送到了南京。南京本是侯方域常去之地，此前的崇祯十一年，复社在南京举行大会时，侯就曾来过这里，当时阮大铖想与之结交，而被侯方域拒绝。

再后来，侯方域看上了"秦淮八艳"之一的李香君，那时李香君刚满十六岁，侯想替她赎身，又没有那么多的钱，他的朋友杨龙友替他出了这笔钱。此后不久，侯方域和李香君打听到，其实真正出钱的人正是阮大铖，这让李香君十分的生气。她将侯大骂一顿，而后变卖首饰，凑够了钱，将钱还给了阮大铖。这个故事越演绎越传神，最后由孔尚任编成了《桃花扇》，侯方域与李香君的故事传遍了天下。

李香君当年住在媚香楼内，这个地方就是而今南京的夫子庙一带，我到南京寻访时，她的故居已经重新盖起，从外观看，就是一座新建的仿古楼，楼体并不大，但需要花16元买票入内，里面陈列的则是秦淮八艳的各种史料。

清顺治二年，南京陷落，侯方域于当年十月返回家乡，自此之后，他把很多精力用在了写书作文上。到顺治九年，他跟宋荦等一些朋友结成了"雪苑六子"社。雪苑本是侯方域的号，此号的来由是其父亲所建的家园本是梁孝王刘武在睢阳建起的园林，故此处遗址被称为"梁园"，又名兔园或雪苑。梁孝王爱好文士，当时他召来了很多著名的文人到梁园来唱和，这些人中包括了枚乘和司马相如等。雪苑建在这处文化遗址之上，当然也有继承传统的意思。

在顺治九年，侯方域建起了一个书堂，这就是著名的壮悔堂，为此他作了一篇《壮悔堂记》，文中有这样的话：

> 呜呼，君子之自处也谦，而其接物也恭，所以蓄德也。况余少遭党禁，又历戎马间，而乃傲睨若是。然则坎壈而几杀其身，

> 夫岂为不幸哉？忽一日念及，怃然久之。其后历寝食不能忘，时有所创，创辄思，积创积思，乃知余平生之可悔者多矣，不独名此堂也。

看来，他已后悔自己年轻时的声色犬马。

在建壮悔堂的前一年，即顺治八年，侯方域参加了河南乡试。对于这件事，很多人认为他失去了气节，但也有人替他作了一系列的辩解，比如郭曾炘在《杂题国朝诸名家诗集后》中说："朝宗父始降闯，继降清，其应举也，安知非迫于父命？观于平日，规止梅村之出，则可知矣。"郭认为，侯方域的此举乃是迫于他父亲的压力，因为其父受历磨难，所以他不想儿子再经历这样的痛苦。可惜的是，侯方域回到家乡后，仅仅两年的时间就去世了，年仅三十七岁。四年之后，他的父亲侯恂才去世。侯恂有五个儿子，都先他而逝。

虽然侯方域仅活了三十七年，但在古文界的名声却早已为他人所知，比如徐作肃在《侯朝宗遗稿序》中说："朝宗此文则自顺治之庚寅。忆尔时，朝宗方与余讨今古文于轨度，古文则准之唐宋八子，今文则准之考亭之章句。或间日一作，或日一二作，至命酒高谈，将无虚日……每宾从杂遝，号叫迷离，而朝宗之文成矣。呜呼，何其雄也。"侯方域写文的准则还是效仿唐宋八大家，但他天生聪明，有着下笔千言立就的本领，这正是让人夸赞的地方。

关于如何作文章，侯方域在《与任王谷论文书》中有过这样的表述：

> 行文之旨，全在裁制，无论细大，皆可驱遣。当其闲漫纤碎处，反宜动色而陈，訾訾娓娓，使读者见其关系，寻绎不倦。至大议论，人人能解者，不过数语发挥，便须控驭，归于含蓄。若当快意

时，听其纵横，必一泻无复余地矣。譬如渴虹饮水，霜隼抟空，瞥然一见，瞬息灭没，神力变态，转更夭矫。

听其所言，讲得如此容易，但文章能够写到这种程度，却绝非是几句话就能够解释清楚者。他的这封信中，有很长的一段话被后世研究者常常引用：

> 大约秦以前之文主骨，汉以后之文主气。秦以前之文，若六经，非可以文论也，其他如老、韩诸子、《左传》《战国策》《国语》，皆敛气于骨者也。汉以后之文，若《史》、若《汉》、若八家，最擅其胜，皆运骨于气者也。……即飓风忽起，波涛万状，东泊西注，未知所底。苟能操柁觇星，立意不乱，亦自可免漂溺之失。此韩、欧诸子所以独嵯峨于中流也。

对于侯方域的文章特色，袁行霈主编的《中国文学史》给出了这样的评价："或义正词严，酣畅饱满，或缠绵悱恻，声情并茂，或雄辩汪洋，纵横奔放，有唐宋八大家的遗风。"该书又点出了侯方域作文的独特之处："敢于打破文体壁垒，以小说为文，则是写掾吏、伶人、名伎、军校等下层人物的作品。"

关于这方面的特色，应该以他所作的《蹇千里传》为代表。这篇传记似小说寓言，而内容中描绘的这位蹇千里既像人又像马，比如此文的其中一段为：

> 千里父辕客，早卒。幼孤，不慧，时时从贩夫牧竖者，而为人负载。又戏，为人逐得之，骑千里项。千里返走，人辄笞辱千里，千里貌益恭。观者大笑曰："是子驽怯乃尔耶！"因戏字之曰"驽"。

长遂以名之。会有善相人者过之,曰:"吾阅人多矣。公耳累累然,面狭而长,类诸葛瑾,后当极人臣,必富贵,无相忘也。"千里徐昂首曰:"人皆谓我驽,是皮相者,乌知我?我当于旬日间自致千里耳。"乃更其名为"千里"云。……已而大雨雪,诸公坐风籁中,相与传觞饮。饮竟,赋诗。因历数当世之能为诗,无当意者。千里顾从泥淖中背奚囊跟跄而至。诸公望见,翕然曰:"诗在此矣!"因遂籍,出其群辈远甚。寻以《餐牡丹之朝英赋》登第,筮仕馆驿,巡官擢驾部员外郎,出为稷州转运使,以灵石道大都督入为左仆射,封曹国公。

这段话说,千里的父亲早早就去世了,所以他从小就给人驮东西,被人家骑,被人家用鞭打,同时还受人嘲笑,但是他受尽了这么多的凌辱,依然觉得自己早晚能够是一匹千里马,后来他果真当上了官儿,还被封为了曹国公。对于这样的描写,张云龙在《清初散文三家研究》中评价道:"这是古今罕见的一篇奇文,其想象之奇特,描写之贴切,让人叹为观止。"同时,张云龙也说,这种写法其实并非侯方域所独创,因为之前的《西游记》中就有孙悟空和猪八戒,这些形象也同样是"亦人亦兽,人兽合一"。

对于侯方域在古文史上的地位,王士禛在《西山唱和集序》中说过这样的话:"近日论古文,率推侯朝宗为第一,远近无异词。"而日本江户时代的学者斋藤正谦在《拙堂文话》中评价侯方域说:"侯朝宗在明清之际,杰然为文章名家。余久欲观其全集。庚寅岁在江户,购而获之,始得浏览焉。盖其文以眉山之敏,行六一之法,悍然勇往,气压一世,使人辟易数里,不易才也。"看来,斋藤先生认为侯方域作文有着东坡般的敏捷,又有着欧阳修文章的法度,是古文史上难得的人才。

侯方域的散文中有一篇《四忆堂记》颇受后世所夸赞：

> 或曰："堂之以'四忆'名者，何也？"
> 曰："今昔之故，触而感焉则忆之，适四则四之尔。"
> "敢问所谓'四忆'者？"
> 曰："屈原幽忧而著《离骚》，其中称名类物，或呼为羌，或呼为荃。今读者不知其所专指，子宁知之耶？盖人心诚有所郁则必思，思而不得其所通则必且反复形诸言辞，发为咏歌，情迫气结，纵其所至，不循阡陌。即胸中时一念之，非不历历，及欲举而告之人，固已缠绵沉痛，十且乱其七八矣。微独我与若不知原之所指，即使原今日复生，亦未必自知也。我又安能以其所忆者告吾子哉。"
> 或曰："然则子既以'悔'名其文集而仍以'忆'名其诗者，何也？苟忆于昔，不必其悔；苟悔于今，不必其昔之忆。"
> 曰："诗三百篇，昔人发愤之所作也。自念才弱不能愤，聊以忆焉云尔。抑闻之，极则必复忆之。忆之，所以悔也。"

侯方域在此文中，以解释堂号的名义，讲出了文章的写法。他认为，没有遭受过重大挫折的人，难以写出深刻的文章。

而对于侯方域的心态，张云龙在《清初散文三家研究》一书中，作出了这样的评价："这种难以名状的痛苦具有鲜明的时代特点，这是国破家亡、朝代鼎革时有良知、有正义感的普通士人复杂心态的真实表现，有着极为普遍的意义。"

关于文章的态度，侯方域在《楼山堂遗集序》中说了这样一段话：

> 吴子尝云：'文章自韩、欧、苏没后，几失其传，吾之文足

起而续之。'余时方汩没于六朝，不知其善，亦不取视也。今知之，欲与之言，而吴子死久矣！虽然，以吴子之文求吴子，余虽始不知之而终卒知之，恐天下之始终不知之者亦已多矣。以吴子之人求吴子之文，即五尺之童，岂有不辨日星；即越裳之重译，岂有不望气而问指南，一识夫河与岳哉！

看来，吴应箕也有志于文章。吴曾跟侯说：自从韩愈、欧阳修、苏东坡去世之后，文章之道几乎失传，我的文章可以接续上这个传统。而侯方域自称，吴应箕跟自己说这番话时，自己正醉心于六朝的骈体文，而吴劝自己写古文，自己当然对此没有反应。到了后来，侯终于明白吴的所言是何等的正确，可惜此时吴已经去世了。也正因如此，侯大肆地夸赞吴的文章成就。

由这段叙述可知，侯方域能够成为清初著名的散文大家，他也走过了一些弯路。对于这段弯路，徐作肃在《壮悔堂文集序》中说："侯子十年前，尝出为整丽之作，而近乃大毁其向文，求所为韩、柳、苏、曾、王诸公以几于司马迁者，而肆力焉。"看来，侯方域在年轻之时主要是喜欢漂亮的骈文。

后来他醒悟之后，将这类的文章全部毁弃，而专门效仿韩愈、柳宗元等人的文风，最后他终于明白怎样的文风才是真正的好文章，于是他在该序的结尾部分发出了这样的感慨：

> 昔韩、欧、苏之三公者，皆能守道，不随于时，亦尝遭贬谪弹射，然固未至断颈绝脰，以死殉之也，而当世见其片言只字，皆爱而重之不衰。设以若韩、若欧、若苏，而且以大义断颈绝脰而死，则当世之爱而重之、后世之凭而吊之者，又何如也？呜呼！可以知楼山矣。

经过这样的转变，侯方域的文风呈现给了世人全新的面貌，以至于邵长蘅在《侯朝宗传》中说："明季古文辞，自嘉、隆诸子，貌为秦汉，稍不厌众望，后乃争矫之，而矫之者变逾下，明文极弊，以讫于亡。朝宗始倡韩、欧之学于举世不为之日，遂以古文雄视一时。"

◇ 文保牌

在这里，邵长蘅夸赞侯方域大力倡导韩愈、欧阳修所提倡的古文，经过侯的一番努力，终于使得社会的文风得以转变，《侯方域文·序言》中引用了徐凤辉所给出的评价："方域步骤史迁，而才足以运之，

◇ 壮悔堂

◇ 壮悔堂内的侯方域和李香君

◇ 壮悔堂对面的侯府

故行文矫变不测,如健鹘摩空,如鲸鱼赴壑,读之目眩魂惊,令人叹绝。"这个评价也同样很高大。

但吴国平先生认为,这样的夸赞有些言过其实:"这些评语不免有言过其实之处,唐宋古文在明清之际声势渐趋渐广,是众多散文作家和批评家共同推动的结果,侯方域本人对唐宋古文则有一个开始拒绝、后来部分接受、而最终则完全趋同的变化过程,所以将清初唐宋古文的大规模复兴归功于侯方域一人的提倡,这种观点并不符合事实,当然欠妥当。"(《侯方域和他的散文》)

即便如此,侯方域也确实是清初很有名气的散文家,《清史列传》中说:"方域健于文,与宁都魏禧、长洲汪琬并以古文擅名。禧策士文,琬儒者文,而方域则才子之文。盖其天才英发,吐气自华,善于规枘,绝去蹊径,不戾于古而亦不泥于今。当时论古文,率推方域为第一,远近无异词。"

侯方域故居位于河南省商丘市睢阳古城内。在商丘寻访的第一站是应天书院,从那里拍照完毕后,让司机把我送到老县城内。司机闻我所言,老大的不愿意,他说那里不好去。但昨晚我已经打听

◇ 退思堂匾额

过了，老县城完全是开放的区域，而且面积不大，司机为什么不愿意去，让我搞不明白。

他向我解释说，当地政府有规定，所有的车必须从北门进入，而我现在的方向则是在老县城的南门附近，若从南门进入，抓住后，会罚 200 块钱。他给我讲述着这种被罚是何种的不划算，我觉得县城虽然不大，但从南门走到北门也是件费力的事情，于是明白了司机的心思，问他需要加多少钱，他说出的数额我觉得还能接受，于是达成协议，奔此而去。

可是话音刚落不久，司机就把车停到了路边，我问他怎么回事，他告诉我已经到了我要去的地方。我反问他，不是要绕到北门穿行到这里吗？此人笑嘻嘻地说："何必要开到北门呢？你从这个小巷子进去一穿就到了，我这么走也是给你节约时间。"我很佩服他耍无赖还能如此的坦然，但我觉得他敢这么干就自有其底气在，我不想在这方面再耽误什么工夫，于是如数付款下车，同时还不忘谢谢

◇ 退思堂内景

他给我节约的时间。

　　侯方域故居位于老县城内刘隅首东一街2号，这条街很窄，如果迎面错车，完全无法通过。侯氏故居处在此街的中段两侧，从外观看，这些都是新近建成的仿古建筑，虽然如此，门口还立着文保牌，写明这里是壮悔堂。如此说来，这处建筑虽然不是古物，但至少说明是在当年故居的遗址之上重新建成者。

　　在入口的位置，大红灯笼上写着"侯府"二字，我站在门口拍完照，刚刚向院内一探头，就听到里面大喝一声："20块！"她的这一嗓子吓我一跳，我递上钱的同时问她为什么这么不爱护自己的喉咙，此人对我的幽默完全没兴趣，她以为我痛恨交上这20元钱，于是大声地向我解释道这20元钱还包括了对门的这个院落："20块钱，你能转两个院，足够划算了，你一点儿也不亏！"

　　走进院中，眼前所见依然是一些所谓的仿古建筑，院落不大，里面建了三栋房屋，其中的壮悔堂是我所最关心者，堂的中厅摆放

◇ 百姓物飞入了侯府家

着两个古装人像，那一男一女显然就是侯方域和李香君。当年侯、李二人退还了阮大铖的钱，这令阮怀恨在心，弘光皇帝继位后，起用阮大铖，于是他趁机陷害侯方域，迫使侯投奔史可法。而后阮大铖怂恿弘光朝中间的红人田仰去娶李香君为妾，李坚决不从，头撞栏杆，鲜血溅在了侯方域送给她的扇子上，而后杨友龙就于扇子上的血点绘上了桃花。再后来李香君伤愈后，被阮大铖征入宫中做歌姬。清军攻下扬州后，直指南京，弘光帝闻风而逃，李香君逃出了宫中，而后躲到了栖霞山葆真寺，与卞玉京相伴为尼，最后侯方域到此找到了她，并将她带回了老家商丘。

虽然侯方域向父亲隐瞒了李香君的身世，但是几年之后，李香君妓女的身份还是被公公侯恂知道了，于是他就将李香君赶出了家，在众人的讲情下，他让李香君住在了离城十五里外的侯家园林。再后来侯方域回到商丘，还是把李香君接了回来，不久，李香君因为患上了肺痨，三十岁就去世了。眼前的这两座雕像，制作的场景温馨而有诗意，应该是侯、李二人相处的最好时光。

看完壮悔堂，我又转到了旁边的房屋进行观看，在其中一间房内，看到一位老者正在瓷盘上刻画，我能明显地感到他用眼睛的余光在瞟着我，当发现我没有购买纪念品的意思，而只想拍照时，他冷不丁大喝一声："不买东西别拍照！"

闻听此言，我只好放下相机，乖乖地退了出来。走到门口时又遇到了那位管理者，她问我看得怎么样，我说这里最大的遗憾就是看不到当年侯家的古物。此人闻听后,显然对我的这句评语大为不满:"这里有大房子,还有花园,你能买得起吗?花20块钱让你看,已经很不错了,就别不知足了。"

戴名世：君子之文，淡焉泊焉

关于戴名世是不是桐城鼻祖的问题，相关的专家有三种不同的意见。第一种说法，是认定戴名世确实是桐城派的开山鼻祖，徐成志、江小角主编的《桐城派与明清学术文化》一书中，收有操鹏先生的《戴名世：桐城派开山鼻祖》，此篇文章的题目当然就是作者的观点。而王凯符、漆绪邦在《戴名世论》一文中也持这个观点："就戴名世的文论和散文创作对桐城派的影响来看，说戴名世就是桐城派作家，甚至以他为桐城派一祖，都是可以的。"

徐文博、石钟扬所作《戴名世论稿》一书中，用了较长的一个章节来论证戴名世确属桐城派作家，此书中引用了梁启超在《中国近三百年学术史》中的断语："桐城派古文就推戴南山为开山之祖。"而柳亚子也持这种观点，他在《南明史料书目提要》中称："戴氏与方苞齐名，为清代桐城派古文家开山鼻祖，论者谓其才学实出方苞之右。"

以上是赞同的观点，当然，有赞同就有反对，比如贺珏在《戴名世及其思想的初步考察》一文中说："戴名世虽是桐城人，又与方苞同以古文著名，但他与后来的桐城文派的理论和风格是不同的。桐城派祖述归有光，正如黄宗羲的评论，学归有光的有两样学法：一种是得其'春光'，一种是得其'陈根枯干'，戴南山是前者，方苞则属于后者。"

而第三种折中性的观点,则认为戴名世虽然不是桐城派中的成员,但他却给桐城派以较大的影响,王泽浦在《桐城派发生及其衰亡的社会原因》一文中称:"直接影响桐城派的,便是戴名世。……由于他的社会地位不高,而且最后又因为《南山集》被杀,所以没能列为桐城派的始祖。"

余外的说法还有许多,在此无法一一列举,但不外乎以上三种说法之一。而我的私见,则认为戴名世确实是桐城派的鼻祖,对于这一点,其实后世有公论,只是迫于官方压力而不敢直接表明,因此桐城派在排列宗祖之时,就刻意地把戴名世隐掉了,而这么做的直接原因就是"《南山集》案"。

从表面看,"《南山集》案"很简单,就是戴名世写了部《南山集偶钞》,其实此书是戴名世的一部杂文集。这部书刊刻发行后,并未产生多大的社会影响,可是在该书发行后的第十年,被人以此书为借口,向皇帝奏了一本,于是就产生了清代较有影响的一场文字狱案,最终结果,戴名世被杀,他的著作也全部被禁,而他的名字也不允许在其他书中再提起。面对这种局面,谁还敢把戴名世列为桐城派鼻祖呢?

从戴名世的个人经历来说,其实他不是反清复明的义士,因为他一直在努力地参加清廷举办的科举考试。康熙四十八年,戴名世终于考取了进士,并且成绩极佳,获得殿试一甲二名,也就是"榜眼"。按说这个好成绩,戴名世应当欣喜若狂,因为这一年他已经五十七岁了,在那个时代也是参加科考中的高龄人士。然而这个结果却并没让他兴奋,因为他本是考中了状元,最终的结果却是别人顶替了他的位子,而顶替他的人则是巡抚赵申乔之子赵熊诏。

康熙四十八年,科考的主考官是相国李光地,当时李光地看到戴名世的答卷感觉很满意,他给予了此文很高的评价:"以动静作主,贯串上下两截,却是一气浑成,略不见连缀之痕。熔铸儒先传注,更有神力,先正元墨中,有数文字。"于是李光地就将戴名世列为南宫会元,也就是该场考试的第一名。一个月后,戴名世等本科进士去参加殿试,考试的结果是戴名世变成了第二名,而状元则成为赵熊诏。

按说会元并不一定是状元,但是赵熊诏在参加科考时仅是第二十七名,显然这跟第二名的戴名世差距较大,而今赵却成了状元,戴从心里当然不乐意,认定是赵的父亲在背后做了手脚,戴当时跟他人说了句:"但恨门第不如人耳!"这句话后来传到了赵氏父子那里,为此埋下了祸根。

两年之后,也就是康熙五十年冬,时任左都御史的赵申乔弹劾身为翰林院编修的戴名世,我把赵弹劾的原折照录如下:

> 题为特参狂妄不谨之词臣,以肃官方,以昭法纪事。钦惟我皇上崇儒右文,敦尚正学,训饬士子,天语周详,培养人材,隆恩曲至,普天下沾濡德化者,无不恪循坊检,懔畏章程矣。乃有翰林院编修戴名世,妄窃文名,恃才放荡:前为诸生时,私刻文集,肆口游谈,倒置是非,语多狂悖,逞一时之私见,为不经之乱道,徒使市井书坊,翻刻贸鬻,射利营生。识者嗤为妄人,士林责其乖谬,圣明无微不察,谅俱在洞鉴之中。今名世身膺异数,叨列巍科,犹不追悔前非,焚削书板。似此狂诞之徒,岂容滥厕清华?臣与名世素无嫌怨,但法纪所关,何敢狥隐不言?为此特疏纠参,仰祈敕部严加议处,以为狂妄不谨之戒,而人心咸知悚惕矣。伏候皇上睿鉴施行。

赵申乔的这篇弹劾文字直接指责戴名世的文集中有狂悖之语,

◇ 戴名世撰《南山集全集》十六卷，清光绪十六年合肥王氏木活字本，书牌

同时说他用刻书的方式来谋利，赵觉得应当将戴名世的书板焚毁，不能让戴传播这样的思想。同时赵申乔在此文中又称"臣与名世素无嫌怨"，让人读来怎么都有着此地无银三百两的意味。赵申乔用这句话来强调，他弹劾戴名世是为了维护国家法纪，而并非是跟戴有什么私怨。

显然，赵申乔的这个说法难以让人信服，朱洪在《血祭桐城派——戴名世传》一书中称："戴以会试名列榜首，声名鹊起，北方学界都认为今科状元，非戴名世莫属。及殿试揭晓，为赵申乔的儿子赵熊诏，戴名世屈居第二。赵熊诏向无才名，在此之前，几乎无人知道有这个人存在，以至有人怀疑，他的状元桂冠是其父赵申乔贿赂得来的。因为舆论纷纷，赵申乔百口难辩，于是上疏参了戴名世一本，既报私怨，也钳制人口，所谓先发制人。"

朱洪认为，赵申乔弹劾戴名世的原因，就是想掩盖自己通过贿赂而让其子成为状元这件事。但徐文博、石钟扬则认为赵申乔这么做是另有原因。康熙五十年冬，赵申乔时任太原巡抚，当时发生了陈四等饥民抢粮食事件，事情闹大之后，赵申乔受到了降四级留任的处分，而后赵又任顺天府乡试的主考官，因为发榜过期，他又遭到了吏部削薪三个月的处罚，而在处罚后的第十几天，赵就开始弹劾戴名世。因此，徐、石在《戴名世论稿》中给出的结论是："从其时间相近这一点来看,赵申乔确实是重演康熙二年落职知县吴之荣告发庄廷鑨窃撰明史稿的故伎,其目的在于害人邀功,摆脱困境。"

从这个角度来说,赵申乔的所为不过就是通过转移视线以削弱他在朝中的负面影响,因此他并没想由此而构成一场大案,后人退舟在研究了赵申乔的那份疏本后称:"疏中声明'臣与名世素无嫌怨'等语,其实嫌怨甚深,特饰此语以掩其迹耳。但赵在当时负抗直名,

◇ 戴名世撰《南山集全集》十六卷,清光绪十六年合肥王氏木活字本,卷首

颇有名臣之目,其特疏参戴,只云'祈敕部严加议处',并非有意死之。迨诸臣议罪竟坐大逆,处以极刑,则迥非赵氏初意,即赵亦自悔其多事矣。故赵刊奏议,竟削参戴之疏不载,盖亦恐以此得罪士林也。"

然而这件事情的结果却超出了赵申乔的想象,康熙帝下令将戴名世抓入狱中,而后派人进行调查取证,这个案子一审就是三年,并且牵扯的人越来越多。到了康熙五十一年,刑部向皇帝报告了最终的审查结果,而后作出了如下的判决:

著《南山集》《孑遗录》内有大逆等语之戴名世,应即行凌迟;著《滇黔纪闻》内有大逆等语之方孝标,今已身死,应锉其尸骸;戴名世、方孝标之祖父子孙兄弟,及伯叔父兄弟之子,年十六岁以上者,俱查出解部,即行立斩;其母女妻妾姊妹,子之妻妾,

十五岁以下子孙,伯叔父兄弟之子,亦俱查出,给功臣家为奴;方孝标归顺吴逆,身受伪官,迫其投诚,又蒙洪恩免罪,仍不改悖逆之心,书大逆之言;令该抚将方孝标同族人,不论服之已尽未尽,逐一严查,有官职官衔者,尽皆革退;除已嫁出之女外,子女一并即解到部,发与乌喇、宁古塔、白都诺等处安插⋯⋯

◇ 戴名世撰《南山集》十四卷,清秀野轩木活字本,书牌

这个判决足够狠,要将戴名世凌迟处死,同时将戴家几代人中,凡是十六岁以上的男性,一律斩首,其他的人则予以流放。但在这三年的过程中,也有人替戴名世说过好话,再加上其他原因,最终康熙所下的御旨要比刑部的判决轻了许多:

戴名世从宽免凌迟,着即处斩。方登峄、方云旅、方世樵,俱从宽免死,并伊妻子发黑龙江。这案干连应斩绞及为奴安插流徙人犯,俱从宽免罪入旗。汪灏在修书处,效力勤劳,不忍即行处死,着从宽免死释放,不许回籍,将伊妻子家产俱入旗。此旨亦着晓谕汪灏。

这个结果仅是将戴名世一人处斩,而没有使用残酷的凌迟,余外的三百多人只是流放,也都免了死罪。据说康熙帝在作出这个判决时，也是犹豫再三，桐城派的后人姚永朴说："上徘徊竟夜，以手拂裾，纽为之解。"看来，玄烨也是想了一晚上才作出了这个决定。

玄烨为什么对处理"《南山集》案"要作出这样的判决呢？历史的真实很难得知，但应该说这个结果跟李光地的营救有一定的关系。因为李是戴的座师，按照古代的惯例，考得进士者都将主考官视为自己的老师，李光地也确实是想营救戴名世。康熙五十一年十月

◇ 戴名世撰《南山集》十四卷，清秀野轩木活字本，卷首

的某天，朝中的词臣汪霖去世了，玄烨感叹说："汪霖死，无复能为古文者矣。"而这位汪霖正是七年前戴名世中举的主考官，从这个角度来说，汪也是戴的老师。

当时李光地听到了玄烨的感叹，立即就追加了一句："必如班、马、韩、柳，诚急未得其人。若如霖者，才固不乏，即若某案中之方苞，其古文词，尚当胜之。"李说再找到像班固、司马迁和韩愈、柳宗元这样的人物，恐怕不容易了，但若像有汪霖这样的才能的人，在当今应该不少，比如说方苞就比汪霖的古文作得好。

李光地为什么在这时提到方苞呢？因为戴名世的那部《南山集偶钞》中就有方苞写的序言，当时所有跟此书有关联者，比如写序的几个人以及刊刻书的人等等，统统被抓了起来，李光地在此提到方苞，其实是想在皇帝面前引出戴名世这个话题。果如其所料，玄

烨又问他：天下写文章好的人，除了方苞，其次当属谁？于是李光地脱口而出：戴名世。

"《南山集》案"在那个时代也算一个大案，所有人都唯恐连累到自己，而李光地竟然勇敢地点出戴名世之名，何况谁都知道戴名世是他的门生，他这么做也是冒着很大的风险，虽然到最后，皇帝还是处死了戴名世。但意想不到的是，康熙虽然杀了戴名世却放过了方苞，不但免了方的罪，同时还破格让方入职南书房，而赵申

◇ 戴名世撰《南山集补遗》三卷，清木活字本

乔也因为奏"江南科场案"和《南山集》案两大案有功，被升为了户部尚书。

那么，《南山集偶钞》究竟是因为怎样的违碍字句而导致戴名世被判死刑的呢？其实《南山集偶钞》收录了百十余篇文章，其中有戴氏写给学生余石民的一封信被清廷抓住了把柄，认为戴名世怀有"大逆"之心。戴名世写信给余石民，是他想通过余来邀请一位叫犁支的和尚来会面。

这位犁支原本是南明桂王宫中的一个宦官，桂王政权被灭后，此人出家进了佛门，而那时，戴名世正想撰写明史，所以他想找到犁支，向其了解南明时的一些史实，而最为要命的是，戴名世在这封信中说了这样一段话：

> 昔者宋之亡也，区区海岛一隅，如弹丸黑子，不逾时而又已灭亡，而史犹得以备书其事。今以弘光之帝南京，隆武之帝闽越，永历之帝两粤、帝滇黔，地方数千里，首尾十七八年，揆以《春秋》之义，岂遽不如昭烈之在蜀、帝昺之在崖州，而其事渐以灭没？近日方宽文字之禁，而天下所以避忌讳者万端，其或菰芦山泽之间，有廑廑志其梗概，所谓存什一于千百，而其书未出，又无好事者为之掇拾，流传不久，而已荡为清风，化为冷灰。至于老将退卒、故家旧臣、遗民父老相继澌尽，而文献无征，凋残零落，使一时成败得失与夫孤忠效死、乱贼误国、流离播迁之情状无以示于后世，岂不可叹也哉！（《与余生书》）

戴名世在这里连用了三个南明的年号，而那时的南明政权正是清廷重点消灭的对象，难道戴名世不知道这种说法很犯忌讳吗？其实他这么做也有一定的原因。康熙帝亲政后，从表面上放松了对思想的控制，以至于让戴名世感慨说"近日方宽文字之禁"，看来，他认为那时文禁已经放松了。

显然，他错估了形势。戴名世觉得既然已经到了能够畅所欲言的时代，他就应当来修明史，陈正宏、谈蓓芳在《中国禁书简史》中评价戴名世说："毛病出在戴名世太天真。他很羡慕司马迁这样的大历史家，自己也想仿效；而在当时，要想写一部具有重大影响、能够成为一代之著作的史书，唯一的路就是编明史。"

为了编明史，戴名世开始到处收集史料，同时寻找能够了解实况的当世人，为此给他带来了大麻烦，而这个麻烦正是因为戴名世记录下的真实历史跟清廷官方的说法有了冲突。陈、谈在《中国禁书简史》中认为，"《南山集》案"之所以搞得这么大，其中一个原因就是戴名世"把清政府力埋的许多东西给捅了出来"，其中一件最重要的事情就是清廷杀明代崇祯太子。

　　崇祯皇帝有七个儿子，李自成打进北京时，还有三位王子，其中太子慈烺，藏在了北京的民间，崇祯帝的女儿也躲到了外祖父周奎家，后来慈烺到周奎家与公主见面，周奎担心事情弄大，于是向清廷举报了这件事，慈烺被抓了起来。本来清廷一直要杀掉跟明朝有关的所有皇亲国戚，但是他们打进北京时就宣称崇祯皇帝是李自成害死的，他们要替崇祯报仇。既然是这样的说辞，那么，他们要杀掉崇祯帝的儿子很难自圆其说，于是他们就想出了个办法，对外说这位慈烺其实是假太子。

　　然而有些人却出来证明这位太子是真的。于是清廷就请出了一位袁贵妃，这位袁贵妃当年很受崇祯皇帝的喜爱，她自然也就跟太子很熟，清廷让此人来辨认，而这位袁贵妃说太子是假的，于是清廷就在狱中把慈烺勒死了。

　　这件事引起了社会上的纷纷议论，因为在顺治元年五月，袁贵妃就已经死了，她怎么可能在康熙年间又出来作证，所以人们都认为这位袁贵妃其实才是假的。清廷极力压制这种议论，然而，戴名世的这部《南山集偶钞》中有一篇《弘光朝伪东宫伪后及党祸纪略》，戴名世在此文中说了这样一段话：

　　　　（太子）徒步至前嘉定伯周奎家。奎，烈后父，太子外祖也。是时，太子姊长公主，养于奎家，相见掩面哭。奎举家拜伏称臣。已而奎惧祸，言于官曰："太子不知真伪，今在奎家，奎不敢匿也。"因遍召旧臣识之。或谓为真，或言伪。谓真者皆死。太子后杀于狱中。朝中皆言其谋出大学士谢陞。陞，崇祯中位至宰相，予告家居。弘光时，加陞上柱国少师兼太子太师礼部尚书，而陞已北行矣。至是都人围其第宅而詈之。陞不安，请告去，寻死，自言见钱凤览为厉而杀之。钱凤览者,亦言太子为真而被杀者也。

戴名世说,凡是说太子为真者,后来皆被处死,这就等于说明太子确实是真的。而他在此文中同时还说,康熙四十七年,朝廷用同样的手段杀掉了崇祯皇帝的另一个儿子慈焕。戴名世的这些记载彻底地揭露了满人入关后明一套暗一套的做法,他将这些字句写入书中广为流传,当然令清廷很是愤怒,可是又不能明言是为这样的事杀掉他,所以就给他定了个谋反和大逆的罪名。而《戴名世论稿》一书对这个罪名进行了逐条的批驳,并引用《大清律集解附例》中的条文证明这个罪名根本不成立。成不成立没关系,皇帝想定某人有罪,那还不是板上钉钉的事情吗?

对于戴名世的诗作,金性尧所著的《土中录》中有《戴诗存疑录》一文,此文的第一段话为:"《戴名世集》中附录了两组诗,一组是《古史诗鍼》,多至一百一十篇。从诗的语言风格看,就绝非清初人之作,如《自戕同尽》的'闯王善杀汉家王,一见胡儿便败亡',即其一例。而且戴氏只是对当时现实不满,对清廷并无仇视之意,否则,何必到五十七岁再去考进士?"金认为这是假诗。而后该文中又引用了陈衍《石遗室诗话》卷十一中的一段说法,这段说法中也列明了一些

◇ 戴名世撰《扬州城守纪略》民国间扬州陈恒和书林刻《扬州丛刻》本,书牌

戴南山的诗句，但金性尧同样认为这些说法不可靠。

为什么会出现这些假托的诗文呢？金性尧在此文中说："历代流传的假托诗文，作伪者的动机不尽相同，上述两组诗，却是出于对戴氏的同情哀怜。"同时该文中又引用了《戴南山集·游烂柯山纪》文末的两首七绝：

采樵偶向洞天行，一局中间世已更。
不看仙人贪看弈，模糊仍复觅前生。

谪向尘寰病未瘥，同班仙侣近如何。
语君弈罢朝天去，为谢狂生罚已多。

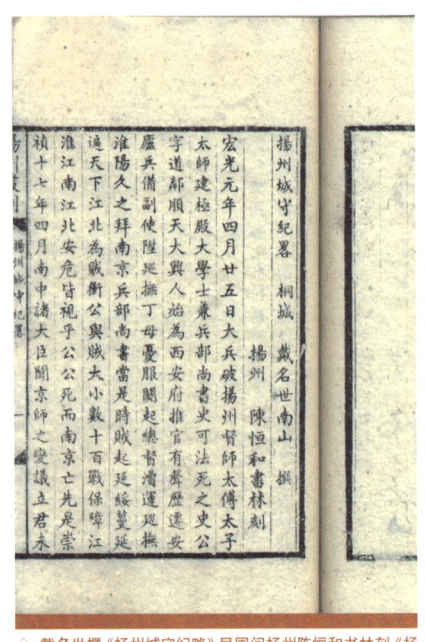

◇ 戴名世撰《扬州城守纪略》民国间扬州陈恒和书林刻《扬州丛刻》本，卷首

金性尧评价说："这才是戴诗的真实"，并且引用了徐世昌《晚晴簃诗话》中对这两首七绝的评价："可见其郁郁不平之气。"

朱洪的《戴名世传》中也引用了戴南山的多篇诗作，比如康熙三十五年，戴名世与方苞等二十多人到顾嗣立家聚会，那时顾嗣立在北京宣武门外买下了一个小院落，他在里面造景植绿，而后起名为"小秀野堂"。建成之后，顾经常邀请朋友来此小聚。这年的四月三十日晚上，大家在此喝酒赋诗，戴名世竟然连写了四首，其中第二首和第四首为：

>城角笳声白发新，窗间月色绿樽频。
>寺僧莫讶连宵过，元是吴门旧酒人。

>亦是天涯亦是家，瓶花几朵护窗纱。
>江头毕竟渔矶好，净少风尘不用遮。

戴名世被关在京城狱中三年，这个阶段他也有一些诗作，其中有《遥和友人宴集醉后之作八首》，其中第一首为：

>岁月骎骎去不还，当年遗恨出柴关。
>秋风蟹舍乾坤大，春雨牛栏日月间。
>名盛当忧才未称，书焚何待缓来删？
>从今典籍休开看，对古难容愧作颜。

这首诗的六、七句显现出了戴名世对于写书的后悔，他觉得要是早点儿把自己的这些违碍著作烧掉，就不会给自己招来这么大的麻烦。他在该诗的第六首中，更加表明了这种心态：

>何曾一饭恩常负，岂料衰年祸乃迁？
>无力能填精卫海，有言空问屈平天。
>桂焚势及琼林尽，云起偏遮皓月圆。
>一夕忽成千古恨，厉阶谁实始丹铅？

既然说戴名世是桐城派的鼻祖，那当然他在文章方面下的功夫更大。就观念而言，戴名世也倡导复古，但他却并不认为古人样样都好，他在《读易质疑序》中说："若乃骋其私见小慧，支离曼衍，显无忌惮，而务求胜于古人，是乃所谓叛臣者也。其或读古人之书，而阿谀曲从，不敢有毫发之别异，是乃所谓佞臣者也。佞之为古人之害也，与叛等。"即使诗圣杜甫，他也认为其诗作中有并不完美的地方："世之论杜诗者，慑于众定之名，昧于瑕瑜不相掩之义，概而称之，而不敢有区别，且直指其瑕与颣而以为美在是也，使读之者或竟唯其瑕与颣之是学，其贻误来者不更甚乎？"（《与洪孝仪书》）

戴名世的散文，其中有一篇《鸟说》颇受后世夸赞，这是一篇寓言性的杂文，该文的后两段为：

> 鸟雌一雄一，小不能盈掬，色明洁，娟皎可爱，不知其何鸟也。雏且出矣，雌者覆翼之。雄者往取食，每得食，辄息于屋，上不即下。主人戏以手撼其树，则下瞰而鸣。小撼之小鸣，大撼之即大鸣，手下，鸣乃已。他日，余从外来，见巢坠于地，觅二鸟及鷇，无有。问之，则某氏僮奴取以去。
>
> 嗟乎！以此鸟之羽毛洁而音鸣好也，奚不深山之适而茂林之栖？乃托身非所，见辱于人奴以死！彼其以世路为甚宽也哉？！

徐、石所著的《戴名世论稿》中给予了很高的评价："《鸟说》堪称短篇佳制。若以物喻文，则其形若鸟，小不盈掬，却玲珑剔透，娟皎可爱；其构如巢，大不过盏，却一波三折，精密完固；其言似草，朴质自然，却内蕴深情，动人心弦。掩读之余，不禁拍案叫绝：美哉斯文！"

戴名世曾经想修明史，虽然该书未成，并且为此身首异处，然而他的史学才能却颇受后世夸赞，梁启超在《中国近三百年学术史》中称："大抵南山考证史迹，或不如力田、季野，而史识史才，实一时无两。其遗集中《史论》《左氏辨》等篇，持论往往与章实斋暗合，……其组织力不让章实斋，而情感力或尚非实斋所逮。有清一代史家作者之林，吾所颔首，唯此二人而已。"由此可知，戴名世无论文章和史才都是那个时代最优秀者。

戴名世的乡贤戴钧衡在《戴南山集序》中称："国朝作者间出，海内翕然推为正宗，莫如吾乡望溪方氏。而方氏生平极所叹服者，则唯先生。"戴钧衡认为，方苞的文章乃是桐城派的正宗，而方苞一生最佩服的人就是戴名世。

在他二十岁那年，为了生活，他当起了家庭教师，而这个阶段，他下了很大的功夫来研究八股文，这种文体当时被称为"时文"。可能是因为写得多了，让他对"时文"有了感觉，后来他竟然将自己的这类文章刊刻了出来。

为什么要这样做呢？戴在《自订时文全集序》中说："见近日所雕刻流传、习熟人口者，卑弱不振，私窃叹之。"看来，戴名世认为别人刊刻的"时文"水平太差，既然如此，他还不如自己来。

那他究竟喜欢不喜欢"时文"呢？戴在该序言中又说："余非时文之徒也，不幸家贫，无他业可治，乃以时文自见。失足落人间，究无救于贫困。"看来，他认为苦练"时文"只是为了糊口，其对此并没有太大的兴趣。

为什么会有这样的看法呢？戴在《甲戌房书序》中说："自科举取士，而有所谓时文之说，于是乎古文乃亡。"戴名世认为，正是因为"时文"的兴起，才使得古文得以灭亡。

在戴名世眼中，"时文"是完全无用的东西，他在《自订时文全集序》中明确地表达了这种观点:"余自年二十以来,于时文一事耗精弊神,虽颇为世所称许,而曾无得于己,亦无用于世。"由此说明,戴名世坚定地认为,只有正统的古文才是学习的对象。

于是乎,他在练习"时文"之外,把更多的精力用在了研读古文方面,他在《初集原序》中明确地说:"余生二十余年,迂疏落寞,无他艺能,而窃尝有志,欲上下古今,贯穿驰骋,以成一家之言,顾不知天之所以与我者何如,妄欲追踪古人。"

看来,戴名世是个有志向的人。他谦虚地说自己什么本事也没有,唯一的想法就是能在文章方面成一家之言。显然,他跟司马迁有着同样的志向,并且他认定如果能给他一个合适的机会和环境,那他在古文方面一定不输于古人:"假令天而不遗斯文,使余得脱于忧患,无饥寒抑郁之乱其心,而获大肆其力于文章,则于古之人,或者可以无让。"

戴名世既然有这么高的志向,那他认为怎样的文风才值得赞颂呢?他在《与刘言洁书》中表达出了自己的观点:

> 君子之文,淡焉泊焉,略其町畦,去其铅华,无所有乃其所以无所不有者也。仆尝入乎深林丛薄之中,荆榛罥吾之足,土石封吾之目,虽咫尺莫能尽焉。余且惴惴焉,惧跬步之或失有也。及登览乎高山之巅,举目千里,云烟在下,苍然茫然,与天无穷。顷者游于渤海之滨,见夫天水浑沦,波涛汹涌,惝恍四顾,不复有人间。呜呼!此文之自然者也。

戴名世认为,好的文章就如同君子之交淡如水,没有那么多的花哨和热闹。而后他说自己在这方面的修炼,就有如进入了荆棘满布的深山,他在这里艰难地行走,费了很大功夫,终于登顶,而后举目四望,群山全在脚下。

以上这段话是在讲述,只有通过刻苦的学习与修炼,才能达到一览众山小的境界。而对于文章的内容,戴名世在《答赵少宰书》中称:"'君子以言有物而行有恒'。夫有所为而为之之谓物,不得已而为之之谓物,近类而切事,发挥而旁通,其间天道具焉,人事备焉,物理昭焉,夫是之谓物也。"

看来,所有好文章必须具有的条件就是要言之有物。

这段话讲述的是文章的内容,而对于文章的写法,他在《初集原序》中又说:"世之学者,其天之所与既不逮古人,而又无好古之心,往往肆其胸臆,好高自大,又或拘牵规矩,依傍前人,曰:'吾学某,吾能似某。'寸寸而比之,铢铢而称之,然而未尝似也;即一一似之,而我之为我者尽亡矣!"

戴名世强调,写文章要有独创性,首先要有好古之心,努力地学习古代的好文章,但同时又不能抄袭古人,而有的人却以自己的文章像某位古人为标榜,这样的态度显然无法写好文章。

戴名世作过一篇《张贡五文集序》,他在此文中提到了一个能够写出好文章的诀窍:

> 始余之从事于文章,年不过二十。一日山行,遇一卖药翁,相与语,因及文章之事。翁曰:"为文之道,吾赠君两言:曰'割爱'而已。"余漫应之。已而别去,私自念翁所言良是。归视所为文,见其辞采工丽可爱也,议论激越可爱也,才气驰骤可爱也。皆可爱也,则皆可割也。如是而吾之文其可存者不及十二三矣。盖昔尝读陆士衡之言,曰:"苟背义而伤道,文虽爱而必捐。"由翁之意推之,则虽于道无伤、于义无背,亦有当捐而去之者,而况背义与伤道者乎?翁之论较陆士衡则精矣!

戴名世讲了这样一个故事，他说自己在年轻时，某一天进山，在山里遇到了一位卖药的老翁，二人交谈时，谈到了写文章的事情，这位老翁听了戴的叙述后，教给了戴一个秘诀，那就是要舍得割爱。俗话说"老婆是别人的好，文章是自己的好"，能够对自己所作之文进行大删大改之人，确实不多。但这位老翁说，只有做到这一点，才会有好文章出现。显然，这种说法戴名世没有听进去，他只是出于礼貌，随口地应付着。

等其回来之后，细品此老翁之言，他才觉得这位老翁的所说极有见地。戴细看自己所写的文章，横看竖看，怎么看都觉得写得好，然而细想，他觉得将大部分内容割舍掉，也没什么不可以的。经过了一番的删改，他认为真正可存世者，也就占两、三成，而后他引用了陆士衡说的同样观点。戴认为，这位老翁所言比陆士衡说得还要精确。

老翁教给他的这个秘诀，让戴名世的文章水准有了很大进步，他在该序中说道："余自闻此论，而文章之真谛秘钥始能识之。乃家贫多事，其业未工，而曩时好文之志渐且颓落。余之负愧于翁者盖已久矣！"

戴名世说，自从他听从了老翁的所劝，才觉得自己真的掌握了写文章的秘诀。而后他又谦虚地说，因为家里穷，他将很多精力都用在了讨生活方面，以至于年轻时准备全力以赴写好文章的雄心，也衰减了不少，想到这一层，他觉得自己有愧于那位老翁。文中最后说，他只知道那位老翁是湖北人，可惜不知道他的姓名。

如果戴名世的所言确有其事的话，这真让人叹羡：能在年轻时就遇到如此明白之人给以指引，而我直到今天也没有这样的幸运，以至于自己的文章依然写得又臭又长，想一想，真是惭愧！

在写文章的观念上，戴名世赞同明末艾南英的观点，他在《己卯行书小题序》中说："在昔选文行世之远者，莫盛于东乡艾氏，余尝侧闻其绪言曰：'立言之要，贵合乎道与法。而制举业者，文章之属也，非独兼夫道与法而已，又将兼有辞焉。'是故道也、法也、辞也，三者有一之不备焉而不可谓之文也。"戴名世在这里复述了艾南英的说法，其认为文章首先要载道，而后又要得法，三者则需要文辞优美。

翻看戴名世的文集，确实能够看到他在自己的文章中贯彻着这种主张，比如他曾写过一篇《穷鬼传》，该文起首一段为：

> 穷鬼者，不知所自起，唐元和中，始依昌黎韩愈。愈久与之居，不堪也，为文逐之，不去，反骂愈。愈死，无所归，流落人间，求人如韩愈者从之，不得。阅九百余年，闻江淮之间有被褐先生，其人韩愈流也。乃不介而谒先生于家，曰："我故韩愈氏客也，窃闻先生之高义，愿托于门下，敢有以报先生。"先生避席却行，大惊曰："汝来，将奈何？"麾之去，曰："子往矣！昔者韩退之以子故，不容于天下，召笑取侮，穷而无归，其送汝文可复视也。子往矣，无累我！无已，请从他人。"

显然，此文乃是戴名世编出的一篇寓言。他说有个穷鬼不知什么时候出现在了世间，在唐代时，这个穷鬼就跟随在大文豪韩愈身边，看来穷鬼的到来没给韩愈带来好运，时间长了之后，韩愈终于写出篇文章，要将穷鬼赶走。

戴名世所说的这个故事，指的是韩愈所作的《送穷文》，此文中写到，韩愈为了把穷鬼打发走，就送礼物给穷鬼，穷鬼不但不离去，反而指责韩愈只有小聪明而无大志。

而戴名世的这篇文章就是本自韩愈的《送穷文》接续而来者，他说：等到韩愈去世后，这个穷鬼就流落到了人间，穷鬼想再找到一个像韩愈这样的人，可惜没了这样的运气。穷鬼一找就是九百多年，而后终于打听到有位穿粗麻短衣的穷书生跟韩愈很像。其实这位书生就是戴名世，因为戴在文中用词是"被褐先生"，而戴名世的字正是"褐夫"，由这种比喻就可看出，戴名世自视为当世的韩愈。

文中说，穷鬼打听到了当时江淮又出现了一个像韩愈的人，于是就直接来到了戴名世家中，之后穷鬼作了自我介绍，戴听后大感吃惊，准备哄穷鬼出去，同时跟穷鬼说：当年韩愈就是因为身边有你，才被天下所不容，你千万不要因为这个再连累了我。

穷鬼好不容易找到了"清代的韩愈"，当然不愿意离去，于是穷鬼就向戴请问自己究竟有怎样的罪过，于是戴就说了这样一段话：

> 子以穷为名，其势固足以穷余也。议论文章，开口触忌，则穷于言；上下坑坎，前颠后踬，俯仰跼蹐，左支右吾，则穷于行；蒙尘垢，被刺讥，忧众口，则穷于辩；所为而拂乱，所往而刺谬，则穷于才；声势货利不足以动众，磊落孤愤不足以谐俗，则穷于交游。抱其无用之书，负其不羁之气，挟其空匮之身，入所厌薄之世，则在家而穷，在邦而穷。凡汝之足以穷吾者，吾不能悉数也，而举其大略焉。

戴名世的这段话，表面是指责穷鬼会给自己带来怎样的麻烦，其实这只是夫子自道，他讲述了自己性格不为世所容的原因。穷鬼承认了他的这些指责，同时穷鬼也说：

> 而吾能使先生歌，使先生泣，使先生激，使先生愤，使先生

独往独来而游于无穷。凡先生之所云云,固吾之所以效于先生者也,其何伤乎?见韩愈氏迄今不朽者,则余之为也,以故愈亦始疑而终安之。

穷鬼的这番话打动了戴名世,于是穷鬼就留在了戴的身边:

于是先生与之处,凡数十年,穷甚,不能堪,然颇得其功。一日,谓先生曰:"自余之归先生也,而先生不容于天下,召笑取侮,穷而无归,徒以余故也,余亦悯焉。顾吾之所以效于先生者,皆以为功于先生也,今已毕致之矣。先生无所用余,余亦无敢久溷先生也。"则起,趋而去,不知所终。

穷鬼在戴身边与之相处了几十年,其果真让戴变得更穷,这个结果让穷鬼都不好意思了,于是穷鬼就做了一番总结,而后站起身来,独自离去了。

戴名世通过这样一个寓言故事,来讲述自己的生活态度以及人生抱负,这正是他作文章的巧妙之处。而这样的写法,戴还作过一篇《讨夏二子檄》:

宋人有吴元美作《夏二子传》,指蚊、蝇也。今年入夏以来,余深为此所苦,而吴子之文余未之见,因俳为是说,以致其愤痛之意云。

以上为该文的起首一段,戴名世讲述了本篇檄文的来由,其称宋代的吴元美作过一篇《夏二子传》,而文中的"二子",指的就是蚊子和苍蝇。在某年入夏之后,戴大受蚊蝇的困扰,所以他很想看到吴元美的这篇文章怎样来描绘蚊蝇，但是他没有找到这篇文章，于是他决定自己写一篇檄文来讨伐这两种害虫，以此来解自己心头之恨。他在该檄文中历数蚊蝇的恶行：

> 盖闻群飞可以刺天，聚蚊可以成雷，谓正伤于邪，而害起于微也。夏有二子，生负不洁之形，徒开可憎之口，乘时并起，敢为侵暴，彼出此入，平分昼夜，各自摇毒，互相召乱。于是奔赴蒸炎，沉溺溷浊，嗜腥逐臭，呼召曹偶，种其丑类，以子以孙，秽德既彰，见者皆唾。犹复挥不肯去，鼓翅而前，交足而立，左右奔突，玷污洁白，营营之声，乱人耳目。是以诗人恶其罔极，以为告戒。若夫遁伏于白日之下，叫号于晦冥之间，剥肤饮血，饱不思去，狠戾成性，踪迹莫测，其股不足折，而其翼不足塌也。徒以伺间蹈瑕，轻悍飘忽，乘人不虞，其毒在喙。

通过这番描述可知，戴名世表面写的是蚊蝇，而实际上则是以此喻人，正是通过这样的寓言来抒发自己的不平之气。

如前所言，戴名世自视甚高，因为他间接地把自己比喻为韩愈。其实不仅如此，他还想成为当时的天下第一文章大家，可能他也觉得这种想法有些自大，于是就把自己的这个想法解释为"梦说"：

> 余少梦适山间，遇一老父，蒙檞叶于身，坐石上。余异之，问以神仙之术，不答。有顷，天上有红云一缕，冉冉下属地。老父指谓余曰："食此者，文章冠海内。"余以口仰接吞之。老父复与余有所言，既觉忘之矣。自是七八年来，忧沮病废，曾未尝学问有所发明，回忆曩者之梦，真可报也！（《纪梦》）

戴名世自称，年少之时做了个梦，梦到自己在大山里遇到了一个老先生，此人一看就像个得仙者，于是戴向他请问如何能成仙，但此人却不告诉他。过一会儿，天上飘来了一朵红云，老先生跟戴说：你吃了这云，就能成为天下第一文章大家。闻听此言，戴立即吞下红云。而后老先生还跟戴说了一些话，但等戴醒来后就全都忘记了。而后的一些年，戴的生活并不很如意，而让他难以忘怀的是：虽然梦中吞食了红云，但自己在写文章方面也未见有大的长进，所以他每当想起这个梦，都让自己觉得惭愧。

显然，此文的最后两句只是戴名世自谦一下，他在文章方面的成就还是受到了后世的首肯，比如梁启超在《中国近三百年学术史》中说："盖南山于文章有天才，善于组织，最能驾驭资料而铸冶之，有浓挚之情感，而寄之于所记之事，且蕴且浅，恰如其分，使读者移情而不自知。"

梁启超夸赞戴名世就是位写文章的天才，其实天才很大成分也是刻苦努力的结果，比如戴在《意园制义自序》中称："每一题入手，静坐屏气，默诵章句者往复数十过，用以寻讨其意思神理脉络之所在，其于《集注》亦如之，于是喉吻之际略费经营，振笔而书，不加点窜。"

他在写作之时，每当看到题目，首先是在那里认真地构思，这样的构思要经过多次地

◇ 没有上、下款儿的墓碑

◇ 戴名世墓全景

打腹稿，直到成竹在胸，他才拿起笔来一挥而就，也正是因为他的这种认真以及天生的才气，才有了这样一位文章大家。对于他的文章特色，石钟扬先生在《戴名世和他的散文》中予以了这样的总结："就创作而言，方氏之文出于经，故长于析理，严谨而朴实；戴氏之文出于史，故长于叙事，疏宕而隽逸。望溪之文乏南山之雄健，南山之文逊望溪之精密。"

戴名世墓位于安徽省桐城市孔城镇清水塘村。从桐城市打车前往清水塘村，可能是因为戴名世的名声太响亮了，所问之人，均能告知如何前往其墓。在村外的一片田野中，很容易地找到了戴名世的墓。

戴名世的墓前是一片极高极密的荒草，然时已十月，茂草已经开始枯黄，且有规律地大片倾倒。这种场景让我看上去颇为熟悉，似乎小时候学校组织学农时就看到过。农民伯伯告诉我：这是狂风

◇ 文保牌的用石很特别

所致，同时也是因为麦秆长得不壮实。

然而眼前的这些荒草，应该说是物择天竞的结果，怎么也会如此的不抗压呢？看来，在上天面前，所有的生灵都要低头。但我在这里看到的并不是悲愤，反而让我觉得自己走进了电影大片中的现场，这种场景让自己本能地入戏，心中升起了一种庄重的仪式感。

从现场看，戴名世墓近年做过修整，墓碑上仅楷书"戴名世之墓"五字，墓前亦无祭拜痕迹，再想想，当然不会有后人来祭祀，故其墓无上、下款，亦属理所当然，其墓能够被记载并保存至今，已属幸运。

方苞：躔分两度，天各一方；
会稀别远，意满情长

方苞是桐城派的创始人，关于他在桐城派的地位，袁行霈主编的《中国文学史》有如下说法："桐城派在康熙年间由安徽桐城人方苞开创，同乡刘大櫆、姚鼐等继承发展，成为清代影响最大的散文派别。"这里提到的三位人物，被誉之为"桐城三祖"。另外还有"桐城四祖"的说法，那就是加上了戴名世。但也有人说，戴名世只能称之为桐城派的奠基人。

◇ 方苞撰《望溪先生全集》三十二卷，清咸丰元年至二年戴钧衡刻本，牌记

关于方苞文风，沈廷芳在《书方望溪先生传后》记录下方苞自己的说法："古文中不可入语录中语、魏晋六朝人藻丽俳语、汉赋中板重字法、诗歌中隽语、南北史佻巧语。"看来方苞反对在散文内掺杂进语录体，故而他所写之文，被后世赞之为"雅洁"。

这样的文章确实朴实，可是想从中选出一句隽永之语，却颇为不易，故本篇的题目我

本想选他文章中的两句话,来概括他的特色,这个简单的要求却颇难达到,故而只好从他反对的骈文中选出了这样一句话。

题目里的这句话,出自方苞所作的《七夕赋》,如此说来,他也作过韵文,从整篇《七夕赋》来看,方苞在这方面也颇具才能,我摘选该赋中的首段如下:

> 岁云秋矣,夜如何其?天澄澄其若拭,漏隐隐以方移。试一望兮长河之韬映,若有人兮永夜而因依。彼其躔分两度,天各一方;会稀别远,意满情长。欲渡河兮羌无梁,空鸣机兮不成章。叩角余哀,停梭积恨,四序遹以平分,寸心抚而不定。悲冬夜之幽沉,迷春朝之霁润,睹夏日之方长,盼秋期而难近。

即此可知,方苞确实是文章高手,即便他不擅长的韵文,依然写得如此漂亮,而方苞也正因为文章写得好,曾经在最危急关头救过自己一命。这件事还要从戴名世的"《南山集》案"说起。

◇ 方苞撰《望溪先生全集》三十二卷,清咸丰元年至二年戴钧衡刻本,卷首

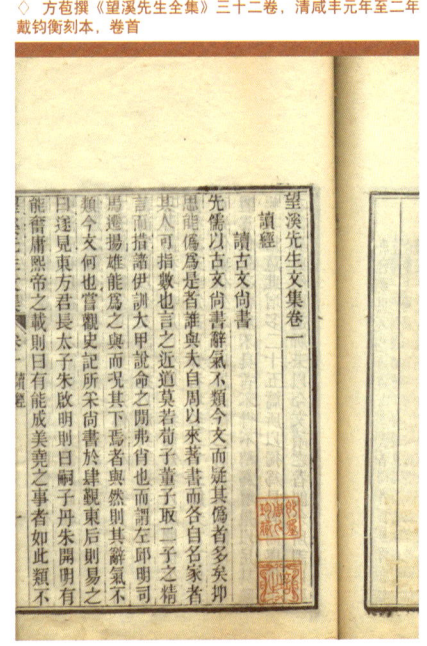

戴名世被关入监狱之后,相应的官吏开始从他的文章中寻找蛛丝马迹,《南山集》中收有戴名世写给余石民的一封信,此信中有这样一句话:"吾乡方学士有《滇黔纪闻》一编,余六七年前尝见之,及是而余购得此书。"正因为这句话,

这个案件的性质得以迅速转变。原本抓戴名世，仅是因为他的文集中有悖乱之语，而今通过这句话，一路追查下去，案件的性质也渐渐变为了想造反的大逆案。这样无限上纲方式是怎样构成的呢？按照历史记载上的说法，这件事跟康熙皇帝认错了字有关系。

如上所言，审查官员从戴名世写给余石民的信中找到了那句话，但是，戴名世在这封信里只说《滇黔纪闻》一书的作者是方学士，这"方学士"三字显然是姓氏加尊称，可是在满文中，"方学士"这三字的写法跟"方学诗"完全一样，并且那个时候还没有形成普通话，东北地区的人读这两个词时音也完全相同，因此玄烨就把"方学士"听成了"方学诗"，而"方学诗"这三个字对玄烨来说特别敏感。

这件事又要从吴三桂造反说起，吴三桂建立大周后，方光琛任大周的宰相，再后来吴三桂病死，方光琛继续辅佐吴三桂之孙吴世璠，而后清军打到昆明，方光琛被斩。当年方光琛的九个儿子皆在吴三桂手下任要职，而后这九子中的八位皆跟其父同时被杀，唯有最聪明的长子方学诗在逃。而后清军搜捕方学诗几十年都得不到信息，所以当康熙皇帝看到"方学士"这三个字的满文时，马上就问了一句："是非漏网之方学诗耶？"在场的人竟然没人敢纠正皇帝之误，于是戴南山的这个案子就跟吴三桂的造反联系在了一起。

其实这两件事联系在一起，还有其他的原因，因为《滇黔纪闻》一书的作者是方孝标，而方孝标也曾经到云南去见过吴三桂，当时吴三桂请其任职，其未答应，可是清廷却因为他也姓方，于是就将方孝标与方光琛认定为族人。还有一层关联，那就是戴名世的《南山集偶钞》找了几个人写序，其中一位写序的人就是方苞。而方苞又恰好是方孝标的族孙，于是这样层层串连，大狱就此兴起，方苞也因此被抓进了狱中。

关于这件事，此后方家的族人也是如上说法，《方氏家谱》中在论述方孝标的历史时,有如下一段话:"公归作《滇黔纪闻》,锓版数幅耳。缘《南山集》中,有《与余生书》,论鼎革时事,并有云:'吾乡方学士者,有《滇黔纪闻》一书,言之甚详',戴欲脱罪,而无书可证,由是方氏祸连宗族矣。歙人方光琛者,吴逆伪相也,有子侄九人受伪职,其最著者,名学诗、学礼,吴逆败皆伏法,唯学诗在逃。而部疏据《南山集》原文,称方学士,不复具名。北方'士'与'诗'同音,国书又同为一字,圣祖阅清字疏曰:'是非漏网之方学诗耶?'廷臣不能晓,圣祖因为语往事甚悉。其后江南检得龙牌及《滇黔纪闻》,所载皆颂述本朝功德语,无一字可议,而其时狱已具,遂不复上达,然犹仰赖如天之恩,悉从宽典。"

方家人同样叙述了这件冤案发生的过程,这段话中所说的"国书"指的就是满文,但方家人说,后来相关人士还是看到了《滇黔纪闻》的原书,发现该书内都是歌颂大清王朝的话语,完全没有违碍字句,可是大狱已经兴起,所以这些人就不敢再把看到该书的情况报告给康熙皇帝,好在后来皇帝开恩,才使得方家族人没有受到太大的灾难。

显然,这种说法是不能够直斥康熙皇帝看错了字,只能说是这些大臣们发现了问题,不敢跟玄烨说他看错了,于是将错就错的,形成了这样一个冤案。但此案判决时,方孝标早已离世,于是最终的判决结果是将方氏族人儿孙辈的几十人流放到了黑龙江的卜魁。

方家族人入清之后一直很倒霉。方孝标在三十一岁时考取进士,当时是顺治六年;在顺治十二年,他被升为经筵讲席,特别受到顺治皇帝的眷顾;可是到了顺治十四年,发生了江南科场案,这场大案正是方孝标的四弟方章钺中试后引起非议,于是顺治帝派人细查其中的幕后原因,最终的结果是将正副主考官斩首,其他十八名考官处以绞刑,方章钺本人被打了四十大板,而后被抄家;转年之后,方孝标以及其家人数十人被流放到了黑龙江宁古塔,故而这位方孝标从皇帝的宠臣变成了流放犯。而后经过他的长子方嘉贞上书鸣冤，方孝标的五弟又捐资修北京的阜成门，因为这样的贡献，所以三年之后，方孝标被放归。

　　方孝标在康熙九年带领几位子侄前往云贵高原游览，因为他是文章大家，所以每到一地都会留下自己的记录，写出了《滇游纪行》和《滇黔纪闻》。再后来戴名世想修明史，觉得明史也应当包括南明的这一段历史，而方孝标的《滇黔纪闻》中记录了一些南明史实，所以买来此书作参考资料，并且摘录一些史料，写入了他的《南山集偶钞》。

　　康熙五十年十二月，刑部尚书哈山在《为审明戴名世〈南山集〉案并将涉案犯人拟罪事题本》中说："据方孝标所写《滇黔纪闻》，内有永历初在广东，延至广西，终于云贵。与隋之清泰于洛、唐之昭宣于巴颜、宋之帝昺于崖州，同不可称之为伪朝。又金陵之弘光、闽越之隆武败之后，两广复立已故桂王之子永明王于肇庆，改号永历等语。方孝标身受国恩，已为翰林，因犯罪发遣宁古塔，蒙宽宥释归。顺吴逆为伪官，迨其投诚，又蒙洪恩免罪，不改悖逆之心，尊崇弘光、隆武、永历年号，书记刊刻遗留，大逆已极……。"戴名世没有想到的是，他无意间的这个做法，不但让自己被砍了头，还连累了已经死去的方孝标，因为最终的处罚结果是将方孝标锉骨鞭尸。

　　不仅如此，这件事情也把方苞牵连了进来。哈山在题本中又说："方孝标族人居住桐城、江宁两县，累世荷恩，并不悛改，悖逆之心不止方孝标一人，族人方苞、方正玉为戴名世逆书作序，以至案发，查抄《滇黔纪闻》，方孝标之子方登峰、（孙）方世樵又寄书毁板。方孝标族人干连大逆之罪，依律发遣宁古塔。"哈山的题本中明确写出了方苞受牵连的原因。

对于这件事，后世也大多认为方家受牵连很是冤枉，近代无名氏所撰的《桐城方戴两家书案》中也称："其实方孝标不过因闲居无事，有所亲宦游历云南，乃往访之，藉得纵观滇黔山水。……晚年无事，编写生平著述，追录在滇黔时所见所闻，刊入所著《钝斋文选》中。其书只记滇黔风景，兼及桂王时事。书中亦仅有永历等年号，刊集时失察，未及删除，且据乡先辈故老相传，其书兼有颂扬康熙朝恩典，实无悖逆之语。"

方家人无意间牵连进这样一场大案，故其后世族人对戴南山的痛恨可想而知，尤其方苞他只是给《南山集偶钞》写了篇序言，就被关入狱中两年多，并且按照大臣们的议奏，也将方苞判了死刑。但是方苞一直否认那篇序言是其所写，比如李塨所撰的《甲午如京记事》一书中载有方苞自己的话："田有文不谨，余责之，后背余梓《南山集》，余序，亦渠作，不知也。"田有就是戴名世的字。方苞说自己看到了戴名世的文章已经提醒他，这种写法肯定有问题，但是，戴还是背着方苞偷偷地刊刻《南山集偶钞》，同时戴又伪造了一篇序言，而后署上方苞的名，刊刻了出来，而方却完全不知这件事。

而后苏惇元在《方望溪先生年谱》中也称"其序文实非先生作也"，这种说法也应当是本自李塨文中所记。然而事实上，《南山集偶钞》刊刻之后，当时的书版就存在了方苞家里，

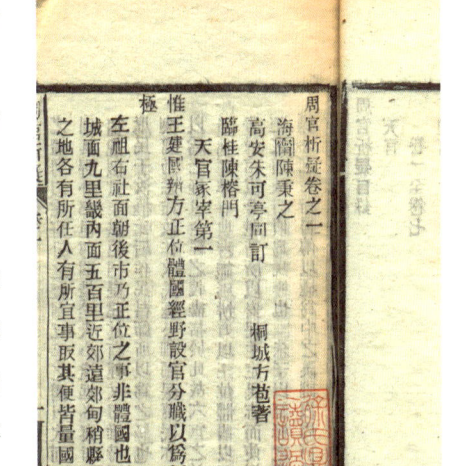

◇ 方苞撰《周官析疑》三十六卷，清木活字本，卷首

他说自己不知道，显然不可能，不过方的这种辩解方式也可以理解：在大狱兴起之时，每个人都要自保，他当然要辩解自己跟该事无关。然而，他的辩解在那种御定大案中显然没什么用，可是方苞却因祸得福，他的这个福，跟他的辩解没什么关系，而真实的情况则是李光地救了他的命。

在戴名世一文中，我已经提到关于汪霖的死，汪霖也是康熙帝喜爱的词臣，他的去世让玄烨感叹说："汪霖死，无复能为古文者矣。"李光地闻此言，立即就接茬说：汪霖确实不错，但是有人比他的文采还好。皇帝问李光地：是谁比汪霖的文章写得还要好？于是李就说出了方苞的名字。此事记于方苞所撰的《安溪李相国逸事》一文中："他日，上言：'自汪霖死后，无能古文者。'公曰：'唯戴名世案内方苞能。'叩其次，即以名世对。左右闻者，无不代公股栗，而上亦不以此罪公。"

◇ 方苞撰《周官辨》一卷，乾隆七年刊本，书牌

关于方苞的学问，玄烨也有耳闻，《两朝圣恩恭纪》中记载有康熙五十二年三月二十三日玄烨的朱批："戴名世案内方苞学问，天下莫不闻，下武英殿总管和素。"皇帝的这一句话，就让方苞免死，不仅如此，还让他戴罪立功，第二天玄烨就把方苞诏入了南书房，命他撰写《湖南洞苗归化碑文》。转天之后，皇帝又让他写了另外两篇文章，玄烨看到后，对众人夸赞说："此即

翰林中老辈兼旬就之，不能过也。"

从死囚变成了皇帝身边的御用文人，这个变化太大了，方苞死里逃生的原因，除了自己的文名，还有一个重要的原因，那就是有李光地的冒险相救，一个人能有这样的死友，真可谓终生无憾了。而后，方苞在朝中工作了多年，虽然他在朝中工作，却仍然是罪犯之身，直到玄烨病逝，雍正继位后，下恩诏，方氏全族入旗者，得以宽赦归原籍，而方苞本人也恢复了自由身。到了雍正九年，他又一路升职，直做到礼部侍郎。

然而，胤禛在雍正三年召见方苞时，却说了这样一段值得玩味的话："汝心钦朕德，复何言。听朕告汝：汝昔得罪，中有隐情。朕得汝之情，故宽贷汝。然朕所原者，情也。先帝所持者，法也。先帝未悉汝情，而免汝大刑，置诸内廷，而善视汝，是汝受恩于先帝，视朕有加焉。如汝感朕德，而微觉先帝未察汝情，不唯亏汝忠，亦妨朕之孝，汝思朕德，即倍思先帝遗德，则汝之忠诚见，而朕之孝道亦成。"

胤禛这句话中的关键词是"汝昔得罪，中有隐情"，看来胤禛也知道方苞当年的入狱是个冤案。但他接下来又说，而今我免除你罪人之身，是出于人情，当年先帝判你有罪，是从法律角度来考虑者。细读胤禛的这段话，他解释来解释去，总体的意思就是说：其实方苞没罪，但出于某种原因，还是要判他的刑，可是玄烨也觉得这种判法有些冤枉，于是就让方苞以待罪之身，在朝中当自己的秘书。

那胤禛所说的隐情，究竟指的是什么呢？难道说，当年玄烨判南山案是出于其他方面的考量？而历史资料的记载也确实印证了这种猜测。

玄烨亲政后，社会上都说当时是宽松的盛世，而戴名世也正是在这种宽松的社会氛围下，才想去修明史。那既然如此，玄烨为什么要构成一个大案，而后又只判戴名世一人死罪呢？本来不复杂的案件，一审就是三年，这个过程中大臣不断地给康熙上奏案件的进展情况，最终刑部的判决是很多满人贵族共同议定者，当时涉案人员基本都被拟定为死罪，这些人明明知道南山案是个冤案，为什么一定要把事情搞得很大呢？这涉及满人贵族对社会的普遍态度，在这里就无法细问了。

据说，玄烨在最终签署此案时，竟然整整一夜未眠，他无意识地把自己的衣带都拧成了绳。可见，究竟该怎样做出终审，玄烨也是几经衡量。所以，方苞因为写序牵连进案中，本来就是一种冤枉，而康熙帝却把他由死囚转为到南书房行走，这个转变恐怕不止是李光地的一句话就能起作用者。而康熙帝的真正所想，恐怕只有他儿子胤禛知道，否则的话，他也不会大老远把方苞召入宫中告诉他：当年的案件另有隐情。关于这隐情到底是什么？只能让后世随意地猜测了。

方苞以白衣身份入值南书房，而后开始了他三十年的仕宦生涯，他在朝中先后经历了康熙、雍正、乾隆三朝，到他七十五岁时，告老还乡，回到了曾经生活的南京。他在南京的清凉山麓建起了教忠祠，可惜这个地方现在已经完全没有了痕迹。

方苞在南京的居住地位于今日的乌龙潭公园旁边，我来这里做过探访，也同样找不到任何的痕迹。而乌龙潭公园内，有颜鲁公祠，该祠堂是当时的江苏巡抚陈大受所复建者，并且公园内的那个水潭，也原本就是颜真卿所建的放生池。陈大受在《重修颜鲁公放生池庵碑记》中说："江宁城西有乌龙潭，旧传唐肃宗乾元二年，颜鲁公为浙西节度使时，奏置放生池于此。后之人于潭侧建庵祀公，而仍以放生名，盖不没公所以名池，乃所以不没公也。"

陈大受重修了放生池，自己写了篇碑记，而后他又请方苞写了

◇ 颜鲁公祠大门紧闭

篇《乌龙潭放生举本记》，此记不见于流传至今的方苞文集。而王思豪在其所撰《方苞》一书中，予以了摘录。据说这块碑现存于旁边的颜鲁公祠内，可惜我来此地时，这里大门紧闭，看不到这块原石。

在南京时期，方苞招来了刘大櫆，他们在此共同探讨文章，这次的相会跟后来桐城派的成立有一定的关联。到了乾隆十四年，方苞病逝于南京。

作为文章大家，方苞在文章写作方面当然有其独特的观念，比如他在《又书货殖传后》说过这样一段话："《春秋》之制义法，自太史公发之。而后之深于文者亦具焉，义即《易》之所谓'言有物'也，法即《易》之所谓'言有序'也。义以为经而法纬之，然后为成体之文。"针对这段话，童丽慧在《带着镣铐的舞者心迹——论方苞的游记创作》中评价说："'义法'说是方苞古文理论的核心。"所以，方苞认为写文章不但要"言有物"，同时还要"言有序"。关于他所作的游记，较有名气者有《记寻大龙湫瀑布》，该文中有一段是方苞寻找瀑布的过程：

> 诘旦，舆者同声以险远辞。余曰：'姑往焉，俟不可即而去之，何伤？'沿涧行三里而近，绝无险艰。至龙湫庵，僧他出。樵者指道所由，又前半里许，蔓草被径，舆者曰：'此中皆毒蛇狸虫，遭之，重则死，轻则伤。'怅然而返，则老僧在门。问故，笑曰：'安有行二千里，相距咫尺，至崖而反者？吾为子先路。'持小竿，仆李吉随之，经蒙茸则手披足踏。

对于这段话，童丽慧评价说："这一段，将'寻'作为重点，短短一小段讲述了其中的一波三折，首先是按图记去寻，其次是向众僧询问，其次让鲍甥去探寻，其次是乘舆往寻。当荒草塞路、肩舆之人不愿前往、被迫返回时，又改由老僧引路，步行前寻，终于望见了瀑布。种种文字，皆以见这次寻找大龙湫瀑布之经一番周折。而舆者、老僧及以方苞自己的形象都被不动声色地刻画于其间。"对于方苞的散文，袁行霈主编的《中国文学史》则认为："最著名的《左忠毅公逸事》描绘左光斗形象，笔简语洁，史可法入狱相会一段，凛然正气，尤为感人。"

如何能写出好文章，方苞认为必须要讲义法。清雍正十一年，和硕果亲王命方苞编

◇ 方苞点评《史记》一百三十卷，清光绪二年武昌张氏刻本，书牌

辑《古文约选》一书，以此作为八旗子弟学习古文的课本。对于该选本的主旨，方苞替果亲王代笔写了篇《序言》和《凡例》，他在《序言》中说：

> 盖古文所从来远矣，六经、《语》《孟》，其根源也。得其支流而义法最精者，莫如《左传》《史记》，然各自成书，具有首尾，不可以分剸。其次《公羊》《穀梁传》《国语》《国策》，虽有篇法可求，而皆通纪数百年之言与事，学者必览其全，而后可取精焉。唯两汉书、疏及唐宋八家之文，篇各一事，可择其尤，而所取必至约，然后义法之精可见。故于韩取者十二，于欧十一，余六家，或二十、三十而取一焉。两汉书、疏，则百之二三耳。学者能切究于此，而以求《左》《史》《公》《谷》《语》《策》之义法，则触类而通，用为制举之文，敷陈论、策，绰有余裕矣。

方苞认为，六经、四书虽然都古远，但却是写文章的根源，他认为《左传》和《史记》就是得到了六经、四书的义法，所以才写得那么漂亮。而后他又讲到了一些历史的著名著作，他认为学生们认真学习这些著作中表现出的义法，就能触类旁通地写出好文章来。

方苞又在该书的《例言》中称：

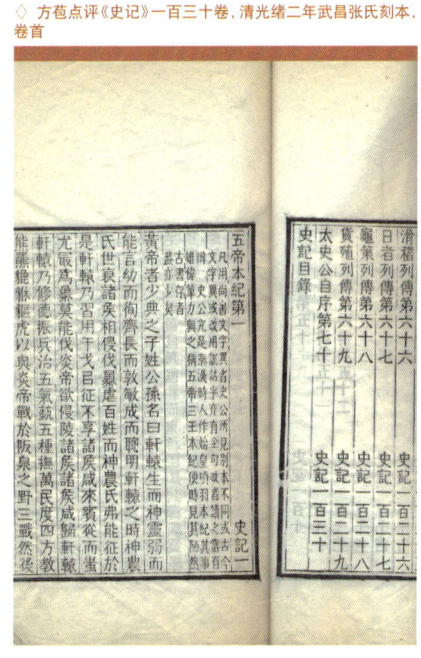

◇ 方苞点评《史记》一百三十卷，清光绪二年武昌张氏刻本，卷首

> 古文气体，所贵清澄无滓。澄清之极，自然而发其光精，则《左传》《史记》之瑰丽浓郁是也。始学而求古求典，必流为明七子之伪体，故于《客难》《解嘲》《答宾戏》《典引》之类皆不录。虽相如《封禅书》，亦姑置焉，盖相如天骨超俊，不从人间来，恐学者无从窥寻而妄摹其字句，则徒敝精神于蹇法耳。

他认为好的文章必须洁净，而《左传》《史记》就是这种文风的代表，他反对明前后七子所提倡的古文，所以七子所喜好之文，该书都不录入。而对于韩愈、欧阳修、王安石的文章，方苞却颇为夸赞：

> 退之、永叔、介甫俱以志铭擅长，但序事之文，义法备于《左》《史》，退之变《左》《史》之格调而阴用其义法，永叔摹《史记》之格调而曲得其风神，介甫变退之之壁垒而阴用其步伐。学者果能探《左》《史》之精蕴，则于三家志铭，无事规模而自与之并矣。

方苞认为，一篇好的文章首先要内容简洁明了，比如他在《书萧相国世家后》一文中说："《萧相国世家》所叙实绩仅四事，其定汉家律令及受遗命辅惠帝皆略焉。盖收秦律令图书、举韩信、镇辅关中三者，乃鄂君所谓万世之功也。其终也举曹参以自代而无少芥蒂，则至忠体国可见矣。至其所以自免，皆自他人发之，非智不足也，使何自觉之，则于至忠体国之道有伤矣。故终载请上林空地，械系廷尉，明何用诸客之谋，非得已耳。若定律令，则别见曹参、张苍传。何之终，惠帝临问而举参，则受遗命不待言矣。盖是二者，于何为顺且易,非万世之功比也。"

萧何的丰功伟绩有太多可写者,但《史记》中却仅叙述萧何生平中的四件事。司马迁为什么要这样写呢?方苞认为,如果把萧何所做之事一一录出,必然会连篇累牍,这种写法反而掩盖了他的主要功绩。

既然这样,那么在写文章时,如何进行材料的选择呢?方苞在《书汉书·霍光传后》中说:

> 《春秋》之义,常事不书,而后之良史取法焉。昌黎韩氏目《春秋》为谨严,故撰《顺宗实录》,削去常事,独著有关治乱者。班氏义法,视子长少漫矣,然尚能识其体要。其传霍光也,事武帝二十余年,蔽以'出入禁闼,小心谨慎';相昭帝十三年,蔽以'百姓充实,四夷宾服',而其事无传焉。盖不可胜书,故一裁以常事不书之义而非略也。其详焉者,则光本末,霍氏祸败之所由也。

按照《春秋》的写法,一般不重要的事情就不再记载,方苞认为这样写史书才是最佳之法。而韩愈也赞赏《春秋》的这种笔法,所以他在写《顺宗实录》时,也是把平常之事削减掉,而专门著录最重要者。接下来方苞又举了几个例子,总之他认为:将各种事情一一记载,这将写不过来,所以有些事情没有列入史书的写法是很正确的。方苞在该文后又称:"古之良史,千百事不书,而所书一二事,则必具其首尾,并所为旁见侧出者而悉著之。故千百世后,其事之表里可按而如见其人。"

他认为,真正的好文章虽然省略了大多数史实,仅是写出了一两件事,但这一两件事要写得首尾完整,同时把跟该事有关的事情

也要交代清楚,这样才能让后人看明白事情的本末。那应当怎样进行裁剪呢?方苞在《答乔介夫书》中说:

> 在诸体之文,各有义法,表、志尺幅甚狭,而详载本议,则臃肿而不中绳墨;若约略剪截,俾情事不详,则后之人无所取鉴,而当日忘身家以排廷议之义,亦不可得而见矣。《国语》载齐姜语晋公子重耳,凡数百言,而《春秋传》以两言代之。盖一国之语可详也,传《春秋》,总重耳出亡之迹,而独详于此,则义无取。今试以姜语备入传中,其前后尚能自运掉乎?世传《国语》亦邱明所述,观此,可得营度为文之意也。

在这里他又提到了义法,而后他举出了两个实例,以此来说明文章应该详写时,就不能简略,而应该实写的事情,就不应当虚写,即使是同一件事,也要根据体例及文本的需要,来决定应该是详写还是略写。

那怎样来把握这个原则呢?方苞在《与孙以宁书》中说到:"若萧曹世家而条举其治绩,则文字虽增十倍,不可得而备矣。故尝见义于《留侯世家》曰:'留侯与上言天下事甚众,非天下所以存亡,故不著。'此明示后世缀文之士以虚实详略之权度也。"

他在这里仍然举出了《史记》中的一段写法,想以此来说明,文章的关键就是要写出书中所谈人物的最重要事件,其他的事情可以省略。

显然,方苞认为做文章一定要讲求义法。关于如何讲求义法,以及义法的来由,方苞在《书韩退之〈平淮西碑〉后》中说:"碑记、墓志之有铭,犹史有赞论,义法创自太史公,其指意辞事,必取之本文之外。班史以下,有括终始事迹以为赞论者,则于本文为复矣。

◇ 寺巷内所见之一

此意唯韩子识之，故其铭辞未有义具于碑志者。"

方苞认为，碑记、墓志铭等也是重要的史论，而这类文章的写法，创自于司马迁，这类文章的义法到了唐代，只有韩愈得到了真传。他在该文的最后部分又称："夫秦、周以前，学者未尝言文，而文之义法无一之不备焉。唐、宋以后，步趋绳尺，犹不能无过差。东乡艾氏乃谓文之法，至宋而始备，所谓'强不知以为知'者邪？"

方苞认为，先秦的古文已经具备了各种义法，到了唐宋之后，仍然讲求这种义法。他同时批评明末散文家艾南英，因为艾认为文章的义法到了宋代才得以完备，方苞认为艾根本不懂文章的义法。

从整体来看，怎样的文章才是好文章呢？方苞认为应该有两点，那就是"言有序"和"言有物"，他在《书归震川文集后》中称："孔子于《艮》五爻辞，释之曰：'言有序。'《家人》之《象》，系之曰：'言有物。'凡文之愈久而传，未有越此者也。震川之文于所谓'有序'者，盖庶几矣，而'有物'者，则寡焉。又其辞号雅洁，仍有近俚

◇ 姚莹故居文保牌

◇ 寺巷附近有讲学园巷

而伤于繁者。岂于时文既竭其心力，故不能两而精与？抑所学专主于为文，故其文亦至是而止与？此自汉以前之书所以有驳有纯，而要非后世文士所能及也。"

方苞认为，好的文章都具备言之有序和言之有物，归有光的文章基本做到了有序，但却少有做到有物者。看来，同时做到这两点，确实不容易。

其实从方苞所作的文章来看，也并非篇篇都是高头讲章，他也有着情趣的一面，比如他所作的一篇《石斋黄公逸事》，就是很有情趣的一篇调侃之文：

> 妓顾氏，国色也，聪慧，通书史，抚节安歌，见者莫不心醉。一日大雨雪，觞黄公于余氏园，使顾佐酒，公意色无忤。诸公更劝酬，剧饮大醉，送公卧特室。榻上枕、衾、茵各一。使顾尽弛亵衣，随键户，诸公伺焉。公惊起，索衣不得，因引衾自覆荐，而命顾以茵卧。茵厚且狭，不可转，乃使就寝。顾遂暱近公，公徐曰："无用尔。"侧身内向，息数十转即酣寝。漏下四鼓，觉，转面向外。顾佯寐无觉，而以体傍公。俄顷，公酣寝如初。

有位姓顾的少女，色艺俱佳。某天下起了大雪，一帮朋友跟黄道周在一起聚会，而后请顾来陪酒。众人看黄对此女并不反感，于是大家拼命地向黄道周敬酒，而后把黄灌醉，送入卧室，然后让此女脱光衣服，陪黄道周躺在那里。众人从外面锁上门，等着看热闹。黄道周在躺下之时，也被朋友扒掉了衣服，等他惊醒时，只好用被子来掩身。由于屋子里只有一套寝具，所以他们只好睡在一起，于是此女就跟黄道周亲近，黄告诉她：你这么做没用。于是黄掉转身面冲里睡觉，一会儿就响起了鼾声。等到后半夜时，黄道周转过了身，而此女假装睡着来跟他贴近，但黄依然酣睡如故。

方苞的这篇文章将整个过程描写得极其细腻，应该实现了他所说的义法，那就是在详写之处要尽量地把细节描写清楚，而后通过这个细节折射出人的性格。

方苞故居位于安徽省桐城市寺巷内。我的此趟行程是先到了庐江，而后转往桐城。从地图上看，庐江到桐城并不遥远，看样子也就 50 公里的路程，然而在乘车方面却很不方便，这仍然是因为地域的管辖：庐江在行政上归合肥市管辖，桐城归安庆管辖，虽然仅是短短的 50 公里，却每日

◇ 左光斗祠

◇ 方以智故居文保牌

仅两班车互通两地，我在庐江寻访完何晏之后，已经错过了这两班车的时间，只好打的前往桐城，谈好的价格是100元，对于这个地区来说，100元的价格颇为公道。

进入桐城市区后，因为旅途的顺利，天色并没有暗下来，我不想浪费这大好的时光，于是换上当地一辆出租车，直接奔寺巷。这条小巷不长，没多长时间就能走一个来回，然而我在寺巷内转了几个来回，都未曾找到自己的寻访目标，而且连问几个却没人能说出个所以然来。正在这时，迎面走过来一位大妈，旁边有人认识她，马上跟我讲："你去问她，因为她是老师。"

这位大妈从穿着到面色都有着一种隐隐的书卷气，我觉得称呼她大妈有些不恭，于是我随着那些人的称呼，向她叫了一句老师。显然这句称呼赢得了她的好感，她问我有什么事情，我递上了自己的寻访名单，她说自己眼力不好，让我念给她听，于是我告诉她自己到这里是要找方苞、方以智和姚莹的故居。老师听完后，告诉我说，这些故居确实在本巷之中，她看了我一眼，而后跟我说："这样吧，你跟我走，反正我也是散步，我把你带到那里去看看。"

◇ 方以智故居由此进入

◇ 方以智故居院内情形

老师带我看的第一个故居就是当年姚莹的居所，这个故居的门牌号为寺巷8号，走入院内，迎面看到了几栋老房子，老师指着一栋告诉我说："这个就是。"果真，我看到了墙上的文保牌。我拍照之后，老师又带着我继续前行，又穿入了另一个院落，在这个地方，终于得见了方以智的故居。我当然更关心方苞的故居在哪里，等我拍完方以智的故居之后，向这位老师提出了这个问题，没想到她却跟我讲，自己不知道方苞的故居在哪里，这个说法让我有些意外。但老师又跟我讲，前方不远是左光斗祠，这让我想起方苞所写的《左忠毅公逸事》，难怪他跟左光斗的事情记录得那样的声情并茂，原来他的祖居旁就有左光斗的祠，只是不知道这个祠堂建于何时。

前来此地之前，我事先做过功课，网上有一篇文章称方苞的故居位于寺巷与新巷之间，老师闻我所言后，她就把我带到了新巷的巷口，原来新巷与寺巷是平行的两条巷子。进入此巷前行，看到了有一处老房子的后墙，细想刚才的方位，这堵墙应该就是刚才进去所拍的方以智故居后墙，原来两条巷子夹住的，就是方以智故居。如此说来，方以智的故居一直处在这一带，恐怕难有一个大的地方容得下方苞的故居，那方苞的故居跟方以智的故居有什么关系呢？方以智和方苞同属"桂林方"，且网上有文称方以智是长房的，又叫"中一房"，方苞是小房的，又叫"中六房"，如此说来，方以智跟方苞关系较近，那方以智的故居是不是就是方苞的祖居呢？这个结论我还未找到相应的佐证材料。

但显然，这位老师因为没能帮我找到方苞的故居而觉得遗憾，于是她就走入了一个房内，找出了一位年岁很大的老太太，她向那位老太太请问，方苞故居在哪里，老太太也称不知，面对此况，只能存疑于此了。到此时天色已经渐渐暗了下来，我即便找到可以拍摄之处，也无法继续拍摄了，但是在桐城一地我还有多位寻访对象，

◇ 桐城文庙牌匾

于是准备找个酒店住下来，再筹划下一步的行程。我向这位老师感谢了她给我的指点和带路，老师很关心地问我准备住在哪里，我告诉她自己还未定酒店，接下来准备去寻找一家。

老师闻我所言，马上热情地跟我讲，前面不远处有一家武装部招待所，她告诉我说，这里不但路途近，最重要的是价钱公道，而后她用眼睛扫描了一下我的装束，顿了一下又跟我讲："如果你还是觉得贵，就再往前走，有一家紫来宾馆，会更便宜一些。"看来我一身的风尘引起了老师的同情，我感谢了她的指点，于是走进了她所说的那家招待所的门。

◇ 桐城文庙棂星门

走进门的一瞬间，

◇ 桐城文庙大成殿

我就有了悔意，从门口的装饰来看，这里特别像有着暧昧色彩的洗脚屋，我这么说倒并不是假装道貌岸然，更重要的原因，是一程程的寻访，已经累得自己精疲力竭，真正到了"万念俱灭"的程度，故而每到一地，最希望能找到一处安静的睡觉，以便最大程度的缓解一天的疲惫，否则的话，第二天的寻访将难以为继。然而这样的住宿之处，很有可能会受到特殊服务人员的打扰和光顾，这很可能会让自己难以入眠。

看到招待所的这种状况，我准备知趣地退出，然而前台的服务人员却一眼看到了我，热情地打招呼，于是我又犯了脸皮薄的毛病，掏了100块钱住进了这简陋的小招待所。然实际情况却证明我有些自作多情，其实这里一夜无话。想一想黄道周于美女脱光衣服都能照样酣睡如故，我却为有没有特殊服务思前想后，这跟黄道周比起来，真让自己觉得惭愧。

这家小酒店唯一难以忍受者，是狭窄的洗手间内，闪着不同色

◇ 设于文庙中的桐城派研究会

彩的灯泡,这种装饰方式几乎是按摩房里的标配,看来有些问题并不只能看表象,而要像方苞所言的文章之法:对任何事情不要只看表面,要做到文质相符。也正因为这间小招待所,使我重新地审视桐城一地的文风,虽然也会受到大环境的影响,但固有的斯文仍然还在,想到这一层,真觉得欣慰。

两天之后,我去参观了桐城文庙,之前给我带路的那位退休老师告诉我,虽然文庙在"文革"中被砸过,但整体情况还算保护得完好,并且里面还供着方苞的牌位,既然我不能确定方以智的故居是否跟方苞故居是一回事,那么到文庙去寻找方苞的牌位,也算是我对这位文章大家的纪念吧。

来到文庙大门口,但见新旧参半,门楼上面的"文庙"牌匾斑斑驳驳,古意十足,无意间注意到牌匾的落款竟然是赵朴初,如此说来,这也算近物。门楼两边有"桐城文庙"的文物保护标牌,门楼内首先是棂星门,然后是泮池和小桥,再过一道门厅即是大成殿,里面正中是孔子，左侧是曾子及孟子，右侧是颜子及子思子，两侧是陪祀的仲由、卜商、有若及朱子等，左右各六位，唯独找不到我要寻找的方苞。于是走到了大成殿门外，去参观两侧的展厅，而今这里所办的展览，一边是严凤英纪念馆，另一边是书画展，同样跟方苞没有任何的关系。继续看下去，另有一排门窗紧闭的房间，门口竖着一块简单的"桐城派研究会"的牌子，原来大名鼎鼎的桐城派于今天的现实中，就是这样的一个存在。既然方苞是桐城派的奠基人，而今我找到了这个派的研究会，也算我间接地找到了这位文章大家的遗迹吧。

刘大櫆：行文之道，神为主，气辅之

刘大櫆排在桐城三祖的第二位。从年龄上说，桐城三祖是三代人，方苞比刘大櫆大三十岁，刘大櫆又比姚鼐大三十三岁，可见刘是一位承前启后的人物。但若从诗作的水平来论，桐城三祖中，刘大櫆的诗写得最好。对于这一点，刘去世后，姚鼐给他作的《刘海峰先生传》中提及了这个细节："天下言文章者必首方侍郎，方侍郎少时，尝作诗以视海宁查侍郎慎行。查侍郎曰：'君诗不能佳，徒夺为文力，不如专为文。'方侍郎从之，终身未尝作诗。至海峰，则文与诗并极其力，能包括古人之异体，镕以成其体，雄豪奥秘，麏斥出之，岂非其才之绝出古今者哉！"

姚鼐说当时天下写文章最有名者当然是方苞，但方苞在年轻时曾把自己的诗作拿给查慎行看，查很直率地告诉他：你的诗写得很一般，但你的文章写得很好，所以劝你应当在文章方面多下工夫。方苞听从了查的劝告，而后再不写诗。即此可知，桐城三祖中，方苞的文写得最好、诗写得最差。但姚鼐又说刘大櫆在文章和诗学方面同样下气力，可见姚认为刘的诗作写得也很不错。因为该文是出自三祖之一姚鼐之手，他当然不好意思把自己写进去，但至少说刘大櫆颇有诗才，这一点应该没有异议。更何况对诗学颇有灵感的袁枚，也借他人之口来印证刘大櫆的诗比他的文好："刘耕南以古文名家。程鱼门读某集曰：'诗胜于文也。'其《听琴》《独宿》诸篇，尤

为清绝。"(《随园诗话》)

其实不仅如此,桐城虽然以文章名天下,但同时也有着一个桐城诗派,刘世南在《清诗流派史》中的第十四章专讲该派的诗歌成就。对于桐城诗派,姚莹在《桐旧集序》中说过这样一段话:"齐蓉川给谏以诗著有明中叶,钱田间振于晚季,自是作者如林。康熙中,潘木厓先生是以有《龙眠风雅》之选,犹未极其盛也。海峰出而大振,惜抱起而继之,然后诗道大昌,盖汉魏六朝三唐两宋以及元明诸大家之美无一不备矣。海内诸贤谓古文之道在桐城,岂知诗亦然哉!"

姚莹说虽然从明中期到清初,桐城也出过不少的诗人,但真正到了刘大櫆出现时,才使得桐城的诗坛振兴起来,而到了姚鼐之时,又延续了这种盛态,所以姚莹总结到:天下人都知道桐城以古文名天下,然而他们却不知道桐城的诗也照样很有水平。从这段话可以看出,刘大櫆对桐城诗派的形成起到了很大的作用。

刘大櫆是方苞的弟子,然而他却未曾考取功名,后来他参加了乾隆元年的博学鸿词科考试,但还是落选了。刘能够参加这场词科的考试,也是他的老师方苞所推举者,吴定在给他写的《墓志》中称:"会举博学鸿词,方苞以大櫆荐。及试为大学士张文和所黜,而文和后大悔。"

看来他当时考上了。后来张廷玉在审查试卷时,还是将其拿下,等到揭名时,张才知道这是刘大櫆,于是他大为后悔自己的举措。为了弥补自己的这个失误,乾隆十五年,诏举"经学",张廷玉特意举荐刘大櫆进京应试,可惜刘对此并不擅长,故而再次落榜。

其实是否去参加博学鸿词科考试,刘大櫆对此也很纠结。康熙十七年,当时首开此科时,各地官员共举荐了190人左右,经过考试,当时录取了50人,其中一等20人、二等30人。到了雍正十一年,第二次开此科,当时应征者人数较少。两年之后,雍正帝再次催促此事，可是还没来得及开考，他就驾崩了，故而这场考试到了乾隆元年才得以实施。此次参加考试的有 176 人，然而录取的名额却大大地减少，仅取一等 5 人、二等 10 人，第二年又进行了补试，但也仅补录了 4 位。而这场的词科，桐城一县就举荐了 8 位，刘大櫆也包括在内，可惜没有一位入选。

刘大櫆在应召途中写了首《诏征博学鸿词赴都道中述怀》：

> 曰余本单绪，缪尔植孤根。
> 丘坟谢幼学，陇亩实躬亲。
> 西畴出操耒，北山行负薪。
> 致主既无术，趋荣宁有津。
> 白日照幽室，清江起穷鳞。
> 闻命只益愧，捧檄仍多欣。
> 踽踽赴周道，仓皇辞近邻。
> 远村时见树，大车日扬尘。
> 前瞻稍踊跃，返顾逾逡巡。
> 岂闻荷担客，而依冠佩伦！
> 昨宵梦故里，已觉归念殷。

此诗读来能够感觉到刘大櫆的矛盾心态，虽然到了乾隆初年，已经少有人还有着伯夷、叔齐不食周粟的观念，然从这首诗中却依然可以读出刘大櫆心态是何等的复杂，以至于他还没有来到京城就已经有了返回的念头。看来，到这个时段，他仍然纠结于气节与吃饭之间的关系。

虽然有这样的矛盾心态，但未被录取还是让他有些郁闷，他落榜之后作过一首《秋夜独坐寄沈惟涓》，该诗中有这样几句：

予将拂衣去，长揖谢儿群。

万里向沙漠，横戈扫妖氛。

勒铭燕然石，归来策元勋。

看来，他准备拂衣而去，希望自己能够跃马横刀地建立战功，这也正是他豪放之气的一种体现。姚鼐在《刘海峰先生传》中形容他："先生伟躯巨髯，而能以拳入口，嗜酒谐谑，与人易良无不尽。"看来刘大櫆长得一表人才：高高的个子，还有一把漂亮的大胡子，最为奇特者，他的嘴也很大，因为拳头可以塞入嘴中，并且他的性格也很好，喜欢喝酒，还喜欢与人调笑。这样的一个人竟然成了桐城二祖。

其实刘大櫆的出名跟方苞有很大关系："年二十余，入京师。当康熙末，方侍郎苞，名大重于京师矣，见海峰大奇之，语人曰：'如苞何足言耶？吾同里刘大櫆乃今世韩、欧才也。'自是，天下皆闻刘海峰。"（《刘海峰先生传》）原来，刘大櫆第一次进京时偶然遇到了文名天下的方苞，方苞看到了刘的文章之后，大为惊叹，认为自己的文章跟这位年轻人相比，什么都算不上。而后方苞说出了一句极为经典的话：这是当今的韩愈、欧阳修之才。方苞

◇ 刘大櫆撰《海峰文集》八卷，日本明治十四年（清光绪七年）佚存书坊活字本，书牌

的这句赞语让天下人知道了有一位文采极高的刘大櫆。

对于这件事,《清史列传·文苑传》中也有类似说法:"大櫆以布衣持所业谒苞,苞一见惊叹。告人曰:'如苞,何足算邪?邑子刘生,乃国士尔!'闻者始骇之,久乃益信。"这个说法应该也是出自方苞给刘大櫆所作传记。然而《列传》上还有这样一段话:"年二十九应举入京师,巨公贵人皆惊骇其文,而尤见赏方侍郎暨吴荆山(士玉字)阁学,以为昌黎复出。"看来,赞赏刘大櫆者不止是方苞一人,另外还有一位吴士玉。

料想方苞夸赞刘大櫆者,应当是他所看重的文章,而刘在这方面也有一些名篇传世,比如他作过一篇《游三游洞记》。这篇散文的第一段讲述了三游洞的具体方位,而第二段则是描写他所观察到的此洞的细节:

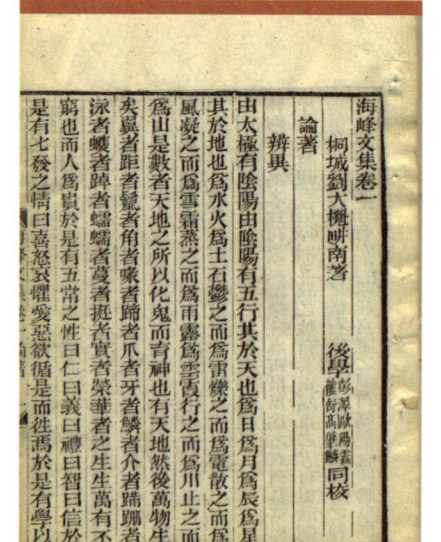

◇ 刘大櫆撰《海峰文集》八卷,清同治十三年刘继刑邱刻本,卷首

中室如堂,右室如厨,左室如别馆。其中一石,乳而下垂,扣之,其声如钟。而左室外小石突立正方,扣之如磬。其地石杂以土,撞之则逄逄然鼓声。背有石如床,可坐。予与二三子浩歌其间,其声轰然,如钟磬助之响者。下视深溪,水磬泠然出地底。溪之外,翠壁千寻,其下有径,薪采者负薪行歌,缕缕不绝焉。

该文的第三段是回溯哪些

历史名人曾游览过此洞，而此文的最后一段则发出了如下的感慨：

> 夫乐天、微之辈，世俗之所谓伟人，能赫然取名位于一时，故凡其足迹所经，皆有以传于后世，而地得因人以显。若予者，虽其穷幽陟险，与虫鸟之适去适来何异？虽然，山川之胜，使其生于通都大邑，则好游者踵相接也；顾乃置之于荒邈僻陋之区，美好不外见，而人亦无以亲炙其光。呜呼！此岂一人之不幸也哉？

刘大櫆说白居易、元稹等人极有名气，所以他们游览之处就都成为后世追捧的名盛之地，而后刘又说：像我这样的无名之辈来游览，跟虫子和鸟自来自去有什么区别呢？然而这么美的景色，因为我的卑微而无法使它们扬名，让更多的人来浏览又岂止是一个人的不幸呢。

以上是刘大櫆写散文的一种较常用模式。但他的文章也有其他的写法，比如他所作的一篇《祭舅氏文》：

> 维年月日，刘氏甥大櫆，谨以清酌庶羞之奠，致祭于舅氏杨君稚棠先生之灵。
>
> 呜呼，舅氏！以君之毅然直方长者，而天乃绝其嗣续，使茕茕之孤魄，

◇ 刘大櫆撰《海峰先生全集文集》十卷，清光绪十四年桐志城吴大有木活字体

依于月山之址。櫆不肖，未尝学问，然君独顾之而喜，谓："能光刘氏之业者，其在斯人。吾未老耋，庶几犹及见之矣！"呜呼！孰知君之忽焉以殁，而不肖之零落无状，今犹若此。尚飨！

这篇祭文很短，虽然是刘大櫆祭奠他的舅舅，然而文中的主旨却是他舅舅夸赞刘大櫆何等的有文采，这样的祭文写法倒颇为少见。然而他的文章的确是有文采，邵懿辰曾说过这样一段话："天下言文章，必曰桐城；而桐城人之言文章，必曰方、刘、姚氏。刘居其间，如蜂腰鹤膝。夫方氏以义法言文，此本史公语，而刘氏乃以音节，姚氏乃以神韵为宗，斥义法为言文之粗。岂音节、神韵，独不在法之内乎！"

到此时，方苞、刘大櫆和姚鼐已经并称，但邵认为刘大櫆虽然排在第二位，在其间却起到了关键的作用。而后邵懿辰分别讲述了方、刘、姚三位的文章特点，但邵的这段叙述不如方宗诚在《桐城文录序》中说得简明扼要："盖自方望溪侍郎、刘海峰学博、姚惜抱郎中三先生相继挺出，论者以为侍郎以学胜，学博以才胜，郎中以识胜，如太华三峰，矗立云表。"

方宗诚说桐城三祖相比，方苞学问最好，刘大櫆才气最好，而姚鼐见识最高。但方宗诚的这段话在叙述之前加了"论者以为"，言外之意，他只是转述别人的见解，而这个别人其实就是方东树，因为方东树在《书惜抱先生墓志后》中说了这样一句话："愚尝论方、刘、姚三家，各得才学识之一。望溪之学，海峰之才，惜翁之识，使能合之，则直与韩、欧并辔矣。"方东树在这里总结得更为直接。

相比较而言，刘大櫆的弟子吴定则认为其师诗文俱佳，并且是一位超迈古今的一等人物，吴定在《海峰先生墓志铭》中说："先生状貌丰伟，而性情直谅宽博，读书工辞章之学。自古文亡于南宋，前明归太仆震川暨我朝方侍郎灵皋继作，重起其衰，至先生大振。其才之雄，兼集庄、骚、左、史、韩、柳、欧、曾、苏、王之能，瑰奇恣睢，铿锵绚烂，足使震川、灵皋惊退改色。诗亦孕育百氏，供我使令。元、明以来，辞章之盛，未有盛于先生者也。"

吴定认为，南宋之后，古文之道衰微，明代的归有光和清代的方苞才得以接续，但直到了海峰先生出现，古文之道方得大振。吴定认为，刘大櫆的文才兼具了《庄子》《楚辞》《左传》《史记》的优点，以及唐代的韩愈、柳宗元、宋代的欧阳修、曾巩、三苏的所有才能，海峰先生的出现，瞬间使得归有光、方苞等失色，并且吴定认为，从元代以来，真正的文章大家没人能超过刘大櫆。

吴定的说法显系是个人的偏私，这正如姚鼐对刘大櫆的夸赞也同样是感性成分占了上风。曾国藩在《至吴南屏书》中就指出了这一点："惜抱与刘才甫不免阿私。"相比较而言，吴汝纶所说的一段评语读上去更为公允："窃意足下之盛推海峰者，才耳。第海峰信以才鸣矣，望溪亦何尝无才也？……大抵望溪之文，贯串乎六经、子、史、百家传记之书，而得力于经尤深，故气韵一出于经。海峰之文，亦贯穿乎六经、子、史、百家传记之书，而得力于史尤深，故气韵一出于史。方之古作者，于先秦，则望溪近左氏内外传，而海峰近《战国策》；于西汉，则望溪近董江都，而海峰近贾长沙；于八家，则望溪近欧、曾，而海峰近东坡；就二子而上下之，则望溪西汉之遗，而海峰宋人之流亚也。"（《与杨伯衡论方刘二集书》）

看来这位杨伯衡特别推举刘大櫆，而吴汝纶认为刘的特色就是才高，但他又说，方苞不也同样有才吗？接下来吴汝纶分析了方苞和刘大櫆每人文风的特色，而后作了一系列的比较之语，吴认为以唐宋八大家来比喻方苞的文风，接近于欧阳修和曾巩，而刘大櫆的文章则接近于东坡。那究竟是方苞高还是刘大櫆高？吴汝纶在该文中继续说道:"夫文章之道,绚烂之后,归于老确。望溪老确矣,海峰犹绚烂也。意望溪初必能为海峰之闳肆,其后学愈精,才愈老,而气愈厚,遂成望溪之文;海峰亦欲为望溪之醇厚,然其学不如望溪之粹,其才其气不如望溪之能敛,故遂成海峰之文。"

关于刘大櫆跟姚鼐的关系,刘大櫆在《送姚姬传南归序》中有一段详细的论述,这段论述关涉到桐城二祖与三祖之间的交游。刘在该序中称:

> 姚君姬传甫弱冠,而学已无所不窥,余甚畏之。姬传,余友季和之子,其世父则南青也。忆少时与南青游,南青年才二十,姬传之尊府方垂髫,未娶。太夫人仁恭有礼,余至其家,则太夫人必命酒,饮至夜分乃罢。其后余漂流在外,倏忽三十年,归与姬传相见,则姬传之齿,已过其尊府与余游之岁矣。明年,余以经学应举,复至京师。无何,则闻姬传已举于乡而来,犹未娶也。读其所为诗、赋、古文,殆欲压余辈而上之,姬传之显名当世,固可前知。独余之穷如曩时,而学殖将落,对姬传不能不慨然而叹也。

刘大櫆说,年轻的姚鼐刻苦向学,让他感到了后生可畏,而刘跟姚鼐的父亲是朋友。同时他也说,姚鼐乃是当地著名文人姚范的侄子,刘大櫆曾到姚范家去喝酒,在那里见到了还没有娶妻的姚鼐父亲,而后刘大櫆奔忙于各地,三十年后他见到姚鼐,接下来他读到姚鼐的文章,这时的姚鼐已经小有名气,所以他料定今后的姚鼐将会文名满天下。为什么会这样说呢?刘大櫆在序中又说了这样一段话:

昔王文成公童子时，其父携至京师，诸贵人见之，谓宜以第一流自待。文成问何为第一流，诸贵人皆曰："射策甲科，为显官。"文成莞尔而笑："恐第一流当为圣贤。"诸贵人乃皆大惭。今天既赋姬传以不世之才，而姬传又深有志于古人之不朽，其射策甲科为显官，不足为姬传道；即其区区以文章名于后世，亦非余之所望于姬传。

刘在此举出了王阳明小时候的例子，王在幼年之时，父亲把他带到了北京，众人看这个小孩子很聪明，就鼓励他要志存高远，要有做第一流人物的志向，而王阳明却反问夸赞他的人，什么是第一流？这些人告诉他，当然是科举成功，而后成为达官。王阳明听后一笑，说只有圣贤才能称为第一流。他的这句话让夸赞他的人大感羞愧。接下来刘大櫆笔锋一转，他认定姚鼐有着不世之才，即便是夸赞他文章天下第一，这也并不能涵盖刘大櫆对他的期望。

那个时代的姚鼐还未考取功名，而刘大櫆对他有如此高的期望值，难怪后来姚鼐要大力揄扬海峰的文名。其实从文学史的贡献来说，刘大櫆也确实有着重要的作用，比如吴孟复在《刘大櫆文选》的序言中把刘视之为"桐城派"和"阳湖派"之间的桥梁，吴先生下此断语的依据乃是清陆继辂在《七家文钞序》中的一段话："吾

◇ 刘大櫆撰《海峰诗集》十卷，清光绪二十五年刻本，卷首

常自荆川之殁,此道中绝,乾隆间,钱伯坰鲁斯亲受业海峰之门,时时诵其师说于其友恽子居、张皋文,二子者始尽弃其考据骈俪之学,专志以治古文。"此句引语之后,吴孟复作出了这样的结论:"'桐城'、'阳湖'是清代散文史上两个重要流派,刘大櫆在清代散文史上的地位与影响于此可见。"

对于刘大櫆的诗,方东树在《昭昧詹言》中也有不少的评价,其中一段称:"海峰才自高,笔势纵横阔大,取意取境无不雅,吾乡前后诸贤,无一能望其项背,诚不世之才。然其情不能令人感动,写景不能变易人耳目,陈义不深而多波激。此由其本源不深,意识浮虚,而其词又习熟滑易,多袭古人形貌。古人皆甘苦并见,海峰但有甘而无苦,由其才高,亦性情之为也。"

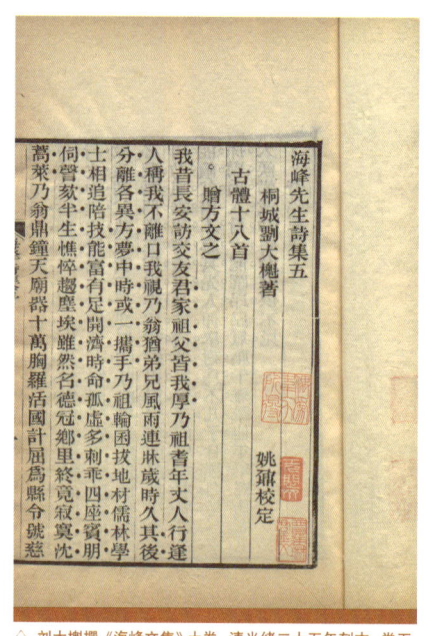

◇ 刘大櫆撰《海峰文集》十卷,清光绪二十五年刻本,卷五

方东树夸赞刘大櫆的诗作很有才气,同时也很有豪迈之气,站在这个角度而言,桐城的其他诗人都比不了刘。而后方东树又笔锋一转,开始批评刘大櫆在诗作上的弊端,他用了三个排比句来指摘刘的诗作,其主要是称刘大櫆作诗有些食古不化,并且只写快乐事而不喜欢写内心的悲伤。

其实方东树的说法也不尽然,比如刘大櫆写过一首《过望溪先生龙潭别墅》:

> 醉过西州涕泪并，鸟飞花落总无情。
> 关西伯起殊多难，江左夷吾讵啖名。
> 誓欲相从惭九死，空闻会葬忝诸生。
> 只今卮酒论经处，更有何人一字评？

这首诗的基调虽然不悲，但也同样有着"多难""九死""会葬"等字样。

相比较而言，刘大櫆作的一首《江乡》更能表现出他的处世观念：

> 庙堂非吾事，生计唯江乡。
> 湖水际天白，匝野多垂杨。
> 浓阴自成幄，中有粳稻香。
> 轻烟媚荷渚，落景窥鱼梁。
> 潋滟映空色，窗棂结幽光。
> 兴至时舣棹，朋来或命觞。
> 因知沮溺意，斯世良可忘。

这首诗的首两句就直白地写明了他的人生观。这样的写法被刘世南称之为"豪迈"，而后刘世南总结出了刘大櫆诗作的四个特点：第一个特点是即目造语，不求出处。关于这个特点，刘世南在《清诗流派史》中举出了刘大櫆所作的《登东梁山绝顶》：

> 凭高一望暮云奔，烟树苍茫落照昏。
> 俯视江流如蜥蜴，蚑行蠕动下天门。

刘世南评价该诗说："以蜥蜴比江流之蚑行蠕动，下语可谓兀兀独造。全诗也反映出一股豪气。"

第二个特点是用俗字。因为他的诗中有"骡马日日穿衖衖",这后两个字大多出现在元曲中。刘世南说:"雅文学如诗是没有人这样用的。"

而刘大櫆诗作的第三个特点是善用古文或虚字。第四个特点则是"拗律一气流转"。

关于此典的实例,文中举出的是刘大櫆所作的《岁暮》:

> 岁云暮矣客子悲,忽忆去年家居时。
> 典衣沽酒友朋集,深夜草堂风雪吹。
> 忽忽人生一大梦,疏疏我辈如残棋。
> 死生穷达不相管,转荡漂流随所之。

对于刘大櫆诗作的评价,还是方东树说的最为到位,他在《昭昧詹言》卷一中说:"近代真知诗文,无如乡先辈刘海峰、姚姜坞、惜抱三先生者。姜坞所论,极超诣深微,可谓得三昧真诠,直与古作者通魂授意;但其所自造犹是凡响尘境。惜翁才不逮海峰,故其奇姿纵横,锋刃雄健,皆不能及;而清深谐则,无客气假象,能造古人之室,而得其洁韵真意,转在海峰之上。海峰能得古人超妙,但本源不深,徒恃才敏,轻心以掉,速化剽袭,不免有诗无人,故不能成家开宗,衣被百世也。"

方东树举出了桐城三位写诗最佳者,那就是刘大櫆、姚范和姚鼐。方东树认为姚范的诗作最有深意,但同样也有缺点在;而姚鼐的诗才比不上刘大櫆的纵横气势,但姚鼐的诗在有些方面却超过了大櫆。方东树认为刘大櫆的诗得到了古诗中的妙处,却没有深入地进行探讨,只是凭自己的才气随意地抄袭,所以方觉得刘的诗虽然很好,但却无法开宗立派。

虽然在散文方面，方苞的才能超过了刘大櫆，但刘却在文法方面有着专著，他写过一篇《论文偶记》，此文中有这样一段话，道出了"神气"的概念：

> 神气者，文之最精处也；音节者，文之稍粗处也；字句者，文之最粗处也。然论文至于字句，则文之能事尽矣。盖音节者，神气之迹也；字句者，音节之矩也。神气不可见，于音节见之；音节无可准，以字句准之。

刘大櫆认为文章也要讲精气神，但具体应该怎样讲精气神呢？他在该文中又接着说：

> 音节高则神气必高，音节下则神气必下，故音节为神气之迹。一句之中，或多一字，或少一字，一字之中，或用平声，或用仄声；同一平字仄字，或用阴平、阳平、上声、去声、入声，则音节迥异，故字句为音节之矩。积字成句，积句成章，积章成篇，合而读之，音节见矣；歌而咏之，神气出矣。

因此，刘大櫆认为一篇文章有神气才是最重要者，但这一点也最难把握。神气之外占到次一等地位者则是音节，而字句则更在音节之后，但人们在读文章时的感受却是将这个顺序调了过来，因为读文章时首先感受到的是字句之美，而后才能感受到音节的妙处，直到最后才读出来文章的内在神气。刘的这段论述基本概括出了他的作文立意之法。

刘大櫆强调一篇文章最重要的精彩在于神：

◇ 登山之梯

行文之道，神为主，气辅之。曹子桓、苏子由论文，以气为主，是矣。然气随神转，神浑则气灝，神运则气逸，神伟则气高，神变则气奇，神深则气静，故神为气之主。至专以理为主，则未尽其妙。盖人不穷理读书，则出词鄙倍空疏。

对于他的这些论述，刘永鑫在其编著的《桐城派散文》一书中说："《论文偶记》是桐城派作家早期文论的扛鼎之作。"为什么给出这样的断语呢？刘永鑫又在该文内称："桐城派的散文理论，滥觞于戴名世，正式提出者是方苞。方苞倡导的'义法'说虽称之为桐城派文论的核心，但其中对散文写作理论的具体阐述并不多，对散文的艺术美几乎没有涉及，因此亟须补充与发展。"

刘大櫆墓位于安徽省枞阳县金社乡向荣村云丰队。访罢方以智墓，而后让司机送我到云丰队。进入向荣村地界后，远远地在路边看到了一个高碑，我马上让司机停车，因为我觉得这很可能就是我要寻找的刘大櫆墓。

走近细看，此碑是新近刻制，然而制作得却颇为讲究，碑额上刻着"圣旨"二字，碑的两侧还刊刻着浮雕，然而细看墓碑上的字迹，却不是我所要寻找的刘大櫆，这多少让我有些失落。但碑文却有着"胡聚书"的名称，两边的对联则刻着"魂飞天外乾坤老，骨葬山头草

◇ 刘大櫆墓全景

木香"。此人名聚书，我本能地觉得他应当是一位藏书之家，只有这样的人葬于山上才能由书香化为草木香。

正准备离去时，一转身又在旁边看到了一块刻满字的石刻。这通刻石很有意思，竟然是安徽省文物局给一位名叫胡德奎的回信，文中所述为胡德奎建议修复枞阳县梅子岭牌坊事。将一封信刻在石头上而后立在山野间，这种做法我在此前从未见到过，细读此文还是没能明白为什么要用这种奇特的方式来回信，并且为什么要把这封回给私人的信展示在公共空间。

来到了云丰队，我再次打听刘大櫆墓所在，村民马上指着水塘边的一间房子说，就在此屋的房后。沿着此人给我所指路线，我绕过水塘，看到那间房子后面是一座小山，而房后有一条登山的台阶。沿此上行，走出不远就看到了一座墓葬，碑文写着"刘公海峰先生"。终于找对了地方。碑文的落款儿则为"愚侄姚鼐"，看来刘大櫆的

◇ 在墓碑上辨识出了"海峰先生"字样,而落款则为"姚鼐"　◇ 墓碑的式样

碑也是为姚鼐所写者。此处墓丘很小,仅是用碎石叠压成半圆弧状,墓顶用水泥浇造而成,司机站在旁边说这应当是后来翻修过的,我夸赞他很聪明,仅跟我跑了一天,竟然学会了如何看新旧。

拍完刘大櫆墓,沿着石阶原路下山,又来到了池塘边的那处房屋。无意间注意到此屋的后墙冲着刘大櫆墓的那个方向,悬挂着一面巨大的镜子,看来此家人也受了风水师的指点。既然如此,为什么要在古墓之前盖房屋呢?我只能胡乱推论:刘大櫆墓不知在什么时候已经变得荡然无存了,而此家人选中了这块背山面水的好地方并在此盖起了房,多年之后,刘大櫆的墓又被整修了出来,而此墓就处在其家的正后方,这让房屋的主人不开心,于是就悬挂了这么一块大镜子来与之抗衡。

我沿着池塘的边缘向外走时,旁边的村民问我:"是要拆房子吗?"看来他们也清楚这个问题,但至少说明山上的刘大櫆墓引起

◇ 上山、下山各行其道

了相关部门的重视，这也就不太可能迁墓了，那唯一的办法只能等到有关部门来拆迁此房了。可惜我替村民解决不了这么重大的问题，只能笑着跟他们说，自己只是来祭拜这位前贤，拆房的事只能由当地有关部门来解决了。

姚鼐：文章之原，本乎天地

桐城三祖分别指的是方苞、刘大櫆和姚鼐。桐城派的成立，其实是到了姚鼐这里才最终形成，而他创立桐城派的主要动机之一，竟然是为了跟以戴震为首的古文经学派一较高下。

姚鼐参加科考也不容易，到第六次才考中进士，这已经是乾隆二十八年的事了。而后他在刑部任职，到了乾隆三十八年，弘历下诏开四库全书馆，为了能够修出古今第一大丛书，朝廷动用了各方面力量来招揽人才，当时四库馆的主要负责人是刘统勋和朱筠，他们把姚鼐招了进来，而姚鼐并不是翰林出身。在整个四库馆的正式工作人员中，非翰林出身的纂修者仅八位，由此可看，姚鼐当时在朝中已经有了不小的文名。

姚鼐在四库馆内工作了不到两年的时间，这个阶段他跟戴震算是同事，早在之前的乾隆二十年，也就是姚鼐二十四岁的时候，他就给比自己大九岁的戴震写过一封信。那时姚鼐已经是举人身份，而戴震只是位秀才，但戴震已经有了《考工记图》《尔雅文字考》和《诗补传》等多部重要学术著作问世，为此姚鼐主动提出希望拜戴震为师，并且在信中直接称呼戴震为"夫子"。

戴震收到姚鼐的信后，显然不愿意收这位姚举人为徒，于是乎，他就回了一封信婉拒之，这就是著名的《与姚孝廉姬传书》。此信中有这样一个段落："至欲以仆为师，则别有说。非徒自顾不足为师,亦非谓所学如足下,断然以不敏谢也。古之所谓友,固分师之半。仆与足下,无妨交相师,而参互以求十分之见,苟有过则相规,使道在人,不在言,斯不失友之谓,固大善。昨辱简,自谦太过,称夫子,非所敢当之,谨奉缴。承示文论延陵季子处,识数识,并《考工记图》呈上,乞教正也。"戴震在这里说得的确很婉转,他说自己不能做姚的老师,他只想跟对方做朋友,当然,文中他还说了许多的客气话。后世研究戴震时,常常会提到这封信,以此来说明作为汉学派的戴震坚决不收以程朱学派为圭臬的姚鼐。

相比较而言,周中明的说法比较客观,他在《姚鼐研究》一书中认为,戴震拒绝做姚鼐之师,并非是戴对姚有看法,周中明在书中引用了段玉裁所著的《东原年谱》上的一段话:"(乾隆)三十一年丙戌,四十四岁。入都会试不第,居新安会馆。始,玉裁癸未请业于先生,既先生南归,玉裁以札问安,遂自称弟子。先生是年至京面辞之,复于札内辞之。又有一札云:'上年承赐札,弟收藏俟缴,至离舍时,匆匆检寻不出。在吾兄实出于好学之盛心,弟亦非谦退不敢也。古人所谓友,原有相师之义,我辈但还古之友道可耳,今将来札奉缴。'观于姬传及玉裁之事,可以见先生之用心矣。直至己丑相谒,先生乃勉从之。"看来当年段玉裁也向戴提出做他的弟子,而戴震也同样拒绝了,而后是段三番五次地提出,戴才接受了这位弟子。

段玉裁可以说是戴震弟子中名气最大的一位,也是最尊师的一位,他成为戴震的弟子都这么不容易,更何况跟戴并不熟识的姚鼐了,于是周中明作出的结论为:"可见不愿以师自居,而坚持'古之友道'、'原有相师之义',这乃是戴震为人的优秀品格,绝非因姚鼐尊崇程朱而拒绝其拜师之求。"

姚鼐在四库馆里也做了些考据方面的文章,并且还帮助戴震作研究找出过史料佐证。比如戴震最著名的考据结论"横披四表",戴经过一番考证,更正了这千古之讹,而后戴震在考证的后面做了一段附记:"丁丑仲秋,钱太史晓征为余举一证曰:《后汉书》有'横被四表,昭假上下'语。检之《冯异传》,永初六年安帝诏也。姚孝廉姬传又为余举班孟坚《西都赋》'横被六合'。壬午孟冬,余族弟受堂举《汉书·王莽传》'昔唐尧横被四表',尤显确。"戴震说钱大昕曾经在史书中帮他找到了一条证据,而后姚鼐又从一篇古文中也找到了佐证他判断的依据。戴震将他人给自己提供的帮助分记于此,正是他人品的表现,以此来不没他们帮助之功,但从一个侧面也可以说当年姚鼐跟戴震的关系处得还很不错。

朋友间交往的最好状态是彼此有所长进,这就是所说的益友。姚鼐在考据学上帮着戴震找依据,而戴震对他的劝告,也对他后来的文风醇正起到了很大的作用。早年姚鼐也喜欢作词,但他听了戴震的劝告后,再没有写过这类的作品。而姚鼐并不讳言这件事,他在《惜抱轩诗集》后记中有这样一段记载:

> 词学以浙中为盛,余少时尝效焉。一日,嘉定王凤喈语休宁戴东原曰:"吾昔畏姬传,今不畏之矣。"东原曰:"何耶?"凤喈曰:"彼好多能,见人一长,辄思并之。夫专力则精,杂学则粗,故不足畏也。"东原以见告。余悚其言,多所舍弃,词其一也。

这位王鸣盛挺有意思,他对姚鼐有看法,却不直接说,而是通过戴震转达。而戴也很有趣,他直接把自己跟王鸣盛的对话描述给姚鼐听,王鸣盛说,他当年视姚鼐为畏友,今天却不再怕了,戴问他为什么,王说,姚鼐特别好学,他只要看到别人有长处,他就想跟人家去学习,这么下去的话,他的学问会越来越驳杂,所以我不再怕他了。姚鼐听到了这段描述后,果断地放弃了对词的写作,专心致志地写他的文章,于是,他成了天下数一数二的文章大家。这段话虽然是戴震转述的王鸣盛的说法,也说不定这就是戴震自己的观念,因为他做考据学,研究历史问题,就是走的专精一路,也许他担心姚鼐没面子,所以就说是王鸣盛所言。

在四库馆内待了两年,姚鼐就辞职回乡了。他离开四库馆的原因,后世大多解读为受到了古文经学派的排挤,因为那时的四库馆已经成为了汉学派的大本营,而姚鼐在里面人单势孤。关于这段事,史书中多有记载,我引用《皖志列传稿·姚鼐传》中的一段说法:"而纪昀以诡辩小慧博上眷,直文渊阁事,总纂书局,尤喜隐诋宋儒,以哗世盗名。鼐独以汉儒承秦灭学之后,始立专门,各抱一经,师弟传受,侪偶怨怒,嫉妒不相通晓。"显然此稿的作者是宋学派,更确切地说,应该是桐城派的人物,因为他完全无视纪晓岚对《四库全书》所作出的贡献,但从另一个侧面,也点出姚鼐离开四库馆的主要原因之一。

姚鼐晚年对戴震的骂语越来越多,从而也让人们印证了他在四库馆中是何等的受排挤,尤其姚鼐所写的《再复简斋书》中的一段话:

> 儒者生程朱之后,得程朱而明孔孟之旨,程朱犹吾父师也。然程朱言或有失,吾岂必曲从之哉?程朱亦岂不欲后人为论而正之哉?正之可也。正之而诋毁之,讪笑之,是诋讪父师也。且其人生平不能为程朱之学,而其意乃欲与程朱争名,安得不为天之所恶?故毛大可、李刚主、程绵庄、戴东原,率皆身灭嗣绝,此殆未可以为偶然也。

这段话也同样被后世广泛引用，此话中姚鼐不但申明程朱理学是何等的重要，并且说程朱就如同父师，如果诋毁程朱，那就是诋毁父师，他认为诋毁程朱的人没有好下场，他在文中点出了四个人名，其中之一就是戴震，他说这四个人都无后，就是因为他们不尊重程朱。以没有后代来诅咒他人，这在那个时代堪称骂人的极致，即此也可知道姚鼐对戴震等古文经学派的人痛恨到了什么程度。

尽管姚鼐对汉学派的人如此痛恨，但他仍然关心《四库全书》的编纂结果。他在编写初期的前两年就已经离开了四库馆，而这部大书编了十年之久，此后姚鼐一直让人想办法帮他弄到《四库全书总目提要》，而后他终于得到了一部，于是他又展开了批判，姚鼐在《与胡雒君》的一封尺牍中说："去秋始得《四库全书目》一部，阅之其持论大不公平。鼐在京时，尚未见纪晓岚猖獗若此之甚，今观此则略无忌惮矣，岂不为世道忧邪？鼐老矣，望海内诸贤尚能救其敝也。"他认为四库全书编得太不公平了，这都是纪晓岚肆无忌惮的结果，也就是《四库全书》中以收汉学家的著作为主。

既然姚鼐对纪晓岚、戴震等古文经学人物是如此的痛恨，那他是怎样回应的呢？姚鼐回到桐城后经过一番思索，他决定组织一个新的文学派别，以此来跟乾嘉学派抗衡，这个派别就是后世大受称道的桐城派。王达敏在《姚鼐与乾嘉学派》一书中也是这样认为："正是在汉宋之争中，姚鼐萌生了开宗立派的意识，重新把为学重心从考据调整到早年溺爱的辞章。告退之后，姚鼐栖息于东南书院四十年，构建文统、创辟理论、埋首写作、培育传人，集中精力创建桐城派。而其每一项建派工作，都包含着对抗汉学派的深刻动机。"

但是周中明却认为，姚鼐离开四库馆，主要原因并不是受到了汉学派的排挤，他以姚鼐在离开时所写的一首诗《乙未春出都留别同馆诸君》为证：

>同承天诏发遗编，对案常餐少府钱。
>海内文章皆辐凑，坐中人物似珠联。
>三春红药熏衣上，两度槐黄落砚前。
>归向渔樵谈盛事，平生奉教得群贤。

姚的这首诗写得没有一点怨气，他把馆内的同僚称之为"珠联"和"群贤"，故而周中明认为姚鼐在四库馆里跟同事们处得关系还不错。对于这一点，《惜抱轩尺牍》卷一收有《与人书》之二，在这封信中姚鼐说："鼐自归来……想与晓岚、鱼门诸先生谈宴极欢，时必念及愚鄙，然瞻近之期始终无日。"看来姚鼐在离开四库馆后还在惦念着纪晓岚，更何况在纪晓岚的文集里也收录了一篇他写给姚鼐的信，此信的题目是《题姚姬传书左墨溪事后》，该信中的一个段落为："余感墨溪能为人所不能为，而姬传之文又足阐发其隐微，读之，使孝弟之心油然而生，因题数语于后，以著墨溪非矫激，姬传非标榜焉。"纪晓岚在这里夸赞姚鼐的文章写得不错。经过这番引用，周中明的结论是："与四库馆同僚的学术分歧，似不足以使姚鼐非辞官不可，充其量这只是姚鼐离开四库馆的原因，而未必是他永远离开官场'引退'的主要原因。"

◇ 姚鼐撰《惜抱先生尺牍》八卷，清宣统元年小万柳堂刻本，书牌

那既然不是如此，周中明认为是怎样的呢？他在该书中也引用了历史上多个不同的猜测，而后一一予以了辨析，最终周中明先生的结论是说："是由于他厌恶封建官场的腐朽险恶和坚持自己的个性独立自由而'不堪世用'。其实质，虽不能说是跟当权的封建统治者完全决裂，那至少也是跟他们拉开了距离；他拒绝跟他们沆瀣一气，同流合污。"这样的结论读来太过高大上了。作为一个生命个体，在那种大范围下，是否能认识到封建社会的腐朽没落，那也只能让后人去做各种各样的猜测与解读了。

关于姚鼐的文章，后世大多将其总结为"以诗为文"。这种说法首见于吴孟复所做的《桐城派述论》："以诗为文，在于神韵。姚之论文，曰：'神理气味，格律声色'，以神居首，重在韵味。"关于怎样的以诗为文，周中明在书中举出的例子是姚鼐所作的《答翁学士书》中的一个片段：

◇ 姚鼐撰《惜抱先生尺牍》八卷，清宣统元年小万柳堂刻本，卷首

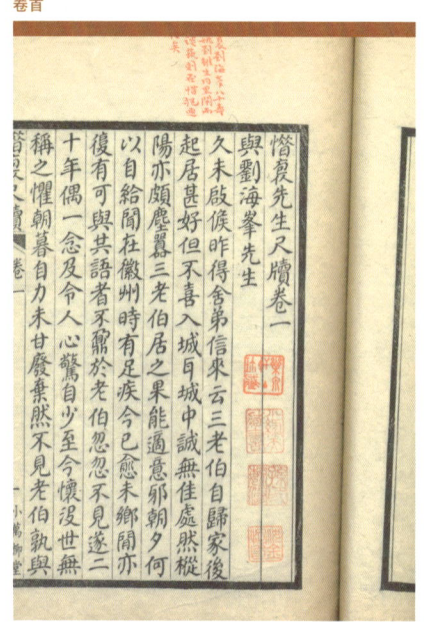

鼐闻今天下之善射者，其法曰："平肩臂，正腽，腰以上直，腰以下反勾磬折，支左詘右。其释矢也，身如槁木。苟非是，不可以射。"师弟子相授受，皆若此而已。及至索伦、蒙古人之射，倾首、敧肩、偻背，发则口目皆动，见者莫不笑之，然而索伦、蒙古之射远，贯深而命中，世之射者常不逮也。然则射，非有定法，亦明矣。

姚鼐不同意翁方纲有着所谓的为文之法，他认为做文章结果最重要，其实方式并不用那么讲求。但是姚鼐的这番反驳却是用形象的射箭来比喻，他的这段话写得的确有趣。姚说他听说天下能把箭射得很准的人，必须要严格的尊奉一套特殊的程序，比如要端平肩，要收腰，以及一系列完整的运作，故而很多人认为要能射好箭，必须依足这些程序。可是接着又说，他看到了蒙古人射箭，却完全不尊奉这套技法，以行家的眼光来看，这些蒙古人的射箭一点都没有美感，然而没想到的是，这些人勾着背，耸着肩，嘴中还念念有辞，结果射出去的箭同样很准。而姚鼐正是用这种形象的对比法，来反驳对方，从而也就可以看出，他写文章的高超技巧在哪里。

姚鼐写的文章，名气最大的一篇，当数《登泰山记》，我引用此文中的一段如下：

◇ 姚鼐辑《古文辞类纂》七十四卷，清嘉庆二十五年合河康氏家塾刻本，书牌

> 泰山正南面有三谷。中谷绕泰安城下，郦道元所谓环水也。余始循以入，道少半，越中岭，复循西谷，遂至其巅。古时登山，循东谷入，道有天门。东谷者，古谓之天门溪水，余所不至也。今所经中岭及山巅崖限当道者，世皆谓之天门云。道中迷雾冰滑，磴几不可登。及既上，苍山负雪，明烛天南；望

晚日照城郭，汶水、徂徕如画，而半山居雾若带然。

对于这篇文章，王先谦在《续古文辞类纂》中将其总结为"典要凝括"，同时其又称"具此神力，方许作大文。世多有登岳，辄作，读此当为搁笔"。王先谦在这里几乎把这篇《登泰山记》视之为五岳游记的最佳作品了。

对于文章的态度，姚鼐在《复汪进士辉祖书》中说道：

> 鼐性鲁知暗，不识人情向背之变、时务进退之宜，与物乖忤，坐守穷约，独仰慕古人之谊，而窃好其文辞。夫古人之文，岂第文焉而已，明道义、维风俗以诏世者，君子之志；而辞足以尽其志者，君子之文也。达其辞则道以明，昧于文则志以晦。鼐之求此数年矣。瞻于目，诵于口，而书于手，较其离合而量剂其轻重多寡，朝为而夕复，捐嗜舍欲，虽蒙流俗讪笑而不耻者，以为古人之志远矣，苟吾得之，若坐阶席而接其音貌，安得不乐而愿日与为徒也。

◇ 姚鼐辑《古文辞类纂》七十四卷，清嘉庆二十五年合河康氏家塾刻本，卷首

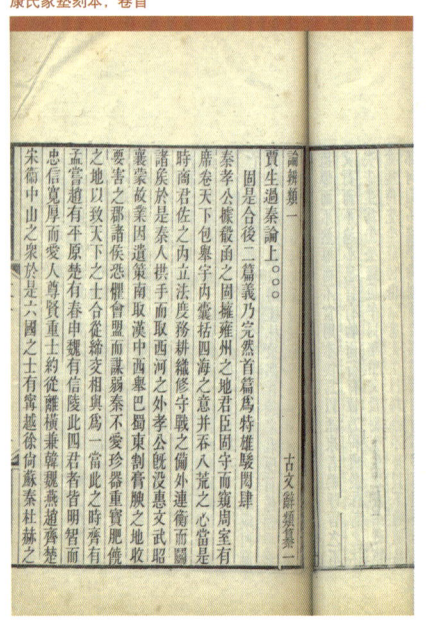

姚谦称自己不谙世事，不懂人情，所以只能固守贫穷，然而他却羡慕古人之间的交往，尤其喜好古文辞。姚认为古人文章写得好，并不单纯是因为写作技巧，更为重要者，是这些文章能够表达出道义、观念

及社会风尚,作者首先是君子,才能写出君子的文风。姚鼐说他几十年来就追求这样的境界,虽然他的这种作法不被人理解,但他并不介意,他通过读古人的文章,感觉到了自己与那些人有了心灵上的沟通,他觉得这种读书状态很令自己满意。

对于文章的师承,姚鼐在《古文辞类纂序言》中说了这样一段话:"鼐少闻古文法于伯父姜坞先生及同乡刘耕南先生,少究其义,未之深学也。其后游宦数十年,益不得暇,独以幼所闻者,置之胸臆而已。乾隆四十年,以疾请归,伯父前卒,不得见矣。刘先生年八十,犹善谈说,见则必论古文。"

◇ 姚鼐撰《惜抱轩今体诗选》十八卷,清同治五年金陵书局刻本,内页一

姚鼐说,他从小跟着伯父姚范和刘大櫆学习古文,但他谦称自己少年时并未得到作文真谛,而后的几十年,为了科考以及生计,到处奔忙,虽然如此,却始终未曾忘记年幼之时姚范和刘海峰教给他的作文之法,到了乾隆四十年,他称病返乡,此时姚范已经去世,当时海峰先生已是八十高龄,他们见面后,两人仍然讨论作古文之法。

由这段叙述可知,姚鼐得到了当时古文名家姚范和刘大櫆的真传,他们的观念几乎影响了姚鼐的一生。当然在这几十年的过程中,姚鼐也会融汇进去自己的观点,他在该序中继续写道:"后又二年,余来扬州,少年或从问古文法。夫文无所谓古今也,惟其当而已。得其当,则六经至于今日,其为道也一。知其所以当,则于古虽远,而于今取法，如衣食之不可释；不知其所以当，而敝弃于时，则存一家之言，以资来者，容有俟焉。"

乾隆四十二年，姚鼐前往扬州的书院去任教职，有的学生向他请教作古文之法，姚鼐回答说，其实文章并不分古今，只要适合就是最好，比如最高经典六经，放在今天，也同样是那个道理。由这段话可知，姚鼐反对一味地模仿，而是强调要化古人的字句、观念为己用，而后显现出自己的独特面目。怎样的文章才是好文章呢？姚鼐在《古言辞类纂》的例言中说：

◇ 姚鼐撰《惜抱轩今体诗选》十八卷，清同治五年金陵书局刻本，内页二

> 凡文之体类十三，而所以为文者八，曰：神、理、气、味、格、律、声、色。神、理、气、味者，文之精也；格、律、声、色者，文之粗也。然苟舍其粗，则精者亦胡以寓焉。学者之于古人，必始而遇其粗，中而遇其精，终则御其精者而遗其粗者。文士之效法古人莫善于退之，尽变古人之形貌，虽有摹拟，不可得而寻其迹也。其他，虽工于学古而迹不能忘，扬子云、柳子厚于斯盖尤甚焉，以其形貌之过于似古人也。而遽摈之，谓不足与于文章之事，则过矣。然遂谓非学者之一病，则不可也。

在这里，姚鼐把文章的要点用八个字予以了总结，他说前四个

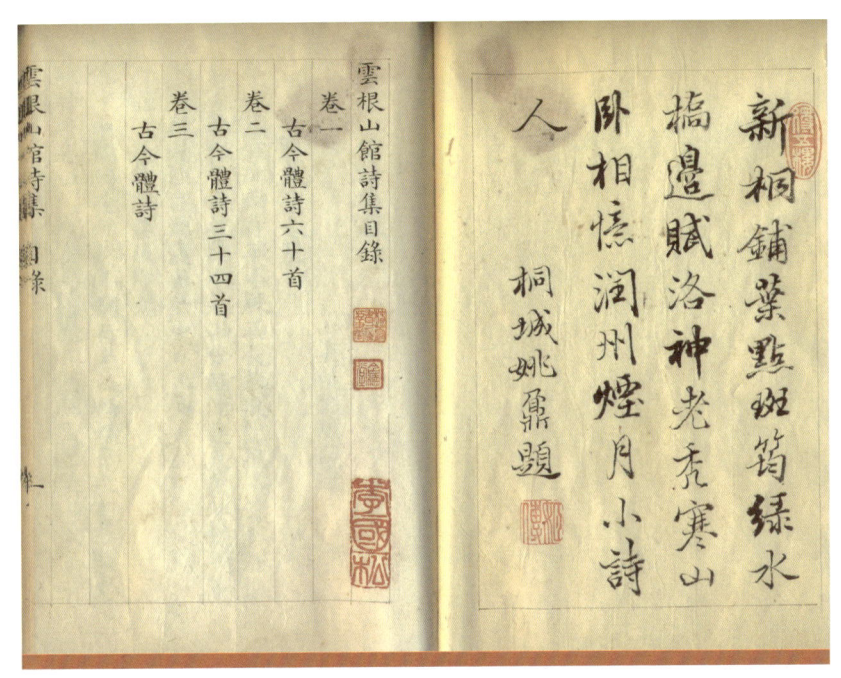

◇ 《云根山馆诗集》三卷，清嘉庆间稿本，姚鼐题诗

字代表了文章的精髓，后四个字代表了文章的基础，他同时又说，如果没有粗，那精也就没有了落脚之处。姚认为阅读古人的作品，最初遇到的都是粗，接着读下去才会遇到精。姚又认为效法古人作文的，无人能够超过韩愈，他之所以有如此高的成就，是因为他能够变幻古人的文章，虽然这里面也有模拟，但别人却看不出模拟的痕迹；而其他人虽然也有模古水平很高者，但却能够看出模仿的痕迹来，比如扬雄和柳宗元就是这种情形。但姚鼐也同时说，如果因为某篇文章有模拟的痕迹，就将其舍弃，这样也是一种极端。

对于文章的属性，姚鼐还有另一种分类方式，他在《海愚诗钞序》中说："吾尝以谓文章之源，本乎天地；天地之道，阴阳刚柔而已。苟有得乎阴阳刚柔之精，皆可以为文章之美。阴阳刚柔，并行而不容偏废。有其一端而绝亡其一，刚者至于偾强而拂戾，柔者至于颓废而阗幽，则必无与于文者矣。"

姚鼐认为，天地才是文章的本源，而古人以天为阳、地为阴，与阴阳相对者，则是柔与刚，于是他就把文章分为阳刚和柔美两种风格。这两种风格哪种更好呢？姚鼐认为，这两者都不能偏废，因为强调了这一端，另一端就会消亡，既然如此：

> 然古君子称为文章之至，虽兼具二者之用，亦不能无所偏优于其间。其故何哉？天地之道，协合以为体，而时发奇出以为用者，理固然也。其在天地之用也，尚阳而下阴，伸刚而绌柔，故人得之亦然。文之雄伟而劲直者，必贵于温深而徐婉。温深徐婉之才，不易得也。然其尤难得者，必在乎天下之雄才也。夫古今为诗人者多矣，为诗而善者亦多矣，而卓然足称为雄才者，千余年中数人焉耳。甚矣，其得之难也。

姚鼐在此强调，古人所认为的最佳文章就是同时兼有这两种风格，为什么会这样呢？因为阴阳结合在一起，才是一种和谐，但能够把文章写得如此完美者甚少，所以千余年来，能够写出至文者，也确实没有几位。

如前所言，姚鼐与戴震的分歧就是文人和学者的本质区别，那么关于写文章和做学问，姚鼐又是怎么看的呢？他在《谢蕴山诗集序》中给出了这样的答案："且夫文章、学问，一道也，而人才不能无所偏擅。矜考据者，每窒于文词；美才藻者，或疏于稽古。士之病是久矣。"

姚鼐认为，无论是做文章还是研究学问，其实本质上没有太大区别，但人总有各自的偏好，所以喜欢搞考据的人自然在写文章方面就不那么擅长，而写文章者，又在研究方面有所简疏。以上就是姚鼐的两分法。而后他对自己的这个观点又作了进一步的细分，他在《述庵文钞序》中说：

> 余尝论学问之事，有三端焉，曰：义理也，考证也，文章也。是三者，苟善用之，则皆足以相济；苟不善用之，则或至于相害。今夫博学强识而善言德行者，固文之贵也；寡闻而浅识者，固文之陋也。

在这里，姚鼐将学问分为三类，那就是义理、考证和文章，这种分法成为后世谈论姚鼐观点时的主要引语，其实在这段引语之下，姚鼐还有具体的论述：

> "然而世有言义理之过者，其辞芜杂俚近，如语录而不文；为考证之过者，至繁碎缴绕，而语不可了当。以为文之至美而反以为病者，何哉？其故由于自喜之太过，而智昧于所当择也。夫天之生才，虽美不能无偏，故以能兼长者为贵，而兼之中又有害焉，岂非能尽其天之所与之量，而不以才自蔽者之难得与？"

看来，他认为这三者在哪方面有所偏颇都不对，应当兼而有之，方为最美。

前面我们提到过，方苞是桐城派的奠基人，方的观念被后世总结为"以古文为时文，却以时文为古文"，但姚鼐发展了方苞的理论，他提出了义理、考据、辞章三合一的主张，这显然是受到了汉学派的影响。姚鼐是桐城派的实际创造者，同时也是桐城美文的创作者，袁行霈主编的《中国文学史》评价姚说:"他壮大了古文的声势,在桐城派中地位最高。"而桐城文章走天下,也跟姚鼐有很大的关系,并且"天下文章出桐城"这种说法也是出自姚鼐对他人评价的转述。

姚鼐在《刘海峰先生八十寿序》中说:"曩者,鼐在京师,歙程吏部、历城周编修语曰:'为文章者,有所法而后能,有所变而后大。维盛清治迈逾前古千百,独士能为古文者未广。昔有方侍郎,今有刘先生,天下文章,其出于桐城乎!'"虽然看似是姚鼐的转述,而从实际情况看,这也正是他的夫子自道,但他的不遗余力,也确实使这句话变得名副其实。关于方苞和姚鼐在桐城派中所起的不同作用,郭绍虞在《中国文学批评史》中给出了这样的总结:"大抵望溪处于康雍'宋学'方盛之际,而倡导古文,故与宋学沟通,而欲文与道之合一。后来姚鼐处于乾嘉'汉学'方盛之际,而倡导古文,故复与汉学沟通,而欲考据与词章之合一。他们能迎合当时统治阶级的意图而为古文,又能配合当时知识分子所倡导的学风以为其古文,桐城文之所由成派,而桐城文派之所由风靡一时,当即以此。"

姚鼐故居位于安徽桐城市公园路10号桐城中学内。到今天桐城仍然是以文章名天下,而这里的名人故居也确实是太多。桐城中学太有名了,今天依然是安徽的名校,据说其升学率始终排在全国前列。以我个人的寻访经验来说,能够进入学校是个不容易的事情,而姚鼐的旧居也就是那著名的惜抱轩,恰恰就处在了桐城中学校园内,其实这个关系应该反过来讲:桐城中学就是在

◇ 看到了指示牌

姚鼐故居的遗址之上扩建而成者。我不知道自己的这种说法，桐城中学的人怎么看，但我的此趟寻访却对这个学校留下了美好的印象。

来到桐城时，正赶上国庆假期，校园内安安静静，但门卫依然忠于职守，我向他解释了自己来这里寻访的目的，同时又简明扼要地将姚鼐和桐城中学夸赞了几句，但门卫只是一笑，我觉得他这一笑是告诉我你有什么想法就直言，不要搞这么多的铺垫，于是我整顿衣裳起敛容，告诉他自己想进校园内去拍照姚鼐故居的遗址，他接过了我的行程单，看了一眼，而后没再言语，向我挥了挥手，这么重要的一个学校，竟然如此顺利地走了进来，顿时令我的心情大好。

很快，我在校园内看到了吴汝纶的半身像，他是桐城中学的创始人，自然应该摆放在这里，但眼前的校园却已整修一新，真正能看到的老建筑，似乎并不多。拍完吴汝纶的半山阁后继续在校园里逛，很快就看到一排二层的老楼房，楼前有着一棵粗壮的银杏树，旁边大石头上以金字写着："惜抱轩银杏树"，另有一说明石牌，介绍此树为姚鼐于乾隆三十九年亲手所植，其故居惜抱轩于1955的改建

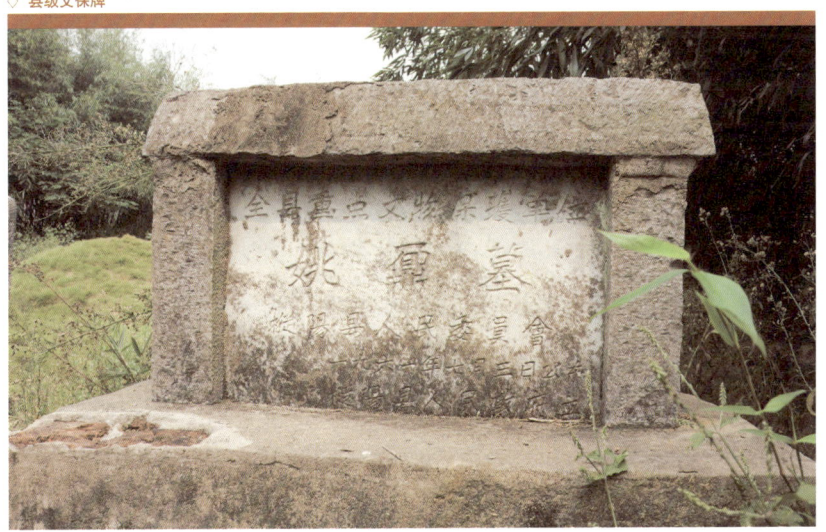

◇ 县级文保牌

为教学楼，1988 年政府将此银杏树确定为县级重点文物保护单位，并勒石为纪。树旁有一排两层楼房，当为石上所云 1955 年改建之物，而银杏树有此楼三倍之高，远望颇令人生怀古之悠思，一时间自己亦想找个某处种树一棵，他年亦亭亭如盖矣。我走到近前，想抚摸该树的树杆，以此来沾上姚鼐的灵气，也让自己的文章能够走天下，可惜的是这棵树被护栏围了起来，如此想来，有我这样的心态者不在少数，这才令学校采取了这种保护措施。

◇ 嘉庆年间的墓碑

虽然护栏挡住了树干，但落叶却依然能够飘散到护栏之外，我从地上捡起了几片落叶，夹在了随身的小本内。孔乙己说，窃书不算偷，由此推论起来，捡拾姚鼐手植树的落叶，就跟偷又隔了一层，但这个隔膜显然起了作用，因为落叶拾回来后，尽管我时时翻看与抚摸，结果写出来的文章，也未见高到哪里去。

仅找到姚鼐故居遗址当然不能满足我的佞古之心，我必须到他的墓前瞻仰一番。姚鼐的墓位于安徽省枞阳县义津镇阮贩村，虽然从桐城县城到义津镇也就 30 公里上下的路程，但因为道路比较好走，感觉上比真实的距离要近很多。这位出租司机看上去，虽然外观上没有我想象的那种桐城人的斯文，但一路上的行事，俨然有道上大哥的风范。出发前，我把单子递给他，他用眼睛瞟着上面的名字跟我说："方以智这个我知道，吴汝纶和姚鼐两个路边有牌子，开车时路过看见过，刘大櫆这个就不知道了。"我告诉他刘大櫆就是刘

◇ 姚鼐墓全景

海峰，他马上就说，这个人听说过，他能知道这么多的历史名人，看来当地的文风还真的没有彻底割断。

姚鼐的墓就在路边不远的一个坡上。车只能停在公路边上，我请司机在此等候，步行向坡上走去，上坡不久看到了几个简易的棚屋，棚屋之后有一片树林，姚鼐的墓就在这树林之中。墓前有一片草地，这些青草明显不是野生，而是城市内广场绿地绿化时像地毯那样铺装者，南方雨水充沛，还用这种方法来装饰墓园，不知道是怎样的一种心态。但从附近的形态来看，姚鼐墓应当是原址，旁边的望柱素而无纹，这倒跟姚鼐的锦绣文章有些不相类，但从风化程度看，至少是老物件。而碑旁的刻石，看上去也都是当年的原物。

按说桐城派的文风一直延续到了民国，那么此派创始人的墓也应当受到太多崇敬者的朝拜，然而墓况却是眼前的这个样子，不知道是不是那场浩劫使之变成了今天的模样。但如今，桐城中学依然以姚鼐为号召，如果将姚鼐的墓修得更壮观点，而不是仅仅铺上块

◇ 周围静静地没有一点儿声响

草坪这么潦草，我想那更能显现出人们对这位文章大家的尊重之情。

　　墓为姚鼐及夫人同葬墓，碑为原刻，嘉庆二十四年由姚氏后人所立，司机不知什么时候也跟了过来，他看不明白墓上文字，我详细为他解释一番，并略讲姚鼐于桐城派之地位，他看了墓之后感慨："这么大名气的人，死后也就这样子啊。墓也没有多大，也没有人来打扫。"

姚莹：文章本心生，希世绝近习

姚莹是姚鼐的从孙，也是姚永朴、姚永概的祖父，由此可见，姚莹无论祖上和后世，都是桐城派中的重要人物，而姚莹当然也是桐城派递传中的重要一环。

从考秀才开始，姚鼐就对姚莹给予过重要的帮助。姚睿昌在给姚莹所编的年谱中称："初至郡，以资用乏，借寓于戚某家，既察其意倦，迳归。时从曾祖惜抱先生家居，问得故，畀白金趣复往，遂以府试第一名入郡庠。"自此之后，姚莹成为秀才，到了嘉庆十三年，姚莹二十四岁时，他入京参加会试，考中第三十二名，然而他却没能入翰林，对于这其中的原因，姚永朴在《旧闻随笔》中说："按察公（姚莹）入觐，宣宗询出身，以嘉庆戊辰科进士对。又问何以未入翰林，对曰：'以臣不工小楷耳。'上叹息久之。故为人题卷轴，多倩人代录，末署印章曰：'天子知臣不善书。'"

这段记载倒是挺有意思，嘉庆皇帝召见姚莹时，特意问他为什么没有入翰林，姚莹回答说小楷写得差，皇帝听完后也为之叹息。看来那个时代，想走皇帝的后门修改高考成绩也不容易。但姚莹既然考中了秀才，后来又成为社会名流，找他题诗题画写跋语的人当然不少，姚莹推不过去，只好请人代笔，而后钤上一方闲章，章文为"天子知臣不善书"。他写字不好，反而成了荣耀，这倒让我大受启发。

姚莹从十四岁就开始写诗,这个出处来自他所写的《吴子山遗诗叙》:"子山少余一岁,总角时邻居相善。余年十四,同学于价人先生,余已好为诗歌矣,子山初若不解,……逾数年,又同游菉园先生之门,则子山之诗固甚工矣。"对于如何学诗,按姚莹自己的说法,他是看古诗和诸家诗话得来者,他在《松坡诗说序》中称:"余自束发即好为诗,苦无师授,乃取诸家诗说观之,稍得要领。自是泛滥古人名集,溯自汉魏以迄本朝,作者数千,皆尝考其元要,究其得失,始叹诸家之说容有未尽。盖疆域日开,后来流变,昔人不及见也。"

姚莹的这篇序言作于嘉庆四年,此时年方十五岁,仅仅是这个年龄,就能悟出学诗之法,足见其智慧超人,至于他学诗的年龄,姚莹在这里称"余自束发",这跟他前面说的十四岁开始学诗略有不同。施立业在《姚莹年谱》中写了这样一段按语:"'束发'为'成童'代称,而'成童'有'十五以上''年十五''八岁以上'诸说。根据姚莹成长实际情况,此处取'年十五'之说。"施先生将姚莹的"束发"二字理解为十五岁,这跟姚莹所自称的十四岁仅差一年,如此推论起来,差距不大。

姚莹写过《论诗绝句六十首》,每首评述一位历史上的著名诗人,比如其中有这样一首:

《游仙诗》思绝尘氛,服石餐霞气轶群。
山海虫鱼曾注遍,不将淹博杂风云。

显然这首诗写的是郭璞。姚莹赞赏郭璞所写的《游仙诗》,同时他又认为郭的学问很淹博,因为郭璞注过《尔雅》《方言》《山海经》等书。《论诗绝句》中又有:

《锦瑟》分明是悼亡,后人枉自费平章。

牙旗玉帐真忧国,莫向《无题》觅瓣香。

这首诗歌咏的是李商隐,他认为后人一直在争论的《锦瑟》一诗其实是悼亡诗,后世对此的猜测太过偏差。而他把李商隐那些著名的《无题》诗,又解释成非为情感,而是忧国,这样的解读方式异于凡常。相比较而言,他对陆游更为看重:

铁马楼船风雪里,中原北望气如虹。

平生壮志无人识,却向梅花觅放翁。

姚莹觉得陆游壮志未酬,所以才会把自己的一腔抱负用在了诗作中。他的这些别样解读跟他的经历有很大的关联。姚莹出外任职后不久,就来到了台湾,他曾两度到此任职,并且在台湾任上抗击外来侵略,后来却因为一件小事,被逮捕运至京城,关进了监狱。当年这件事情,在社会上引起了太多人的不平,而姚莹坚定地认为,此事早晚会真相大白于天下,他在狱中时,曾写过一首《狱中夜坐》:

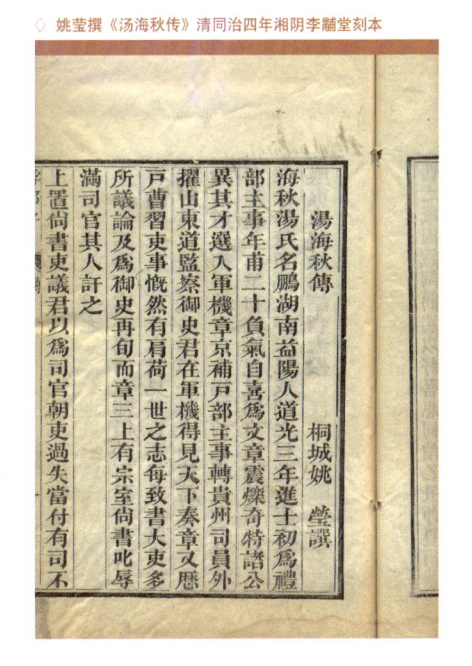

◇ 姚莹撰《汤海秋传》清同治四年湘阴李黼堂刻本

> 棘垣重柝中秋夜，恍惚三场射策时。
> 坐对一窗好明月，不知身在白云司。

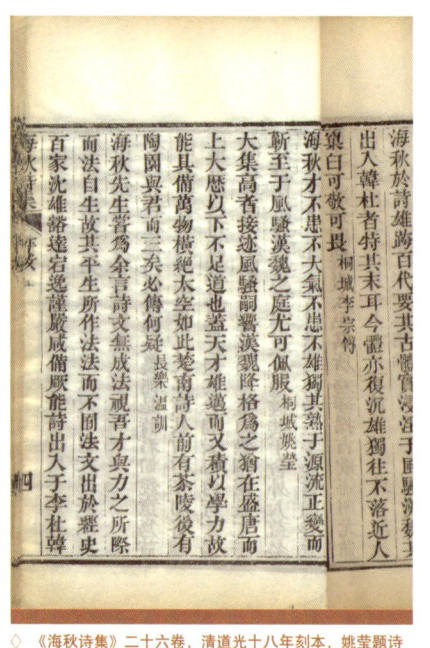

姚莹的这首诗，完全没有悲愤之情，从此也可见其胸怀是何等的坦荡。此事没过多久，果真道光皇帝下令将他放了出来，而后被派往四川任职。道光二十四年六月，姚莹到达成都后不久，西藏正副呼图克图产生纠纷，姚莹被派往协调，这个过程中他以客观冷静的态度，记录下了解决问题的全过程，写成了《康輶纪行》，该书成为了后世极其重要的史料。

◇ 《海秋诗集》二十六卷，清道光十八年刻本，姚莹题诗

姚莹的《康輶纪行》不仅是写风土人情以及事情经过，同时他也写下了一些文学上的心得，比如其中有篇《文贵沉郁顿挫》，他在该文中写道：

> 古人文章妙处，全是沉、郁、顿、挫四字。沉者，如物落水，必须到底，方著痛痒，此沉之妙也，否则仍是一浮字。郁者，如物蟠结胸中，辗转萦遏，不能宣畅；又如忧深念切而进退维艰，左右窒碍，塞厄不通，已是无可奈何，又不能自已，于是一言数传，一竟数回，此郁之妙也，否则仍是一率字。顿者，如物流行无滞，极其爽快，忽然停住不行，使人心神驰向，如望如疑，如有丧失，如有怨慕，此顿之妙也，否则仍是一直字。挫者，如锯解木，

虽是一往一来，而齿凿巉巉，数百森列，每一往来，其数百齿，必一一历过，是一来，凡数百来，一往，凡数百往也；又如歌者，一字故曼其声，高下低回，抑扬百转，此挫之妙也，否则仍是一平字。

姚莹认为，古文之所以读上去很美，全因有沉、郁、顿、挫的阅读快感，而后他对这四个字分别解释。既然文章具有了这四个字，就成了妙文，那平庸的文章又用哪几个字来形容呢？他在该文中接着说：

文章者去浮、率、平、直之病，而有沉、郁、顿、挫之妙，然后可以不朽。《楚辞》《史记》、李杜诗、韩文是也。嗟乎！此数公者，非有其仁孝忠义之怀，浩然充塞两间之气，上下古今穷情尽态之识，博览考究山川人物典章之学，而又身历困穷险阻惊奇之境，其文章亦乌能若是也哉？今不求数公之为人，而惟求数公之为文，此所以数公之后罕有及数公者也。

姚莹认为，文章若有浮、率、平、直的毛病，便不足观，只有克服这四病，同时改为沉、郁、顿、挫，就可以成为不朽的文章。以他的观念，《楚辞》《史记》以及李白、杜甫、韩愈等都属于"沉郁顿挫"的范畴。他认为这些人是经历了特殊的境遇，同时本人又具有仁孝忠义的观念，这两项加在一起，才能写出这样的不朽文章。但今天的人并没有这些先贤的经历，更达不到他们做人的高标准，而只想学到他们的美文，这也是李白、杜甫、韩愈等之后少有大家的原因。

从以上这些观念可以看出，姚莹比较推崇唐之前的著名诗人，

对于这一点,他在《黄香石诗序》中曾经明显表示:

> 宋元以来,工诗者奚啻千百,而赫然见称于世无几人也,亦可以思矣。本朝诸公,自阮亭标举神韵,归愚讲求格律,后学奉之如规矩准绳,可谓盛矣。然皆以诗言诗。吾以为学其诗,不可不师其人,得其所以为诗者,然后诗工而人以不废。否则,诗虽工,犹粪壤也,无怪其徒具形声而所自命者不存也。

姚莹也提到了清初的诗学,比如王渔洋的神韵派、沈德潜的格调派等等,但他觉得这些派别的作诗方式,都是以诗来谈诗,而姚认为,学习古人的诗作,更重要的应该是学习这些古人的为人,只有学到这些诗人的为人,才是最有价值者,如果只是学会了这些诗人作诗的技巧,这样诗就算写得好,也犹如粪土。

姚莹特别夸赞桐城派中的刘开,他在《寄刘孟涂》中写道:

> 吾党有刘生,矫矫非常俦。
> 崛起榛莽中,顾盼邀九州。
> 其精走雷电,其气腾螭虬。
> 化为九苞凤,文彩鸣周周。
> 声华赫然起,倒屣倾诸侯。
> 手握青蛇珠,口倒黄河流。
> 大人辟英风,小儒惊不侔。

姚莹同情于刘开才高而无人识。而后又在这首诗中用大段的篇幅来描写罗浮山的情形,对于这种写法,唐先田、陈友冰主编的《安徽文学史》中则称"完全是类似游仙诗的浪漫笔法",如此说来,姚莹的这种写作方式，应该是仿自郭璞的同类诗作。

姚莹所处的时代正是历史巨变期，那时的内忧外患，他都有切身的体会，而这一切肯定会表现在他的诗作里，例如他所写的《崖门怀古》：

> 崖山风雨昼冥冥，犹是当时战水腥。
> 仓卒纪年同外丙，艰难立国下零丁。
> 人间草木无王土，海底鱼龙识帝庭。
> 一代君臣波浪尽，杜鹃何处叫冬青。

崖门乃是汉族之史的伤心地，当年南宋军队的残余在此与蒙古兵作着殊死的决斗，失败之后，陆秀夫抱着幼帝投海而亡，而文天祥路过此地时，也写出了那首著名的《过零丁洋》。而今姚莹登临此处，大为感慨地写下这首诗，他怀念这些英雄们，为了民族的兴亡，作着殊死的抗争。

姚莹曾经在广东做过幕僚，而后又在台海两边任职，使得他接触了很多的外国事务，而有意思者，他也把看到的新鲜事物写入诗中，例如他所作的《杂兴》四首其二：

> 洋舶经千尺，由来澳镜多。
> 未应随琥珀，遂使接牂牁。
> 海客求珠返，番儿载酒过。
> 仍闻英吉利，贡使胜暹罗。

而《姚莹年谱》中，所录的《荷兰羽毛歌》则更为奇特，我节选该诗的前半部分如下：

> 荷兰羽毛不易得，数金才能买一尺。
> 贵人大贾身服之，意气非常动颜色。
> 吴绫蜀锦皆暗淡，何况寻常布与帛。
> 荷兰小国通西洋，海道至此万里强。
> 往时诸国尽互市，荷兰岁岁来盈筐。
> 红毛恃强作奸黠，劫夺不使来舟航。
> 如今独有红毛种，货远不及价亦重。
> 世人好异亦贵之，坐使蚕家丝积壅。

这首诗我看了几遍，也未能搞清楚荷兰羽毛是什么东东，姚莹说这种羽毛很贵，好几块大洋才能买一尺，如此说来，这可能是一种布料。姚又接着拿这种布料跟中国的绫罗绸缎来比较，吴绫蜀锦都是国产中的名品，但姚说，这些名品拿来跟荷兰羽毛比较，立即就被比了下去。而后他感慨于荷兰这个小国为什么不远万里跑来中国作交易，同时他感慨人们的好奇之心影响到了中国的本土所产。他的这种议论用当今的话来说，那就是贸易保护主义抬头。不过，自晚清以来，国人就有"支持国货"的传统，而姚莹也算是这种观念的先行者吧。

以我的眼光来看，其实姚莹的诗作中，恰恰是这一部分最具特色，也最有史料价值，他记录下了特殊时代的特殊风貌。比如他第一次去台湾时，就将坐船的经历写成了一篇名为《海船行》的长诗，我录该诗的前半部分如下：

> 海船之大如小山，挂帆直在青云间。
> 船头横卧曰杉板，板上尚可容人千。

我始见船颇疑怪,缘梯拾级心悬悬。
好风人众不得驶,坐待海月迎潮圆。
初行金厦犹在眼,横山一抹如云烟。
放洋渐远不可见,但见八表银波翻。
日光惨淡昼无色,夜从水底观星垣。
水天空濛只一气,我船点黑如弹丸。
清晨无风浪千尺,何况月黑风狂颠。
到此心灰万虑死,呼息莫辨人鬼关。

姚莹在这首诗中,首先描绘了海船之大,在他的眼中,这种海船大到像一座小山,而船帆也高入了云天,里面可容纳千人乘用,他登上此船,吓得颤颤巍巍,当船驶入了大海,他才感觉到这么大一艘船,与一望无际的大海相比,那简直小如弹丸,而遇到风浪时,吓得他万念俱灭。这首诗的下半段,则描写其他乘船的人早已习惯了这些大风大浪,那些人谈笑自若,乘船出海往返,闲如下地耕田,而他又听那些海客们谈论南洋诸国的情形,那些奇异现象更是姚莹闻所未闻者,他都忠实地将这些听闻记录在了诗作中。

◇ 《书林扬觯》民国十三年苏州文学山房木活字本,姚莹题词

对于写诗的观念,姚莹在《郑云麓诗序》中作出了如下说明:"夫诗者,心声也。人才学术之所见端,亦风俗盛衰

之所由系。今海内承平久矣，人心佚则淫，淫则荡，荡则乱，士大夫固有其所当务者，诗歌似非所先。然以持正人心，讽颂得失，实有切于陈告训诫之辞者。君固尝忧时悯俗，今以上考蒙如遇，方有守郡监司之寄，所以拯济黎元、上报天子者，吾于君诗觇之，必能异乎人人所为政也。"

他觉得诗反映的就是人的心声，因为人心正，诗才会正，人心淫荡，写出来的诗也必然如此，故而姚莹认为有关部门就应当做正确的引导，而文人们也当写出来有价值的诗作，以上报天子。这样的思想高度正确的说法，读来颇像一篇政治论文，但也正是这样的人，他才能在乱世中找对方向，用一以贯之的心态，来效忠国家。因此，人的思想观念正确与否，最重要的，是他是否体现了他所处那个时代的主流观念，对古人的评价，不能用今人的视角来作出评判。

虽然姚莹在诗学方面有着如此的特长，但他同时也是桐城派的重要传人，所以他在古文方面的贡献，更受后世所关注。由于他有着特殊的家教，所以从小就对文章感兴趣，比如他在《复吴子方书》中称："仆少即好为诗、古文之学，非欲为身后名而已。以为文者，所以载道，于以见天地之心，达万物之情，推明义理，羽翼六经，非虚也。世俗辞章之学既厌弃而不肯为，即为之亦不能工，意欲沉潜于六经之旨，反覆于百家之说，悉心研索，务使古

◇ 《汉学商兑》四卷，清光绪八年四明华雨楼刊本，姚莹题词

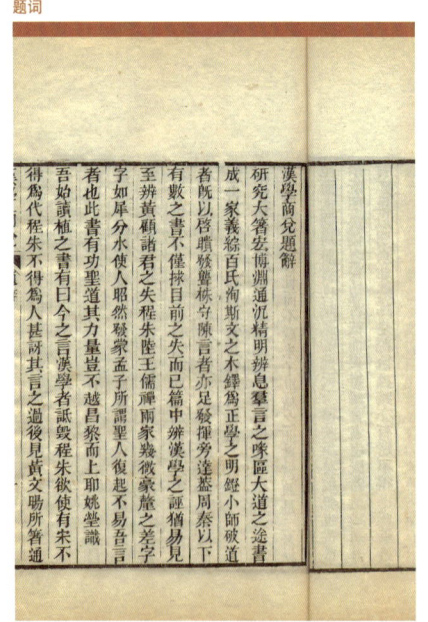

人精神奥妙无一毫不洞然于心，然后经营融贯，自成一家，纵笔为之，而非苟作矣。诗之为道亦然。"

姚莹说自己从小爱好诗文的原因，并不是为了身后留名，他认为文章的价值主要还是在于载道。看来他赞同韩愈的观念，所以认为潜心研究六经才是正统的学问之道，只有真正体验出古人文中的精神，而后加上个人的悟性，才能显现出自己文章的独立面目。

他的这个正统观念也同样体现在《重刻山木居士集序》中：

> 古人文章所重于天下者，一以明道，一以言事。理义是非不精则道敝，利害得失不核则事乖。然理义可以空持，利害必以实验，故言事之文为尤难也。……其（山木）文章渊澹处，真可以追古人矣。而政事之文，特为茂实，所陈得失利害，皎如也。匪唯言之，其居乡及服官固一一行之有效，非空为斐然者，其重于世而传于后，不亦信乎！

姚莹仍然强调，古人的文章之所以见重于后世，有两个主要的原因，一是它包含了重要的道理，二者，它记录了历史的事实。而后他夸赞山木居士的文章正是在这两方面追摹古人。

对于他的前一个说法，可由其所撰《读书大义》一文为证，姚莹在该文起首即言：

> 盈天地间皆道也。有器，有数，有理。何谓器？典章、制度、文物，诸灿然者是矣。何谓数？二气、五行、十日、四时之迭运，长短、大小、高下、清浊、厚薄之不齐，凡诸错然者是。何谓理？天之所以刚健，地之所以柔顺，人之所以灵贵，物之所以蠢贱，三纲之所以立，五常之所以顺，凡诸事之所以然者是矣。

他认为天地之间所有的一切都包含着"道",同时他说"器""数""理"都属于"道"的范畴,接下来他又解释"器"包括了典章制度等,而"数"指的是阴阳二气以及五行和大小清浊等等,关于"理",他指的就是儒家所讲求的三纲五常。

那么,器、数、理三者之间是怎样的关系呢?姚莹说:"器统于数,数统于理。"而后他在文章解释了自己所下的这个断语,具体解释了六经四书的价值:

> 《中庸》之教,始于率性修道,终于无声无臭,广大精微,一以贯通,岂拘拘习制度、考行事者所能测其故哉!《大学》《中庸》者,《六经》之宝藏。而《论语》者,《大学》《中庸》之锁钥也,故详于理而略于器数。非略之也,以为明乎此然后见先生器数之美,或不备即有废兴焉可也,此圣贤之微义也。世儒言理者,或指器数为糠秕;而好器数者,又讥空理之无据,胥失之矣。

姚莹所强调的文章的第二个价值,按他的说法就是"言事",以我的看法,"言事"所指就是相应的史书,比如他写的奏章疏表等等。除此之外,文章也会发表一些个人的观念,比如他所写的一篇《戒杀文》,该文的起首一段为:

> 人虽残忍,不能生而杀人,其始,必有所由,以渐至于日滋月长,而后残忍之性成。盖机之萌也蚤矣。杀物者,杀人之机也。苟充无欲杀人之心,则吾有取于释氏矣,戒杀放生之说是也。世之好辩者有三难焉:一则曰物无知也,一则曰妇人之仁也,

一则曰此浮屠氏法，非先王之教也。噫，可谓不思其本矣。天下之物，惟死则无知耳。苟蒙血气而生，未有无知者也。然即使无知，而我不惟其义，惟其知。是天下之蠢蠢者，皆可杀欤？夫知之有无，物非得已也，业不幸而无知，又从而加之以杀，何物之重不幸也。所谓妇人者，谓其知爱而不知劳，能养而不能教耳，或纵恶养奸，噬脐贻患，故谓之妇人之仁，岂必残忍而后为丈夫乎。

看来姚莹是善良之人，他认为人性里虽然有残忍的一面，但也不是生下来就会去杀人，那么这个杀性是怎么来的呢？以姚莹的看法，这种杀性就是从杀物开始慢慢凝聚起来的。他所说的"杀物"大概指的是杀动物，所以从这个角度来看，佛教的戒杀放生还是有道理的。姚莹接下来针对有可能的三种反驳，发出了一系列的回应，认为不一定必须心地残忍才是大丈夫。

显然，姚莹是在这里发表了一大堆的议论，可是他在《惜抱轩诗文》一文中说了这样一段话：

> 文章最忌好发议论，亦自宋人为甚。汉、唐人不然，平平说来，断制处只一笔两笔，是非得失之理自了，而感慨咏叹，旨味无穷。此盖文章深老之境，非精于议论者不能，东坡所谓绚烂之极也。先生文不轻发议论，意思自然深远，实有此意，读者言外求之。

姚莹明确地说，文章最忌讳大发议论，而这毛病是从宋代开始的，汉、唐人却无此病。虽然前人的著作中也会有一些评语，但在这方面却惜字如金，所以他觉得好的文章是意境好，而善发议论的文章却不能称之为好文，他夸赞姚鼐的文章就是因为不轻发议论，而意义深远。

从整体上而言，姚莹怎样看待其从祖姚鼐的文章呢？他在此文中又称：

> 惜抱轩诗文，皆得古人精意。文品峻洁似柳子厚，笔势奇纵似太史公，若其神骨幽秀、气韵高绝处，如入千岩壑中，泉石松风，令人泠然忘返，则又先生所自得也。或谓文学六一，余意不尔。集中文以记、序、墓志为最，铭辞不作险奥语，而苍古奇肆，音节神妙，殆无一字凑泊。昔范蔚宗自称其《后汉书》论赞，以为奇作，吾于先生碑铭亦云。

姚莹说，从祖姚鼐的文章，即有柳宗元的峻洁，又有司马迁的奇纵。当然这样的夸赞显得有些偏私，但从另一个侧面也可看出，姚莹眼中的好文章应当具有怎样的特点，那就是在文品上峻洁、在笔意上奇纵。

除了以上两点之外，姚莹还强调文章必须有深郁之气，他在《跋方存之文前集后》中称：

> 文章一事，欲其称量而出，积于中者，深则郁之，郁之不可遏也则停之养之，如或忘之，顺乎其节，然后发焉，又必以其时也。故其析义必精，立言必当，学欲其广而取裁欲微，意欲其昌而树辞欲卓。未能行也，则讱其言，无所为也，则韬其光。百家之精，茹之辨之，一心之运，卷之舒之。片言弥六合，累牍有余味。若此者，其庶几乎！

除此之外，姚莹还在其所撰的一首《修辞》诗中作出了这样的总结：

> 文章本心声，希世绝近习。
> 质重人则存，浮杂岂容入。
> 镂琢饰情貌，当非贤所急。

姚莹认为一篇好文章，其首要条件是发自作者的本心，而那种内容平庸，专做表面雕琢的文章，不是贤者所为。而他更为强调的，则是文章的思想性。那么他自己的文章是否贯彻了这个理论呢？方东树在《东溟文集序》中，对此作出了肯定："观其义理之创获，如云霾过而耀星辰也；其议论之豪宕，若快马逸而脱衔羁也；其辩证之浩博，如眺溟海而睹涛澜也。至其铺陈治术，晓畅民俗，洞极人情白黑，如衡之陈、鉴之设，幽室昏夜而悬烛照也。而其明秀英伟之气，又实能使其心胸、面目、声音、笑貌、精神、意气、家世、交游，与夫仁孝恺悌之效于施行者，毕见于简端，使人读其文，如立石甫于前，而与之俯仰抵掌也。"

姚莹故居位于安徽省桐城市寺巷8号。之

◇ 这里就是寺巷8号

◇ 文保牌贴在了墙上

前的一站我是在庐江寻访何晏的墓,而后来到了桐城,在寻访过程中,幸运的遇到了一位老阿姨,她是当地的退休老师,在她的带领下,我很容易地就来到了姚莹故居的面前,故居虽然有文保牌贴在墙上,但显然保护经费并未落实下来,里面已经变成了出租屋,分租给不同的人家,院子中横横竖竖所拉的晾衣绳就能看得,这绝非一家所为者。几年的寻访,这种事情也见过了太多,我也就习以为常地站在那里继续拍着。而老教师虽身住此地,依然颇有不平,显然她对这些名人故居有着乡贤之情,而这样的现况又让她难以向一个外人表现出自豪。

◇ 姚莹故居外观

因为是出租屋的原因,我不好入内打扰,只能站在院中四处打量。从格局上看,这应当不是姚莹故居的原貌,明显地感觉到院落里有不少扎眼的添加,在乡村中不知有没有私搭乱盖这个概念,至少在北京的老城区里,很多名人住过的四合院都被当地的住户在院中盖出了一堆的简易房。这些简易房当然没有规划,有如贴在美人面上的狗皮膏药,但事实就是如此。从上世纪七十年代开始,北京对这些名人故居作着有限的疏理,清出了不少住户,真盼望着桐城也能受这种风气的影响,将这些名人故居能够整旧如旧地恢复原貌。

不管怎么说,姚莹故居院中的窗棂还有不少是当年的旧物,看着那些简洁而美丽的花饰,也让我再一次想象着姚莹那种近于迂腐

◇ 保护得颇为完好

的耿介，我觉得房如其人，有怎样的主人，就会有怎样的建筑格局与装饰。

　　姚莹墓位于安徽省桐城市城区西北9公里的龙眠山，此山今属龙眠乡双溪村，在当地龙眠山俗称"姚家坟山"。我是从网上搜到的姚莹墓地址，在网上还有姚莹墓的照片，但那张照片却是黑白的，这让我略感担心：一般说来，近二三十年来所拍照片大多是彩照，而有些模糊的黑白照显系老照片，如果以这样的照片出现在网络里，大多是说明旧址今日已经不存，而我寻访的结果恰恰印证了我的担忧。

　　在桐城寻访的第二天，我打的前往龙眠乡，在此乡我的寻访目标除了姚莹，还有张廷玉与张英。访罢张廷玉的墓，我向那位守园者打听姚莹墓所在。他顺手向山下一指："姚永概的墓好像就在那边山上，你站在那边桥上都可以看见墓碑。姚莹墓就不太清楚了，听说被人盗过好几次了，你到了那边再问一下。"

◇ 当年的结构

这么容易打听到了具体的方位，让我多少有点高兴，于是按照这位守园人的所指，前往那个村庄。来到村庄时，见桥头上站着几位村民，我向他们请教姚莹墓所在的位置，其中一人告诉我："那边山上是有座老坟，也确是姚家的，但是姚家什么人，就不清楚。很大的，听说是个大官，被人盗过几次了。"想起刚才张廷玉墓守园人也跟我说道，姚莹墓被盗过好几次，如此说来，看来村民所指正是我的寻访目标。但前行之路我看不到指示牌，于是我提出请那位告诉我方位者带我前往。此人毫不推辞，也不多话，站起身就向前走去，走了几步才转过头跟我说，跟我来就是了。

刚刚向前走出不远，我的身后就跟上了一位小女孩，这个小孩的年龄看上去也就五六岁，我担心她是跟错了人，让她不要随同前往，小女孩却完全不听，继续地跟着走。我正踌躇间，前面那位带路者回头说了句："是我女儿，没关系的。"这句话让我放下心来，这个放心倒不是担心小女孩会走丢，而是我觉得这么小的孩子，她爸爸还让跟着同行,说明前方的路并不艰难。但很快,我知道自己错了。

带路者走到一条小河沟时,停下来跟女儿说,不要再跟了,爸爸等一会儿就回来。我非常诧异,他居然就这样把一个小孩子留在河沟边。但是他却很无所谓地说,没关系,女儿在这里长大,她是绝对不会下水的。过了小河沟,眼前就是一座显然很少人到此的野山。前行的路远比我想象的要艰难许多,因为这里完全没有路,只是靠双手不断地拨开眼前一丛丛的杂树,但是手脚并用之时,还要对付一张张突然出现在眼前的巨大蜘蛛网,很快就让我显得极为狼狈。

我在少年时,曾有一度生活在山区,对自己的爬山本领一向自豪,而来到了安徽寻访,才真正体验到什么叫登山。这个现况极大地打击了我的自信心,但想想带路者,虽然他常年生活在这山里,却没有义务替我再受这一遭苦,念及这一层,让我顿生感激,于是一边努力地攀爬,一边冲前方喊话,请他走慢点儿,我已经跟不上了。

这位带路人的确是登山如履平地,我已经尽力向前攀登,却还是很快就看不见了他的踪迹,这让我心底有点儿恐慌,于是大声地喊叫,而后我听到了那位带路者的回音,他说姚家坟就在前面的一点点距离。然而我从声音上感到,他至少距离我有两百米远,看来当地人的距离感跟我的感受差距很大,两百米对他们来说只是一丁点儿距离,对于我来说,却是远许多。于是我也大声向他喊话,坚决地请他站在那里等等我,然后再一同前行。而他的回答却是:"我找到了。"这句话无疑像给我打了一针强心剂,顿时,我身上仅余的一点爆发力显现了出来,很快地冲到了他的面前。

然而眼前的所见,却仅是地上的几块石头,从这些石头的排列情况看,似乎是围成了一个半圆。带路人站在原地跟我说:"就是这里了,被人平掉了,什么都没有了,但是就在这下面,被人盗了好几次。"但是,我却看不到跟姚莹有关的任何标志,问他何以知之这就是姚莹的墓？他坚称肯定没错，就是这里。那好吧，既然下了这么大辛苦找到这几块石头，我也当它是吧。我想，这位带路人如果真不确定这是姚莹墓的话，他也用不着费这么大周折，走将近一小时的山路，专门带我来看这几块石头了。从我的寻访经历看，经历了"文革"风暴，有太多古人墓都变成了眼前的这个模样，而姚莹作为一个忠于皇帝的封建官员，他的墓被铲平，似乎也是情理之中的事情，可惜的是，当地没有在墓旁立上一块文保牌，以此来作为寻访的目标。

看完了墓址，又跟着这位带路人重新返回了村庄，向下走总比登山要轻松很多，而这位村民告诉我："这村里还有姚家后代哩，有两家姓姚的，要不你去找姚书记问问看，他都九十多岁了，你要了解姚莹的情况，可以找他去问问。"当地村里的领导竟然还姓姚，这让我意外，说不定还真是姚莹的后人，以我的经验，打听过去的事情，找村中的老人最为靠谱。昨天我在打听何晏墓时，就遇到了一位老人家，他竟然给我介绍了一位更老的老头，我从那里了解到了许多未曾听闻到的故事，而今听带路人所说，又让我来了兴趣，于是回到村中，跟他去见那位姚书记。

以我的想象，九十多岁的老人能够说清楚问题，恐怕也不容易，但来到姚书记家时，正赶上老人去了外面，见到者乃是老人的儿子，当他听说我要打听姚莹的情况，立即跟我说："我们家是姓姚，但跟姚莹是两个姚，家谱没有修，所以我们究竟是哪个姚也不清楚，但我知道我们不是你说的那个姚。"

姚永概：望溪主义法，其失或隘；
◇ ◇ ◇　海峰主文藻，其失或宽；惜抱持乎中矣

柯劭忞在给姚永概的诗集《慎宜轩诗集》序言中称："昔桐城姚惜抱先生以辞章之学诱掖后进，天下翕然从之，而及门之士称高第弟子者凡四人，姚石甫先生其一也。石甫先生为惜抱从孙，善为古今体诗，传其诗学于子曰慕庭先生。桐城之弟子多以古文名家，至为诗，则称石甫、慕庭两先生。慕庭先生有子曰仲实、曰叔节，仲实研究经术，叔节殚力辞章，尤以诗为谈艺者所推服。"柯劭忞从姚鼐讲起，而后谈到了"姚门四杰"，其称姚莹为"四杰"之一，而姚莹的学术专长又在古今体诗上，而后，他将自己的诗学所得传给了儿子姚濬昌。濬昌有五子二女，五子中最有名的两位则是姚永朴和姚永概，而永朴致力于学术研究，永概则继承了父亲的辞章特长。由这段叙述即可得知，姚永概的学术脉络及其辞章所得。

对于姚永概在诗学上的成就，其兄姚永朴于《慎宜轩诗集》序言中也有表述。姚永朴首先在序言中讲述了自己的诗学观："大抵诗之为道，必性情真乃能有物，又必资以学力乃能有章，二者既得之矣，然苟才气不足以副之，终不能以自达。甚矣，诗之难为，而为之多且工盖尤难也！"他认为诗是真性情的表现，想要写好诗，则须具有相应的深厚腹笥，总之，姚永朴认为写诗不容易，要想写出好诗就更难。接下来，他就开始表扬自己的弟弟了："吾弟天怀

浩落,笃好群书,固有以立其本矣。而吴先生顾称其才气俊逸,足使辞皆腾踔纸上,虽石钧万斛而运之甚轻,故能出入于李、杜、苏、黄诸家中而自成体貌,庶几韩退之所谓'人皆劫劫,我独有余'者哉!"

姚永朴先说自己弟弟既聪明又勤奋,而后说吴汝纶也特别赞誉姚永概聪明而有才气。吴认为永概的功底得自于李、杜、苏、黄,但他却能从这些大家中脱胎出自己的面目。接着姚永朴又说,他们姚家历来出产诗人,最有名的大概就是姚鼐了,而后他一路下行,提到了方东树,而方东树之后,则是其父亲姚濬昌,再往后,就数他弟弟姚永概有成就了。

《慎宜轩诗集》后跋由姚永概之子姚安国所写,此跋则照录了吴汝纶对姚永概的诗学评语:"自庚辰以来诗境逐年加老,至庚寅则极力一变,高不可攀。然才力实得之天挺,故庚辰诸作已自闯然入著作之林。信乎文章之事盖有天焉,非人力也。"这样的诗评显然要比家人的夸赞有力量。章士钊在《论近代诗学绝句》中赞誉姚永朴、姚永概兄弟二人称:

朴学难令诗事优,桐城二妙擅清幽。
天生浦泪成兄弟,未定谁修五凤楼。
弟为兄谋事可知,宛陵风调恰当时。
剧怜一代通州杰,只识声名未识诗。

章士钊在这里用了"桐城二妙"这个词,而此词却出自沈曾植,沈曾用姚永概的诗和马其昶的文合印了一册书,而后命之为"皖之二妙"。

汪辟疆在《光宣诗坛点将录》中将姚永概誉之为"地猛星神火将军魏定国",但地猛星却列有两位人物,另一位则是夏敬观。汪在《点将录》中评价说姚永概说:"叔节文甚高而诗亦工,得力所在,亦出宛陵,故意境老澹,枯而能腴。尝见其《题梅宛陵集》诗,句云:'缄之箧笥中,我欢独在此。'向往可知矣。"汪辟疆认为姚永概的诗文俱佳,并且说,他的诗得自于宋代的梅尧臣,又以姚永概所作《题梅宛陵诗集》为证,然此诗的正式题名为《书梅宛陵集后》。永概的这首诗写得很有意思,其诗的前半段为:

> 梅集六十卷,买自武昌市。
> 刻者明嘉靖,宋君巡按史。
> 属工宣城令,字大殊可喜。
> 惟其讹谬多,又阙数十纸。
> 借得道光本,弥月事校理。
> 所阙抄使完,其讹难订矣。
> 我思文字贵,在切时与己。
> 要使真面目,留与千秋视。
> 时为何等时,士为何等士。

从该诗的前半段可知,姚永概对目录版本之学也颇为内行,他首先讲述了得到梅尧臣诗集的经过,而后说得到的是明嘉靖本,同时描述了该书字大悦目,如何让自己欢喜,可惜书中有一些错讹,并且还有缺页,于是永概借来了一部该书的道光本,以此来补抄,并且订正错讹。很少有人会如此详细地将得书和校勘经过写成诗作,而该诗的下半段,则是永概对梅尧臣诗作内容的夸赞:

> 当其入微妙,不在文字里。
> 阅历助胸襟,天资加践履。

四事不关诗,诗固待此美。
俗士动夸古,终身寄人里。
一体效一家,自矜工莫比。
乞人衣百宝,宝也殊足耻。
扬眉讥杜韩,况说宋诸子。
告以先生诗,笑口或大哆。
孰知六一翁,低首直到趾。
古货真难卖,病在古入髓。
东坡尚嫌酸,余贤可知尔。
缄之笥箧中,我欢独在此。

汪辟疆在《光宣诗坛点将录》中所引用的那两句诗,就是该诗的最末两句。

◇ 姚永概撰《慎宜轩笔记》十卷,民国十五年木活字本,书牌

梅尧臣的诗原本在清代并没有受到多大的看重。当年陈衍为沈曾植所作的《沈乙盦诗序》中称:"余曰:'君爱艰深,薄平易,则山谷不如梅宛陵、王广陵。'君乃亟读宛陵、广陵。"看来是陈衍推荐沈曾植去研究梅尧臣的诗,因为陈觉得沈的诗风偏重于梅。而后陈衍又把他对梅尧臣的偏好推举给了郑孝胥,郑也接受了陈的这个建议,开始学梅。陈衍在《石遗室诗话》中又称:"余

盖与苏堪首表彰宛陵者。"看来，陈衍认为，是他跟郑孝胥重新把梅尧臣的价值发掘了出来。显然陈衍下这个断语时，未曾注意到姚永概的这首诗。

钱基博认为，姚永概对梅尧臣的喜爱是早年的事情，晚年则转而喜欢元好问："秀爽而为警炼，沉郁而能独造。早喜梅宛陵、陈后山，晚乃出入遗山。语必生新，而意在独造，是则曾国藩所谓劲气盘折，欲以古文义法通之于诗，亦其家风然也。（《中国现代文学史》）。"从这段论述看，永概初期喜欢宋诗，而后过渡到了金元，然而桐城诗派的特点则是"熔铸唐宋"，姚鼐在《与鲍双五》一文中称："熔铸唐宋，则固是仆平生论诗宗旨耳。"这个宗旨当然会影响到姚永概。永概在《慎宜轩日记》中说过这样一段话："阅《养一斋诗话》。其中推尊子建、渊明、子美，以为有此三家，人乃不敢以诗为小技。他除大家外，又推孟东野、梅圣俞、曾子固、虞伯生、刘诚意、顾亭林、黄陶庵。亭林之诗，予未尝读。至如孟、梅、曾、虞、刘、黄六家，洵非虚誉，可谓极精之识矣。"

潘德舆在《养一斋诗话》中推崇曹植、陶渊明、杜甫，这个观念对永概有影响，而他认为著名诗人中还应当加上孟郊、梅尧臣、曾巩、虞集、刘基、顾炎武和黄淳耀等七人。姚永

◇ 姚永概撰《慎宜轩笔记》十卷，民国十五年木活字本，内页

概说自己除了没有读过顾炎武的诗,其他六人的诗作都读过,并且确实很好,由此可见,姚永概的诗学观念中并无门户之见。但汪孔丰在《近代桐城派诗学的新变:论姚永概的诗学观》一文中则认为:"虽然姚永概论诗跳出唐宋之藩篱,各取所长,但还是有着偏重于唐诗之倾向。"汪孔丰在文中举中的证据,则仍是《慎宜轩日记》中的一段话:"莫子偲先生《郘亭诗钞》,古雅淡朴,近时之巨手也。然其诗囿于宋人,终未得唐人境界耳。"而另一个证据则是姚永概在《马冀平诗序》中之所言:"诗体至唐而大备,户牖亦至唐而全具。子瞻取径刘、白,加以奇逸;山谷则用杜之生朴而恢张之;宛陵得白之真淡、孟之质野,然则,虽谓宋诸家皆出于唐,可也。"

不仅如此,姚永概还写过一篇《书郑子尹诗后》的诗,此诗的前半段为:

> 生平怕读郑莫诗,字字酸入心肝脾。
> 郘亭尚可老巢酷,愁绝篇篇母氏思。
> 乃知文字到妙处,性情学历分张麾。
> 无情终是土木偶,无学未免成伧儿。

永概在这首诗中,将郑珍与莫友芝并举,他认为这两人的诗作得都很好,那郑、莫两人的诗究竟好在哪里呢?永概认为这两人诗的妙处正在一个"情"字。

对于姚永概的诗学观念,以其在《裴伯谦诗句》中所谈最为详尽,其首先提出:"余尝谓文章之成也有三:赋之自天者曰才,造之于人者曰学,惟境也者,天与人交致而不可缺一。天予以特殊之境矣,或不胜其艰困,无复聊赖,甚者堕其气而陨其身,不善于承天足以昌其才与学者转自负之,是岂天之咎与?"这就是姚永概著名的"才""学""境"三者统一的诗观。姚认为若想写好诗,这三者缺一不可。而后,他通过讲述杜甫和苏东坡的遭遇来证明"诗穷而后工":"天宝之乱,杜子美以稷、契自命,而流离饥寒,卒不得一效。故发为诗歌,光怪变幻,不可方物,冠于有唐。其后苏子瞻以宰相之才安置黄州者五年已,老复有儋耳万里之逐,故子瞻之诗文亦以海外为极盛。向使彼二子者不能亨其心以顺天,则其境固非生人所堪,亦与寻常之徒太息悲忧以至于死而止矣,乌得有鸿博纯丽之文以见于今乎?"而后,姚永概的结论是:"余又以知有境乃可成其才,亦惟有学乃可用其境,则义理之不可一日去身,即求之文章而亦然也。"

由以上可知,姚永概虽然推崇唐诗,但并不废宋元,甚至他对明清的著名诗人也同样予以表彰。对于宋诗,他除了推崇梅尧臣,另外就是苏东坡,比如他写过《四时诗用东坡韵》,其第一首为:

晓寒翦翦侵簾幕,芳院生憎吐红萼。
东风似识主人愁,正遣花开复吹落。
沈檀香栉罥春衣,那有心情护玉肌!
年年辜负时光好,露叶风枝却恨谁?

永概以和韵的方式,来表示了他对东坡的敬重。

姚永概是光绪十四年江南乡试举人第一,也就是"解元",后来他四次参加会试,均不第,于是被授为太平县教谕,这让心气很高的永概颇有受辱之感,于是他辞职不就。然而迫于生计,他曾入王先谦之幕。光绪十九年,姚永概写过一篇《出门》:

平时万里别,不及此番难。

> 药里抛妻病，松楸恋墓寒。
> 家贫徒有壁，亲老那堪官！
> 安得一囊粟，从教尽室安。

由此可见，因为他绝意仕途，家中生活是何等的困苦。有一段时期，他来到莲池书院，师从吴汝纶，总计有九年的时间。后来他又当过桐城中学的总监，光绪三十三年到日本考察学制，回国后提倡教育改革。民国元年，他因严复之邀，出任北大文科教务长，却又因与章太炎不和而辞职。历史的巨变当然会反映在姚永概的诗作中，正是在民国元年，他写了首《方伯恺仲斐招游天坛观古柏作歌》，此诗后半段有这样一个段落：

> 祈年殿上望西山，金碧依然暮霭间。
> 王气已随龙虎尽，夕阳只见雁鸟还。
> 往圣千秋垂教泽，严祀昊天威百辟。
> 彼苍视听悉依民，精意分明存简册。
> 大道原为天下公，此心不隔耶回释。

这段话描写的是，改朝换代之后，本是帝王祭天的天坛，变得任游客来参观。对于这首诗，严复给予了很高的赞誉："壬子诗尤排奡惊人，如《万寿山》《天坛古柏》诸歌，想杜公为之不过如是。"（姚安国《慎宜轩诗集》识后）

社会的巨变，当然也会让姚永概的心里引起巨大的震动，人事关系上的不协调，他也会把这种苦闷发泄在诗作里，比如他写了一首《蝇》：

> 残暑未肯退，秋阳骄群蝇。
> 翾飞窗户间，未晓已薨薨。
> 俯食必缘背，仰读遂沾膺。
> 孤行犹阚隙，群来意轩腾。
> 屡挥暂避去，停塵即相乘。
> 汝时亦已过，凉风行当兴。
> 汝命无百日，何苦还自矜！

整首诗描绘苍蝇，这倒是很特别的视角。他写出了苍蝇的讨厌，也写出了苍蝇的趋炎附势，但他觉得这些恼人的苍蝇虽然一时得意，但它们活不了多久，到了冬天，就消失得无影无踪了。

姚永概也写过一些歌咏自然的诗作，例如《倚楼》：

> 坐怜春色遍人间，更上高楼破旅颜。
> 落日忽明天外树，暝烟渐合隔江山。
> 不辞烂漫追松羡，那复嬉敖恋市阛。
> 北望二龙无百里，万芙蓉里闭柴关。

对于这首诗，徐成志在《桐城诗派的夕阳晚唱》一文中认为："该诗是永概早期的山水诗，写景如画，情景交融，洁净纯朴，清幽淡雅。"

以上所谈均为姚永概在诗学方面的成就，其实从他流传于后世的作品来看，他在文章方面同样是位高手。姚永概有《慎宜轩诗集》八卷《续钞》一卷，而他的《慎宜轩文集》却有十二卷之多，仅从数量来说，姚永概似乎在文章方面下的功夫比诗要多。对于他在文章方面的成就，林纾在给《慎宜轩文集》的序言中说："盖天下文章，务衷于正轨，其敢为黔黑凶狞之句，务使人见而沮丧者，虽扬雄氏之好奇，不如是也。昌黎沉浸于雄文，然奇而能正，盖得其神髓，运以关轴，所以自成为昌黎之文。惟《曹成王碑》好用奇字，乃转不见其奇。彼妄庸之谬种，若独得此秘，用之以欺人，吾亦但见黔黑凶狞而已，不知其所言之为文也。叔节家世能文，为惜抱之从孙，所著《慎宜轩文》若干篇，气专而寂，澹宕而有致，不矜奇立异，而言皆衷于名理，是固能祢其祖矣。"

林纾的这段夸赞可以看出姚永概的文风所在。对于姚永概文章的整体评价，江小角在《慎宜轩文集》的整理说明中称："姚永概作为桐城派后期的代表作家，深受桐城古文家法的影响，文章结构严谨精巧，文字顺畅雅洁。如《范肯堂墓志铭》《吴（汝纶）先生行状》等，充分体现了这一特征。还有一些状景叙事之文，融情于景，借景抒怀，借物明志，意气超远。像《堵河记》《西山精舍记》《方氏读书小楼记》《游三祖寺记》等文章，言简意赅，篇短情长，不单纯以写景取胜，在叙事写景之中，常见议论。因此，近代学人钱基博评价：'现代作者，其昶文追惜抱，而永概乃法望溪。'这一评价是极为中肯的。"

江小角把姚永概目之为桐城派后期的代表，而后举出了他的几个名篇，同时评价其文风"言简意赅，文短情长"，同时又引用了钱基博对姚永概与马其昶所作的比较。钱基博认为姚永概的文风乃是效仿方苞，然而，姚永概在其作的《吴挚甫先生评点汉魏六朝百三家集序》中却有着别样的评价：

吾乡先辈评点，望溪主义法，其失或隘；海峰主文藻，其失或宽；惜抱持乎中矣。先生合三家之长，断以己意。吾所得先生评点《三国志》近惜抱，《五代史》似海峰，而《史记》乃先生精神专注之书，实有过归、方处，非阿好也。

姚永概的这段话，分别点评了桐城三祖，他认方苞的评点讲求义法而失之狭窄，刘大櫆讲究文藻，但观念上又太过宽泛；相比这两位而言，只有姚鼐能够不偏不倚。如此说来，姚永概更加偏好于姚鼐而非方苞。当然偏好是一回事，文风的展现则是另外一种面目。但即使如此，姚永概还是认为姚鼐的评点对自己有着重要影响，其在该序中又称：

> 惜抱先生尝言圈点启发人意，有愈于解说。吾每笃信斯语。夫读书者，由目而纳之心。句读焉，圈识焉，则更以手助吾目也。故平生所读凡加丹黄，异日视之如逢故人，意味倍挚。

看来，姚永概也效仿前辈，喜欢对古书丹铅并下，他认为这种作法于己而言，有三个益处：

> 苟得先辈手笔必取临录，以为其益有三：吾生也后，不见先辈也多。今得其所读书，便见当时属思所在，不啻謦欬吾侧，其益一也。文章窔奥——评之，每嫌繁复，故古人评文多举一隅，而圈识则可逐篇周至。况评有不易明者，皆可以圈识明之，其益二也。书经点读则眉目易见，精要斯得，可省目力而娱神明，其益三也。

可能正是他的这个习惯，使得他在文章方面最终展现了自己的独特面目。

如何能够写出好的文章，姚永概在《裴伯谦诗序》中曾经说过，天分、勤奋、境遇缺一不可。为了说明自己的这个判断，姚永概在此序中又举出了唐宋时代名家的实例：

关于为什么要写文章，姚永概在《诸家评点古文辞类纂序》中说：

> 古人之立言，期传吾说于天下后世而已，初非有意隐且艰也。自言有古今之殊，文有高下之别，而章句、训诂之学兴。章句、训诂，高材者或不屑焉。然舍此二者，古人之言亦奚以明？况微言孤旨有匿于文字之外者乎？

◇ 姚永概撰《辛酉论七篇》民国排印本，封面

就这个角度而言，姚永概的观念很传统，他强调着古人"三立"中的立言，他认为写文章就要藏之名山、传之后人。但他也认为，文章有高下之别，而写好文章的根本还是要从最基础的章句和训诂做起，这种方法仍然是本着姚鼐的义理、考据、辞章缺一不可的观念。但是古人著作传之后世，有很多观念隐藏在文字的背面，有时难以被发掘出来，而名家评点则能够使得这种隐藏在文字后面的思想得以凸显，他在该序中表达了这种思想：

> 自周、秦迄今，缀文之士众矣。其文愈高，则其旨愈隐。读者各以其见而为评。评有所不尽，乃复为圈点以别之，于是有圈点之学。其所得深者，则其评点亦愈精。古之为是者，亦第

记其甘苦而已,非欲以示后人也。后之人乃争相传录焉,坐一室之内,手盈尺之书,嫖乎见古人之所属思,姁姁乎若诏。吾以前趋精合于大虚,岂非至乐之事与?古文评点,自宋已有之。真西山、茅鹿门后,以方望溪、刘海峰为著。

古文之所以令后世瞩目,其重要的原因是这些作者们都有自己的独特面目,而这一点也正是姚永概所强调的为文之道。他在《畏庐文续集序》中说:

> 各肖其人之性情以出而后其言立。古之为文者,性情万变,面目亦万变,不相似也。其相似者,法度出于一轨而已。虽其纯杂高下之不同,要无伪焉存乎中。后世之士涂饰藻采以为工,征引详赡以炫博。彼固无性情之真,方且不足以自信,又乌足信千百世不知谁何之人乎?文章之不能反古,其道多端,而此其大要也。

姚永概在此强调,文章重在表现思想,而不仅仅是词藻美丽,因此学习古文,学习的是思想,而不仅是技法。

关于姚永概的文章,上面所引江小角的那段评语中提到了几篇,其中之一是姚永概所写的《范肯堂墓志铭》。姚在此文的开头部分讲述了他所秉

◇ 姚永概撰《辛酉论七首》民国排印本,卷首

持的诗观:

> 太史公曰:"《诗》三百篇,大抵皆圣贤发愤之所为作也。"岂不诚然乎哉!诗体至唐而大备。然世之论者,每称李白、杜甫二人者,涂辙不同,其忧时嫉俗之情则一。厥后以诗鸣者至多,而苏轼、黄庭坚、陆游、元好问为之最。四子之为诗,犹白、甫也。自是以降,兢兢于格律声色,公然摹袭,其发愤也不深,则立乎中者不诚,中不诚则气不昌,气不昌则不足以震动而兴起。孔子曰:"诗以可兴",兴与发愤也。

这段话仍然可以总结为"诗穷而后工"。而他所作的《西山精舍记》则为其游记中的名篇,该文中有如下段落:

◇ 姚永概校对《皇清经解续编》清光绪十四年南菁书院刻《皇清经解续编》本

踰年,于其西复营屋三间。轩窗开豁,杂植众卉。为大母居室,而名之曰春荣轩。东有隙地种麻,西为菜圃。前临大堤,屋居堤上南向,前门东向。门旁草舍三楹,则予兄弟读书之所也。室不盈丈,朝夕其中,如在小舟焉。堤下田数顷,田下有大溪,自东而西,复折而南。每夏秋之际,盛雨大涨,潆然如发万轮。屋后柿一株,栗一株。春荣轩前柏一株,杏二株,垂柳一株,梅一株,而

> 茶蘼尤盛，花时高出垣表，隔溪行人望见之，其他樱桃、芙蓉、白茶，及四时杂花皆具。

这种不疾不徐的白描手法，确实有着方苞同类文章的风范。他所作的《堵河记》则以描写细腻见长：

> 堵水清浅见底，时浅时深，浅多细石平沙，或抵于大石之下，潆为深潭，搏击奋怒，上喷作花。舟行将届，即闻硿砀之声，震骇魂魄，则停舟增雇二三十人，约束绳索，必戒必备。先是行纤，但一竹绳系桅杪而已，至是则加二绳于桅根，各以十人曳之，冲犯怒涛，与水角力。乘者皆下，从纤夫行。径在石壁上，至手足交用，仅可度，叫号之声与水倡和，稍不慎，纤断桅折，人鬼分焉。及其既过，酾酒相庆，若获更生。

这个段落将船工拖船渡险滩的情形，以洗练的文字描绘出立体的形象。

对于姚永概在桐城派的地位，王树枏在《慎宜轩文集序》中给予了这样的评价："甲寅之岁，得识马通伯先生，又因通伯识姚仲实、叔节。三君者，故皆桐城宿儒，崛起于斯文绝续之交，毅然以提倡宗风为己任。窃尝以为天下之物，特患其不贵耳。特之贵者，秘之愈久，其发之亦愈光。孔孟之文、希腊之学说，其为暴君污世所焚坑而斥禁之者，可谓极矣。乃不数传，而其道之光明昌大，又加炽焉。譬之日月星辰之明，浮云一过，特俄顷间耳，而于其明固无毫末损蚀也。庄子曰：'魏王贻我大瓠之种，瓠落而无所容。''鹏之图南，斥鷃非而笑之。'古之君子于举一世所不知所不容之会，独抱其绝学孤诣，翛然自适于广漠之野，扶摇之天，此其故非偶然尔下。"

对于姚永概在文章方面的努力，以及他相应的文章观念，王树枏又在序中作出了这样的总结："今叔节为古君子之所为，毁之而为顾，锲之而不舍，以为文字之业与天地相为终始。苟无文焉，则乾坤几乎熄，而万事万物皆芒然莫得其统纪。故曰：文以载道，文益工，则道愈显。大旱流金石，大浸稽天，而不濡不热自若也。"

姚永概墓位于安徽省桐城市龙眠乡黄燕村的山冈上。此前刚刚访过姚永概祖父姚莹的墓址，虽然费了一番周折，但最终还是没有看到确切的依据，这个结果不免让我有些失望。但访古之难也正在于此：历史的选择也并不是因为某人是否有价值，来决定他能否更加长久地留存遗迹于人间。从理性角度而言，我都能坦然面对寻访过程中遇到的各种结果，但我还是有功利心，总盼望着自己的探访能够达到一种圆满，所谓的圆满就是最终找到了我的寻访目标。

因为情绪的使然，我在出租车内有一段时间的沉默。司机显然察觉到了我情绪的变化，他安慰我说，刚才听村人讲，离此不远还

◇ 墓在文保牌的后方

◇ 从山下望去，隐隐地看到有文保牌

有一个古墓，那个古墓很有可能就是我要寻找的姚莹。但我觉得对于姚莹墓的寻找，自己也算找到了知情者，他们不太可能搞错，如果说在距离不远的地方，还会有一座姚莹墓，这显然不太可能。虽然如此，我还是听从了司机的建议，让他把车开到了村民所说的古墓附近。在公路的边上，司机停下，然后指着山坡上一个小点让我看，我隐约觉得，那是一块文保牌，看到这个结果，瞬间令我已然疲惫不堪的身体又充满了能量，我让司机等在山下，重新开始向那个目标攀爬。

好在有刚才的艰难经历，眼前的这段山坡对我完全构不成困难，没有费太大的气力就来到了那块文保牌前，上面赫然写着"姚永概墓"四个大字，显然这不是我寻找的姚莹，但是在这里看到了姚莹孙子的墓，也是一段机缘巧合的奇遇，姚永概的大名我早已知之，但却并不知道他长眠在这里。对我而言，这应当算是个意外的收获，

◇ 刻石均为新造

◇ 融入了山林

我把这个收获视之为上天对我的奖励：因为刚才为了寻访他祖父的墓址，太费气力了。

　　文保牌的后方不远处，就是姚永概的墓。墓碑及周围的石料均为新刻之者，回来后查资料，方得知，这里是姚氏夫妇合葬墓，但墓碑上却仅写着姚永概。姚永概去世后，原本葬在龙眠山，上世纪三十年代移葬于古埂村，2000年前后又移葬于此。不到百年间，有这么多的变迁，难怪寻访前我没有查到他墓址的确切地点。

图书在版编目（CIP）数据

觅文记/韦力著.-上海：上海文艺出版社.2018
（韦力·传统文化遗迹寻踪系列）
ISBN 978-7-5321-6646-6
Ⅰ.①觅… Ⅱ.①韦… Ⅲ.①随笔—作品集—中国—当代
Ⅳ.①I267.1
中国版本图书馆CIP数据核字(2018)第070864号

发 行 人：陈　征
策 划 人：刘晶晶
责任编辑：肖海鸥
封面设计：周伟伟
版面设计：钱　祯
助理美编：耿腾飞

书　　　名：觅文记
作　　　者：韦　力
出　　　版：上海世纪出版集团　上海文艺出版社
地　　　址：上海绍兴路7号　200020
发　　　行：上海文艺出版社发行中心发行
　　　　　　上海市绍兴路50号　200020　www.ewen.co
印　　　刷：苏州市越洋印刷有限公司印刷
开　　　本：650×958　1/16
印　　　张：53
插　　　页：10
字　　　数：732,000
印　　　次：2018年5月第1版　2018年5月第1次印刷
Ｉ Ｓ Ｂ Ｎ：978-7-5321-6646-6/G.0210
定　　　价：298.00元（全二册）
告 读 者：如发现本书有质量问题请与印刷厂质量科联系　T:0512-68180628